W0314187

LeGuideVert

Bourgogne

Covid-19

Attention, les horaires et les modalités d'accueil des sites touristiques sont susceptibles de changer en fonction de l'évolution de la crise sanitaire. De nombreux musées et monuments imposent désormais la réservation en ligne. Vérifiez les conditions de visite afin d'éviter toute déconvenue.

DÉCOUPAGE GÉOGRAPHIQUE DU GUIDE SUR LA CARTE CI-CONTRE

L'équipe du Guide Vert Michelin, de gauche à droite :
Camille Bouvet, Denis Rasse, Natacha Brumard, Amaury de Valroger, Lucie Fontaine, Philippe Orain, Florence Dyan, Catherine Guégan, Hervé Dubois, Fiona Lale, Hélène Payelle, Marie-Pierre Renier, Éric Boucher, Véronique Aissani, Marie Simonet, Carole Diascorn, Jérôme Lévêque, Marion Capéra, Pascal Grougon, Dominique Auclair.

Édito

Redonner du sens au voyage en prenant son temps et dans un plus grand respect de l'environnement, voilà ce à quoi devraient ressembler nos déplacements d'aujourd'hui.

Alors, ralentissons le pas pour nous imprégner en profondeur de la richesse des lieux que nous traversons et des gens que nous rencontrons. Laissons-nous surprendre et réapprenons à nous étonner de tout ce qui se trouve sous nos yeux, en ville ou à la campagne, sur un chemin de traverse, loin de chez nous ou juste au bout de la rue.

La France est une destination magnifique, riche de milliers de sites naturels, villages, églises, châteaux, moulins… sans oublier les femmes et les hommes qui font vivre ces patrimoines et leurs terroirs d'exception. Autant de lieux incontournables ou insolites, connus ou confidentiels, que l'équipe du Guide Vert Michelin a cherchés et dénichés pour vous au cours de ses innombrables tournées sur le terrain.

Cette nouvelle édition du Guide Vert Michelin a été entièrement mise à jour. En complément des sites étoilés ★★★, nos auteurs ont également souhaité partager avec vous leurs itinéraires, leurs infos pratiques, leurs plus belles expériences de slow tourisme ainsi que leurs coups de cœur pour des adresses qui s'engagent dans une démarche écoresponsable, signalées au fil des pages par le symbole 🍃.

À votre tour de faire le plein de beau, de bon et de rencontres. Et vos meilleurs moments de voyage seront peut-être publiés dans la prochaine édition !
#coupsdecoeurGuideVertMichelin

Bon voyage !

Philippe Orain,
Directeur du Guide Vert Michelin

Sommaire

Retrouvez nos adresses à la fin de chaque chapitre

Leonid Andronov/Getty Images Plus

COMPRENDRE LA BOURGOGNE

ORGANISER SON VOYAGE

P. Escudero/hemis.fr

Nos incontournables

★★

Abbaye de Cluny

Vestiges et outils numériques font revivre les volumes majestueux, où circulait au 11e s. la « lumière du monde », chatoyante sur les robes de bure des bénédictins. **Voir p. 146.**

McPHOTO/vario Images/age fotostock

AnkNet/Getty Images Plus

★★★

Dijon

La richesse du musée des Beaux-Arts, l'élégance de ses rues médiévales, sa nouvelle Cité internationale de la gastronomie et du vin... La capitale des ducs de Bourgogne cultive un art de vivre qui a de quoi séduire. **Voir p. 40.**

eli77/Getty Images Plus

★★★

Hospices de Beaune

Pêle-mêle des images fortes : le *Jugement dernier* (15e s.) qui tétanise, la « chambre des pôvres » avec ses tentures rouge sang et puis, le souvenir d'un film culte *La Grande Vadrouille*. **Voir p. 89.**

★★★

La route des Grands Crus

De Dijon à Santenay : Chambolle-Musigny, Nuits-St-Georges, Aloxe-Corton, Meursault, Puligny-Montrachet, ces appellations d'exception sont devenues mythiques. **Voir p. 72.**

hr/Getty Images Plus

Ph. Orain/Michelin

★★★

Cathédrale d'Autun

Sa haute flèche gothique domine la ville ! Ses sculptures constituent un des chefs-d'œuvre de l'art roman en Europe. Entièrement restaurée, la cathédrale St-Lazare d'**Autun**★★ est une magnifique expression de l'art clunisien. **Voir p. 284.**

Nos incontournables

grauy/Getty Images Pl

★★★

Vézelay

Sur la « colline éternelle », la basilique Ste-Marie-Madeleine attire depuis le 10e s. les pèlerins en route pour St-Jacques-de-Compostelle. **Voir p. 242.**

★★

Château de Cormatin

Magnifiquement restauré et entretenu, ce château du 17e s. décline, dans un écrin baroque et opulent, l'univers raffiné des précieuses d'autrefois. **Voir p. 156.**

A. Pistolesi/hemis

Florent MARTIN/Getty Images Plus

B. Rieger/hemis.fr

★★

Parc naturel régional du Morvan

À l'écart des grands axes, ses vastes forêts et ses lacs forment un lieu privilégié pour marcher, faire du VTT ou revivre, *via* ses maisons à thème, des traditions oubliées. **Voir p. 234.**

★★

Canal du Nivernais

Déambuler le long du canal, c'est découvrir la nature embarquée dans une incroyable histoire, celle d'une voie de communication, construite dès le 18e s. pour acheminer du bois de chauffage vers la capitale. **Voir p. 327**

bluejayphoto/Getty Images Plus

★★★

Abbaye de Fontenay

Admirable que ce monastère cistercien (12e s.) restauré dans tout son dépouillement. Jamais le vide ne nous aura autant comblés. **Voir p. 430.**

Nos coups de cœur

Les voûtes de La Collancelle, environs de Corbigny.
Ch. Guy/hemis.fr

TOP 5
Vignobles

1. **Côte de Nuits** (p. 72)
2. **Côte de Beaune** (p. 79)
3. **Mercurey** (p. 177)
4. **Pouilly-sur-Loire** (p. 318)
5. **Chablis** (p. 411)

Vignobles à Savigny-les-Beaune.
Massimo Santi/Getty Images Plus

❤ **Déguster** un verre de Chablis après avoir parcouru les reliefs du vignoble en compagnie d'un guide de terroir. Et tirer de cette aventure pédestre une lecture géologique, géographique, climatique, tant la marche sollicite tous nos récepteurs sensoriels… **Voir p. 413.**

❤ **S'évader** dans le Morvan, à pied, à vélo ou en voiture et découvrir les traditions morvandelles grâce à l'excellente pédagogie de son réseau d'écomusées. Ou bien lézarder à l'ombre des mélèzes face au lac des Settons, à 600 m d'altitude. **Voir p. 234.**

❤ **Explorer** les voûtes de la Collancelle en bateau, ou, plus insolite, en paddle. Ainsi vous observerez à votre rythme l'intérieur de ces magnifiques ouvrages d'art voûtés – trois tunnels d'une longueur de 758 m, 268 m et 212 m – envahis par une végétation luxuriante. **Voir p. 330.**

❤ **Célébrer** les grands crus au cours de la Saint-Vincent tournante, le dernier week-end de janvier. Cette tradition populaire qui a fêté sa 78e édition en 2022 est partagée chaque année par 40 000 bons vivants. **Voir p. 532.**

du Morvan. *Ch. Boisvieux/hemis.fr*

Nos coups de cœur

Château de Digoine.
L. Lourdel/hemis.fr

❤ **Détailler** les vitraux contemporains de la cathédrale St-Cyr-et-Ste-Julitte de Nevers et dénicher les espiègleries tapies entre les lignes de plomb, à l'image de ces portraits cachés de personnalités politiques. **Voir p. 301.**

Vitraux de la cathédrale de Nevers, par Jean-Michel Alberola
Christine944/Getty Images Plus/ © ADAGP, Paris 2023

❤ **Plonger** dans la Grande Forge, à proximité de Montbard, créée au 18e s. par le célèbre naturaliste Buffon, premier rouage d'une révolution industrielle implacable. **Voir p. 436.**

❤ **S'attabler** à la terrasse du petit restaurant de Commarin, et contempler ce château de famille et la simplicité de ses lignes majestueuses. Et qui sait, vous pourrez peut-être siroter votre verre en compagnie de l'un des deux cochons domestiques de la propriété ? **Voir p. 104.**

❤ **Suivre** les traces de Lamartine, de sa maison d'enfance de Milly à son château de St-Point. Sans oublier de faire un arrêt au musée des Ursulines de Mâcon pour redécouvrir son œuvre littéraire et politique. **Voir p. 142 et 122.**

Les Rochers du Saussois, site d'escalade réputé.
H. Lenain/hemis.fr

Abbaye cistercienne de Pontigny.
Sanny11/Getty Images Plus

TOP 5
Abbayes et églises

1. Fontenay (p. 430)
2. Vézelay (p. 242)
3. Cluny (p. 146)
4. La Charité-sur-Loire (p. 314)
5. Pontigny (p. 383)

❤ **Admirer** le portail de l'abbaye bénédictine de Charlieu, et s'évader ensuite sur les routes pittoresques du Brionnais, circuit méconnu. **Voir p. 208.**

❤ **Rêver** à la vie de châtelain à Digoine, dans une belle demeure du 18e s., entre salle à manger, salon de musique, bibliothèque et théâtre. Ou à l'extérieur, dans la roseraie, la serre tropicale et le parc à l'anglaise. On s'y sent… comme chez soi ! **Voir p. 200.**

❤ **Arpenter,** voire escalader le Saussois, et explorer la géographie singulière de ce site mythique consigné dans tous les abécédaires de l'escalade française ; du sommet, superbe vue panoramique sur toute la vallée de l'Yonne. **Voir p. 402**.

❤ **S'endormir** en pleine nature, la tête dans les étoiles. L'écodomaine « La Rêverie » propose des hébergements insolites qui allient luxe et respect de l'environnement. **Voir p. 297.**

Nos coups de cœur

Rolampont, Parc national de Forêts.
P. Witt/hemis.fr

❤ **Se prendre pour** un singe ou une cigogne noire en grimpant aux arbres au cœur du Parc national de Forêts, en compagnie d'un guide chevronné et sans laisser de trace derrière soi ! **Voir p. 468.**

❤ **S'émerveiller** devant le Puits de Moïse, chef-d'œuvre de la sculpture bourguignonne médiévale, une immense colonne hexagonale flanquée de six grandes statues. Celle de Moïse est d'un réalisme saisissant. **Voir p. 59.**

Digoin, pont-canal sur la Loire.
Ch. Guy/hemis.fr

TOP 5
Activités nature

1. Activités nautiques sur le lac des Settons (p. 241 et 268)
2. Pénichette sur le canal du Nivernais (p. 329)
3. Vélo sur la voie verte (p. 28)
4. Randonnée sur la roche de Solutré (p. 138)
5. Rando équestre en Puisaye (p. 344)

Activités nautiques au lac des Settons.
H. Lenain/hemis.fr

❤ **Rencontrer** Colette, cette singulière femme de lettres de la Belle Époque, dans sa maison natale, à St-Sauveur-en-Puisaye, et approfondir les connaissances de son œuvre au musée qui lui est dédié. **Voir p. 350.**

❤ **Revivre** l'épopée de la navigation fluviale à Digoin, en bord de Loire. Canaux, pont-canal, écluses et rivières ponctuent le paysage, prétextes à la flânerie, à pied, en vélo ou en bateau. **Voir p. 198.**

❤ **Déguster** un œuf en meurette lors des journées mondiales qui sont consacrées à cette spécialité bourguignonne, chaque année, au Clos de Vougeot. Et profiter de la beauté des lieux pour en savoir plus sur la mystérieuse confrérie des chevaliers du Tastevin. **Voir p. 77.**

❤ **Comprendre** les processus de fabrication et les mille utilisations, médicales ou cosmétiques, du cassis, baie emblématique de la Bourgogne, au Cassissium de Nuits-St-Georges, avant de déguster un kir en terrasse. **Voir p. 78.**

Le Puits de Moïse, chef-d'œuvre du sculpteur flamand Claus Sluter, détail d'un ange.
Ch. Boisvieux/hemis.fr

Nos coups de cœur

Musée de la Mine de Blanzy.

❤ **Parcourir** la Bresse bourguignonne au gré d'arrêts dans les antennes locales de son riche écomusée. L'occasion de découvrir un territoire, son histoire, son milieu naturel, ses hommes, là dans un ancien moulin, ici dans une ferme ou là encore dans une authentique imprimerie. **Voir p. 184.**

❤ **Marcher** sur les traces des gueules noires, explorer plus de 200 m de galeries, partager le quotidien des mineurs de la mine de Blanzy. Une immersion passionnante racontée par les anciens, qui ont participé à l'exploitation du charbon. **Voir p. 226.**

❤ **Remonter** le temps, image après image, au musée Nicéphore-Niépce de Chalon-sur-Saône, et comprendre les ressorts de la photographie depuis son invention jusqu'à l'image numérique. Aller ensuite tester la qualité de son appareil photo dans les rues du Vieux Chalon, pleines de vie et de charme. **Voir p. 170.**

Château de Tanlay.
J. Larrea/age fotostock

TOP 5
Châteaux

1. **Cormatin** (p. 156)
2. **Bazoches** (p. 254)
3. **Ancy-le-Franc** (p. 418)
4. **Tanlay** (p. 415)
5. **Bussy-Rabutin** (p. 451)

Musée Nicéphore-Niepce, Chalon-sur-Saône.
T. et B. Morandi/hemis.fr

Et vous, quels sont vos plus beaux souvenirs de voyage ?

Partagez-les nous sur Instagram ! Vous serez peut-être sélectionnés pour une publication dans une prochaine édition en mentionnant le # : **#coupsdecoeurGuideVertMichelin**

Nos itinéraires

6 jours

Personnalités nivernaises

En bref : 200 km marqués par métiers et ouvrages de caractère.

Ch. Guy/hemis.fr

St-Sauveur-en-Puisaye — J-1

Le matin, visite du château de St-Fargeau (**p. 346**). L'après-midi, découverte de St-Sauveur, village natal de Colette (**p. 350**). Nuit à St-Fargeau ou St-Sauveur.

Guédelon — J-2

Visite du chantier, participation à l'atelier (**p. 357**), puis parc animalier de Boutissaint (**p. 349**) ou escapade à St-Amand-en-Puisaye, village de potiers (**p. 345**). Nuit à St-Fargeau ou St-Sauveur.

Un cerf dans la forêt autour de St-Fargeau.
Ch. Lehenaff/Photononstop

Conseil : faites l'expérience de dormir dans une cabane, aux Galants (p. 356).

Clamecy — J-3

Visite de Clamecy, « capitale » du flottage de bois (**p. 331**). L'après-midi, découverte de la vallée de l'Yonne et des coteaux de Tannay (**p. 337**). Nuit à Clamecy.

Canal du Nivernais — J-4

Journée balade, à pied ou à vélo, le long du canal du Nivernais (**p. 327**). Nuit à Châtillon-en-Bazois ou Bazolles.

Nevers — J-5

Visite de la cathédrale, du musée de la Faïence et des Beaux-Arts et du palais ducal (**p. 300**). Nuit sur place.

La Charité-sur-Loire — J-6

Visite de la ville et du prieuré (**p. 314**) ; l'après-midi, escapade dans le vignoble de Pouilly-sur-Loire (**p. 319**).

5 jours

Les terres discrètes du Brionnais et du Charolais

En bref : 230 km d'une région peu connue malgré ses bijoux clunisiens.

J. Larrea/age fotostock

Mâcon J-1

Visite de Mâcon (**p. 122**) le matin ; après-midi dans le Mâconnais (**p. 130**) ou dans les vignobles de Fuissé (**p. 139**). Nuit à Mâcon.

Solutré J-2

Le matin, ascension de la roche de Solutré (**p. 138**). L'après-midi, circuit de la route Lamartine, Berzé-la-Ville (**p. 142**) et Berzé-le-Châtel (**p. 143**). Nuit dans les environs de Charlieu.

Charlieu J-3

Visite de l'abbaye bénédictine de Charlieu (**p. 208**) puis circuit des églises et châteaux en Brionnais (**p. 207**) : Iguerande et Anzy-le-Duc. Nuit à Anzy-le-Duc ou alentour (**p. 217**).

Conseil : ceux qui ont du temps pourront compléter leur visite avec le musée de la Soierie (p. 211) et le couvent des Cordeliers (p. 212).

Semur-en-Brionnais J-4

Le matin, visite de la ville (**p. 206**). Après-midi à la basilique clunisienne de Paray-le-Monial (**p. 192**). Nuit à Paray-le-Monial.

Conseil : le mercredi, ne manquez pas le marché aux bovins de St-Christophe-en-Brionnais.

Cluny J-5

Le matin, visite de l'abbaye de Cluny et de la vieille ville (**p. 146**). L'après-midi, retour sur Mâcon en faisant le détour par le château de Cormatin (**p. 156**).

Roche de Solutré.
phbcz/Getty Images Plus

Nos itinéraires

5 jours

Découverte de la vallée de l'Ouche

En bref : 200 km de la vallée de l'Ouche à la côte de Nuits.

A. Soumillard/hemis.fr

Dijon — J-1

Le matin, découverte du musée des Beaux-Arts (**p. 44**) ; l'après-midi, balade dans le quartier Notre-Dame (**p. 47**) puis visite du Puits de Moïse (**p. 59**). Nuit sur place.

Vallée de l'Ouche — J-2 & 3

Le matin, visite du château de Commarin puis baignade au lac de Panthier (**p. 104**). L'après-midi, vol en montgolfière à Chailly-sur-Armançon. Le lendemain, vélo, balade ou croisière sur l'Ouche à Cap Canal (**p. 108**). Nuits à Châteauneuf-en-Auxois ou alentour (**p. 108**).

Conseil : avec les enfants, prenez le chemin de fer entre Bligny-sur-Ouche et Pont-d'Ouche (p. 108).

Les Hospices de Beaune.
Leonid Andronov/Getty Images Plus

Beaune — J-4

Visite des hospices (**p. 89**) et de la ville ; pique-nique au parc de la Bouzaise (**p. 96**). L'après-midi, tour des remparts et visite de la moutarderie Fallot (**p. 96**). Nuit sur place.

La route des Grand Crus de Bourgogne — J-5

Visite de quelques domaines. Sur la côte de Nuits (**p. 72**) : Gevrey-Chambertin, Clos de Vougeot, Nuits-St-Georges. Sur la côte de Beaune (**p. 79**) : Aloxe-Corton, Savigny-lès-Beaune, Meursault. Possibilité de faire la route des grands crus à pied ou à vélo (deux itinéraires doublent la route). Retour à Dijon.

7 jours

Perles en Auxois et en Auxerrois

En bref : 220 km de vignobles, vergers et cités de caractère.

Borisb17/Getty Images Plus

Auxerre J-1

Le matin, visite de la ville (**p. 387**) ; l'après-midi, découverte des villages viticoles de Coulanges-la-Vineuse, Irancy et St-Bris-le-Vineux (**p. 397**).

Chablis J-2

Le matin, visite de l'abbaye de Pontigny (**p. 383**). Balade dans les vignobles de Chablis (**p. 411**) l'après-midi.

Châtillon-sur-Seine J-3

Le matin, sur la route vers le Parc national de Forêts, visite du château d'Ancy-le-Franc (**p. 418**) ou de Tanlay (**p. 415**). L'après-midi, balade à Châtillon-sur-Seine (**p. 460**).

Parc national de Forêts J-4

Journée nature dans le parc (**p. 463**). Nuit à Châtillon-sur-Seine.

Fontenay J-5

Visite de l'abbaye (**p. 430**) et de la Grande Forge de Buffon (**p. 436**).

Flavigny-sur-Ozerain J-6

Balade dans le village le matin (**p. 454**) ; MuséoParc Alésia (**p. 447**) et Alise-Ste-Reine (**p. 448**) l'après-midi.

Semur-en-Auxois J-7

Découverte de Semur-en-Auxois (**p. 439**) le matin. L'après-midi, visite du château de Bussy-Rabutin (**p. 451**), puis de la fromagerie Berthaut à Époisses (**p. 446**).

Centre d'interprétation, conçu par Bernard Tschumi urbanistes Architectes, au MuséoParc Alésia.
C. Richters/B. Tschumi Architects

Nos itinéraires

6 jours

Côte chalonnaise

En bref : 200 km le long de la Saône à travers vignobles et voie verte.

G. Gerault/hemis.fr

Chalon-sur-Saône J-1

Chemin de l'Orbandale et visite du musée Nicéphore-Niépce (**p. 170**) le matin puis musée Denon l'après-midi (**p. 175**). Nuit à Chalon.

Côte chalonnaise J-2

Découverte de la côte chalonnaise et de ses bons crus via la voie verte et le canal du Centre : Rully, Chagny, St-Léger-sur-Dheune, Mercurey, Germolles, Givry (**p. 176**). Nuit à Chalon.

Musée Greuze, l'apothicairerie.
T. Deschamps/hemis.fr

St-Gengoux-le-National J-3 & 4

Ce joli village est une base idéale pour rayonner à pied ou à vélo le long de la voie verte (**p. 159**). Vingt-huit boucles possibles ! Nuit sur place.

Conseil : vous trouverez à St-Gengoux tous les renseignements pour organiser votre virée à vélo.

Cormatin J-5

Le matin, visite du fabuleux château de Cormatin aux décors du 17e s. (**p. 156**) ; après-midi à Brancion (**p. 133**). Nuit à Tournus (**p. 169**).

Tournus J-6

Visite de Tournus et de l'Hôtel-Dieu-Musée Greuze (**p. 164**) le matin. Après-midi détente à la réserve naturelle de La Truchère Ratenelle (**p. 166**). Nuit à Tournus.

Conseil : si vous disposez d'une journée supplémentaire, vous pouvez longer la Saône par la Voie Bleue *via Sennecey-le-Grand (p. 169).*

7 jours

Nature et découvertes en Morvan

En bref : 250 km pour se ressourcer entre lacs et forêts.

Florent MARTIN/Getty Images Plus

Vézelay J-1

Visite de la basilique et du village (**p. 242**). Nuit sur place.

Bazoches J-2

Visite du château (**p. 254**) et panorama du mont de la Justice (**p. 251**). Nuit au lac des Settons (**p. 269**).

Lac des Settons J-3

Journée activités au lac (**p. 268**) et nuit sur place.

Château-Chinon J-4

Le matin, visite de la ville (**p. 277**) ; l'après-midi, le mont Beuvray : oppidum et musée de Bibracte (**p. 271**). Nuit aux alentours (**p. 276**).

Bibracte J-5

Gorges de la Canche (**p. 274**) et maison des Galvachers à Anost (**p. 274**) le matin; Alligny-en-Morvan et son musée des Nourrices et des Enfants de l'Assistance publique (**p. 267**) l'après-midi. Nuit à Saulieu (**p. 268**).

Saulieu J-6

Le matin, découverte de Saulieu et du musée François-Pompon (**p. 263**) ; l'après-midi, la maison du Parc et son musée de la Résistance puis Quarré-les-Tombes (**p. 266**). Nuit à Avallon (**p. 262**).

Avallon J-7

Découverte de la ville fortifiée (**p. 256**) et du musée de l'Avallonnais Jean-Desprès et circuit dans la vallée du Cousin (**p. 260**).

Château de Bazoches.
Ph. Blanchot/hemis.fr

Nos itinéraires

9 jours

Sur les pas des moines cisterciens

En bref : 500 km jalonnés d'abbayes grandioses.

bluejayphoto/Getty Images Plus

Cluny — J-1

Visite des vestiges de l'abbaye de Cluny (**p. 146**), l'une des capitales spirituelles de la chrétienté, le matin, et de l'église abbatiale St-Philibert à Tournus (**p. 161**) l'après-midi. Nuit sur place.

Chalon-sur-Saône — J-2

Visite du musée Nicéphore-Niépce (**p. 170**) le matin puis promenade autour de l'ancien couvent des Cordeliers (**p. 173**). L'après-midi, visite et dégustation au Clos de Vougeot (**p. 76**). Nuit aux alentours de Cîteaux (**p. 117**).

Cîteaux — J-3

Visite de l'abbaye de Cîteaux (**p. 114**), berceau de l'ordre cistercien, le matin, et de l'abbaye de La Ferté l'après-midi (**p. 177**). Nuit à Dijon (**p. 66**).

Dijon — J-4

Le matin, visite du musée des Beaux-Arts (**p. 44**). Après-midi : balade en ville et visite du Musée archéologique, dans l'abbaye St-Bénigne (**p. 56**). Nuit à Dijon.

Fontenay — J-5

Découverte de l'abbaye de Fontenay (**p. 430**). La suite de la journée sera consacrée aux villages de Semur-en-Auxois (**p. 439**) et de Flavigny-sur-Ozerain (**p. 454**). Nuit aux alentours (**p. 459**).

Pontigny — J-6

Le matin, visite de Pontigny (**p. 383**) et de Quincy (**p. 416**). Balade dans le vignoble chablisien et découverte de Noyers-sur-Serein (**p. 422**), l'après-midi. Nuit à Chablis (**p. 414**).

Auxerre — J-7

Le matin, découverte de la ville d'Auxerre et visite de l'abbaye St-Germain (**p. 387**). Après-midi dans les villages viticoles de l'Auxerrois : Coulanges-la-Vineuse, St-Bris-le-Vineux (**p. 397**). Nuit sur place.

Conseil : au printemps, balade parmi les cerisiers en fleurs dans le vignoble.

Vézelay J-8

Vallée de la Cure (**p. 398**) et abbaye de Reigny (**p. 399**) le matin. L'après-midi, découverte de la basilique Ste-Marie-Madeleine de Vézelay (**p. 242**). Nuit sur place.

La Charité-sur-Loire J-9

Visite de la cité monastique (**p. 314**) le matin. Pouilly-sur-Loire et son vignoble (**p. 318**) l'après-midi.

Chapiteau de Vézelay.
Kloeg008/Getty Images Plus

Moine dans le cloître de l'abbaye de Citeaux.
F. Charel/hemis.fr

En 3 étapes

Le canal de Bourgogne

En bref: 79 km de Tonnerre à Alésia.

N. Thibaut/Photononstop

De Tonnerre à Chassignelles 26 km

Pour profiter des jolis villages et des sites incontournables de cette étape, mieux vaut démarrer tôt afin de pédaler en douceur sur la voie verte et plate le long des berges du canal, en suivant de près l'Armançon. Pour cette étape, vélo rime avec châteaux : deux des plus beaux châteaux de Bourgogne, tous deux Renaissance, Tanlay (voir **p. 415**) puis Ancy-le-Franc (voir **p. 418**), vous attendent à quelques dizaines de mètres du canal. Pour reprendre des forces à Ancy-le-Franc, vous trouverez commerces alimentaires, épicerie et restaurant. Remettez-vous en selle jusqu'à Chassignelles tout proche

Infos pratiques

LOCATION DE VÉLO

Vélibourgogne – ✆ 03 86 46 24 99 - www.velibourgogne.fr. Réseau de location le long des canaux de Bourgogne avec service d'aller simple « Bike'n Drop » dans certains lieux - pour 3 j. : VTC adulte 54 €, tandem 108 € et vélo junior 27 €; sacoches 5 € la paire/j. Sur cette partie du canal de Bourgogne, points de location/retour aux offices de tourisme de Tonnerre, d'Ancy-le-Franc et de Montbard.

Ouibike – ✆ 09 50 11 00 94 - www.ouibike.net. Location + livraison à Tonnerre sur réservation.

OÙ DORMIR ?

Voir les carnets d'adresse de Tonnerre (**p. 410**), Ancy-le-Franc (**p. 421**) et Montbard (**p. 438**).

ET POUR LE RETOUR ?

À la fin du parcours, d'Alésia, 2 options : retourner à vélo via le canal au point de location Vélibourgogne de Montbard (1h15 env.) ou prendre le TER à la gare de Venarey-les-Laumes-Alésia pour revenir à Tonnerre.

Pour les horaires et les conditions de transport des vélos consultez le site m.ter.sncf.com/bourgogne-franche-comte.

Pour télécharger le tracé GPX du circuit, flashez ce QR code. Ouvrez le fichier téléchargé à partir d'une application GPX et laissez-vous guider !

Tonnerre.
dpe123/Getty Images Plus

où vous découvrirez la charmante église romane St-Jean-Baptiste. Vous pourrez rester dormir dans ce village.

Conseil : si vous êtes à Tonnerre un samedi, faites un tour aux halles où se tient le marché en vue d'un pique-nique.

De Chassignelles à Montbard 38 km

C'est reparti pour une étape un peu plus longue et tout aussi riche en visites ! Commencez par rouler environ 8 km pour une première halte au château de Nuits (voir **p. 421**). Une douzaine de kilomètres jusqu'à Buffon et vous poserez votre vélo pour visiter la Grande Forge (voir **p. 436**). À Montbard, 6 km plus loin, on peut également découvrir le parc et le musée dédiés au célèbre naturaliste (voir **p. 434**). Et bien sûr, vous pourrez aussi y faire la pause déjeuner ! Poursuivez le long du canal jusqu'à Nogent-lès-Montbard où vous bifurquez en suivant une ancienne voie ferrée spécialement aménagée pour les vélos. Cet écart permet de rejoindre la remarquable abbaye de Fontenay (voir **p. 430**), à 20mn du canal sur un parcours plat, en suivant les panneaux indicateurs. Revenez à Montbard pour un repos bien mérité !

De Montbard à Venarey-les-Laumes 15 km

Reprenez votre route le long du canal pour pédaler environ 1h jusqu'à Venarey-les-Laumes, bourgade nichée au pied du mont Auxois et dotée d'un petit port fluvial. Vous êtes sur la voie qui mène au fameux site d'Alésia : le MuséoParc (voir **p. 447**) est à moins de 10mn par la piste, puis une route plate. Une étape courte car la visite du site vous prendra 2h.

Conseil : pas de souci pour garer votre monture, le Muséoparc est Labellisé « Accueil vélo » ! Et vous pourrez déjeuner au restaurant.

L'itinéraire Le Tour de Bourgogne à vélo (V51) suit le canal de Bourgogne d'Auxerre à Dijon. D'Alésia, vous pourrez donc poursuivre votre route jusqu'à Dijon (env. 100 km de plus).

En 3 étapes

La voie verte

En bref: 82 km de Mâcon à Chalon-sur-Saône.

eli77/Getty Images Plus

Conseil : venez entre début avril et mi-octobre, car en dehors de cette période, le tunnel du Bois Clair est fermé et oblige à un contournement de 4 km.

De Mâcon à Cluny 27 km

D'abord plane, la voie verte traverse bientôt des paysages tourmentés : on aperçoit à gauche un beau panorama, avec une succession d'escarpements recouverts de roche cristalline, parmi lesquels on reconnaît la fameuse roche de Solutré. Sur la droite, on rencontre très vite les vignes du Mâconnais. Près de la forteresse de Berzé-le-Châtel (voir **p. 143**), la voie verte conquiert un petit tronçon de l'ancienne voie ferrée, avec le tunnel du Bois clair (1,6 km), aménagé pour le passage des cyclistes et la protection des chauves-souris, qui évite un contournement escarpé d'environ 5 km. À la sortie du tunnel, la voie verte retrouve un tracé sinueux jusqu'à Cluny (voir **p. 146**), où vous visiterez l'abbaye pour finir la journée.

Infos pratiques

LOCATION DE VÉLO

Vélo-gare – 2727 rte de Davayé - Charnay-lès-Mâcon - ✆ 03 85 21 07 14 - www.velo-gare.com - de mi-avr. à fin sept. : merc.-dim. 9h-12h30, 13h30-18h - réserv. obligatoire - VTC/VAE 18/40 €/j et sacoche 12 €/j. Situé sur la voie verte, ce relais de l'office du tourisme loue VTC et vélos électriques.

OÙ DORMIR ?

Voir les carnets d'adresse de Mâcon (p. 129), Cluny (p. 155), Château de Cormatin (p. 160) et Chalon (p. 182).

ET POUR LE RETOUR ?

À la fin du parcours, rentrer à Mâcon en TER.

Pour les horaires et les conditions de transport des vélos consultez le site m.ter.sncf.com/bourgogne-franche-comte.

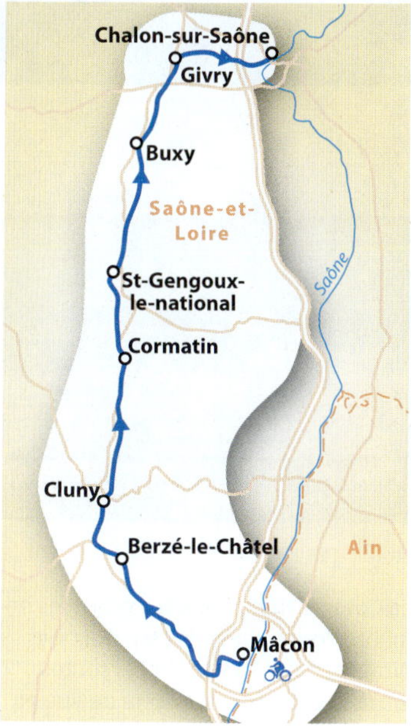

Conseil : l'abbaye ferme à 17/18h. Si vous arrivez trop tard, reportez la visite au lendemain matin, 9h30.

De Cluny à St-Gengoux-le-National 24 km

De Cluny à Cormatin, la voie verte est parfaitement plane ; chevaux, vaches et taureaux paissent à proximité. La promenade devient familiale : elle est d'ailleurs plus fréquentée, presque jusqu'à l'encombrement en été. Mais on y passe, en toute saison, à vélo, à rollers ou à pied. Il n'est pas rare de croiser en chemin des marcheurs en route vers St-Jacques, via Le Puy-en-Velay, venant parfois même d'Allemagne. Rejoignez le château de Cormatin (voir **p. 156**), tout proche. Quittez Cormatin par la voie verte pour rejoindre Malay et son église romane. Remettez-vous en selle pour parcourir 5 km jusqu'à St-Gengoux-le-National dont le

Voie verte, près de Berzé-le-Châtel.
Ch. Goupi/age fotostock

bourg médiéval mérite une halte (voir **p. 159**).

Conseil : si vous êtes en jambes, vous pourrez faire une des 13 boucles balisées au départ de St-Gengoux !

De St-Gengoux-le-National à Chalon-sur-Saône 31 km

En passant par Étiveau et ses vignobles, suivant le tracé de l'ancienne voie ferrée, vous atteignez Buxy, où vous prendrez le temps d'apprécier son vieux bourg et ses anciennes maisons vigneronnes et pourrez vous rendre à Cave des Vignerons (voir **p. 528**). Offrez-vous une dernière halte à Givry (voir **p. 176**) avant de rejoindre Chalon-sur-Saône (voir **p. 170**), où se termine cet agréable circuit de découverte.

Conseil : amateur de photographie ou non, prenez le temps de visiter le riche et instructif Musée Nicéphore-Niépce (l'inventeur du procédé).

En 3 étapes

La route des Grands Crus

En bref: 75 km de Dijon à Santenay.

Gael Fontaine/Getty Images Plus

Conseil : pour bien commencer, visitez la Cité internationale de la gastronomie et du vin à Dijon.

De Dijon à Nuits-St-Georges 28 km

La véloroute Le Tour de Bourgogne à vélo (V51) traverse l'un des plus célèbres vignobles du monde : la Côte de Nuits, avec ses parcelles en pente douce plantées de pinot noir. Vous pédalez sur de petites routes au milieu de vignes à perte de vue et traversez plusieurs villages aux noms évocateurs : Gevrey-Chambertin (voir **p. 76**), Clos de Vougeot (voir **p. 76**), Romanée-Conti pour faire étape dans la coquette Nuits-St-Georges (voir **p. 77**). L'itinéraire bien fléché présente

Infos pratiques

LOCATION DE VÉLO

Bourgogne Évasion – À Dijon et Beaune - ✆ 03 80 26 17 12 - bourgogne-evasion.fr. Location de VTC/VAE 50 €/120 € pour 3 j.; sacoche 2 €/j. Possibilité de louer son vélo à Dijon et de le laisser à Beaune (si vous voulez vous limiter à 2 j.).

La Vélo Vie – 32 av. Victor Hugo - Dijon - ✆ 06.13.89.53.61 - www.lavelovie.com - VTC 50 € pour 3 j.

Les 2 roues électriques – 13 av. Jean-Jaurès - ✆ 03 80 46 12 36 - www.les-2-roues-electriques.fr - VTC/VAE 37/59 € pour 3 j. et sacoche 1 €/j.

OÙ DORMIR ?

Voir les carnets d'adresse de Beaune (**p. 101**) et Route des Grands Crus (**p. 86**).

ET POUR LE RETOUR ?

À la fin du parcours, pour retourner à Dijon, prendre le TER à Santenay-les-Bains, jusqu'à Dijon avec un changement à Chagny; ou poursuivre à vélo vers Chagny (trains plus fréquents, directs jusqu'à Dijon).

Pour les horaires et les conditions de transport des vélos consultez le site m.ter.sncf.com/bourgogne-franche-comte.

Pour télécharger le tracé GPX du circuit, flashez ce QR code. Ouvrez le fichier téléchargé à partir d'une application GPX et laissez-vous guider !

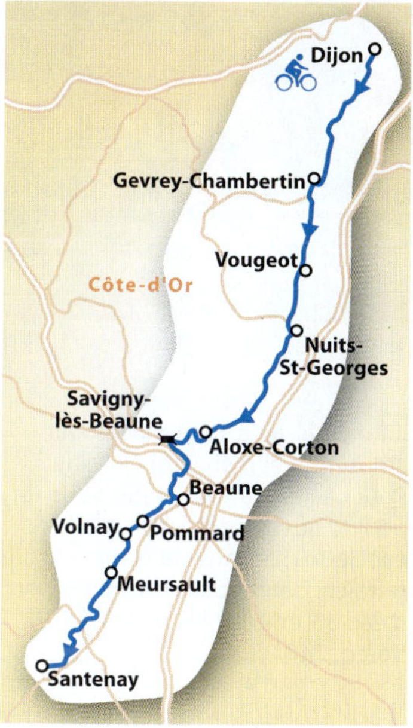

un léger dénivelé. La circulation est assez limitée, mais restez vigilant.

De Nuits-St-Georges à Beaune 26 km

Une dizaine de kilomètres environ après Nuits, on quitte la Côte de Nuits pour entrer dans la Côte de Beaune, connue pour produire de grands vins blancs, mais aussi d'excellents vins rouges. Les vignes sont un peu vallonnées par endroits, mais l'itinéraire ne présente pas de grosses difficultés et reste accessible à tous. Abandonnez un moment votre deux-roues pour une dégustation, à Aloxe-Corton (voir **p. 79**) ou au château de Savigny-lès-Beaune (voir **p. 97**). Remettez-vous en selle, Beaune (voir **p. 88**) n'est plus qu'à 8 km.

Conseil : visitez les hospices de Beaune avant de poursuivre votre périple, et si vous passez en été, faites aussi un saut à la Maison des Climats.

De Beaune à Santenay 21 km

Pour cette dernière et courte étape, après une balade à pied dans Beaune, vous suivez la Voie des Vignes, qui s'épanouit en plein cœur de la Côte de Beaune, le long de petites routes, légèrement vallonnées, et empruntées uniquement par les viticulteurs. Vous pédalez donc dans un environnement paisible et profitez de pauses et de rencontres-dégustations dans de charmants villages : Pommard, Volnay et Meursault (voir **p. 80**). Votre périple s'achève au village de Santenay (voir **p. 82**), renommé pour son savoir-faire à la fois thermal et vinicole.

Conseil : vous pouvez poursuivre vers Chagny, 5 km plus loin, par la voie verte le long du canal du Centre pour prendre le TER du retour.

Véloroute en Bourgogne.
dpe123/Getty Images Plus

Nos spots en famille

© Sonia BLANC/MuséoParc Alésia

MuséoParc Alésia.

Tout au long du guide, ce symbole vous aidera à repérer les sites ou activités qui intéresseront les enfants.

▸ Tous à la Cité de la gastronomie et du vin. Le nouvel équipement phare de Dijon dédié à l'art de vivre à la française va sans nul doute devenir une étape incontournable des familles. Pour les plus jeunes, c'est « En cuisine » que ça se passe, où le défi sera la préparation interactive d'une spécialité bourguignonne en un temps limité. Pendant que les plus grands auront largement de quoi faire, entre expositions, ateliers, boutiques et dégustations. **Voir p. 58**.

▸ Escapade à vélo au fil des canaux. Faible dénivelé, voies vertes ou chemins de halage aménagés et ports bien équipés : pédaler sur les bords des canaux de Bourgogne et du Nivernais ne nécessite pas forcément d'avoir les mollets très affûtés. De la balade de quelques heures au circuit de plusieurs jours, ces itinéraires sont jalonnés d'écluses où vous pourrez faire une pause, histoire de voir passer les bateaux, et de plans d'eau où pratiquer des activités nautiques. **Voir p. 26 et 327**.

▸ E-randonnée dans le massif du Morvan. Avec 3 500 km de chemins balisés, vous ne savez par quoi commencer ? Le Parc naturel régional recense les sentiers de découverte pour explorateurs en herbe et propose des parcours numériques et interactifs, les e-randonnées, qui amuseront et motiveront la tribu. Pour pallier toute lassitude, vous pouvez aussi ponctuer la balade de cueillettes sauvages et de haltes rafraîchissantes dans les points d'eau qui émaillent le massif. **Voir p. 240**.

▸ La vigne et le vin, version ludique. Aux portes de Mâcon, le hameau Dubœuf est un vaste parc à thème sur le vin à destination du grand public. Ses nombreux espaces expliquent de manière pédagogique l'histoire de la culture de la vigne, la géologie, les cépages et les techniques de vinification. Les enfants y trouveront largement leur compte : expérience immersive, film en 3D, cinéma dynamique. Sans compter un voyage en train et des activités en plein air. **Voir p. 125**.

▸ Balade avec un âne en pays châtillonnais. Collines et forêts regorgent de chemins qu'il est agréable de parcourir à pied… Pourquoi pas en compagnie d'un âne qui peut porter les bagages ou les enfants ? Les âniers vous indiqueront les itinéraires les plus adaptés à leurs âges, de la balade à la demi-journée à la randonnée sur 5 ou 6 jours à travers la Bourgogne. **Voir p. 467**.

▸ Au temps des bâtisseurs du Moyen Âge à Guédelon.

Mieux que la visite d'un château fort, proposez-leur d'arpenter son chantier de construction, mené selon les moyens et les techniques de l'époque ! La quarantaine d'artisans qui œuvrent sur ce projet fou vous livreront de nombreux secrets sur leurs métiers et savoir-faire. Des animations nombreuses rythment la journée. Une expérience hors du temps, aussi pédagogique que ludique. **Voir p. 357**.

Prévoyez la journée pour avoir le temps d'échanger avec tous les artisans et de participer à l'atelier.

▸ Reconstitution historique au MuséoParc Alésia.

Aux côtés de Vercingétorix et de César, des guerriers gaulois et des légionnaires romains, vous revivez l'une des batailles les plus symboliques de notre histoire : le siège d'Alésia. Maquettes, dispositifs interactifs, films, bornes multimédias, reconstitutions de machines de guerre et animations, puis visite du site archéologique en réalité augmentée avec une tablette vous propulsent en 52 av. J.-C. **Voir p. 447**.

▸ Féerie nocturne au château de St-Fargeau.

Que ce soit pour la visite à la lueur des chandelles proposée par une vingtaine de personnages costumés ou, plus magique encore, à l'occasion du grandiose spectacle historique animé par 600 acteurs, 50 cavaliers et force effets spéciaux, voilà une soirée que petits et grands ne sont pas prêts d'oublier ! **Voir p. 346**.

▸ Visite gourmande à la fabrique d'anis de Flavigny.

De délicats effluves anisés vous chatouillent les narines dès la porte franchie et vous accompagnent tout au long de la visite : atelier de dragéification, laboratoire des arômes et, bien sûr, dégustation au café des Anis, invitent aux plaisirs des sens et comblent petits et grands gourmands. **Voir p. 454**.

▸ En équilibre sous les voûtes de la Collancelle.

Entre l'étang de Baye et le hameau de Port-Brûlé, trois tunnels ont été creusés dans la montagne de La Collancelle pour permettre le passage du canal. Invisibles du chemin de halage, ces galeries ne sont accessibles que par voie d'eau. L'occasion d'une sortie sportive en paddle au cœur d'une végétation luxuriante. **Voir p. 330**.

Activité à partir de 12 ans.

Vous avez vécu une super expérience en famille ?

Partagez-la nous sur Instagram ! Vous serez peut-êtresélectionnés pour une publication dans une prochaine édition en mentionnant le # : **#enfamilleGuideVertMichelin**

Balade avec un âne.
michelangeloop/Getty Images Plus

Dijon à travers des vitraux.
A. Pistolesi/hemis.fr

DÉCOUVRIR LA BOURGOGNE

Dans une rue de Dijon.
Evgeniia Ozerkina/Getty Images Plus

1

Dijon
et la route des Grands Crus de Bourgogne

CARTE MICHELIN DÉPARTEMENTS 320 – CÔTE-D'OR (21), SAÔNE-ET-LOIRE (71)

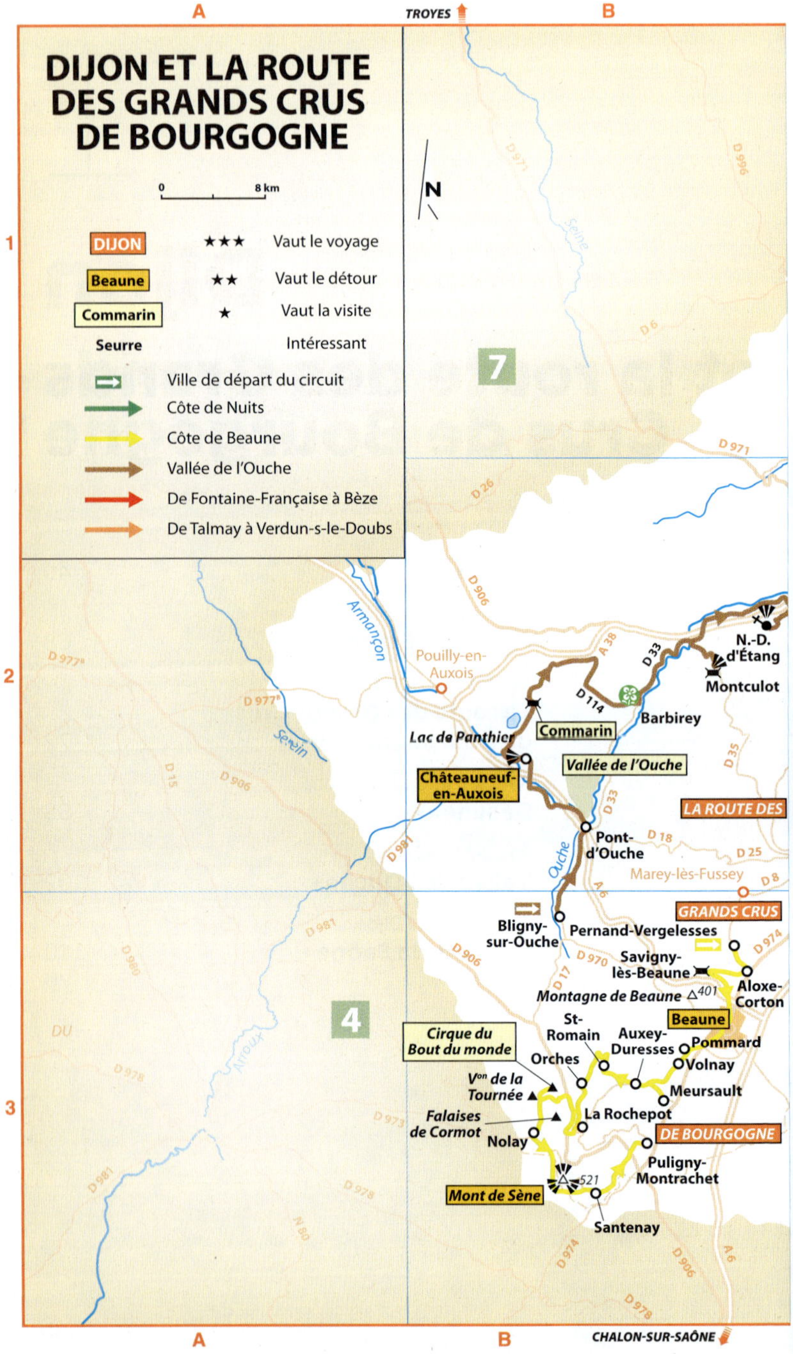
DIJON ET LA ROUTE DES GRANDS CRUS DE BOURGOGNE
0 8 km
DIJON ★★★ Vaut le voyage
Beaune ★★ Vaut le détour
Commarin ★ Vaut la visite
Seurre Intéressant
Ville de départ du circuit
Côte de Nuits
Côte de Beaune
Vallée de l'Ouche
De Fontaine-Française à Bèze
De Talmay à Verdun-s-le-Doubs
TROYES
CHALON-SUR-SAÔNE
N
7
4
Armançon
Serein
Seine
Ouche
Arroux
Pouilly-en-Auxois
Lac de Panthier
Commarin
Châteauneuf-en-Auxois
Vallée de l'Ouche
Barbirey
N.-D. d'Étang
Montculot
Pont-d'Ouche
Marey-lès-Fussey
LA ROUTE DES
GRANDS CRUS
DE BOURGOGNE
Bligny-sur-Ouche
Pernand-Vergelesses
Savigny-lès-Beaune
Aloxe-Corton
Montagne de Beaune 401
Beaune
St-Romain
Auxey-Duresses
Pommard
Volnay
Meursault
Orches
Cirque du Bout du monde
Von de la Tournée
Falaises de Cormot
La Rochepot
Nolay
Puligny-Montrachet
Mont de Sène
521
Santenay
D 971
D 996
D 6
D 26
D 906
D 977bis
D 15
D 981
D 33
D 114
A 38
D 35
D 18
D 25
D 8
A 6
D 970
D 17
D 974
D 973
D 978
N 80
D 980
DU

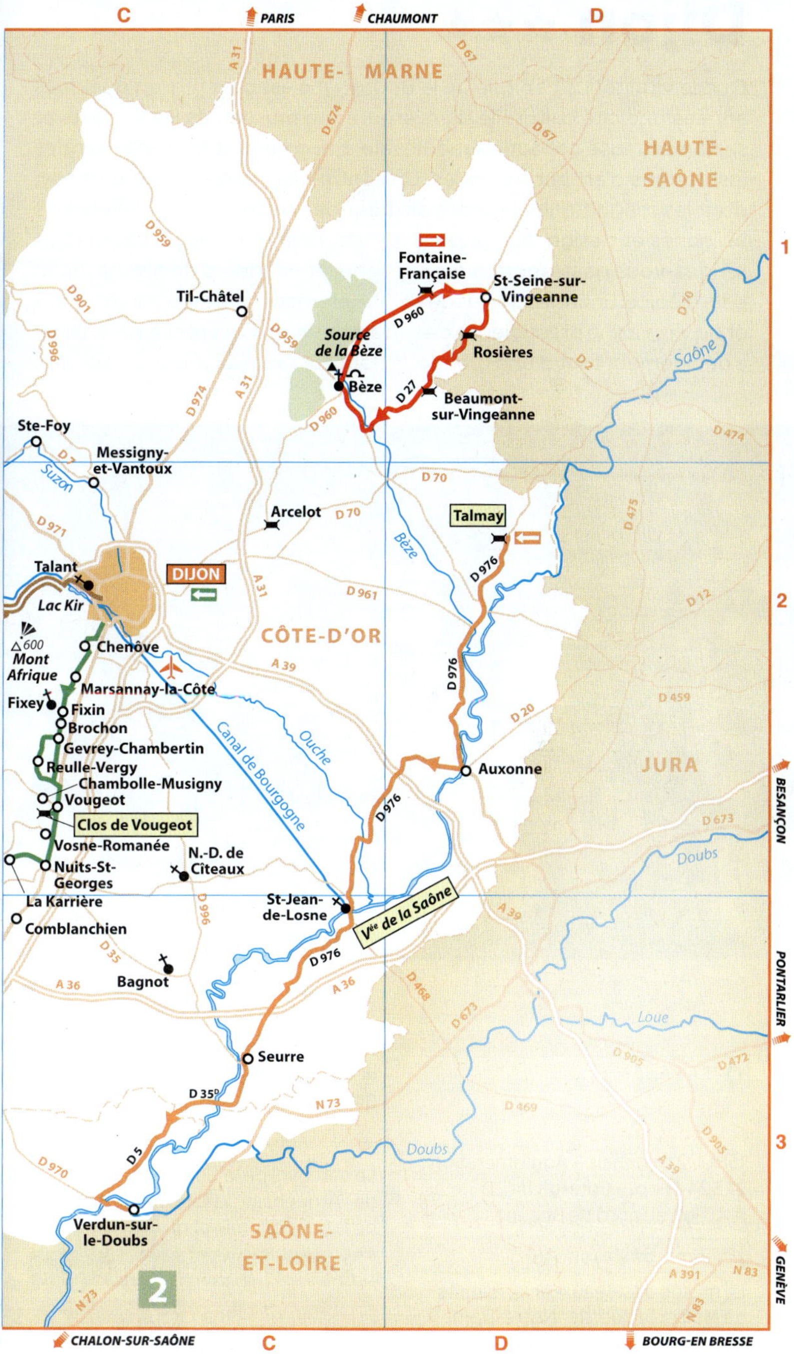
C
PARIS
CHAUMONT
D
HAUTE-MARNE
HAUTE-SAÔNE
Fontaine-Française
St-Seine-sur-Vingeanne
Til-Châtel
Source de la Bèze
Bèze
Rosières
Beaumont-sur-Vingeanne
D 960
D 27
Saône
Ste-Foy
Messigny-et-Vantoux
Suzon
Arcelot
Talmay
Bèze
Talant
DIJON
Lac Kir
600
Mont Afrique
Chenôve
Marsannay-la-Côte
Fixey
Fixin
Brochon
Gevrey-Chambertin
Reulle-Vergy
Chambolle-Musigny
Vougeot
Clos de Vougeot
Vosne-Romanée
Nuits-St-Georges
La Karrière
Comblanchien
N.-D. de Cîteaux
CÔTE-D'OR
Canal de Bourgogne
Ouche
Auxonne
JURA
BESANÇON
Doubs
St-Jean-de-Losne
Vée de la Saône
Bagnot
PONTARLIER
Loue
Seurre
Doubs
Verdun-sur-le-Doubs
SAÔNE-ET-LOIRE
GENÈVE
2
CHALON-SUR-SAÔNE
BOURG-EN BRESSE
1
3

Dijon ★★★

Quelle vitalité ! La capitale de la Bourgogne est devenue en quelques années une cité culturelle d'envergure : un musée des Beaux-Arts et sa somptueuse collection médiévale, qui compte parmi les grandes institutions d'art européennes. Un centre-ville, largement piétonnier, dont les magnifiques façades abritent des restos, bars et boutiques branchés et design, aux plus classiques, néanmoins incontournables rendez-vous gastronomiques : cavistes et vendeurs de moutarde et pain d'épice. Enfin, les portes de sa Cité internationale de la gastronomie et du vin, vitrine prestigieuse de son art de vivre, s'ouvrent à vous. Dijon a décidément tout d'une grande, la douceur bourguignonne en prime !

Place Notre-Dame.
Ph. Michel/age fotostock

Se repérer

CARTE P. 38-39 (C2) -
PLAN DE DIJON P. 50-51.

158 002 Dijonnais – Agglomération 243 244 hab. – Côte-d'Or (21)
À 40 km au nord de Beaune.

À ne pas manquer

Le musée des Beaux-Arts ; le puits de Moïse ; le quartier Notre-Dame ; la Cité internationale de la gastronomie et du vin.

En famille

Le parcours de la Chouette ; le jardin de l'Arquebuse ; la Cité internationale de la gastronomie et du vin.

Carnet pratique p. 62

Nos adresses p. 62

Nous vous conseillons vivement de commencer la visite par le palais des Ducs et des États de Bourgogne, berceau des grands ducs d'Occident. Il accueille le musée des Beaux-Arts, parfaite entrée en matière de l'histoire bourguignonne.

★★ Palais des Ducs et des États de Bourgogne

PLAN P. 50-51 CD2

Les bâtiments du palais ont été construits entre le 14e s. et le 19e s. Malgré une régularité classique qui leur a été imposée à la fin du 17e s. sous la direction de l'architecte royal Jules Hardouin-Mansart, les édifices témoignent des multiples fonctions auxquelles ils ont été assignés : résidences des ducs de Bourgogne, siège du gouverneur de la province sous l'Ancien Régime, école de dessin à l'origine du musée, enfin mairie de Dijon. Le palais, dominé par la tour Philippe-le-Bon, abrite aujourd'hui l'hôtel de ville et le musée des Beaux-Arts. La façade arrière, de style flamboyant, est visible du côté du square des Ducs-de-Bourgogne.
Pénétrez dans la cour d'honneur et approchez-vous des grilles.

Cour d'honneur

Le palais abrite, à gauche, l'ensemble des services de l'hôtel de ville, et à droite, le musée des Beaux-Arts. Au fond, le logis du roi, bel ensemble aux grandes lignes horizontales délimité par les deux ailes en équerre, dominé par la tour Philippe-le-Bon, est dû à l'architecte lyonnais Jean Poncelet.

1

Tour Philippe-le-Bon

08 92 70 05 58 - www.destinationdijon.com - visite guidée sur réserv. auprès de l'office de tourisme - 5 € (-18 ans 3 €).
Achevée au 15e s. par Philippe le Bon, en même temps que le logis ducal, cette tour haute de 46 m et de 7 étages a fière allure. Avec pour fonction première l'habitation et l'accès aux chambres, la tour était aussi le symbole du prestige des ducs. La montée des 360 marches est ponctuée d'arrêts sur 3 paliers pour observer des frises et culots sculptés, aux emblèmes de Philippe le Bon et de la chevalerie de la Toison d'or. De la terrasse, on découvre une exceptionnelle **vue★** à 360° sur la ville, les vallées de l'Ouche et de la Saône, et les premiers contreforts du Jura. On peut distinguer la frontière entre le vieux Dijon et les nouveaux quartiers, entre les ruelles sinueuses cerclées par l'ancien castrum, et les voies urbaines rectilignes. Deux tables d'interprétation permettent d'identifier les nombreux espaces monastiques, les immeubles haussmanniens et les hôtels parlementaires, dans une belle harmonie de matériaux à l'éclat unique.
Par le passage couvert à gauche de la cour d'honneur, gagnez la cour de Flore.

Cour de Flore

Les bâtiments qui l'entourent ont été terminés peu avant la Révolution. À l'angle nord-est se situe la **chapelle des Élus**, à laquelle on accède par l'**office de tourisme** *(11 r. des Forges)*. La décoration intérieure de la chapelle et les portes datent de l'époque de Louis XV. Elles sont dues à l'intervention de l'architecte du roi, Jacques V Gabriel. C'est ici que la messe était célébrée durant les sessions des états de Bourgogne.
Sous le porche donnant accès à la rue de la Liberté, un **magnifique escalier,** dessiné en 1735 par Jacques V Gabriel, conduit à la **salle des États**.
Regagnez la cour d'honneur pour franchir le passage voûté, en face, qui donne accès à la cour de Bar.

Dijon d'hier et d'aujourd'hui

À la croisée des routes commerciales

Dijon doit sa naissance à sa position géographique. À l'origine, la petite cité se trouvait en effet à la jonction de deux grandes voies commerçantes allant jusqu'à la Méditerranée : celle de l'étain, qui remontait vers les îles Britanniques par le sillon Rhône-Saône, et celle de l'ambre, qui arrivait de la Baltique. Ravagée par les invasions barbares, elle se retranche au 3e s. à l'abri d'un solide **castrum** gallo-romain. Son nom, *Divio*, n'est cité pour la première fois qu'au 6e s., par Grégoire de Tours. Ce nom a suscité diverses interprétations. Selon l'une d'elles, il viendrait de « *due vie* », la ville située à la jonction de deux voies...

À cette époque, la ville, florissante, a pour seigneur l'évêque de Langres. En 1016, le roi de France, **Robert le Pieux**, hérite du duché de Bourgogne et contraint l'évêque à lui céder Dijon. Pratiquement détruite en 1137 par un terrible incendie, la ville est et dotée d'une large enceinte englobant l'abbaye St-Bénigne – une enceinte qui, jusqu'au milieu du 19e s., parviendra à contenir le développement de l'agglomération. En 1187, Dijon est érigée en commune. Sous le règne des ducs capétiens, la ville est prospère, mais n'acquiert tous les attributs d'une capitale et ne connaît son véritable âge d'or qu'avec l'avènement des grands ducs d'Occident, Philippe le Hardi, Jean sans Peur, Philippe le Bon et Charles le Téméraire.

Le berceau des grands ducs d'Occident

Lorsque **Philippe le Hardi** (1342-1404) reçoit le duché de Bourgogne en apanage des mains du roi Jean le Bon, inaugurant la lignée des quatre ducs de la maison de Valois, il peut s'appuyer sur un domaine déjà fortement organisé. Mais le parlement est à Beaune ; Dijon n'accueille que la chambre des comptes. La puissance économique se concentre dans les villes du Brabant, de Flandre et d'Artois, que le duc pacifie après son mariage avec **Marguerite de Flandre**. Dijon est en quelque sorte une capitale « dynastique » où l'on naît et où l'on meurt (inhumation à la chartreuse de Champmol) : Charles le Téméraire n'y passera que quelques mois au cours de sa vie. En un siècle, les ducs, qui comptent parmi les princes les plus puissants de la chrétienté et les mécènes les plus riches, font de Dijon une ville d'art au rayonnement incontestable : le palais sert de cadre prestigieux à des réceptions fastueuses ; la Sainte-Chapelle qui le jouxte est le siège de l'ordre de la Toison d'or. L'activité manufacturière de la ville n'est pas négligeable. Le négoce prospère permet aux grands bourgeois de construire d'opulentes demeures que l'on peut encore voir rue des Forges, rue Vauban, rue Verrerie...

La capitale de la province de Bourgogne

Tout change avec le rattachement du duché à la couronne de France. L'annexion en 1477 par **Louis XI** provoque un soulèvement général, la **mutemaque**, que les troupes royales répriment. Les Dijonnais en profitent pour négocier un certain nombre de concessions, dont le maintien des états de Bourgogne (assemblée régionale des députés du clergé, de la noblesse et du tiers état) et, surtout, le transfert du parlement de Beaune à Dijon. En 1479, le roi en visite jure solennellement à St-Bénigne de « garder les franchises, libertés, immunités, droits et privilèges » dont jouissait jusqu'ici le duché. Puisque Dijon est une ville frontière, il fait néanmoins construire une forteresse (connue au 19e s. sous le nom de « château des Gendarmes »), réparer les fortifications et représenter le pouvoir royal dans le duché par un gouverneur.

Essor de la cité provinciale

Capitale administrative sous les **princes de Condé**, Dijon connaît, au 17e s., un développement urbanistique important, en dépit de la Fronde où l'entraîne le Grand Condé. L'essor se poursuit au siècle des Lumières après l'établissement de l'université (1723), la fondation de l'Académie (1725), de l'École de dessin (1766), dont les élèves les plus connus sont Rude et Prud'hon, et la création d'un diocèse (1731). **Jules Hardouin-Mansart** transforme le palais des Ducs pour y loger les états de Bourgogne. Ses membres et les parlementaires donnent à la ville sa parure de superbes hôtels particuliers de style classique. La chartreuse de Champmol est détruite pendant la Révolution. Sous l'Empire et la Restauration, la ville subit peu de changements. À partir de 1851, elle connaît un nouvel élan avec la construction de la ligne de chemin de fer Paris-Lyon-Méditerranée (PLM), au point de voir sa population doubler entre 1850 et 1892.

Le port de Dijon

À l'entrée du port, côté ville, un obélisque datant de 1780 rappelle sa création ainsi que celle d'un réseau de **1 000 km de canaux** à travers la Bourgogne. Dans l'esprit du prince de Condé, gouverneur de la province, ce réseau devait permettre de relier par voie d'eau Dijon à Paris, vers le nord, et au Bassin méditerranéen, vers le sud, et, au moyen d'une dérivation de la Saône, rejoindre la Loire par le canal du Centre, faisant ainsi le lien avec l'océan Atlantique. Cet ensemble devait s'appeler le canal des Deux-Mers, mais la Révolution limita ces ambitions. Le premier bateau atteignant Dijon par le sud arriva sous Napoléon Ier, le premier bateau venu de Paris rejoignit la ville vers 1820 seulement, et la liaison avec l'océan avorta. Sur la route de Corcelles, Gustave Eiffel, né à Dijon en 1832, en spécialiste de l'architecture métallique, avait réalisé un pont levant qui enjambait le canal. Il s'agit aujourd'hui d'un port de plaisance, dans un quartier en plein développement.

Perspectives actuelles

Dijon, l'une des 20 plus grandes villes de France, concentre environ 20 % des emplois de Bourgogne. Siège de la cour d'appel et de préfecture, pôle universitaire, la ville s'est dotée du plus grand centre commercial de Bourgogne (la Toison d'Or), d'un Zénith et d'une piscine olympique. Dijon se lance dans des projets urbains d'envergure. Depuis juillet 2015, le centre historique est classé au Patrimoine mondial de l'Unesco.

Dijon, ville gourmande

Dans cette cité de la douceur de vivre, dotée d'un patrimoine incomparable, la gastronomie tient une place de choix, notamment à l'occasion de la **Foire internationale et gastronomique de Dijon**. De nombreuses activités locales sont liées aux sciences alimentaires et culinaires, et c'est d'ailleurs sur le campus de Dijon que le **Centre européen des sciences du goût** a élu domicile. Manifestation éclatante de cet intérêt, la Cité internationale de la gastronomie et du vin, inaugurée en 2022 *(voir p. 58)*, chargée de promouvoir le « repas à la française » inscrit depuis 2010 par l'Unesco au patrimoine immatériel de l'humanité.

Cour de Bar

C'est là qu'est l'entrée principale du musée. Construite par Philippe le Hardi au 14e s., appelée alors tour Neuve, c'est la partie la plus ancienne du palais. Elle accueille la terrasse du café du musée ainsi que la boutique. Au sol, des dalles de béton ont remplacé les pavés. Le toit doré qui coiffe l'entrée du musée rappelle les rehauts dorés qui égayaient les toitures du palais au temps des ducs. Cette belle cour est dominée par la **tour de Bar,** du nom du prisonnier René d'Anjou, duc de Bar et de Lorraine, futur « roi René » enfermé en 1431 par Philippe le Bon.

Place des Ducs-de-Bourgogne

De cette petite place, on reconstitue par la pensée le palais tel qu'il se présentait à l'époque ducale. La belle façade gothique est celle de la salle des tombeaux des ducs de Bourgogne, que domine la tour Philippe-le-Bon.

★★★ Musée des Beaux-Arts

PLAN P. 50-51 D2

Palais des Ducs et des États de Bourgogne - ✆ 03 80 74 52 09 - beaux-arts.dijon.fr - ♿ - juin-sept. : tlj sf mar. 10h-18h30 ; reste de l'année : tlj sf mar. 9h30-18h - gratuit.

☺ Créé en 1799, c'est l'un des plus anciens musées de France. Le parcours, moderne et accessible à tous, avec écrans tactiles et jeux pédagogiques, présente plus de 1500 œuvres (parmi les 137 000) allant de l'Antiquité au 21e s., sur une surface d'exposition de 5 200 m^2. Prévoyez au moins 2h de visite !

Les fabuleuses **collections médiévales** sont réparties sur 3 étages (salles 2 à 14). On y découvre le Moyen Âge en Europe puis plus spécifiquement à la cour de Bourgogne (1360-1477), la plus luxueuse et cultivée de son temps : artistes et lettrés ont été accueillis et soutenus par les ducs de Bourgogne, notamment dans le cadre de la chartreuse de Champmol, véritable foyer de création artistique.

La préciosité au service de la dévotion dans la France et l'Italie gothiques sont révélées (salle 2) à travers des pièces en émail cloisonné ou champlevé, en ivoire, stéatite, bronze doré, cuivre... Autant de matières précieuses déclinées en objets de foi : remarquez l'exceptionnelle **crosse dite « de Robert de Molesme »** (12e s.).

Ne manquez surtout pas (salle 3) l'importante collection de **primitifs suisses et rhénans**, la plus riche de France, provenant pour la plupart de tableaux d'autels : le **retable de sainte Marguerite★** du maître des Ronds de Cobourg, actif à Strasbourg à la fin du 15e s., et le **retable de la Passion★★** du maître à l'Œillet de Baden (1490). Le musée possède la plus importante collection en France des œuvres de **Konrad Witz**. Observez plus particulièrement *L'Empereur Auguste et la Sibylle de Tibur.*

Dans la salle 5, la **Nativité et l'Adoration des bergers★★** (1420-1425) du **maître de Flémalle**, appelé Robert Campin, est une œuvre déterminante dans l'évolution de la peinture flamande. Maître entre autres de Rogier van der Weyden (portraitiste de Philippe le Bon), Robert Campin est, avec Jan van Eyck, le principal initiateur du réalisme flamand. Inspiré de textes bibliques et légendaires, la toile représente une Salomé inquiète, doutant de la virginité de Marie.

Au fond de la salle 5, sur votre droite, une porte s'ouvre sur la galerie de Bellegarde.

★★★ Galerie de Bellegarde (salle 6)

Cette grande salle en longueur présente quelques-unes des plus remarquables pièces du musée, à commencer par les petits **portraits** des quatre ducs de Bourgogne et d'Isabelle du Portugal (femme de Philippe le Bon). Le portrait de trois quarts de Jean sans Peur révèle l'influence des pays du Nord. Celui de son fils Philippe le Bon, réalisé par l'atelier de Rogier van der Weyden (vers 1445), le montre vêtu de noir (il imposa le port du noir à la Cour après la mort de son père). L'ordonnance qu'il tient entre ses doigts, presque religieusement, symbolise son pouvoir, que l'on pourrait facilement imaginer d'essence divine.

★★★ **Retables** – Leur richesse, la précision du travail et leur parfaite conservation en font de véritables chefs-d'œuvre. Conçus pour orner la chartreuse de Champmol, ils invitaient à la prière, en offrant une vision éblouissante de l'histoire du Christ et des saints. Ils furent commandés en 1390 par Philippe le Hardi auprès du sculpteur Jacques de Baerze, puis peints et dorés par Melchior Brœderlam, considéré comme l'un des premiers grands primitifs flamands. Restaurés entre 2011 et 2013, on y retrouve tout l'éclat de l'or qui a conservé la patine du temps. Le centre du **retable de la Crucifixion** représente l'Adoration des Mages, la Crucifixion et la Mise au tombeau ; le volet de droite, saint Georges, sainte Madeleine, saint Jean l'Évangéliste, sainte Catherine et saint Christophe ; le volet de gauche saint Antoine, sainte Marguerite, un saint roi et sainte Barbe. Les revers des deux volets sont les seules œuvres de Melchior Brœderlam connues à ce jour. Sur le panneau de gauche, l'*Annonciation* et la *Visitation* ; sur le panneau de droite (près de la porte d'entrée), la *Présentation au Temple* et la *Fuite en Égypte*.

À côté se trouve le **retable des saints et martyrs**. Sur sa partie centrale se détachent des scènes de la vie des saints protecteurs et la décollation de saint Jean-Baptiste. Autres œuvres de belle facture dans cette salle : le **calvaire au moine Chartreux** (15e s.), destiné à l'ornement d'une cellule de moine, et le magnifique **retable de saint Georges** (15e s.), rare vestige épargné de Champmol. Les cours aristocratiques aimaient particulièrement ce preux chevalier chassant l'obscurantisme.

Au bout de la salle 6, une porte s'ouvre sur la salle des tombeaux.

1

★★★ Salle des tombeaux des ducs de Bourgogne (salle 7)

Cette pièce aux dimensions remarquables, construite par Philippe le Bon, servait de cadre aux festivités grandioses données par la cour de Bourgogne. Détruite par un incendie, elle fut reconstruite avec une cheminée flamboyante au début du 16e s. C'est ici que furent remontés, en 1827, les tombeaux de Philippe le Hardi et de Jean sans Peur provenant de la chartreuse de Champmol, qui avait été vandalisée à la Révolution. Les tombeaux sont plus exactement des cénotaphes, des monuments vides, les ducs étant enterrés sous le chœur de l'église de la chartreuse.

Tombeau de Philippe le Hardi *(au fond)* – Philippe le Hardi avait fondé Champmol *(voir p. 59)* en 1384 pour servir de nécropole à la nouvelle dynastie des ducs valois. Trois sculpteurs flamands travaillèrent, de 1381 à 1410, à son monument funéraire : Jean de Marville (conception générale), **Claus Sluter** et Claus de Werve, son neveu. Le gisant (détruit à la Révolution, il s'agit d'une restitution du 19e s.) repose sur une dalle de marbre noir soutenue par des arcatures d'albâtre formant un « cloître » sous lequel veille une assemblée de « **pleurants** » ou « deuillants », composée de 41 statuettes prodigieuses de réalisme. Ces membres du clergé, chartreux, parents, amis et officiers du prince, drapés dans des manteaux de deuil, la tête recouverte d'un chaperon, composent le cortège funèbre.

Tombeau de Jean sans Peur et de Marguerite de Bavière – L'œuvre du père servit de modèle au cénotaphe du fils et de son épouse, exécuté de 1443 à 1470 par Juan de la Huerta, un artiste aragonais. Le décor architectural, plus orné, correspond au style flamboyant alors en usage dans l'architecture. Le rabot et la feuille de houblon que l'on peut observer sur le bandeau supérieur sont les emblèmes du duc. Surplombant les tombeaux, trois immenses portraits de l'artiste contemporain dijonnais Yan Pei-Ming semblent observer les défunts.

Salles de la chartreuse de Champmol (salles 8 à 10)

Les salles 9 et 10 sont consacrées à la **chartreuse de Champmol** et à ses vestiges : une série de neuf pleurants néogothiques exécutés en 1819 pour remplacer une dizaine de figures disparues; quatre d'entre elles prirent les traits des restaurateurs : remarquez le pleurant qui cache une redingote sous son manteau de moine! Sont aussi exposés des moulages des bustes des prophètes et des anges du puits de Moïse, dont on peut admirer la reproduction (à l'échelle 1/3) par Joseph Moreau.
De la salle 9, montez au 2e étage jusqu'à la **tribune des musiciens** (salle 11) pour profiter d'une **vue plongeante** spectaculaire sur les tombeaux. Atteignez ensuite le 3e étage pour la suite des collections médiévales (salles 12 à 14).
Le sujet de la célèbre **tapisserie★★** présentée dans la salle 12 est le siège de Dijon par les Suisses (1513); c'est la première représentation connue de la ville. Elle illustre la procession des Dijonnais lors de la bataille du 11 septembre 1513 *(voir encadré p. 49)*. Retrouvée chez un fripier en 1803 et revendue pour une somme dérisoire, elle est exposée depuis 1860.

La Renaissance en Europe (salles 15 à 18)

La cour de Bourgogne au 16e s. demeure un centre de création actif, fortement influencé par l'Italie et les Flamands. Le musée présente des œuvres remarquables de la Renaissance italienne : peintures de Pontormo, Vasari, Bassano et Bernardino Luini avec sa *Vierge à l'Enfant* (1510), Le Titien et Véronèse (salle 16), chefs de file de l'école vénitienne au 16e s. avec *Moïse sauvé des eaux* (1580), ainsi qu'une riche collection d'objets d'art (orfèvrerie, horlogerie). Une belle salle est consacrée à l'invention du paysage, retables sculptés ou peints des Pays-Bas, suisses et flamands. Enfin, admirez les œuvres du peintre et sculpteur bourguignon Hugues Sambin, figure dominante de la production régionale, ainsi que le raffinement de l'école de Fontainebleau avec cette belle *Dame à sa toilette* (salle 18).

Les 17e et 18e s. en Europe (salles 19 à 28)

Les œuvres françaises révèlent la manière dont les artistes régionaux ont assimilé le clair-obscur de Caravage et l'art baroque (œuvres de Rubens) : *Le Souffleur à la lampe*, de Georges de La Tour (salle 19), le *Château de Mariemont* du Brueghel de Velours (salle 20)et les peintures des Bourguignons Philippe Quantin et Jean Tassel (salle 21), œuvres emblématiques du 17e s. européen. Les collections 18e, au 1er étage, sont présentées dans des bâtiments de la même époque : arpentez le salon Condé et ses somptueuses boiseries de Jérôme Marlet (salle 24), l'exceptionnelle salle des statues (copies d'antiques, salle 25), les galeries des grands formats (peinture d'histoire, scènes de genre), ponctuées de sculptures (remarquable buste de Louis XIV par Coysevox, salle 22).

Du 19e au 21e s. (salles 29 à 50)

Du 19e s., outre quelques impressionnistes (Manet, Degas, Vallotton, Tissot...), les artistes bourguignons sont bien représentés : en sculpture, François Rude et en peinture, Sophie Rude-Frémiet, Alphonse Legros et Félix Trutat. Du 20e s., on retrouve bien sûr une belle sélection d'animaux de **Pompon** (salle 42). Ne ratez pas la superbe série d'œuvres de l'École de Paris, autour de Nicolas de Staël (salle 46), de Maria-Helena Vieira da Silva (salle 44) et de Charles Lapicque (salle 47).

Musée des Beaux-Arts.Pleurants du tombeau de Philippe le Hardi.
J. Larrea/age fotostock

★★ Quartier Notre-Dame

PLAN P. 50-51

Circuit 1 tracé en vert sur le plan.
Signalé par un fléchage au sol, le Parcours de la Chouette permet de découvrir différemment les plus belles rues de Dijon (voir p. 62).
Le quartier ancien qui entoure le palais des Ducs et des États de Bourgogne a gardé beaucoup de cachet. En flânant dans ses rues, souvent piétonnes, on découvre de nobles hôtels en pierre de taille et de nombreuses maisons à pans de bois des 15e et 16e s. Ce qui subsiste du palais ducal est intégré dans des bâtiments de style classique du palais des États de Bourgogne.

★★ Place de la Libération CD2

Au 17e s., à l'apogée de sa puissance parlementaire, la commune se sent l'âme d'une capitale et souhaite transformer le palais ducal, abandonné depuis Charles le Téméraire, en aménageant ses abords en « place Royale ». Les plans en hémicycle sont dessinés par l'architecte de Versailles, Jules Hardouin-Mansart, et exécutés par l'un de ses élèves, Robert de Cotte, de 1686 à 1701 : les arcades de cette jolie place, occupées par des boutiques et couronnées d'une balustrade de pierre, servent de contrepoint à la cour d'honneur du palais. En 2006, l'architecte français **Jean-Michel Wilmotte** réaménage le lieu, en lui donnant un aspect très contemporain. Le sol est recouvert de dalles en pierre de Bourgogne et des jets d'eau viennent animer la place, bordée de cafés et de restaurants.
Prenez la rue de la Liberté (ancienne rue Condé).
De la place de la Libération à la place Darcy, **la rue de la Liberté** est la grande artère commerçante et piétonne de la ville.

Place François-Rude (ou place du Bareuzai) C2

Au centre de la zone piétonne, cette place irrégulière et animée est bordée par une belle maison à pans de bois. Le **Bareuzai**, vigneron vêtu seulement de

vert-de-gris, est considéré comme le bon génie du lieu. Depuis 1904, sa statue trône au sommet d'une jolie fontaine. Un carrousel 1900, signé Bailly-Cochet et, depuis 2013, un visage sculpté en feuillage, œuvre de Gloria Friedmann, occupent cette charmante placette.
Un peu plus loin, au carrefour avec la rue des Godrans et la rue Bossuet, se trouve le premier grand magasin de la ville, fondé en 1831. Son nom est encore lisible sur le fronton, « Au Pauvre Diable ».
Revenez place François-Rude pour emprunter, à droite, la rue des Forges.

★ Rue des Forges C2

C'est l'une des rues les plus caractéristiques et les plus fréquentées de la ville. Aux n°s 52, 54 et 56 s'élève la façade du 15e s. de l'**hôtel Morel-Sauvegrain**, maison de la nourrice de Charles le Téméraire. Au n° 40, un portail classique contraste avec l'élégante façade à arcatures (13e s.) de l'**hôtel Aubriot★**, bâti par l'un des premiers banquiers de Dijon. Notez les ouvertures triangulaires aménagées pour le change (le sol de la rue a été rehaussé), puis reculez pour admirer le toit de tuiles polychromes vernissées. C'est dans cet hôtel que naquit Hugues Aubriot, gouverneur de Dijon en 1364 et prévôt de Paris sous Charles V ; il fit notamment construire la Bastille et voûter les premiers égouts. L'hôtel particulier fut reconstitué en 1908, dans le goût du Moyen Âge, pour le poète Stéphen Liégeard.
En face, au n° 8 de la rue Stéphen-Liégeard, remarquez la **maison Chisseret** et sa façade Renaissance.
De retour dans la rue des Forges, vous apercevrez au n° 38 la **maison Maillard dite Milsand**, à la façade Renaissance richement décorée. Elle fut édifiée en 1561 pour le vicomte-maïeur Jean Maillard, le maïeur étant le premier magistrat municipal. Le niveau supérieur est attribué à l'architecte-sculpteur et maître menuisier Hugues Sambin, formé à Fontainebleau. Remarquez les choux bourguignons, les fleurs et les têtes sur serviettes qui encadrent les fenêtres.
Au n° 34, l'**hôtel Chambellan** fut bâti par une riche famille de drapiers. Cet édifice du 15e s. constitue un surprenant et bel exemple d'architecture civile, révélateur de la fortune de ses propriétaires. La cour (galeries de bois de style gothique flamboyant) a été récemment restaurée.
Une fois devant l'office de tourisme, tournez à gauche vers la place Notre-Dame.

★ Église Notre-Dame D2

L'édifice est un bel exemple de l'architecture gothique en Bourgogne (1230-1250), pour lequel le maître d'œuvre, ne disposant que d'un espace restreint, s'est livré à des prouesses techniques. « Chef-d'œuvre de raison », selon Viollet-le-Duc, elle fit l'objet d'une restauration importante sous le Second Empire.
Extérieur – En façade, au-dessus du porche monumental à trois baies, courent deux galeries d'arcatures, soulignées de trois rangées de **gargouilles** (19e s.). Les portails ont été martelés en 1794. Sur la gauche, un diable aux yeux exorbités fixe l'Est, l'Orient, symbole du Christ triomphant des ténèbres. Deux élégantes tourelles desservent les tours masquées par la façade : celle de droite porte une jolie curiosité : le **Jacquemart,** un automate mû par une horloge et frappant sur une cloche. Il fut rapporté par Philippe le Hardi comme prise de guerre en 1382, à Courtrai, après sa victoire sur les Flamands révoltés contre Charles VI. Son nom de Jacquemart, qui désigne « lome qui fiert du martel la cloiche de lorreloige », n'apparaît qu'en 1458. En 1651, les Dijonnais craignant que le célibat ne pèse à ce pauvre homme, lui donnèrent une compagne, Jacqueline.

Dijon et le 11 septembre

Le 11 septembre 1513, Dijon, assiégée par les Suisses, fait appel à la Vierge, par la procession de la statue de Notre-Dame de Bon-Espoir. Le surlendemain, le siège est levé (la tapisserie offerte alors comme ex-voto se trouve au musée des Beaux-Arts). Le 11 septembre 1944, Dijon est libérée sans dommages de l'occupation allemande. Une seconde tapisserie, exécutée aux Gobelins et évoquant les deux libérations de la ville, est de nouveau offerte en ex-voto. Elle est suspendue dans l'église Notre-Dame, sous l'orgue. Le 11 septembre reste un jour de commémoration à Dijon.

Puis, en 1714, le spirituel poète Aimé Piron s'apitoie sur ces braves époux qui semblent avoir fait vœu de chasteté ; naissent alors un fils, Jacquelinet, « dont le marteau frappe la dindelle », puis, en 1884, une fille, Jacquelinette, qui sonne les quarts d'heure.
Intérieur – L'ensemble est très harmonieux : remarquez le triforium aux délicates colonnettes fuselées, la hauteur de la tour-lanterne à la croisée du transept et la hardiesse du chœur terminé par une abside polygonale. Dans la croisée du transept, **la lanterne** culmine à 34,20 m. Au croisillon gauche, le registre horizontal a conservé ses beaux vitraux du 13e s. Une fresque du 15e s. se détache à ses côtés. La chapelle à droite du chœur abrite la **statue de Notre-Dame de Bon-Espoir**. Le siège, les pieds et les mains de l'Enfant Jésus ont disparu. Son visage fut peint en noir pour une raison inconnue. Cette Vierge du 11e s. est l'objet d'une vénération particulière. On lui attribue une intervention divine dans la levée des sièges du 11 septembre (1513 et 1944, voir encadré ci-dessus). C'est surtout l'une des plus anciennes statues de Vierge en bois connue en France.

1

★ Quartier Notre-Dame D1-2

La **rue Musette** donne un peu de recul sur la façade de l'église et conduit à la place **Grangier**, occupée par de beaux édifices : la Poste, œuvre de Louis Perreau, architecte également de l'immeuble Art nouveau d'en face, orné d'une originale toiture en pagode *(à l'angle de la rue du Temple et de la rue du Château)*.
Au bout de la rue de la Musette se trouvent les **halles**. Depuis le Moyen Âge, les marchands se regroupaient dans ce quartier, mais ce n'est qu'à la Révolution que fut bâti un marché couvert. Il fut installé dans l'ancienne église des Jacobins. Les nouvelles halles furent achevées en 1875. Inspirée des Halles de Paris, leur architecture métallique abrite aujourd'hui encore un marché animé *(voir p. 65)*.
Pour poursuivre le circuit, revenez sur vos pas et longez l'église par sa gauche.
La **rue de la Chouette** dégage une vue d'ensemble sur la belle ordonnance du chevet. Sur un contrefort de la chapelle Chambellan (15e s.), on aperçoit l'oiseau sculpté, et poli par le temps, qui a donné son nom à la rue. Selon la tradition, il exauce un vœu si on le caresse de la main gauche. Très usée car vénérée par les Dijonnais depuis le début du 16e s., sa popularité en a fait le symbole du parcours qui porte son nom. Observez la maison à pans de bois au n° 10, la **maison Millière**. Construite en 1483, elle accueille aujourd'hui une boutique de la moutarderie Fallot et un salon de thé agrémenté d'un jardin intérieur *(voir p. 64)*.

★ Hôtel de Vogüé D2

Situé au n° 8, c'est l'un des premiers hôtels parlementaires de Dijon. Il fut édifié au tout début du 17e s. Admirez sa jolie toiture en tuiles vernissées. Un portique à la riche décoration Renaissance s'ouvre sur la cour intérieure qui permettait l'accès des jardins aux carrosses. Des expositions temporaires sont organisées dans la salle des Gardes à la monumentale cheminée Renaissance.

SE RESTAURER

Brasserie des Loges 1
L'Essentiel 2
Le Nid 3
Le DZ'Envies 4
So 5
La Menuiserie 6
Villa Vauban 7
Azérole 9
La Dame d'Aquitaine 10
Le 17.45 11
Origine 15
L'Édito 16

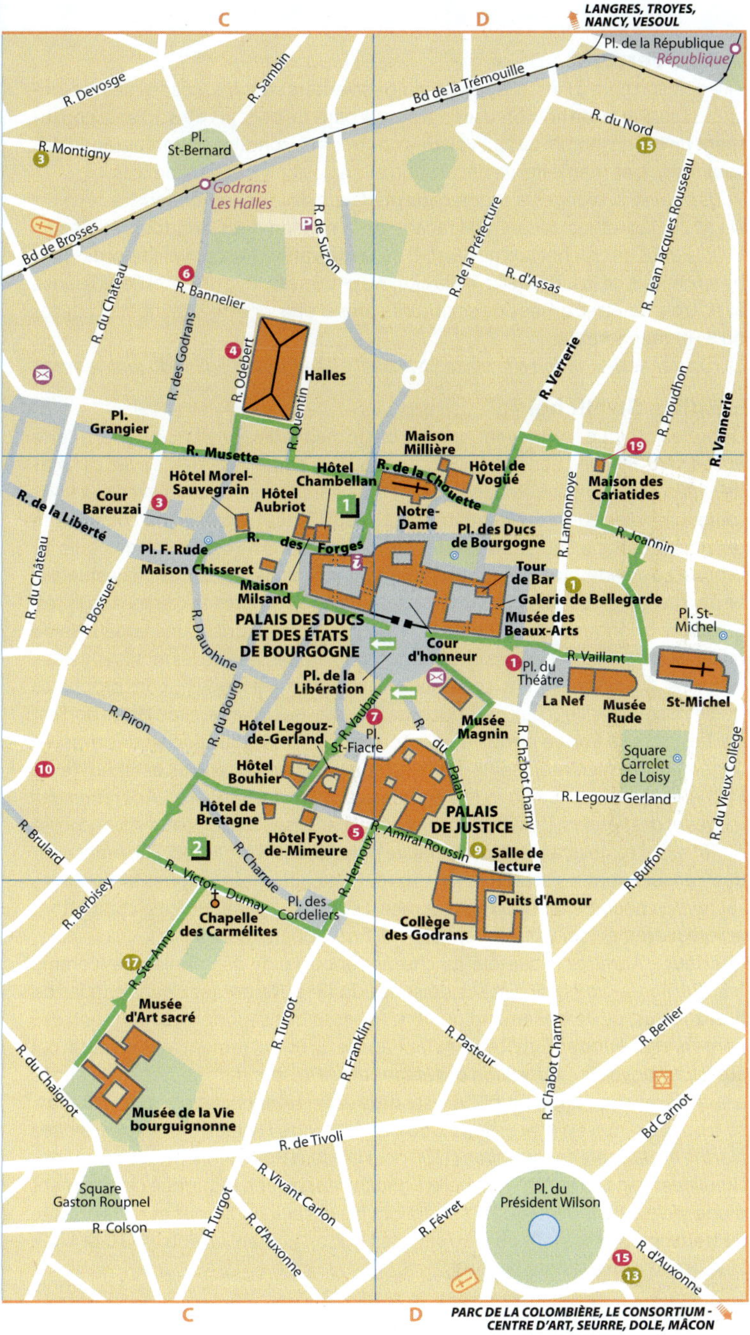

Restaurant et Caveau de la Porte Guillaume...... 17
La Maison des Cariatides.... 19

SE LOGER
Hôtel des Ducs 1
Hôtel des Halles 3
Hôtel d'Arcy 5
Hôtel du Palais 9
Hôtel Victor Hugo 11
Vertigo Hôtel-spa........... 12
Hôtel Wilson.................. 13
Hôtel République............ 15
Maison Philippe Le Bon..... 17

★ Rue Verrerie D1

Elle doit son nom à l'installation de maîtres verriers sous les arcades des rez-de-chaussée. Parmi de nombreuses maisons à pans de bois, les nos 8, 10 et 12 constituent un bel ensemble où l'on voit des poutres horizontales sculptées (appelées sablières). Des magasins de décoration et de design y ont élu domicile.

Vous pouvez prolonger la promenade par la rue de la Chaudronnerie.

Au n° 28, 12 statues décorent la façade de la **maison des Cariatides**, édifiée en 1603. Faites un crochet aux nos 39 et 41 de la **rue Vannerie** pour voir deux des plus beaux hôtels de la fin du 18e s. de la cité. Au n° 66 se trouve un hôtel Renaissance avec trois fenêtres ornées de sculptures près d'une logette à l'exubérant décor dû à Hugues Sambin.

La rue Vannerie conduit à la place St-Michel où se trouve l'église du même nom.

★ Église St-Michel D2

De style gothique flamboyant, conçue par le maître d'œuvre Louis Gilbert, cette église consacrée en décembre 1529 a connu des embellissements avec sa **façade★** décorée en pleine Renaissance et plusieurs remaniements avec ses deux tours achevées au 17e s. Les quatre étages aux fenêtres ornées de colonnes se terminent par une balustrade surmontée d'une lanterne coiffée d'une boule de bronze. La façade, où se superposent les trois ordres classiques, est majestueuse. Le porche, en forte saillie, s'ouvre par trois portails aux voûtes en caissons sculptés. Sur toute la longueur de sa partie supérieure se développent une large frise de rinceaux et de grotesques, des ornements faits d'arabesques et des motifs végétaux enroulés. Au-dessous, dans les médaillons, se détachent les bustes des prophètes Daniel, Isaïe, Ézéchiel, ceux de Baruch, de David, avec sa harpe, et de Moïse portant les Tables de la Loi. Le portail de droite, de 1537, est le plus ancien des trois. Le Jugement dernier, représenté sur le tympan du portail central, est l'œuvre du Flamand Nicolas de La Cour. Sur les vantaux de la porte figure *L'Adoration des mages et des bergers.* La statue de saint Michel, adossée au trumeau, est une œuvre du 16e s. qui remplaça la statue primitive détruite à la Révolution. Elle repose sur une console dont les sculptures s'inspirent de coutumes païennes et de textes sacrés ; on peut identifier David, Lucrèce, Léda et le cygne, Hercule combattant le lion de Némée, saint Jean-Baptiste, le Christ apparaissant à Marie-Madeleine.
Intérieur – Admirez la hauteur du chœur dépourvu de déambulatoire (comme à St-Bénigne – *voir p. 56*) et ses boiseries du 18e s. Remarquez quatre toiles de **Franz Kraus**, peintre allemand du 18e s. : dans le transept nord, *L'Adoration des bergers* et *La Fuite en Égypte* ; dans la chapelle du St-Sacrement (qui abrite un bel autel flamboyant), *L'Adoration des Mages* et *La Présentation au Temple* destinés à la chartreuse de Champmol. Le reste de la série, *L'Annonciation* et *La Visitation*, se trouve au musée d'Art sacré. Deux tableaux de Nicolas Bertin, *Jésus chez Marthe* et *Marie et l'annonciation* (1736 pour les deux), proviennent du couvent des Ursulines. Dans la dernière chapelle à gauche en sortant, remarquez le fragment d'une *Mise au tombeau* du 15e s. Admirez les vitraux du chœur et de la croisée du transept, de l'atelier Lobin à Tours, les boiseries établies entre 1730 et 1783, et le grand orgue datant de 1699.

★ Musée Rude D2

R. Vaillant - ✆ 03 80 74 52 09 - beaux-arts.dijon.fr - ♿ - juin-sept. : tlj sf mar. 10h-18h30 ; reste de l'année : tlj sf mar. 9h30-18h - gratuit.

Situé dans le transept de l'**église St-Étienne**, le musée Rude (une seule salle) présente les œuvres du sculpteur dijonnais (1784-1855). On peut notamment y admirer le moulage spectaculaire, grandeur nature, du *Départ des volontaires de 1792* (ou *La Marseillaise*), haut-relief qui orne l'Arc de triomphe à Paris. Des fouilles dans le chœur de l'église ont révélé des vestiges gallo-romains.

La Nef D2

1 pl. du Théâtre. Situé dans l'ancienne **église St-Étienne**, ce centre culturel abrite une bibliothèque municipale et le pôle documentaire du musée des Beaux-Arts. Dans ce qui était le cloître de l'église, diverses expositions temporaires sont présentées au public. Sur le parvis, des terrasses de café attirent la jeunesse dijonnaise face aux colonnes néoclassiques du **Grand Théâtre**, inauguré en 1828.
Par la place du Grand-Théâtre et la rue Rameau, rejoignez la place de la Libération.

★ Autour du Palais de justice PLAN P. 50-51 CD 2-3

Circuit 2 tracé en vert sur le plan. Partez de la place de la Libération et prenez, au sud, la rue Vauban.
Ce secteur autour de l'ancien parlement est le périmètre des « gens de robe ».
Au n° 12, remarquez l'**hôtel Bouhier**, une demeure classique avec, derrière un portail monumental, une cour intérieure et une façade ornée de pilastres et de frontons. En face, la place St-Fiacre tire son nom d'un hôpital dédié au saint guérisseur accueillant les pèlerins *(emplacement au n° 13 r. Vauban)*. Au n° 21, vous apercevez la façade de l'**hôtel Legouz-de-Gerland**, de style Renaissance, parée de quatre échauguettes ; la cour intérieure est de style classique, et rappelle la place Royale (actuelle place de la Libération). Legouz de Gerland était maître de la garde-robe de la dauphine en 1690. Au n° 29 de la rue de l'Amiral-Roussin, l'**hôtel de Bretagne** présente une élégante cour qu'enjambe une balustrade incurvée. Juste à côté, vous verrez une belle porte au n° 27. Remarquez également la façade de l'**hôtel Fyot-de-Mimeure,** au n° 23, raffinée pour les uns, chargée pour les autres, dans une jolie cour intérieure (milieu du 16e s.).
Revenez ensuite sur vos pas jusqu'à l'angle de la rue Vauban et de la rue de l'Amiral-Roussin : au n° 16 s'élève une charmante maison à pans de bois, restaurée en 1900 par un ébéniste (remarquez les bas-reliefs). Celle-ci est originale par les sculptures en plis couchés de ses volets, ses deux poutres cornières ornées chacune d'une tête et sa fenêtre à droite surmontée d'une frise historiée. Continuez jusqu'à la place Jean-Macé, où se situe, à l'angle de la rue Charrue, l'hôtel de Vienne (15e s.). Empruntez ensuite la rue Berbisey. Au n° 3, l'hôtel de Sassenay est un vaste hôtel parlementaire reconstruit à la fin du 17e s. Son avant-corps, pourvu d'une travée centrale rehaussée d'une haute arcade et d'une tourelle pentagonale forme un ensemble élégant.
Prenez à gauche rue Victor-Dumay, puis, à droite, la rue Ste-Anne.

★ Musée de la Vie bourguignonne C3

17 r. Ste-Anne - ✆ 03 80 48 80 90 - vie-bourguignonne.dijon.fr - ♿ - tlj sf mar. 9h30-12h30, 14h-18h - gratuit.
Les mannequins, la reconstitution des boutiques du 19e s., les vieilles réclames plairont beaucoup aux enfants. Un parcours spécifique leur est d'ailleurs proposé. Jouxtant le musée d'Art sacré, il est situé dans les bâtiments du **couvent des Bernardines**, premier monastère cistercien de femmes, fondé au 12e s. et transféré à Dijon en 1623. On y accède par l'ancien cloître, et son très joli **jardin des Apothicaires**. Le rez-de-chaussée retrace l'histoire locale grâce à des pièces d'ethnographie régionale et urbaine rassemblées par le collectionneur Perrin de Puycousin (1856-1949). Mannequins de cire, mobilier, objets ménagers évoquent, dans une mise en

scène très soignée, les grands thèmes de la vie domestique. Au premier étage, le spectacle de la rue est superbement évoqué par la reconstitution de onze commerces dijonnais de l'époque, tels le salon de coiffure, l'épicerie, le marchand de jouets ou la boucherie. Dans la partie consacrée à la vie industrielle sont exposés de nombreux objets et une intéressante maquette d'une fabrique du 19e s. Une galerie est dédiée à l'histoire de la moutarde. Enfin, la galerie des bustes des personnalités marquantes de la Bourgogne témoigne de son importance dans les siècles passés.

★ Musée d'Art sacré C3

15 r. Ste-Anne - ✆ 03 80 48 80 90 - art-sacre.dijon.fr - tlj sf mar. 9h30-12h30, 14h-18h - gratuit.

Remarquable par son originalité architecturale, l'ancienne église du monastère Ste-Anne (fin 17e s.), de plan circulaire et au dôme visible de loin, abrite du mobilier recueilli dans la Côte-d'Or depuis vingt ans : sculptures, peintures, crucifix finement décorés d'émaux de Limoges, calices, ornements sacerdotaux, statues de bois, dont une Vierge en majesté (fin 12e s.), et un élégant autel baroque de 1769. Orfèvrerie et objets de culte du 13e au 19e s. sont mis en valeur dans de grandes vitrines. Le maître-autel en marbre et stuc, exécuté par le sculpteur dijonnais Jean Dubois en 1672 sur le thème de la Visitation de la Vierge à sainte Élisabeth, constitue la pièce majeure. Les deux statues de bronze sont placées sous un baldaquin en porphyre de Bourgogne. Les chapelles St-Benoît et du Saint-Sacrement se distinguent par les éléments qui ont été ajoutés à leurs autels. Une collection de vêtements et reliquaires des 18e et 19e s. conclut la visite de l'église.

Remontez la rue Ste-Anne jusqu'à la **chapelle des Carmélites**, dont seule la façade baroque (1642) est visible aujourd'hui.

Prenez la rue Victor-Dumay à droite, vers la place des Cordeliers, puis empruntez la rue Hernoux à gauche. Vous retrouvez la rue de l'Amiral-Roussin, que vous prendrez à droite jusqu'à ce qu'elle devienne la rue de l'École-de-Droit. Au n° 3 siège le collège des Godrans.

Collège des Godrans D3

3 r. de l'École-de-Droit - ✆ 03 80 48 82 30 - bm.dijon.fr - sept.-juin : mar.-sam. 11h-18h ; juil.-août : mar.-vend. 13h-18h, sam. 10h-13h, 14h-17h - gratuit.

La chapelle (17e s.) de l'ancien collège des Godrans, fondé au 16e s. par la riche famille dijonnaise éponyme et dirigé par les jésuites, abrite la bibliothèque patrimoniale et d'études ainsi que l'académie des sciences, arts et belles lettres. Riche de plus de 500 000 volumes, elle conserve de précieux manuscrits enluminés, en particulier ceux qui furent exécutés à la Révolution. La **salle de lecture** est l'une des plus belles de France.

Dans la cour *(entrée au n° 5)*, remarquez un joli **puits d'Amour** (16e s.). Des expositions et visites guidées présentant à la fois des documents patrimoniaux et les magasins de conservation des 17e et 18e s. sont régulièrement proposées.

Remontez la rue du Palais jusqu'au n° 8 où se trouve l'entrée du palais de justice.

Palais de justice CD2

Dans ce bâtiment siégeait le parlement de Bourgogne. La **façade à pignon**, de style Renaissance, comprend un porche soutenu par des colonnes. La porte, ciselée de guirlandes et de trophées et dotée d'une cariatide, est une copie (l'original, de Sambin, est conservé au musée des Beaux-Arts). À l'intérieur, la vaste salle des Pas-Perdus possède une **voûte★** en carène de bateau. La chambre Dorée, siège de la cour d'appel, est ornée d'un plafond aux armes de François Ier (1522).

La place François-Rude, aussi appelée place du Bareuzai, donne accès à la rue des Forges.
RnDmS/Getty Images Plus

À l'opposé de l'entrée, la petite chapelle du St-Esprit est fermée par une clôture de bois sculptée par Sambin.
Remontez la rue Philippe-Pot et tournez à gauche rue des Bons-Enfants.

★ Musée Magnin D2

4 r. des Bons-Enfants - D ☎ 03 80 67 11 10 - musee-magnin.fr - tlj sf lun. 10h-12h30, 13h30-18h - 3,50 € (-26 ans gratuit).
Installé dans l'élégant **hôtel Lantin** du 17e s., ce musée garde le caractère d'une demeure d'amateurs d'art. Maurice Magnin, haut magistrat passionné de peinture, et sa sœur Jeanne, peintre amateur et critique d'art, se sont attachés entre 1890 et 1938 à réunir des noms peu connus et à valoriser des talents cachés. La collection de tableaux présente, à côté de grands maîtres, des œuvres d'artistes moins illustres. L'accrochage est dense, usage qui prévalait au 19e s. Dans la bibliothèque trônent mobiliers et objets d'art. La salle Hollandaise est consacrée à la **peinture nordique** des 16e et 17e s., dont Le *Festin des dieux* de Jan van Bijlert. Dans la salle Zénithale, disposant d'un puits de lumière, la **peinture italienne** est à l'honneur avec des tableaux de Girolamo di Benvenuto, Allori, Strozzi ou Tiepolo.
Un grand escalier mène au 1er étage où sont regroupés les **peintres français** de la fin du 16e au 19e s. : Claude Vignon, Laurent de La Hyre, mais aussi le *Portrait de fillette en Diane chasseresse* d'Abraham van den Tempel, et beaucoup d'autres comme Eustache Le Sueur, Sébastien Bourdon, J.-B. de Champaigne, Girodet, Géricault, Gros... Le **mobilier**, du début du 18e s. jusqu'au Second Empire, confère à ce « cabinet d'amateurs » une ambiance intimiste qui favorise l'appréciation des œuvres. Le tintement régulier des pendules rappelle que la demeure fut habitée deux siècles durant.
La rue des Bons-Enfants ramène à la place de la Libération.
De la place du Théâtre sur la droite, vous pouvez choisir de redescendre la rue Chabot-Charny qui abrite de nombreux hôtels particuliers (**hôtel des Barres** au n° 43, **hôtel de Cirey** au n° 62, **hôtel Villedieu de Torcy** au n° 64), jusqu'aux

vestiges de **la porte St-Pierre** (1768) et l'élégante **place Wilson**. De là partent le large **cours du Général-de-Gaulle** et la rue de Longvic qui mène au **Consortium.**

Le Consortium - Centre d'art D3 EN DIR.

37 r. de Longvic - ✆ 03 80 68 45 55 - www.leconsortium.fr - ♿ - merc.-dim. 14h-18h, vend. 14h-20h - 5 € (-18 ans gratuit), gratuit vend. 17h-20h.
Installé dans une ancienne usine de L'Héritier-Guyot, le centre d'art contemporain présente, sur plus de 4 000 m², des expositions temporaires et des spectacles. Doté d'une extension imaginée par les architectes Shigeru Ban et Jean de Gastines, le bâtiment de verre et béton fut le premier à avoir exposé en France les artistes Daniel Buren ou Cindy Sherman.

★ Autour de St-Bénigne PLAN P. 50-51

★★ Cathédrale St-Bénigne B2

6 bis r. Danton - ✆ 03 80 30 39 33 - www.cathedrale-dijon.fr - mar., jeu. 10h-12h, merc. 14h30-17h.
Cette ancienne abbatiale est de pur style gothique bourguignon. En l'an 1001, l'abbé **Guillaume de Volpiano** fit bâtir sur les ruines d'une église une grande basilique romane, consacrée en 1018, que complétait une rotonde. En 1271, le bâtiment s'effondra et sa rotonde resta obstruée ; l'édifice gothique actuel fut alors construit contre la rotonde. Cette dernière ne survécut que partiellement à la Révolution. Remis au jour à partir de 1843, l'étage inférieur demeure l'un des témoins du sanctuaire roman. Il est surmonté d'une sacristie datant des années 1860.
L'église gothique possède une **façade** occidentale à contreforts massifs et saillants, que bornent deux grosses tours couronnées de deux étages octogonaux aux toits à pans coupés couverts de tuiles polychromes. Sous le porche, surmonté d'une petite galerie délicatement ajourée, l'encadrement du portail roman du 12e s. subsiste au milieu de la façade gothique. Il est orné d'un tympan des frères Bouchardon (18e s.) provenant de l'ancienne église St-Étienne. La croisée du transept est dominée par une flèche haute de 93 m, refaite en 1896, dans le style flamboyant.
L'**intérieur** présente des lignes très sobres et en impose par son ampleur : chapiteaux non sculptés, arcades du triforium simplement moulurées, colonnettes continues de la voûte jusqu'au sol dans la croisée du transept et jusqu'au sommet des massifs piliers ronds dans la nef principale. Dépouillée de ses œuvres d'art à la Révolution, St-Bénigne a accueilli des sculptures, de très nombreuses pierres tombales provenant d'autres églises de Dijon et les restes des ducs de Bourgogne. Voyez aussi les orgues (1743) de Charles et Robert Riepp (facteurs allemands installés à Dijon en 1735) et le beau maître-autel néoclassique.
★★ **Crypte romane** – *La crypte est en travaux pour rénovation ; se rens. sur son ouverture lors de votre visite.* Les vestiges de la rotonde romane se limitent à une partie de transept hérissé à l'est de quatre absidioles et creusé au centre d'une fosse contenant les restes du sarcophage de saint Bénigne. Mort au 3e s., il est le premier martyr bourguignon et son tombeau est un but de pèlerinage le 20 novembre. Cette sépulture fait face à une large ouverture sur l'étage inférieur de la rotonde, dont l'architecture hautement symbolique reprend celle conçue au 4e s. pour le tombeau du Christ à Jérusalem (seules huit rotondes de ce type sont connues au monde). Trois cercles de colonnes rayonnent depuis le centre, quelques-unes ayant conservé leurs chapiteaux primitifs, rares témoignages de

Tuiles vernissées

De superbes toits de tuiles polychromes parent la ville de Dijon. Symboles de prestige, ils apparurent au 13e s. sur les cathédrales, puis sur les résidences princières. La mode passa puis revint aux 16e et 17e s., lorsque les parlementaires couvrirent le toit de leurs hôtels de riches parures. Ils furent encore appréciés à l'époque de l'Art nouveau : voyez les villas bâties cours du Parc, rue Devosge, rue Lecoulteux et rue de Rouen. En dehors de la cathédrale St-Bénigne, vous pourrez admirer ces toits dans le centre-ville, en vous promenant dans les rues d'Assas, des Forges, de la Chouette, des Cordeliers, de la Préfecture et Jeannin.
Demandez le dépliant « Les toits vernissés » à l'office de tourisme ou téléchargez-le sur le site Internet : patrimoine.dijon.fr/dijon-fascicules.

la sculpture préromane. L'extrémité est de la rotonde donne accès à une chapelle du 6e s. qui pourrait être une *cella* (sanctuaire).

★ Musée archéologique B2

5 r. du Dr-Maret - ✆ 03 80 48 83 70 - archeologie.dijon.fr - avr.-oct. : tlj sf mar. 9h30-12h30, 14h-18h ; reste de l'année : merc. et w.-end 9h30-12h30, 14h-18h - gratuit.
Occupant l'aile orientale du cloître disparu de l'ancienne abbaye de St-Bénigne, vous trouverez dans le square, seul vestige des jardins de l'ancienne abbaye, des sarcophages mérovingiens des 5e et 6e s. Suite aux travaux du tramway, des fouilles ont mis au jour plusieurs vestiges d'envergure, datant du 14e s. au 19e s.
Niveau 2 – C'est là que commence la visite. Des vestiges mobiliers de différentes périodes, depuis le paléolithique jusqu'à l'époque mérovingienne, sont présentés dans les cellules du 17e s. Parmi ceux-ci figurent des poteries de la culture chasséenne (néolithique bourguignon), des fragments d'os, une tombe à incinération, un **bracelet en or** massif trouvé à **La Rochepot** (9e s. av. J.-C.), et le **trésor de Blanot★**, composé d'objets de l'âge du bronze final (ceinture, jambières, collier, bracelet).
Remarquez des sculptures régionales de dieux gallo-romains, une très jolie petite frise représentant les **déesses mères d'Alésia**, ainsi qu'un ex-voto en tôle de bronze mentionnant un culte au dieu Videtillus, vénéré à Dijon (Divio) sous le Haut-Empire. Une évocation de la vie quotidienne à l'époque gallo-romaine (fouilles du site de Mâlain), et des rites funéraires pendant la période mérovingienne permet d'imaginer les coutumes des civilisations qui ont précédé la nôtre.
Niveau 1 – L'ancien **dortoir des moines★**, de style gothique (13e s.), est consacré à la **sculpture médiévale★★** de la région : le buste du Christ, réalisé par Claus Sluter pour le calvaire de la chartreuse de Champmol *(voir p. 59)*, voisine avec des fragments architecturaux ; au fond de la travée, le Christ en croix (vers 1410), attribué à Claus de Werve, et les deux tympans romans proviennent de St-Bénigne.
Sous-sol – Pour terminer votre visite, ne manquez pas les superbes salles romanes du début du 11e s. (époque de Guillaume de Volpiano) qui abritent des sculptures gallo-romaines. Dans la première, ancienne salle capitulaire de l'abbaye, trône en majesté sur sa barque la **déesse Sequana★**, statuette en bronze trouvée avec le Faune dans les fouilles du sanctuaire des sources de la Seine (*Sequana* est le terme gaulois désignant la Seine). Ce sanctuaire était fréquenté à l'époque gallo-romaine (1er s. av. J.-C. - fin 4e s. apr. J.-C.).
Dans la deuxième salle, on trouve une remarquable **série d'ex-voto★** en bois miraculeusement préservés, qui illustrent les croyances populaires gallo-romaines en Bourgogne au début de l'ère chrétienne, *(voir Sources de la Seine p. 463)*.

1

Ces figures sculptées, qui datent du 1er s. av. J.-C., représentent des parties du corps humain. Elles étaient déposées par les pèlerins venus demander la guérison à la source sacrée.
Après la salle capitulaire, l'ancien **scriptorium★**, du début du 11e s., contient des ex-voto en pierre et des monuments funéraires fragmentés dont un ensemble lapidaire unique : 103 blocs avec notamment des stèles funéraires mettant en évidence des rares pièces de polychromie. La collection, provenant de *Divio* dès le 1er s. apr. J.-C., a fait l'objet d'un important travail de restauration.

Église St-Philibert B2

Édifiée au 12e s. et dotée d'une flèche de pierre au 16e s., on peut apprécier le travail en « roman fleuri » du portail occidental et son bel **intérieur★** de style roman bourguignon. Longtemps désaffectée, l'église est accessible depuis 2016 dans le cadre de visites guidées organisées par l'office de tourisme.

★ Cité internationale de la gastronomie et du vin A3

10 r. de l'Hôpital - ✆ 03 80 23 88 76 - www.citedelagastronomie-dijon.fr - ♿ - voir ci-dessous les horaires et les conditions de visite des différents espaces. Une antenne de l'office de tourisme de Dijon est présente sur place.
Particulièrement attentive au jeune public, la Cité propose activités et ateliers originaux.
Nouvel équipement phare à Dijon, la Cité internationale de la gastronomie et du vin a ouvert en mai 2022 dans les bâtiments de l'ancien hôpital général, autour desquels sont venus s'ajouter des édifices contemporains.
Ayant vocation à mettre en avant le « repas gastronomique des Français », classé au patrimoine immatériel de l'humanité par l'Unesco depuis 2010, la Cité organise des **expositions** *(tlj sf lun. - mai-sept. : 9h30-19h, oct.-avr. : 10h-18h - 9 €)* autour du « bien manger et du bien boire », « des climats et des terroirs » ou encore « En cuisine ! », idéale avec des enfants. Des ateliers de dégustation et de cuisine sont également proposés, ainsi que des formations professionnalisantes à l'**école Ferrandi** *(voir sur le site Internet)*.
Un **Village gastronomique** *(mai-sept. : 9h30-19h, oct.-avr. : 10h-19h)* complète le tout, qui fait la part belle aux produits de qualité (fromage, charcuterie, pâtisserie… et moutarde !), tandis que la **Cave de la Cité** *(10h30-21h30)* propose pas moins de 3 000 références de vins du monde entier *(13 € expos et dégustation)*. Deux restaurants et un bar permettront aux gourmets de prolonger l'expérience.
Au cœur de l'hôpital, ne manquez pas non plus la **chapelle Sainte-Croix de Jérusalem** qui renferme une magnifique mise au tombeau, un groupe sculpté polychrome datant du 15e s., ainsi que le **1204** qui déroule l'histoire architecturale de Dijon grâce à de nombreux outils interactifs, films et reconstitutions 3D *(mêmes horaires que les expositions - gratuit)*.

Square Darcy B1

Il doit son nom à l'ingénieur qui, en 1839, dota Dijon en eau potable et fut à l'initiative du passage de la ligne ferroviaire PLM. Le parc s'ouvre sur une réplique de l'**Ours blanc** du sculpteur bourguignon **Pompon** *(voir p. 512)*. Bassins et cascades, vasques, terrasses à balustrades s'étagent dans un décor de verdure composé de massifs floraux et d'essences végétales.
Face au parc s'étend la **place Darcy** avec son arc de triomphe : la porte Guillaume. Datant du 18e s., elle était à l'origine intégrée aux remparts de la ville, mais ces derniers furent détruits au 19e s. La porte de style classique marque l'entrée dans la vieille ville. Dans son prolongement part la rue de la Liberté.

★ Jardin de l'Arquebuse A2

14 r. Jehan-de-Marville - 1 av. Albert-1er - ✆ 03 80 48 82 00 - ♿ - voir ci-dessous les horaires des différents espaces.

À deux pas de la gare, le vaste **jardin de l'Arquebuse** est dédié aux sciences de la nature, de la terre, du vivant et de l'univers. Il regroupe un muséum, un planétarium et un Jardin botanique. De nombreux événements et activités y sont régulièrement organisés autour de la biodiversité et de l'environnement.

★ **Muséum de la Ville de Dijon** – *Tlj sf mar. 9h-12h30, 14h-18h, w.-end 14h-18h - gratuit.* Fondé en 1836 par Léonard Nodot, un Dijonnais passionné de nature, le muséum occupe le pavillon de l'Arquebuse, ancienne caserne des arquebusiers construite en 1608. Le lieu interroge sur les enjeux de la biodiversité et la fragilité de l'environnement. Des installations multimédias scientifiques et interactives rendent le parcours très ludique. Au rez-de-chaussée, l'histoire géologique bourguignonne est à l'honneur, avec une maquette donnant des repères sur quelque 300 millions d'années et de beaux spécimens de roches et de fossiles. Le 1er étage est consacré à la diversité du monde animal grâce à un bel ensemble de **dioramas★** des animaux naturalisés, posés dans des décors soigneusement reconstitués, illustrant les principaux écosystèmes de la Côte-d'Or, mais aussi ceux d'autres parties du monde (toundra, prairie, désert, savane, forêt tropicale, etc.). Prenez également le temps d'apprécier la salle d'entomologie (étude des insectes) et sa collection de **papillons**. À l'issue de la visite, allez jeter un coup d'œil aux expositions temporaires du **pavillon du Raines**, près du planétarium.

1

Planétarium – *Fermé mar., sam. et dim. matin - projections 3 €.* Une exposition permanente et des projections de films sous un dôme de 10 m de diamètre explorent l'univers, le système solaire et l'origine de la Terre. Au rez-de-chaussée, un parcours ludique enseigne en 13 leçons comment inventer le futur. Au 1er étage, « Des étoiles à notre terre » raconte la genèse de notre planète, son fonctionnement et les matériaux qui la composent.

★ **Jardin botanique** – *De 8h à la tombée de la nuit - gratuit.* La flore de Bourgogne est devenue le thème central de ce jardin, fondé en 1773, qui réunit près de 4000 espèces végétales et des parterres de fleurs parcourus d'allées ombragées. À l'ouest du jardin, l'arboretum accueille de remarquables essences exotiques. L'école de botanique vous accompagne dans la découverte de plantes sauvages, alimentaires et de la biodiversité. Parcourez les orangeries, les serres et le jardin de roche ; admirez, le long de l'avenue Albert-Ier, la **roseraie**, et plus loin les 400 pieds de vigne nouvellement plantés. Ateliers, rencontres-débats, tables d'orientation, expositions et concours photo sensibilisent à l'écocitoyenneté.

À l'extérieur du centre historique

★★★ Puits de Moïse

1 km. Accès à pied depuis les jardins de l'Arquebuse (fléché).

En voiture, entrez avec votre véhicule dans le centre hospitalier de la Chartreuse puis suivez les indications dans l'enceinte de l'hôpital jusqu'au Puits.

1 bd du Chanoine-Kir - ✆ 03 80 44 11 44 - www.destinationdijon.com - visite libre du Puits tlj - visite guidée (Chartreuse de Champmol, Puits de Moïse, Chapelle, Portail de l'église et Jardin) : horaires sur le site Internet - 10 € (enf. 5 €).

Ce chef-d'œuvre de la sculpture médiévale est situé au milieu de l'ancien grand cloître de la **chartreuse de Champmol**. Alors que les premiers ducs de Bourgogne étaient inhumés à Cîteaux, Philippe le Hardi, désirant pour sa dynastie

Le Puits de Moïse, situé au centre du cloître de la chartreuse de Champmol.
Ch. Boisvieux/hemis.fr

une nécropole d'envergure royale, fonda cette chartreuse en 1383. Ce fastueux ensemble, réalisé par les meilleurs artistes de l'époque, fut détruit en 1793, et avec lui disparurent la plupart des trésors d'art qu'il contenait. Hormis les tombeaux et retables exposés dans la salle des tombeaux des ducs de Bourgogne du musée des Beaux-Arts *(voir p. 44)* et le buste du Christ conservé au Musée archéologique *(voir p. 57)*, seules deux œuvres du célèbre sculpteur **Claus Sluter**, chef de file de l'école burgondo-flamande, ont échappé au désastre. Vous les verrez dans le parc de cet établissement psychiatrique qui occupe, depuis 1833, le site du monastère médiéval.

Le **puits de Moïse** est un édifice hexagonal en brique et pierre du 17e s. Il abrite cette sculpture à laquelle sont attachés les noms de Claus Sluter et de son neveu Claus de Werve. Il traduit l'exceptionnel rayonnement de la sculpture bourguignonne à l'époque médiévale. Symbole de la source de vie, le puits de Moïse servait de piédestal à un monumental calvaire, exécuté de 1395 à 1405, dont la partie supérieure disparut au 17e s. Vous pourrez donc admirer la partie basse du calvaire : une colonne hexagonale de 7 m de haut baignant dans un bassin alimenté par une source. Six grandes statues de Moïse et des prophètes David, Jérémie, Zacharie, Daniel et Isaïe sont adossées à la colonne.

Un minutieux travail de restauration a rendu à ces sculptures d'un réalisme saisissant quelques traces bien visibles de polychromie. La figure de **Moïse**, la plus impressionnante peut-être, a donné son nom au monument. Chacun, dans une attitude différente, exprime son affliction devant la Passion du Christ avec une touchante vérité. L'ampleur et le mouvement des drapés préfigurent la sculpture baroque. Comme la plupart des pleurants du cénotaphe de Philippe le Hardi, les anges qui s'abritent sous la corniche sont l'œuvre de Claus de Werve.

Porte d'entrée de la chapelle construite au 19e s., **le portail★** de l'ancienne chapelle *(9h-17h30)* compte cinq statues réalisées par Claus Sluter entre 1389 et 1394. De chaque côté de la Vierge à l'Enfant, placée sur le trumeau, le duc Philippe le Hardi et la duchesse Marguerite de Flandre sont représentés agenouillés, assistés de saint Jean-Baptiste et de sainte Catherine.

★ Parc de la Colombière

À 2 km au sud de la place du Président-Wilson.
Depuis la place Wilson aux lignes très classiques, le très large et arboré **cours du Général-de-Gaulle**, bordé de demeures et de résidences cossues, conduit à ce beau parc. Avec ses parterres bordés d'ifs, sa vaste pelouse et sa profusion de tilleuls, de chênes, de frênes et de conifères, l'ancien parc des princes de Condé constitue un bien agréable but de promenade. Inspiré par Le Nôtre, son agencement à la française offre 16 allées en étoile, longues de 1500 m, dont Louis XIV disait qu'elles étaient « les plus belles de son royaume ». Au cours de votre promenade, vous verrez des vestiges de la *Via* Agrippa, qui reliait Lyon à Trèves (en Allemagne), et vous remarquerez un temple d'Amour (17e s.), provenant du château de Bierre-lès-Semur et remonté dans le parc en 1965.

À proximité

CARTE P. 38-39

Lac Kir C2

2 km à l'ouest du centre-ville par l'av. Albert-Ier et l'av. du Premier-Consul.
Les rives de ce plan d'eau artificiel de 37 ha, créé à l'initiative du célèbre chanoine, se prêtent à toutes sortes d'activités *(voir p. 66).*

Talant C2

4 km à l'ouest de Dijon, par la rue de Talant.
Gagnez le haut du village (alt. 355 m) où se dresse l'église. L'esplanade était jadis occupée par un château, dont il ne reste qu'un cellier enfoui dans le sol. De la table d'orientation, près de l'église, belle **vue★** sur Dijon et la vallée de l'Ouche. L'**église** (13e s.) renferme d'intéressantes **statues** : *Vierge à l'Enfant* (14e s.), deux Pietà (15e s.), saints, *Christ aux liens*, deux *Mises au tombeau* (16e s.), Christ médiéval suspendu dans le chœur, vie de saint Hubert en bas-relief polychrome au revers de la façade. Elle possède aussi un important ensemble de **vitraux★**, réalisés par le peintre Gérard Garouste et le maître verrier Pierre-Alain Parot en 1997.

Mont Afrique C2

12 km à l'ouest de Dijon par la route de Corcelles.
Comptez environ 1h. Un chemin de ronde suivant le rebord du plateau offre de belles **vues** sur les environs immédiats de Dijon.

Château d'Arcelot C2

13 km au nord-est de Dijon par les D 70 et D 960.
2 r. de Champs-Rose - ☎ 03 80 37 00 73 - www.arcelot.com - juil.-août : merc.-sam. 10h-12h, 14h-18h, dim. 14h-18h ; reste de l'année : se rens. - 6 € (10-17 ans 4 €).
Cette belle construction néoclassique fut dessinée au 18e s. par l'architecte régional Thomas Dumorey. Les deux pavillons ont été réunis par un corps central ajouté vers 1761. À cette époque, le château se pare de décors prestigieux : l'escalier monumental est orné d'une tapisserie des Flandres (fin 16e s.), la chapelle et le grand salon ont conservé leurs précieux et rares **décors★** en stuc coloré exécutés en 1765 par un artiste allemand, Reuscher. À l'étage, les meubles de la chambre du roi, pour la plupart réalisés à Dijon, témoignent de la vitalité de l'ébénisterie locale au 18e s. Remarquez le beau décor 19e s. du salon de chasse.
La visite se prolonge agréablement dans le grand parc à l'anglaise de 45 ha dessiné en 1805 par Jean-Marie Morel, l'auteur des jardins de Malmaison, près de Paris. Un chemin, bordé d'un arboretum, où vous remarquerez des arbres bicentenaires, mène au pavillon chinois qu'il fit construire sur l'étang.

1

Carnet pratique

S'informer

Office de tourisme – *11 r. des Forges - Dijon - ✆ 03 80 44 11 44 (gratuit) - www.destinationdijon.com. Autres points d'accueil à la gare et à la Cité internationale de la gastronomie et du vin.*
L'office de tourisme organise des visites guidées thématiques classiques ou insolites et des ateliers *(réserv. en ligne)*. Il diffuse aussi des dépliants de parcours édités par la direction de la valorisation du patrimoine de Dijon (en téléchargement sur patrimoine.dijon.fr/dijon-fascicules).

Le Parcours de la Chouette – *Livret en vente à l'office de tourisme ou application tablette/smartphone payante à télécharger.* Suivez les chouettes incrustées dans le sol et découvrez le centre historique, mais aussi le quartier Jean-Jacques Rousseau, le quartier Zola et le Puits de Moïse.

Dijon City pass

Entrée dans tous les sites et établissements partenaires, et accès illimité aux transports de Dijon Métropole (bus et tram). Trois formules : 24h/48h/72h (25/39/49 €) - rens. et achat à l'office de tourisme ou sur www.destinationdijon.com.

Se déplacer

Rens. sur le réseau : www.divia.fr.

Transports en commun

Tramway – 2 lignes de tramway (Dijon gare-Quétigny et Chenôve centre-Dijon Valmy) : de 5h30 à 0h15.

Bus – Cinq lignes de bus (Lianes) circulent ttes les 6 à 10mn, de 5h30 à 1h du lun. au sam. et de 7h à 1h le dim. 13 lignes supplémentaires complètent le réseau dont City (navette gratuite du centre-ville ttes les 10mn, de 8h à 19h du lun. au sam.), Pleine lune (nocturne du jeu. au dim. de sept. à juin)...

Pass – Pass 1h 1,40 € ; journée 4,20 €, 7j. 13 €.

En voiture

Deux parkings-relais accessibles aux clients du réseau Divia (gratuit, il suffit de présenter son pass à la sortie du parking), depuis les stations T1 Piscine Olympique et T2 Valmy, du lun. au dim. 5h-1h (sortie 24h/24).

Vélo

DiviaVélodi – 400 vélos et 40 stations, 24h/24, 7j/7. Abonnement de 24h souscrit à la borne d'une station (1,50 €) et 30 premières minutes gratuites.

Agenda

Voir p. 532.

Nos adresses

Restauration

PLAN P. 50-51

Premier prix

1 Brasserie des Loges – D2 - *8 pl. du Théâtre - ✆ 09 81 99 68 04 - www.labrasseriedesloges.com - ♿ - 8h-23h30 - plats 16/20 €, menus 10/25 €.* Emplacement idéal pour cette brasserie traditionnelle, avec joli carrelage et banquettes en moleskine. Accueil charmant et cuisine sans prétention mais de bonne facture.

3 Le Nid – C2 - *61 r. des Godrans - ✆ 09 88 39 33 26 - mar.-vend. 11h45-18h, sam. 11h45-15h - menu déj. 17 €, carte autour de 25 €.* Ce restaurant mise sur les produits locaux et de saison pour élaborer quotidiennement une carte quasi végétarienne. La vaisselle et le mobilier proviennent de la brocante qui est juste au-dessus. La salle est jolie et confortable, et ça donne envie de revenir pour le thé l'après-midi. Ça tombe bien, il y a plein d'excellents thés à la carte !

6 **La Menuiserie** – C1 - *28 r. des Godrans - 03 80 30 46 07 - lamenuiseriedijon.fr - mar.-sam. dès 8h - plats 5/13 €, menus déj. 18/21 €.* Un charmant bistrot locavore où les produits cuisinés avec soin sont bio et de saison. Pour manger sain et bon au déjeuner ou grignoter des tapas dans le même esprit autour d'un verre le soir. Le menu est renouvelé tous les jours.

Budget moyen

8 **Masami** – HORS PLAN - *79 r. Jeannin - 03 80 65 21 80 - www.restaurantmasami.com - 12h-13h45, 19h-21h30, fermé dim. - menus déj. 14,50/24 €, menus 22/48 €.* La gastronomie japonaise avec une touche bourguignonne. Rigueur et finesse. Parmi les spécialités, ce bœuf charolais et foie gras avec sa sauce... œuf mollet.

9 **Azérole** – B3 - *86 r. Berbisey - 03 80 60 03 94 - lun.-vend. 12h-16h - menu déj. 21 €.* À l'écart de l'agitation, une petite adresse pour déjeuner tardivement, en salle ou en terrasse sur la rue. Le menu se compose d'un trio de mises en bouche et d'un plat, le tout délicatement cuisiné et relevé d'une touche asiatique.

16 **L'Édito** – B1 - *2 pl. Darcy - 03 80 30 69 43 - www.restaurant-ledito-dijon.fr - dim.-jeu. 11h30-22h30, vend.-sam. 11h30-23h - plats 11/15 €, menus déj. 19/21 €, menu 32 €.* Pour manger copieusement à toute heure, cette brasserie vous accueille, à deux pas de la gare, dans son décor décliné sur un thème new-yorkais des années 1950. Un conseil : gardez une large place pour le café gourmand...

11 **Le 17.45** – B3 - *48 r. Monge - 03 45 42 80 58 - www.le17-45.fr - lun.-sam. 17h45-1h - planches 15-22 €.* Ici, vous composez vous-même votre planche de fromage et de charcuterie parmi plus de 40 propositions. Idéal en soirée, dans la jolie salle ou dehors face à l'animation de la place Émile-Zola.

5 **So** – C2 - *15 r. de l'Amiral-Roussin - 03 80 30 03 85 - fermé dim.-lun. - plats 16/20 €, menus déj. 20/27 €.* Épaulé en salle par Rié, sa compagne, le chef japonais So Takahashi, seul aux fourneaux après avoir œuvré dans de belles maisons, travaille les produits qu'il achète directement au marché voisin. Le résultat : une cuisine française traversée d'inspirations nippones, finement exécutée, légère et parfumée...

7 **Villa Vauban** – CD2 - *15 r. Vauban - 03 45 83 07 76 - www.restaurant-villavauban.com - fermé dim.-lun. - plats 24/34 €, menus déj. 14/22 €, menus 32/40 €.* Dans un décor cosy et exotique, le chef Xavier Pernot propose une cuisine gastronomique moderne et créative à des prix raisonnables. L'accueil est à la hauteur du cadre et des saveurs.

Pour se faire plaisir

2 **L'Essentiel** – B1 - *12 r. Audra - 03 80 30 14 52 - restaurant-lessentiel-dijon.fr - mar.-sam. 12h-13h30, 19h30-21h30 - plats à emporter 24/50 €, menus 45/93 €.* Le jeune chef-patron aux commandes de ce restaurant, situé en léger retrait du centre touristique de la ville, concocte un menu rythmé par les saisons, aux saveurs marquées et harmonieuses. Le tout, à déguster dans le patio, fort prisé aux beaux jours.

17 **Restaurant et Caveau de la Porte Guillaume** – B1 - *Pl. Darcy - 03 80 50 80 50 - hotel-darcy.fr - plats 15/30 €, menus 26/48 €.* Le restaurant de l'Hôtel Darcy Dijon Centre abrite une belle

table distinguée, où les spécialités régionales sont à l'honneur : œufs en meurette, jambon persillé, coq au vin, miroir de cassis... Le bar à vin du caveau ravira les amateurs de bourgognes.

4 **Le DZ'Envies** - C1 - *12 r. Odebert - 03 80 50 09 26 - www.dzenvies.com - fermé dim. - plats 18/25 €, menus déj. 16/23 €, soir 34/42 €.* Ce bistrot gastro, installé sur la place des halles, surprend par son style très épuré. La cuisine française revisitée avec une pointe d'exotisme, à la mode asiatique ou maghrébine, sollicite avec bonheur les papilles.

10 **La Dame d'Aquitaine** - C2 - *23 pl. Bossuet - 03 80 30 45 65 - www.ladamedaquitaine.fr - ouvert le midi (jeu.-sam.) et le soir (lun.-sam.) - plats 11/19 € - menus 40/72 €.* Dans cette majestueuse crypte du 13e s., les jeux de lumière mettent en valeur la pierre et l'art de la table d'une élégance sobre et contemporaine. Cuisine de saison croustillante avec plats régionaux comme les œufs meurette et les escargots.

19 **La Maison des Cariatides** - D2 - *28 r. de la Chaudronnerie - 03 80 45 59 25 - fermé dim.-lun. - menus déj. 24/28 €, menus soir 58 €.* Cette belle maison ancienne (1603) du quartier des antiquaires abrite une salle contemporaine façon loft, agrémentée d'une terrasse à l'arrière. On y concocte une cuisine de marché, fraîche et soignée.

Une folie

15 **Origine** - D3 - *10 pl. Wilson - 03 80 67 74 64 - www.restaurantorigine.fr - fermé dim. lun. - menu déj. 35 €, menus 65/120 €.* L'élégant restaurant contemporain et joliment fleuri de Thomas Uchimura, étoilé au guide Michelin (2022), revisite avec brio, finesse et précision la cuisine régionale et du marché, comme cette langoustine saisie et son carpaccio caviar cristal à la vinaigrette et au citron vert avec miel d'acacia.

Petite pause

Comptoir des Colonies - *12 pl. François-Rude - 03 80 30 28 22 - www.comptoirdescolonies.com - 7h30-21h.* Grande terrasse en été, petit salon cosy à l'étage en hiver et espace à l'esprit colonial serti de vieilles pierres (murs et poutres du 17e s.). Variété de cafés torréfiés de manière artisanale. À la carte, plus d'une centaine de thés Mariage Frères.

La Causerie des Mondes - *16 r. Vauban - 03 80 49 96 59 - lun.-vend. 11h45-17h.* Une petite adresse séduisante avec ses murs tapissés de toile de jute, ses poutres apparentes, ses objets asiatiques et sa douce musique d'ambiance. La carte référence quelque 120 thés d'une douzaine de pays différents, 15 recettes de cafés et 5 sortes de chocolats. Quelques douceurs (cake, pain d'épice, tarte du jour) accompagnent les boissons.

Maison Millière - *10-14 r. de la Chouette - 03 80 30 99 99 - www.maison-milliere.fr - merc.-sam. 10h-19h, dim. 11h-19h pour la boutique; le midi (merc.-dim.) et le soir (vend.-sam.) pour le restaurant.* Guillaume Millière, marchand drapier, fit édifier cette maison en 1483 derrière l'église Notre-Dame. La demeure a été reprise par le couple Lieutet, qui l'a transformée en un restaurant-salon de thé. Artisans d'art, ils exposent aussi leurs créations (marqueterie de bois précieux, fleurs naturelles), en vente à la boutique avec diverses idées cadeaux et produits régionaux.

Cafe Guffo - *9 r. de la Chouette - 03 80 48 26 11 - fermé dim.-lun.* Excellente carte de cafés et de thés dans un cadre chaleureux et sympathique. Possibilité de grignoter croques du jour et desserts gourmands. Une belle découverte.

Shopping

Vous trouverez des antiquaires, des boutiques de décoration, art de la table et meubles dans le quartier autour de la rue de la Verrerie.

Halles de Dijon – *Les Halles - mar., jeu.-sam. 7h-13h.* Très animé, excellents produits et de nombreuses terrasses tout autour.

Crème de cassis

Parmi le respectable choix de marques, Boudier, Lejay-Lagoute, L'Héritier-Guyot ou Briottet feront avec l'aligoté d'excellents kirs. Védrenne (de Nuits-St-Georges), au début de la rue Bossuet, est aussi un distillateur-liquoriste réputé (vous pouvez visiter l'usine de fabrication – *voir Cassissium p. 78*).

Autres spécialités

Mulot & Petitjean – *13 pl. Bossuet - ✆ 03 80 30 07 10 - www.mulotpetitjean.fr - mar.-sam. 10h-12h, 14h-19h.* Dans cet hôtel particulier construit au 15e s., on découvre le pain d'épice de la maison Mulot & Petitjean, une entreprise fondée en 1796 et installée ici depuis 1838. Les amateurs peuvent aussi visiter l'usine de production *(voir p. 66)*. Autres adresses en ville.

UF Boutique Maille – *32 r. de la Liberté - ✆ 03 80 30 41 02 - www.maille.com - tlj sf dim. 10h-19h.* Cette maison fondée en 1747 est spécialisée dans les moutardes et les vinaigres de Dijon. Ne manquez pas de jeter un coup d'œil à la belle enseigne « Maille » située au-dessus de l'entrée.

La Boutique de la Truffe – *5 r. Chaudronnerie - ✆ 03 80 37 23 70 - www.truffedebourgogne.fr - mar.-sam. 10h-19h.* Venez découvrir les différentes variétés de truffes, déclinées en produits dérivés, et les secrets du cavage.

Jonathan Pautet – *3 r. Verrerie - ✆ 03 80 67 17 88 - www.jonathanpautet.fr - fermé dim.* Chocolatier, pâtissier, Jonathan Pautet est l'un des 100 chocolatiers sélectionné par le célèbre « club des croqueurs de chocolat » ! Régalez-vous de ses confiseries, pâtisseries et macarons, sans oublier la réglette d'escargots revisités.

La Route des Vins – *1 r. Musette - ✆ 03 80 30 45 01 - www.la-routedesvins.fr - 10h-19h - dégustation avec buffet 59 €.* Ce caviste, situé au cœur du centre-ville depuis une quinzaine d'années, propose de nombreuses références et vous conseille pour bien choisir et déguster votre vin.

1

Boire un verre

Pour un moment de convivialité dans un bar animé, dirigez-vous vers la rue Auguste-Comte, appréciée des étudiants.

Chez Bruno – *80 r. Jean-Jacques-Rousseau - ✆ 03 80 66 12 33 - mar.-sam. 18h-23h.* Ambiance au coude à coude et debout dans ce micro bar à vins, où vous pourrez déguster également des planches de bons produits régionaux. Bruno accueille tout le monde avec bonne humeur, y compris sur le trottoir !

Bam Jam Café – *43 r. Auguste-Comte - ✆ 03 80 73 30 64 - mar.-dim. 17h-2h.* Nombreuses formules de restauration et concerts dans une ambiance jazzy.

Monsieur Moutarde – *40 r. des Forges - ✆ 03 80 43 48 87 - www.monsieurmoutarde.com - mar.-merc. 17h-0h, jeu. 17h-1h, vend.-sam. 17h-2h, dim. 11h30-16h.* Sis dans l'historique hôtel Aubriot, ce bar classieux avec espaces cosy et cour intérieure déroule une carte impressionnante de cocktails, vins et spiritueux. Difficile de choisir !

En soirée

Spectacles

Les planches du théâtre du Parvis St-Jean *(pl. Bossuet)*, du Bistrot de la Scène *(r. d'Auxonne)* ou des Feuillants *(r. Condorcet)* sont régulièrement foulées par les comédiens. En mai, le festival **Théâtre en mai** privilégie les créations.
La musique classique instrumentale, l'art lyrique et la danse se partagent la scène de l'Auditorium et de l'Opéra de Dijon *(pl. du Théâtre)*.

Activités

Visite d'usine

Fabrique de pain d'épice Mulot & Petitjean – *6 bd de l'Ouest - ✆ 03 80 66 30 80 - www.mulotpetitjean.fr - ♿ - lun.-sam. 10h-12h30, 14h-18h30 (dernière visite à 17h30) - 8 € (12-17 ans 6 €).* L'usine de production des fameux pains d'épices a ouvert un petit musée : vous y découvrirez tous les secrets de fabrication, recette, ustensiles, réclames, guidé par une alléchante odeur qui conduit à la dégustation et à la boutique.

Cyclotourisme

La route des Grands Crus – *Voir p. 30.*

Loisirs

Lac Kir – *Voir p. 61* *- www.dijon.fr.* Outre la baignade, nombreuses activités : canoë-kayak, planche à voile, tennis, pétanque et volley-ball, mini-golf... Des transats sont à disposition et chaque vendredi du mois d'août, un concert se tient dans le cadre de D'jazz à la Plage.

Écodrome de Dijon – *Parc de la Colombière - ✆ 06 52 22 50 11 - www.ecodrome-dijon.com - juil.-août : 13h30-20h, avr.-juin et sept.-oct. : merc., w.-end et j. fériés 14h-19h (tlj vac. scol. zone A) - réserv. recommandée - 13-18 € pour 2h30 d'activités (-5 ans 6 € pour 1h d'activités).* Au cœur du parc de la Colombière, 7 parcours d'accrobranche, une tyrolienne et 4 voies d'escalad'arbres. Animations et buvette sur place.

Hébergement

PLAN P. 50-51

Premier prix

Hôtel Le Thurot – HORS PLAN - *4-6 passage Thurot - ✆ 03 80 43 57 46 - www.hotellethurot.fr - P 6 €/j - 27 ch. 66/77 € - ☕ 8 €.* Tenu par d'anciens restaurateurs, cet hôtel familial très calme est niché dans une courette privative et ombragée par un if du 17e s. À 5mn de la place Darcy par l'av. Victor-Hugo.

11 **Hôtel Victor Hugo** – B1 - *23 r. des Fleurs - ✆ 03 80 43 63 45 - www.hotelvictorhugo-dijon.fr - P 4 €/j (gratuit sur réserv.) - 23 ch. 63/72 € - ☕ 6,50 €.* Adresse sympathique où les chambres claires, sobrement décorées et très bien tenues (certaines climatisées), sont plus spacieuses côté cour. Deux agréables petits salons et une grande salle rustique.

15 **Hôtel République** – D1 - *3 r. du Nord - à deux pas de la pl. de la République - ✆ 03 80 73 36 76 - www.hotel-republique-dijon.fr - P 8 €/j sur réserv. à l'avance - 22 ch. 70/72 € - ☕ 8,50 €.* Cet ancien relais de poste du 18e s. est une belle maison biscornue dotée d'une petite terrasse bien agréable en été.

Budget moyen

1 **Hôtel des Ducs** – D2 - *5 r. Lamonnoye - ✆ 03 80 67 31 31 - www.hoteldesducs.com - P 13 €/j (6 pl.) - ♿ - 34 ch. 79/185 €, 8 appart. (2-6 pers.) 89/124 € - ☕ 12 €.* Cet hôtel très habilement rénové est une excellente adresse située en plein cœur de Dijon. Accueil sympathique.

3 Hôtel des Halles – C1 - *8 r. Montigny - ✆ 03 80 30 96 86 - www.hoteldeshalles-dijon.com - P 10 €/j - ♿ - 37 ch. 82/89 € - ☕ 11 €.* Hôtel proche du centre-ville et labellisé Accueil Vélo. Les chambres, à la tenue irréprochable, sont fonctionnelles et bien insonorisées. Plusieurs salons, terrasse extérieure.

13 Hôtel Wilson – D3 - *1 r. de Longvic - ✆ 03 80 66 82 50 - www.wilson-hotel.com - P 10 €/j (sur réserv.) - ♿ - 27 ch. 103/139 € - ☕ 14 €.* Ancien relais de poste du 17e s. où les chambres, sobrement décorées, s'ordonnent autour d'une cour intérieure. Plaisante salle du petit-déjeuner avec sa grande cheminée.

Pour se faire plaisir

17 Maison Philippe Le Bon – C3 - *18 r. Ste-Anne - ✆ 03 80 30 73 52 - www.maisonphilippelebon.com - P ♿ - 40 ch. et suite 174/299 € ☕ 15 € - ✕ plats 19/24 €, menus 19/32 €.* Savourez le plaisir de passer une nuit dans un lieu historique formé d'un ancien couvent et d'une cour gothique du 15e s. L'hôtel comprend un restaurant, La Closerie *(fermé dim. et lun.)*, et un bar, le 19 *(fermé dim.)*.

5 Hôtel Darcy – A1-2 - *✆ 03 80 50 80 50 - www.hotel-darcy.fr - 26 ch. 102/124 € - ☕ 12 € - ✕ Restaurant et Caveau de la Porte Guillaume (voir p. 63).* Situé sur la place Darcy, cœur animé et commerçant de Dijon, cet hôtel bénéficie de chambres fonctionnelles, bien insonorisées.

9 Hôtel du Palais – D2 - *23 r. du Palais - ✆ 03 80 58 58 19 - www.hoteldupalais-dijon.com - 9 ch. 110/180 € - ☕ 12 €.* Dans le centre, cette maison bourgeoise du 19e s. abrite de jolies chambres rénovées aux couleurs de la Bourgogne, du pinot noir au pain d'épices. Sur place, sont proposés des dégustations de vins (1h, 6 vins, 35 €/pers.) et des cours de cuisine autour de spécialités de la région.

Une folie

12 Vertigo Hôtel-Spa – B1 - *3 r. Devosge - ✆ 03 80 40 40 40 - www.vertigohoteldijon.com - P 15 €/j - (hammam et sauna) - ♿ 2 ch. - 42 ch. 127/196 €, suite magique 365 € - ☕ 14/20 € - ✕ sous forme de bocaux (24h/24).* Vivez une expérience hors du commun : lit suspendu, déco renversante, soirée disco le week-end, mise à disposition d'une voiture et de vélos électriques, bar arty sur 3 niveaux... Un coup de cœur qui donne le vertige !

1

Fontaine-Française

Proche de la Franche-Comté, Fontaine-Française était autrefois une puissante seigneurie qui formait, en Bourgogne, une enclave relevant de la couronne de France. Cette paisible localité s'enorgueillit de posséder un beau château du 18e s. dominant un étang.

Se repérer

CARTE P. 38-39 (D1).
886 Fontenois – Côte-d'Or (21)
À 35 km de Dijon et à quelques kilomètres du canal de la Marne à la Saône.

En famille

Les grottes de Bèze ; une promenade par le train touristique des Lavières *(voir « Nos adresses »).*

Nos adresses p. 71

Se promener

2 r. Honorine-de-Monaco - 03 80 36 76 17 - www.tourisme-mirebelloiset fontenois.fr.

Château

2 r. Henry-Berger - 03 80 75 80 40 - www.chateau-fontainefrancaise.fr - visite guidée (40mn) juil.-août : merc.-dim. 10h-12h, 14h-18h ; sept. : w.-end 10h-12h, 14h-18h - 7 € (-18 ans 5 €) - accès libre au parc.

Bâtie au 18e s. sur les ruines d'un château féodal du 11e s., cette grande demeure d'une élégance toute classique accueillit de célèbres écrivains, comme Voltaire et Mme de Staël. Les salons et les chambres comptent de belles pièces de mobilier, notamment un ensemble de fauteuils au point de St-Cyr, figurant les fables d'Ésope, et des tapisseries des Gobelins.

Un **parc** à la française, agrémenté de beaux tilleuls, contient le charmant étang de Pagosse, gigantesque miroir qui reflète le château et le met en valeur.

À proximité

CARTE P. 38-39

Til-Châtel C1

Ce bourg, au confluent de l'Ignon et de la Tille, appartient au verdoyant pays des Tilles, délimité et arrosé par les nombreux affluents de la rivière. Au 3e s. de notre ère, Til-Châtel s'appelait *Tilae Castrum*, en référence à un castrum qui avait été édifié en bordure de la **Via Agrippa** reliant Chalon à Langres. Bénéficiant d'un emplacement stratégique, ce camp romain permettait non seulement de surveiller

Le saviez-vous ?

Alors en guerre contre Philippe II d'Espagne, c'est à Fontaine-Française qu'**Henri IV**, à la tête de 510 cavaliers, triompha le 5 juin 1595 des armées espagnoles et de la Ligue catholique, plus fortes en nombre, commandées par Juan Fernández de Velasco, connétable de Castille, et par le duc Charles de Mayenne, chef des Guise. Un monument (1804) rappelle cette victoire qui eut une grande part dans la pacification générale du royaume.

Château de Fontaine-Française.
H. Milon/Michelin

la route, mais aussi de défendre la vallée de la Tille contre d'éventuels envahisseurs. Le castrum fut détruit lors d'une invasion au début du 5e s., et des fouilles menées dans le bas de Til-Châtel ont révélé des vestiges datant de l'époque romaine.

Église St-Florent – Cette église romane (12e s.) s'ouvre par un beau portail : au tympan, le Christ en majesté est entouré des symboles des quatre évangélistes. Le portail latéral, d'inspiration identique, est plus dépouillé. À l'intérieur, on remarque les chapiteaux de la nef, la coupole sur trompes à la croisée du transept, l'abside en cul-de-four avec ses absidioles. L'église recèle un riche patrimoine : statues de bois anciennes (Christ aux outrages du 12e s. et calvaire italien du 17e s.), tombeau de saint Honoré et sa châsse naïve en bois peint, du 16e s., fonts baptismaux du 9e s. et cinq pierres tombales gravées. L'autel du 12e s. est construit sur une pierre qui serait celle du pont où fut décapité saint Florent.

De Fontaine-Française à Bèze CARTE P. 38-39

Circuit de 36 km tracé en rouge sur la carte. Quittez Fontaine-Française à l'est par la D 960.

St-Seine-sur-Vingeanne D1

Le village a conservé un joli **château** du 17e s., annoncé par un portail gardé de deux tours rondes. Surmontée d'un clocher à trois étages, l'**église**, de style roman bourguignon, commande la vue sur le château et les communs. Dans le chœur, remarquez un beau vitrail du 19e s. En haut de la grande nef, à droite en regardant l'autel, vous pourrez admirer un Christ de pitié en pierre polychrome du 16e s.
Prenez la D 30, au sud, sur 2 km. La route, tortueuse, passe entre bosquets et cultures vivrières.

Château de Rosières D1

06 37 58 68 52/06 46 24 46 20 - chateauderosieres.webnode.fr - 10h-18h - 4 € (-18 ans gratuit) - chasse au trésor pour les enf. (2 €).

Le donjon massif et l'une des tours datent du 15e s. L'escalier du pavillon (ajout du 17e s.) est typiquement Louis XIII. La porte et une petite tour d'enceinte complètent l'ensemble.

Franchissez la Vingeanne, puis le canal de la Marne à la Saône. Dans Beaumont, prenez à droite vers Champagne, puis tout de suite à droite pour trouver le château.

Château de Beaumont-sur-Vingeanne D1

3 r. Richebourg - ✆ 03 80 47 74 05 - www.parcsetjardins-bourgogne.com - ♿ - visite guidée (30mn) juil. et sept. : tlj sf dim. 10h-12h, 14h30-18h30 ; reste de l'année : sur demande préalable - 5 € pour le château, 2 € pour le jardin (-12 ans gratuit).
De dimensions réduites, mais de proportions parfaites, ce château aurait été construit vers 1724 par l'abbé Claude Jolyot, chapelain du roi qui venait y goûter le repos, loin de Versailles et de la Cour. La façade sur deux niveaux est ornée de fenêtres cintrées couronnées de masques. Ce très rare exemple en France de ce que l'on appelait une architecture « de folie » combine trois étages côté cour et deux côté jardin, avec des escaliers dérobés et un palier qui passe discrètement en travers des fenêtres. À l'intérieur, on visite deux salles lambrissées du rez-de-chaussée et la galerie voûtée en sous-sol supportant la terrasse de la façade arrière.

Rejoignez Bèze par Noiron.

Bèze C1

Riche d'un intéressant patrimoine naturel, ce petit bourg a également conservé quelques monuments du passé. Du 9e s., vous remarquerez les vestiges d'une ancienne tour de guet : la **tour des Francs**, autrefois intégrée à l'enceinte médiévale ; du 13e s., l'ancienne école monastique dont la façade, maintes fois remaniée, est reconnaissable à ses arcades gothiques, ses trèfles au-dessus des fenêtres et ses têtes sculptées. Notez aussi l'**église St-Rémi**, partiellement reconstruite au 18e s., et dont le clocher fortifié remonte au 13e s. Quant à la cure, un bâtiment carré du 20e s., elle fut la demeure du chanoine Kir.

Source de la Bèze – La résurgence des eaux de la Venelle et d'autres « pertes » jaillit dans une magnifique source de type vauclusien qui peut débiter, en période de crue, 18 000 litres par seconde. L'eau est potable et on y aperçoit des truites. Promenade aménagée sur les rives.

Grottes de Bèze – *Chemin des Grottes - ✆ 03 80 75 31 33/03 80 75 30 84 - www.beze.fr - P - visite guidée (45mn) juil.-août : 10h-12h, 13h30-18h ; avr.-juin et oct.-nov. : consultez le calendrier sur le site Internet, fermé du 15 nov. à fin mars - 8,50 € (5-17 ans 5 €).* Deux résurgences de la Tille, dont on peut voir les siphons profonds de 6 à 7 m, ont formé une rivière souterraine et des grottes qui, artificiellement reliées, se parcourent en barque sur une longueur de près de 300 m. La limpidité des eaux, d'une profondeur atteignant 18 m, quelques concrétions notables ainsi que la belle cheminée proche de l'entrée participent à la force d'envoûtement des lieux.

Abbaye St-Pierre – *R. de l'Encloître - ✆ 06 17 64 24 41 - abbayedebeze.blogspot.com.* Le site, bordé par les eaux bleu vert de la Bèze, conserve les vestiges d'une chapelle du 12e s. et des bâtiments du 18e s., bien que l'abbaye ait été fondée en l'an 630. On profitera du parc botanique dans lequel s'épanouissent de grands arbres plusieurs fois séculaires.

Revenez à Fontaine-Française par la D 960 en longeant la forêt de Velours.

Nos adresses

Restauration

À proximité

Budget moyen

Auberge des Tilleuls – *8 pl. de l'Église - Messigny-et-Vantoux, à 30 km au sud-ouest de Fontaine-Française - ✆ 03 80 35 45 22 - www.restaurant-tilleuls.fr - mar.-jeu. 12h-13h30, vend.-sam. 12h-13h30, 19h30-21h30 - plats 14,50/24 €, menus déj. 23/27 € - menus 31/35 €.* Au menu, une bonne cuisine traditionnelle et des prix serrés. Le chef remet au goût du jour les bons plats bistrotiers qui ont fait l'histoire de la maison : escargots en persillade, fricassée de volaille au chou... Attention, pensez à réserver !

Hôtel Le Bourguignon – *8 r. Porte-de-Bessey - Bèze - 11 km au sud-ouest de Fontaine-Française - ✆ 03 80 75 34 51 - www.le-bourguignon.com - P 8 €/j - ♿ - restaurant fermé vend., sam. midi - 25 ch. 85/92 € - ☕ 12 € - ✕ plats 18,50/32 €, menu déj. 20 €, menus 28/49 €.* Convivialité assurée dans cet établissement regroupant trois bâtisses, dont une maison à pans de bois. Logée derrière une façade Renaissance, la salle à manger rustique propose des plats du terroir. Chambres bien tenues.

Auberge Côté Rivière – *3 r. des Capucins - Is-sur-Tille - 5 km à l'ouest de Fontaine-Française - ✆ 03 80 95 65 40 -www.hotel-restaurant-coteriviere.com - P ♿ - restaurant fermé dim. soir et lun. - 10 ch. 85/135 € - ☕ 12 € - ✕ plat 24 €, menus déj. 20/23 €, menu 35/54 €.* Deux bâtisses entourées par un jardin au bord de la rivière. Le restaurant, logé dans la ferme, a gardé son cachet d'antan tout en adoptant une déco actuelle. Cuisine traditionnelle. La maison bourgeoise rénovée, abrite des chambres contemporaines.

Activités

Train touristique des Lavières – *Is-sur-Tille - ✆ 03 80 95 36 36 - cfti.e-monsite.com - ♿ - de mi-juin à mi-sept. : dim. 15h-19h - 3 € (dép. ttes les 20mn) - circuit de 1,4 km (15mn AR) dans la zone de loisirs, près d'Is-sur-Tille.* Petite promenade à bord en train tracté par une locomotive Pétolat, datant de 1931, ou une locomotive Plymouth, datant de 1946.

Hébergement

À proximité

Premier prix

Chambre d'hôte Les Champs Penets – *14 r. de la Cras - Sacquenay - 10 km au nord-ouest de Fontaine-Française - ✆ 06 07 25 11 06 - www.leschampspenets.com - P - 3 ch. 70/75 € ☕ - table d'hôte 20 € sur réserv.* Cette ancienne ferme-centre équestre s'est reconvertie en maison d'hôte. Vous pourrez cependant toujours observer quelques chevaux en pension.

Chambre d'hôte La Pitchounière – *13 rte de Lux - Til-Châtel - 17 km à l'ouest de Fontaine-Française - ✆ 03 80 95 36 28 - P - 2 ch. 75 € ☕.* Deux vastes chambres lumineuses et un jardin où prendre son petit-déjeuner aux beaux jours font de cette halte un nid douillet.

Budget moyen

Chambre d'hôte La Commanderie de la Romagne – *St-Maurice-sur-Vingeanne - 5 Hameau de la Romagne - 9 km au nord de Fontaine-Française - ✆ 06 21 69 28 63 - www.romagne.com - 3 ch. 91 € ☕.* Étape d'histoire et de caractère que cette ancienne commanderie des Templiers. Les vastes chambres agrémentées de poutres, tomettes et meubles anciens ouvrent leurs fenêtres sur la rivière. Goûteux petit-déjeuner et très bon accueil.

1

La route des Grands Crus de Bourgogne

★★★

Pour les amateurs de vin, ce nom est mythique. De Dijon à Santenay, sur 65 km, se déploie l'un des plus célèbres vignobles du monde. À chaque étape de cette voie triomphale s'inscrit un nom prestigieux ; chaque village, chaque coteau possède un titre de gloire. La découverte de cette région est l'occasion de partir à la rencontre de celles et ceux qui, grâce à leur savoir-faire, font vivre les grands crus de Bourgogne.

Se repérer

CARTE P. 38-39 (BC2-3) - CARTE DE LA ROUTE P. 75.

Côte-d'Or (21)

La route des Grands Crus suit un axe nord-sud parallèle à l'A 6, de Dijon à Beaune.

À ne pas manquer

Les circuits des vignobles de la côte de Nuits et de la côte de Beaune proposent de belles étapes... et de bons restaurants.

Organiser son temps

Prévoyez une demi-journée au moins pour la côte de Nuits et une journée pour la côte de Beaune. Réservez vos dégustations auprès des vignerons.

En famille

Le Cassissium à Nuits-St- Georges et une aventure au « Bout du monde » dans le vallon de la Tournée.

Nos adresses p. 83

★★ Côte de Nuits

CARTE P. 38-39

Circuit tracé en vert sur la carte – 45 km de Dijon à Nuits-St-Georges. Quittez Dijon par la « route des Grands Crus ».

Pour un mode de déplacement doux, optez pour la voie verte (voir p. 30).

La « route des Grands Crus » (D 974) passe au pied de collines couvertes de vignes et traverse des villages aux noms de vins à la renommée mondiale. Une impression d'opulence se dégage de ces gros bourgs viticoles.

Chenôve C2

Le Clos du Roy et le Clos du Chapitre rappellent qui étaient les anciens propriétaires de ce vignoble : les ducs de Bourgogne et les chanoines d'Autun. La **rue Jules-Blaizet** égrène ses maisons vigneronnes, dont les plus anciennes remonteraient au 13e s.

Marsannay-la-Côte C2

41 r. de Mazy - www.destinationdijon.com - 03 80 44 11 44.

Ce village produit des vins rosés (AOC) appréciés, obtenus par fermentation rapide des raisins noirs du pinot.

Poursuivez sur la route des Grands Crus.

Vous traversez le joli village de **Couchey** avant d'arriver à Fixin.

Vignoble de la Côte de Nuits.
barmalini/Getty Images Plus

Fixin C2

Producteur de vins au bouquet profond – certains se classent parmi les meilleurs de la côte de Nuits –, le village de Fixin *(prononcez « fissin »)* perpétue le souvenir d'un touchant témoignage de fidélité. Dans le parc de sa propriété, **Noisot**, ancien capitaine de la garde impériale, fit élever, en 1847, un monument à la gloire de Napoléon par le sculpteur **Rude** *(voir musée Rude p. 52)*. Dévoué jusqu'à la mort, le vieux soldat voulut être enterré face à son empereur, qu'il avait accompagné sur l'île d'Elbe. La tombe du fidèle Noisot est dominée par le mausolée et par une esplanade, d'où l'on découvre une vue étendue sur le Val de Saône, le Jura et les Alpes.

Musée et parc Noisot – *Au milieu du village, prenez la rue Noisot montant jusqu'à un parking situé à 500 m, puis suivez l'allée des Pins (panneaux fléchés). Espl. Rude - ✆ 03 80 52 45 62 - www.mairiedefixin.fr - ♿ - de mi-juin à mi-sept. : w.-end 14h-18h ; reste de l'année : sur demande - gratuit.* Un musée contenant des souvenirs des campagnes impériales est installé au 1er étage de la maison du gardien, réplique de celle de l'Empereur sur l'île d'Elbe. Un escalier conduit au monument *Napoléon s'éveillant à l'immortalité*, puis au tombeau de Noisot.

Du musée part un sentier menant aux fontaines et aux 100 marches que l'adorateur fit tailler en mémoire des Cent-Jours : elles donnent accès au plateau de l'arrière-côte.

La très jolie église du hameau voisin, **Fixey**, avec son clocher vernissé, serait la plus ancienne (10e s.) de la Côte.

Brochon C2

À la limite de la côte de Nuits, Brochon produit des bourgognes aligotés de caractère. En arrivant dans le village, prenez à gauche la rue Stéphen-Liégeard. Le château se trouve juste après le lycée.

Château – *✆ 03 80 59 94 59- www.lyc-liegeard.ac-dijon.fr - visite guidée de mi-juil. à mi-août : vend.-dim. à 14h30 et 16h30 - 5 € (-12 ans gratuit).* Il fut construit

Un vignoble de renom

Les conditions naturelles

Dans les combes (dépressions étroites et longues formées par l'érosion), seuls les versants est et sud sont plantés de vignes (8 000 ha en cépages fins) ; le versant nord est souvent couvert de bois. Il s'étage au-dessus de la plaine de la Saône, à une altitude variant de 200 à 300 m.

Tandis que le sommet des coteaux est couvert de buis ou parfois couronné de boqueteaux, le vignoble occupe les pentes calcaires, bien exposées à l'insolation matinale – la meilleure – et bien abritées des vents froids.

De cette exposition dépendent la production du sucre et, partant, le degré d'alcool. La pente facilite en outre l'écoulement des pluies, assurant à la vigne un sol sec, facteur de la qualité des crus.

Les grands crus

La D 974 sépare sur une grande partie de son parcours les cépages de vins nobles des autres, les grands crus s'étalant en général à mi-pente. Pour les vins rouges, le cépage est le pinot noir fin, roi des ceps bourguignons. Les grands vins blancs sont produits à partir du chardonnay. Après la **crise du phylloxéra**, à la fin du 19e s., le vignoble fut entièrement reconstitué sur des porte-greffes américains.

À toute chose malheur est bon, dit-on : les petits vignerons ont retrouvé leurs droits en rachetant des parcelles de grandes propriétés et la réduction des quantités s'est accompagnée d'une amélioration de la qualité.

Les deux grandes côtes, de Nuits et de Beaune, se partagent la célébrité : celle de Nuits pour le feu de ses crus ; celle de Beaune pour leur délicatesse. Chacune possède son arrière-côte, dont les crus peuvent, sans prétendre à la renommée des côtes, satisfaire l'amateur averti. Ils sont en outre nettement plus accessibles.

La côte de Nuits

Elle s'étend de Fixin à Corgoloin. Sa superficie est de 3 740 ha et sa production annuelle s'élève à 105 000 hectolitres, soit environ 14 millions de bouteilles. Le vignoble est implanté sur des coteaux formés de calcaires riches en fossiles, de marnes et de calcaires marneux.

La côte de Nuits produit presque uniquement de très grands vins rouges. Ses crus les plus fameux sont, du nord au sud : le chambertin, le musigny, le clos-vougeot et la romanée-conti. Très riches et corsés, ses vins demandent huit à dix ans pour acquérir leurs incomparables qualités de corps et de bouquet.

Au sud, sur les versants occidentaux de la Côte, le vignoble de la **haute côte de Nuits** produit des vins plus simples.

La côte de Beaune

Elle s'étend sur 5 950 ha répartis du nord au sud, d'Aloxe-Corton à Santenay, et produit d'abord de grands vins blancs, mais aussi d'excellents vins rouges. Le vignoble est implanté sur des sols calcaires dans les hauteurs, des marnes et des cailloutis dans les pentes, et sur des calcaires et des argiles en contrebas. Sa production annuelle s'élève à 215 000 hectolitres, soit 28 millions de bouteilles. Ses principaux crus sont, en rouge, le corton, le volnay, le pommard et le beaune, et, en blanc, le meursault et le montrachet.

Les rouges sont puissants et fruités, tout comme les blancs, qui sont d'une fabuleuse richesse tant au nez qu'en bouche.

« Le bourgogne », p. 474 et « Œnotourisme », p. 528.

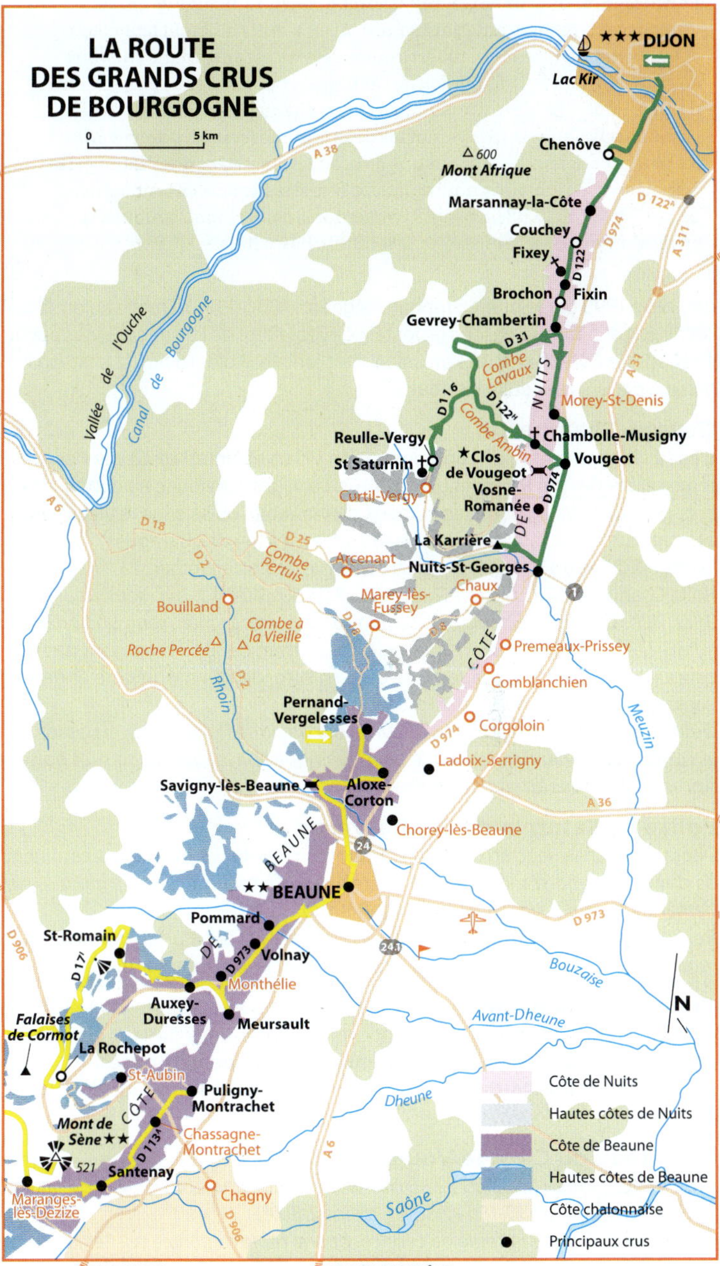
LA ROUTE DES GRANDS CRUS DE BOURGOGNE
0 5 km
DIJON
Lac Kir
Chenôve
600
Mont Afrique
Marsannay-la-Côte
Couchey
Fixey
Fixin
Brochon
Gevrey-Chambertin
Combe Lavaux
Morey-St-Denis
Combe Ambin
Chamble-Musigny
Reulle-Vergy
St Saturnin
Clos de Vougeot
Vougeot
Curtil-Vergy
Vosne-Romanée
La Karrière
Nuits-St-Georges
Arcenant
Chaux
Marey-lès-Fussey
CÔTE DE NUITS
Premeaux-Prissey
Comblanchien
Corgoloin
Ladoix-Serrigny
Pernand-Vergelesses
Savigny-lès-Beaune
Aloxe-Corton
Chorey-lès-Beaune
CÔTE DE BEAUNE
BEAUNE
Pommard
Volnay
Monthélie
Auxey-Duresses
Meursault
St-Romain
Falaises de Cormot
La Rochepot
St-Aubin
Puligny-Montrachet
Chassagne-Montrachet
Mont de Sène
521
Santenay
Maranges-lès-Dezize
Chagny
Combe Pertuis
Bouilland
Combe à la Vieille
Roche Percée
Rhoin
Vallée de l'Ouche
Canal de Bourgogne
Meuzin
Bouzaise
Avant-Dheune
Dheune
Saône
A 38
A 6
A 31
A 311
A 36
D 122A
D 974
D 122
D 31
D 116
D 122H
D 18
D 25
D 2
D 8
D 973
D 17I
D 113A
D 906
24
24.1
1
AVALLON
LANGRES, CHAUMONT
DOLE
SAULIEU
VALLON DE LA TOURNÉE
LE CREUSOT
CHALON-SUR-SAÔNE
N
Côte de Nuits
Hautes côtes de Nuits
Côte de Beaune
Hautes côtes de Beaune
Côte chalonnaise
Principaux crus

1

Le chambertin-clos de bèze, un cru hors norme

Parmi les grands crus de Gevrey-Chambertin (une dizaine de climats), vins rouges très puissants qui acquièrent en vieillissant tout leur corps et tout leur bouquet, le chambertin-clos de bèze est entré dans l'histoire dès l'an 640, lors de la fondation de l'abbaye de Bèze, devenue propriétaire du clos. Le clos de bèze et le chambertin – « champ de Bertin », devenu « chambertin » dès le 13e s. – sont les deux climats *(voir encadré p. 488)* les plus prestigieux de la commune de production de Gevrey-Chambertin. Napoléon Ier en était un grand amateur. D'une superficie en production de 14,67 ha et de 13,62 ha respectivement, ces deux climats produisent en moyenne chaque année 67 000 et 62 000 bouteilles.

de 1895 à 1899 par le poète Stéphen Liégeard (1830-1925). Oublié aujourd'hui, l'écrivain est pourtant passé à la postérité avec le titre de l'un de ses livres publié en 1887 : *La Côte d'Azur*. L'expression était lancée. Aujourd'hui, le château est occupé par un lycée et un internat.

Gevrey-Chambertin C2

C'est ici le type même de l'agglomération viticole immortalisée par l'écrivain régionaliste **Gaston Roupnel** (1872-1946). La ville s'échelonne au débouché de la combe de Lavaux, entre les coteaux du vignoble, où se situe le vieux centre assoupi autour de l'église et du château, et le quartier des Baraques.

Église – Édifiée du 13e au 15e s., elle a conservé un portail roman.

Halle Chambertin – *1 r. Gaston-Roupnel - ✆ 03 80 34 38 40 - avr.-sept. : mar.-sam. 9h30-12h30, 13h30-18h, dim. 9h30-13h30 ; oct.-mars : mar.-sam. 9h30-12h30, 13h30-17h30*. Au centre du village, les halles datant de 1830 proposent des parcours de découverte pédagogique du territoire, de son patrimoine et de son vignoble, grâce à 15 modules interactifs.

Quittez la route des Grands Crus (D 974) pour quelques kilomètres, et passez par la **combe de Lavaux**, *qui traverse de magnifiques paysages rocheux et boisés. Après Curley, vous atteignez Reulle-Vergy.*

Église St-Saturnin de Reulle-Vergy C2

Dans un site charmant, au pied d'un promontoire rocheux dominant le confluent de deux ravins boisés, est bâtie la petite **église St-Saturnin** *(visites guidées sur demande, se rens. à la mairie de Reulle-Vergy)*.

Rebroussez chemin jusqu'à Curley puis prenez la D 122 à droite, qui vous fait regagner la route des Grands Crus en passant par la jolie **combe Ambin**.

Chambolle-Musigny C2

Gaston Roupnel disait du très élégant chambolle-musigny qu'il est « de soie et de dentelle »... Les grands crus sont le **musigny** et **les bonnes-mares**.

Ne ratez pas l'**église Ste-Barbe** : dans l'abside, remarquez des fresques flamandes du 16e s.

★ Château du Clos de Vougeot C2

R. de la Montagne - ✆ 03 80 62 86 09 - www.closdevougeot.fr - ♿ - nov.-mars : 10h-17h, avr.-oct. : 9h30-18h - 7,50 € (-16 ans 2,50 €).

Pensez à réserver la Table de Léonce, bonne table régionale (visite guidée et repas accompagné d'une dégustation de 4 vins 75 € ou 6 vins à 105 €).

Plantée au milieu des vignes, cette propriété qui a appartenu à l'abbaye de Cîteaux du 12e s. à la Révolution est visible de loin. Achevé à la Renaissance

par l'abbé Loisier, le château a été restauré au 19e s. Disposé tout autour de la cour d'honneur, on découvre le grand cellier des moines (12e s.), où ont lieu les cérémonies de l'ordre du Tastevin, la magnifique **cuverie★** (15e s.) aux quatre gigantesques pressoirs, la cuisine (16e s.) avec son immense cheminée et sa voûte nervurée soutenue par une unique colonne centrale, et enfin le dortoir des frères convers, qui présente une spectaculaire charpente du 17e s. C'est ici que dormaient les moines venus travailler depuis l'abbaye de Cîteaux, située à 12 km. Les vins de Vougeot sont très appréciés et placés sous l'autorité d'une seigneurie : le Clos de Vougeot, avec ses 51 ha, reste un cru parmi les plus réputés de Bourgogne.
Continuez sur la route des Grands Crus (D 974) en direction de Beaune.

Vosne-Romanée C2

Son vignoble ne produit que des vins rouges riches, fins et délicats. Parmi les « climats » qui le constituent, ceux de romanée-conti (le prince de Conti en fut propriétaire en 1760), de la tâche et de richebourg sont de réputation mondiale.

Nuits-St-Georges C2

3 r. Sonoys - 03 80 62 11 17 - www.ot-nuits-st-georges.fr.
La coquette petite ville de Nuits, capitale de la Côte à laquelle elle a donné son nom, a ajouté au sien, en 1892, celui de son cru le plus coté, le saint-georges, constitué en vignoble dès l'an 1000. Cependant, la célébrité des vins de Nuits remonte à Louis XIV. Son médecin, Fagon, ayant conseillé au Roi-Soleil de prendre à chaque repas quelques verres de nuits et de romanée, à titre de remède, toute la cour voulut en goûter.
Bien qu'aucun de ses vins ne soit classé « grand cru », ils sont mondialement connus. Ils sont plus corsés que les autres bourgognes. Nuits produit aussi du **cassis** et du **crémant**, du **marc de Bourgogne** et du **jus de raisin**.
Église St-Symphorien – Ce vaste édifice, bâti au début du 13e s. dans un style roman de transition, se distingue par un chevet plat orné de trois baies à colonnettes et de sculptures sous une grande rosace, et par un clocher massif assis sur la croisée du transept. À l'intérieur, la nef principale, très haute et voûtée d'arêtes, abrite un

La confrérie des chevaliers du Tastevin

Au lendemain de la grande crise de 1929, un petit groupe de Bourguignons, réunis dans une cave de Nuits-St-Georges, décide de fonder une société afin de mieux faire connaître les grands vins de Bourgogne. Ainsi est créée en 1934 cette célèbre confrérie, propriétaire du château du Clos de Vougeot dès 1945. C'est dans le cellier du château que se déroulent les fameux « chapitres », grands dîners réputés pour « leur qualité culinaire et vineuse d'exception » au cours desquels le Grand Conseil de l'Ordre intronise de nouveaux chevaliers selon un rite scrupuleusement établi en pseudo-latin, inspiré du *Malade imaginaire* de Molière. Plus sérieusement, une dégustation rigoureuse des vins de Bourgogne est réalisée deux fois par an par 250 professionnels du secteur viticole. L'objectif : sélectionner les bouteilles qui pourront porter le précieux habillage de la confrérie. « Jamais en vain toujours en vin », telle est la devise de la confrérie.
Chaque année, en octobre, sont organisées les journées mondiales de l'œuf en meurette au château du Clos de Vougeot.
www.tastevin-bourgogne.com : pour tout savoir de la confrérie et tastevinage.fr : pour connaître la liste des vins tastevinés.

buffet d'orgue sculpté (18e s.) et surtout une rare cage d'escalier tournant, curieux cylindre de bois ajouré de la fin du 16e s. Des vestiges de fresques (dont un martyre de saint Sébastien) et d'inscriptions du 15e s. sont visibles dans les bas-côtés. Vous remarquerez encore à Nuits deux édifices du 17e s. : le **beffroi** de l'ancien hôtel de ville et l'hôpital St-Laurent ; l'actuel hôtel de ville, construit au 18e s. ; la moderne église Notre-Dame, aux vitraux colorés dus à J.-J. Borghetto (1957).
Musée – *12 r. Camille-Rodier - ✆ 03 80 62 01 37 - www.ville-nuits-saint-georges.fr - mai-oct. : tlj sf lun.-mar., sam. mat.-dim. mat. 10h-12h, 14h-18h - gratuit.* Il est installé dans une ancienne maison de vins. Dans les caves voûtées, la vie quotidienne des Gallo-Romains est évoquée à travers une collection d'objets découverts sur le site des Bolards, près de Nuits-St-Georges, tandis qu'une reconstitution de sépultures vient illustrer l'époque mérovingienne. Une exposition annuelle présente un aspect du patrimoine nuiton illustré par des collections du musée.
★ **Cassissium** – *8 pass. des Frères-Montgolfier - av. du Jura - ✆ 03 80 62 49 70 - www.cassissium.fr - avr.-oct. : 10h-13h, 14h-19h ; nov.-mars : mar.-sam. 10h30-13h, 14h30-17h (sam. et vac. scol. 18h) - 9,50 € (-12 ans gratuit). Les visites sont à heures fixes et sur réserv.* Outre la visite du petit musée dédié au cassis, baie emblématique de la Bourgogne, vous pénétrerez, guidés par une délicieuse odeur de cassis, dans l'usine de fabrication Védrenne, toujours en activité *(pour voir l'usine en activité, venez du lun. au jeu. de 8h à 16h, visite guidée 45mn)* : tous les secrets de fabrication de la liqueur de cassis vous seront révélés. Vous passerez par les chais (impressionnants foudres – tonneau de 32 000 litres – centenaires) où vieillissent les marcs de Bourgogne. Enfin vous attend une dégustation (bar à sirops fantastique pour les enfants).
Galerie Volcano – *11 r. du Bois-de-Charmois - www.galerievolcano.com - merc.-vend., dim. 14h-19h, sam. 10h-20h.* Cette nouvelle et ambitieuse galerie d'art contemporain organise des expositions d'artistes connus (Banksy a fait l'inauguration) et méconnus. Sa vocation est de mettre la culture à la portée de tous, notamment en créant un lieu de vie au sein du village, avec un café et… des thermes sur le toit.
Prenez la D 25 sur la droite en direction de Villars-Fontaine. À 3,5 km, sur la droite, se situe une ancienne carrière de pierre.

La Karrière C2

Sur la D 25, à 2 km de Villars-Fontaine - ✆ 06 30 25 42 90 - www.lakarriere.fr - ♿ - de mi-avr. à mi-juin et de mi-sept. à fin oct. : w-end et j. fériés 11h-18h ; de mi-juin à mi-sept. : merc.-dim. 11h-18h - 4 € (hors événements).

Pernand-Vergelesses.
H. Lenain/hemis.fr

La Karrière organise de nombreux évènements (festivals, concerts, cinéma en plein air...) consultez le site pour ne rien rater!
Cette ancienne carrière de pierre a entamé une seconde vie : des graffitis gigantesques sur les parois et des sculptures l'ont transformée en un lieu complètement magique qui accueille l'été un festival à la réputation croissante et de nombreux autres événements.
Retournez à Nuits-St-Georges.

1

★★ Côte de Beaune

CARTE P. 38-39

Circuit tracé en violet sur la carte – 65 km de Pernand-Vergelesses à Puligny-Montrachet.
La côte de Beaune se différencie de celle de Nuits par ses grands terroirs à vin blanc.

Pernand-Vergelesses B3

Le village, adopté par le fondateur du théâtre du Vieux-Colombier à Paris, **Jacques Copeau** (1879-1949), présente un beau panorama sur le vignoble.
Gagnez Aloxe-Corton, à 2 km au sud-est de Pernand-Vergelesses, par la D 18 puis la D 115^{D}.

Aloxe-Corton B3

Les plus grands crus ne portent pas le nom d'aloxe *(prononcez « alosse »)*, mais de corton seul ou suivi du nom du climat. Sur une colline isolée, Charlemagne posséda des vignes, d'où le nom de corton-charlemagne, vin blanc de grande allure (cépage chardonnay), très corsé, ferme comme de l'acier.
Cependant, Aloxe-Corton produit surtout des vins rouges, déjà appréciés par Voltaire – qui les définissait comme « les plus francs de la côte de Beaune » –, dont le bouquet s'affine avec l'âge, tout en conservant du corps et de la chaleur.
À la sortie d'Aloxe-Corton, prenez à droite la D 974 sur 2 km puis à droite la D 2^{A}.

Savigny-lès-Beaune B3

Voir p. 97.
Rejoignez Beaune, à 6 km au sud par la D 18.

★★ Beaune B3

Voir p. 88.
Prenez la D 974 en direction d'Autun sur 3 km, puis continuez sur la D 973.

Pommard B3

Pommard tire son nom d'un temple antique dédié à Pomone, divinité des Fruits et des Jardins. Ses vins rouges « fermes, colorés, pleins de franchise, et de bonne conservation » furent recherchés par les rois et les poètes : Ronsard, Henri IV, Louis XV, Victor Hugo...

Château de Pommard – *03 80 22 07 99 - www.chateaudepommard.com - 10h30-18h30 - dégustation de 5 vins 18 €, visite et dégustation de 6 vins 41/94 € - réserv. conseillée - jardins accessibles librement.* Au cœur de jardins à la française, la visite du château permet de combiner histoire et patrimoine, art et plaisir de la dégustation : 800 m² de caves voûtées du 18e s. et plus de 300 000 bouteilles.

Continuez sur la D 973 sur 2 km.

Volnay B3

Ses vins rouges, au bouquet très délicat et au goût suave, furent, dit-on, très appréciés de Louis XI. En 1477, ce roi, ayant acquis le duché, et avec lui les vignes, fit apporter toute la production de volnay à son château de Plessis-lès-Tours. Vous aurez une belle **vue** sur les vignobles, de l'esplanade en contrebas de la petite église du 14e s.

Continuez sur 3 km par la D 973.

Meursault B3

Cette bourgade, située sur l'emplacement d'un ancien camp romain que domine la belle flèche gothique en pierre de son église, devrait son nom à une frontière séparant la côte de Meursault et la côte de Beaune, appelée « saut du Rat » (en latin *muris saltus*). La ville est devenue célèbre depuis le tournage de *La Grande Vadrouille* (1966). Vestiges de l'ancien château fort (1337), les tuiles vernissées de la tour (actuel hôtel de ville) ont été posées en 1870. Ce sont elles qu'on voit dans le film avec Bourvil et Louis de Funès, dans la scène de l'incendie de la Kommandantur, qui n'était autre que l'hôtel de ville de Meursault.

Les meursaults, les puligny-montrachet et les chassagne-montrachet passent pour être les « meilleurs vins blancs du monde » : ils ont un goût particulier de noisette et un arôme luxuriant de grappe mûre, qui s'allient à une franchise et à une finesse exquises. particularité fort rare, ils sont à la fois secs et moelleux.

La **paulée de Meursault**, dernière des Trois Glorieuses, est une fête réputée : à l'issue du banquet, où chaque convive apporte ses bouteilles, un prix littéraire est attribué, et le lauréat reçoit... 100 bouteilles de meursault.

Château de Meursault – *5 r. du Moulin-Foulot - 03 80 26 22 75 - www.chateau-meursault.com - 10h-12h, 14h-18h ; visites guidées à 10h, 14h et 16h.* Le cadre unique du château abrite des caves des 12e, 14e et 16e s. Différents types de parcours et de dégustations sont proposés (uniquement sur réserv.).

Gagnez Auxey-Duresses, 2,5 km à l'ouest, par la D 23 en passant par Monthélie.

Auxey-Duresses B3

Ce village de deux hameaux est niché dans une profonde combe menant à La Rochepot et à son château. Le vignoble produit des vins fins rouges et blancs qui, avant la loi sur les appellations d'origine, étaient vendus sous le nom de volnay et de pommard. L'église mérite une visite pour son beau triptyque du 16e s.

Rejoignez St-Romain, à 3 km au nord-ouest d'Auxey-Duresses, par la D 17E.

St-Romain B3

La localité se compose en fait de deux villages distincts.

St-Romain-le-Haut est situé sur un éperon calcaire au milieu d'un bel hémicycle de falaises, avec, sur le bord sud de l'éperon, les vestiges de son château des 12e et 13e s. *(site archéologique ; circuit de visite aménagé sur 200 m).*

Joliment restaurée, son église du 15e s. présente trois caractéristiques : une construction en gradins descendant vers le chœur, une cuve baptismale du 2e s. et une chaire réalisée en 1619 *(prévoyez de la monnaie pour l'éclairage automatique de l'église).*

En contrebas s'étend St-Romain-le-Bas, où se trouve la mairie, qui accueille une **exposition** permanente sur l'archéologie et l'ethnologie locales *(✆ 03 80 21 28 50 - www.mairie-saint-romain.fr - ouvert pendant l'été).*

Avant **Orches**, bâti dans le rocher, la D 17I offre une belle **vue★** sur St-Romain, Auxey, Meursault et le Val de Saône (source entourée de stèles gallo-romaines).

Après Orches, continuez 4 km sur la D 17I en direction de La Rochepot.

La Rochepot B3

Le village s'étage au pied du promontoire rocheux qui supporte un château féodal. La famille des **Pot** donna son nom au château : ici naquit le petit-fils de Régnier Pot, Philippe (1428-1494), ambassadeur à Londres des ducs de Bourgogne, dont le tombeau, chef-d'œuvre de l'école bourguignonne, se trouve au musée du Louvre. La famille des **Carnot**, dont l'un des membres, **Lazare Carnot** (1753-1823), né à Nolay, fut « organisateur de la victoire » au temps de la Convention, eut une grande influence dès les débuts de la République. La reconstruction fidèle du château de La Rochepot est due au colonel Sadi Carnot, fils du président (1837-1894).

Château – *Fermé à la visite.* Le château de La Rochepot se dresse sur un **site★** féerique, le piton de la Roche-Nolay. La construction primitive (13e s.) fut remaniée au 15e s., mais le donjon fut rasé durant la Révolution. On remarquera les défenses extérieures et les tours massives mais élégantes.

Église – Cette ancienne priorale fut édifiée au 12e s. par les bénédictins de Flavigny *(voir p. 454)*. Elle possède des chapiteaux historiés (ânesse de Balaam, Annonciation, combat d'un chevalier contre un aigle) d'une facture rappelant celle d'Autun, et renferme plusieurs œuvres d'art intéressantes, en particulier un triptyque (16e s.) dû au peintre dijonnais Quentin, dont la partie centrale figure la déposition de Croix.

Quittez La Rochepot par la D 906 en direction d'Arnay-le-Duc. Poursuivez sur 4 km, puis prenez à gauche la D 111E sur 2,5 km. À l'entrée de Vauchignon, suivez à droite la route remontant le vallon de la Cosanne, au pied de hautes murailles rocheuses, jusqu'à un pont (fin de la route).

Vallon de la Tournée B3

5 km - 30mn environ AR.

Le sentier de gauche, après une montée sous bois, mène à une grotte où la Cosanne coule en cascade sur des rochers de granit rose.

L'autre sentier conduit à travers prés au **cirque du Bout du monde**. Dans un **site★** protégé remarquable, au milieu d'à-pics calcaires, tombe une cascade haute de 28 m. Vous y verrez une flore subméditerranéenne et une faune exceptionnelle, notamment des faucons pèlerins et des martinets à ventre blanc.

Traversez Vauchignon en direction de Nolay.

À la sortie de Cormot-le-Grand, contemplez les **falaises de Cormot**, remarquable école pour la varappe, dont la Dame de Paris est la plus majestueuse aiguille.

Nolay B3

13 av. de la République - Nolay - ✆ 03 80 21 80 73 - www.beaune-tourisme.fr.

Baignés par la Cosanne, des paysages partagés entre vignes et collines forment un écrin de nature autour de Nolay, charmante cité médiévale aux pittoresques maisons à pans de bois. Durant les beaux jours, les amateurs d'escalade pourront venir s'essayer sur les parois des falaises calcaires, aux environs du bourg.

★ **Vieilles halles** – *Marché lun. matin.* Construites au 14e s., elles possèdent une solide charpente recouverte de lourdes dalles calcaires (des « laves » pesant près de 600 kg au m^3).

Église St-Martin – Cet édifice du 15e s., incendié pendant les guerres de Religion, puis reconstruit au 17e s., est surmonté d'un curieux clocher de pierre abritant un jacquemart en bois polychrome (16e s.). Parmi toutes les statues qui décorent l'église, remarquez celles de saint Jacques *(1re chapelle à droite)* et de saint Benoît, du 15e s. *(déambulatoire).*

Prenez la D 973, puis à droite vers Flagny, puis en direction de Dezize-lès-Maranges.

★★ Mont de Sène B3

On accède au mont de Sène, ou « montagne des Trois-Croix » (triple calvaire érigé au sommet), par des routes assez étroites. Ce belvédère offre un très beau **panorama★★**. Du sommet, on reconnaît au nord, au-delà de La Rochepot, la Côte et son célèbre vignoble ; à l'est, la vallée de la Saône, le Jura et les Alpes ; au sud, le Clunisois dominé par le mont St-Vincent ; à l'ouest, la masse du Morvan.

Poursuivez jusqu'à Dezize-lès-Maranges et rejoignez Santenay par la D 136.

Santenay B3

R. de la Gare - ✆ 03 80 20 63 15 - www.ville-de-santenay.fr.

Des bords de la Dheune au **mont de Sène★★**, dans un cirque de falaises, Santenay étend ses trois agglomérations entre de vastes vignobles qui, avec les eaux minérales lithinées, fortement salines, font sa renommée. Les thermes ont rouvert après des années de fermeture *(voir « Nos adresses »).*

Isolée au pied des falaises, la petite **église St-Jean** possède une nef du 13e s. ; le portail en plein cintre est abrité par l'avancée d'un porche de bois ; le chœur (15e s.) est surmonté d'une curieuse voûte aux multiples ogives. Elle contient deux charmantes statues de saint Martin et de saint Roch en bois polychrome (15e s.), et une Vierge au dragon (17e s.) due au sculpteur santenois J. Bésullier.

Le **moulin Sorine**, moulin à vent du 19e s., toujours en état de marche, se visite toute l'année.

Continuez par la D 113A en direction de Chassagne-Montrachet sur 6 km.

Puligny-Montrachet B3

Ses vins blancs sont sublimes. Il semble que leur puissance provienne de vignes qui absorberaient mieux le soleil qu'ailleurs en Bourgogne. Moins onctueux que le meursault, leur vigoureux bouquet est très riche, leur robe presque verte. Les vins rouges ont beaucoup de corps et de finesse.

Nos adresses

Restauration

À Volnay

Premier prix

Auberge des Vignes – *Sur la D 974, à 2 km de Volnay - ✆ 03 80 22 24 48 - www.aubergedesvignes.fr - fermé mar. soir, merc. et dim. soir - menus 19 (déj.)/26,50 €.* Ancienne ferme où mets traditionnels et suaves volnays se dégustent dans un cadre rustique. Flambées réconfortantes en hiver; véranda et terrasses tournées vers les vignes.

Budget moyen

Le Cellier Volnaysien – *2 pl. de l'Église - ✆ 03 80 21 61 04 - www.restaurant-lecellliervolnaysien.com - fermé merc. et le soir (sf sam.) - plats 16/22 €, menus 20,50 (déj.)/26,50 €.* Traversez le petit jardin fleuri planté d'arbres rares et découvrez cette belle maison du 18e s. avec son perron et ses caves voûtées. Une des trois salles à manger est aménagée dans l'ancienne cuverie. Cuisine locale simple et vins du château de Savigny à prix très sages.

Pour se faire plaisir

L'Agastache – *1 r. de la Cave - ✆ 03 80 21 12 30 - www.lagastache-restaurant.com - fermé lun.-dim. - menu déj. 28 €, soir 45/52 €.* Le bouche-à-oreille a imposé progressivement cette table dans la région, et c'est mérité : le chef est très attentif à la qualité de ses produits (veau de l'Aveyron, pigeonneau de Pornic, produits des fermes aux alentours, majoritairement bio) et sa cuisine se révèle aussi gourmande que bien équilibrée.

À Gevrey-Chambertin

Budget moyen

Chez Guy – *3 pl. de la Mairie - ✆ 03 80 58 51 51 - www.chez-guy.fr - ♿ - fermé dim.-lun. - menus 25/35 €.* On peut être moderne en apparence et fidèle à la tradition sur le fond ! La preuve avec ce restaurant au cadre contemporain dont la cuisine est enracinée dans le terroir : asperges blanches de Savouges, croustillant de lard, pesto d'estragon... Sans oublier la remarquable cave qui met la Bourgogne à l'honneur.

Pour se faire plaisir

Bistrot Lucien et Rôtisserie du Chambertin – *6 r. du Chambertin - ✆ 03 80 34 33 20 - www.rotisserie-chambertin.com - P - fermé dim. soir et lun. - menu déj. (sem.) 24 €, menus 29/39 € - 9 ch. 194/234 € - ☕ 18 €.* Avec ses pierres apparentes, ses banquettes et son superbe bar en bois, ce restaurant est le complément idéal de l'hôtel (9 ch. luxueuses) qui l'accueille. Au programme, une belle cuisine bourguignonne, à base de produits sélectionnés : jambon persillé maison, escargots en cassolette au beurre persillé, tartes aux fruits... Superbe carte des vins et atelier de dégustation *(24 €/pers. sur réserv.)*. Dans les mêmes murs, la Table d'hôtes Rôtisserie du Chambertin propose une cuisine gastronomique moderne, étoilée au guide Michelin (2022). Exceptionnel !

À Meursault

Budget moyen

Le Bouchon – *1 pl. de l'Hôtel-de-Ville - ✆ 03 80 21 29 56 - www.restaurant-le-bouchon.com - mar.-jeu. midi, vend.-sam. midi et soir - plats 15/20 €, menus déj. 11,50/15 €, menus 28/41 €.* La façade affiche d'emblée l'esprit bouchon de ce petit bistrot. Salle aux grandes baies vitrées tournées vers l'hôtel de ville. Menus traditionnels et plats du terroir. Pizza également.

Pour se faire plaisir

Le Soufflot – *8 rte Nationale 74 - ✆ 03 80 22 83 65 - www.restaurant-meursault.fr -*

1

fermé sam.-dim. - menu déj. 40 €, menus 55/80 €. Le jeune chef Jérémy Pèze réalise une cuisine gourmande, fine et délicate dans ce restaurant situé à l'intérieur d'une ancienne maison de vigneron. Sans oublier la remarquable carte de vins, et le bon rapport qualité/prix, à midi (menu unique le soir).

À Chambolle-Musigny

Budget moyen

Le Chambolle – *28 r. Caroline-Aigle - ✆ 03 80 62 86 26 - www.restaurant-lechambolle.com - fermé merc. - plats 18,50/30,50 €, menus 29,50/45 €, sur réserv. uniquement.* Dans cette salle à manger chaleureuse et rustique (imposante cheminée), on s'attable pour goûter des plats du terroir très savoureux. Accueil souriant.

Pour se faire plaisir

Le Millésime – *1 r. Traversière - ✆ 03 80 62 80 37 - www.restaurant-le-millesime.com - fermé dim.-lun. - plats 24/36 €, menu déj. 22/24,59 €, menus 37/79 €.* Au centre de ce village réputé pour sa production viticole, cet ancien bistrot a été repris par un jeune chef talentueux, Matthieu Mazoyer. Cuisine au goût du jour et vins à emporter.

À Nuits-St-Georges

Pour se faire plaisir

La Cabotte – *24 Grande-Rue - ✆ 03 80 61 20 77 - www.lacabotte.fr - fermé dim.-lun. - plats 18/20 €, menu déj. 20 €, menus 40/45 €.* La salle à manger – poutres et pierres apparentes, mobilier sombre et éclairage moderne – donne sur le spectacle des cuisines. Plats au goût du jour et belle cave raisonnée.

À Pommard

Pour se faire plaisir

Auprès du Clocher – *1 r. de Nackenheim - ✆ 03 80 22 21 79 - www.aupresduclocher.com - fermé mar.-merc. - menus 45/68 €.* David Maurin, sommelier de formation, propose une délicieuse cuisine à base de produits frais et locaux, à déguster au cœur du village, face à l'église. Très bonne carte des vins de la région.

À Fixin

Budget moyen

Au Clos Napoléon – *4 r. de la Perrière - ✆ 03 80 52 45 63 - www.clos-napoleon.com - plats 14/28 €, menus déj. 16/20 €, menus 32/52 € - 7/15 €/verre (bar à vin).* Au restaurant, plats régionaux traditionnels accompagnés par une excellente carte des vins. La cave du bar à vin est impressionnante, comptant plus de 150 appellations, essentiellement de Bourgogne. L'équipe dynamique et passionnée réserve un accueil des plus chaleureux aux novices comme aux initiés. La sélection de vins est logée dans un caveau datant du 17e s. Une agréable terrasse, avec vue sur le vignoble, sublime la dégustation.

Shopping

À Marsannay-la-Côte

Château de Marsannay – *2 r. des Vignes - ✆ 03 80 51 71 11 - www.chateau-marsannay.com - fermé dim.* Le domaine du château de Marsannay compte 40 ha plantés de vignes (dont 28 en AOC Marsannay). La visite des caves à fûts et à bouteilles (environ 220 000) s'achève par une dégustation.

À Nuits-St-Georges

Cartron Joseph – *25 r. du Dr-Louis-Legrand - ✆ 03 80 62 00 90 - www.cartron.fr - fermé w.-end.* Depuis 1882, la maison Cartron élabore eaux-de-vie et liqueurs selon des méthodes artisanales et utilise, pour ce faire, bonbonnes d'osier, foudres, demi-muids et alambics de cuivre hérités des ancêtres. Petite boutique où vous trouverez, entre autres, la double-crème de cassis, le marc de Bourgogne et diverses eaux-de-vie de fruits.

Fruirouge et Cie – *40 Grande-Rue - ✆ 03 80 27 31 59 - www.fruirougeetcompagnie.com - fermé dim.-lun. et janv.-fév.* La ferme Fruirouge *(voir ci-dessous)* a ouvert cette boutique dédiée aux produits régionaux en plein cœur de Nuits-St-Georges. En plus des confitures, boissons et condiments aux fruits rouges, vous avez le choix entre liqueurs, confits d'oignon, de tomate, moutardes, mais aussi escargots, terrines... le tout 100 % produits fermiers !

La Ferme Fruirouge – *2 pl. de l'Église - Hameau de Concœur - ✆ 03 80 62 36 25 - www.fruirouge.fr - fermé mar.-merc.* Le cassis est entré dans la vie de la famille Olivier à la fin du 19e s. et n'en est jamais ressorti. Les propriétaires cultivent framboises, fraises, groseilles, cerises, pêches de vigne, sans oublier le produit phare de la maison, le cassis noir de Bourgogne, qu'ils transforment en confitures, boissons et condiments, de la crème de cassis en passant par le ketchup de cassis. Dégustation des produits de la ferme.

Le Cavon de Bacchus – *19 r. Crébillon - ✆ 03 80 61 15 32 - www.cavon.com - fermé dim.-lun.* Parmi la soixantaine de domaines proposés (plus de 3000 références) par ces passionnés du vin, vous trouverez de belles appellations Villages comme les plus prestigieuses références de Bourgogne. Prix raisonnables.

À Aloxe-Corton

Château Corton – *5 r. de Corton - sur la D 974 entre Beaune et Nuits-St-Georges - ✆ 03 80 26 28 79 - avr.-oct. : 10h-13h, 14h-18h30 ; nov.-mars : 10h-12h45, 14h-17h30.* Ce château, le seul situé sur l'aire d'appellation grand cru de la côte de Beaune, au magnifique toit de tuiles vernissées, est idéalement situé dans un écrin de verdure. Visite libre du parc et des caves, dégustations. Corton produit à la fois un grand cru rouge (Corton) et un grand cru blanc (Corton-Charlemagne).

À Corgoloin

Domaine d'Ardhuy – *Clos des Langres - D 974 (à la sortie de Corgoloin, faire 500 m puis prendre dir. Beaune) - ✆ 03 80 62 98 73 - www.ardhuy.com - sur RV sf le w.-end.* Le Clos des Langres possède un manoir du 18e s., construit autour d'un pressoir du 17e s. Visite du domaine et dégustation de différents crus.

À Pommard

Les Domaines de Pommard – *6 pl. de l'Europe - ✆ 03 80 24 17 20 - ouv. tlj.* Seize vignerons de Pommard se sont associés pour créer cette boutique qui propose des vins au prix de la vente à la propriété. Dégustation sur réserv. Accueil très chaleureux et conseils avisés.

Activités

Baignade

Nolay est doté d'un plan d'eau aménagé (baignade surveillée) près d'un camping.

Beaune Côté Plage (Montagny-lès-Beaune) est une baignade à filtration naturelle avec 4 bassins, des toboggans et des plongeoirs.

Escalade

Entre Dijon et Nuits-St-Georges, les falaises et les rochers des combes font la joie des varappeurs. *Rens. : ✆ 03 80 62 11 17 - www.ot-nuits-st-georges.fr.*

Randonnée

Randonnée des Grands Crus – La route des Grands Crus est longée par un sentier pédestre et VTT sur une soixantaine de kilomètres.

Vol en montgolfière

Air Escargot – *25 ch. du 6-sept.-1944 - Remigny - 03 85 87 12 30 - www.air-escargot.com - 8h-19h - 270 €/pers., 510 €/2 pers. (-12 ans 150 €).* Baptême de l'air en montgolfière (pour 1h30 de vol env., comptez 4h de disponibilité en tout) au-dessus des vignobles.

Autour du vin

Imaginarium – *Av. du Jura - Nuits-St-Georges - 03 80 62 61 40 - www.imaginarium-bourgogne.com - - ouv. tte l'année, consultez les horaires sur le site Internet - 10/21 € (12-17 ans 7 €).* Un spectacle son et lumière (40mn), et un espace ludique (la Magie des bulles) vous conduisent à une boutique de 250 m² où vous trouverez des accessoires liés à l'œnologie et de nombreuses références de bourgognes.

Autour de la truffe

Maison aux 1000 Truffes – *Rte de Villers - Marey-lès-Fussey - 03 80 30 08 91 - www.truffedebourgogne.fr - - différentes formules 32/65 € - sur réserv.* Les amateurs apprendront tout sur l'or noir : cavage, cueillette, explications sur le cycle de la truffe, et bien sûr dégustation.

Thermalisme

Valvital-Thermes de Santenay – *5 av. des Sources - Santenay - 03 79 48 00 00 - www.valvital.fr.* L'unique centre thermal et de bien-être de la Côte d'Or a ouvert ses portes au printemps 2021. L'Espace aqua détente (piscines thermales, jacuzzi, etc.) est ouvert à tous.

Hébergement

À Nolay

Premier prix

Camping La Bruyère – *R. du Moulin Larché - 5 km de La Rochepot - 03 80 21 87 59 - www.campingfrance.com - - 24 empl. à partir de 14,50 €, 3 chalets 320/360 €/sem.* Situé à 500 m du lac et bordé par la forêt, ce petit camping est traversé par la rivière La Bruyère.

Budget moyen

Chambre d'hôte Au Temps d'Autrefois – *Pl. Monge - 06 89 75 99 98 - www.nolay.com - - 3 ch. 70 €, 1 suite 100 €.* Une atmosphère délicieusement surannée règne en cette maison à colombages du 14e s., dressée sur une placette bercée par le son d'une fontaine. L'intérieur est très chaleureux (poutres apparentes, mobilier ancien, carrelage de tomettes...) et les chambres sont coquettes et calmes.

Hôtel de la Halle – *6 pl. Monge - 03 80 80 04 57 - www.hotel-la-halle-nolay.com - P sur réserv. - 14 ch. 70/79 € - 10 €.* Face aux halles du 14e s., deux corps de bâtiment se répartissent de part et d'autre d'une cour intérieure joliment fleurie. Chambres simples mais bien tenues, plus spacieuses sur l'arrière.

À Gevrey-Chambertin

Pour se faire plaisir

Bistrot Lucien et Rôtisserie du Chambertin – *Voir p. 83.*

À Couchey

Budget moyen

Chambre d'hôte Les Brugères – *7 r. Jean-Jaurès - 2 km au sud de Marsannay par D 122 - 03 80 52 13 05 - www.francoisbrugere.wifeo.com - P - 3 ch. 141/151 €.* Cette charmante habitation du 17e s., propriété d'un viticulteur, est l'étape parfaite pour parler vin ou pour faire une dégustation Les chambres, joliment aménagées, sont agrémentées de poutres apparentes et de meubles chinés chez les antiquaires. Cave ouverte aux visites et aux dégustations.

À Aloxe-Corton

Pour se faire plaisir

Villa Louise – *9 r. Franche - ✆ 03 80 26 46 70 - www.hotel-villa-louise.fr - P - 14 ch. 130/185 € - ☕ 18 €.* Une belle demeure vigneronne du 17e s. avec son espace bien-être et son beau jardin se perdant dans les parcelles de Corton... L'ambiance est cosy et les chambres, toutes différentes, dégagent un vrai charme. Produits locaux au petit-déjeuner.

À Meursault

Budget moyen

Hôtel-restaurant Le Chevreuil – *Pl. de la République - ✆ 03 80 21 23 25 - www.lechevreuil.fr - P - 10 ch. 80/100 € - ☕ 10 € - ✕ plats 27/37 €, menus 34/66 €, fermé merc., jeu. midi et dim.* Mais pourquoi ce Chevreuil est-il célèbre depuis 1872 ? Pour sa « terrine chaude de la mère Daugier », dont la recette est bien gardée. Elle s'accompagne de bons crus, proposés par la propriétaire, fille de vignerons. Les chambres, sobres et contemporaines, sont personnalisées par de belles couleurs.

À Nuits-St-Georges

Budget moyen

Hôtel La Gentilhommière – *13 r. de la Serrée - ✆ 03 80 61 12 06 - www.lagentilhommiere.fr - P ♿ - 20 ch. 109/117 €, 11 suites 125/200 € - ☕ 15 € - ✕ menus 35/45 €, fermé mar. soir et sam. midi.* Ce pavillon de chasse du 16e s., à l'écart de la ville, possède un parc traversé par une rivière. Les suites sont thématiques (Afrique, Orient, Zen, Pop Art...). Les plus spacieuses se situent dans l'annexe.

À Savigny-lès-Beaune

Pour se faire plaisir

Hôtel Le Hameau de Barboron – *✆ 03 80 21 58 35 - www.lehameaudebarboron.com - P ♿ - 15 ch. 148/178 €, 1 appart. 250 € - ☕ 18 €.* Au milieu d'une vaste réserve de chasse, bel ensemble de fermes fortifiées (16e s.) restaurées où vous logerez dans des chambres personnalisées, au cachet champêtre préservé. Restauration sur réserv. et uniquement pour les hôtes *(39,50 €)*.

À Puligny-Montrachet

Une folie

La Maison d'Olivier Leflaive – *10 pl. du Monument - ✆ 03 80 21 37 65/03 80 21 95 27 - www.hotel.olivier-leflaive.com - P ♿ - 17 ch. 235/280 € - ✕ menus 30/35 €.* Cette bâtisse du 17e s. magnifiquement et originalement rénovée est aussi un espace de convivialité pour qui veut découvrir et déguster des vins prestigieux. Olivier Leflaive est un défricheur en matière de pédagogie œnologique. Outre les classiques visites des vignes *(30 €)* et de la cave *(18 €)*, une toute nouvelle activité est proposée : Wine Bike Experience, balade en vélo dans les vignes avec 3 dégustations *(1h30, 60 €)*. Vous trouverez également sur place deux restaurants (le Bistrot d'Olivier et Klima).

À Pommard

Une folie

Le Clos du Colombier – *1 r. du Colombier - ✆ 03 80 22 00 27 - www.closducolombier.com - 11 ch. 220/345 € - ☕ 22 €.* Une belle demeure de maître (1835) raffinée et pleine de personnalité. L'espace bien-être (jacuzzi, sauna) donne directement sur les vignes qui entourent la maison... Nota bene : pas de télé ! Restauration sur réservation pour les hôtes.

1

Beaune ★★

Quelle beauté ! Au cœur du vignoble bourguignon, Beaune est à la fois la capitale viticole de la Bourgogne et une incomparable ville d'art. Le splendide hôtel-Dieu, la basilique-collégiale Notre-Dame, les remparts, dont les bastions abritent les caves les plus connues de Bourgogne, constituent l'un des plus beaux ensembles de la région. Dans les ruelles, restées très pittoresques, pullulent bars à vin, restos tendance et petites boutiques. Une étape inoubliable !

Les Hospices de Beaune.
Leonid Andronov/Getty Images Plus

Se repérer

CARTE P. 38-39 (B3) - PLAN DE BEAUNE P. 92.

20 551 Beaunois – Côte-d'Or (21)
Beaune est à 45 km au sud de Dijon et à 38 km au nord de Chalon-sur-Saône.

À ne pas manquer

L'hôtel-Dieu ; les tapisseries de la collégiale Notre-Dame.

En famille

La moutarderie Fallot, le parc de la Bouzaise, la collection de voitures, motos et avions du château de Savigny-lès-Beaune.

Carnet pratique p. 98

Nos adresses p. 98

★★★ Les hospices

PLAN P. 92 A2

R. de l'Hôtel-Dieu - ✆ 03 80 24 45 00 - www.hospices-de-beaune.com - ♿ - d'avr. à mi-nov. : 9h-19h30 ; reste de l'année : 9h-12h30, 14h-18h30 - 11 € (10-17 ans 4 €).
Profitez des visites guidées des espaces non accessibles au grand public : découverte des salles du 1er étage et d'autres lieux secrets... (19/26 €).
Merveille de l'art burgondo-flamand, l'hôtel-Dieu de Beaune fut fondé en 1443 par le chancelier de Philippe le Bon, **Nicolas Rolin**. Et c'est d'ailleurs à la puissante famille Rolin *(voir Autun, p. 284)* que la ville doit ses plus grands trésors. À l'intérieur de cet écrin médiéval, parvenu intact jusqu'à nous, un service hospitalier en activité jusqu'en 1971.

Extérieur

Façade extérieure

La vaste et haute toiture d'ardoise est le principal élément décoratif de cette sobre façade. Avec ses lucarnes, ses girouettes, ses fins pinacles et sa dentelle de plomb, elle est d'une parfaite élégance. Au centre, une flèche aiguë fuse vers le ciel. Le porche d'entrée est surmonté d'un auvent d'une grande légèreté dont les trois pignons d'ardoise à pendentifs se terminent en pinacles ouvragés. Les girouettes portent différents blasons. Sur la porte aux beaux vantaux, remarquez le guichet de fer forgé aux pointes acérées et le heurtoir, magnifiques pièces ciselées datant du 15e s.

★★★ Toiture et cour d'honneur

Les bâtiments qui l'entourent forment un ensemble à la fois intime et cossu, « plutost logis de prince qu'hospital de pauvres ». Les ailes de gauche et du fond sont surmontées d'une magnifique **toiture de tuiles vernissées.** Cette parure multicolore, ponctuée de tourelles, est percée d'une double rangée de lucarnes et hérissée de girouettes armoriées et d'épis de faîtage (en plomb) ouvragés. Une galerie à pans de bois, desservant le 1er étage, repose sur de légères colonnettes de pierre formant le cloître au rez-de-chaussée. Le bâtiment de droite, construit au 17e s. sur des dépendances, ne dépare pas l'ensemble. L'entrée, protégée par un auvent, est signalée par une flèche qui s'élève à 50 m du sol. Le vieux puits, avec son armature de fer forgé et sa margelle de pierre, complète cet harmonieux ensemble.

Intérieur

★★★ Grand-Salle ou « chambre des pôvres »

Cette immense salle des malades (50 m de long, 14 m de large et 16 m de haut) a conservé une magnifique **voûte** en carène de navire renversée, dont les longues poutres transversales (des entraits) sont comme « avalées » par des dragons multicolores symbolisant l'enfer. Dès l'entrée, vous serez frappé par l'impeccable alignement des 28 lits à colonnes, derrière lesquels court la « ruelle », qui permettait aux infirmières d'administrer les soins en toute intimité. Le mobilier d'inspiration médiévale fut reconstitué lors de la restauration de 1875 opérée par Maurice Ouradou, gendre de Viollet-le-Duc. Au sol, le carrelage porte les initiales de Guigone de Salins et Nicolas Rolin, et la devise « Seulle », expression du fidèle attachement de ce dernier à son épouse. Au fond de la salle, au-dessus de la grande porte, admirez un **Christ aux liens**★ datant de la fin du 15e s. et sculpté dans un seul et même fût de chêne.

Riches Hospices

Les Hospices de Beaune (sous cette appellation sont rassemblés l'hôtel-Dieu, l'hospice de la Charité et le centre hospitalier) possèdent notamment un magnifique vignoble de 60 ha situé sur la côte de Nuits et la côte de Beaune, de Gevrey-Chambertin à Puligny-Montrachet, et aussi à Chablis. Il compte des crus universellement réputés. C'est un titre de gloire que de figurer parmi les « vignerons des Hospices » (au nombre de 25).
Chaque année sous la halle médiévale, mi-novembre, a lieu la célèbre vente aux enchères des vins des Hospices de Beaune. Les annonces du crieur ne sont plus guettées par les experts, car le marteau et la voix du commissaire-priseur ont pris le relais. Seule la « pièce de charité » – tonneau d'un grand cru cédé au profit d'associations ou d'œuvres charitables – est encore vendue à la bougie, d'où le nom d'« enchères à la chandelle ».
Le bénéfice de ce que l'on a appelé « la plus grande vente de charité du monde » est toujours consacré à la modernisation des installations chirurgicales et médicales de l'hôpital de Beaune.

Chapelle

Une simple cloison de style flamboyant (reconstituée au 19e s. ainsi que le grand vitrail) séparait la Grand-Salle de la chapelle. Du fait de cette proximité, les malades pouvaient suivre les offices sans même devoir se déplacer. C'est dans ce lieu de prière, au-dessus de l'autel, que prenait place autrefois le fameux retable de Rogier van der Weyden, commandé par Nicolas Rolin. Remarquez une plaque funéraire en bronze à la mémoire de Guigone de Salins, fondatrice de l'hôtel-Dieu, qui, à la mort de son époux en 1461, veilla au bon fonctionnement de l'hôpital.

Salle Ste-Anne

Ne se visite pas. Cette pièce était à l'origine dotée de lits réservés aux « âmes nobles ». Le mur est orné d'une tapisserie aux armes des fondateurs, représentative des couvertures posées sur les lits des malades les jours de fêtes solennelles.

Salle St-Hugues

Cette salle de malades a été partiellement réaménagée dans son décor du 17e s., les lits étant ceux en usage à la fin du 19e s. Les peintures murales, d'Isaac Moillon, représentent neuf miracles du Christ ainsi que saint Hugues en évêque et en chartreux. Ce dernier, ressuscitant des enfants morts de la peste, est aussi représenté sur le retable de l'autel.

Salle St-Nicolas

Ancienne infirmerie des malades « en danger de mort », cette salle contenait 12 lits occupés par des malades des deux sexes. Lors de sa visite en 1658, Louis XIV, choqué par cette mixité, octroya une rente de 500 livres à l'hôtel-Dieu afin d'aménager des espaces séparant les hommes des femmes. Aujourd'hui, cette salle abrite une exposition permanente sur l'histoire de l'hôtel-Dieu. Remarquez la magnifique maquette (en paille) des bâtiments. Au centre de la salle, un pavage de verre permet de voir couler la Bouzaise, sur laquelle cette partie de l'hôpital fut construite afin de faciliter l'évacuation des eaux usées.

Cuisine

Un décor ancien a été reconstitué autour de la vaste cheminée gothique à double foyer, munie d'un étonnant **tournebroche** à automate datant de 1698. Remarquez également la statue de sainte Marthe.

Laboratoire et pharmacie

La salle présente un grand mortier de bronze (1760) qui servait à la préparation des remèdes, ainsi qu'une superbe collection de **pots en faïence** du 18e s. dans lesquels étaient stockées poudres, huiles et concoctions les plus diverses.

Salle du Polyptyque

Entrée par la salle St-Louis. Elle a été spécialement construite pour accueillir le tableau du **Jugement dernier★★★** de Rogier van der Weyden. Cet extraordinaire chef-d'œuvre de l'art flamand, réalisé entre 1445 et 1448, fut soigneusement restauré au 19e s., quoique scié dans l'épaisseur afin de pouvoir exposer les deux faces simultanément. Une loupe mobile permet de mesurer l'incroyable minutie des détails et la vérité d'expression de tous les personnages.

Dans le panneau central du **retable ouvert**, le Christ préside au Jugement dernier; il trône sur un arc-en-ciel au milieu de nuées d'or, évoquant le paradis, au-dessus de saint Michel qui pèse les âmes. Autour des deux grandes figures, la Vierge et saint Jean-Baptiste implorent la clémence du Seigneur. Derrière eux prennent place les apôtres, quelques personnages importants intercédant en faveur de l'humanité, les damnés et les sauvés.

Sur le mur latéral droit, on voit le **revers du retable**. Les admirables portraits de Nicolas Rolin et de sa femme sont accompagnés de grisailles représentant saint Sébastien et saint Antoine, qui fut le premier patron de l'hôtel-Dieu, et la scène de l'Annonciation.

Remarquez aussi, sur un autre registre, une superbe tapisserie « aux mille fleurs » (début 16e s.) racontant la légende de saint Éloi.

1

Salle St-Louis

Construite en 1661 sur l'emplacement d'une ancienne grange, elle abrite notamment des **tapisseries de Tournai** (début 16e s.) figurant la parabole de l'Enfant prodigue, ainsi qu'une série de **tapisseries de Bruxelles** (fin 16e s.) retraçant l'histoire de Jacob. Une collection de coffres gothiques et une fontaine complètent le décor de cette pièce, où se tiennent également des expositions temporaires, qui marque la fin de la visite.

Sortie par la boutique.

Le centre-ville

PLAN P. 92

Circuit tracé en vert sur le plan. Parkings près des boulevards Foch et Joffre. Entrez par la porte St-Nicolas, arc de triomphe élevé sous Louis XV.

Admirez le porche baroque à droite. Engagez-vous dans la **rue de Lorraine**, et laissez sur votre gauche l'**hôtel de ville**, qui occupe les bâtiments de l'ancien couvent des Ursulines (17e s.).

En face, belle maison au n° 55 rue de Lorraine et chapelle de l'oratoire (1710). Plus loin, les nos 18, 20, 22 et 24 forment un bel ensemble de maisons du 16e s. Au n° 10, l'hôtel de la Charité (1645) a conservé sa belle porte. Remarquez également, dans la **rue Rousseau-Deslandes** (à gauche), le n° 10 : une maison romane ornée au 1er étage d'arcatures tréflées. Reprenez la rue de Lorraine.

★ Hôtel de la Rochepot A1

Au n° 9 de la place Monge, cet édifice datant de 1522 possède une jolie façade gothique avec une galerie à trois étages. Également sur la place s'élèvent le beffroi avec sa couverture de poutrelles (14e s.) et la statue de Monge, enfant du pays, par Rude. Aîné des quatre fils d'un commerçant forain de Beaune, **Gaspard**

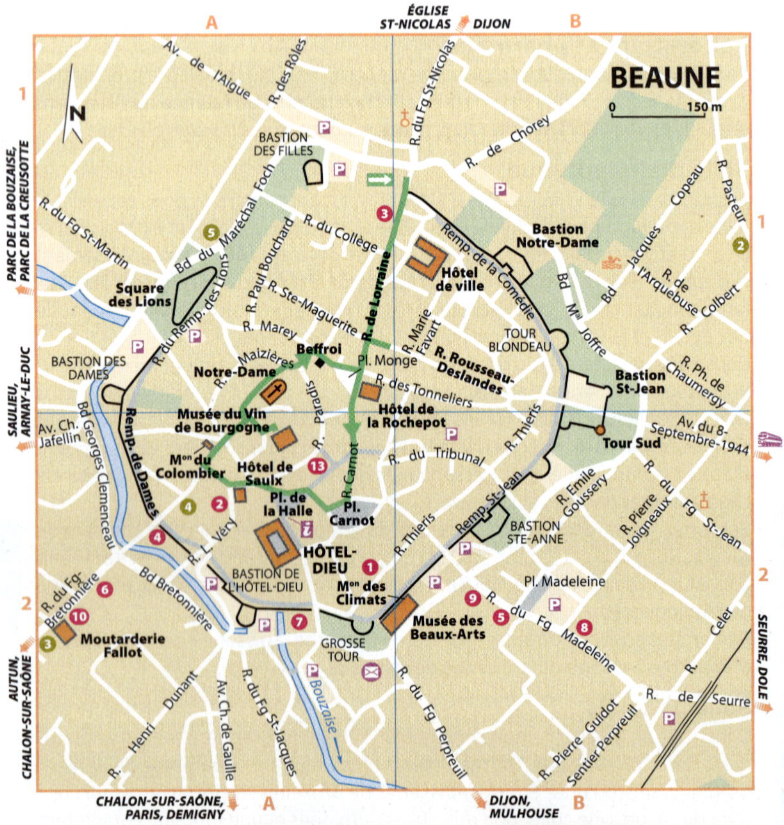

SE RESTAURER
- Le Bénaton 1
- Le Relais de Saulx 2
- La Ciboulette 3
- Le Caveau des Arches 4
- Le Comptoir des Tontons 5
- La Dilettante 6
- Garum 7
- Biz'tro 8
- Caves Madeleine 9
- Ma Cuisine 10
- Le P'tit Paradis 13

SE LOGER
- Hôtel La Villa Fleurie 2
- Hostellerie de Bretonnière 3
- Hôtel Le Cep 4
- Hôtel Le Foch 5

Monge (1746-1818) se révéla très tôt doué pour les sciences physiques et les mathématiques. Créateur de la géométrie descriptive, ministre de la Marine pendant la Révolution, il fonda l'École polytechnique et participa à la campagne d'Égypte (1797-1801) menée par Napoléon Ier.

Engagez-vous dans l'agréable rue Carnot, piétonne et commerçante, qui mène jusqu'à la **place Carnot**, arborée et animée. Les terrasses sont envahies dès que le soleil pointe un rayon. Au no 4 de la place Carnot (au-dessus du restaurant Le Carmin) se trouve une maison du 16e s. dont les montants des fenêtres à meneaux sont joliment sculptés. Remarquez, sur la lucarne, la devise de la maison : « Humilité et vertu ».

Prenez la rue Psaumot.

Place de la Halle A2

Vous voici au cœur de la ville. Autour de la place et dans les rues avoisinantes, remarquez les belles devantures des magasins de spécialités régionales : vins et alcools bien sûr, mais aussi confiseries. Au-delà des Hospices, on peut s'arrêter rue Rolin, au marché aux vins, pour une dégustation. L'hôtel-Dieu domine l'ensemble par sa belle toiture d'ardoises. À ses côtés la façade chargée de la Caisse d'Épargne a été construite en 1894.

Longez-la.

Au n° 13 de la place Fleury, ne manquez pas l'**hôtel de Saulx**, avec sa jolie tourelle et sa cour intérieure.

Au bout de la place, prenez à droite la rue Édouard-Fraysse.

Près de la collégiale, à voir de préférence du parvis, la **maison du Colombier** est une ravissante demeure Renaissance.

★ Collégiale Notre-Dame A1

Pl. du Gén.-Leclerc. Cette « fille de Cluny », entreprise vers 1120 et largement inspirée de St-Lazare d'Autun, reste, malgré des adjonctions successives, un bel exemple de l'art roman bourguignon.

Extérieur – Un large porche à trois nefs du 14e s. dissimule la façade. Le décor sculpté a été détruit pendant la Révolution, mais les beaux **vantaux** aux panneaux sculptés (15e s.) subsistent. Dans cet ensemble de belles proportions, on reconnaît les différentes phases de construction : déambulatoire et absidioles de pur style roman, chœur remanié au 13e s. et arcs-boutants du 14e s.

La tour de la croisée du transept, où les baies en tiers-point se superposent aux arcatures romanes, est coiffée d'un dôme galbé avec un lanternon du 16e s.

Intérieur – La haute nef, voûtée en berceau brisé, est flanquée d'étroits bas-côtés voûtés d'arêtes. Un triforium aux baies partiellement aveugles entoure l'édifice, qui offre un décor d'arcatures et de pilastres cannelés d'inspiration autunienne. La croisée du transept est couverte d'une coupole octogonale sur trompes. Le chœur, entouré d'un déambulatoire sur lequel s'ouvrent trois absidioles en cul-de-four, est remarquable par ses proportions. Notez la présence dans le chœur d'une Vierge noire du 12e s. Outre la décoration des pilastres des bras du transept, on peut apprécier la réussite des sculptures de certains chapiteaux de la nef figurant l'arche de Noé, la lapidation de saint Étienne et l'arbre de Jessé.

En remontant le bas-côté gauche, regardez dans la deuxième chapelle les fresques du 15e s. représentant la résurrection de Lazare, attribuées à l'artiste bourguignon Pierre Spicre, une Pietà du 16e s. et, dans la troisième chapelle, deux retables du 15e s. Dans le bas-côté sud, au niveau de la première travée, la chapelle Renaissance est ornée d'un beau plafond à caissons.

★★ **Tapisseries** – *Tlj sf sam. et messes 14h-17h30.* Cette magnifique suite de tapisseries, dites « de la vie de la Vierge », marque le passage de l'art du Moyen Âge à la Renaissance. Cinq panneaux aux riches couleurs, tissés en laine et soie, retracent l'histoire de la Vierge en une série de 19 tableaux. Commandés en 1474, puis exécutés d'après les cartons de Spicre, sur les indications du cardinal Rolin, ils furent offerts à l'église en 1500 par le chanoine Hugues Le Coq. Remarquez les effets de profondeur et de moirage dus à l'emploi de demi-teintes. Le plus beau tableau se cache peut-être derrière le maître-autel...

Bâtiments monastiques – On peut y accéder par une porte romane ouvrant dans le transept ; une partie du cloître (13e s.) et la salle capitulaire ont été restaurées.

Prenez la petite rue d'Enfer, à droite, quand on regarde la collégiale.

Musée du Vin de Bourgogne A2

24 r. Paradis - ✆ 03 80 22 08 19 - www.beaune.fr - mai-oct. : tlj sf mar. 10h-13h, 14h-18h - 5 €.

1

La capitale du bourgogne

Sanctuaire gaulois puis romain, siège d'un parlement au Moyen Âge, Beaune fut jusqu'au 14e s. la principale résidence des ducs de Bourgogne, avant qu'ils ne se fixent définitivement à Dijon. Les archives de la ville possèdent la charte originale des libertés communales accordées par le duc Eudes en 1203. L'enceinte et les tours, toujours en place de nos jours, ont été édifiées à partir du 15e s. à la mort du dernier duc de Bourgogne, Charles le Téméraire, en 1477, la ville résista avec opiniâtreté à Louis XI et ne se rendit qu'après un siège de cinq semaines.

En 2023 ouvrira à Beaune l'un des trois sites de la cité des Climats et des Vins de Bourgogne (les 2 autres sont à Mâcon et à Chablis), réaffirmant l'importance de la ville sur le bourgogne *(www.cite-vins-bourgogne.fr)*.

Il est installé dans l'ancien **hôtel des ducs de Bourgogne★**, des 15e et 16e s., où la pierre et le bois se complètent harmonieusement. La cour intérieure évoque un délicieux décor de théâtre. La Porterie, bâtiment du 15e s. situé à droite de la porte d'entrée, est intéressante. La cuverie (14e s.), à laquelle on accède par un vaste portail, abrite une impressionnante collection de pressoirs et de cuves. L'histoire du vignoble bourguignon et de la culture de la vigne est retracée au rez-de-chaussée. On voit notamment une Vierge au raisin (N.-D. de Beaune), statue en pierre polychrome du 16e s. ainsi qu'une maquette situant les vignobles Au 1er étage sont évoqués la tonnellerie, les traditions populaires, le commerce et les arts bachiques. La salle d'honneur, dite « salle de l'Ambassade des vins de France », est décorée de tapisseries des ateliers d'Aubusson, l'une de Lurçat *(Le Vin, source de vie)* et les autres de Michel Tourlière (*Le Vigneron* et *Les Oiseaux sauvages*).

★ Les remparts

PLAN P. 92

On peut en effectuer le tour extérieur complet à pied. Suivez les boulevards extérieurs, par l'ouest, à partir du boulevard Joffre.

Assez bien conservés, ils forment autour de la vieille ville un chemin de ronde presque ininterrompu de 2 km, avec des enclaves privées ici et là. Leur ceinture de moellons, rectangulaire, est festonnée de quelques tours et de huit bastions de formes variées, à bossages. L'un de ces bastions est double : il s'agit de celui de l'ancien château, dit **bastion St-Jean** (B1-2).

La tour nord du château, hérissée de gargouilles et creusée d'une niche abritant une statue de Vierge à l'Enfant, plonge dans le fossé planté de grands cerisiers. Après avoir dépassé la tour Blondeau en saillie sur le rempart, vous arrivez devant le **bastion Notre-Dame** (B1), au faîte garni de beaux arbres et dont une charmante échauguette coiffe l'éperon.

Le rempart s'interrompt de part et d'autre de la porte St-Nicolas. Vient ensuite la tour des Filles, dénaturée par la toiture qui la recouvre, avant de parvenir au **square des Lions** (A1), dominant un jardin. Suivent le **rempart des Dames** (A2), promenade ornée d'une double file de grands platanes, et la tour de l'hôtel-Dieu, au bas desquels court un ruisseau aboutissant à un lavoir. Vous découvrez alors la « Grosse Tour » du rempart Madeleine, datant du 16e s.

Musée des Beaux-Arts B2

6 bd Perpreuil - ✆ 03 80 24 98 70 - www.beaune.fr - ♿ - ouverture selon programmation, consultez le site Internet - 5 €.

Collégiale Notre-Dame.
J. Larrea/age fotostock

Fondé en 1850, ce musée possède des collections de sculptures et de peintures, du 12e au 20e s. Parmi les œuvres maîtresses, les allégories des quatre éléments de l'atelier de Brueghel de Velours, une Croix vivante de la fin du 16e s. ou encore une trentaine de toiles de **Félix Ziem** (1821-1911), né à Beaune. Aujourd'hui, le musée ouvre ses portes pour des expositions temporaires principalement.

Beffroi

22 pl. Monge - ✆ 03 80 24 56 9 - www.beaune-tourisme.fr - juin-oct. : tlj sf mar. 10h-13h, 14h-18h - visite guidée sur réserv. uniquement 5 € (réduit. 3 €).

Après une décennie de fermeture, le beffroi s'ouvre à nouveau aux visiteurs ! Tour de guet, horloge publique, le beffroi rythme la vie de la cité depuis près de 600 ans... Les trois premiers niveaux sont accessibles au public et invitent à découvrir une exposition sur l'histoire du bâtiment. S'y tiennent également des expositions temporaires.

Maison des Climats B2

6 bd Perpreuil (entrée par l'office de tourisme) - ✆ 03 80 26 21 30 - www.climats-bourgogne.com - ♿ - juil.-août : 9h30-18h30 ; reste de l'année se rens. - entrée libre.

Cet espace muséographique donne des explications intéressantes sur les climats de Bourgogne et leur classement à l'Unesco. Un film (7mn) présente l'activité viticole de cette bande de terre de 60 km de long, qui s'étire de Dijon à Santenay, donnant les vins parmi les plus côtés du monde. Des tablettes permettent de suivre en réalité virtuelle l'évolution de l'exploitation des vignobles depuis l'Antiquité.

Poursuivez la promenade le long des remparts pour passer devant le bastion Ste-Anne, propriété privée aujourd'hui transformée en gîte. Vous terminez devant la **tour sud** du château, entourée d'arbres, et que précède le fossé garni de haies et de bambous. Prenez un peu de recul pour profiter du tableau qu'offrent la tour avec, à son sommet, une petite maison à pinacles noirs et, à l'arrière-plan, les toits vernissés d'autres bâtiments.

Connaissez-vous le poivre de Cassis ?

À l'origine de cette nouvelle épice, les producteurs de cassis de Bourgogne, en partenariat avec le Comité des plantes à parfum, aromatiques et médicinales. Une soixantaine de producteurs sur près de 300 ha fournissent ainsi la quasi-totalité de la production mondiale du bourgeon de cassis, ingrédient unique permettant l'élaboration du poivre de cassis. Parmi les 150 variétés de cassis, seules quelques-unes sont sélectionnées, la plus noble étant le Noir de Bourgogne. Réalisée en bouture sèche, la plante attend 3 ans avant de donner la première production. Récoltés en hiver, les bourgeons, après avoir été minutieusement sélectionnés, sont congelés (pour une conservation optimale), puis séchés, broyés et tamisés. L'épice conditionnée est désormais prête ; elle a la force d'un poivre associée à la douceur acidulée du cassis. Une vraie gourmandise adoubée par de nombreux chefs et disponible en boutique.

À l'extérieur des remparts

PLAN P. 92

★ Moutarderie Fallot A2

31 r. du Fg-Bretonnière - 03 80 22 10 10/03 80 22 10 02 - www.fallot.com - visite guidée sur demande préalable (1h) tte l'année, horaires : consultez le site Internet - 10 € (10-18 ans 8 €).

Créée en 1840, la moutarderie Fallot est la dernière maison familiale et indépendante de Bourgogne (il y avait une trentaine d'artisans moutardiers au 18e s.). Son savoir-faire artisanal repose toujours sur le broyage des graines à la meule de pierre. Ce procédé évite l'échauffement de la pâte de moutarde et préserve ainsi toutes les qualités gustatives.

Deux circuits de visite sont proposés : le parcours *Découverte*, historique et didactique, permet de saisir les différentes étapes (nettoyage, trempage, broyage...) nécessaires à la transformation de la graine jusqu'au conditionnement du condiment. Le second circuit, *Sensations fortes*, vous invite à observer, derrière de grands panneaux vitrés interactifs, le site de production qui emploie une vingtaine de salariés.

Bénéficiant depuis 2009 de l'Indication géographique protégée « Moutarde de Bourgogne », la moutarderie a relancé la culture de la graine de moutarde en Bourgogne. Celle-ci couvre aujourd'hui 50 % des 2000 tonnes de moutarde produites chaque année dans le monde. Avant de partir, n'oubliez pas de vous attarder au bar à moutarde et de déguster, entre autres, la moutarde aux fruits rouges, au raifort ou au *yuzu*.

Église St-Nicolas B1 EN DIR.

Sortez de la ville au nord par la D 974.

L'église (13e s.) du quartier des Vignerons possède une tour romane coiffée d'une belle flèche de pierre. Un porche du 15e s., pourvu d'une charpente couverte de tuiles et supportée par des piliers en pierre de taille, abrite un portail du 12e s. Le tympan monolithe représente saint Nicolas sauvant trois jeunes filles que leur père voulait vendre.

Parc de la Bouzaise A1 EN DIR.

Sortez par l'avenue du Parc (Rue du Fg-St-Martin).

C'est un très agréable but de promenade, avec ses beaux ombrages et son lac artificiel aux sources de la rivière *(canotage)*, et aussi le départ de randonnées le long des sentiers beaunois. Il abrite des jeux d'enfants (5-12 ans, dont certains sont accessibles aux enfants en fauteuil roulant), un petit parc animalier et un jardin anglais qui raviront les plus jeunes.

Parc de la Creusotte

Av. du Parc, à côté du Parc de la Bouzaise. Jouxtant le parc de la Bouzaise, le parc de la Creusotte a été réaménagé dans un esprit contemporain et dans le respect de l'environnement. Vous découvrirez la nature en déambulant sur des cheminements surélevés afin d'en préserver la flore et la faune.

À proximité

CARTE P. 38-39

Montagne de Beaune B3

5 km au nord-ouest par la D 970.
De la table d'orientation située près du monument aux morts *(à 600 m environ au sud de la statue de N.-D.-de-la-Libération)*, on découvre une **vue** étendue sur la ville aux jolis toits de tuile brune, sur le vignoble et, au sud, sur les monts du Mâconnais. La lumière y est plus belle encore l'après-midi.

Château de Savigny-lès-Beaune B3

6 km au nord-ouest par la D 18.
R. du Gén.-Leclerc - 03 80 21 55 03 - www.chateau-savigny.com - de mi-avr. à mi-oct. : 9h-18h30 ; reste de l'année : 9h-12h, 14h-17h30 - fermé 3 sem. en janv. - 12 € (-16 ans 6 €).
Dans ce village connu pour ses vins de qualité se dresse un imposant château du 14e s., construit par Jean de Frolois, maréchal de Bourgogne, qui accueille désormais de surprenantes collections. À l'entrée, le « petit château » (fin 17e s.), remarquable par son appareillage en calcaire grossier, a été aménagé pour recevoir un espace de dégustation-vente de vins ainsi qu'une exposition de **voitures Abarth** de compétition (courses de côte et d'endurance). La visite du parc révèle bien des surprises, avec une trentaine de prototypes de tracteurs-enjambeurs et, surtout, près de 80 **avions de chasse**, dont un Mystère IV, un Ouragan et un F84G de la Patrouille de France, une série de Mirage (III à V), un Jaguar (1971) ayant participé à la guerre du Golfe, un Vampire, etc. Une dizaine de véhicules de pompiers viennent compléter cette incroyable collection.
Le château a été remanié par la famille Bouhier au 17e s. : les ouvertures ont alors été multipliées. L'intérieur est agencé pour les séminaires et réceptions. Le 2e étage est réservé à la moto et aux maquettes d'avions. Réunissant plus de 250 exemplaires de **motos★** de tous les pays, des marques les plus prestigieuses (Norton, Honda, Blériot, Vélocette, Agusta, Peugeot, BSA, NSU, Horex...) aux plus éphémères, cet ensemble en présente les évolutions mécaniques et esthétiques depuis le début du 20e s.

Comblanchien C3

12 km au nord-est par la D 974.
Le bourg est connu pour sa pierre de calcaire dur que l'on extrait des falaises voisines, fréquemment employée en remplacement du marbre, plus coûteux. Le village vécut dans la nuit du 21 au 22 août 1944 une épreuve terrible : soupçonné d'abriter des résistants, il fut en grande partie incendié. Huit habitants furent assassinés et 9 déportés en Allemagne.

1

Carnet pratique

S'informer

Office de tourisme – *6 bd Perpreuil - Beaune - ✆ 03 80 26 21 30 - www.beaune-tourisme.fr.* Propose des visites guidées.

Pass touristique

En réservant vos visites via l'office de tourisme (billetterie en ligne) vous bénéficierez de tarifs préférentiels.

Se garer

La vieille ville est cernée par un périphérique, tournant dans le sens inverse des aiguilles d'une montre. En haute saison, garez-vous à proximité (parkings à l'extérieur des remparts).

Agenda

Festival international d'opéra baroque – *En juil.-août - ✆ 03 80 22 97 20 - www.festivalbeaune.com.*

Festival Jazz O'Verre – *Mi-sept. - ✆ 07 88 21 55 61 - www.jazz-beaune.fr.* Jazz et vins de Bourgogne.

Vente des vins des Hospices de Beaune – *Mi-nov. - voir encadré p. 90.*

Nos adresses

Restauration

PLAN P. 92

Premier prix

6 **La Dilettante** – A2 - *11 r. du Fg-Bretonnière - ✆ 03 80 21 48 59 - tlj sf sam.-dim. 12h-23h - plats 7/25 €.* Ici, on joue la carte du local et de la simplicité : à l'ardoise, des plats composés des produits trouvés au marché le jour même, avec une touche japonisante réussie. Au mur, une impressionnante carte des vins. La salle aux murs de brique est confortable, les meubles sont chinés et l'ambiance feutrée. Une bonne adresse !

Budget moyen

2 **Le Relais de Saulx** – A2 - *6 r. Louis-Véry - ✆ 03 80 22 01 35 - fermé sam. midi, dim.-lun. - menus 28 (déj.)/45 €.* Cette maison de caractère (1673) du centre de Beaune, non loin des Hospices, a été reprise par le chef Charles Danet et sa compagne Agnès Peyre, forts d'une riche expérience en France et à l'étranger. Le moins qu'on puisse dire, c'est qu'ils ont réussi rapidement leur acclimatation à la Bourgogne ! Le tour de main est indéniable dans cette cuisine du marché saine et goûteuse, qui se définit comme « de saison et artisanale ». Réservation conseillée.

3 **La Ciboulette** – A1 - *69 r. de Lorraine - ✆ 03 80 24 70 72 - fermé lun.-mar. - plats 14/33 €, menus 23 (déj.)/41 €.* Deux salles à manger égayées d'un mobilier en rotin et de boiseries. Appétissante petite carte traditionnelle mâtinée d'une touche bourguignonne.

10 **Ma Cuisine** – A2 - *Passage Ste-Hélène - ✆ 03 80 22 30 22 - www.macuisinebeaune.com - fermé merc. et w.-end - menu 28 €, carte 55 €.* Tout tourne autour du vin dans ce petit restaurant où le livre de cave, riche de quelque 800 références, accompagne les suggestions du marché.

13 **Le P'tit Paradis** – A2 - *25 r. Paradis - ✆ 03 80 24 91 00 - www.restaurantleptitparadis.fr - fermé sam.-dim. - plats 21/24 €, menu déj. 24 €, menus 30/37 €.* Un « p'tit coin

de paradis » niché dans une vieille rue pavée du centre. Salle cosy, un peu petite mais joliment décorée, pour déguster des recettes de saison. Terrasse en été.

8 **Biz'tro** – *4 pl. Madeleine -* B2 - *03 80 20 06 96 - fermé dim.-lun. - plat 20 €, menus 23/30 €.* Une cuisine bistronomique, généreuse et de saison avec des produits sourcés et locaux, dans une agréable salle contemporaine. Le menu du déjeuner change chaque semaine et peut s'adapter aux appétits végétariens. Un vrai régal !

Pour se faire plaisir

9 **Caves Madeleine** – B2 - *8 r. du Fg-Madeleine - 03 80 22 93 30 - cavesmadeleine.com - fermé merc., dim. - plats 15/27 €, menu déj. 25 €.* À deux pas du centre-ville, cette cave à manger est un petit bijou. Martial, le chef, s'est acoquiné avec les meilleurs producteurs du coin – y compris les meilleurs vignerons ! – et compose une cuisine saine, savoureuse et pleine de peps. Service décontracté : la vérité est dans le verre et dans l'assiette.

4 **Le Caveau des Arches** – A2 - *10 bd Perpreuil - 03 80 22 10 37 - www.caveau-des-arches.com - fermé dim.-lun. - plats 18/42 €, menus 28/40 €.* Insolite, ce restaurant est logé dans un caveau souterrain en pierre (18e s.) intégrant les soubassements d'un pont du 15e s. Carte traditionnelle et bon choix de bourgognes.

5 **Le Comptoir des Tontons** – B2 - *22 r. du Fg-Madeleine - 03 80 24 19 64 - www.lecomptoirdestontons.com - fermé dim.-lun. - plats 18/26 €.* Cuisine faite à partir des produits des jardins et fermes de la région, bio pour la plupart.

Une folie

1 **Le Bénaton** – A2 - *25 r. du Fg-Bretonnière - 03 80 22 00 26 - www.lebenaton.com - fermé merc., jeu. midi et sam. midi d'avr. à nov. ; merc.-jeu. de déc. à mars - le midi sur réserv. seult - plats 47/79 €, menus 35/95 €.* Original ! Ici, la vaisselle personnalisée participe à la création de recettes jouant sur les textures et les contrastes. À découvrir dans la salle contemporaine ou en terrasse.

7 **Garum** – A2 - *10 r. de l'Hôtel-Dieu - 03 80 24 79 41 - www.garum-beaune.fr - P - fermé dim.-lun. - plats 22/25 €, menus 45/49 €.* Le chef étoilé Christophe Bocquillon a transformé son Jardin des Remparts en « table vivante », un bistrot chic et tendance où l'on déguste de bons produits à partager entre amis à l'apéritif (huîtres Gillardeau, charcuteries maison...). Menu-carte de saison gourmand et bien tourné. Quant au garum, c'est une sauce fermentée très prisée des Romains, que le chef affectionne et interprète notamment dans ses tartares. Splendide terrasse aux beaux jours.

À proximité

Budget moyen

Le Soleil – *1 allée des Tilleuls - Savigny-lès-Beaune - à 5 km au nord de Beaune - 03 80 20 21 02 - www.lesoleil-savigny.fr - lun. et jeu. 18h-minuit, vend. et sam. 12h-14h, 18h-minuit, dim. 12h-18h - assiettes 12/17 €, planches 10/16 €.* Un endroit idéal pour une halte gourmande. Au menu : des assiettes concoctées par la cheffe Laila Aouba (à partager... ou pas) et des vins du domaine familial tout proche (mais pas que). Fait également chambres d'hôtes.

Pierre & Jean – *2 r. de la Poste - Chagny - à 16 km au sud de Beaune - 03 85 87 08 67 - www.pierrejean-restaurant.fr - fermé lun.-mar. - formule déj. sf w.-end plats 24 €, menu déj. 20 €, menus 35 €.* La prestigieuse et étoilée maison Lameloise a ouvert une annexe un rien canaille qui explore

1

avec finesse la cuisine du moment et revisite les recettes des ancêtres. Les classiques de la maison : pâté en croûte tradition, entremets tout chocolat... Autant dire que les plats sont savoureux, colorés, inventifs et séduisants.

Une folie

L'Ed.Em – *Imp. des Chenevottes - Chassagne-Montrachet - à 16 km au sud de Beaune - ☎ 03 80 21 94 94 - www.restaurant-edem.com - fermé lun. soir, mar.-merc. et jeu. soir - menus 40/145 €.* La combinaison des noms d'Émilie Rey et d'Édouard Mignot a donné l'Ed.Em, restaurant gastronomique à la cuisine à la fois personnelle et subtile à base de bons produits, étoilé au Guide Michelin 2022.

Petite pause

Passion Millot – *1 pl. Monge - ☎ 03 80 22 10 35/06 86 72 49 28 - www.passion-millot.business.site - mar.-jeu. 9h-12h30, 14h-19h (vend. 19h30), sam. 8h-19h30, dim. 8h-12h30, 15h-18h.* Anciennement Maison Bouché depuis 1925, cette adresse a été reprise par les époux Millot. Leurs trois domaines de prédilection sont la chocolaterie, la pâtisserie et la confiserie-glace.

Boire un verre

Sur la **place Carnot**, les terrasses ont la chance de rester ensoleillées toute la journée. Idéal pour prendre son petit-déjeuner ou l'apéritif...

Shopping

Vins de Bourgogne Denis-Perret – *Pl. Carnot - ☎ 03 80 22 35 47 - www.denisperret.fr - horaires variables : consulter le site Internet.* Cinq négociants-propriétaires se sont associés pour vous présenter les plus grands crus de Bourgogne : clos-vougeot, montrachet, chambertin... Impressionnant, mais L'équipe d'accueil saura vous aider dans votre choix et vous conseiller telle ou telle recette en accompagnement.

L'Athenaeum de la Vigne et du Vin – *5 r. de l'Hôtel-Dieu - ☎ 03 80 25 08 30 - www.athenaeum.com - 10h-19h.* Cette librairie a acquis une réputation internationale pour son catalogue quasi exhaustif d'ouvrages sur la Bourgogne, l'œnologie et la gastronomie. Vous y trouverez aussi nombre d'objets de cave. Un bel espace où il fait bon flâner.

Mulot & Petitjean – *1 pl. Carnot - ☎ 03 80 22 06 18 - www.mulotpetitjean.fr - avr.-déc. : ouv. tlj; reste de l'année fermé dim.-lun.* Cette maison, fondée en 1796, propose des pains d'épice de toutes sortes, ainsi qu'une sélection de spécialités bourguignonnes (crème de cassis, moutarde, marc de Bourgogne...).

Alain Hess (La Boutique) – *7 pl. Carnot - ☎ 03 80 24 73 51 - www.fromageriealainhess.com - lun.-sam. 9h-13h, 14h30-17h15.* Derrière les majestueuses boiseries de sa façade, cet artisan-fromager propose une irrésistible farandole crémière qui s'acoquine à loisir avec la vaste palette des vins sélectionnés. Une référence depuis 4 générations. Testez le Délice de Pommard.

En soirée

Le Bistrot Bourguignon – *8 r. Monge - ☎ 03 80 22 23 24 - 11h-15h, 18h-23h - fermé dim.-lun., le soir du mar. au jeu. de mi-déc. à mi-mars.* Mariage heureux du vin et de la musique jazz dans ce sympathique bistrot installé dans une demeure ancienne. Vous pouvez vous y restaurer et savourer quelques verres, installé dans de moelleux fauteuils ou sur la terrasse.

Activités

Visites

Visiotrain – *R. de l'Hôtel-Dieu - ☎ 06 08 07 45 68 - www.visiotrain.*

com - avr.-oct. uniquement - 8 € (3-12 ans 5 €). Visite commentée de la vieille ville et du vignoble beaunois (40mn env.) à bord de wagonnets vitrés.

Marché aux vins – *7 r. de l'Hôtel-Dieu - ✆ 03 80 25 08 20 - www.marcheauxvins.com - avr.-nov. : 10h-19h ; reste de l'année : 10h-12h, 14h-19h.* Il est situé face aux célèbres Hospices dans l'ancienne église des Cordeliers (13e et 14e s.). Visite libre des caves avec différents circuits de dégustation : 5 ou 8 crus bourguignons *(19/29 €)*, visite Grands Crus *(49 €)*... Boutique (vins et produits régionaux) dans le cellier des gourmets.

Cave Patriarche Père et Fils – *5-7 r. du Collège - ✆ 03 80 24 53 78 - www.patriarche.com - 9h30-12h, 14h-18h.* Les plus grandes caves de Bourgogne (20 000 m²), situées dans l'ancien couvent des Dames de la Visitation, datent des 14e et 16e s. Visite et dégustation de 6 vins *(18 €/pers.)*. Boutique.

Cyclotourisme

Bourgogne Évasion – *Parc de la Bouzaise - ✆ 03 80 26 17 12 - www.bourgogne-evasion.fr.* Ce prestataire propose différents tours à vélo dont une demi-journée guidée à travers le vignoble avec dégustation *(3h, 55 €/pers.)*. Également location de vélo *(à partir de 20 €/j)*.

La Voie des Vignes – Entre Beaune et Santenay *(voir p. 31)*. Carte en téléchargement sur www.beaune-tourisme.fr.

Hébergement

PLAN P. 92

Premier prix

5 **Hôtel Le Foch** – A1 - *24 bd du Maréchal-Foch - ✆ 03 80 24 05 65 - www.hotelbeaune-lefoch.fr - P - fermé 1er-15 janv. - 10 ch. 69/101 € - ☕ 8 €.* Situé en bordure du boulevard Foch, ce petit hôtel simple est une entrée de gamme tout à fait correcte. Le bar soigné dans son décor rétro (les amateurs de vieux guides Michelin seront ravis) est très plaisant.

Budget moyen

2 **Hôtel La Villa Fleurie** – B1 - *19 pl. Colbert - ✆ 03 80 22 66 00 - www.lavillafleurie.fr - P 4,80 € - 10 ch. 97/160 € - ☕ 10,30 €.* Délicatement décorées et délicieusement apprêtées, les chambres de cet hôtel de famille, aménagées avec goût dans une grande et belle demeure 1900, sentent bon les vacances. La villégiature, qui respire le calme et la sérénité, est un excellent point de chute pour découvrir la région.

3 **Hostellerie de Bretonnière** – A2 - *43 r. du Fg-Bretonnière - ✆ 03 80 22 15 77 - www.hotelbretonniere.com - P ♿ - 31 ch. 106/149 € ☕.* Cet ancien relais de poste s'ouvre sur une cour intérieure, autour de laquelle sont disposées les chambres. Certaines, en duplex, disposent de petites terrasses. Grand confort, accueil sympathique, bon petit-déjeuner sous une agréable verrière. Excellente adresse.

Hôtel Grillon – HORS PLAN - *21 rte de Seurre - ✆ 03 80 22 44 25 - P 🏊 ♿ - 12 ch. 85/115 € - ☕ 10 €.* Pimpante demeure rose blottie dans son jardin clos, avec coquettes chambres rénovées et personnalisées, salon-bar en rez-de-chaussée et terrasse fleurie pour le petit-déjeuner l'été.

Une folie

4 **Hôtel Le Cep** – A2 - *27 r. Maufoux - ✆ 03 80 22 35 48 - www.hotel-cep-beaune.com - P 22 €/j - ♿ - 64 ch. et suites 229/639 € - ☕ 22 €.* Hôtels particuliers (16e et 18e s.) dont les vastes chambres abritent chacune un vrai musée. Petit-déjeuner servi dans un caveau voûté ou, l'été, dans la cour Renaissance.

1

Vallée de l'Ouche ★

Le tracé sinueux de l'Ouche se fraie un chemin entre falaises calcaires, prairies et collines boisées, qui ont valu à cette trouée verdoyante le surnom de « Suisse bourguignonne ». Ce sont de riants paysages que vous découvrirez volontiers à pied, le long des nombreux sentiers de randonnée qui sillonnent la région, en bateau, sur le canal de Bourgogne, qui emprunte quelque temps la vallée de l'Ouche, ou encore à bord du petit train à vapeur de Bligny…

Chateauneuf-en-Auxois.
W. Dieterich/F1online/age fotostock

Se repérer

CARTE P. 38-39 (AB2-3).
Côte-d'Or (21)
Bligny-sur-Ouche, point de départ de ce circuit, se trouve à 50 km au sud-ouest de Dijon.

À ne pas manquer

Châteauneuf-en-Auxois, le château de Commarin.

Organiser son temps

Prévoir une journée au minimum pour profiter des visites et de la nature.

En famille

Le chemin de fer touristique de la vallée de l'Ouche, une baignade dans le lac de Panthier.

Nos adresses p. 107

Circuit conseillé

CARTE P. 38-39

Circuit au départ de Bligny-sur-Ouche vers Dijon, tracé en marron sur la carte – 60 km environ.

Bligny-sur-Ouche B3

21 pl. de l'Hôtel-de-Ville - 03 80 20 16 51 - www.tourismepouillybligny.fr.
Après Bligny, la route (D 33) suit la verdoyante vallée de l'Ouche dans un paysage vallonné, entre des pentes boisées parsemées de rochers.
Juste avant **Pont-d'Ouche** (B2), vous passez sous le grand ouvrage d'art (500 m de long) qui permet à l'autoroute A 6 de franchir la vallée, puis la route rejoint le canal de Bourgogne. Remarquez, au passage, l'**aqueduc** sur lequel le canal de Bourgogne franchit l'Ouche. La vallée s'élargit et le fond devient boisé et rocheux. Bientôt, des rochers apparaissent à gauche dans les côtes et la forêt de Bouhey émerge.

★★ Châteauneuf-en-Auxois B2

Sis sur ce magnifique **site★** qui domine la vallée de la Vandenesse et le canal de Bourgogne, ce vieux bourg est célèbre pour son château fort. Il commandait la route de Dijon à Autun. On l'aperçoit de l'autoroute A 6 de Dijon comme du canal de Bourgogne. La **vue** la plus saisissante naît de la D 18A au sud, aussitôt après que vous avez franchi le canal.

1

Le **village** forme un bel ensemble médiéval, avec ses vestiges de remparts et ses rues étroites, et possède de vieilles demeures fort bien conservées, construites du 14e au 17e s. par de riches marchands bourguignons. Notez des linteaux de porte sculptés ou en accolade, et remarquez l'échoppe d'un potier d'étain dans la rue principale. La petite église St-Philippe et St-Jacques renferme un intéressant mobilier dont deux belles **statues★** : saint Jean-Baptiste, datant de la 2e moitié du 15e s. en pierre polychrome, réalisée par Guillaume le Moiturier, élève de Claus Slüter (sculpteur du Puits de Moïse, *voir p. 59*), et la Vierge à l'Oiseau, de style bourguignon du 14e s.
★ **Château** – *03 80 49 21 89 - chateauneuf.bourgognefranchecomte.eu - tlj sf lun. 9h30-12h45, 14h-18h (juil.-août 18h30) - 5 € (12-17 ans 3,50 €) - en travaux lors de notre visite.* Au 12e s., le sire Jean de Chaudenay, dont le château en ruine s'élevait dans un joli site à Chaudenay-le-Château *(6 km au sud)*, fit bâtir pour son fils une seigneurie indépendante. Ce dernier, suivant l'usage féodal, prit le nom de Jean de Châteauneuf et s'y installa en 1175. La forteresse fut agrandie et remaniée dans le style gothique flamboyant à la fin du 15e s. par Philippe Pot, sénéchal de Bourgogne. Le dernier propriétaire, le comte Georges de Vogüé, en fit don à l'État en 1936.
L'imposante construction, ceinturée d'épaisses murailles flanquées de tours de défense massives, sur quatre niveaux, est séparée du village par un fossé. Jadis, deux portes fortifiées desservaient le château ; aujourd'hui, un nouveau pont-levis, encadré de grosses tours rondes, donne accès à la cour intérieure, d'où l'on a une vue d'ensemble sur deux corps de logis, le donjon du 12e s. et l'ancien chemin de ronde.
Le **logis des hôtes,** ou « logis de Philippe Pot », a été aménagé en centre d'interprétation. Il conserve ses belles ouvertures en accolade traversées de meneaux. L'étage a perdu son plancher. Seules subsistent les traces d'un escalier et de la grande cheminée dans l'une des pièces qui permettent d'identifier les différentes étapes de construction, retracées sur cinq écrans. En complément du support vidéo, une maquette animée illustre la vie au château.

Le **grand logis**, surmonté de hautes lucarnes, a bénéficié de plusieurs campagnes de restauration; la salle des Gardes impressionne par ses vastes proportions, ses carreaux de pavement et son imposante cheminée portant la devise de Philippe Pot.
La **chapelle** (1481), voûtée en coque de bateau renversé, restaurée avec soin, a retrouvé ses belles peintures à la détrempe; elle abrite dans le chœur la réplique du tombeau de Philippe Pot en armure, exposé au Louvre.
Les **chambres**, à l'étage, ont été aménagées aux 17e et 18e s. Celle de Charles Ier de Vienne (1597-1659), dans le donjon, est précédée d'une pièce qui a gardé ses cloisons en galandage (15e s.). Elle abrite une immense cheminée et une tenture de la fin du 16e s., composé de sept tapisseries, qui illustre la vie de Moïse. Dans l'exécution de l'ensemble, on reconnaît l'esprit médiéval mâtiné d'apports venus d'Italie. Les mobiliers ont fait l'objet d'une campagne de restauration. De la chambre de Vienne, admirez la **vue** sur les contreforts du Morvan et, en premier plan, sur le canal de Bourgogne.
De Châteauneuf-en-Auxois, prenez la direction de Vandenesse-en-Auxois.

Lac de Panthier B2

Ce réservoir d'eau de 120 ha de superficie est le plus grand lac de la Côte-d'Or. Mis en eau en 1836, il alimente, tout comme les quatre autres construits (Chazilly, Le Tillot, Grobois, Cercey), le canal de Bourgogne. L'objectif est d'assurer la navigabilité du canal quelle que soit la saison. Différentes activités aquatiques et nautiques sont proposées. Baignade surveillée en été.
Prenez la D 977bis au nord-est sur 4 km.

★ Château de Commarin B2

03 80 49 23 67 - www.commarin.com - de mi-mai à mi-nov. : 10h-18h - 7,90 € (6-16 ans 4,40 €) - 5,50 € parc seul.
Aux confins de l'Auxois et de la Côte, les origines de ce grand château remontent au 14e s. Il s'est transmis de famille en famille depuis 26 générations, souvent par les femmes au gré des mariages. Il a été réaménagé au 18e s. par Marie-Judith de Vienne (1699-1780), marquise de Damas d'Antigny, grand-mère de Talleyrand. On franchit ses douves en eau entre deux tours carrées. Dans la cour d'honneur, deux tours rondes (fin 14e s.), vestiges d'un château féodal, précèdent le corps de logis élevé en 1702 et couvert de beaux combles à la française. L'aile gauche a été reconstruite sous Louis XIII, au-dessus d'une jolie chapelle gothique laissée intacte *(fresques et plafond restaurés au 17e s.)*. Celle-ci abrite une Vierge bourguignonne (on la reconnaît à son déhanchement caractéristique) du 15e s., une *Mise au tombeau* du 16e s. et 2 chasubles de l'époque Louis XIV et Louis XV, frappées aux armes des seigneurs de Commarin. Les boiseries murales proviennent du château de Châteauneuf (voir ci-avant).

Le triangle magique d'Henri Vincenot

Natif de Dijon, **Henri Vincenot** (1912-1985) vécut dans le village de Commarin. Sa maison se trouve désormais place Henri-Vincenot. Ce chantre de l'Auxois portait un amour immodéré à sa région où il aimait se ressourcer en été dans ce qu'il appelait son « triangle magique » : Commarin, Châteauneuf et Bussières. Cette passion, on la retrouve dans ses romans, comme *Le Pape des escargots (1972)* ou *La Billebaude (1978)*, mais aussi dans nombre de ses peintures, car ce cheminot était également journaliste et peintre. Son œuvre complète se trouve à la boutique du château de Commarin.

Ligne de partage des eaux

Sur l'autoroute A 6, avant d'arriver au péage de **Pouilly-en-Auxois**, à l'ouest de Dijon, un panneau indique la « ligne de partage des eaux ». C'est en fait le **mont de Pouilly** (559 m), à proximité, qui est « le toit du monde occidental » (selon les termes d'Henri Vincenot – *voir encadré ci-contre*) : situé à l'intersection des trois bassins versants de la Seine, de la Saône et de la Loire, l'eau qui ruisselle sur ses pentes sud s'en va vers la Méditerranée ; celle qui coule sur le versant nord prend la direction de la mer du Nord, et l'eau qui s'écoule à l'ouest se dirige vers l'Atlantique.

Port de plaisance - la Capitainerie - Pouilly-en-Auxois - 03 80 90 77 36.

À l'étage, dans le grand salon domine la représentation en majesté de Charles X (atelier de Gérard), assortie d'un délicat portrait de Mme de Vogüé. On rencontre, au fil de la visite, l'étonnante personnalité de Marie-Judith de Vienne qui marqua de son empreinte la gestion et la décoration du château, notamment par de belles **tapisseries★★** héraldiques du 16e s. aux teintes miraculeusement conservées. Dans la tour ronde siègent un lit à baldaquin, et un original fauteuil qui se transforme en prie-Dieu. Une seconde chambre, plus modeste, abrite une horloge, dont le mécanisme apparent est fascinant, puis une riche bibliothèque, dont un rare exemplaire original de l'Encyclopédie de Diderot et d'Alembert.

1

En redescendant dans la cour, n'oubliez pas de pénétrer dans les belles écuries du 17e s., bâties sur le modèle du château de Chantilly et dans la grande cuisine (aile droite), qui a conservé son aménagement d'époque.

Le domaine est propice à la promenade. Outre deux grandes pièces d'eau qui alimentent les douves, vous verrez une glacière de 1775, dans une tour voûtée et conique.

Prenez la D 33B vers l'est, puis la D 114 (10 km).

Jardins de Barbirey B2

2 r. du Château - 03 80 49 08 81 - www.chateaudebarbirey.com - ♿ - juin et sept. (w.-end et j. fériés), juil.-août (merc.-dim. et j. fériés) 13h-19h - 6 € (3-12 ans 3 €).

Ce parc de 8 ha a été réaménagé autour de beaux communs (17e et 18e s.) et d'un château remanié au 19e s. Le vaste potager fleuri (iris et pivoines) construit en deux terrasses (bassin central et parterres géométriques) fait face au parc à l'anglaise. Remarquez le mur à abeilles, au fond du potager, avant d'emprunter le sentier sous les arbres, bordé d'une jolie palissade de fer forgé, qui descend vers les bords fleuris du ruisseau et de l'étang. Dans la prairie et le parc, des œuvres contemporaines et des bancs invitent à découvrir des points de vue inattendus. Admirez au passage le magnifique travail du jardinier et sculpteur réputé d'art topiaire : Hubert Puzenat, dont la superbe collection de buis. Sur l'autre rive, passez le bois pour découvrir le verger et les terrasses pour plantes de rocaille.

Poursuivez sur la D 33 jusqu'à Pont-de-Pany, puis prenez la D 35 vers le sud-est pendant 6 km jusqu'au château de Montculot, qui se situe avant d'arriver à Urcy.

Château de Montculot B2

Cette élégante demeure du 18e s., aujourd'hui à l'abandon, se distingue par sa façade rocaille, son parc et ses pièces d'eau. L'une d'elles, la source du Foyard, fut chantée par **Lamartine** *(voir route Lamartine p. 526)*, qui hérita de ce domaine familial. Le poète y composa une partie de son œuvre entre 1801 et 1831, avant de vendre la propriété. Du site, on a une **vue** dégagée à l'est sur le mont Afrique et le mont de Siège, tous deux flirtant avec les 600 m d'altitude.

Le canal de Bourgogne

Achevé en 1832, ce canal long de 242 km opère la jonction entre l'**Yonne** et la **Saône**, de Laroche-Migennes (alt. 84 m) à St-Jean-de-Losne (alt. 182 m). Empruntant les vallées opposées de l'Armançon et de l'Ouche, il franchit, à 378 m d'altitude, le faîte de séparation des bassins de la Seine et du Rhône par un tunnel long de 3 333 m : la **voûte de Pouilly**. La navigation de plaisance, en forte croissance, emprunte le canal de Bourgogne sur toute sa longueur, mais la batellerie commerciale ne l'utilise que sur deux sections : Migennes-Tonnerre et Dijon-St-Jean-de-Losne. Au total, 189 **écluses** jalonnent son parcours, soit en moyenne une tous les 1,3 km, avec une forte concentration entre Venarey-les-Laumes et Pouilly.

À Pouilly-en-Auxois, allez voir la halle abritant le **toueur** électrique du 19e s. et la centrale hydroélectrique qui l'alimentait : ce drôle de bateau permettait d'entraîner un convoi de plusieurs péniches à travers la voûte de Pouilly.

Le site **canaux.region-bourgogne.fr** dresse l'historique du canal.

Retournez à Pont-de-Pany, puis prenez la D 905 vers Velars-sur-Ouche. La route offre des vues sur les ouvrages d'art de la voie ferrée Paris-Dijon établie sur la falaise dominant le canal. Au sud de Velars-sur-Ouche, prenez la D 10F vers N.-D.-d'Étang.

Notre-Dame-d'Étang B2

30mn à pied AR. En 1435, la statuette miraculeuse d'une Vierge à l'Enfant *(conservée dans l'église de Velars)* fut trouvée au sommet de la colline d'Étang. Le site devint dès lors un important lieu de pèlerinage et, en 1896, y fut inaugurée une chapelle coiffée d'un dôme portant une monumentale statue de la Vierge. L'endroit révèle un beau **panorama** sur la vallée de l'Ouche et les hauteurs boisées environnantes.

Revenez à Velars-sur-Ouche, puis gagnez Dijon par la D 10 ; peu avant l'arrivée, l'Ouche s'élargit en un plan d'eau artificiel : le lac Kir (voir p. 61). Si vous voulez faire un petit détour par le mont Afrique, rejoignez plutôt Dijon par la D 108.

Château de Commarin.
Jean-Marc Pierard/Getty Images Plus

Nos adresses

Restauration

À Châteauneuf-en-Auxois

Premier prix

L'Orée du Bois – *Grande-Rue - ✆ 03 80 49 25 32 - www.ldb-chateauneuf.com - ouv. les w.-ends (de mi-nov.-25 déc.), tlj sf. mar. (avr.-juin et sept.-mi-nov.) et tlj. (juil.-août) 12h-21h - plats 14/18 €.* Cette belle maison à colombages du 15e s. propose une grande variété de crêpes sucrées et salées, ainsi que des plats traditionnels.

Budget moyen

Le Grill du Castel/Hostellerie du Château – *Grande-Rue - ✆ 03 80 49 26 82/03 80 49 22 00 - www.legrillducastel.fr/ www.hostellerie-de-chateauneuf.com - jeu.-lun. (oct.-mi-déc. et janv.-avr.), mar. (mai-juin, sept.) 12h-14h, 19h-21h - plats 14/27 €, menu déj. 15,50 €, menus 21/45 € - ch. 67/82 €.* À proximité du château, le restaurant abandonne, pour l'été seulement, le feu dans la cheminée, mais on y déguste toute l'année de bonnes viandes grillées que l'on peut relever avec des moutardes régionales. L'été, service en terrasse.

À Vandenesse-en-Auxois

Premier prix

Restaurant Chez Lucotte – *R. du Moulin - ✆ 03 80 49 22 38 - www.chez-lucotte.fr - fermé w.-end et le soir - menu déj. 15 €.* Restauration familiale (terrine, jambon persillé, bœuf bourguignon...). Ambiance locale animée par les motards. Terrasse en bordure du canal. Accueil très amical.

À Pouilly-en-Auxois

Budget moyen

Hôtel de la Poste – *Pl. de la Libération - ✆ 03 80 90 86 44 - www.hoteldelaposte-pouilly.fr - fermé dim.-lun. - plats 15/23 €, menu déj. 17 €, menus 26/35 € - 7 ch. 88/103 € - ☕ 8 €.* Auberge en pierre sur la place centrale de cette localité bourguignonne. Salle à manger-véranda de style campagnard et choix traditionnel aux accents régionaux. Chambres modestes mais spacieuses.

À La Bussière-sur-Ouche

Budget moyen

🍃 **Bistrot des Moines** – *À 15 km au nord de Bligny-sur-Ouche par la D 33 - ✆ 03 80 49 02 29 - www.abbayedelabussiere.fr - horaires variables : consultez le site Internet - menus 33/45 €.* Le Bistrot des Moines met à l'honneur une fine cuisine respectant la qualité des produits et les saisons. Un bistrot sympathique, une cuisine de terroir généreuse à souhait ; à plus forte raison lorsqu'il fait beau et que l'on profite de la terrasse face au parc... À côté, le restaurant **1131**, étoilé au Guide Michelin 2022 *(menus 98/135 €)* promet un repas grandiose, au cours duquel on dégustera des produits issus de circuits courts, pour des assiettes irréprochables. La carte des vins recèle des trésors. Le tout dans un cadre qui vous laissera sans voix...

À Velars-sur-Ouche

Pour se faire plaisir

L'Auberge Gourmande – *17 allée de la Cude - 13 km de Dijon par l'A 38 - ✆ 03 80 33 62 51 - www.auberge-velars.com - 🅿 ♿ - fermé du dim. soir au merc. - menus 35/54 €.* Voici une petite auberge de campagne comme on les aime : intérieur cossu et chaleureux, cuisine du terroir attentive aux saisons et terrasse donnant sur un jardin.

Shopping

🍃 **Maison de pays de l'Auxois Sud** – *Le Seuil, Pouilly-en-Auxois - ✆ 03 80 90 75 86 - www.maisondepaysdelauxois.fr -*

1

mar.-sam. 10h-18h. Elle assure la promotion des produits de l'Auxois. On y trouve aussi bien des produits de bouche (pain d'épice, nectars de cassis, de framboise ou de groseille, biscuits de Vergy ou de Fouchères, terrine morvandelle aux cèpes, saucisson de bison, moutardes, escargots, vins et liqueurs) que de l'artisanat (poteries, jouets en bois, sculptures, etc.).

Activités

Chemin de fer touristique de la vallée de l'Ouche – *Bligny-sur-Ouche - ✆ 03 80 20 17 92 - ✆ 06 30 01 48 29 - www.chemindefervalleedelouche.blogspot.fr - ♿ - juil.-août : dép. 15h30 tlj sf dim. de Bligny-sur-Ouche ; mai-juin et sept. : dép. dim. 14h30 et 16h30 de Bligny-sur-Ouche ou 15h de Pont-d'Ouche - ouverture billetterie 14h - 8,50 € AR (3-10 ans 3 €), 5,50 € AS (3-10 ans 2,50 €).* Ce petit train en traction vapeur ou diesel (selon les jours) vous fait cahoter sur l'ancienne ligne Dijon-Épinac (seconde ligne ferroviaire autorisée en France). Comptez 1h AR à travers une superbe vallée qui vous conduira de Bligny-sur-Ouche jusqu'à Pont-d'Ouche.

Cap Canal - Bateau-promenade La Billebaude – *Port de plaisance - Pouilly-en-Auxois ✆ 03 80 90 77 36 - www.tourismepouillybligny.fr - avr.-oct. sur réserv.* Découverte de la vie et de l'histoire du canal de Bourgogne lors de croisières commentées, à bord de La Billebaude, bateau-promenade de 50 places. Deux circuits sont proposés : le circuit de la Voûte, *(dép. 9h30 et 14h45 - 13 €, -12 ans 8 € - env. 2h15 AR)* ; le circuit des Écluses, à la journée, avec 8 écluses, escale pour le déjeuner et visite du Toueur *(dép. 9h30 - 26 € pour la journée, -12 ans 16,50 €).*

Cyclotourisme – L'office du tourisme de Pouilly-en-Auxois loue VTC/VAE *(www.tourismepouillybligny.fr - 17/29 € la journée)* pour découvrir la véloroute le long du canal de Bourgogne, de Pouilly à Montbard (41,5 km) ou de Pouilly à Dijon (57 km).

Hébergement

À Lusigny-sur-Ouche

Pour se faire plaisir

Chambre d'hôte La Saura – *Rte de Beaune - 2 km au sud de Bligny-sur-Ouche par D 970 - ✆ 03 80 20 17 46 - www.la-saura.com - P - 3 ch. et 1 suite 163/204 € - table d'hôte sur réserv. menu 38 €.* Les chambres, soignées et confortables, donnent toutes sur un charmant jardin ou les toits du village.

À Bligny-sur-Ouche

Budget moyen

L'Escarboucle – *2 pl. du 11-Novembre-1918 - ✆ 03 80 20 02 62 - www.escarboucle-maisondhotes.fr - 2 ch. et 2 suites 80/120 € - table d'hôte sur réserv. 30 € bc.* Une maison d'hôtes où il fait bon vivre sur la terrasse ouverte sur le jardin, ou à l'ombre des sous-bois bordant la prairie et sa rivière.

À Châteauneuf-en-Auxois

Budget moyen

Chambre d'hôte Chez Bagatelle – *R. des Moutons - ✆ 03 80 49 21 00/06 85 20 20 85 - www.chezbagatelle.fr - P - fermé janv.-fév. - 4 ch. 85/95 €.* Au cœur de ce charmant village, une ancienne bergerie aménagée avec goût. La pierre, le bois et les poutres créent une atmosphère chaleureuse dans ses chambres confortables. Deux pièces en mezzanine, pratiques pour les familles. Une adresse de caractère.

À Vandenesse-en-Auxois

Premier prix

Camping Lac de Panthier – *1 ch. du Lac - 03 80 49 21 94 - www.lac-de-panthier.com - intérieure chauffée et bassins extérieurs - 61 hébergements locatifs, 150 empl. - à partir de 20,50 €/28,50 € selon la saison - fermé oct.-mars.* Situé en bordure du lac de Panthier, le camping propose toutes les commodités d'un 4 étoiles. Sauna et espace fitness, salle de détente, restaurant, épicerie...

À Pouilly-en-Auxois

Premier prix

Camping Vert Auxois – *15 r. du Vert-Auxois - 03 80 90 71 89 - www.camping-vert-auxois.fr - - ouv. avr.-sept., 70 empl. 14,50/39 €.* Près de 70 emplacements dont 5 mobile homes et 2 tentes Canada treck, le tout disposé dans un grand jardin en bordure du canal de Bourgogne. Bar-café.

À Ste-Sabine

Une folie

Château Sainte-Sabine – *8 rte de Semur - 03 80 49 22 01 - www.saintesabine.com - - 22 ch. - 169/341 € - 20 €.* L'art de vivre à la française imprègne ce beau château du 17e s., d'architecture classique. Chic et impeccables, les chambres jouent la carte d'une élégance intemporelle, dans une version plus « châtelaine » pour celles de la tour. Et l'on ne se lasse pas des belles échappées sur le parc environnant, où vagabondent des animaux en liberté... Table élégante et raffinée au restaurant Le Lassey.

À La Bussière-sur-Ouche

Une folie

L'Abbaye de la Bussière – *La Bussière-sur-Ouche - 15 km au nord de Bligny-sur-Ouche par la D 33 - 03 80 49 02 29 - www.abbayedelabussiere.fr - - fermé mi-janv. à mi-fév. - 20 ch. 265/551 € - 25 €.* Au cœur d'un superbe parc, une abbaye cistercienne (12e s.) restaurée avec soin, dotée de fastueuses chambres très confortables et de salons cossus. Ici coexistent deux restaurants *(voir p. 107)*.

À Barbirey-sur-Ouche

Pour se faire plaisir

Château de Barbirey – *2 r. du Château - 03 80 49 08 81 - www.chateaudebarbirey.com - 12 ch. 100/140 € 10/16 €, lofts (2-6 pers.) 120 €/2 pers. (35 €/ pers. suppl.)* Attenantes au château, au-dessus des écuries, les chambres magnifiquement rénovées sont en lisière des 8 ha, méticuleusement travaillés. Potager en terrasses, verger, pièces d'eau, belvédère, pigeonnier, carrière jalonnent un répertoire féerique hautement chlorophyllé. Un lieu à ne pas manquer.

1

Vallée de la Saône ★

La Saône, majestueuse, prend sa source au contact du plateau lorrain et des Vosges, à 395 m d'altitude. Sa très faible pente et la régularité de son débit en font une voie d'eau facile et douce, navigable sur la plus grande partie de son cours.

Se repérer

CARTE P. 38-39 (CD2-3).
Côte-d'Or (21), Saône-et-Loire (71)
La Saône coule du nord au sud, via Chalon-sur-Saône, Tournus et Mâcon.

À ne pas manquer

Le château de Talmay ; les villes fortifiées (Auxonne, St-Jean-de-Losne et Verdun-sur-le-Doubs).

En famille

L'Étang rouge à Seurre, les activités nautiques *(voir « Nos adresses »)*.

Nos adresses p. 116

De Talmay à Verdun-sur-le-Doubs

CARTE P. 38-39

Circuit de 76 km tracé en orange sur la carte.

★ Château de Talmay D2

1 pl. du Château - 03 80 36 13 64 - www.chateau-talmay.com - 1er août-15 sept. : tlj sf lun. 13h-19h, visite guidée à 15h30 et 17h - 7 € (-18 ans gratuit).

Le puissant donjon carré du 13e s., haut de 46 m, coiffé d'une toiture d'époque Louis XIV surmontée d'un lanternon, est le seul vestige du château féodal primitif qui fut détruit en 1760 et remplacé par le beau château actuel de style classique. Le corps de logis porte à son fronton une curieuse décoration : Cybèle au centre, le Soleil et la Lune à droite et à gauche.

Après la chapelle et son décor de stuc, on visite de belles pièces aménagées au 17e s., avec plafond sculpté et boiseries : la chambre du parlementaire Pierre Fisjean et son lit à baldaquin, la bibliothèque et ses instruments scientifiques. Vient ensuite la salle des gardes médiévale, dotée d'une belle cheminée. Du haut de la tour, un panorama s'offre à l'ouest sur la Côte, prolongée au nord par le plateau de Langres, tandis que se profilent au sud-est les hauteurs du Jura. Dans la cuisine, on admirera les nombreux cuivres suspendus, et à l'extérieur la glacière au beau toit en lauze.

Le **jardin à la française**, créé en 1752 et arrosé par la Vingeanne, se compose de parterres, de terrasses, de quinconces, de bassins et d'un labyrinthe. Au milieu du parc, huit platanes forment un arrondi, depuis lequel on a une très belle vue sur le château. Le verger compte près de 360 poiriers et pommiers, dont certaines espèces très anciennes.

Prenez la D 976, au sud de Talmay, sur 7 km. Continuez 10 km sur la D 976 puis, après Athée, prenez à gauche la D 24 vers Auxonne. Garez votre voiture près du jardin de l'hôtel de ville.

+ Une voie de passage nord-sud

Paysages de la Saône

La Saône promène ses eaux lentes dans une large plaine (fossé bressan) entre le Massif central et le Jura. Elle pénètre en Bourgogne aux abords de **Pontailler** et conflue avec le Rhône à la sortie de Lyon. Chaque hiver, la rivière inonde sa vallée et dépose des alluvions fertiles dont bénéficient les prairies voisines, les « paquiers », ainsi que les cultures maraîchères (vers Auxonne). Les vallées de l'Ouche et des Tilles, anciens marécages, sont aujourd'hui dévolues à des cultures industrielles comme le tabac ou la betterave. Après Seurre, la Saône se rapproche de la Côte, mais en reste séparée par une zone boisée discontinue (forêts de Cîteaux et de Gergy).

Une voie de passage

Axe naturel nord-sud majeur en Europe occidentale, la Saône permit à la Bourgogne de s'ouvrir au commerce dès l'âge du bronze, avec les routes de l'**ambre** (venant de la mer Baltique), de l'**étain** (de Cornouailles, par la vallée de la Seine) et du **sel** (d'Italie). Dès l'époque romaine, Lyon est reliée à Trèves (Allemagne) par la *Via Agrippa*, qui traverse Mâcon, Tournus, Chalon-sur-Saône et Langres. On emprunte aussi la Saône, et Chalon-sur-Saône joue dès lors un rôle de port fluvial et d'entrepôt de la corporation des « nautes ».

Le saviez-vous ?

À l'époque romaine, la Saône s'appelait *Arar*. Elle devint *Souconna* après la conquête, à partir d'une racine qui signifie « marécage ».

Parmi les produits importés d'Italie figure le vin : on a pu retrouver à Chalon-sur-Saône, dans le lit de la rivière, un dépôt estimé à 24 000 pointes d'amphores.
Aux 13e et 14e s., les foires de Chalon-sur-Saône sont de grandes assises du commerce international : les drapiers de Dijon, Châtillon, Beaune y côtoient ceux de Flandre et les marchands italiens. La Saône est reliée par un canal à la Loire en 1793, puis à la Seine en 1832, au Rhin en 1833 et à la Marne en 1907. En 1840, pour effectuer le trajet Chalon-Lyon par un bateau à vapeur mû par des roues à aubes, il fallait compter six heures à la descente et neuf heures à la remontée.
Des travaux d'aménagement devaient permettre la remontée des convois poussés de 4 000 t de Fos-sur-Mer (Bouches-du-Rhône) à Auxonne, mais ce projet a été abandonné, et la navigation de tels convois n'est possible que jusqu'à Mâcon. Pour l'instant, la Saône se contente des bateaux de croisière.

Patrimoine industriel

Le **barrage à aiguilles** d'Auxonne – l'un des plus longs ouvrages de ce type conservé en France (220 m) – fut conçu en 1840 d'après un modèle mis au point par l'ingénieur **Charles Poiré**.
Il s'agit d'un barrage mobile à fermettes et aiguilles de bois, de section carrée, que l'on place les unes à côté des autres pour former la bouchure du barrage. Hautes de 3 à 5 m et larges de 10 à 12 cm, ces aiguilles se manipulent les unes après les autres. Donc, en période de crue, on les retire manuellement, on couche les fermettes… et le barrage s'efface !

Le lieutenant Bonaparte

Le régiment d'artillerie de La Fère est en garnison à Auxonne depuis décembre 1787 lorsque Bonaparte y entre, au début de juin 1788, en qualité de lieutenant en second. Il a alors 18 ans et suit les cours théoriques et pratiques de l'École royale d'artillerie, avec un très vif désir de s'instruire qui le fait remarquer, comme à Valence, sa garnison précédente. Épuisé par les veilles et par les privations auxquelles sa maigre solde le contraint, il quitte Auxonne le 1er septembre 1789 pour sa Corse natale. Il revient à Auxonne en février 1791 et assiste en spectateur attentif aux événements qui se précipitent à Paris. En avril, il est nommé lieutenant, et cinq ans plus tard, commandant en chef de l'armée d'Italie. On connaît la suite...

Auxonne D2

11 r. de Berbis - 03 80 37 34 46 - www.capvaldesaone-tourisme.fr.

Tout témoigne du rôle de place forte tenu par cette ancienne ville frontalière : casernes, arsenal, remparts, champ de tir et château militaire du 15e s. Comme pour apaiser les esprits, la Saône passe calmement le long d'allées ombragées et offre un plan d'eau apprécié des plaisanciers. La **porte de Comté**, qui date de 1503, avait été conservée dans les fortifications ultérieures, disparues depuis. Plus récente, la **Porte royale**, terminée par Vauban, est décorée d'un trophée d'armes portant le blason royal.

Église Notre-Dame – Élevée aux 13e et 14e s., elle est hérissée de gargouilles et de statues. Son transept est flanqué à droite d'une tour romane. Le porche (16e s.) abrite les statues des prophètes, refaites en 1853 par le sculpteur Buffet. Six d'entre elles sont une copie fort libre du puits de Moïse de la chartreuse de Champmol à Dijon *(voir p. 59)*. À l'intérieur, remarquez dans l'absidiole droite une belle Vierge au raisin, œuvre bourguignonne du 15e s. ; sur le quatrième pilier de la nef, à droite, une châsse de saint Hubert, polychrome, peinte au 15e s. ; dans la première chapelle du bas-côté gauche, un Christ aux liens du 16e s. et un saint Antoine ermite de la fin du 15e s. ; dans le chœur, un aigle en cuivre servant de lutrin, et des stalles du 16e s.

Près de l'église, au centre de la place d'Armes et face à l'**hôtel de ville**, édifice en brique du 15e s., s'élève la **statue** *Lieutenant Napoléon Bonaparte* par Jouffroy (1857).

Rejoignez le château par la rue du Bourg, puis la rue du Dr-Roussel (maisons anciennes).

Prenez la D 20 sur 18 km en direction de St-Jean-de-Losne.

St-Jean-de-Losne C3

Quai Lafayette - 03 80 37 15 70 - www.saone-tourisme.fr.

Cette ancienne place forte soutint en 1636 un siège mémorable contre les Autrichiens, alors que la Saône servait de frontière entre la France et le Saint Empire romain germanique. Les quelques centaines d'hommes de sa garnison résistèrent aux 60 000 soldats du général Gallas, les contraignant à la retraite. Dans l'**église**, surmontée d'un clocher à tourelles et de beaux toits à forte pente décorés de tuiles vernissées, un vitrail illustre l'étonnante victoire contre les impériaux.

Voir aussi encadré ci-contre sur le port de St-Jean-de-Losne.

Sortez de St-Jean-de-Losne par la D 976 et continuez sur 16 km en direction de Seurre.

Seurre C3

R. de la Perche-à-l'Oiseau - 03 80 20 31 05 - www.saone-tourisme.fr.
Cette active petite ville est située près du confluent de deux bras de la Saône, point de vue que l'on apprécie particulièrement depuis l'extrémité de la rue de Beauraing. Seurre possède un **hôpital** du 17e s. dont la salle commune rappelle, en plus modeste, la Grand-Salle de l'hôtel-Dieu de Beaune *(voir p. 89)*. Des visites guidées sont possibles avec l'office du tourisme. On peut voir aussi l'église St-Martin, du 14e s., quelques maisons à pans de bois et, au n° 13 de la rue Bossuet, la maison où vécurent les parents du grand prédicateur.

L'Étang rouge – *Rte de Franche-Comté - 03 80 20 31 05 - www.rivesdesaone.wixisite.com/etangrouge - - 8h-19h - gratuit.* Sur 5 ha, ce musée en plein air reconstitue un village bourguignon à partir de maisons démontées, restaurées et remontées sur place. On y découvre une quinzaine de bâtiments (café, école, grange, pigeonnier) ainsi qu'un petit jardin des simples et un verger conservatoire. Des animations et activités pédagogiques sont organisées en juillet-août. *Sortez de Seurre en direction de Trugny, prenez la D 35D puis la D 5 sur 16 km, avant de tourner à gauche sur la D 970.*

Verdun-sur-le-Doubs C3

11 r. de Beaune - 03 85 91 87 52 - www.saonedoubsbressetourisme.fr.
Cette petite localité occupe un joli site au confluent de la Saône et du Doubs, dans un paysage de prairies et de murailles en ruine. La spécialité locale est la **pochouse verdunoise**, une matelote de poissons composée de brochet, anguille, perche, tanche et d'un vin blanc régional.

Maison du Blé et du Pain – *2 r. de l'Égalité - 03 85 91 57 09 - www.ecomusee-bresse71.fr - - de mai à mi-déc. : tlj sf mar. 14h-18h - 3,50 € (-18 ans gratuit).* Cette antenne de l'écomusée de la Bresse bourguignonne *(voir p. 184)* rappelle que Verdun-sur-le-Doubs se trouve au débouché de la plaine céréalière du Val de Saône. On y découvre les origines et l'évolution de la culture du blé, ainsi que

1

On vous emmène sur le port de St-Jean-de-Losne

Un port, vraiment ? Au premier coup d'œil, St-Jean-de-Losne apparaît surtout comme une paisible cité fleurie, qui regarde la Saône couler majestueusement sous son pont de pierre, le long de ses quais. Deux minutes de marche suffisent pour atteindre un grand plan d'eau ourlé d'une farandole de pénichettes et autres embarcations, prêtes à partir explorer la Bourgogne fluviale, ses beaux villages et ses collines viticoles. Sous ses apparences de bourg tranquille, St-Jean-de-Losne cache bien son jeu : nous sommes ici au cœur d'un « échangeur fluvial », au carrefour de trois des plus grandes voies d'eau de France, la Saône, donc, mais aussi le canal de Bourgogne et le canal Rhin-Rhône. Une géographie hors du commun qui lui vaut aujourd'hui d'être le premier port de tourisme fluvial du pays, après avoir été, tout au long du 19e s., la capitale française de la batellerie. En revenant dans les ruelles, voici d'ailleurs un musée qui raconte cette épopée, à travers de nombreux objets et documents : maquettes de péniches, toues et autres barges, scaphandres, photos anciennes... Et des cartes qui situent les réseaux de canaux en France et en Europe.

Musée de la Batellerie (Maison des mariniers) – *3-5 r. de la Liberté - 06 41 75 25 13 - www.musee-saintjeandelosne.com - avr.-oct. : 10h-12h, 14h30-18h - fermé lun.-mar. en avr.-mai.*

l'histoire de la meunerie et de la panification (collection de pains, maquettes d'outils et machines, animations).

À proximité

CARTE P. 38-39

Abbaye Notre-Dame de Cîteaux C2

16 km au nord de Seurre par la D 973 et la D 996.

03 80 61 32 58 - www.citeaux-abbaye.com - ♿ - fermé nov.-avr. - visite guidée uniquement (1h15) : horaires sur le site, réserv. recommandée - 10,50 € (-10 ans gratuit).

L'abbaye est toujours le lieu de vie d'une communauté monastique dont les visiteurs doivent respecter le climat de silence et de recueillement.

Haut lieu de la chrétienté en Occident, tout comme Cluny, l'abbaye de Cîteaux connut des débuts difficiles, avant de prendre son essor sous la prodigieuse impulsion du futur saint Bernard et de devenir une école de spiritualité. Ce rameau détaché de Cluny rayonna alors à travers le monde. Il offre aujourd'hui une occasion unique de découvrir la vie cistercienne et son histoire.

Très durement malmenée après sa vente en 1791 à des spéculateurs qui la pillèrent et la démantelèrent, Cîteaux n'a conservé que quelques bâtiments. La **bibliothèque,** achevée en 1509, se distingue par sa façade de brique émaillée et se compose de deux niveaux superposés aux fonctions distinctes : au rez-de-chaussée, les cellules du **cloître des copistes** (1260) accueillirent jusque vers le milieu du 14e s. le travail des moines copistes, enlumineurs et relieurs. L'immense salle voûtée de l'étage servait, quant à elle, de **salle de lecture**. Son fonds de quelque 10 000 manuscrits fut saisi à la Révolution ; vous pourrez en admirer de superbes exemplaires (notamment la Bible d'Étienne Harding, probablement le premier ouvrage réalisé dans le scriptorium de Cîteaux, ainsi que le Légendier de Cîteaux) à la bibliothèque municipale de Dijon.

Remarquez aussi, parallèle à la rivière, un long bâtiment de 80 m appelé le **définitoire** (1699), où se réunissait l'exécutif du chapitre général, et, de facture plus récente (1722), un bel édifice dû à Nicolas Lenoir, où résident actuellement les moines. L'**église,** qui renfermait les tombeaux des premiers ducs de Bourgogne (dont celui de Philippe Pot, conservé au Louvre), a totalement disparu ; un nouveau lieu de culte a été inauguré en 1998, à l'occasion des 900 ans de la fondation de l'abbaye.

Bagnot C3

9 km au sud de l'abbaye de Cîteaux par la D 996 et la D 20.

À proximité de la forêt de Cîteaux, le village de Bagnot possède une petite **église** d'origine romane dont le chœur est orné de **peintures murales★**, datant de la fin du 15e s., surnommées « les Diables de Bagnot ». Le *Jugement dernier*, thème central du cycle, témoigne d'une imagination populaire pourvue de nombreux détails. Observez aussi le calendrier des mois qui court sur l'arc-doubleau de la voûte.

Un peu d'histoire

Aux origines de l'histoire cistercienne

C'est sur ces terres, autrefois peuplées de roseaux (« cistels » en vieux français), que **Robert de Molesme**, recherchant avec ses compagnons l'esprit de la **règle de saint Benoît** (silence, pauvreté, éloignement du monde), fonde en 1098 l'**ordre des Cisterciens**.

En 1108, un moine anglais, **Étienne Harding**, devient abbé de Cîteaux. On lui doit la Charte de charité, véritable texte constitutionnel de l'ordre. En 1113, trois ans avant de devenir abbé de Clairvaux, **Bernard de Fontaine** vient à son tour donner un élan au « nouveau monastère ». En trois ans, Cîteaux donne naissance à quatre « filles » : La Ferté (1113), Pontigny (1114), Clairvaux et Morimond (1115).

Au 17e s., dans l'Orne, l'abbé de Rancé se consacre à la réforme de son monastère, la Trappe. L'abbaye de Cîteaux demeure à distance de ces courants réformateurs. En 1892, une scission s'opère officiellement pour donner deux observances : l'**ordre des Trappistes**, à vocation contemplative, et l'**ordre de Cîteaux**, dont les membres pouvaient s'adonner à un ministère pastoral, intellectuel ou charitable.

Pendant la période révolutionnaire, l'expulsion des moines cisterciens porte un coup quasi fatal à l'abbaye. Cîteaux renaît pourtant en 1898 grâce à plusieurs communautés, dont l'ordre cistercien de la Stricte Observance, reconnu par les trappistes.

Le 21 mars 1998, pour fêter les 900 ans de la fondation de l'abbaye, plus de 700 moines et moniales de la famille cistercienne se réunissent à Cîteaux, dans une église nouvellement inaugurée.

Le canal de la Cent-Fons

C'est sur un site marécageux et donc riche en eau que les moines fondent l'abbaye de Cîteaux. Mais, au 12e s., cet apport en eau devint insuffisant. La communauté opta alors pour une solution de taille : la construction d'un canal d'amenée d'eau de 10 km de long, qui déviait la rivière Cent-Fons (de « cent fonts », cent sources, souvent orthographiée à tort « Sansfond »). Cette déviation apporta à l'abbaye l'eau et la pente dont elle avait besoin pour faire fonctionner des moulins. L'exercice s'avéra d'autant plus difficile que la pente naturelle, très faible (1 %), nécessitait de suivre la courbe de niveau au plus près. Le résultat constitue un bel exploit technique.

Un **sentier de randonnée**, au départ des sources à Fenay *(chemin à la hauteur de la fourche des D 108K et D 996)*, longe la Cent-Fons, puis le canal de dérivation, à partir de l'étang de Saulon-la-Chapelle, en passant par le pont-canal des Arvaux (conçu lui aussi au 12e s.), qui enjambe la Varaude à Noiron-sous-Gevrey. Remarquez au passage la **forêt du Millénaire**, plantée en 1998 par les villes de Noiron et de Mayence (Allemagne) en l'honneur de l'abbaye.

Nos adresses

Restauration

À St-Jean-de-Losne

Budget moyen

La Cotinière – *29 quai National - ✆ 03 80 39 40 01 - www.bistrot-lacotiniere.com – 12h-14h, 19h-21h - plats 15/20 €, menus 16/27/31 € - 3 ch. 70/90 €.* Le grand atout de cette adresse est sa situation, face à la Saône dont on peut profiter depuis la grande terrasse ombragée. Au menu, d'honnêtes spécialités régionales. À l'étage, trois chambres d'hôtes modernes et confortables avec balcon donnant sur la rivière.

À Verdun-sur-le-Doubs

Pour se faire plaisir

Hostellerie Bourguignonne – *2 av. du Prés.-Borgeot - ✆ 03 85 91 51 45 - www.hostelleriebourguignonne.com - P - fermé dim. soir hors sais., mar., merc. midi - plats 33/42 €, menus 20/75 € - 9 ch. 130/140 €, maison d'hôte avec 3 ch., tarif se rens. - ☕ 14 €.* Hostellerie charmante proposant une carte traditionnelle valorisant le terroir. Spécialité de pochouse, superbe sélection de bourgognes, décor rustique raffiné, belle terrasse. Chambres personnalisées.

À Flagey-Échézeaux

Pour se faire plaisir

Restaurant Christian Quenel – *12 pl. de l'Église - ✆ 03 80 62 88 10 - www.restaurant-christianquenel.com - fermé mar.-merc. midi - plats 36/40 €, menus 50/98 €.* Au centre d'un village viticole, cet élégant restaurant contemporain est apprécié par une clientèle fidèle. Appétissante cuisine actuelle à base de beaux produits. Accueil aimable.

Shopping

À St-Nicolas-lès-Cîteaux

Abbaye de Cîteaux – *✆ 03 80 61 34 28 - www.citeaux-abbaye.com - mar.-sam. 10h-12h30, 14h30-18h, dim. 14h-18h.* Dans la sobre boutique aménagée dans un bâtiment restauré, vous trouverez, outre le fameux fromage façonné et affiné sur place par les moines, des bonbons au miel et quelques produits d'autres monastères.

À Longchamp

Brasserie des Ducs – *2 allée du Petit-Pont - ✆ 06 18 42 18 68 - www.brasseriedesducs.fr - jeu.-sam. 14h-18h30.* Située dans les anciennes faïenceries de Longchamp, la brasserie propose cinq bières différentes, de la 33 cl au fût de 30 litres.

Activités

Activités nautiques et de plein air

Base de loisirs – *Rte d'Athée - Auxonne - ✆ 03 80 37 36 61 - www.cotedor-tourisme.com - juil.-août : tlj, avr.-juin et sept. : sur réserv.* Cette base de loisirs aménagée à deux pas du centre-ville fera le bonheur des amateurs de sport grâce à la qualité de ses installations. Un éventail complet d'activités parmi lesquelles la planche à voile, le canoë et le kayak. Encadrement assuré par des professionnels qualifiés.

Randonnée

Toutes sortes de promenades à pied sont possibles au départ de Verdun-sur-le-Doubs, notamment un circuit de 17 km le long de la Saône (Verdun-Verjux-Gergy) et un autre de 10 km le long du Doubs (Verdun-Les Bordes-Saunières). Brochures disponibles à l'office de tourisme.

Cyclotourisme

St-Jean-de-Losne bénéficie d'une situation privilégiée pour les cyclistes, car ici se rejoignent l'**EuroVelo 6** *(voir p. 527)* et la **Voie Bleue** *(voir p. 182)*. Il est ainsi possible d'aller jusqu'à Auxonne (26 km), Seurre (24 km) ou Verdun-le-Doubs (42 km), en grande partie le long de voies navigables. L'office du tourisme loue des vélos classiques et à assistance électrique.

Hébergement

À Athée

Premier prix

Chambre d'hôte Les Laurentides – *27 r. du Centre - 5 km au nord d'Auxonne sur la D 24 - 03 80 31 00 25/06.58.39.49.05 - www.gitelesIaurentides.com - - 4 ch. 79 €* . Cette accueillante ferme de 1870 allie charme et confort. Les chambres, avec climatisation, sont aménagées dans l'ancien grenier ; les plus agréables donnent sur le magnifique jardin. Petit-déjeuner servi dehors aux beaux jours. Salon et cuisine équipée à disposition des hôtes.

À Flagey-Échézeaux

Budget moyen

Chambre d'hôte Le Petit Paris – *6 r. du Petit-Paris - 03 80 62 84 09/ 06 70 17 53 28 - www.petitparis-bourgogne.fr - P - 4 ch. 90/95 €* . Nichée dans un parc, cette demeure du 17e s., décorée de tableaux réalisés par la maîtresse de maison, abrite quatre chambres aménagées autour de l'atelier de peinture et dotées d'un confort douillet. Côté détente, initiation au dessin, promenades près du bassin de pisciculture ou dans le vignoble de la côte de Nuits (entre Beaune et Dijon).

À Saulon-la-Rue

Une folie

Hôtel Château de Saulon – *67 r. de Dijon - 03 80 79 25 25 - www.chateau-saulon.com - P - 2 ch. - 42 ch. 176/226 € - 15 € - jeu.-lun., formule déj. 38 €, menus 58/78 €.* Joli petit château du 17e s. entouré d'un parc arboré agrémenté d'une piscine et d'un étang privé. Les chambres offrent un cadre contemporain (mobilier fonctionnel). Dans une dépendance, salle à manger où l'on sert une cuisine actuelle. Dégustation de vins.

Maison d'hôte Le Petit Paris, à Flagey-Échézeaux.
R. Manin/age fotostock

1

Chalon-sur-Saône, dans la lumière du soir.
J.-P. Garcin/Photononstop

2

La Bourgogne du Sud

CARTE MICHELIN DÉPARTEMENTS 320 – SAÔNE-ET-LOIRE (71)

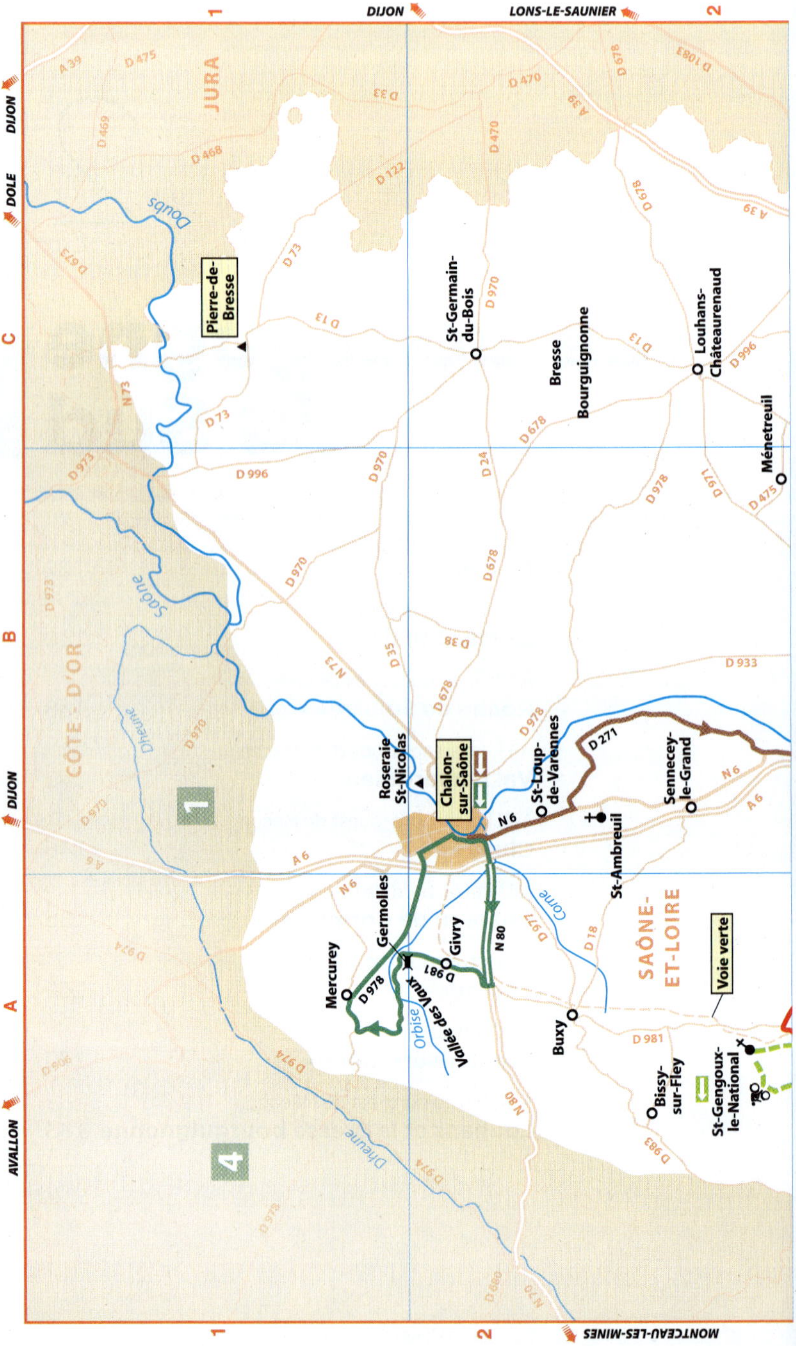
DIJON
LONS-LE-SAUNIER
DOLE
AVALLON
MONTCEAU-LES-MINES
JURA
CÔTE-D'OR
SAÔNE-ET-LOIRE
Pierre-de-Bresse
St-Germain-du-Bois
Bresse Bourguignonne
Louhans-Châteaurenaud
Ménetreuil
Roseraie St-Nicolas
Chalon-sur-Saône
St-Loup-de-Varennes
Sennecey-le-Grand
St-Ambreuil
Germolles
Mercurey
Givry
Vallée des Vaux
Buxy
Bissy-sur-Fley
St-Gengoux-le-National
Voie verte
Doubs
Saône
Dheune
Orbise
Corne
1
4
A
B
C
A 6
A 39
N 6
N 73
N 80
N 70
D 978
D 981
D 271
D 996
D 970
D 678
D 73
D 13
D 24
D 35
D 38
D 933
D 977
D 18
D 974
D 983
D 475
D 971
D 470
D 468
D 469
D 673
D 973
D 122
D 33
D 1083

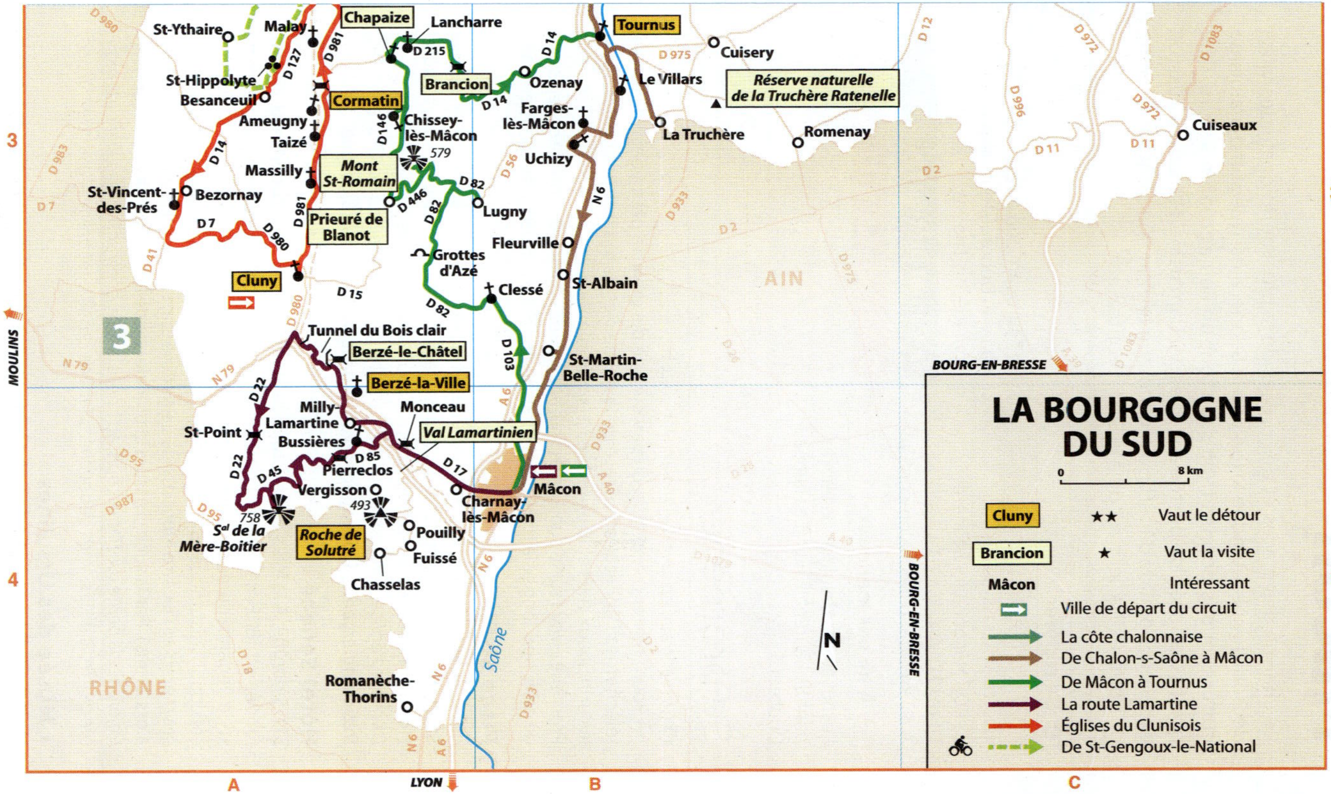

LA BOURGOGNE DU SUD
0 8 km
Cluny ★★ Vaut le détour
Brancion ★ Vaut la visite
Mâcon Intéressant
Ville de départ du circuit
La côte chalonnaise
De Chalon-s-Saône à Mâcon
De Mâcon à Tournus
La route Lamartine
Églises du Clunisois
De St-Gengoux-le-National
Tournus
Cuisery
Le Villars
Réserve naturelle de la Truchère Ratenelle
La Truchère
Romenay
Cuiseaux
Chapaize
Lancharre
Brancion
Ozenay
Cormatin
Chissey-lès-Mâcon
Farges-lès-Mâcon
Uchizy
Mont St-Romain
Prieuré de Blanot
Lugny
Fleurville
Grottes d'Azé
Clessé
St-Albain
St-Martin-Belle-Roche
St-Ythaire
Malay
St-Hippolyte
Besanceuil
Ameugny
Taizé
Massilly
St-Vincent-des-Prés
Bezornay
Cluny
Tunnel du Bois clair
Berzé-le-Châtel
Berzé-la-Ville
Milly-Lamartine
Monceau
Val Lamartinien
St-Point
Bussières
Pierreclos
Vergisson
Mâcon
Charnay-lès-Mâcon
Sal de la Mère-Boitier
Roche de Solutré
Pouilly
Fuissé
Chasselas
Romanèche-Thorins
AIN
RHÔNE
Saône
MOULINS
LYON
BOURG-EN-BRESSE
N
3
A B C
3 4

Mâcon

Le charme des places et des ruelles de la plus méridionale des villes de Bourgogne, étendue le long de la Saône, ainsi que son dynamisme culturel et ses bonnes tables, en font un lieu agréable à vivre. Aux portes d'une région portée aux nues par Lamartine, Mâcon est aussi un excellent point de départ pour découvrir le vignoble alentour. Comme on vous le dira, ici c'est déjà le Sud : profitez-en !

Se repérer

CARTE P. 120-121 (B4) - PLAN DE MÂCON CI-CONTRE.
33 908 Mâconnais – Saône-et-Loire (71)
À 60 km au sud de Chalon-sur-Saône.

À ne pas manquer

Le musée des Ursulines ; la vue du pont St-Laurent la nuit ; Le Hameau Dubœuf.

En famille

Le Touroparc Zoo et le Hameau Dubœuf, tous deux à Romanèche-Thorins.

Carnet pratique p. 127

Nos adresses p. 127

Se promener

PLAN CI-CONTRE

Circuit tracé en vert sur le plan.

Pour profiter pleinement du parcours de découverte patrimonial de la ville, téléchargez l'application « Tracé de la plume » et découvrez des contenus sur les principaux sites et lieux de la cité lamartinienne.

Promenez-vous sur le quai Lamartine, aux façades colorées et bordé de terrasses de café, puis longez la rue Carnot (maison du 17e s. au n° 79), très commerçante.

Place St-Pierre A2

Entièrement réhabilitée, cette agréable place est bordée au nord par l'**église St-Pierre** construite au 19e s. dans un style néoroman. En face se trouve l'**hôtel Montrevel**, bâti au 18e s. et qui abrite aujourd'hui l'hôtel de ville.

Derrière l'église, empruntez la rue Carnot à gauche (maison du 17e s. au n° 79), très commerçante. Puis engagez-vous à gauche dans la rue Sigorgne.

Hôtel Senecé A2

31 r. Sigorgne. À la fois siège et propriété de la prestigieuse **Académie de Mâcon**, fondée en 1805, ce bel hôtel particulier du début du 18e s. est une demeure de style Régence dotée de tableaux, tapisseries, objets d'art et meubles formant les collections historiques de l'Académie. Celle-ci s'enorgueillit d'avoir compté parmi ses membres l'illustre Alphonse de Lamartine qui, en 1811, fut le plus jeune (il avait alors 21 ans). Par la suite, il assura la présidence de l'Académie à quatre reprises.

Rejoignez la petite rue Batillat puis, au bout à droite, empruntez l'escalier de la montée des Trois-Têtes. Vous débouchez place de la Baillé ; et prenez l'allée de Matisco.

★ Musée des Ursulines A1

5 r. de la Préfecture - ✆ 03 85 39 90 38 - www.macon.fr - ♿ - tlj sf lun. 10h-12h30, 14h-18h, dim. 14h-18h - 4,50 € (-18 ans gratuit).

Aménagé dans un ancien couvent du 17e s., le musée municipal évoque d'abord l'histoire et l'urbanisme de Mâcon à travers sa section d'**archéologie**. Ce tout nouvel espace présente les méthodes et les résultats des fouilles menées dans le Mâconnais de la fin du 19e s. à nos jours. Des statères (monnaie antique) provenant du Trésor de Mâcon, des amphores et outils ainsi qu'un four de potier gaulois et des urnes funéraires issues de la nécropole de Mâcon témoignent des âges du bronze et du fer dans la vallée de la Saône, et rappellent l'importance de l'antique *Matisco* à l'époque gallo-romaine. Parmi les plus belles pièces du musée, remarquez la **mosaïque** du gladiateur à l'entraînement et un des plus vieux **jeux d'échec** retrouvés, taillé dans des bois de cerf. Consacrée à l'époque médiévale, une collection lapidaire expose des fragments de sculptures et monuments romans et gothiques. Porté par une belle muséographie, l'espace dédié à **Lamartine** offre un regard inédit sur la carrière de l'écrivain et homme politique à travers une sélection de peintures, sculptures et œuvres graphiques. Les paysages du Mâconnais et de la Bresse sont également à l'honneur, témoignant de la diversité et du dynamisme de l'école locale qui s'épanouit dans la seconde moitié du 19e s.

SE RESTAURER

Ma Table en Ville	1
Pierre	2
La Part des Anges	6
L'Autre Rive	7
Cassis	8
L'Éthym'Sel	11

SE LOGER

Brit Hôtel	1
Panorama 360	2
Hôtel de Bourgogne	8

Le prince du romantisme

« Aimer, prier, chanter, voilà toute ma vie »

Né en 1790 à Mâcon, **Alphonse de Lamartine** connaît une enfance heureuse à Milly. À 21 ans, lors d'un premier voyage en Italie, il s'éprend d'une Napolitaine, **Antoniella**, qu'il fera revivre plus tard en personnage de fiction sous le nom de Graziella. Pendant une cure à Aix-les-Bains, en 1816, le jeune homme tombe éperdument amoureux de **Julie**, épouse du physicien Jacques Charles. Cet « ineffable bonheur d'aimer », brisé par la maladie et l'absence de Julie, qui mourra quelques mois plus tard, lui inspire *Le Lac*, ode au lac du Bourget.

En 1820 paraissent les *Méditations poétiques*, qui marquent le début de la gloire. Marié à la jeune Anglaise **Mary Ann Birch**, il connaît, parallèlement à sa carrière diplomatique, une intense période de création : *La Mort de Socrate*, *Les Nouvelles Méditations poétiques*, *Le Dernier Chant du pèlerinage d'Harold*... Le 5 novembre 1829, il est élu à l'Académie française.

De 1831 à 1833, il voyage en Orient pour tenter de raviver la flamme de sa foi que des doutes métaphysiques font vaciller. Son itinéraire le mène jusqu'à Nazareth et Jérusalem. Au cours de ce « pèlerinage », sa fille de 10 ans, **Julia**, qu'il a laissée avec sa mère à Beyrouth, meurt de phtisie. Cet événement douloureux est traité dans le poème *Gethsémani*. Très affecté, remettant en cause les principes religieux qui l'avaient guidé jusque-là, il publie, en 1836, *Jocelyn*, qui connaîtra un accueil triomphal.

« La Poésie doit se faire peuple »

Chargé d'affaires en octobre 1827 à Florence et ne voulant pas se lier au nouveau roi Louis-Philippe, Lamartine se démet de ses fonctions diplomatiques. Il préfère garder sa liberté pour l'action politique. D'abord député de Bergues, dans le Nord, il est élu député de Mâcon en 1837, et réélu en 1842 et 1846. Il milite pour « l'intérêt de ces classes laborieuses, de ces masses prolétaires si souvent foulées sous nos lois aveugles » et plaide pour l'abolition de la peine de mort. Il expose ses idées dans le journal *Le Bien public*, qu'il crée à Mâcon en septembre 1842. Avec son *Histoire des Girondins*, publiée en 1847, qui évoque la période révolutionnaire, il connaît un immense succès. En 1848, après le renvoi de Guizot et l'abdication du roi, Lamartine s'oppose à une régence et contribue à la fondation de la IIIe République, proclamée le 27 février.

Il est membre de l'éphémère gouvernement provisoire, où il tient le portefeuille des Affaires étrangères. La suppression des Ateliers nationaux et les émeutes de juin marquent la fin de son prestige. Le résultat des élections du président de la République au suffrage universel, le 20 décembre 1848, est sans appel : Louis-Napoléon Bonaparte l'emporte avec 5 millions de suffrages contre seulement 18 000 voix à Lamartine.

Le Second Empire met fin à sa carrière politique. D'incessantes difficultés financières l'obligent à ce qu'il appelle « ses travaux forcés littéraires », puis la mort de sa femme, en 1863, assombrissent la fin de sa vie. Le poète s'éteint le 28 février 1869 à Paris. Il devait être enterré au Panthéon, mais resta selon ses vœux, en sa terre d'élection, où il repose à St-Point *(voir p. 143)*, près de sa famille.

La section des **beaux-arts** (peintures et sculptures) propose quant à elle des œuvres du 16e s. au 20e s. ; Corot, Monet, Puvis de Chavannes, Gleizes ou Albers permettent d'appréhender les principaux courants qui jalonnent la période, du réalisme à l'abstraction.
L'ancienne chapelle est réservée aux expositions temporaires.
Descendez à droite la rue de la Préfecture pour atteindre la place St-Vincent.

Vieux St-Vincent B1-2

240 r. de Strasbourg - www.bourgogne-tourisme.com - ouv. lors des Journées européennes du Patrimoine et en visite guidée avec l'office de tourisme (voir p. 127).
De l'ancienne **cathédrale** St-Vincent, fondée au 6e s. et détruite à la Révolution, ne subsistent que les parties les plus anciennes : l'avant-nef, deux tours octogonales et la travée qui les réunit. On distingue encore l'amorce de la nef. Dans l'**avant-nef**, on peut voir l'ancien tympan (11e s.) dont les sculptures ont été mutilées pendant les guerres de Religion. En cinq registres superposés se développent les scènes du Jugement dernier : la résurrection des morts, le paradis et l'enfer.
Rejoignez la rue du Pont par la rue St-Vincent.

Pont St-Laurent B2

Jusqu'au traité de Lyon, en 1601, où la Bresse fut rattachée au royaume de France, Mâcon était une ville frontière. Elle était fortifiée, ainsi que le pont St-Laurent, dont l'existence est attestée pour la première fois en 1077. Au 18e s., cet ouvrage fit l'objet d'importants travaux de restauration et d'élargissement. Il offre une jolie **vue★** sur les quais et la ville, dominée par les tours du Vieux St-Vincent.
Remarquez, sur une arche nord, la statue de saint Nicolas (patron des mariniers).
Notez aussi pour la petite histoire que le plan d'eau de la Saône, en face de l'hôtel d'Europe et d'Angleterre, fut utilisé pour la première escale technique des voyages effectués de 1937 à 1939 par les hydravions de la compagnie Imperial Airways qui reliaient Southampton... à l'Australie par Brindisi et l'Égypte.
Revenez vers la ville et tournez à gauche sur la rue Dombey.

Maison de bois B2

22 r. Dombey (elle abrite un restaurant). Construite à la fin du 15e s., cette jolie maison Renaissance ornée de fines colonnes sculptée forme l'angle de la place aux Herbes. Des animaux et des personnages grotesques et fantastiques d'inspiration grivoise décorent les entablements.

À proximité

CARTE P. 120-121

Romanèche-Thorins A4

17 km au sud de Mâcon par la N 6.
Au cœur des beaujolais-villages, Romanèche-Thorins est réputé pour son célèbre cru du moulin-à-vent, « seigneur des beaujolais », qui doit son appellation à un vieux moulin situé au milieu des vignes, en haut d'une colline. Deux attractions majeures, l'un dédié à l'univers du vin et de la vigne, l'autre consacré au monde animal, vous inviteront à y passer de bons moments.
★ **Hameau Dubœuf** – *796 rte de la Gare - ✆ 03 85 35 22 22 - www.hameauduvin.com - ♿ - 10h-18h - 18/20 € (7-15 ans 6/10 €).* « Stationné » en gare de Romanèche-Thorins, cet œnoparc de 30 000 m², conçu avec les moyens spectaculaires du négociant en vin Georges Dubœuf, invite à partir à la découverte des vignobles du beaujolais et du mâconnais. La visite du **hameau**

Le vigneron qui inventa l'eau chaude

Vers 1830, les vignes du Beaujolais furent dévastées par le « ver coquin » ou pyrale. Un vigneron de Romanèche-Thorins, **Benoît Raclet**, remarqua qu'un pied de vigne planté le long de sa maison, près du déversoir des eaux de ménage, se portait à merveille. Il décida d'arroser tous ses ceps avec de l'eau portée à 90 °C, dès le mois de février, afin de tuer les œufs de la pyrale. C'est ainsi qu'il sauva sa vigne, sous l'œil sceptique de ses voisins. Ceux-ci finirent pourtant par adopter sa technique. Les vignerons lui sont à jamais reconnaissants d'avoir découvert la technique de l'**échaudage des vignes**, qui fut généralisée et utilisée jusqu'en 1945.

Cette anecdote rappelle l'importance de l'activité viticole dans le Mâconnais, une histoire mise en valeur à la **Cité des climats et des vins de Bourgogne** qui ouvre en 2023 à Mâcon, ainsi qu'à Beaune et Chablis *(www.cite-vins-bourgogne.fr).*

du vin se compose d'espaces muséographiques présentant l'activité viticole et son histoire. Tout au long du parcours, films, 3D, animations, expériences immersives se succèdent, dont un impressionnant survol du vignoble en nacelle. Une dégustation vient logiquement clore la visite. Une vaste boutique ainsi qu'un restaurant complètent l'offre.
En face du hameau, **la gare du vin** explique le lien qui unissait le vin et le rail aux 19e et 20e s. Elle abrite notamment le wagon impérial qu'utilisait Napoléon III pour saluer la foule ainsi qu'une riche collection d'objets. Rendez-vous ensuite au **centre de vinification** en petit train afin de découvrir les étapes de la production des vins Dubœuf, à travers cuves et chais. Enfin, profitez du **jardin en Beaujolais** et humez les fragrances que l'on retrouve dans les arômes des vins. Aux enfants à qui il reste de l'énergie après cette visite, sont proposés jeux, minigolf et sulkys à roues.
Parc zoologique et de loisirs Touroparc Zoo – *Au carrefour de La Maison-Blanche, sur la N 6, prenez la D 466E (route de St-Romain-des-Îles). 400 r. du Parc - 03 85 35 51 53 - www.touroparc.com - - de fév. à mi-avr. et sept.-nov. 10h-18h ; de mi-avr. à fin juin : 9h30-18h ; juil.-août : 9h30-19h ; nov.-déc. : 10h-17h - 24 € en hte sais. (à partir de 3 ans 20,50 €).* Ce parc zoologique un peu vieillissant accueille, sur 10 ha, quelque 140 espèces d'animaux de cinq continents évoluant pour certains en semi-liberté. Le lieu abrite également le **musée René Livet**, consacré aux métiers anciens à travers la reconstitution de trente boutiques des années 1930, ainsi que l'**Hôtel des mines** qui présente une collection de minéraux de la région. Enfin des attractions occuperont les enfants : monorail aérien, petit train, carrousel, toboggans et jeux aquatiques.
Musée du Compagnonnage Guillon – *98 r. Pierre-François-Guillon - 03 85 35 22 02 - www.musee-compagnonnage71.fr - juin-sept. : 10h-18h ; reste de l'année : 14h-18h - fermé de mi-déc. à déb. janv. - 4 € (-18 ans gratuit) - gratuit 1er dim. du mois.* Voici une belle illustration du compagnonnage à travers la collection de Pierre-François Guillon (1848-1923). Des chefs-d'œuvre, des documents et des souvenirs ont été réunis dans cet atelier où, à la fin du 19e s., ce compagnon charpentier dirigeait une école de dessin appliqué à la construction en bois.

Carnet pratique

S'informer

Office de tourisme – *1 pl. St-Pierre - Mâcon - ✆ 03 85 21 07 07 - www.macon-tourism.com.* L'office propose de nombreuses visites guidées thématiques qui permettent notamment de pénétrer dans des lieux d'habitude fermés au public dont le Vieux St-Vincent *(voir p. 125)*.

Agenda

Chaque année au mois d'avril se tient le Salon des vins au Parc des expositions.

Nos adresses

Restauration

PLAN P. 123

Budget moyen

6 **La Part des Anges** – B2 - *253 Quai Lamartine - ✆ 03 85 38 51 08 -www.lapartdesangesmacon.com - fermé dim.-lun. - menus déj. 15,40 €, menus 33,50/39,50 €.* Sur le quai Lamartine, ce restaurant très fréquenté par les Mâconnais propose une cuisine bistronomique à l'accent régional. Une courte carte, des produits frais assurés : un régal !

11 **L'Éthym'Sel** – A2 - *10 r. Gambetta - ✆ 03 85 39 48 84 - www.lethymsel.fr - ♿ - fermé lun., mar. et merc. soir, dim. - menus déj. 20/25 €, menus 35/42 €.* Situé en retrait des quais, voici un restaurant classieux, contemporain et reposant, entièrement rénové, où il fait bon s'attabler. La cuisine traditionnelle y est savoureuse.

L'Ambroisie – HORS PLAN - *103 r. Marcel-Paul - ✆ 03 85 38 12 21 - www.lambroisie.fr - ♿ - lun.-sam. 12h-13h30, 19h-21h30 - plats 17,50/26,50 €, menus déj. 18/20,50 €.* Ce sympathique bistrot, agrandi d'une véranda, mérite une halte pour ses plats dans l'air du temps et son service professionnel. Mur de 10 m rempli de vin, whisky et rhum.

Pour se faire plaisir

8 **Cassis** – A2 - *74 r. Joseph-Dufour - ✆ 03 85 38 24 53 - www.cassisrestaurant-macon.fr - fermé merc. soir, sam.-dim. - menus déj. 18/42 €, menus 42/59 €.* Ce restaurant repris par un jeune couple propose une cuisine soignée, goûteuse, sans chichis, dont un mémorable pâté en croûte. Le chef ne propose que des produits de bonne qualité (viande de Haute-Loire, légumes d'un maraîcher de la région etc.), à savourer dans un cadre contemporain, avec table d'hôte et cave vitrée.

1 **Ma Table en Ville** – B1 *-50 r. de Strasbourg - ✆ 03 85 30 99 91 - www.matableenville.fr - fermé sam.-dim. - menus déj. 20/26 €, menus 42/59 €.* Voilà peut-être l'archétype du bistrot du 21e s. Un intérieur contemporain et coloré, avec son éclairage composé d'ampoules suspendues à une ancienne tuyauterie... Le chef, épaulé par son épouse, a le souci du bon produit et réalise une cuisine saine et lisible, renouvelée chaque semaine. Bon choix de vins de la région et accueil tout sourire.

7 **L'Autre Rive** – B2 - *143 quai Bouchacourt (à St-Laurent-sur-Saône, sur l'autre rive de la Saône) - ✆ 03 85 39 01 02 - www.lautrerive.fr - fermé du dim. soir au mar. - plats 18/35 €, menus 23/46 €.* Rien ne manque dans ce restaurant situé sur l'« autre rive » : salle-véranda

chaleureuse, agréable et lumineuse terrasse refaite, chic et harmonieuse, face à la Saône et carte associant poulet de Bresse à la crème de vin jaune et morilles.

Le Poisson d'Or – HORS PLAN - *Allée du Parc - ✆ 03 85 38 00 88 - www.lepoissondor.com - P ♿ - fermé dim.soir, lun. soir, mar.-merc. - menus déj. 27/37 €, menus 41/68 €.* Cuisine du terroir joliment revisitée et friture de poissons (en été) dans ce restaurant au bord de la Saône, près du port de plaisance. Salle surplombant la rivière et terrasse face à l'eau.

Une folie

2 Pierre – A2 - *7 r. Dufour - ✆ 03 85 38 14 23 - www.restaurant-pierre.com - ♿ - fermé dim. soir, lun.-mar. - menus déj. 36 €, menus 62/108 €.* Pierres, poutres apparentes et cheminée composent le cadre élégant et l'ambiance chaleureuse de ce restaurant gastronomique, étoilé au Guide Michelin 2022. La cuisine propose des classiques du terroir revisités. Dans l'assiette, le gourmet retrouve une savoureuse volaille de Bresse, un moelleux foie gras, des quenelles de brochet exemplaires, un tournedos charolais tendre à souhait...

Shopping

Maison mâconnaise des Vins – *484 av. de Lattre-de-Tassigny - ✆ 03 85 22 91 11 - www.maison-des-vins.com - 10h-22h.* Salle d'exposition, librairie, boutique, dégustations menées par des professionnels... Son restaurant *(plats 11,50/24 €, menus déj. 13,50 €, menus 21/34 €)* permet de savourer des spécialités régionales en compagnie de crus sélectionnés.

Cave de Chaintré – *Le Clos-Reyssié - Chaintré - à 5 km de Mâcon-Sud - ✆ 03 85 35 61 61 - www.julienaschaintre.fr - 9h-12h, 14h-18h, sam. 9h30-12h30, 14h-18h - fermé dim.* Créée à l'initiative d'une association regroupant 100 vignerons, la cave propose des vins blancs issus du cépage chardonnay (pouilly-fuissé, saint-véran, beaujolais, mâcon) et quelques crus rouges (juliénas).

À Prissé

Vignerons des Terres Secrètes – *158 r. Les Grandes-Vignes - à 8 km au nord-ouest de Mâcon - ✆ 03 85 37 64 89 - www.terres-secretes.com - lun.-sam. 9h-12h30, 13h30-18h30, dim. et j. fériés 9h-12h30, 14h-18h30.* Cette cave propose une gamme complète des vins de la région : pouilly-fuissé, saint-véran, mâcon blanc, rouge et rosé, ainsi que des crémants légers et fruités. En juillet, elle organise une sortie au crépuscule dans le vignoble *(voir p. 134)*.

En soirée

Le Galion Pub – *46 r. Franche - ✆ 03 85 38 39 45 - 22h-3h - fermé dim.-merc.* En bois d'acajou, le décor de ce pub s'inspire des vaisseaux d'antan. Institution des nuits mâconnaises. Soirées à thème.

Crescent Jazz Club – *Pl. St-Pierre - ✆ 03 85 39 08 45 - www.lecrescent.net.* Idéalement situé en plein cœur du quartier piétonnier, ce club de jazz propose des soirées dans ses caves voûtées les vendredis et samedis soir ainsi qu'un festival sur 4 jours la deuxième quinzaine de juillet.

Activités

Croisières à bord du Ville-de-Pont-de-Vaux 2 – *✆ 03 85 30 30 02 - www.croisieresurlasaone.com - horaires : voir le site - réserv. obligatoire - fermé oct.-avr. - balade (2h) : 16 € (4-12 ans 13 €); croisières déjeuner : 66/79 € (-12 ans 52/65 €).* Visitez Pont-de-Vaux et ses environs au fil

de l'eau. Large choix de croisières commentées, accompagnées ou non d'un repas dans la salle de restaurant. Une manière agréable de découvrir la région.
Mâcon sur l'Ô – *Esplanade Lamartine - ✆ 06 22 94 05 30 - www.maconsurlo.com - horaires, tarifs et réserv. en ligne.* Aux beaux jours, une véritable base nautique s'installe au bord de la Saône, en plein centre-ville : canoë, paddles, pédalos électriques mais aussi vélos et rosalies pour ceux qui préfèrent rester sur la terre ferme.
Vélo-gare – *Voir p. 28.* Situé sur la voie verte, ce relais de l'office du tourisme loue VTC et vélos électriques, et propose des itinéraires de randonnées.
Macôn se trouve aussi sur la Voie Bleue *(voir p. 182)*.

Hébergement

PLAN P. 123

Budget moyen

1 **Brit Hôtel** – A2 - *1 r. Bigonnet - ✆ 03 85 38 18 10 - www.hotel-macon.brithotel.fr - P 10 € - 58 ch. 83/93 € - ☕ 13 €.* Décoration sobre et accueil agréable dans cet hôtel idéalement situé en amont du centre-ville historique. Les chambres sont calmes et le petit-déjeuner met l'accent sur les produits locaux.

8 **Hôtel de Bourgogne** – A1-2 - *6 r. Victor-Hugo - ✆ 03 85 21 10 23 - www.hoteldebourgogne.com - P 10 € sur réserv. - 59 ch. 84/142 € - ☕ 13,50 €.* Au cœur de la ville, cet hôtel pimpant (façade rouge brique, chambres personnalisées) dispense calme et sérénité avec un confort standard.

Pour se faire plaisir

2 **Panorama 360** – A2 - *4 r. Paul-Gateaud - ✆ 03 85 50 20 42 - www.hotelmacon-panorama360.com - P 15 € - 69 ch. 119/175 € - ☕ 15 €.* Installé dans le bâtiment historique de la poste, ce nouveau venu sur la scène hôtelière mâconnaise se la joue chic : chambres confortables et équipées dernier cri, spa avec piscine, bar panoramique. Des prestations haut de gamme.

À proximité

Premier prix

Hôtel La Vieille Ferme – *Bd du Gén.-de-Gaulle - Sancé - à 5 km au nord de Mâcon - ✆ 03 85 21 95 15 - www.hotel-restaurant-lavieilleferme.com - P 🏊 ♿ - 24 ch. 77/87 € - ☕ 9 € - ✕ menus 29/36 €* Halte champêtre dans un parc au bord de la Saône. Chambres fonctionnelles et sobres, aménagées dans une construction aux allures de motel. La « vieille ferme » abrite le restaurant rustique (pierres et poutres apparentes, cheminée), ouvert sur une jolie terrasse.

Budget moyen

Auberge de la Tour – *604 r. Vrémontoise - Sennecé-lès-Mâcon - à 7 km au nord de Mâcon - ✆ 03 85 36 02 70 - www.auberge-tour.fr - P - 24 ch. à partir de 83 € - ☕ 13 € - ✕ - fermé dim. soir, lun. et mar. midi - menus déj. 17/23 €, menus 30/50 €.* Agréable auberge familiale, rustique, simple et proche de la tour de guet, curiosité du village. Les chambres sont toutes différentes. Cuisine du terroir soignée et beau choix de vins du Mâconnais.
Chambre d'hôte Château de Salornay – *680 rte de Salornay - Hurigny - 6 km à l'ouest de Mâcon - ✆ 03 85 34 25 73/06 31 08 21 81 - www.chateau-de-salornay.fr - P - 5 ch. et 1 gîte 85 € ☕.* Ce château des 11e et 15e s. a beaucoup d'allure avec ses belles tours et ses épaisses murailles couronnées d'un chemin de ronde. Les chambres (l'une d'elles occupe le donjon), vastes et nanties de meubles anciens, ouvrent sur les champs alentour.

2

Le Mâconnais ★★

Entre Saint-Véran et Tournus, de la vallée de la Grosne au Val de Saône, les monts du Mâconnais, couverts de terre rouge, de vigne et parsemés de pittoresques villages dominés par les églises romanes, dégagent un indéniable charme. Région de transition entre le Nord et le Midi, le Mâconnais séduit par son climat doux et son patrimoine historique, architectural et naturel.

Se repérer

CARTE P. 120-121 (AB3-4) - CARTE DU MÂCONNAIS CI-CONTRE.
Saône-et-Loire (71)
Situés à quelques kilomètres à l'ouest entre Tournus et Mâcon, les monts du Mâconnais sont facilement accessibles.

À ne pas manquer

Le village médiéval de Brancion.

En famille

Les grottes d'Azé, le site naturel de la Boucherette, les grottes de Blanot et le château de Brancion.

Nos adresses p. 136

De Mâcon à Tournus

CARTE CI-CONTRE

Circuit tracé en vert sur la carte – 105 km. Quittez Mâcon par la D 103.
Voir p. 127.
Ce parcours permet de traverser une région offrant de belles **vues** et de visiter de nombreux édifices de caractère, notamment des églises romanes.

Clessé

Parmi ses maisons anciennes, ce village viticole (cave coopérative) possède une **église** romane de la fin du 11e s. cantonnée d'une élégante petite tour à pans et à flèche en tuiles vernissées, comme celle du beau clocher octogonal, à arcatures et baies géminées, qui domine l'ensemble. La nef unique est couverte d'une charpente.
Prenez la D 403B puis la D 82 en direction des grottes d'Azé.

Grottes d'Azé

Rizerolles - ✆ 03 85 33 32 23 - www.grottes-aze71.fr - visite guidée 1h30 - juil.-août : dép. réguliers 10h30-17h ; avr.-juin, sept. et vac. de Toussaint : dép. à 10h30, 14h30 (et 16h w.-end, vac. scol.) - fermé nov.-mars - 8 € (6-17 ans 4,50 €), 20 € billet famille.
Un **musée** présente de très nombreuses pièces provenant en majeure partie des fouilles effectuées dans les **grottes**. L'accès à celles-ci se fait par un arboretum. La première grotte, longue de 208 m, fut successivement le refuge d'ours des cavernes (ossements vieux de 300 000 ans), d'hommes préhistoriques, d'Éduens, de Gallo-Romains, etc. Dans une autre grotte coule une rivière souterraine qu'un parcours aménagé permet de suivre sur 800 m.
Poursuivez sur la D 82 pendant 10 km.

Lugny

Niché dans la verdure sur la route des Vins du Mâconnais, Lugny produit un vin blanc très apprécié et possède une cave coopérative moderne. L'**église**, proche des vestiges de l'ancien château fort, renferme un retable en pierre du 16e s. représentant les 12 apôtres autour de Jésus.

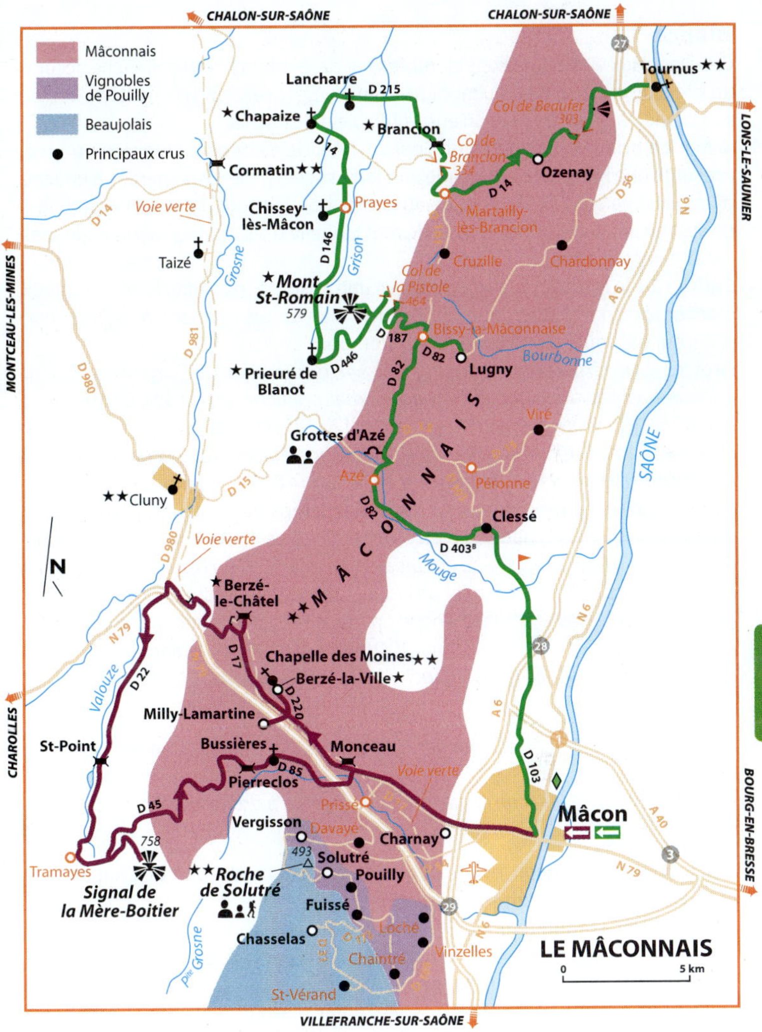

Sur le **site naturel de la Boucherette**, un sentier *(2 km)* permet de découvrir la faune et la flore typiques des plateaux calcaires secs : remarquez, au printemps et en été, les orchidées et les papillons argus bleu nacré.

Reprenez la D 82. À Bissy-la-Mâconnaise, prenez la D 161 sur 4 km puis à gauche la D 187. Empruntez le chemin (route en forte montée) vers la tour accolée au restaurant (parking).

★ Mont St-Romain

Du sommet de la tour, on découvre un magnifique **panorama★★** *(table d'orientation)* : à l'est sur la plaine de la Saône, et au-delà sur la Bresse, le Jura et les Alpes ; au sud sur le Mâconnais et le Beaujolais ; à l'ouest sur le Charolais.

Prenez à droite la D 487, puis tournez légèrement à droite pour récupérer la D 446.

Blanot

Ce village aux vieilles maisons clôturées par de jolis murs de pierre sèche occupe un site charmant au pied du mont St-Romain. L'église, couverte de lauze, forme avec l'ancien prieuré voisin un ensemble plein de cachet.

★ **Ancien prieuré** – Le logis principal, fortifié, de ce prieuré clunisien du 14e s. présente une harmonieuse façade en pierre sèche. Celle-ci est percée à gauche d'un passage sous voûte, renflée au centre par une tour à pans, et flanquée à droite par une tour ronde du 15e s. devant laquelle trois tombes mérovingiennes ont été découvertes.

Église – De la fin du 11e s., elle a conservé une abside à frise ajourée et un curieux clocher roman à toiture débordante, orné d'arcatures lombardes. À l'intérieur, le chœur est voûté d'une coupole sur trompes.

Grottes – *Au nord de Blanot, prenez la D 446 en direction de Fougnières. 500 m après ce hameau, à hauteur d'un virage, tournez à gauche. ✆ 03 85 50 03 59 - www.blanot.fr - P - visite guidée (1h) juil.-août : 12h-19h (dernière visite à 18h) ; juin et sept. : w.-end 12h-19h - 7 € (-15 ans 4 €) - visite spéléologie sur réserv. ✆ 03 85 50 03 79/06 70 93 94 19 - juil.-août : vend. à 19h (2h, 14 €).* Les grottes s'enfoncent à plus de 80 m de profondeur. Au cours des temps géologiques, la voûte s'est effondrée, créant un chaos de pierres gigantesques. Entre le hameau du Vivier et le mont St-Romain *(1 km de circuit avec escaliers en forte pente et passages étroits)*, on visite 21 salles. En fin de circuit, une vitrine présente un échantillonnage de silex taillés et d'ossements d'animaux retrouvés sur place depuis 1988 et datés de l'époque moustérienne (100 000 à 40 000 ans avant notre ère).

Prenez à gauche la D 146 puis à gauche à nouveau la D 187.

Chissey-lès-Mâcon

L'**église** du 12e s., à l'élégant clocher clunisien, abrite de très curieux chapiteaux historiés.

Quittez Chissey-lès-Mâcon par la D 187 puis prenez à droite la D 282.

★ Chapaize

À proximité du Bisançon, rivière que borde à l'est la belle forêt de Chapaize, ce petit village agricole abrite quelques maisons typiques du vignoble de la Côte, dont certaines remontent au 18e s. Il est dominé par une église très originale, dernier témoin d'un prieuré roman fondé au 11e s. par les bénédictins de Chalon.

★ **Église St-Martin** – Construite du premier quart du 11e s. au début du 13e s. en belle pierre calcaire locale, dans un style roman marqué d'influences lombardes (des maçons venus d'Italie ont sans doute participé à sa réalisation), elle se distingue par la hardiesse de son clocher.

L'église est érigée selon un plan basilical. Elle comporte une nef centrale, rehaussée au 12e s. d'épais contreforts soutenant les murs latéraux et un sobre pignon triangulaire souligné d'arcatures. À son sommet, un campanile lombard (milieu du 11e s.) s'élève à une hauteur inattendue (35 m). Le **clocher**, symbole de pouvoir, était un privilège inscrit dans la féodalité : autrement dit, le seigneur du village étant maître du clocher, plus ce dernier était beau et élevé, plus le sire était puissant. Pour accroître l'effet de hauteur, le clocher a fait l'objet de subtils artifices architecturaux. Son 1er étage – aussi haut que les deux autres additionnés – est légèrement pyramidal et orné de bandes lombardes verticales. Les baies sont inégales et de niveaux décalés, et leur largeur augmente avec l'élévation... Des sculptures archaïques rongées par les intempéries ornent d'un décor floral ou d'un visage les chapiteaux des baies de la façade et du clocher ; remarquez, sur la

L'église Saint-Martin de Chapaize.
W. Bibikow/age fotostock

face nord de celui-ci, la colonne où s'adosse un personnage en pied, préfiguration des statues-colonnes.

À l'**intérieur**, laissez-vous surprendre dès l'entrée par deux singularités : les proportions des piliers (4,80 m de circonférence) et leur inclinaison vers la gauche. La croisée du transept est voûtée d'une admirable coupole ovoïde sur trompes, soutenue par des arcs en plein cintre. Abside et absidioles sont voûtées en cul-de-four. L'une d'elles est éclairée par une fenêtre ornée de colonnettes à chapiteaux sculptés (baies latérales percées au 19e s.).

Prenez à droite la D 314B puis la D 215 à droite vers Lancharre puis à nouveau la première à droite.

Lancharre

Ce charmant hameau englobe les vestiges d'un couvent de chanoinesses établi au 11e s. par les sires de Brancion. L'**ancienne église** conventuelle réunit deux édifices accolés des 12e et 14e s. composant le chevet et le transept sur lequel s'élève, à gauche, un clocher carré percé de grandes baies ogivales. De la nef disparue, où prend place le cimetière, il ne subsiste qu'un pan de mur et la première travée jouxtant le chœur.

À l'intérieur, remarquez les vastes absides et absidioles, voûtées en cul-de-four ; le chœur, dont l'arc triomphal retombe sur deux élégants piliers aux chapiteaux sculptés de têtes, et la coupole sur trompes supportant le clocher ; une dizaine de dalles funéraires des 13e et 14e s., certaines gravées à l'effigie de dames ou de chevaliers. Les vitraux contemporains sont du sculpteur et maître verrier Jean-Marie Géron, et ont été réalisés en 2013.

Poursuivez sur la D 215 sur 3 km et tournez à droite pour prendre la D 159 sur 2 km. Gagnez le vieux bourg de Brancion, perché sur son promontoire.

★ Brancion

L'accès est interdit aux voitures. Garez-vous au parking en contrebas du village et poursuivez à pied (200 m).

Au cœur du pays de l'art roman, ce charmant bourg médiéval, soigneusement restauré, est perché sur une arête d'où se dessinent deux ravins profonds et s'étalent des monts boisés. Protégé par ses remparts et son château fort, c'est l'un des sites les plus vertigineux du Mâconnais. Il offre le cadre à une jolie promenade. Après avoir franchi l'enceinte du 14e s. par la porte fortifiée à herses ouverte sur le village, vous découvrirez tour à tour les restes imposants du château fort, les ruelles sinueuses bordées de maisons médiévales, les halles du 14e s. avec leur superbe charpente, et, bien sûr, l'église fièrement perchée à l'extrémité du promontoire.

Château – *03 85 32 19 70 - www.chateau-de-brancion.com - avr.-sept. : 10h-12h30, 13h15-18h30, reste de l'année : 10h30-12h30, 13h15-17h - fermé de mi-nov. à fin mars - 7 € (5-16 ans 4 €).* Visites, animations et activités ludiques pour les enfants. L'histoire du château peut se résumer en trois grandes phases : la seigneurie jusqu'en 1259, la châtellenie ducale jusqu'en 1477 et la châtellenie royale jusqu'à la Révolution. Forts de leur position, les seigneurs de Brancion, batailleurs, furent souvent en conflit avec les moines de Cluny. Lors des croisades, ils levèrent une armée, mais celles-ci firent leur ruine, les obligeant à céder leur fief aux ducs de Bourgogne, et Josserand le Grand mourut à la bataille de la Mansourah, en Égypte (son gisant est visible dans l'église). Le château féodal, entouré d'arbres et de buis, remonte au début du 10e s. (fondations en arêtes de poisson). Remanié au 14e s. par Philippe le Hardi, qui lui adjoignit un logis, le château fut démantelé pendant la Ligue, en juin 1594, par les troupes du colonel d'Ornano. Une fois franchie la Poterne, nom donné à la porterie depuis le 17e s., vous trouverez sur votre droite la **tour** et le **logis de Beaufort,** et dans la salle des assises une petite exposition d'objets liés à la vigne. Dans la **tour de la Chaul,** la salle Sainte-Catherine abrite des expositions temporaires. Le **logis de l'An mille** est l'un des plus anciens vestiges du château. Construit par les ducs capétiens de Bourgogne (1032 à 1361), le **logis de Beaujeu** avait une vocation résidentielle. Les éléments architecturaux en place donnent une idée de son niveau de confort : fenêtres à remplage, cheminée à chaque niveau. Sur les ornements du **donjon** du 12e s. apparaissent différents blasons de l'art héraldique et une peinture murale illustrant le départ de Josserand le Grand à la croisade. De sa plate-forme *(87 marches)*, où une table d'orientation a été aménagée, vous aurez une

Voyage en terres secrètes

En juillet, la coopérative des « Terres Secrètes », première cave labellisée « Vignerons en Développement Durable » en Bourgogne en 2013 (en 2020, 8 affichent le label - vignerons-engages.com) qui regroupe 120 viticulteurs de Bourgogne, organise une promenade au crépuscule parmi les vignes du Mâconnais, non loin des célèbres roches de Vergisson et Solutré. Au programme : balade, dégustation et découverte de la Bourgogne secrète qui se conclut par un dîner champêtre. Au fait, en quoi ces terres sont-elles si secrètes ? Pour Robert Perrin, vice-président de la cave coopérative : « Les appellations Terres Secrètes émanent de parcelles souvent minuscules, nichées dans les plus jolis villages du Mâconnais, des clos, des lieux dits jalousement gardés, choisis pour leur exposition et la richesse de leurs sols. Seuls les initiés, ceux qui en connaissent l'existence, pourront apprécier la saveur de leurs vins... »

Vignerons des Terres Secrètes - *Voir p. 128 - dép. d'une cave de 18h30 à 21h - 6 € verre et le porte-verre pour les dégustations, 12 € repas champêtre.*

Le vignoble mâconnais

Le pays

Si les monts du Mâconnais sont peu élevés (ils culminent à 758 m au **signal de la Mère-Boitier**), ils présentent cependant des aspects variés : forêts, landes arides, vignoble. C'est en Macônnais qu'apparaissent les premières influences méditerranéennes : les grands toits pointus couverts d'ardoise ou de tuile plate disparaissent au profit des toits plats couverts de tuile ronde dite tuile romaine ou provençale.

Un brin d'audace à l'origine

Les moines de Cluny ont planté ici les premières vignes, mais c'est au 17e s. que le Mâconnais acquiert ses titres de noblesse grâce à **Claude Brosse**. Simple vigneron de Chasselas, ce dernier n'hésite pas à entreprendre le voyage de Paris afin de faire connaître les vins de son pays. Il charge deux barriques de son meilleur vin sur une charrette à bœufs et arrive dans la capitale après un voyage de 33 jours. à Versailles, il assiste à la messe du roi. Après l'office, Louis XIV, qui remarque cet inconnu à la taille herculéenne, ordonne qu'il lui soit amené. Sans se démonter, Claude Brosse expose au monarque le but de son voyage et lui dit son espoir de vendre son vin à quelque grand seigneur. Le roi demande à goûter ce vin sur-le-champ et le trouve bien supérieur à ceux de Suresnes et de Beaugency, alors en usage à la Cour. Les vins de Mâcon sont désormais adoptés par tous les courtisans, et l'audacieux vigneron fait fortune.

Un terroir généreux

Bien que ses vins aient théoriquement droit à l'appellation bourgogne, le Mâconnais se distingue des Côtes par son homogénéité géologique, dominée par le calcaire et l'argile rouge, la densité de sa production, plus élevée, la présence du cépage gamay pour les vins rouges et la prédominance des vins blancs. Pour ces derniers, l'encépagement est constitué par le chardonnay, noble cépage blanc de la Bourgogne et de la Champagne.
Sa surface viticole, d'environ 6 800 ha, jouxte dans sa partie sud le Beaujolais (qui lui « prend » d'ailleurs quelques crus) et s'étend de Romanèche-Thorins, au sud, à Tournus, au nord.
Le vignoble est implanté sur des sols siliceux, argileux ou sableux, mêlés à des grès. Sa production totale annuelle est de 340 000 hl environ, dont 87 % de vins blancs.

Des vins réputés

En dehors de l'appellation mâcon, qui produit des vins rouges, rosés et blancs, toutes les autres appellations du Mâconnais ne donnent que des vins blancs. La plus célèbre est celle de pouilly-fuissé. Elle donne un vin de bonne garde (cinq à dix ans), d'une belle couleur d'or vert, sec, nerveux, fruité d'abord et, avec le temps, bouqueté. Les appellations pouilly-fuissé, pouilly-loché, pouilly-vinzelles, saint-véran et viré-clessé produisent des vins réputés. Les autres vins blancs sont vendus sous le nom de bourgogne blanc, mâcon, mâcon supérieur et mâcon-villages.

vue★ d'ensemble sur le village et son église, la vallée de la Grosne et les monts du Charolais. Derrière la tour du Préau, un parcours, longeant le fossé, permet de voir les façades du château sous un angle inédit.

Église St-Pierre – *Mêmes horaires que le château.* C'est un bâtiment trapu du 12e s., de style roman, surmonté d'un clocher carré et dont la pureté des lignes s'allie aux tons de la pierre calcaire et à la toiture de « laves » (pierres plates extraites sur les collines calcaires de la rive droite de la Saône). À l'intérieur, on peut voir des **peintures murales** de la fin du 13e s., et de nombreuses pierres tombales. Parmi les peintures murales, remarquez sur la paroi droite de l'abside une *Résurrection des morts*.

La terrasse de l'église, située à l'extrémité du promontoire, commande une **vue** sur toute la vallée avec le village de La Chapelle-sous-Brancion au premier plan.

Reprenez la D 159 puis prenez à gauche la D 14 sur 6 km.

Ozenay

Situé dans un vallon, le bourg possède un petit castel *(privé)* du 13e s. et une église du 12e s. La plupart des maisons sont précédées d'un large auvent formant ce qu'on appelle une « galerie mâconnaise ».

Poursuivez sur la D 14 pendant 7 km.

★ Tournus

Voir p. 161.

Nos adresses

Restauration

À Chapaize

Budget moyen

Le Saint-Martin – *Le Bourg - ✆ 03 85 50 13 08 - www.saintmartin-chapaize.fr - fermé lun.-mar. - plats 17,50/19 €.* Dans cet ancien café doté d'une agréable terrasse face à l'église, le chef sélectionne avec attention ses produits, au plus local. Résultat : une courte mais alléchante carte de bistrot contemporain.

À Viré

Une folie

Frédéric Carrion Hôtel Spa Restaurant – *Pl. André-Lagrange - ✆ 03 85 33 10 72 - www.hotel-restaurant-carrion.fr - P 15 € - ♿ - tlj sf lun.-mar. et sam. pour le déj., tlj sf lun. pour le dîner - menus 86/112 € ch. 181/241 €, suite 369 € - ☕ 20 €.* Cet établissement dispense une cuisine à la fois traditionnelle et inventive, servie dans une élégante salle à manger aux notes cosy et feutrées. On apprécie la créativité des dressages, les mariages heureux des saveurs et la carte régionale des vins. Un sans-faute.

Hébergement

À Azé

Premier prix

Chambre d'hôte de Rizerolles – *Rizerolles - ✆ 03 85 33 33 26/06 52 48 07 95 - www.chambres-d-hotes-de-rizerolles.sitew.com - 💳 P - fermé oct.-mars - 5 ch. 65/75 € ☕.* Dans ce hameau posté au pied des vignes, une vieille maison en pierre, embellie par un balcon fleuri et une cour ombragée, abrite des chambres dont on a refait le décor. Accueil sympathique.

À Blanot

Premier prix

Les Chambres de Blanot – *Le Bourg - ✆ 06 11 01 74 94 - www.chambresdeblanot.fr - ♿ - 4 ch. 77/122 €* ☕. Petite maison d'hôte soignée et bien sympathique, à l'image de ce petit-déjeuner pris en terrasse avec fruits frais et confitures maison. Table d'hôtes.

À Malay

Premier prix

Hôtel-restaurant La Place – *1 rte de Cluny - ✆ 03 85 50 15 08 - www.hoteldelaplace.com - P 🏊 ♿ - 30 ch. 70 € - ☕ 11 € - ✕ menus 22/34 €.* En plus de chambres correctes et confortables avec leurs sanitaires complets, cet hôtel dispose d'une piscine pendant l'été et d'une aire de jeux. Salle à manger aux accents rustiques avec ses murs en pierre ornés de vieux outils. Une adresse familiale, très sympathique.

À Brancion

Une folie

Hôtel La Montagne de Brancion – *Les Grands Crays - ✆ 03 85 51 12 40 ou 07 82 13 97 49 - www.lamontagnedebrancion.com - P 🏊 chauffée (de mi-mai à sept.) - ♿ - fermé nov.-mars, lun. en basse et moyenne sais. - 12 ch. 126/227 € et 2 suites 227/243 € - ☕ 16 € - ✕ menus 31/47 € (fermé midi sf dim.).* Cette charmante demeure perchée sur une colline face au vignoble offre une superbe vue sur les monts du Mâconnais et même jusqu'au mont Blanc certains jours. Ses chambres calmes au décor design et épuré donnent toutes sur le jardin.

À Étrigny

Premier prix

Ferme-auberge de Malo – *Lieu-dit Malo - ✆ 03 85 92 21 47/03 85 92 28 50 - www.aubergemalo.com - P - réserv. obligatoire - 3 ch. 65 € ☕ - ✕ menus 14/28 €.* Murs crépis, poutres, photos anciennes, cuivres et cheminée décorent la salle des repas de cette jolie ferme médiévale. Chambres d'hôte calmes, coquettes et équipées de wifi. La ferme-auberge fait aussi camping à la ferme *(mai-oct. - 25 empl.)*. À table, dégustez légumes du potager, volailles et porcs élevés sur place et charcuteries maison.

2

Roche de Solutré ★★

Site emblématique du Sud mâconnais, à l'entrée du Val lamartinien, les roches de Solutré et de Vergisson se découvrent depuis la Bresse, de Bourg-en-Bresse à Mâcon. D'une importance archéologique de premier plan, ce superbe escarpement calcaire, dont la forme insolite s'élève au-dessus des vignes, a révélé l'un des plus riches gisements préhistoriques d'Europe.

Se repérer

CARTE P. 120-121 (A4) - CARTE DU MÂCONNAIS P. 131.

Saône-et-Loire (71)
À 10 km à l'ouest de Mâcon.
En venant de Mâcon par la D 54, traversez Solutré-Pouilly et, après le cimetière, prenez la deuxième route à droite qui aboutit au parking.

En famille

Le musée de Préhistoire, la Maison du Grand Site.

Nos adresses p. 140

Autour de la roche de Solutré

Panorama

1h AR. Suivez les marques jaunes. Prévoyez de l'eau et de bonnes chaussures.
Un sentier bien aménagé conduit au Crot-du-Charnier (où se trouve le musée), puis au sommet de la roche de Solutré (alt. 493 m). Sur les hauteurs, les **pelouses calcaires** abritent des espèces animales et végétales rares (papillon flambé, orchidées sauvages, œillet des chartreux, digitale jaune...). Le parcours offre une **vue** étendue sur la vallée de la Saône, la Bresse, le Jura et, lorsque les conditions climatiques s'y prêtent, les Alpes et le Mont-Blanc.

Le président **François Mitterrand** (1916-1995) fit l'ascension de la roche de Solutré chaque lundi de Pentecôte de 1946 à 1994.

Au départ de la place du village de Vergisson, une belle randonnée permet de découvrir d'autres points de vue sur les deux roches.

★ Musée de Préhistoire

Chemin de la Roche - ✆ 03 85 35 82 81 - www.rochedesolutre.com - fév.-mars, nov.-déc. : 13h-17h, avr.-juin et sept.-oct. : 10h-18h, juil.-août : 10h-19h, fermé janv., de déb. à mi-déc. - 5 € (-18 ans gratuit ; gratuit 1er dim. de mois).

Enterré au pied de la roche, ce musée présente le résultat des fouilles menées dans ce **site de chasse** préhistorique (ossements de chevaux et de rennes, dents d'homme de Néandertal, nombreux outils en silex). Puis le **jardin botanique** propose un parcours pour découvrir les espèces végétales tout en déambulant entre les lieux de fouilles.

Maison du Grand Site

R. Fernand-Bucchianeri - ✆ 03 85 35 82 81 - www.rochedesolutre.com - ♿ - fév.-mars, nov.-déc. : 11h-17h, avr.-juin et sept.-oct. : 10h-18h, juil.-août : 10h-19h, fermé janv., de déb. à mi-déc. - 5 € (-18 ans gratuit ; gratuit 1er dim. de mois).

En contrebas du musée, cette structure d'accueil et d'information propose une exposition permanente consacrée à l'histoire du paysage et à sa conservation, une exposition temporaire, une boutique d'artisanat local, un jardin où il est possible de se restaurer à l'ombre du marronnier ainsi que des jeux en bois.

Solutré-Pouilly

Au pied de la roche de Solutré, ce village calme est typique de la région, avec ses belles maisons bourguignonnes.

À proximité

CARTE P. 120-121

Pouilly A4

3,5 km au sud-est de Pouilly.

Ce hameau donne son nom à nombre de crus : pouilly-fuissé, pouilly-loché, pouilly-vinzelles, trois vins blancs aux arômes de fruits, d'amandes et de noisettes, d'épices douces ou de miel.

Fuissé A4

4,5 km au sud-est de Pouilly.

Avec Chaintré, Solutré, Pouilly et Vergisson, c'est l'une des communes produisant le pouilly-fuissé, un grand vin blanc. Parsemé de remarquables maisons, Fuissé est le type même du village de vignerons aisés.

Chasselas A4

5,5 km au sud de Pouilly.

Le bourg est dominé par des rochers gris affleurant sous la lande. Il a fourni un cépage qui donne un raisin de table renommé. On y produit du saint-véran. Le paysage est tourmenté, et la couleur ocre de la terre tranche avec les gris des rochers.

Solutré, site de chasse du paléolithique

Identifié pour la première fois à Solutré, l'**outillage de pierre** désigné dès lors comme **solutréen** (18 000 à 15 000 ans av. J.-C.) est caractérisé par des retouches plates obtenues par pression, progrès technique de la taille de la pierre qui permit de réaliser des bifaces d'une extrême finesse : les « feuilles de laurier ». La fin de cette période est marquée par l'apparition de l'aiguille à chas.

Un immense ossuaire – Les premières fouilles entreprises au pied de la roche en 1866 mirent au jour un incroyable amoncellement d'ossements de chevaux, formant, avec quelques os de bisons, d'aurochs, de cerfs et de mammouths, une couche de 0,5 à 2 m d'épaisseur sur près de 4 000 m^2 (environ 100 000 individus). Ce site de chasse fut fréquenté pendant plus de 50 000 ans par les hommes du paléolithique supérieur.

Du mythe à la réalité – En 1872, le géologue et archéologue préhistorien **Adrien Arcelin**, émet l'hypothèse d'une « chasse à l'abîme », selon laquelle les chasseurs préhistoriques auraient rassemblé les chevaux au sommet de la roche, d'où ils les auraient contraints à se jeter dans le vide en les effrayant par le bruit et le feu. Cette théorie a depuis longtemps été démentie. Des fouilles réalisées de 1968 à 1976 ont en effet permis de démontrer que c'est au pied même de l'escarpement que les troupeaux de chevaux sauvages étaient traqués jusqu'aux blocs d'effondrement, pour être ensuite abattus et dépecés sur place, surpris lors de leur migration printanière.

2

Nos adresses

Restauration

À Solutré-Pouilly

Pour se faire plaisir

La Courtille de Solutré - *Rte de la Roche - ☎ 03 85 35 80 73 - www.lacourtilledesolutre.fr - fermé dim. soir (sf juil.-août), lun.-mar. - formule midi 25/30 €, soir 41,50/48 € - 6 ch. 90/115 € - ☕ 12 €.* Une jolie maison de pays, avec une charmante terrasse à l'ombre d'un vieux marronnier... et un jeune chef basque dynamique, Adrien de Yparraguirre, qui travaille avec passion de bons produits, à accompagner d'une belle sélection de pouilly-fuissé ! 6 jolies chambres pour l'étape.

La Terrasse du Clos – *Parking du Panorama - rte de la Roche - ☎ 06 62 00 94 45 - www.laterrasseduclos.com - ouv. uniquement en sais. et sur réserv. (voir le site Internet) - menus 43/49/55 €.* Installé sur une petite terrasse au milieu des vignes, face à la roche de Solutré, vous vivrez une expérience unique. Ce restaurant éphémère n'ouvre en effet que quelques jours par an pour une découverte de la cuisine du chef Davide Pesenti et des vins de la famille Paquet, propriétaire d'un domaine dans le Mâconnais ainsi que de cette adresse hors du commun.

À Fuissé

Une folie

L'O des Vignes – *R. du Bourg - ☎ 03 85 38 33 40 - www.lodesvignes.fr - fermé mar.-merc. et dim. soir - menus déj. 29/35 €, menus 57/110 € - 5 ch. 90/130 €.* La salle, spacieuse et épurée, est à l'image de la cuisine, actuelle, avec une rigueur toute japonisante. Dans le petit bar à vins adjacent, plats canailles et crus canons sont à l'ardoise.

Shopping

À Solutré-Pouilly

L'Atrium – *Rte de la Roche - ☎ 03 85 35 83 83 - www.pouilly-fuisse.net - mar.-sam. 9h30-12h, 13h30.17h30, dim. 14h30-18h30.* 80 domaines de Pouilly-Fuissé vous invitent à une dégustation gratuite et sans réservation *(6 w.-ends/an - voir site Internet).*

À Fuissé

Château de Fuissé – *sortie A6 (Mâcon-Sud), dir. Vinzelles - ☎ 03 85 35 61 44 - www.chateau-fuisse.fr - vente et dégustation au domaine sur rendez-vous.* Au cœur d'une propriété viticole de 35 ha, demeure flanquée d'une tour du 15e s. Visite des caves du 17e s. et dégustation dans la salle Renaissance de pouilly-fuissé provenant de terroirs réputés.

Hébergement

À Solutré-Pouilly

Premier prix

La Grange du Bois – *Après Solutré, continuez vers la Grange-du-Bois - ☎ 03 85 35 85 28 -www.lagrangedubois-gite.fr - P - 4 ch. 80 € ☕ - ✕ table d'hôte 25 € (le soir seult, sur réserv.).* Véritable havre de paix que cette bâtisse face à la roche. Produits fermiers bio (œufs, fromages...) pouvant être cuisinés sur place. Des activités et séjours à thèmes sont proposés.

Val Lamartinien ★

Partout où se pose le regard, s'est posé auparavant celui de Lamartine. De sa maison d'enfance à son château de St-Point, en passant par la forteresse de Berzé-le-Châtel, le poète a ici laissé sa trace. La chapelle des Moines à Berzé-la-Ville, dont les peintures murales sont contemporaines de Cluny, mérite le détour.

La forteresse de Berzé-le-Châtel.
DoucetPh/Getty Images Plus

Se repérer

CARTE P. 120-121 (A4) - CARTE DU MÂCONNAIS P. 131.

Saône-et-Loire (71)
Entre Cluny et Mâcon, le Val Lamartinien domine la vallée de la Petite Grosne.

À ne pas manquer

Les peintures murales du 12e s. de la chapelle de Berzé-la-Ville, les extérieurs du château de Berzé-le-Châtel, le panorama sur la vallée de la Saône.

En famille

La forteresse de Berzé-le-Châtel ; le parc aventure Acro'Bat à Bergesserin *(voir « Nos adresses »)*.

Nos adresses p. 145

La route Lamartine

CARTE P. 120-121

Circuit de 60 km tracé en bordeaux sur la carte.

Amateurs de poésie ou tout simplement de belle nature, ce circuit vous permettra de retrouver les horizons et le décor familier aux sources desquels Alphonse de Lamartine puisa son inspiration *(voir p. 124)*. Afin de mieux préparer cette excursion, faites d'abord étape à **Mâcon** où vous pourrez visiter l'espace qui lui est consacré au musée des Ursulines *(voir p. 122)*. Vous y verrez aussi l'**hôtel familial** *(3 r. Bauderon-de-Senecé)* avec, dans le même corps de logis, la maison où naquit l'écrivain *(18 r. des Ursulines)* et l'**hôtel d'Ozenay** *(15 r. Lamartine)*, maison paternelle où il vécut jusqu'à son mariage et où il aurait composé ses premiers vers.

Empruntez la D 17 à l'ouest de Mâcon sur 9 km.

Château de Monceau A4

Visite des extérieurs uniquement - 9h-19h - entrée libre.

Ancienne propriété de son oncle *(accueillant aujourd'hui un établissement pour personnes âgées)*, ce fut l'une des résidences favorites de Lamartine, où il vécut en grand seigneur vigneron, malgré les difficultés financières dues à sa prodigalité (« Je suis démoralisé du gousset », disait-il). C'est dans un kiosque appelé « la Solitude », au milieu des vignes, qu'il écrivit en 1847 son *Histoire des Girondins*.

Passez par La Roche-Vineuse et, sur la D220, prenez à gauche vers Milly-Lamartine.

Milly-Lamartine A4

★ **Maison d'enfance de Lamartine** – *☏ 03 85 37 70 33 - visite guidée (1h) mai-sept. : dim. 16h - 7 € (enf. 5 €).* Une grille en fer forgé précède la maison. C'est dans cette demeure, construite au début du 18e s. par son trisaïeul, que Lamartine passa son enfance, en alternance avec Mâcon. Il restera toute sa vie très attaché à ce village et à ses paysages de vignobles. En 1860, il dut, pour éviter la ruine, se résigner à vendre la propriété familiale chère à son cœur. Vous pouvez voir *(sur réserv.)* l'intérieur encore meublé de la maison, ainsi qu'un espace évoquant l'enfance de Lamartine, ses sources d'inspiration et son activité viticole.

L'**église** du 12e s. a été restaurée. En haut du village, devant la mairie, remarquez le buste en bronze du poète, et profitez de la vue sur le vignoble.

Suivez la D 212, puis la D 220 en direction de Berzé-la-Ville.

★ Berzé-la-Ville A4

Situé sur un éperon rocheux, ce charmant village domine le Val Lamartinien. Sillonnez les ruelles pour voir le puits à deux étages, les **fours à gypse** et l'**église Notre-Dame de la Purification** dont le chœur et l'abside sont ornés d'un décor blanc sur fond rouge réalisé au pochoir.

★★ **Chapelle des Moines** – *Chemin-des-Moines - ☏ 03 85 36 66 52 - www.chapelle-des-moines.fr - mai-août : 9h30-12h30, 14h-18h30 ; avr., sept.-oct. : 9h30-12h30, 14h-17h30 - fermé nov.-mars - 4 € (-18 ans gratuit)* La chapelle romane du prieuré est célèbre pour ses **peintures murales★★**, magnifique exemple de l'art clunisien. Suivant l'école française, elles auraient été réalisées au début du 12e s. ; d'autres sources les dateraient de la fin du 11e s. Selon une thèse américaine, les peintures dites « mixtes » (fresques retouchées à sec) seraient alors contemporaines de celles de Cluny III, sans doute exécutées par les mêmes maîtres, et donc seuls témoignages de cette grandiose construction... L'entrée se fait par un corridor qui mène, à gauche, à la chapelle basse (11e s.) où un film explique la technique de la fresque véritable. Un escalier permet d'accéder à la chapelle haute (où se trouve la billetterie) datant du 12e s. et ornée dans le chœur de

magnifiques peintures d'époque romane *(celles de la nef ont pratiquement disparu)*. Sur la voûte en cul-de-four de l'abside, on reconnaît un Christ en majesté, entouré d'apôtres, d'évêques, de diacres, donnant à saint Pierre un parchemin (la Loi). Les deux abbés bénédictins et clunisiens en tenue d'apparat sur les faces internes de l'arc assistent à cette scène fondatrice de l'église pour marquer leur continuité avec les apôtres. Sur le soubassement des fenêtres, des groupes de saints vénérés à Cluny et des martyrs émergent de draperies simulées. Sur les faces latérales de l'abside, on découvre, à gauche, la légende de saint Blaise et, à droite, le martyre de saint Vincent de Saragosse sur son gril, en présence de Dacien, préfet de Rome. De ce superbe ensemble se dégage une influence fortement byzantine. En effet, l'atelier clunisien qui travailla dans cette chapelle était dirigé par des peintres bénédictins venus du monastère du Mont-Cassin, dans le Latium, en Italie, où l'Empire romain d'Orient exerça son influence jusqu'au 11e s.
Continuez sur la D 17 puis tournez à droite sur la D 309. De la route, on aperçoit la triple enceinte de la forteresse de Berzé-le-Châtel.

★ Forteresse de Berzé-le-Châtel A3

✆ 03 85 36 60 83 - www.berze.fr - P - juil.-août : 10h-19h ; avr.-juin : tlj sf lun. 14h-18h ; sept.-oct. : tlj sf lun. 14h-17h - 8 € (5-18 ans 5 €) - 9,50 € billet combiné avec La Chapelle des Moines.

Au milieu des coteaux couverts de vigne, dominant sur son éperon rocheux la vallée de Solutré et la voie verte, cette très ancienne forteresse de la Bourgogne du Sud est mentionnée dès l'an 991 dans un cartulaire de Cluny, où il est dit qu'un castrum est construit au-dessus d'une chapelle – chapelle carolingienne qui existe d'ailleurs toujours. Au 13e s., afin de défendre la route de l'abbaye de Cluny, les fortifications sont consolidées et le château agrandi, avant d'être modernisé au 15e s. Réputé imprenable (Louis XI échoue devant ses murs lors de sa reconquête de la Bourgogne en 1471), Berzé ne sera pris que par la traîtrise ou la ruse. à la suite des guerres de la Ligue, il est érigé en comté, en reconnaissance de la fidélité de ses propriétaires au roi.

Les terrasses mettent en évidence l'impressionnant **système défensif★★** de la forteresse médiévale : Berzé dispose encore de 13 tours dont deux donjons. L'intérieur du château, toujours habité, ne se visite pas : seules les parties annexes (tour, prison, salle de garde) sont accessibles. On prolonge la visite dans les jardins étagés avec un grand potager fleuri, des arbres fruitiers, des charmes et des ifs taillés en pièces d'échecs. La **vue★★** sur la vallée est splendide.
Rejoignez St-Point par la D 22.

St-Point A4

Décorée d'une fresque (Christ en majesté) dans l'abside, sa petite **église** de type clunisien abrite deux tableaux peints par Mme de Lamartine.

★ **Château de Lamartine** – *316 rte du Château Lamartine - ✆ 06 73 01 94 59 - chateaudelamartine.fr - visites guidées uniquement, réserv. recommandée - 2e quinz. de juin et sept. : sam. 15h et 16h, juil.-août : mar.-dim. 11h, 14h, 15h, 16h et 17h - 10 € (7-17 ans 5 €).* Lamartine avait reçu la propriété en dot à l'occasion de son mariage, en 1820. Il la restaura, l'agrandit et y ajouta un péristyle néogothique qui rappelle les origines anglaises de son épouse, Mary Ann, inspiratrice et décoratrice des lieux : on lui doit plusieurs peintures, dont les portraits de leur fille Julia, née ici, et de son chien Fido, ainsi que la belle « cheminée des Poètes » dans la chambre à coucher. Le cabinet de travail, au plafond voûté, la chambre et le salon ont gardé l'empreinte de Lamartine, qui y reçut de nombreux amis (Hugo, Nodier, Liszt...).

2

On vous emmène au signal de la Mère-Boitier

C'est un nom qui fleure la France d'autrefois, celui d'une bonne dame dont certains sont persuadés qu'elle fut fermière, quand d'autres la voient aubergiste, assassinée au temps des diligences. Quoi qu'il en soit, son nom est passé à la postérité, la Mère-Boitier reste associée à l'un des plus beaux panoramas de Bourgogne, celui que l'on découvre depuis le sommet qui porte son nom (758 m), sur les hauteurs du village de Tramayes, dans les monts du Mâconnais. Sachez aussi que la Mère-Boitier n'est pas commode. Elle se mérite. Depuis le parking, il faudra gravir le raidillon goudronné, une dizaine de minutes d'effort avant la (belle) récompense : une vue à 360° sur les Alpes, le Jura, la plaine de la Saône, les Monts du Charolais et du Beaujolais. Faites encore quelques pas, cette fois en contrebas (c'est beaucoup plus facile !) pour trouver les tables de pique-nique panoramiques. À côté, voici le point de départ d'un autre sentier (1,6 km). Son nom : « Les dessous de la Mère-Boitier ». Les Bourguignons ont de beaux paysages et aussi beaucoup d'humour.

Le parc à l'anglaise, doté d'un verger, d'un potager et d'une ancienne serre, ménage de beaux points de vue sur la campagne alentour. En lisière du château, une chapelle abrite les tombeaux de Lamartine et de sa famille.
Continuez sur la D 22 et, après Tramayes, prenez à gauche la D 45. La route, pittoresque, révèle de beaux points de vue.

Signal de la Mère-Boitier A4 *(voir encadré ci-dessus)*

Suivez la D 45 sur 13 km.

Château de Pierreclos A4

144 ch. du Château - ✆ 03 85 35 73 73 - www.chateaudepierreclos.com - ouvert d'avr. à sept. ; horaires et reste de l'année : se rens. - 7,50 € (7-12 ans 5 €) - dégustation des vins du domaine sur réserv. 5 €.

Datant du 13e s. (donjon) et du 17e s., ce beau château, qui offre une magnifique **vue★** sur le vignoble mâconnais, fut plusieurs fois dévasté (guerres de Cent Ans et de Religion, Révolution française) avant d'être abandonné vers 1950. De bonnes volontés ont permis de le sauver *in extremis* en 1986.
Une grille en fer forgé, appuyée sur deux **pavillons en carène** (17e s.), ferme l'avant-cour. Dans la cour intérieure subsistent le chœur et le clocher de l'ancienne église romane du 12e s. aux beaux chapiteaux.
À l'intérieur du château, on remarquera l'élégance du grand escalier Renaissance se déroulant en spirale. On visite également une grande cuisine et une boulangerie à four banal, une salle des Armes servant aux soldats du seigneur, le sommet de la tour seigneuriale, de grandes caves voûtées du 12e s. et des cachots.
L'**abbé Dumont**, premier maître et ami de Lamartine, lequel l'a immortalisé dans *Jocelyn*, repose contre le chevet de la petite église de Bussières.
De l'**éperon de Monsard** *(par Grand-Bussières)*, on dispose d'une **vue** sur le circuit effectué, avant de rentrer à Mâcon *(15 km)*.

Nos adresses

Restauration

À Milly-Lamartine

Budget moyen

La table d'Alphonse – *2 pl. de l'Église - 03 85 36 63 72 - P - fermé le soir (sf. vend.-sam.) et lun. - menus déj. 17/20 €, menus 34/39 €.* Posté juste devant l'église, l'établissement joue la carte du terroir et du caractère avec son décor de bois et ses chaises bistrot. On aime la cuisine savoureuse et copieuse, accompagnée de vins de la région.

À Bourgvilain

Budget moyen

Auberge Larochette – *Le Bourg - 03 85 50 81 73 - www.aubergelarochette.com - fermé jeu. soir (oct.-mars), dim. soir et lun. - menu déj. 18 €, menus 30/39 €.* Cette sympathique auberge dévoile une cuisine fraîche et maîtrisée, comme le ris de veau croustillant ou l'entrecôte charolaise. La cheminée crépite en hiver, la terrasse ombragée permet de profiter de l'été. Accueil attentionné.

À Serrières

Budget moyen

Le Dirose – *Lieu-dit Vers la croix - 03 85 35 71 49 - www.ledirose.wix.com - fermé lun. - menu déj. 14,50 €, menus 20/38 €.* Ce restaurant traditionnel propose des spécialités préparées avec les produits du terroir : mardi midi tête de veau, vendredi midi jambon à la broche l'été et choucroute l'hiver.

À Berzé-la-Ville

Budget moyen

L'Héritage – *5 r. d'Ausonia - 03 85 37 77 41 - www.restaurantheritage.fr - fermé le soir (sf. vend.-sam.) et mar. - menu déj. 17 €, menus 26/33 €.* Dans cet ancien café aux belles pierres de Bourgogne et à la terrasse ombragée, Clarisse et Frédéric reçoivent « comme à la maison ». La carte privilégie les produits locaux (escargots, viande charolaise, fromages de chèvre) et de saison, joliment travaillés et présentés. Mention spéciale au nougat glacé de la maison.

Activités

Acro'Bath – *Bergesserin - 13 km au nord-ouest de St-Point - 03 85 50 87 14 - www.acrobath.com - P - juil.-août : 10h-19h ; de mi-avr. à fin juin, sept.-oct. : w.-end, et vac. scol. 14h-19h - fermé de la Toussaint au dim. de Pâques - Grand Parcours 19 € (11-14 ans 17 €).* Prenez la passerelle pour l'aventure et le grand frisson avec 120 ateliers répartis en 6 parcours à partir de 6 ans (*6-10 ans 15 €*). Espace minikid pour les enfants (*3-5 ans 10 €*).

Hébergement

À St-Point-Lac

Premier prix

Camping Lac de St-Point-Lamartine – *03 85 40 54 93/06 62 02 17 53 - www.campingsaintpoint.com - - de mi-avr. à déb. oct. - 82 empl. 14,50/19 € - locatif 108/128 € 2 nuits mini.* Vous choisirez ce camping pour sa situation, au bord du lac de St-Point. Restaurant, baignade pêche et aire de jeux pour enfants.

À Pierreclos

Une folie

Château de Pierreclos – *144 ch. du Château - 03 85 35 73 73 - www.chateaudepierreclos.com - avr.-sept. - P - 5 ch. 175/300 €.* Pour connaître la vie de châtelain(e), au moins une nuit : belles chambres et suites aux tons clairs, piscine chauffée, visite du château *(voir ci-contre)*.

2

Cluny ★★

L'abbaye de Cluny fut longtemps la plus grande église de la chrétienté. À l'origine de l'ordre monastique clunisien, elle exerça une influence considérable sur la vie religieuse, intellectuelle, politique et artistique de tout l'Occident. Elle fut saccagée à la Révolution, puis démontée et vendue pierre par pierre, et il n'en reste aujourd'hui que des fragments. La visite permet malgré tout d'avoir une vision précise de ce haut lieu du christianisme. Profitez également des charmes de la cité médiévale, animée par les étudiants de l'École des arts et métiers.

Se repérer

CARTE P. 120-121 (A3) -
PLAN DE L'ABBAYE P. 149.

4 929 Clunisois – Saône-et-Loire (71)
À 21 km au nord-ouest de Mâcon.

Carnet pratique p. 153

Nos adresses p. 153

★★ L'abbaye

PLAN P. 149

Pl. du 11-Août-1944 - ✆ 03 85 59 15 93 - www.cluny-abbaye.fr - ♿ - avr.-sept. : 9h30-18h ; reste de l'année : 9h30-17h - 9,50 € (billet combiné abbaye et musée), -18 ans gratuit.

Symbole de la primauté de l'ordre clunisien à son apogée, Cluny fut la plus vaste église de la chrétienté (longueur intérieure de 177 m) jusqu'à la reconstruction de St-Pierre de Rome au 16e s. (186 m). C'est un archéologue américain, Kenneth John Conant, qui débuta les premières fouilles en 1928. Les deux maquettes du farinier, celle du grand portail et celle de l'abside de la basilique, ont été réalisées selon ses plans.

Palais « du pape Gélase » – Sur la **place de l'Abbaye★** se dresse la longue façade gothique, restaurée, du palais dit « du pape Gélase », mort à Cluny en 1119. En prenant beaucoup de recul, vous apercevrez le clocher et le haut de la tour de l'Horloge. À l'opposé se trouvent les **anciennes écuries de St-Hugues** *(expositions)* et l'hôtellerie (1095).

★★ **Maior Ecclesia** (église majeure) – Un film *(13mn)* restitue les immenses volumes de l'abbatiale, dont il ne reste pas grand-chose aujourd'hui. L'église fut élevée en grande partie de 1088 à 1130, succédant à un édifice plus ancien, dont on a retrouvé les fondations au sud, à la place du cloître actuel. Elle comportait une avant-nef, une nef de 5 vaisseaux et de 11 travées, 2 transepts, 5 clochers et près de 300 fenêtres et était parée de 225 stalles ; la voûte de l'abside peinte était soutenue par une colonnade de marbre. De cette merveille ne restent que les bras droits des deux transepts.

Avant-nef – Les fouilles ont dégagé les bases des piliers et du portail de la nef. À l'avant, deux tours carrées

Le saviez-vous ?

C'est à Cluny qu'eurent lieu :
– sous Odilon, la première commémoration des défunts le lendemain de la Toussaint ;
– la traduction du Coran en latin ;
– le premier vote à bulletin secret pour élire l'abbé ;
– l'apparition du fameux chapeau rouge sur la tête des cardinaux.

Terrasse de la Brasserie du Nord, face à l'abbaye de Cluny.
J. Larrea/age fotostock

appelées les **Barabans** encadraient le portail gothique. Dans les églises clunisiennes, l'avant-nef est également appelée « Galilée », en référence aux processions pascales qui célébraient l'apparition du Christ en terre de Galilée après sa mort.

2

Passage Galilée – Cet ancien passage du 12e s., permettant de relier la Galilée (ou avant-nef) de Cluny II au collatéral sud de la grande église de Cluny III, était emprunté par les grandes processions des bénédictins. Il accueille une exposition de reliquaires provenant du trésor de l'abbaye.

Vestiges de l'abbatiale St-Pierre-et-St-Paul – Les dimensions du **bras sud** du grand transept, qui était aussi long à lui seul que la cathédrale d'Autun (80 m), permettent d'imaginer les proportions audacieuses de l'abbatiale. Son élévation (31 m sous la coupole) est unique dans l'art roman *(voir p. 490)*, dont il est un pur spécimen. Un vaste programme de restauration a permis de retrouver son dernier aspect connu avant la Révolution : murs, arcs et colonnes ont été restaurés dans les teintes utilisées à l'époque. Il compte trois travées, dont la centrale, couverte d'une coupole octogonale sur trompes, porte le beau **clocher octogonal de l'Eau-Bénite★★**.

La chapelle St-Étienne est romane, celle de St-Martial date du 14e s. Le bras sud du petit transept renferme la **chapelle Jean de Bourbon**, de la fin du 15e s. (prophètes de l'Ancien Testament sculptés), et une abside romane.

Cloître et bâtiments abbatiaux – Abritant l'École des arts et métiers depuis 1901, les bâtiments abbatiaux construits au 18e s. autour d'un immense cloître forment un ensemble harmonieux ; deux grands escaliers de pierre avec rampe en fer forgé marquent deux des angles. Ordonnés en U autour du jardin, les bâtiments conventuels datent du 18e s.

Passez dans le parc pour rejoindre l'édifice gothique.

Farinier – Élevé à la fin du 13e s. contre la **tour du Moulin** (début du 13e s.) et long de 54 m, il fut amputé de près de 20 m au 18e s. pour dégager la partie sud de la façade de l'édifice claustral donnant sur les jardins.

La lumière du monde

L'abbaye de Cluny à la fin du 18e s.

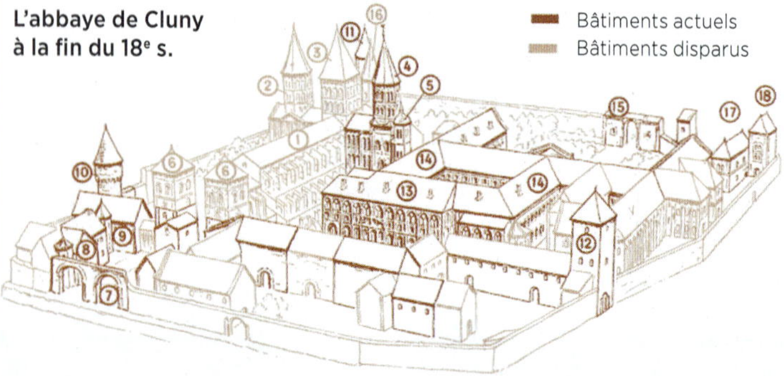

1) Abbatiale St-Pierre-et-St-Paul - **2**) Clocher des Bisans - **3**) Clocher du Chœur - **4**) Clocher de l'Eau-Bénite - **5**) Clocher de l'Horloge - **6**) Barabans - **7**) Portes d'honneur - **8**) Palais de Jean de Bourbon - **9**) Palais de Jacques d'Amboise - **10**) Tour Fabry - **11**) Tour Ronde - **12**) Tour des Fromages - **13**) Façade du pape Gélase - **14**) Bâtiments claustraux - **15**) Porterie - **16**) Clocher des Lampes - **17**) Farinier - **18**) Tour du Moulin

Trois grandes étapes

Cluny I : première église, de taille modeste, construite dans la tradition carolingienne (date de construction inconnue). **Cluny II** : seconde église, exemple précoce du premier art roman (fin 10e s.). Elle reçoit, dès sa consécration, des reliques de saint Pierre et saint Paul. **Cluny III** : Abbatiale St-Pierre-et-St-Paul, dont le chantier débute vers 1088.

L'ascension

L'abbaye bénédictine connaît un développement très rapide peu après sa fondation en 910 par Guillaume Ier d'Aquitaine, dit le Pieux. « Partout où le vent vente, l'abbaye de Cluny a rente », a-t-on coutume de dire dans la région. L'ordre voit quelques-uns de ses fils élus papes, dont **Urbain II** qui, reconnaissant lui-même le pouvoir de Cluny, lance en 1098 à l'attention de l'abbé Hugues la fameuse phrase : « Vous êtes la lumière du monde. » Lorsque **saint Hugues** meurt, après soixante ans de « règne », il a légué au monastère une prospérité inouïe. La construction de la gigantesque église abbatiale qu'il avait lancée s'achève sous **Pierre le Vénérable**, abbé de 1122 à 1156. L'abbaye compte alors 460 moines, et est mère de quelque mille monastères. L'abbaye est à l'origine du plus grand ordre monastique d'Occident, l'**ordre clunisien**.

La décadence

Le train de vie des moines les expose très vite aux stigmatisations de saint Bernard, abbé de Clairvaux et promoteur de l'**ordre cistercien**. Celui-ci dénonce ces évêques qui « ne peuvent s'éloigner à quatre lieues de leur maison sans traîner à leur suite soixante chevaux », et pour qui « la lumière ne brille que dans un candélabre d'or ou d'argent ».
La guerre de Cent Ans correspond, pour Cluny, à une ère de moindre rayonnement. Les abbés se partagent entre la Bourgogne et Paris où, à la fin du 15e s., Jacques d'Amboise fait rebâtir l'hôtel élevé après 1330 par

un de ses prédécesseurs, Pierre de Châlus. Ce simple pied-à-terre, mis à la disposition des rois de France, qui souvent en usèrent, donne une idée du luxe princier dont s'entouraient les abbés clunisiens.
Tombée en commende (l'abbé est nommé par le roi) au 16e s., la riche abbaye, qui n'est plus qu'une proie, est dévastée durant les guerres de Religion. Pillée, elle perd alors ses plus précieux ouvrages.

La destruction

En 1791, l'abbaye ferme. Commencent alors les profanations. En 1793, la municipalité donne l'ordre de démolir les tombeaux. Les bâtiments sont vendus comme biens nationaux en 1798 à un marchand de biens de Mâcon, qui entreprend la démolition de la nef. L'abbatiale est peu à peu mutilée. En 1823 ne restent debout que les parties encore visibles de nos jours.

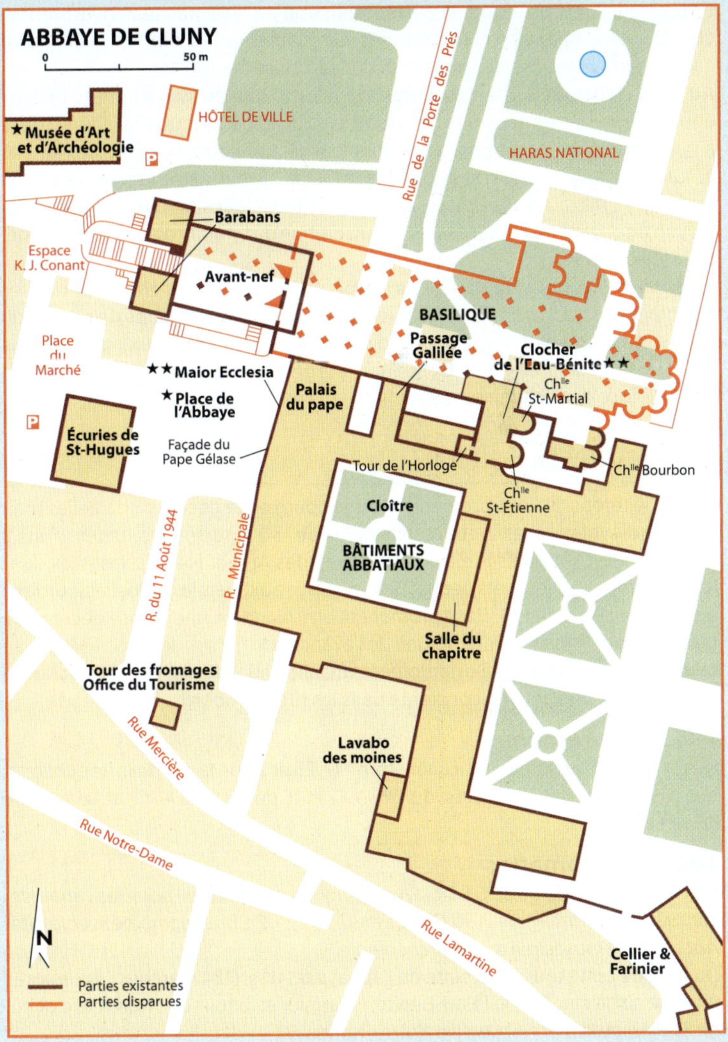

La salle basse, ancien **cellier**, comprend deux nefs voûtées d'ogives. La **salle haute**, couverte d'une forte charpente en chêne du 13e s., forme un cadre admirable aux sculptures provenant de l'abbaye : le sanctuaire de l'abbatiale est restitué à une échelle réduite, pour présenter les très beaux **chapiteaux★** du chœur et les fûts de colonnes, disposés en hémicycle autour de l'autel en marbre des Pyrénées (consacré par Urbain II en 1095). Ces pièces soustraites à la ruine sont les premiers témoins de la sculpture romane bourguignonne qui allait s'épanouir à Vézelay, Autun et Saulieu.

★ Musée d'Art et d'Archéologie (PALAIS JEAN DE BOURBON)

Parc Abbatial - ✆ 03 85 59 12 79 - www.cluny-abbaye.fr - ♿ - juil.-août : 9h30-19h ; avr.-juin et sept. : 9h30-18h ; reste de l'année : 9h30-17h - 9,50 € (billet combiné abbaye et musée), -18 ans gratuit.

Le gracieux logis qui abrite le musée, construit au 15e s. par Jean de Bourbon, était le palais abbatial. À côté d'œuvres marquantes de la sculpture civile, y sont conservés les vestiges de l'abbaye découverts lors des fouilles.

Au rez-de-chaussée, une **maquette** de la ville de Cluny au 13e s. permet de mieux appréhender les dimensions de l'abbaye et de constater que la ville actuelle a gardé son plan médiéval : la rue principale est toujours la même, les jardins se cachent toujours derrière les façades. Une salle montre deux niveaux de pavements mis au jour et représentatifs des techniques employées à la fin du Moyen Âge. Dans la dernière salle, reconstitution du tympan d'entrée dans la nef de la Maior Ecclesia.

Au sous-sol, sont rassemblés des éléments lapidaires de l'église abbatiale : fragments de la frise de l'avant-nef, chapiteaux sculptés, arcades de clôture du chœur. **À l'étage**, des sculptures et des éléments architecturaux provenant de façades de maisons donnent un aperçu de la décoration de la ville au Moyen Âge (grande frise des vendanges avec claire-voie restituée).

★ Le vieux Cluny

Prenez le temps de vous promener dans le bourg et de découvrir de belles maisons médiévales – il en a été recensé plus de 150 –, surtout romanes. Vous y croiserez les « gadz'arts », élèves ingénieurs des Arts et Métiers, installés dans les bâtiments conventuels depuis 1901, et grâce auxquels la cité est aujourd'hui aussi une ville étudiante : ils se promènent en « biaude », une blouse décorée de blasons, dont la longueur témoigne de l'avancée du cursus de l'étudiant (elle se rallonge avec les années). De nombreuses manifestations culturelles et artistiques maintiennent une activité constante dans les rues du bourg.

★ Maisons romanes

Beaux logis romans, en particulier aux nos 17, 25 et 27 de la rue de la République, aux nos 6 (hôtel des Monnaies, du 12e s.), 12 et 15 de la rue d'Avril, et au no 17 de la rue Lamartine.

Tour des Fromages

6 r. Mercière - ✆ 03 85 59 05 34 - www.cluny-tourisme.com - horaires variables : consultez le site Internet - 2,80 € (6-25 ans 1,50 €) - 12 € billet combiné avec la Cité-Abbaye et le musée d'Art et d'Archéologie.

Du haut de cette tour d'enceinte de l'abbaye du 11e s. (124 marches), vous aurez une **vue** sur le clocher de l'Eau-Bénite, le farinier et la tour du Moulin, le clocher de St-Marcel, la place et l'église Notre-Dame.

Église Notre-Dame

Le parvis, avec sa fontaine du 18e s. et ses vieilles maisons, a beaucoup de cachet. L'église, au clocher quadrangulaire, bâtie peu après 1100, fut l'une des premières à être transformée et agrandie à l'époque gothique. Il ne reste de l'avant-nef que le dallage. Le portail du 13e s. est délabré, mais il ouvre sur un vaisseau d'une belle ordonnance, qui révèle sous ses hautes voûtes une tour-lanterne aux consoles sculptées. Les stalles et les boiseries datent de 1644.

Église St-Marcel

Pl. St-Marcel. Elle possède un clocher★ roman octogonal à trois étages, surmonté d'une élégante flèche polygonale en brique (42 m) du 16e s. De la D 980, on a une belle vue sur le clocher et l'abside de l'église.

Hôtel de ville

Il est installé dans le logis construit par les abbés Jacques et Geoffroy d'Amboise à la fin du 15e s. et au début du 16e s. La façade sur jardin a une décoration originale, dans le goût de la Renaissance italienne.

Tour Fabry

Du jardin proche de l'hôtel de ville, on découvre la tour (1347), au toit en poivrière.

Porte d'honneur de l'abbaye

En franchissant les deux arcades romanes qui permettaient l'accès à l'abbaye, on découvre la perspective de la grande nef de l'abbatiale : sur la place, une dalle explicative permet de comprendre les immenses proportions de l'édifice disparu.

Haras national

2 r. Porte-des-Prés - ☏ 03 85 32 09 73 - www.equivallee-haras-cluny.fr - ♿ - visite guidée (1h15) : se rens. - 7 € (4-12 ans 3 €).

Dans ces écuries construites en 1807 et 1880 avec les pierres de l'abbaye, étaient élevés pour la « monte » des étalons et des juments, suitées ou non de poulains. L'activité de reproduction du haras s'est arrêtée en 2012. Aujourd'hui, cette institution propose des visites autour de l'histoire équestre, des animations thématiques et des spectacles.

Les églises du Clunisois

CARTE P. 120-121 A3

▶ *Circuit de 39 km tracé en rouge sur la carte. Quittez Cluny au nord par la D 981.*

Taizé

Ce village perché sur les collines de la Grosne accueille en été des dizaines de milliers de jeunes du monde entier, venus prier dans un esprit fraternel. La communauté comprend aujourd'hui une centaine de frères issus des diverses Églises chrétiennes et originaires d'une vingtaine de pays, qui ont pour but la réconciliation des peuples séparés et des chrétiens divisés. Certains frères vivent dans les quartiers déshérités des grandes villes du globe pour soutenir les plus défavorisés. Sur place, un village de toile, des ateliers d'artisanat et une salle d'exposition-vente témoignent de la vitalité de la communauté.

Église de la Réconciliation – Inaugurée en 1962, c'est le lieu de la prière commune. Elle a été agrandie en 1990. Sa façade de béton brut, percée d'un grand portail et d'étroites verrières, sert aux trois prières quotidiennes ; sa nef est bordée, à droite, par un passage donnant accès aux cryptes et éclairé de petits vitraux carrés représentant les grandes fêtes liturgiques. Son **carillon** (de cinq cloches)

est disposé à l'extérieur. La première crypte s'ordonne autour d'un pilier central soutenant le chœur ; la seconde est une chapelle orthodoxe.
Église paroissiale – Cette église romane du 12e s., éclairée de petits vitraux, a été aménagée dans un style dépouillé. Utilisée également pour la prière œcuménique de la communauté, elle est surtout consacrée à la prière personnelle et silencieuse.
Poursuivez au nord sur la D 414.

Ameugny

Construite en beau calcaire rouge de la région, l'**église**, d'aspect massif, est du 12e s. La nef de trois travées est voûtée en berceau brisé. À la croisée du transept, une coupole sur trompes supporte le lourd clocher carré, au beffroi ajouré.
Reprenez la D 981 sur 5,5 km jusqu'à Malay, en passant par Cormatin (voir p. 156).

Malay

L'église romane de ce doyenné de Cluny (12e s.) présente, dans le cimetière, une partie chœur-transept-abside de fière allure avec son solide clocher carré à baies géminées et les hauts pignons des bras du transept. À l'intérieur, remarquez la nef voûtée en berceau, le chœur sous coupole et les absides en cul-de-four.
Prenez la D 207 (vers l'ouest) puis tournez à gauche sur la D 127 vers St-Hippolyte.

St-Hippolyte

Au sommet de la colline se dresse l'ancienne église priorale, à demi ruinée. Contigu à l'ancien couvent (transformé en ferme), cet édifice roman (11e s.) a gardé son beau chevet à triple abside et surtout son singulier et puissant clocher, visible de loin. En forme de domino percé au centre de deux étages de baies en plein cintre (géminées au 2e étage) sous arcatures, ce dernier a été élargi et fortifié sur les côtés (remarquez les meurtrières) à l'époque des guerres de Religion. De l'ensemble, construit en petit appareil de pierre blonde, subsistent aussi le chœur, à coupole sur trompes, et les murs de la nef. Du chevet, on embrasse un vaste panorama sur la vallée de la Guye.
Tout près de là, visitez le village de Besanceuil, tout en pierre blonde, avec ses maisons groupées au pied d'une échine boisée dominant la vallée, son château (habité) du 14e s. aux tours carrées, et sa chapelle romane du 11e s. au porche en charpente.
Rejoignez la D 14 au sud vers Salornay et suivez-la sur 14 km jusqu'à Bezornay.

Bezornay

Le joli hameau de Bezornay, juché sur une crête, fut au Moyen Âge une dépendance de Cluny, comme en témoignent les restes de son enceinte, sa tour de défense et son ancienne chapelle (aujourd'hui habitation privée) à la curieuse abside en forme de cône renversé.
Prenez à gauche la D 41.

St-Vincent-des-Prés

Sa petite église romane (11e s.) présente un clocher à arcatures aveugles élevé sur le chœur au-dessus d'une abside, elle aussi ornée d'arcatures et de colonnes engagées. À l'intérieur, la voûte en berceau coiffant la triple nef est soutenue par quatre énormes piles rondes et deux piliers plus minces avec chapiteaux sculptés, l'un de volutes, l'autre de fleurs de lys. Le chœur est à coupole sur trompes, l'abside à cul-de-four.
Continuez sur la D 41 jusqu'à Donzy-le-National, puis prenez à gauche la D 7 vers Cluny.

Carnet pratique

S'informer

Office de tourisme – *6 r. Mercière - Cluny - ✆ 03 85 59 05 34 - www. cluny-tourisme.com.*

Clun-e-tour – Location de tablettes *(4 €)* à l'office de tourisme pour une visite en réalité augmentée.

Agenda

Les Grandes Heures (concerts et dégustation de vins) – *En juil.-août - ✆ 06 87 34 62 16 - www. grandesheuresdecluny.com.*

Marché des potiers – Années paires, vers le 10 août

Jazz Campus en Clunisois – *Vers le 20 août - ✆ 03 85 59 05 34 - www. cluny-tourisme.com.*

Nos adresses

Restauration

Budget moyen

Brasserie du Nord – *Pl. du Marché - ✆ 03 85 59 09 96 - tlj midi et soir - plats 12/20 €, menu 10 €.* Ce restaurant mise sur le style brasserie cossue. Séduit par son immense terrasse sur la place de l'Abbaye, vous apprécierez ses différents atouts : des prix abordables, même le week-end, et son ouverture jusque tard le soir, chose rare à Cluny.

La Nation – *21 r. Lamartine - ✆ 03 85 59 05 45 - www. restaurant-la-nation-cluny.com - 8h-23h - plats 11/21 €, menus 23/29 €.* Restaurant-brasserie, dans un décor moderne. Spécialités régionales – bœuf bourguignon, escargots, andouillette – et viandes charolaises. Vous pourrez également déguster de belles salades en terrasse.

Pour se faire plaisir

Hostellerie d'Héloïse – *7 r. de Mâcon - ✆ 03 85 59 05 65 - www. hostelleriedheloise.com - fermé merc., jeu. midi, dim. soir - plats 22/24 €, menu déj. 25 €, menus 35/55 € - ch. 83 € - ☕ 11 €.* Un établissement familial à l'entrée de la ville, apprécié pour son accueil chaleureux et sa cuisine de tradition soignée. Grande salle lumineuse et véranda.

À Ste-Cécile

Pour se faire plaisir

L'Embellie – *Le Bourg - ✆ 03 85 50 81 81 - www.restaurant-lembellie. net - fermé dim. soir et mar.-merc. - plats 20/29 €, menu déj. 18 €, menus 35/52 €.* Un jeune couple est aux commandes de ce restaurant installé dans une ancienne étable au cachet rustique – poutres, cheminée. La cuisine, actuelle, revisite certains plats du terroir : ravioles ouvertes d'escargots à l'ail des ours; ris de veau au jus, pleurotes et émulsion au vin jaune... Glaces et pain maison. Agréable terrasse d'été.

Petite pause

Pâtisserie-chocolaterie Germain – *23-25 r. Lamartine - ✆ 03 85 59 11 21 - www.chocolaterie-germain. fr - 7h-20h.* Cette entreprise familiale régale les Clunisois depuis 1978 avec ses spécialités comme avec les classiques confectionnés avec le savoir-faire d'un « maître artisan ». La maison propose de savourer ces douceurs dans le joli salon de thé, situé juste à côté de la pâtisserie.

Le Jardin Secret – *18 r. Lamartine - ✆ 03 85 59 09 09 - mar.-sam. 9h30-12h30 et 14h-18h30 - fermé dim.-lun.* Les banquettes de cet adorable café-librairie sont idéales pour une pause thé ou café (vaste choix) au milieu des livres, dans une ambiance colorée et pétillante.

2

Shopping

Le Cellier de l'Abbaye – *13 r. Municipale et r. du 11-Août-1944 - ✆ 03 85 59 04 00 - fermé dim. apr.-midi.* Préférez l'entrée située rue du 11-Août-1944 pour pénétrer dans cette cave, historique et prestigieuse. Un superbe couloir voûté en pierre conduit à la boutique où des casiers en bois, des étagères couvertes de bouteilles et quelques fûts composent le mobilier. On trouve ici des centaines de références de vins locaux, mais aussi des whiskies, cognacs et liqueurs.

Activités

Cyclotourisme

Cluny se situe sur la voie verte Chalon-Saône-Macon *(voir p. 28)*.

Les Vélos de Cluny – *La Gare - quai de l'ancienne gare, parking voie verte - ✆ 07 83 91 62 59 - www.velos-cluny.fr - ouvert toute l'année sur réserv. - VTC 20 €/j, VAE 40 €/j, junior 15 €/j, tandem 40 €/j.* Grande variété de vélos, service de livraison de vélos et de transfert de bagages.

Hébergement

Premier prix

Camping Municipal St-Vital – *30 r. des Griottons - ✆ 03 85 59 08 34 - www.cluny.fr - P ♿ - avr.-oct. - 163 empl. 11/25 €/pers. - 10 mobile homes 569 €/sem., 2 chalets 409/499 €/sem.* Un agréable site ombragé et verdoyant, situé non loin du cœur de la ville et le long duquel passe la voie verte. Magnifique vue sur Cluny. Tennis et centre équestre à proximité.

Chambre d'hôte La Maison des Gardes – *18 av. Charles-de-Gaulle - ✆ 03 85 59 19 46/06 80 24 37 02 - www.lamaisondesgardes.com - P 8 €/j - 3 ch. 65/80 €, 2 suites 80/140 €.* Cette ancienne maison de garde, à deux pas de l'abbaye, compte trois chambres dans le bâtiment principal et deux suites, dans l'annexe. On appréciera la grande simplicité des lieux, mise en valeur par quelques meubles anciens. Petit-déjeuner servis dans le jardin ou devant la cheminée du salon.

Budget moyen

Chambre d'hôte Le Clos de l'Abbaye – *6 pl. du Marché - ✆ 06 25 45 30 95 - www.closdelabbaye.fr - 4 ch. 80 € et 1 suite 100/130 €.* Cette belle maison construite à la fin du 18e s. est idéalement située, dans l'enceinte même de l'ancienne abbaye. Les vastes chambres donnent sur les vestiges. La maîtresse de maison, qui connaît bien la région, vous accueille avec chaleur. Confitures maison au petit-déjeuner, pris dans une grande salle ou dans le jardin aux beaux jours.

Hôtel de Bourgogne – *Pl. de l'Abbaye - ✆ 03 85 59 00 58 - www.hotel-cluny.com - P 10 €/j - ♿ - 13 ch. 121/158 € et 3 appart. 187 € - 13 €.* Lamartine venait se reposer dans cet hôtel particulier de caractère situé en face de l'abbaye bénédictine. Salon agréable, chambres spacieuses et parfaitement tenues.

Pour se faire plaisir

Hostellerie Le Potin Gourmand – *4 Champ-de-Foire - ✆ 03 85 59 02 06 - www.potingourmand.com - P ♿ - 12 ch. 121 € - 13 € - ✕ plats 24/25 € - fermé lun.-mar. midi.* Aménagé dans une ancienne fabrique de poterie du 18e s., l'établissement, qui offre des prestations haut de gamme, associe style contemporain et design à la tradition bourguignonne. Sauna.

Maison Tandem – *21 r. d'Avril - ✆ 06 67 27 82 46 - www.maison-tandem.com - 4 ch. 158/216 €.* En plein cœur de la cité, non loin de l'abbaye, cette maison est aujourd'hui une maison d'hôte élégante, entre charme vintage et chic contemporain ; aux beaux jours, on prend son petit-déjeuner sur la terrasse, au-dessus du jardin.

À Cormatin

Premier prix

Chambre d'hôte La Filaterie – *25 r. de la Filaterie - à 14 km au nord de Cluny - ✆ 03 85 50 15 69/06 10 90 66 48 - www.chambres-hotes-la-filaterie.fr/www.la-filaterie-cormatin.fr - 🅿 - fermé de mi-nov. à mars - 5 ch. 61/75 € ☕.*
Aménagées dans un ancien moulin, les chambres sont vastes, au calme et fraîchement décorées. Petit-déjeuner buffet.

À Igé

Une folie

Hôtel Château d'Igé – *R. du Château - à 13 km à l'est de Clunyw - ✆ 03 85 33 33 99 - www.chateaudige.com - 🅿 - ♿ - 17 ch. 164/339 € - ☕ 20 € - ✕ plats 24/35 €, menus 34/80 €.*
Ce château fort (1235) du Mâconnais vous accueille dans des chambres personnalisées (tapisseries, baldaquins, voûtes). Appartements dans les tours. Cuisine raffinée à base de produits du terroir dans un cadre à l'esprit médiéval ou en terrasse, face à un superbe jardin.

Cycliste dans les vignes.
SubstanceP/Getty Images Plus

2

Château de Cormatin ★★

Voici un château que l'on peut qualifier de royal : conçu par un architecte des bâtiments du roi Henri IV, on y rend hommage à Louis XIII. Tandis qu'à Paris la plupart des décors du 17e s. ont disparu, ceux de Cormatin vous plongeront dans l'univers raffiné des précieuses, alors très en vogue. L'entretien des lieux, diligemment mené, et les minutieuses restaurations du décor intérieur, ont fait du château de Cormatin une attraction « souveraine » qui connaît aujourd'hui un succès mérité.

Se repérer

CARTE P. 120-121 (A3).
Saône-et-Loire (71)
À 13 km au nord de Cluny.

En famille

Le labyrinthe végétal.

Nos adresses p. 160

Le château

1 Grande-Rue - ✆ 03 85 50 16 55 - www.chateaudecormatin.com - visite guidée (1h) d'avr. à mi-sept. : horaires variables : consulter le site Internet - fermé de mi-nov. à fin mars - 12 € (7-17 ans 6 €) - visite libre du parc et des salles 1900 (8 €, 7-17 ans 4 €).
Patiemment restaurés depuis 1980 par les actuels propriétaires, château et jardins ont retrouvé leur faste du 17e s. Les maîtres des lieux animent le plus souvent personnellement et avec passion les visites guidées, cherchant à restituer la vie quotidienne d'autrefois au château.
En 1598, sous Henri IV, l'édit de Nantes met fin aux luttes entre catholiques et protestants. Édifié de 1606 à 1625, au lendemain des guerres de Religion, par le gouverneur de Chalon, **Antoine du Blé d'Uxelles**, Cormatin revêt une architecture sobre aux lignes rigoureuses, caractéristique des façades militaires de l'époque. Vraisemblablement dessiné par **Jacques II Androuet du Cerceau**, le château présentait à l'origine trois ailes en équerre ; l'aile sud s'écroula en 1815, lorsqu'on tenta d'y installer une fabrique de tissu.
Les façades illustrent le style « rustique français » prôné par du Cerceau : refus des ordres antiques (sauf pour les deux portes monumentales de la cour), haut soubassement de pierre, chaînages des angles et des encadrements de fenêtres... Les larges fossés en eau et les imposants pavillons d'angle à échauguettes et canonnières lui donnent une apparence défensive, confirmée par les traces d'un mur-rempart (détruit à la fin du 17e s.) qui fermait la cour d'honneur. D'importants travaux de restauration ont été accomplis, présentés dans un pavillon qui abrite une maquette, à l'emplacement de l'ancienne aile sud.

Intérieur

La somptueuse décoration Louis XIII de l'aile nord est l'œuvre du marquis **Jacques du Blé** (fils d'Antoine) et surtout de son épouse, **Claude Phélipeaux**, qui y vécut plus longtemps. Intimes de Marie de Médicis, habitués du salon littéraire des **précieuses**, ils voulurent recréer dans leur résidence d'été la sophistication de la mode parisienne. Les ors, peintures et sculptures qui couvrent murs et plafonds

Les jardins du château de Cormatin.
A. Pistolesi/hemis.fr

témoignent d'un maniérisme érudit, où tableaux, décors et couleurs sont chargés d'un sens allégorique.

L'aile nord possède un rare **escalier★★** monumental à cage unique (1624) dont les trois volées droites, flanquées de vigoureux balustres, tournent autour d'un vide central. C'est le plus ancien et le plus vaste spécimen de ce type (23 m de haut et copie de l'escalier de Marie de Médicis au palais du Luxembourg), succédant aux escaliers Renaissance à deux volées séparées par un mur médian.

En haut de l'escalier s'ouvre la **bibliothèque-salon** 1900 décorée par l'ancien directeur de l'opéra de Monte-Carlo, Raoul Gunsbourg. Seule pièce occupée par les actuels propriétaires et ouverte à la visite, elle possède le charme des espaces privés et abrite de beaux objets hétéroclites. La décoration est dominée par une œuvre immense, *La Ronde antique* d'Auguste Feyen-Perrin, tableau qui aurait inspiré *La Danse* de Matisse (1909). Remarquez les collections d'insectes et de papillons.

Ouverte en 2016, la **chambre Lamartine**, où celui-ci aimait à séjourner, abrite un lit Empire d'origine.

Réalisée en pleine révolte protestante (1627-1628, siège de La Rochelle), l'**antichambre de la Marquise★** (fille et sœur de ministres) est un hommage au roi Louis XIII représenté en jeune cavalier au-dessus de la cheminée : les lambris rouge cramoisi (couleur d'autorité) célèbrent les activités et les vertus du monarque.

La **chambre de la Marquise★★** possède un magnifique plafond à la française or et bleu, symbole de fidélité ; le grand tableau de Vénus et Vulcain, œuvre de la seconde école de Fontainebleau, illustre les feux de l'amour, tandis que les corbeilles de fleurs et de fruits des boiseries célèbrent la fécondité. Par contingences sociales, la femme se devait d'avoir son propre appartement pour recevoir, comme en témoigne une lithographie de cette vaste pièce.

Au boudoir et à la garde-robe succède le **cabinet des Curiosités★★** (dit aussi « des Miroirs »), qui abrite un des plus anciens plafonds « à ciel », mis à la mode

Cormatin et Fléchères, un patrimoine sauvegardé

Lorsqu'Anne-Marie Joly, Pierre Almendros et Marc-Simonet Lenglart se lancent dans la rénovation de **Cormatin** en 1980, ils ne soupçonnent pas l'ampleur de la tâche... Épris d'architecture, ils ont redonné vie au château et aux jardins et font partager leur passion à des milliers de visiteurs. Cormatin ne se veut surtout pas une « usine à touristes ».
Forts de leur succès, ils décident d'acquérir en 1998, pour le rénover, le château de **Fléchères**, situé dans l'Ain, au nord de Lyon. Là encore, ils ont découvert de très belles fresques sous les boiseries, le papier peint ou les badigeons. Contemporain de Cormatin, à 60 km au sud, et entouré d'un parc de 35 ha, Fléchères est un autre témoignage de l'art de vivre au 17e s.

par Marie de Médicis. Dit cabinet des merveilles, ses collections (objets rares et exotiques) étaient le reflet du prestige et du goût du propriétaire des lieux.
Pièce maîtresse des **appartements du Marquis**, le *studiolo* de Jacques du Blé, dit **cabinet d'Harmonie★★★**, où sainte Cécile, patronne des musiciens, représente l'harmonie morale : pas de musique dans cette pièce réservée à la lecture et à la méditation. L'opulente décoration baroque est dominée par un intense bleu de lapis-lazuli (d'origine) et de riches dorures, dont l'éclat permettait de refléter la lumière des bougies, si nécessaire à l'étude.
Installées en lieu et place de ce qui aurait dû être l'antichambre du Marquis, les impressionnantes **cuisines** datent du 18e s. La **chambre du Marquis** évoque le grand art versaillais. Les tapisseries de Bruxelles, des vaisselles et des sièges Louis XIV meublent cette grande pièce, sous un portrait du monarque représenté en empereur romain portant une perruque.
Dans l'aile ouest, aménagée dans le style fin 19e s.-début 20e s., ne manquez pas la chambre au lit napolitain de l'actrice **Cécile Sorel** et une jolie **chapelle** voûtée.

★★ Jardins

Redessinés et plantés en 1992, ils sont arrivés aujourd'hui à maturité, et font se succéder plusieurs espaces distincts, très ordonnés, réalisés dans l'esprit bien compris des jardins à la française.
Une allée bordée de haies de charmes conduit au château, introduit par un premier espace engazonné ponctué d'ifs taillés, aux formes géométriques multiples. Prenez à droite vers les jardins réguliers. Ils offrent, outre un joli assortiment de vivaces ourlé de haies de buis, de belles perspectives sur les façades extérieures du château.
Du haut de la volière, la vue d'ensemble permet de comprendre la parabole, très typique du 17e s., qu'exprime le plan du parc : le parterre est un aperçu du paradis, avec au centre la fontaine de vie. Dans un triangle, un pommier évoque le fruit défendu et le paradis perdu, le thème étant repris par la sculpture de la fontaine.
Labyrinthe – Il représente l'errance et les difficultés. De l'extérieur à l'intérieur, les sept allées figurent les sept ciels, et donc l'idée d'élévation pour parvenir au septième.
Des alignements de liquidambars, arbres très colorés à l'automne, et un passage dans l'agréable potager le long du Grand Canal et le théâtre de verdure complètent cette luxuriante flânerie. L'été, un salon de thé avec terrasse est ouvert dans les communs du château.

À proximité

CARTE P. 120-121

St-Gengoux-le-National A2

À 10 km au nord du château de Cormatin.

4 av. de la Promenade - 09 77 35 14 40 - www.tourisme-sud-cote-chalonnaise.com.

Le long de la voie verte, St-Gengoux-le-National est un excellent point de départ pour ceux qui s'apprêtent à sillonner la région. 13 boucles de cyclotourisme sont possibles au départ de la voie verte. Informez-vous auprès du bureau d'information touristique de St-Gengoux pour les itinéraires. Location de vélos (voir p. 160).

Au carrefour de Mâcon, Chalon-sur-Saône, Cluny et Autun, cette petite cité médiévale de 1100 habitants témoigne encore de son passé clunisien. Dès le 11e s., un prieuré (1020) puis une église (1120) sont construits sous la férule de la puissante abbaye de Cluny. La consécration royale vient avec Saint Louis (13e s.) quand, sur son chemin vers Cluny, il doit se reposer à St-Gengoux. L'accueil est si agréable que le monarque lui accorde par charte (1245) le régime « des bonnes villes du Royaume ». Par cet acte, les habitants peuvent élire leur maire. Un privilège que n'obtient Chalon que trois siècles plus tard. Renommée « Jouvence » après la Révolution (les habitants s'appellent toujours les « Jouvenceaux »), la cité est rebaptisée St-Gengoux-le-National en 1881.

Dès l'entrée du village, on remarque l'imposant **donjon** (fin 12e s.) avec sa tour-escalier à vis (17e s.) qui toise le grand **lavoir★** (1852). Le signe le plus visible de cet héritage clunisien est bien sûr l'**église paroissiale**, avec son clocher roman octogonal à trois étages *(voir encadré p. 493)* et son transept du 12e s. Cette inhabituelle flèche pointue (1867) qui domine l'édifice n'a qu'un seul objectif : hisser le pouvoir spirituel au-dessus du pouvoir temporel que symbolise le temps, la tour de l'Horloge. Une insolite passerelle en bois, le pontet, relie le clocher au beffroi. À l'intérieur de l'église, on observe une rare **paroi à claire-voie** en pierre du 16e s.

La rue du Commerce, qui s'échappe ensuite, propose de nombreuses curiosités : belle maison aux fenêtres à meneaux Renaissance, superbe **escalier en encorbellement★**, échauguette élancée et percée d'archères. Une singularité qui révélait surtout aux passants la richesse de son propriétaire...

Quelques pas plus loin, la **maison des Concurés** possède une belle porte Renaissance. Ne manquez pas la **maison à pans de bois★** rue du Mouton et rue du Moulin-à-Cheval, la rue pavée d'andouilles (pavés non conformes), les fenêtres géminées, à trilobes ou en accolade et la **Fontaine de Manon** (1785).

Bissy-sur-Fley A2

À 7 km au nord de St-Gengoux-le-National.

Ce joli village s'enroule autour de son **château** du 13e s., où est né le poète de la Pléiade **Pontus de Tyard** (1521-1605). Il est patiemment restauré par l'association Renaissance du château Pontus de Tyard, qui organise également diverses animations pour le mettre en valeur. On peut visiter 4 pièces du logis *(dim. juin-sept. 14h30-18h30)*, le verger, le jardin et on peut même profiter de tables à dessin installées à l'extérieur *(accessible tte l'année). Rens. au 03 85 49 25 45 et calendrier des événements sur www.pontus-de-tyard.com.*

2

Nos adresses

Voir aussi nos adresses à Cluny, p. 153.

Restauration

À Buxy

Une folie

L'Empreinte – *2 Grande-Rue - ✆ 03 85 92 15 76 - www.lempreinte-restaurant.fr - fermé du dim. soir au mar. midi - plats 39/45 €, menus déj. 35/65 €, menus 85/175 €.* Ce jeune couple sympathique, passé par de belles maisons de la région, propose des assiettes qui fleurent bon l'air du temps, avec comme fil conducteur l'alliance de l'Auvergne et de la Bourgogne (leurs régions d'origine). Ne passez pas à côté du chariot de fromages, riche d'une cinquantaine de variétés. Une cuisine d'une grande finesse !

Petite pause

À St-Gengoux-le-National

Le Baron Perché – *2 rte de Joncy - ✆ 09 51 06 28 72 - www.lebaronperche.fr - mar.-sam. 9h-13h, 15h-19h.* Une librairie, une boutique de jeux de société et un café convivial, avec terrasse.

Shopping

À St-Gengoux-le-National

Cave des Vignerons de Buxy St-Gengoux-le-National – *R. Longemeau - ✆ 03 85 92 61 75 - www.vigneronsdebuxy.fr - mars-oct. : mar.-sam. (et lun. en juil.-août) 9h-12h, 14h-18h30.* Pour découvrir tous les terroirs de la côte chalonnaise.

Autre boutique à Buxy, à 50 m de la voie verte *(Maison Millebuis - 4-6 rte de Chalon - ✆ 03 85 92 04 30 - www.millebuis.fr).*

La Crémaillère – *R. du Commerce - www.boutiquelacremaillere.fr - juin-sept., déc. : lun.-sam. 10h-12h, 15h-19h, dim. 10h-12h ; reste de l'année : se rens.* Cette initiative municipale réunit dans une belle bâtisse médiévale une dizaine d'artistes et artisans locaux.

Activités

Vélos classiques et à assistance électrique – *Gare de St-Gengoux-le-National - ✆ 03 85 48 56 85 - juil.-août : 9h-12h, 14h-18h ; hors sais. location sur réserv. à l'office de tourisme (voir p. 159) - à partir de 8 €.*

Hébergement

À St-Gengoux-le-National

Premier prix

Chambre d'hôte Les Lierres – *7 r. des Chapeliers - ✆ 06 09 51 00 11 - www.les-lierres.fr - 2 ch. 65 €.* Paisibles et coquettes chambres au cœur de la cité médiévale, disposant d'un petit coin cuisine.

À Burnand

Budget moyen

Chambre d'hôte Les Trois Fontaines – *61 r. Trois-Fontaines - hameau de St-Martin-de-Croix - 2 km au sud-ouest de St-Gengoux - ✆ 03 85 47 76 49 - ✆ 06 13 89 59 21 - www.bourgogne-troisfontaines.com - P - 2 ch. 75 € - table d'hôte 25 € sur réserv.* Dans cette ancienne demeure de maître, vous bénéficierez d'une suite parentale et vous pourrez profiter du salon-bibliothèque et d'une salle de jeux. Magnifique jardin sur l'arrière de la maison. Un espace idéal pour les familles, niché au cœur d'un magnifique hameau verdoyant.

Tournus ★

Si l'abbaye St-Philibert constitue l'un des témoins majeurs du premier art roman en France, les attraits de Tournus, porte nord du vignoble du Mâconnais, étirée en bord de Saône, n'en sont pas moins nombreux. Partez à la découverte des maisons gothiques, des hôtels particuliers et des jolies places de la ville !

Se repérer

CARTE P. 120-121 (B3) - CARTE DU MÂCONNAIS P. 131 - PLAN DE L'ABBAYE P. 162.
5489 Tournusiens – Saône-et-Loire (71)
À 24 km au sud de Chalon-sur-Saône et 31 km au nord de Mâcon.

À ne pas manquer

L'abbaye St-Philibert.

En famille

Le centre Éden à Cuisery; une balade dans la réserve de La Truchère Ratenelle; la base de loisirs de Laives; une croisière sur la Saône ou la Seille.

Nos adresses p. 167

L'abbaye

PLAN P. 162

On accède à l'abbaye St-Philibert par la rue Albert-Thibaudet, qui passe entre les deux tours rondes marquant jadis l'entrée principale de l'enceinte de l'abbaye, la « porte des Champs ».

★★ Église abbatiale

12 pl. des Arts - ✆ 03 85 51 03 76 - www.paroisse-saint-philibert-tournus.fr - 8h-19h (18h en basse sais.) - pas de visite le dim. pdt l'office (9h-10h et 10h30-11h30) et en cas de cérémonie.

Une cité monastique

Ayant échappé aux persécutions lyonnaises de 177, **saint Valérien** (chrétien d'Asie Mineure) vient à Tournus évangéliser la population ; il y est martyrisé. Le sanctuaire fondé à l'emplacement de son tombeau est converti en abbaye sous le vocable de saint Valérien. Au début du 9e s., des moines vendéens fuient devant les Vikings et mènent une vie errante avant de s'installer à l'abbaye, concédée par Charles le Chauve. Ils y apportent les reliques de **saint Philibert**, fondateur de Jumièges, mort à Noirmoutier en 685, qui devient le nouveau saint patron de l'abbaye, et lui donne un élan considérable.
Une invasion hongroise, en 937, compromet sa prospérité. Incendiée, puis reconstruite, elle est quelques années plus tard abandonnée par les religieux, regroupés en Auvergne au monastère de St-Pourçain. L'abbé Étienne, ancien prieur, est rappelé à l'abbaye St-Philibert en 949, sur décision du concile. Sous son impulsion reprennent les constructions, qui s'achèvent au 12e s. Plusieurs fois endommagée au cours des siècles, elle est restaurée et remaniée jusqu'au saccage perpétré par les huguenots en 1562. Transformée en collégiale en 1627, l'église paroissiale échappe ainsi à la destruction en 1790.

Bâtie aux 10e et 11e s., **la façade** faite de belles pierres en petit appareil se présente comme une sorte de donjon percé d'archères. La construction harmonieuse est du premier art roman (10e-11e s.). La nudité des murs puissants est rompue par des bandes lombardes, tandis que le parapet crénelé avec mâchicoulis reliant les tours renforce l'aspect militaire de l'édifice. L'une des tours a été rehaussée, à la fin du 11e s., par un clocher à deux étages, ornementé par deux statues-colonnes et surmonté d'une flèche. Des restaurations eurent lieu au 19e s. *Pénétrez dans l'église.*

Chapelle St-Michel (a) – C'est la salle haute de l'avant-nef *(accès par un escalier à vis)*, dont la construction est antérieure à celle de la nef. Son plan est identique à celui du rez-de-chaussée, mais l'étonnante élévation du vaisseau central et la luminosité en modifient totalement l'aspect. La grande baie cintrée, qui ouvre sur la tribune d'**orgue** mise en place en 1629, marquait l'entrée d'une abside construite en encorbellement à cette hauteur. Autour de l'**arc de Gerlannus**, les sculptures archaïques des chapiteaux sont une survivance de l'époque carolingienne : l'inscription de Gerlannus à la base de l'archivolte pourrait évoquer l'an 1000.

Le narthex ou avant-nef est un lieu de recueillement et de transition entre l'extérieur et le sanctuaire. Son architecture y atteint une singulière grandeur : quatre énormes piliers à tailloir circulaire la divisent en trois nefs de trois travées. La voûte, dont une travée, à gauche, est peinte en échiquier noir et blanc (blason des Digoine, puissante famille mâconnaise), s'orne au-dessus de l'entrée de la nef d'un Christ en majesté **(1)** ; une autre fresque du 14e s., sur le mur du fond du bas-côté gauche, figure la Crucifixion **(2)**. Des pierres tombales sont logées sous le dallage.

Nef – Dépourvue d'ornementation, la nef (milieu du 11e s.) est illuminée d'une lumière rosée. Disposition très originale, la voûte centrale se compose d'une suite de cinq berceaux transversaux juxtaposés qui reposent sur des arcs doubleaux, aux claveaux alternativement blancs et roses, s'appuyant sur des colonnettes surmontant de grandes colonnes. Les fenêtres hautes qui éclairent la nef sont dissimulées par les arcs. Une voûte d'arêtes prodigieusement rehaussée, compartimentée par des doubleaux, couvre les collatéraux. Sur les intrados (correspondant à la surface intérieure d'un arc ou d'une voûte) des grandes

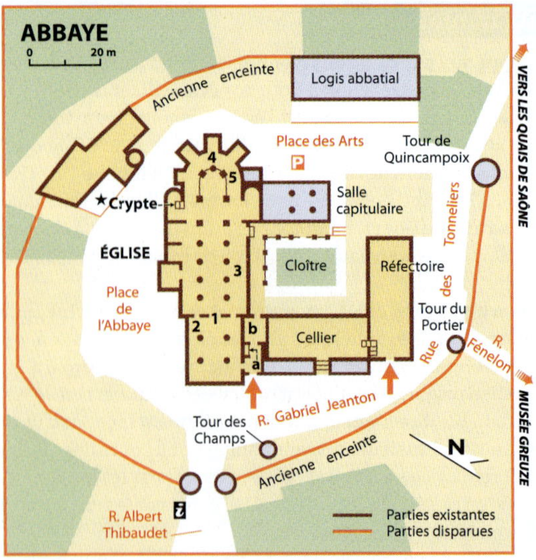

Église de l'abbatiale St-Philibert.
Eric Bascol/Getty Images Plus

arcades figurent des peintures illustrant un décor végétal et animalier. Les chapelles latérales du bas-côté nord ont été ouvertes aux 14e et 15e s. Une niche du collatéral sud abrite une statue-reliquaire du 12e s. d'influence auvergnate, Notre-Dame-la-Brune **(3)**. En cèdre peint et redoré au 17e s., cette Vierge a gardé sa majestueuse beauté au calme rayonnant.

Transept et chœur – Édifiés au début du 12e s. par Francon de Rouzay, ils tranchent avec le reste de la construction par la blancheur de la pierre et montrent l'évolution rapide de l'art roman. Les vices qui nous guettent et le châtiment encouru y sont représentés. Après l'ampleur de la nef, une rupture s'opère au niveau du transept et le chœur surprend par son étroitesse, l'architecte ayant dû suivre les contours de la crypte existante. Le mobilier liturgique a été réalisé par l'artiste géorgien Goudji pour l'an 2000. L'abside en cul-de-four est supportée par six colonnes surmontées de fenêtres entourées d'un fin décor sculpté. Le **déambulatoire** (début du 11e s.), voûté en berceau, compte cinq chapelles rayonnantes. La chapelle axiale abrite la châsse de saint Philibert **(4)**. Au sol, des **mosaïques (5)** très fines de la fin du 12e s. alternent les mois et les signes du zodiaque : on remarquera la facture très antiquisante (influence des ateliers d'Autun ?) et la belle qualité des tesselles (les blondes proviennent de Tunisie). Il ne subsiste que quatre médaillons (mai, gémeaux, juin, cancer : 2 mois, 2 signes du zodiaque). Les **vitraux** modernes, d'un camaïeu rouge-brun, éclairent sobrement le déambulatoire.

★ **Crypte** – *Accès par le croisillon nord, à gauche du chœur.* Cette crypte, aux murs épais, est une construction de l'abbé Étienne, de la fin du 10e s. La partie centrale est bordée par deux rangs de très fines colonnes, dont certaines à fût galbé, aux chapiteaux à feuillages inspirés de l'antique. Notez le sarcophage de saint Valérien et la présence d'un puits très profond à l'intérieur de la crypte.

Bâtiments abbatiaux

Pour rejoindre le cloître, on traverse le **parloir (b)** (13e s.) Il abrite une collection lapidaire comprenant les statues-colonnes et les chapiteaux provenant de la tour nord, ainsi que des sculptures venant du cloître.

Cloître – Du cloître St-Ardain du 11e s., il ne reste que la galerie nord. Un portail du 13e s. s'ouvre à son extrémité sur le bas-côté de l'église. Les bâtiments sud abritent la bibliothèque de la ville et celle de l'abbaye, qui conserve de nombreux manuscrits enluminés du Moyen Âge. La tour carrée du Prieuré les domine.
Salle capitulaire – Rebâtie en style gothique par l'abbé Bérard après un incendie en 1239, elle abrite des expositions temporaires. On peut en admirer l'intérieur voûté d'ogives par les baies romanes donnant sur le cloître.
Sortez place des Arts et admirez le **chevet** aux cinq chapelles, de style carolingien, ainsi que la splendide tour-clocher du 12e s., d'inspiration clunisienne.
Logis abbatial – C'est un bel édifice *(privé)* de la fin du 15e s.
Au-dessus des maisons apparaît l'extrémité de la **tour de Quincampoix,** érigée après l'invasion des Hongrois en 937. Elle fait partie de l'enceinte de l'ancienne abbaye, au même titre que la tour du Portier, donnant accès à la ville.
Réfectoire – Cette magnifique salle (12e s.), longue de plus de 33 m et haute de 12 m, est un grand vaisseau voûté en berceau légèrement brisé. En 1627, après la sécularisation de l'abbaye, elle fut utilisée pour jouer à la paume, d'où le nom de Ballon. Le réfectoire sert de cadre à des expositions.
Cellier – Également du 12e s., il est éclairé par deux ouvertures en forme de soupirail, placées très haut, et voûté en berceau brisé sur doubleaux. Les caves s'étendent en dessous.

Centre-ville

Suivez l'itinéraire incrusté au sol, qui vous emmène à la découverte des maisons gothiques, des hôtels particuliers et des jolies places de la ville. Dépliant disponible à l'office de tourisme.
2 pl. de l'Abbaye - Tournus - 03 85 27 00 20 - www.tournus-tourisme.com.
En quittant la place de l'Abbaye, vous découvrirez la tour du Portier et l'église St-Valérien, édifice roman du 11e s. Belle galerie gothique au n° 38 de la rue du Docteur-Privey. Appréciez l'ambiance de la rue du Passage-Étroit, où les traboules et hôtels particuliers sont nombreux. Par la rue des Magasins, dont le puits à l'angle de la rue de la Cruche-Cassée inspira Greuze, puis en continuant sur la rue du Bief-Potet où coule un ruisseau, vous arrivez à l'hôtel-Dieu qui abrite notamment le musée Greuze.

★ Hôtel-Dieu-Musée Greuze

21 r. de l'Hôpital - 03 85 27 00 20 - www.tournus.fr - ♿ - avr.-sept. : tlj sf mar. 14h-18h - 5 € (-12 ans gratuit).
Abbé de Tournus de 1660 à sa mort en 1715, **Emmanuel Théodose de La Tour d'Auvergne**, duc d'Albret et cardinal de Bouillon, institua l'hôtel-Dieu en 1672. La première salle de malades (salle des femmes) fut terminée en 1675. Le **cardinal de Fleury**, qui lui succéda en 1715, acheva les travaux de l'hôtel-Dieu. L'établissement cessa son activité au début des années 1980.
Les salles anciennes témoignent des conditions de soins et de vie hospitalières depuis le 17e s. Les lits clos en chêne sont alignés dans les salles des femmes et des hommes, séparées par la chapelle du St-Sacrement, et dans celle des soldats, plus tardive. Des vitrines présentent du matériel médical (observez les clystères en étain), et de l'orfèvrerie religieuse. La ruelle de service, un couloir à l'arrière des lits, donne un aperçu de l'envers du décor.
La très belle **apothicairerie★** du 17e s. conserve quelque 300 pots en faïence de Nevers et de Dijon. L'herboristerie (19e s.), la salle des étains et le jardin des

simples complètent la visite de cet établissement dans lequel, en 1960, travaillaient encore cinq religieuses de l'ordre de Ste-Marthe.
L'hôtel-Dieu abrite aussi le **musée Greuze**, consacré à l'archéologie du Tournugeois et à l'art graphique. Il présente une collection de peintures des écoles française, flamande et italienne, du 14e s. au 20e s., et des œuvres d'art contemporain. Le musée possède notamment une collection très riche et variée des dessins et peintures de Jean-Baptiste Greuze, le « peintre des passions de l'âme ». La salle des originaux présente trois œuvres de jeunesse, dont un autoportrait.
En sortant du musée, remarquez sur la belle **place de l'Hôtel-de-Ville**, ornée d'une statue de Greuze, la maison gothique et la tour d'angle du logis de l'Escargot.
Empruntez la rue de la Pompe, limite du castrum romain, puis la rue des Boucheries, pour atteindre l'église Ste-Madeleine.

Église Ste-Madeleine

Le porche en plein cintre (12e s.) a subsisté, avec ses fines colonnettes ornées de galons perlés et ses chapiteaux décorés de feuillages ou d'oiseaux affrontés. L'intérieur présente une nef voûtée d'ogives du 15e s., et, sur le bas-côté droit, une chapelle Renaissance dont la jolie voûte est décorée de caissons carrés reliés par un réseau de nervures. On y voit un tabernacle de style Empire et une Madeleine en bois doré.
Prolongez par la rue Désiré-Mathivet et l'avenue du 23-Janvier.

Musée du Vélo

Av. du Mar.-de-Lattre-de-Tassigny - D 906 - Le Pas-Fleury - ✆ 03 85 20 01 28/07 81 56 13 94 - www.enviesdevelo.com - avr.-oct. : vend.-dim. 14h-18h - 6 € (10-18 ans 3 €) - visite guidée sur réserv. (40-60mn) 8 € (-18 ans 5 €).
C'est la collection d'un passionné que l'on découvre sur les 600 m² qu'occupe le musée. On y trouve 200 cycles étonnants (possibilité d'en tester de toutes sortes !) et une collection d'objets dédiés à la petite reine.
Du **pont sur la Saône**, prolongeant la rue Jean-Jaurès, on a une belle **vue** sur l'église St-Philibert et sur la ville.
N'hésitez pas à poursuivre la promenade jusqu'au **port de plaisance**.

2

À proximité

CARTE P. 120-121

Sennecey-le-Grand B2

10 km au nord de Tournus par la N 6.
6 Grande Rue (face au château) - ✆ 03 85 50 71 49 - www.ot-senneceylegrand.com.
Au bord d'une grande place ceinturée de fossés, la mairie et l'office de tourisme occupent ce qui reste du château féodal. La partie disparue a été remplacée au 19e s. par une **église** monumentale de style classique.
Sennecey-le-Grand est également un haut lieu de la Résistance marqué par le tragique épisode du raid du 3e régiment de SAS, le 4 septembre 1944.
Musée international des SAS – *Pl. de l'Église - ✆ 03 85 44 82 54 - www.ot-sennecey legrand.com - ♿ - de mi-janv. à fin mars. : mar.-vend. 9h-12h30, 13h30-17h (sam. 9h-12h30) ; avr.-sept. : mar.-sam. 10h-12h30, 13h30-18h ; d'oct. au 24 déc. : mar.-sam. 9h-12h30, 13h30-17h - gratuit.* Au centre de la petite salle d'exposition trône une Jeep entourée de vitrines abritant des armes et objets personnels ayant appartenu à des membres du Special Air Service.

À proximité du bourg de Sennecey-le-Grand, vous pouvez également visiter deux **églises romanes**, de plan très simple, dotées d'arcatures lombardes, toitures de « laves » et un clocher carré porté par une petite coupole sur trompes.
Église St-Julien – *Accès par la D 332, direction Ruffey.* Sa nef et son clocher sont du 11e s. ; le reste de l'édifice est du 15e s., ainsi que les fresques du chœur. Ces dernières ont fait l'objet d'une restauration permettant de révéler, sous le badigeon de chaux, le Christ et les symboles évangélistes représentés dans une belle palette ocre et terre de Sienne.
Église St-Martin de Laives – *À 2,5 km à l'ouest. Accès par la D 18 vers Laives et, après le passage sous l'autoroute, tournez à gauche.* Située sur un éperon d'où la vue s'étend sur la Bresse, le Jura, Chalon et ses environs, la vallée de la Grosne et le Charolais *(tables d'orientation)*, cette église du 11e s. fut complétée par des chapelles aux 15e et 16e s. Remarquez les clefs de voûte sculptées.

Cuisery B3

8,5 km à l'est de Tournus par la D 975.
Cuisery accueille depuis 1999 l'association **Village du livre** de Cuisery : 17 professionnels du livre (libraires, bouquinistes, antiquaires, artisans du livre et artistes) se sont installés dans les anciens commerces du village. Des animations culturelles ponctuent l'année (marché mensuel du livre, Nuits du livre, marché du disque et de la BD). *Plus de rens. sur cuisery-villagedulivre.com.*
Église Notre-Dame – La sobriété extérieure de cette église (16e s.) contraste avec la richesse de sa décoration intérieure : des stalles en chêne, un triptyque du peintre flamand Guérard (16e s.) et de belles **peintures murales** (v. 1530) dans la chapelle Caron, figurant la résurrection de Lazare et les prophètes.
Centre Éden – *R. de l'Église - 03 85 27 08 00 - www.centre-eden71.fr - - juil.-août : 10h-18h ; des vac. de Pâques aux vac. de la Toussaint : tlj sf lun. 14h-18h - 5 € (6-17 ans 2 €).* Dans cet espace muséographique moderne et dans le parc qui l'entoure, doté d'une station météorologique, sont présentés les cinq grands milieux naturels de la Bourgogne (forêt, bocage, pelouses calcaires, milieux humides, vallées alluviales), leur flore et leur faune (notamment les insectes). Un **planétarium**, peut accueillir jusqu'à 30 personnes. *Projection et explications (1h) sur le ciel et les étoiles avec un animateur - horaires variables : consultez le site Internet - 7 € (enf. 5 €), visite libre du musée comprise.*

★ Réserve naturelle de La Truchère Ratenelle B3

8,5 km au sud de Tournus. Prenez la D 37 puis, à Lacrost, à droite, la D 933 (vers Pont-de-Vaux) jusqu'à Pont-Seille (stationnement avec panneau à gauche dans le lieu-dit). 03 85 51 35 79 - www.cen-bourgogne.fr.
Classée en 1980, cette réserve nationale de 94 ha a pour objet de préserver ces milieux naturels remarquables (dépression tourbeuse, étendues sableuses et étang marécageux), témoignant de la présence de paysages anciens, refuge d'une faune et d'une flore sauvages spécifiques. Selon les dernières études, ces écosystèmes se seraient développés durant le Moyen Âge.
30mn. Au départ du parking indiqué à gauche, au-delà de la Maison de la réserve. Un sentier en sous-bois longe la rive de l'**étang Fouget** jusqu'à un observatoire (canards et hérons à demeure et passage d'oiseaux migrateurs comme la rousserolle effarvatte ou le bruant des roseaux), puis emprunte une passerelle sur pilotis au-dessus des herbiers.
1h. Second parking à droite par la D 376. La boucle de découverte de l'étonnante **succession de dunes et de tourbières★** commence en sous-bois et devient tout de suite sableuse. Les arbres chétifs cèdent peu à peu la place à de vastes étendues

d'une végétation rase et grise, comme en pleine toundra : c'est le « lichen des rennes », parsemé de callunes (fausse bruyère) et de corynéphores, touffes d'herbe semblables à des hérissons en boule. Les passages arborés (bouleaux, chênes) alternent avec des zones dégagées.

15mn. Au nord-ouest de la dune se trouve une tourbière. À l'entrée de la troisième clairière de lichens (borne), prenez à droite (presque derrière soi) et entrez dans le sous-bois. L'eau apparaît, le passage est surélevé par endroits sur des planches *(ne pas s'en écarter)*. De part et d'autre apparaissent les formes rondes et moelleuses des coussins de sphaignes, dont la décomposition forme la tourbe. Il faut un œil averti (et plus près du sol) pour détecter les petits droséras, plantes carnivores qui pallient la pauvreté du terrain en se nourrissant des insectes qui se collent sur leurs poils. Le sentier débouche sur la route, à quelques dizaines de mètres du parking à droite.

Nos adresses

Restauration

Budget moyen

Le Terminus – *21 av. Gambetta - 03 85 51 05 54 - www.hotel-restaurant-terminus-tournus.fr - P 4 €.- fermé dim. et merc. - plats 27/39 €, menus déj. 20,50/24,50 €, menu 34 € - 10 ch. 103/128 € - 13,50 €.* À la carte de cet ancien buffet de gare 1900, une cuisine au goût du jour qui place la fraîcheur au-dessus de toutes les vertus ! On déjeune ou on dîne côté brasserie, dans une salle intime et cosy. À l'étage, 10 chambres au décor contemporain. Salle du petit-déjeuner délicieusement rétro.

Le Bistrot du Rempart – *2 av. Gambetta - 03 85 51 10 56 - www.lerempart.com - tlj midi et soir - plats 20/35 €, menus 35/55 €.* Le restaurant de cet hôtel, bien connu à Tournus, propose une cuisine traditionnelle régionale de qualité : au menu, terrine maison, quenelles de brochet et soufflet au Grand Marnier, fait maison à partir de produits de saison évidemment. Autre adresse dans une ambiance plus classique, Le Quartier gourmand.

Le Bouchon Bourguignon – *1 r. Albert-Thibaudet - 03 85 51 13 52 - www.restaurant-greuze.fr - fermé lun.-dim. - menus 21/33 €.* L'annexe du restaurant gastronomique Greuze *(voir p. 168)* propose une cuisine régionale, généreuse et soignée, avec chariot d'entrées (pâté en croûte, jambon persillé, ballottine de volaille), plats emblématiques (volaille de Bresse aux morilles et vin jaune, grenouilles, escargots, viande charolaise) et un chariot de douceurs (tarte aux pralines, île flottante), à savourer dans un cadre contemporain, pour des prix raisonnables.

Pour se faire plaisir

Meulien – *1 bis av. des Alpes - 03 85 51 20 86 - www.meulien.com - P - fermé dim. soir et lun.-mar. - menus 55/95 €.* Ce restaurant de la rive gauche s'agrémente d'une décoration contemporaine. Chaleureuse atmosphère familiale et cuisine soignée au goût du jour, mâtinée de saveurs exotiques (gingembre, combava...).

Une folie

Aux Terrasses – *18 av. du 23-Janvier - 03 85 51 01 74 - www.aux-terrasses.com -*

- fermé dim.-lun. - menus déj. 33/40 €, menus 85/125 € - ch. 175/227 € - 17 €. Une étape de charme : de grandes baies vitrées inondent de lumière un décor de matériaux bruts, avec de grandes tables en chêne massif sans nappes, sans oublier le beau jardin intérieur. La cuisine du chef Jean-Michel Carrette, au fourneau de cet établissement étoilé au Guide Michelin 2022, entretient une délicieuse complicité avec le terroir, notamment végétal, ne cédant rien sur la qualité des produits et la précision des cuissons.

Restaurant Greuze - L'Écrin de Yohann Chapuis – *1 r. Albert-Thibaudet - 03 85 51 13 52 - www.restaurant-greuze.fr - - fermé mar.-merc. - menus 80/170 €.* Yohann Chapuis, étoilé au Guide Michelin 2022, œuvre aussi dans cette vénérable maison (vieilles pierres, poutres). Contrairement au Bouchon Bourguignon *(voir p. 167)*, ici place à une cuisine « de goûts et d'émotions », avec une vraie identité et pas mal de personnalité. Le tout réalisé à partir de beaux produits de saison : écrevisses de Saône, turbot de petite pêche, bœuf charolais, servis par des dressages de haute volée.

À proximité

Pour se faire plaisir

Le Relais d'Ozenay – *Le Bourg - Ozenay - 6 km au sud-ouest de Tournus - 03 85 32 17 93 - www.le-relais-dozenay.com - - fermé mar.-merc. - plats 33/45 €, menus déj. 26 €, menus 42/78 €.* Le village pittoresque d'Ozenay réserve de bonnes surprises. La savoureuse cuisine concoctée ici avec des produits du terroir, la plupart bio, en fait partie. Grande terrasse sur l'arrière.

L'Auberge des Gourmets – *9 pl. de l'Église - Le Villars - 4 km au sud de Tournus - 03 85 32 58 80 - www.laubergedesgourmets.com - fermé mar.-merc., dim. soir - plats 22/25 €, menus déj. 18,50/29,50 €, menus 38,50/45,50 €.* Une jolie petite auberge jaune aux volets bleus, cosy avec ses pierres et ses poutres apparentes. Par la lucarne, on peut observer le chef s'affairer aux fourneaux... avant d'apprécier ses recettes classiques et bien tournées : terrine maison aux foies de volaille; ris de veau, crème aux morilles...

Petite pause

La Ferronnerie – *12 r. du Privey - 06 08 70 89 59 - avr.-déc. : merc.-sam. (et 1 dim. sur 2) 9h30-12h30, 14h-18h - ouv. tlj sf lun. en saison.* Ravissante brocante installée dans une ancienne ferronnerie, où l'on peut également boire un café et manger une pâtisserie, à l'intérieur parmi les objets vintage ou en terrasse. Tout est à vendre, et on trouve également des objets neufs (déco, quincaillerie vintage et produits de beauté). Atypique et charmant.

Shopping

Les Vignerons de Mancey – *N 6 - sortie Tournus, prendre en dir. de Chalon-sur-Saône - 03 85 51 71 62 - www.lesvigneronsdemancey.fr - avr.-sept. : 8h30-12h30, 13h30-19h, dim. 9h30-12h30, 15h-18h; oct.-mars : 9h-12h30, 14h-18h30, dim. 9h30-12h30, 15h-18h.* Cette cave est la vitrine d'une association regroupant une soixantaine de vignerons qui cultivent 140 ha de vignes. Plus de 85 appellations proposées (gevrey-chambertin, meursault, pommard, mercurey...). Parcours scénographique dédié à l'univers du vin et de la vigne.

Activités

Sur l'eau

Base de loisirs nautiques de Laives – *Lacs de Laives - www.ot-senneceylegrand.com - de fin* *juin à déb. sept. : 9h30-18h - 3 € (5-16 ans 2 €).* 37 ha de plan d'eau : baignade surveillée, pédalo, canoës, paddle, pêche, jeux, pique-nique, balades en forêt, VTT...

Base nautique L'Embarcadère - *Prom. du Barrage - La Truchère - ✆ 03 85 51 70 93 - www.l-embarcadere71.com - avr.-nov.* Location de bateaux à moteur sans permis, bateaux électriques et possibilités de croisières avec passage d'écluses.

Cyclotourisme

Une quinzaine de circuits VTT balisés à travers le Tournugeois, ainsi que 11 circuits à vélo dont 5 circuits balisés au départ de Tournus.

La Voie Bleue – *Voir p. 182.* Les tronçons de Tournus à Mâcon (32 km) ou de Tournus à Chalon (34 km) permettent de découvrir les bords de la Saône à vélo.

Hébergement

Ville-étape entre le Nord et le Midi, Tournus connaît des affluences importantes le week-end. Il est prudent de réserver si l'on veut faire une halte.

Premier prix

Village Motel – *19 r. des Lauriers - ✆ 03 85 51 07 45 - www.village-motel.com - P réservée aux résidents - - 41 ch. 60/65 € - 9,50 €.* Un peu à l'écart de la ville, ce motel, entouré de verdure, abrite des chambres de plain-pied simples et fonctionnelles.

Une folie

La Tour du trésorier – *9 pl. de l'Abbaye - ✆ 03 85 27 00 47 - www.tour-du-tresorier.com - P - 4 ch. 184/194 € et 1 suite 234 €.* Sophie et Thierry Lindbergh proposent 5 chambres d'hôte dans une demeure du 15e s., bâtie sur les remparts. Certaines donnent sur l'abbaye, d'autres sur la Saône. Demandez la chambre de la tour offrant une vue plongeante à 360° sur l'ensemble. Une décoration soignée et un parc font de ce séjour une expérience rare et privilégiée.

À Gigny-sur-Saône

Premier prix

Domaine de l'Épervière – *6 r. du Château - 19 km au nord-est de Tournus - ✆ 03 85 94 16 90 - www.domaine-eperviere.com - chauffée - - avr.-sept. - 160 empl. 28/95 € et 5 mobile homes.* Ce camping est aménagé autour d'un château des 14e et 18e s., dans un parc boisé de 11 ha au bord d'un étang. Emplacements bien ombragés. Emplacement multi-sport. Tennis à proximité.

2

Chalon-sur-Saône ★

La deuxième agglomération de Bourgogne est une belle découverte : le joli centre ancien dévoile ses maisons à colombage au détour de rues piétonnes animées, qui conduisent aux quais de la Saône récemment réaménagés pour les promeneurs. Un très beau musée est consacré à l'enfant du pays Nicéphore Niépce, l'inventeur de la photographie. Chalon est aussi une belle étape gastronomique, avec de nombreux commerces de bouche, notamment autour des vins de la côte chalonnaise, dont les vignobles se déploient à proximité.

Se repérer

CARTE P. 120-121 (B1-2) - PLAN DE CHALON-SUR-SAÔNE CI-CONTRE.

45 056 Chalonnais – Agglomération : 114 847 hab. - Saône-et-Loire (71)
À 71 km au sud de Dijon, à 35 km au sud de Beaune, à 58 km au nord de Mâcon.

À ne pas manquer

Le musée Nicéphore-Niépce et le vieux Chalon.

En famille

Une balade à vélo le long des bords de la Saône ou sur la voie verte *(voir « Nos adresses »)*.

Carnet pratique p. 180

Nos adresses p. 180

Se promener

PLAN CI-CONTRE

Circuit tracé en vert sur le plan.
Signalé par un fléchage au sol, le Chemin de l'Orbandale (surnom de la ville au Moyen Âge) permet de découvrir les plus belles rues et monuments de la ville, en 35 points d'intérêt *(4,5 km)*.
Débutez la visite au **port Villiers**. Une rangée de marches offre, depuis 1840, une halte pour admirer la Saône et l'**île St-Laurent**. Au centre de la place siège la statue de **Nicéphore Niépce**, qui regarde le fleuve. À gauche, quai des Messageries, se situe le musée de la photographie portant le nom de l'inventeur.

★★ Musée Nicéphore-Niépce A2

28 quai des Messageries - 03 85 48 41 98 - www.museeniepce.com - juil.-août : tlj sf mar.. 10h-13h, 14h-18h ; reste de l'année : tlj sf mar. 9h30-11h45, 14h-17h45 - gratuit.
Les 9 expositions temporaires annuelles reflètent la création photographique contemporaine tout autant que l'histoire de la photographie.
Situé dans l'**hôtel des Messageries royales** (18e s.), ce musée s'interroge sur l'évolution de la photographie en tant qu'art et sur sa fonction documentaire, ses usages populaires ou commerciaux et son lien avec l'édition. La collection est composée de quatre millions d'images, 8 000 appareils photographiques et objets permettant de comprendre les techniques de la photographie depuis son invention par Nicéphore Niépce jusqu'à l'image numérique et aux smartphones. La nouvelle salle introductive, organisée par thématiques, permet de suivre les progrès spectaculaires de l'image, et sa place dans notre quotidien : voir, viser,

vendre, diffuser, (se) représenter. L'exposition commence par un décompte en temps réel du nombre de photos prises dans le monde, 3000 par seconde : vertigineux ! Une borne interactive, *Explorations photographiques,* permet de se plonger dans l'intégralité des collections, grâce à un dispositif immersif de zooms et de filtres qui permettent de sélectionner les images selon son intérêt. Captivant. *Camera obscura*, héliogragravures, vues stéréoscopiques (relief), premières éditions d'albums par W. H. Fox Talbot (*The Pencil of Nature*, 1844), trichromies de Louis Ducos du Hauron (1868), autochromes des frères Lumières (1907)... témoignent de l'évolution technique qui s'accélère au 20e s., avec l'apparition du format 24 x 36 (1923) et le succès populaire de la « photo ». On admire les premiers Kodak et Polaroïds et l'appareil lunaire d'Hasselblad. Pièce centrale des collections : la chambre de la Découverte, premier appareil photographique au monde utilisé par Niépce, auquel une salle est consacrée, et des héliographies, considérées comme les premières photographies (1826), tandis que Daguerre (son associé en 1829) développe un matériel commercialisable : le daguerréotype.

SE RESTAURER
Le Bistrot 4
Chez Jules 5
Le Bourgogne 7
Parcours 8

SE LOGER
Hôtel Les Jacobines 5
Hôtel St-Régis 9

Terre de commerce et d'industrie

De l'Empire romain à l'empire Schneider

La situation stratégique de la cité, en bordure d'une grande voie navigable et à la croisée d'un important réseau de routes, incita César à choisir le site pour établir un entrepôt de vivres au temps de ses campagnes en Gaule, contribuant ainsi au développement de la ville.

Au Moyen Âge, les **foires** témoignent du rôle de carrefour européen joué par la cité : on y vend des produits venus du monde entier, épices, draps, fourrures... Les foires, qui avaient lieu deux fois par an, duraient un mois et comptaient parmi les plus fréquentées d'Europe.

En 1791, l'inauguration du **canal du Centre** (conçu par l'ingénieur Émilan Gauthey), permet de relier la vallée de la Saône (à Chalon) à celle de la Loire (à Digoin) ; un peu plus tard, les canaux de Bourgogne (1832) et du Rhône au Rhin (1833), favorisent le développement du commerce régional et l'industrialisation de la région.

En 1839, les usines **Schneider** du Creusot *(voir p. 224)* installent au débouché du canal du Centre une importante usine dite « Le Petit Creusot », devenue « Creusot-Loire ». Spécialisée dans la métallurgie lourde, Creusot-Loire subit de plein fouet la crise sidérurgique de 1984. D'autres industries se sont implantées depuis, à l'instar de St-Gobain ou Areva.

L'émergence d'un génie inventif

Chalon voit naître **Joseph Nicéphore Niépce** en 1765. Inventeur touche à tout, il met au point, avec son frère Claude, un moteur dont le principe est celui du moteur à combustion, le « pyréolophore ». Il dessine aussi une version de la draisienne, qu'il appelle la « machine à courir assis ». Dès 1816, Niépce commence à expérimenter l'effet de la lumière sur du papier recouvert d'une substance photosensible, mais ne parvient pas à fixer les images obtenues. Passionné par la lithographie, il explore également le support de pierre, mais est arrêté par la difficulté de graver les demi-teintes des images qu'il obtient. En 1822, il effectue des essais sur verre et obtient une copie de gravure qui sera détruite par accident. Après ces résultats, Niépce élabore en 1826-1827 un nouveau procédé : l'héliographie (une plaque d'étain poli enduite de bitume de Judée), qui lui permet de réaliser à la fois à la fois copies de gravures et points de vue. Il meurt en 1833, six ans avant la consécration officielle de sa trouvaille par François Arago.

La toute première photographie, *Point de vue du Gras*, prise de sa fenêtre à St-Loup *(voir p. 177)* après dix heures de temps de pose, sur une plaque d'étain recouverte de bitume de Judée, est précieusement conservée dans un bain d'hélium à l'université d'Austin au Texas.

Espace Patrimoine (CIAP) A2

24 quai des Messageries - ✆ 03 85 93 15 98 - www.chalon.fr - ♿ - juin-sept. : 10h-12h45, 13h30-18h ; reste de l'année : tlj sf lun. 10h-13h, 14h-18h.

L'**hôtel Colmont-Fusselet**, édifié en 1773, abrite le centre d'interprétation de l'architecture et du patrimoine : l'exposition (photographies, plans et gravures anciennes) présente les phases de développement de la ville, de sa fondation à l'époque gallo-romaine jusqu'aux années 1980, en passant par l'édification des remparts au 16e s. Différents parcours permettent de découvrir la ville (architecture contemporaine, personnages célèbres et la ville au fil de l'eau).

Traversez le pont St-Laurent, orné d'obélisques au 18e s., qui offre une jolie vue sur la ville et le fleuve.

Hôpital B2

7 quai de l'Hôpital - ✆ 03 85 93 15 98 - www.chalon.fr - fermé pour travaux, réouverture annoncée pour 2024.

Les chanoines n'avaient pas autorisé le chancelier Rolin à installer ses hospices à Chalon ; il les installa donc à Beaune *(voir p. 90)*. Seul le bâtiment à degrés d'inspiration flamande date de la construction initiale (1528). Il comprend, au 1er étage, des pièces lambrissées, le réfectoire, le couloir des cuisines et la pharmacie (1715). Les bâtiments s'étendirent à partir du 17e s. et, dès le début du 18e s., certaines pièces furent ornées de magnifiques **boiseries★**. La **chapelle**, à la toiture métallique (1873), abrite des œuvres d'art provenant des parties démolies : boiseries armoriées, chaire du 17e s., rare Vierge à l'encrier et verrières Renaissance.

Le quai mène à la tour du Doyenné.

2

Tour du Doyenné AB2

Cette tour d'escalier à sept pans, construite au 15e s., est une curiosité chalonnaise. Jadis proche de la cathédrale, elle fut démontée en 1907, puis reconstruite à la pointe de l'île en 1927.

Poursuivez quai Jules-Chamblon jusqu'à l'ancien couvent des Cordeliers.

Ancien couvent des Cordeliers B2

Fondé en 1450 à la demande de Philippe le Bon, il fut transformé en caserne en 1814. Longez le port de plaisance jusqu'au pont de la Genise, édifié en 1459 et reconstruit à plusieurs reprises, et le quai de la Monnaie. Des pompes élévatoires y ont été installées vers 1871. Empruntez la rue de Strasbourg, très animée.

Retraversez la Saône et empruntez la rue du Pont, puis la rue St-Vincent à droite.

Cathédrale St-Vincent B1

Des travaux de rénovation intérieure auront lieu en 2023, renseignez-vous sur l'état d'avancement du chantier auprès de l'office de tourisme.

Sanctuaire de l'ancien évêché de Chalon (supprimé en 1790), St-Vincent ne présente pas un aspect homogène. Ses parties les plus anciennes remontent à la fin du 11e s., de styles gothique et roman, tandis que le chœur est du 13e s. La façade a été détruite à la Révolution et reconstruite comme ses deux clochers néogothiques au 19e s. (1825). À l'intérieur, les piliers cantonnés de pilastres cannelés et de colonnes engagées sont dotés pour certains de chapiteaux semblables à ceux d'Autun. Dans la chapelle absidiale nord, remarquez la grande armoire eucharistique contemporaine en bronze doré (1986) et, dans le chœur, le dais finement sculpté. L'abside abrite un triptyque de 1608 (Crucifixion). Dans la chapelle donnant accès à la sacristie, on admire une voûte à cinq clefs pendantes et un beau vitrail représentant la femme aux 12 étoiles de l'Apocalypse.

Le bras droit du transept ouvre sur la chapelle Notre-Dame-de-Pitié (tapisseries Renaissance) ainsi que sur un cloître du 15e s. Dans le bas-côté droit, nombreuses pierres tombales et chapelles fermées par des claustras (« grilles » de pierre). La chapelle Lamoureux abrite une Pietà du 15e s. La dernière chapelle latérale contient une Pietà polychrome du 16e s. Une maquette tactile à destination des malvoyants a été installée à l'entrée de l'édifice.
Cloître – *Avr.-oct. : mar.-dim. 10h-12h, 14h-18h ; reste de l'année : mar.-sam. 14h-17h, dim. 10h-12h, 14h-17h.* Seul cloître bourguignon qui dessert une cathédrale et qui a conservé ses murs en élévation, il a été très endommagé mais a retrouvé sa splendeur après 10 ans de travaux. La reconstruction de la galerie nord, qui avait complètement disparu au 19e s., a été confiée à la sculptrice dijonnaise Laëtitia de Bazelaire, qui a dissimulé des éléments contemporains dans les chapiteaux. Amusez-vous à les repérer !

★ Vieux Chalon

Certaines des demeures séculaires du vieux Chalon méritent d'être signalées, surtout dans le quartier St-Vincent, où de belles façades à pans de bois ou façade plate ont été dégagées sur la place éponyme. Notez une statue du saint à l'angle de la **rue St-Vincent**. Remarquez aux nos 9-11 le corps de logis de la **maison de la Mothe** (fin 15e s.), à pans de bois et de pierre, dont la tourelle abrite un escalier à vis. La **maison des Trois-Greniers**, au n° 7, est surmontée de toits percés de trois niveaux de lucarnes. À côté, la **maison dite des Lombards** *(10 r. des Cochons-de-Lait)* est une « maison tour » du 13e s.
Remontez la rue aux Fèvres jusqu'au **théâtre Piccolo** (B1), dont seule la façade à pilastres de pierre, ornés de chapiteaux, date de 1776.
Prolongez cette rue commerçante jusqu'à la rue St-Georges.
Au n° 40, la **maison Chambion**, bâtie sur une partie de l'ancienne commanderie de St-Antoine, mêle des éléments de différents styles (oriental et médiéval). Au n° 38, l'**hôtel de Sassenay** forme avec l'**hôtel de Virey**, sur la place Pontus-de-Tyard, un bel ensemble architectural.
En empruntant un petit passage voûté sur votre droite, vous observerez, rue de l'Oratoire, la **maison natale de Nicéphore Niépce** (A1), adossée à la **villa Denon**, et la **tour Saudon**, vestige de l'enceinte gallo-romaine.
Regagnez la rue St-Georges et remarquez, à l'angle de la rue des Tonneliers, les vestiges de la **tour du Beffroi de l'Hôtel-de-Ville**. Cette rue abrite, au n° 8, l'**hôtel**

Le baron Denon

Diplomate de l'Ancien Régime, né à Chalon-sur-Saône en 1747, **Dominique Vivant Denon,** fréquente Voltaire et Pierre le Grand. Graveur renommé, membre de l'Académie des beaux-arts en 1787, il part en Italie ; de retour à Paris, il est considéré par la Convention comme un émigré : son ami, le peintre David, le sauve de justesse de la guillotine. Lors de la campagne d'Égypte, il réalise le relevé des monuments, avant de devenir le conseiller artistique de Napoléon, surintendant des arts en quelque sorte, grand pourvoyeur et organisateur des musées de France. Ayant quitté ses fonctions officielles, il se consacre, comme son compatriote Niépce, au procédé nouveau de la **lithographie**. Artiste talentueux, il est aussi l'auteur d'un roman, *Point de lendemain*. Les autoportraits du baron Denon, dessinés et gravés, sont visibles au musée Denon.

Place St-Vincent et la fontaine Le chemin de la vie créée par Ivan Avoscan.
L. Fontaine/Michelin

Noirot, construit en 1710 pour l'ancien maire de Chalon, et, au n° 5, l'**hôtel Chiquet** où résidèrent Napoléon Ier, puis le pape Pie VII.

Jetez un œil au n° 37 de la rue du Châtelet, où la **maison des Quatre-Saisons** dispose d'une belle façade (17e s.) avec bas-reliefs, médaillons et gargouilles.

Empruntez la rue au Change.

Au n° 3 se trouve la **maison Perry**, d'architecture classique, richement décorée,.

Gagnez la place de l'Hôtel-de-Ville.

L'**hôtel de ville,** implanté en 1844, s'élève sur les restes du couvent des Carmes (13e s.), puis du tribunal (1822). Sa façade néoclassique est l'œuvre d'Eugène Piot. Un marché s'y tient le mercredi matin.

Sur la gauche se dresse l'église St-Pierre et en face le musée Denon.

Église St-Pierre A2

Construite de 1698 à 1713 dans un style italien, cette ancienne chapelle bénédictine présente une façade imposante (refaite au 19e s.). À l'intérieur s'ouvrent une vaste nef et un chœur sous coupole peuplés de statues, dont certaines sont du 18e s. : saint Pierre et saint Benoît à l'entrée du chœur, sainte Anne et la Vierge terrassant le dragon dans le transept. Dans le chœur, stalles sculptées et orgue d'époque Régence surmonté d'un Saül jouant de la harpe.

★ Musée Denon A2

3 r. Boichot - ✆ 03 85 94 74 41 - www.museedenon.com - tlj sf mar. 9h30-12h, 14h-17h30 - gratuit.

Installé dans une annexe (18e s.) de l'ancien couvent des Ursulines, ce musée porte le nom de l'une des gloires de la ville : le baron Dominique Vivant Denon *(voir encadré ci-contre)*. Une opération de rénovation a été menée afin d'améliorer la mise en valeur des expositions temporaires. Les riches collections présentées couvrent l'art pictural du 17e au 20e s. L'école italienne est illustrée par le Napolitain Solimena et des toiles baroques de Giordano et Bassano; le Siècle d'or hollandais (17e s.) par Hans Bollongier et de belles natures mortes de Jean-David De Heem.

La peinture française se distingue par des paysages pré-impressionnistes du peintre chalonnais Étienne Raffort.
Les pièces archéologiques exposées ont pour la plupart été retrouvées lors de fouilles subaquatiques ou de dragage de la Saône : épées et casque de l'âge du Bronze, pointes de lances gauloises, services à boire romains, armement médiéval... Ne manquez pas les treize exceptionnelles « feuilles de lauriers » et le très réaliste groupe gallo-romain en pierre : un lion terrassant un gladiateur.
Face au musée, revenez par la rue du Temple.
Au n° 33 se trouve le **musée du Souvenir du combattant**, au sein de la **chapelle des Hospitaliers,** seul vestige de la commanderie des templiers.

À proximité

CARTE P. 120-121

Roseraie St-Nicolas B2

À 4 km au nord-est. Des quais, prenez les ponts des îles de la Saône au sud, puis la rue Julien-Leneuveu à gauche.
Circuit de 5 km au départ de l'aire de loisirs St-Nicolas. Comptez 1h30. Cette prestigieuse roseraie (comptant quelque 25 000 plants) dissémine ses parterres au milieu d'immenses pelouses semées de bosquets.

La côte chalonnaise

CARTE P. 120-121

Circuit de 70 km tracé en vert sur la carte. Quittez Chalon au sud-ouest par la N 80. Rejoignez la D 981, que vous prenez à droite vers Givry.
La côte chalonnaise forme un trait d'union entre les côtes de Beaune et de Nuits au nord, le Mâconnais et le Beaujolais au sud. Elle produit certains crus réputés, tels que le mercurey, le givry, le montagny, le rully et le bouzeron. Les vignerons y élaborent surtout des vins rouges (pinot noir) dans le nord et des vins blancs (chardonnay) dans le sud.

Givry A2

Givry produit des vins déjà appréciés du bon roi Henri IV. La localité offre l'aspect d'une tranquille petite cité de la fin du 18e s., avec son hôtel de ville installé dans une porte monumentale de 1771, ses fontaines et son **église**. Chef-d'œuvre de Gauthey, cette dernière est couverte de coupoles et de demi-coupoles ; quatre groupes de deux grosses colonnes entourent sa nef.
La **halle ronde**, ancien marché aux grains, dont les grandes arcades laissent apercevoir la jolie spirale de l'escalier central, date du début du 19e s.
Continuez au nord sur la D 981.

Château de Germolles A1-2

100 pl. du 5 Septembre-1944 - ✆ 03 85 98 01 24 - www.chateaudegermolles.fr - visite guidée (1h15) de mi-mars à mi-nov. - horaires variables : consultez le site Internet - visite libre du parc - 9 € (-12 ans 2 €) - parc seul 2,50 € (-12 ans gratuit).
Cette maison forte du 13e s. – que précède une ferme du 14e s. à fenêtres à meneaux – fut rachetée au 14e s. par Philippe le Hardi. Il l'offrit à son épouse, Marguerite de Flandre, qui la transforma en « maison de plaisance ducale ». La demeure prend à l'époque un aspect très bucolique : une bergerie voit le jour, on se met à cultiver la vigne, une immense roseraie s'épanouit... La visite guidée, très intéressante, permet de découvrir un vaste cellier roman-gothique, deux chapelles superposées et plusieurs pièces du château. La plus remarquable est

Mercurey

Entre Givry et Rully, Mercurey est une sympathique étape. Son Appellation Village de la côte chalonnaise est l'une des plus importantes de Bourgogne et compte 32 climats classés en Premier Cru. Sur près de 23 300 hl produits en rouge chaque année en moyenne, plus d'un quart le sont en Premier Cru. Moins connus car quantitativement moins importants, les blancs (4 668 hl) sont aussi très appréciés pour leurs notes épicées ou minérales. *(Source BIVB 2018)*

sans doute la chambre de Marguerite de Bavière, la belle-fille de Marguerite de Flandre, épouse de Jean sans Peur. On y voit des **peintures murales** d'époque extrêmement rares (car les demeures princières du 14ᵉ et 15ᵉ s. ont pratiquement disparu en France), représentant les initiales des propriétaires du château (M et P) et des chardons.

Espace ouvert sur les prés qui l'environnent, le **parc** du château vaut le coup d'œil : on y découvre, entre autres, tilleuls, mûriers, chênes, cyprès, arbres exotiques (ginkgo biloba, araucaria) et, à la belle saison, lauriers et orangers.

À Germolles, prenez à gauche un chemin vicinal dans la vallée des Vaux.

Vallée des Vaux A1-2

C'est le nom donné à la haute vallée de l'Orbise, tout à fait pittoresque. À partir de Mellecey, les villages situés à mi-côte présentent le type des cités viticoles avec les celliers attenants aux maisons : St-Jean-de-Vaux *(où débute la D 124, que vous prenez à droite)*, St-Mard-de-Vaux. *Dans St-Mard, tournez à droite vers Bourgneuf-Val-d'Or. Empruntez la D 978 à droite pour revenir à Chalon-sur-Saône. Poussez ensuite via la D 978 jusqu'à Mercurey distant de 5 km.*

2

De Chalon-sur-Saône à Mâcon CARTE P. 120-121

Circuit de 90 km tracé en marron sur la carte. Quittez Chalon par la N 6. Après 11 km, tournez à gauche sur la D 6 pour rejoindre Marnay, au débouché de la Grosne, puis suivez la direction de Boyer et de la halte nautique en empruntant la D 271. St-Loup est à 7 km au sud de Chalon par la N 6.

St-Loup-de-Varennes B2

Maison Nicéphore-Niépce – *2 r. Nicéphore-Niépce - ✆ 01 40 09 18 58 - www.niepce.com - visite guidée (30mn) juil.-août uniquement : tlj sf mar. 10h-18h (dernier départ 17h), reste de l'année : sur réserv. - 6 € (enf. 3 €).* Il est émouvant de découvrir la chambre d'où fut prise la première photographie, ainsi que le grenier qui abritait les expériences de Niépce et de Daguerre. Dans les lieux mêmes de l'invention, vous découvrirez les premiers procédés et appareils photos reproduits et commentés.

Poursuivez sur la N 6 pendant 3 km.

St-Ambreuil B2

Abbaye de La Ferté – *✆ 06 22 91 40 11/03 85 44 17 96 - www.abbayedelaferte.com - visite guidée (1h) juil.-août : 10h30, 11h30, 14h30, 15h30, 16h30, sam. 10h30, 11h30 ; reste de l'année : sur RV - 16 € (enf. 8 €).* Dernier vestige de l'abbaye, avec le réfectoire en voûtes d'ogives, cette aile du 17ᵉ s. est l'ancien logis de l'abbé. Les appartements de ce dernier sont décorés de mobilier des 17ᵉ et 18ᵉ s. Dans l'amusante galerie des Sciences sont réunis à la fois instruments de mesure et ouvrages scientifiques, ainsi que des portraits et bustes de la savante dynastie familiale Thénard, qui compte l'inventeur de l'eau oxygénée et celui du célèbre crayon Conté !

Au sud de **Tournus★** *(voir p. 161)*, la Saône reçoit la Seille, sur la rive gauche, au petit village de **La Truchère** (charmante écluse sur le bras sud de l'embouchure de la Seille, restaurants et location de bateaux).

Retournez sur Tournus et reprenez la N 6 en direction de Mâcon sur 3 km.

Le Villars B3

Dans ce village vécurent le pianiste **Alfred Cortot** (1877-1962) et l'ingénieur **Gabriel Voisin** (1880-1973), qui fut, avec son frère, le premier à construire industriellement des avions en France. L'**église**, curieux édifice des 11e et 12e s. à deux nefs (l'une, condamnée, était réservée aux religieuses d'un prieuré contigu), est précédée d'un vaste porche et contient quelques sculptures.

Continuez 3 km sur la N 6.

Tandis qu'à droite s'élèvent les monts du Mâconnais, on trouve, sur la gauche, de nombreuses petites routes qui mènent aux anciens « ports » de Farges et d'Uchizy (simples accès fluviaux pour des villages bâtis sur des terrasses hautes, à 2 ou 3 km de la rivière). Les bords de la Saône permettent la pratique de la pêche. Sur la rive, aux « ports », quelques maisons sont regroupées, avec parfois une auberge où déguster les traditionnelles fritures et cuisses de grenouilles.

Farges-lès-Mâcon B3

Ce village possède une **église** romane du début du 11e s., dont l'intérieur ne manque pas d'intérêt. La nef, aux beaux piliers, présente une certaine ressemblance avec celle de St-Philibert de Tournus *(visite libre ou sur demande à la mairie 8h-18h - ✆ 03 85 40 51 00).*

Empruntez la D 210 sur 1,5 km.

Uchizy B3

L'**église** aurait été construite à la fin du 11e s. par les moines de Tournus. Elle est surmontée d'un haut clocher constitué de cinq étages en dégradé, le dernier n'étant pas d'origine.

Poursuivez par la N 6, entre l'autoroute et la Saône.

Au niveau de **Fleurville**, la Saône reçoit la Ressouze, qui passe par Pont-de-Vaux, en Bresse.

Les amateurs d'églises romanes s'arrêteront à **St-Albain** pour apprécier l'heureuse harmonie de l'édifice.

Peu avant d'arriver à Mâcon, à **St-Martin-Belle-Roche**, remarquez les carrières dans des falaises de couleur ocre.

Statue de saint sur une maison à pans de bois de la rue St-Vincent.
R. Mattes/hemis.fr

Carnet pratique

S'informer

Office de tourisme – *4 pl. du Port-Villiers - Chalon-sur-Saône - ✆ 03 85 48 37 97 - www.achalon.com.*
L'office de tourisme organise des visites guidées.

Chemin de l'Orbandale – Des flèches incrustées dans le sol dessinent un parcours dans le Vieux Chalon. Dépliant disponible à l'office de tourisme. et en téléchargement sur son site Internet.

Se déplacer

Le « Pouce » est une navette gratuite qui passe toutes les 15mn, suivant un circuit ponctué par 17 arrêts dans les lieux de grande affluence *(tlj sf dim. 9h-19h).*

Agenda

Voir p. 532.

Nos adresses

Restauration

PLAN P. 171
C'est sur l'île St-Laurent que se concentrent la plupart des restaurants.

Budget moyen

5 Chez Jules – B2 - *11 r. de Strasbourg - ✆ 03 85 48 08 34 - www.chezjules.restaurant - fermé dim.-lun. - menus déj. 18/22 €, menus 29/38 €.* Sur l'île St-Laurent, une salle au cadre rustique et simple. Dans l'assiette : tradition, suggestions du jour et grand choix de desserts.

Pour se faire plaisir

7 Le Bourgogne – B2 - *28 r. de Strasbourg - ✆ 03 85 48 89 18 - www.restau-lebourgogne-chalon.fr - fermé sam. midi, dim. soir et lun. - plats 15/21 €, menus 23/50 €.* Le haut plafond aux poutres apparentes et le mobilier d'inspiration Louis XIII de la salle à manger confèrent une atmosphère « rustico-bourguignonne » au lieu. Cuisine traditionnelle revisitée.

4 Le Bistrot – B2 - *31 r. de Strasbourg - ✆ 03 85 93 22 01 ou ✆ 07 86 55 45 57 - www.restaurant-le-bistrot.fr - ♿ - fermé dim.-lun. et merc. soir - menu déj. 27 €, menus 41/55 €.* Agréable bistrot tout de rouge vêtu (boiseries, banquettes, lustres...). Au sous-sol, le salon voûté donne sur la cave vitrée. Cuisine actuelle avec légumes du jardin et beaux bourgognes.

8 Parcours – B2 - *32 r. de Strasbourg - ✆ 03 85 93 91 38 - www.restaurantparcours.com - fermé merc. et dim. - plats 19/24 € - menu déj. 22 € - menus 33/49 €.* Sur l'île St-Laurent, ce restaurant propose une cuisine inventive et colorée, élaborée à partir de produits de terroir. Belle carte des vins. Salle dans la cave voûtée.

Le St-Georges – HORS PLAN - *32 av. Jean-Jaurès - ✆ 03 85 90 80 50 - fermé dim. - www.le-saintgeorges.fr/restaurant - tlj midi et soir - ♿ - menus déj. 14,90/17,90 €, carte 40 €.* La brasserie de l'hôtel St-Georges *(voir p. 182)* propose une cuisine régionale classique et généreuse (blanquette, quenelles), dans un cadre bistrot contemporain.

À proximité

Budget moyen

Auberge des Alouettes – *1 rte de Givry - Châtenoy-le-Royal - 4 km à l'ouest de Chalon - ✆ 03 85 48 32 15 - www.aubergedesalouettes.fr - ♿ - fermé dim. soir, mar. soir et merc. - menus 24,50/43 €.*

Atmosphère chaleureuse dans cette auberge bordant une artère fréquentée. Attablez-vous près de l'élégante cheminée en pierre pour déguster les suggestions du jour.

Une folie

L'Amaryllis – *Chemin de Martorez - St-Rémy - 3 km au sud-ouest de Chalon - ✆ 03 85 48 12 98 - www.lamaryllis.com - P - fermé du dim. soir au mar. - menus déj. 50/60 €, menus 85/150 €.* Paisible minoterie du 19e s. surplombant un bief. Salle à manger rustique agencée autour de l'ancienne machinerie, véranda, terrasse. Cuisine personnalisée et belle carte des vins.

Shopping

De la place St-Vincent à la place de l'Hôtel-de-Ville, vous traversez le Chalon commerçant. Sur votre droite, la rue aux Fèvres, la Grande-Rue et la rue St-Georges sont aussi bien pourvues.

Marché – *Vend. et dim. matin.* Depuis 1448, le marché anime la place St-Vincent et la rue aux Fèvres.

Maison des Vins de la côte chalonnaise – *2 prom. Ste-Marie - ✆ 03 85 41 64 00 - www.maisondesvins-chalon.com - lun.-sam. 9h-19h - fermé dim.* Cette maison réputée, tenue par une association de 80 viticulteurs de la côte chalonnaise, propose uniquement des vins régionaux au prix de la propriété. Givry, montagny, rully ou mercurey, tous ont été choisis après dégustation à l'aveugle... Autant dire qu'ici on connaît très bien le métier. Différentes formules de dégustations et boutique d'accessoires de cave. Excellent accueil.

Le Cellier St-Vincent – *14 pl. St-Vincent - ✆ 03 85 48 78 25 - www.celliersaintvincent.fr - 9h-12h15, 14h-19h15, sam. 9h-19h15, dim. 9h-12h30 - fermé lun.* Cave à vin (800 références), large sélection de champagnes, spiritueux, whiskies, liqueurs, jus de fruits, bières de toutes les régions du monde.

Les Trois Greniers – *7 r. St-Vincent - ✆ 03 85 46 65 35 - www.lestroisgreniers.com - mar.-sam. 9h30-19h - fermé dim.* Vous trouverez le meilleur des produits régionaux, à glisser dans votre valise, dans cette épicerie fine accueillante et bien achalandée.

En soirée

C'est sur **l'île St-Laurent** que se concentre l'essentiel de la vie nocturne chalonnaise. **Place St-Vincent** également, nombreux cafés, bars à vin et pubs.

Les Tontons et les Tontons bis – *8 r. de Strasbourg - ✆ 09 83 33 88 00 - lestontons.eatbu.com - 18h-1h (3h vend.-sam.).* Le soir, c'est ici que ça se passe ! En terrasse aux beaux jours ou dans un canapé en salle, on déguste une pinte (vaste choix de bières) ou un verre de vin dans une ambiance chaleureuse et décontractée. Billard et fléchettes. L'annexe Les Tontons bis rencontre le même succès.

L'Abattoir – *52 quai St-Cosme - ✆ 03 85 90 94 70 - www.chalondanslarue.com.* Centre national de production des arts de la rue, L'Abattoir accueille toute l'année artistes et compagnies. En juillet, le festival « Chalon dans la rue » anime la ville durant 5 jours.

Activités

Cyclotourisme

Voie verte – *Plan des voies cyclables en téléchargement sur le site de l'office de tourisme.* La boucle Bourgogne du Sud, reliant Chalon-sur-Saône et Mâcon, totalise 145 km. Vous roulerez en toute sécurité à travers la côte chalonnaise, entre Chalon et Cluny *(voir p. 28).*

2

La Voie Bleue - *www. lavoiebleue.com.* Cet itinéraire, dans sa longueur totale, relie Lyon à Sierck-les-Bains (frontière allemande, près de Schengen au Luxembourg). Il permet de découvrir les bords de la Saône à vélo. Plusieurs tronçons traversent la région : de Verdun-le-Doubs à Chalon-sur-Saône (30 km), de Chalon à Tournus (34 km), de Tournus à Fleurville (14 km) et de Fleurville à Mâcon (18 km).

Montgolfière

Bourgogne Montgolfière - *Moroges - 03 85 47 99 85 - www.montgolfiere-en-bourgogne. fr - 230 €/pers., 450 €/2 pers.* Au départ de St-Désert ou de Montagny, vols au-dessus des vignobles de la côte chalonnaise.

Hébergement

PLAN P. 171

Premier prix

5 **Hôtel Les Jacobines** - A1 - *10 r. des Jacobines - 03 85 48 12 24 - www.hotel-lesjacobines. com - P 2 €/19h-8h - 23 ch. 48/78 €.* Les chambres de cet hôtel, un brin exiguës, ont un confort sommaire, mais on appréciera de trouver un hébergement en plein centre-ville pratiquant des prix très bas.

Budget moyen

Hôtel À la Villa Boucicaut - HORS PLAN - *33 bis av. Boucicaut - 03 85 90 80 45 - www.la-villa-boucicaut.fr - P 7 €/j - - 16 ch. 75/188 € - 9,50 €.* Situé dans un quartier calme de Chalon, cet hôtel-là a tout des villégiatures de charme : parquet en chêne, déco raffinée, ambiance cosy... Pour un peu, on se croirait en chambre d'hôte.

9 **Hôtel St-Régis** - A1 - *22 bd de la République - 03 85 90 95 60 - www.hotelsaintregis.com - P 12 €/j - 35 ch. 91/132 € - 12 €.* Sur un boulevard animé, cet immeuble du début du 20e s. a un charme très provincial. Chambres contemporaines qui ont été rénovées. Plaisant salon et nouveau bistrot.

Pour se faire plaisir

Hôtel Le St-Georges - HORS PLAN - *32 av. Jean-Jaurès - 03 85 90 80 50 - www.le-saintgeorges.fr - P 8 €/j - - 57 ch. 153/199 € - voir p. 180.* À deux pas de la gare et à 10mn à pied du centre-ville, ce bel hôtel, derrière sa façade classique, propose des prestations de qualité auxquelles s'ajoute un agréable Spa. Chambres très confortables et bon petit-déjeuner.

À proximité

Budget moyen

Hôtellerie du Val d'Or - *140 Grande-Rue - Mercurey - à 13 km au nord-ouest de Chalon - 03 85 49 23 85 - www. le-valdor.com - P 8 €/j - 12 ch. 89/119 € - 12,50 € - plats 17/27 €, menu déj. 20,50 €, menu 28 €.* Dans ce village vigneron de la côte chalonnaise, l'ancien relais de poste entièrement restauré propose une douzaine de chambres. Agréable jardin. Salle à manger rustique avec cheminée et poutres apparentes.

Pour se faire plaisir

Hôtel Le Dracy - *4 r. du Pressoir - Dracy-le-Fort - à 9 km à l'ouest de Chalon - 03 85 87 81 81 - www.ledracy.com - P extérieure et intérieure - - 47 ch. 139 € - 14 € - plats 25 €, menu déj. 26 €, menus 37/48 €.* Jardin arboré, piscine, parasols, Le Dracy a des airs de vacances. Les chambres, toutes équipées et décorées avec soin, sont bien tenues. Le restaurant La Garenne défend une bonne cuisine traditionnelle, respectueuse des saisons. Sauna et hammam, possibilité de massages. Locations de vélos électriques.

Louhans

et la Bresse bourguignonne

Connue pour sa Grande-Rue bordée d'arcades, Louhans est aussi le siège de la confrérie des Poulardiers de Bresse. Son important marché aux volailles et ses foires de gros bétail classent cette petite ville attrayante au rang de « Site remarquable du goût ». Capitale de la Bresse bourguignonne, elle offre un bon point de départ pour partir à la découverte d'une région mise à l'honneur par un écomusée particulièrement riche, aux nombreuses antennes locales.

Se repérer

CARTE P. 120-121 (C2)
6 433 Louhannais – Saône-et-Loire (71)
À 29 km à l'est de Tournus.

Organiser son temps

Le lundi matin a lieu l'authentique marché aux volailles de Bresse, sur le Champ-de-Foire et place de la Charité.

En famille

L'écomusée de la Bresse bourguignonne et ses nombreuses antennes et activités; une balade en canoë-kayak, le site de loisirs du Domaine de la Loge *(voir « Nos adresses »)*.

Carnet pratique p. 186

Nos adresses p. 186

2

Se promener

Louhans s'appelait Löwing (ville agréable pourvue d'eau) à l'époque gallo-romaine; elle était alors installée sur une colline. Au 5e s., les Burgondes lui donnèrent son implantation actuelle. C'est avec le commerce du sel qu'elle se développa et devint ensuite un relais prospère entre le Jura et la vallée de la Saône.

★ Grande-Rue

Les 157 arcades de ses vieilles maisons, aux piliers de bois ou de pierre, constituent un superbe ensemble, dont la construction remonte à la fin du Moyen Âge. La maison du Bailli (16e s.) et la loggia en sont de remarquables exemples. La longueur de cette artère (400 m) en fait un exemple unique en France.

Le poulet de Bresse

La renommée de la volaille de Bresse, qui constitue toujours une ressource importante pour la région, remonte au 17e s. L'Appellation d'origine contrôlée a été attribuée en 1957. Le fameux poulet à plumes blanches est élevé en liberté (minimum 10 m² par poulet) pendant quatre à cinq mois; il est nourri principalement au grain et termine sa vie dans une épinette (cage fermée) pour un bon engraissement. Les plus recherchés sont les poulardes à la chair tendre et juteuse, et surtout les chapons (castrés à 8 semaines), qui sont engraissés plus longtemps et préparés avec un soin particulier pour les fêtes de fin d'année (ils sont alors roulés et serrés dans une toile végétale).

La Bresse louhannaise ou bourguignonne

La proximité du puissant duché de Bourgogne a éclipsé pendant des siècles les efforts du nord de la Bresse. Ces « terres d'outre-Saône », ayant longtemps constitué une zone frontalière, ont souvent été disputées. Peu fréquentée par la noblesse et longtemps privée d'administrations locales efficaces, la région louhannaise s'est progressivement affirmée grâce à l'essor de ses exploitations agricoles et à la naissance d'une bourgeoisie qui a pris en main la gestion de la ville et de ses environs. À la manière d'un centre culturel, l'**écomusée de la Bresse bourguignonne** s'applique à mettre en valeur les points forts de la région.

Hôtel-Dieu

3 r. Capit.-Vic - ✆ 03 85 75 54 32 - www.louhans-chateaurenaud.fr - visite guidée uniquement (1h15) avr.-oct. : tlj sf mar. 10h30, 14h30 et 16h ; reste de l'année : tlj sf mar. 14h30 et 16h - fermé janv.-fév. - 5,50 € (12-18 ans 3 €).

Cet édifice en pierre rose de Préty, des 17e et 18e s., abrite deux grandes salles communes séparées par une grille en fer forgé. Les lits à ruelle des malades portent chacun une plaque dite de fondation où est mentionné leur destinataire – les donateurs offraient en général ce secours aux habitants d'une ville. La chapelle est ornée de belles boiseries. L'**apothicairerie**, décorée de boiseries Louis XIV, renferme une exceptionnelle collection de flacons en verre soufflé et de faïences lustrées italo-hispano-mauresques des 15e et 16e s. On y voit aussi un groupe bourguignon en bois d'une disposition très rare : la Vierge de pitié est agenouillée devant le Christ mort (début 16e s.).

Église St-Pierre

C'est un édifice fortement restauré en pierre et brique, couvert de tuiles polychromes vernissées. Sur le flanc gauche, voyez le clocher-porche et la grande chapelle aux pavillons à tourelle (14e s.).

L'Atelier d'un journal

29 r. des Dôdanes - ✆ 03 85 76 27 16 - www.ecomusee-bresse71.fr - ♿ - mars-déc. : tlj sf mar. et dim. 14h-18h - 3,50 € (12-18 ans 1 €) - musée municipal gratuit à l'étage.

Les journalistes en herbe et leurs parents auront plaisir à découvrir cette antenne de l'**écomusée de la Bresse** bourguignonne *(voir p. 184)*. Installé dans les locaux du journal bressan *L'Indépendant*, déménagés en 1984 après un siècle d'activité, l'atelier d'imprimerie a conservé ses machines (dont le fonctionnement est expliqué par quelques vidéos), son odeur d'encre et de plomb. Ses bureaux ont été reconstitués dans le style qui fut le leur pendant les années 1930. À l'étage, le **musée des Beaux-Arts** expose les peintres régionaux (Auguste de Loisy, Jules Guillemin, Pierre Lenoir), de la peinture classique et des œuvres contemporaines (Boucher, Prud'hon, Pascin, Cocteau).

La Bresse bourguignonne

CARTE P. 120-121

L'**écomusée** est relayé par plusieurs antennes. Outre celle installée à Louhans *(voir ci-dessus)* et celles mentionnées ici, vous en trouverez d'autres à St-Martin-en-Bresse (Maison de la forêt et du bocage), St-André-en-Bresse (domaine Plissonnier), Sagy (galerie des Moulins), Varennes-St-Sauveur (Tuilerie) ainsi qu'à Verdun-sur-le-Doubs (maison du Blé et du Pain – *voir p. 113*).

Pierre-de-Bresse C1

32 km au nord de Louhans par la D 13.

★ **Château et écomusée de la Bresse bourguignonne** - *03 85 76 27 16 - www.ecomusee-bresse71.fr - - d'oct. à mi-déc. et fév.-mai : 10h-12h, 14h-18h, w.-end 14h-18h ; juin-sept. : 10h-12h30, 13h30-18h - 8,50 € (12-18 ans 4 €).* Entouré d'un parc de 30 ha, le château est un bel édifice du 17e s. en brique claire et à toits d'ardoise. Ses douves et son plan en U, flanqué aux quatre angles de tours rondes coiffées d'un dôme, trahissent sa construction sur l'emplacement d'une maison forte. L'axe de la cour d'honneur a été magnifié au 18e s. par une avant-cour encadrée par de vastes communs que cerne une deuxième boucle de douves. Dans l'aile centrale du château, qui abrite l'écomusée, l'escalier du vestibule d'entrée et deux salles (18e et 19e s.) témoignent des aménagements intérieurs d'époque. Sur trois niveaux, des expositions permanentes et temporaires présentent le milieu naturel, l'histoire, la vie traditionnelle et l'économie actuelle du terroir (documentaires audiovisuels). Des vitrines et reconstitutions font en particulier revivre les métiers d'antan tandis que dans les combles à la belle charpente sont exposées de nombreuses maquettes retraçant l'évolution de l'architecture bressane. En sortant, ne manquez de jeter un œil à la chapelle du château.

Enfant du pays

Le peintre **Édouard Vuillard** (1868-1940) est né à Cuiseaux. Membre du groupe des Nabis, dont le théoricien fut Maurice Denis, il se lia au milieu symboliste et utilisa une palette raffinée pour évoquer des scènes intimistes.

St-Germain-du-Bois C2

15,5 km au nord de Louhans par la D 13.

Maison de l'agriculture bressane – *29 rte de Sens - 03 85 76 27 16 - www.ecomusee-bresse71.fr - horaires variables, consultez le site Internet - 3,50 € (12-18 ans 1 €).* Cette antenne de l'écomusée est consacrée au monde paysan bressan. Elle retrace l'évolution du matériel agricole du 19e s. à nos jours et présente les productions traditionnelles avec, en premier lieu, le maïs et le poulet (programme audiovisuel). Un espace est réservé au cheval ; on y voit la reconstitution d'un atelier de bourrelier harnacheur et on y apprend ce que sont un étalonnier ou un hongreur.

Ménetreuil B2

14 km au sud-ouest de Louhans par la D 167.

Moulin de Montjay – *25 rte de Montjay - 03 85 74 86 47 - www.ecomusee-bresse71.fr - - juin-sept. : tlj sf mar. 14h-18h.* Sur quatre étages, ce moulin à eau historique, dont l'état actuel correspond à celui des années 1950, révèle tous les secrets de la meunerie grâce aux nombreuses machines présentées : turbine, meules, trémies, broyeurs et autres. La visite guidée permet de voir l'ensemble en fonctionnement et un parcours pour les plus jeunes est ponctué d'activités de découverte. Une exposition met également en avant le rôle de l'eau dans les sociétés humaines et insiste sur la protection de cette ressource indispensable.

Romenay B3

25 km au sud-ouest de Louhans par les D 996, D 150 et D 12.

Ferme du Champ-Bressan – *3928 rte des Alpes - 03 85 30 45 83 - www.ecomusee-bresse71.fr - - juil.-oct. : vend.-dim. 10h-12h, 14h-18h.* Au cœur de Romenay, ce domaine début du 18e s. forme un ensemble architectural typique de la Bresse du Sud. Autour de la cour s'organisent les bâtiments d'habitation, grenier, grange et galerie aux toits recouverts de tuiles canal. Observez la belle cheminée sarrasine, l'une des dernières de Bourgogne. Les intérieurs ont été reconstitués et présentent un beau mobilier traditionnel, à découvrir de manière ludique à travers un parcours de visite qui vous plonge dans la vie quotidienne des années 1930.

Cuiseaux C3

21 km au sud-est de Louhans par la D 996, puis la D 972.

Située dans une enclave verdoyante de la Bourgogne au sein de la Franche-Comté, Cuiseaux, à la vocation traditionnellement agricole, était réputée pour ses productions en charcuterie. Longtemps ville frontière très exposée, elle fut fortifiée au 12e s. De son enceinte, qui comptait alors 36 tours, elle conserve encore quelques vestiges. La vieille ville et les environs permettent d'agréables promenades, ici parmi des maisons anciennes, là en forêt ou en campagne.

Église – Le chœur de cet édifice moderne est intéressant ; outre des statues du 16e s. en bois polychrome, il renferme deux tableaux de primitifs italiens. De belles stalles du 15e s. en bois sculpté viennent encore l'enrichir. Le bas-côté gauche abrite une statue de la Vierge noire du 13e s., très vénérée.

La Maison de la mémoire cuisellienne – *Cour du Château-des-Princes-d'Orange - 03 85 76 27 16 - www.ecomusee-bresse71.fr - ouverture ponctuelle pour les manifestations, consultez le calendrier sur le site Internet.* Située dans l'enceinte du château des princes d'Orange, cette antenne de l'écomusée de la Bresse bourguignonne rappelle que Cuiseaux fut une zone de viticulture jusqu'à la fin du 19e s. Elle présente le vignoble jurassien, les outils et ustensiles du vigneron ainsi qu'une « chambre à feu » (pièce à vivre).

Carnet pratique

S'informer

Office de tourisme – *Pl. St-Jean - Louhans - 03 85 75 05 02 - www.bresse-bourguignonne.com.*

Agenda

Cuiseaux organise depuis 2012 une **Biennale des arts**, dont la prochaine édition aura lieu à l'été 2024 *(www.cuiseaux-paysdespeintres.fr).*

Nos adresses

Restauration/ Hébergement

Budget moyen

Auberge de l'Europe – *2 Grande Rue - 03 85 75 21 31 - www.aubergedeleurope.fr - plats 15/25 €, menus 25/35 €.* Dans la grande salle aux belles pierres et poutres ou en terrasse (un peu bruyante), cette brasserie sert produits du terroir et classiques de la région : jambon persillé, tête de veau, poulet de Bresse à la crème et vin jaune, poissons de rivière. Une institution à Louhans.

Hôtel Le Moulin de Bourgchâteau – *Ch. de Bourgchâteau - 03 85 75 37 12 - www.bourgchateau.fr - P - 19 ch.*

69/73 € - ☕ 9 € - ✕ fermé lun. - plats 22/29 €, menus 29/49 €. Moulin céréalier (1778) sur la Seille, converti en hôtel-restaurant de caractère. Rouages, caisson de meule, poutres et vieilles pierres, terrasse au bord de l'eau font le charme du restaurant ; plats traditionnels dont certains soulignent l'origine italienne des patrons.

À Cuiseaux

Budget moyen

Le Bistrot Gourmand – *8 pl. Puvis-de-Chavannes - ✆ 03 85 72 71 57 - www.lebistrotgourmand-cuiseaux.fr - mar.-jeu. 12h-13h, vend.-sam. 12h-13h, 19h-20h30 - plats 24/44 €, menus déj. 16/18 €, menus 34/58 €.* Plaisir et tradition, telle est la devise de cette ancienne boucherie. Dans l'assiette, produit des terroirs bressan et jurassien, mais aussi terrines, glaces - ne manquez pas la corniotte, délicieuse pâtisserie de Louhans ! Jolie petite carte de vins. Une bonne table.

Hôtel Vuillot – *36 r. Édouard-Vuillard - ✆ 03 85 72 71 79 - www.hotelvuillot.fr - P 🏊 chauffée - 15 ch. 66/74 € - ☕ 10 € - ✕ - plats 21/27 €, menus déj. 14 €, menus 21/42 €.* Maison bourguignonne en belle pierre du pays abritant de grandes chambres proprettes, dans un bourg conservant des vestiges de ses anciennes fortifications.

À St-Germain-du-Bois

Budget moyen

Hostellerie Bressane – *2 rte de Sens - ✆ 03 85 72 04 69 - www.giot-hostelleriebressane.fr - P - 9 ch. 74/86 € - ☕ 11 € - ✕ fermé dim. soir, lun. et mar. midi - menus déj. 17/27 €, menus 36/60 €.* La belle maison bourgeoise du 18e s. en impose avec ses murs en briques rouges et ses toits pentus. Elle abrite une cuisine gastronomique de saison qui revisite les spécialités locales avec justesse et brio. Un menu végétarien est proposé. Au 1er étage, des chambres modernes et confortables.

Shopping

Marché aux volailles de Bresse – *Pl. de la Charité - ✆ 03 85 76 75 10 - www.bresse-bourguignonne.com - lun. 8h-12h30.* Marché aux volailles reconnu « Site remarquable du goût ». Parmi les autres spécialités de Louhans : la tête de veau et les Corniottes, pâte à choux sur un fond de pâte brisée faite à l'origine le jour de l'Ascension par les religieuses de l'hôtel-Dieu.

Activités

Site de loisirs du Domaine de la Loge – *10 rte du Sorbier - Flacey-en-Bresse - Domaine de la Loge - ✆ 03 85 74 05 06 - www.domainedelaloge.fr - ♿ - 🏊.* Au cœur de 40 ha (classés « Réserve naturelle libre »), le domaine comprend un parcours VTT et un centre d'équitation. Également 2 gîtes (5 pers. et 12 pers.) à louer.

Canoë-Kayak Club – *9 ch. de la Chapellerie - ✆ 03 58 62 73 63 - ✆ 07 68 15 40 15 - www.bresse-bourguignonne.com - à partir de 8 €/h.* Promenades à la journée *(30 €)* ou à la demi-journée *(18 €).*

Randonnée

Ceux qui aiment marcher ou/et pédaler seront comblés ! Rendez-vous sur le site www.bresse-bourguignonne.com pour télécharger les itinéraires, variés et de tous niveaux, à disposition.

Voie verte bressane – Un circuit bucolique à travers la campagne de la Bresse bourguignonne, entre Louhans et St-Marcel (39 km) et entre Louhans et Lons-le-Saunier (26 km). À effectuer en vélo *(location à l'office du tourisme, avr.-sept., sur réserv.)* ou encore à pied.

Veau charolais.
Naephoto/Getty Images Plus

3

Le Brionnais et le Charolais

CARTE MICHELIN DÉPARTEMENTS 320 – LOIRE (42), SAÔNE-ET-LOIRE (71)

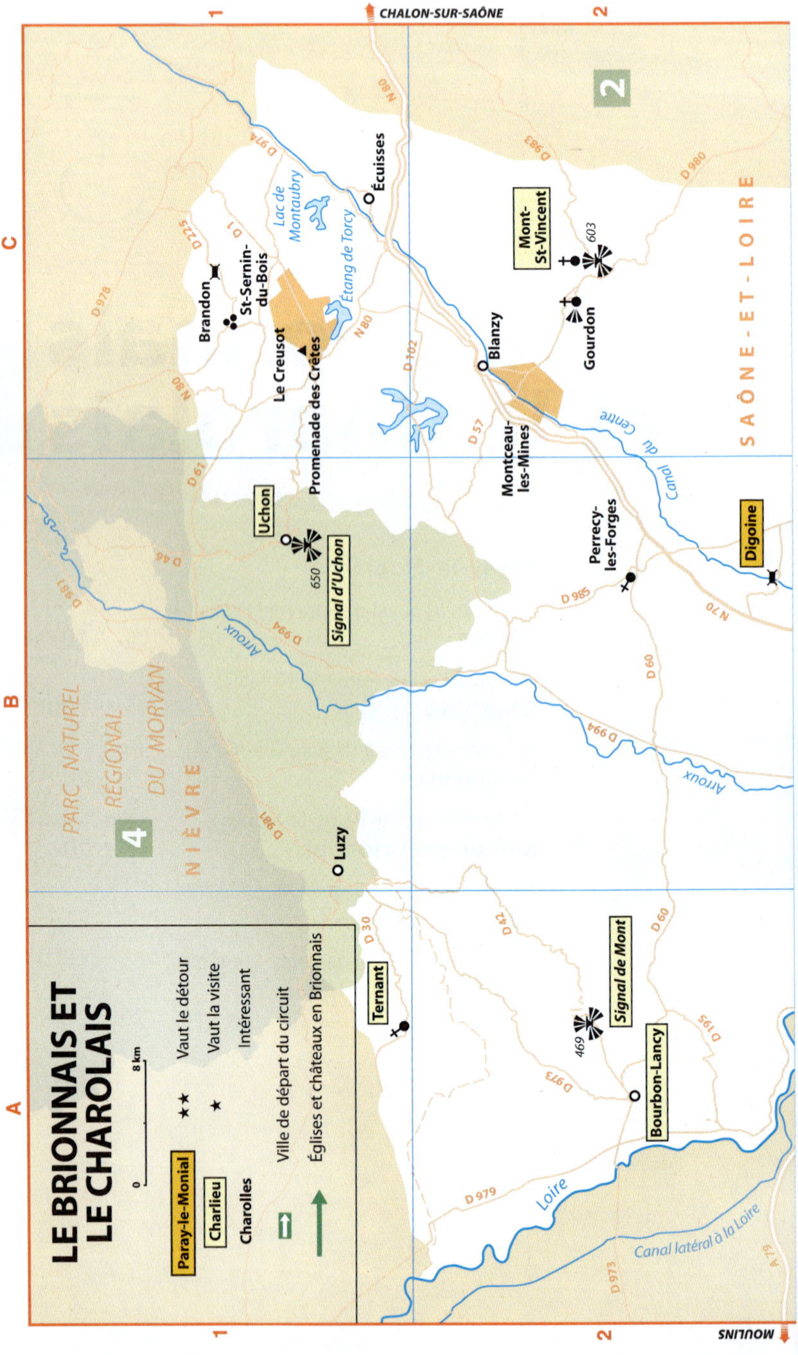
LE BRIONNAIS ET LE CHAROLAIS
0
8 km
Paray-le-Monial ★★ Vaut le détour
Charlieu ★ Vaut la visite
Charolles Intéressant
Ville de départ du circuit
Églises et châteaux en Brionnais
CHALON-SUR-SAÔNE
MOULINS
PARC NATUREL RÉGIONAL DU MORVAN
NIÈVRE
SAÔNE-ET-LOIRE
4
2
Brandon
St-Sernin-du-Bois
Lac de Montaubry
Étang de Torcy
Écuisses
Le Creusot
Promenade des Crêtes
Blanzy
Mont-St-Vincent
603
Gourdon
Montceau-les-Mines
Canal du Centre
Uchon
650
Signal d'Uchon
Perrecy-les-Forges
Digoine
Arroux
Luzy
Ternant
Signal de Mont
469
Bourbon-Lancy
Loire
Canal latéral à la Loire
D 978
D 225
D 1
D 974
N 80
D 983
D 980
D 102
D 57
D 61
D 46
D 981
D 994
D 985
N 70
D 60
D 30
D 42
D 973
D 195
D 979
A 79
A
B
C
1
2

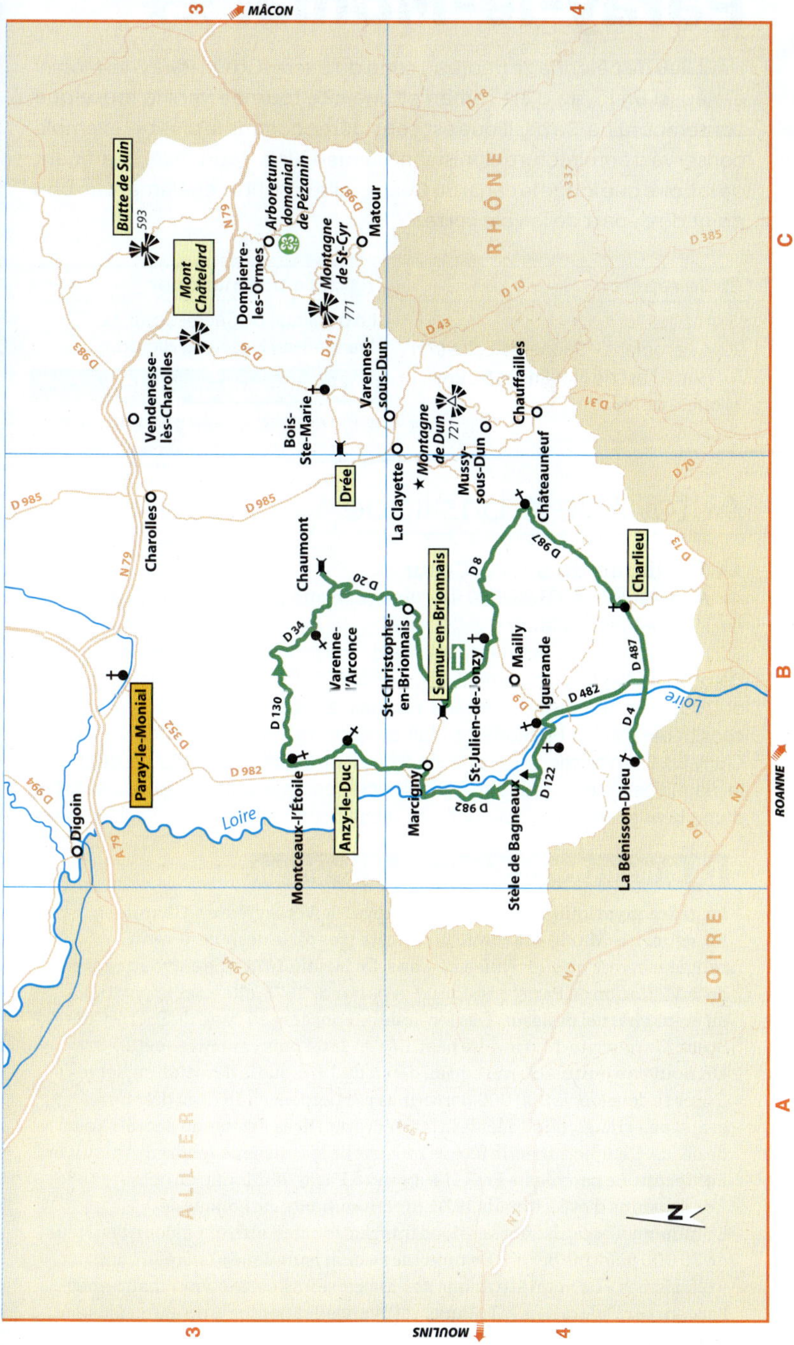
MÂCON
MOULINS
ROANNE
A
B
C
3
4
Butte de Suin
593
Mont Châtelard
Arboretum domanial de Pézanin
Dompierre-les-Ormes
Montagne de St-Cyr
771
Matour
Vendenesse-lès-Charolles
Bois-Ste-Marie
Varennes-sous-Dun
Montagne de Dun
721
Chauffailles
Mussy-sous-Dun
Châteauneuf
La Clayette
Drée
Charolles
Chaumont
St-Christophe-en-Brionnais
Semur-en-Brionnais
Varenne-l'Arconce
St-Julien-de-Jonzy
Mailly
Iguerande
Charlieu
Paray-le-Monial
Digoin
Montceaux-l'Étoile
Anzy-le-Duc
Marcigny
Stèle de Bagneaux
La Bénisson-Dieu
Loire
RHÔNE
LOIRE
ALLIER
N79
N7
A79
D 983
D 985
D 982
D 994
D 352
D 130
D 34
D 20
D 8
D 9
D 987
D 487
D 482
D 4
D 122
D 79
D 41
D 43
D 10
D 18
D 337
D 385
D 31
D 70
D 13
N

Paray-le-Monial ★★

Haut lieu de pèlerinage dédié au culte du Sacré-Cœur, Paray-le-Monial est aussi un joyau d'art roman et une cité tournée vers la mosaïque contemporaine. Sa basilique est considérée comme le plus bel exemple conservé d'architecture clunisienne. Située sur la Bourbince, un affluent de la Loire que longe le canal du Centre, elle constitue également un bon point de départ de la voie verte.

Se repérer

CARTE P. 190-191 (B3).
9 214 Parodiens - Saône-et-Loire (71)
À 71 km à l'est de Moulins et 66 km à l'ouest de Mâcon.

À ne pas manquer

La basilique du Sacré-Cœur, la *Via Vitae* au Musée du Hiéron.

Carnet pratique p. 195

Nos adresses p. 195

Autour de la basilique

★★ Basilique du Sacré-Cœur

Av. Jean-Paul-II - ✆ 03 85 81 10 92 - www.tourisme-paraylemonial.fr - ♿ - 9h30-12h30, 14h-17h30 - gratuit.
Sur la rive droite de la Bourbince se dresse l'église primitivement dédiée à Notre-Dame, puis élevée au rang de basilique en 1875. Construite d'un jet entre 1092 et 1109, sous la direction de saint Hugues, abbé de Cluny, l'église peut être considérée comme un modèle réduit de la célèbre abbaye (contemporaine de Cluny III). Elle n'en conserve cependant que la structure architecturale, délaissant la magnificence décorative et le gigantisme conçus à la gloire de Dieu, au profit d'une beauté abstraite, favorable au recueillement, fondée sur l'agencement

Le sanctuaire du Sacré-Cœur de Jésus

La grâce mystique – Fille du notaire royal de Verosvres-en-Charolais, **Marguerite-Marie Alacoque** manifeste très tôt le désir de devenir religieuse, vœu qu'elle réalise à 24 ans. Le 20 juin 1671, elle entre au couvent de la Visitation de Paray-le-Monial. À partir de 1673, elle a des apparitions du cœur charnel de Jésus. Dès lors, elle se consacre au culte du Sacré-Cœur. Sœur Marguerite-Marie a été béatifiée en 1864 puis canonisée en 1920.
Un nouveau culte – Ce n'est qu'au début du 19e s. que la dévotion au Sacré-Cœur se développe. 200 000 personnes participent en 1873 au premier grand pèlerinage, où se décide la consécration de la France au Sacré-Cœur de Jésus. Chaque année, la fête se renouvelle le troisième vendredi qui suit la Pentecôte. Le pape Jean-Paul II est venu à Paray-le-Monial en octobre 1986.
Les sessions d'été – Depuis 1976, la communauté catholique de l'Emmanuel organise des sessions internationales, attirant aujourd'hui plus de 20 000 pèlerins par an. De tendance « charismatique » (en référence aux « charismes » ou manifestations de l'Esprit saint), cette communauté met l'accent sur l'adoration, la louange et l'évangélisation, ce qui s'entend jusque dans les rues en juillet et août.

Basilique du Sacré-Cœur à Paray-le-Monial.
Ch. Guy/hemis.fr

rythmique des volumes, les jeux d'ombres et de lumières et le dépouillement ornemental. Les rares sculptures privilégient largement les motifs géométriques, dont saint Hugues découvrit probablement la séduisante perfection dans l'art islamique, à l'occasion de deux voyages en Espagne.

Extérieur – La façade est d'une élégante asymétrie : deux tours carrées, épaulées à leurs angles par de puissants contreforts, présentent quatre étages de fenêtres dont le premier éclaire l'avant-nef; la tour de droite, construite au 11e s., a une décoration très sobre; celle de gauche, postérieure, est plus riche puisque les étages supérieurs sont percés de deux baies séparées par une colonne et, au dernier, l'arc des baies est formé de deux rangs de claveaux (pierres taillées en biseau) au lieu de trois, tandis que les chapiteaux des colonnettes sont réunis par un cordon d'oves et de losanges. La tour octogonale située à la croisée du transept a été restaurée en 1856. Pour admirer l'unité du chevet, harmonieusement étagé, contournez l'édifice et placez-vous en haut de l'escalier de la chapelle St-Jean. Au passage, vous découvrirez le bras nord du transept, dont la belle porte romane est décorée de motifs floraux et géométriques.

Intérieur – À la hauteur de l'édifice (22 m dans la nef principale) et à la sobriété du décor s'ajoutent les caractéristiques de l'art clunisien. Une restauration a redonné à l'intérieur sa magnificence, faisant ressortir la belle pierre dorée et les sculptures. Le chœur et son déambulatoire à trois absidioles – le promenoir des Anges – constituent un ensemble d'une grande élégance. L'écrivain Huysmans (1848-1907) observait le symbole de la Trinité dans la triple nef comportant trois travées, trois arcatures au-dessus des grandes arcades surmontées de trois fenêtres. Les chapiteaux historiés et les frises de billettes en damier des fines colonnes sont un exemple typique de l'art bourguignon du 12e s. L'abside en cul-de-four est décorée d'une peinture du 14e s., représentant le Christ en majesté. Un autel du 12e s. est orné d'une dalle en gaufrure de diamant. Remarquez les lustres contemporains en laiton de Jean-Charles Detallante inspirés du bestiaire mythologique roman ainsi que le très beau chemin de croix de l'artiste

Pierre Lafoucrière, mis en émaux par les moines de l'abbaye de Ligujé.

Jardin du cloître

Dans l'enceinte des bâtiments monastiques, le cloître a été reconstruit au 18e s. dans un style classique. Le jardin est organisé, comme au Moyen Âge, suivant un plan en croix. Vous y découvrirez l'hysope, la guimauve, la sauge, la bourrache, l'oreille d'âne... entourées d'armoise et de santoline, odorantes en toute saison. Dans la cour, un jardin mosaïque accueille l'œuvre monumentale de Joël Barguil. Observez la belle porte romane qui donnait accès à l'église.

Le saviez-vous ?

À l'origine de « Paray », le latin *paries*, qui signifie « paroi, clôture », sans doute des anciennes fortifications. « Monial » vient de « moine » en ancien français. À l'instar de Cluny, la ville s'est construite autour de la basilique. Au fil des siècles, de nombreuses communautés religieuses s'y sont fixées.

Parc des Chapelains

Ce vaste enclos, orné d'un chemin de croix, accueille les grandes cérémonies de pèlerinage. Un **diorama** est consacré à la vie de sainte Marguerite-Marie *(pl. du Card.-Perraud - ✆ 03 85 81 56 00 - www.sacrecoeur-paray.org - ♿ - entrée libre).*

Chapelle des Apparitions

R. de la Visitation. C'est dans cette chapelle que sainte Marguerite-Marie reçut ses principales révélations, illustrées dans le chœur. La châsse en argent doré abritant ses reliques se trouve dans une chapelle à droite.

★ Musée du Hiéron

13 r. de la Paix - ✆ 03 85 81 79 72 - www.musee-hieron.fr - ♿ - juil.-août : 10h-12h30, 14h-18h ; de mi-mars à fin juin et sept.-déc. : fermé lun.-mar. - gratuit.

Ce bâtiment à la charpente en bois, métal et verre inspirée de Gustave Eiffel abrite un intéressant musée d'art sacré. Avec ses objets liturgiques, ses peintures anciennes, dont *La Lévitation de Thomas Cori* par Cavallucci, ses sculptures, comme le *Christ au sourire* (16e s.) et le Christ polychromé de Varenne-l'Arconce (12e s.), ainsi que le très beau **tympan d'Anzy-le-Duc** (12e s.), il présente l'image du Christ de manière thématique. Dans chaque salle, une œuvre contemporaine entre en résonance avec les œuvres anciennes. Ne manquez pas la **Via Vitae★★** (ou *Chemin de vie),* réalisée entre 1894 et 1904 par le joaillier Joseph Chaumet. Ce chef-d'œuvre d'orfèvrerie monumentale (haut de 3 m), composé de 138 figurines d'or et d'ivoire (hautes de 10 à 12 cm), retrace la vie du Christ sur une montagne de marbre et d'albâtre. L'étage inférieur est consacré aux expositions temporaires et aux ateliers pédagogiques.

Chapelle La Colombière

19 r. Pasteur. En face du musée du Hiéron se tient la chapelle dédiée à Claude de La Colombière, le directeur spirituel de sainte Marie-Marguerite, qui fut canonisé en 1992. De style néo-byzantin, elle est dotée d'un décor de **mosaïques** et de vitraux des frères Mauméjean.

Le centre-ville

★ Hôtel de ville

La façade en pierre dorée de ce bel hôtel Renaissance, construit en 1525 par un riche drapier, Pierre Jayet, est ornée de coquilles et de médaillons représentant les propriétaires, le roi de France et des personnages antiques.

Tour St-Nicolas

Cette grosse tour carrée du 16e s. est l'ancienne église St-Nicolas, reconvertie en lieu culturel. La façade qui borde la place Lamartine s'orne d'une belle rampe en fer forgé et d'une fine tourelle construite en encorbellement à la pointe du pignon.

Musée Paul-Charnoz

32 av. de la Gare - ✆ 03 85 81 40 80 - www.musee-carrelage-charnoz.org - ♿ - juil.-août : 14h30-18h (gratuit) - reste de l'année, visite par groupe de 6 pers. mini (4 €/pers.).

Créé en 1994 par les ouvriers de l'usine de carrelages Cerabati, non loin de l'entreprise qui a fermé ses portes en 2005, le musée organise chaque année une exposition temporaire autour de l'étonnante **grande rosace** (12,5 m de diamètre) qui avait été réalisée pour l'Exposition universelle de 1900, et de la « fresque » qui reçut le premier prix à celle de 1889.

Maison de la mosaïque contemporaine

15b quai de l'Industrie - ✆ 03 85 88 83 13 - www.maisondelamosaique.org - avr.-sept. : 15h-18h ; reste de l'année : 14h-17h - gratuit.

Ouvert à tous, ce centre d'art est à la fois un lieu d'expositions temporaires et un atelier proposant des stages et des formations tous niveaux. Une vidéo retrace l'histoire de la mosaïque et explique les techniques utilisées.

Parc du Moulin Liron

Entre le canal du Centre et la Bourbince, ce parc de 15 ha, planté de près de 850 arbres, offre une promenade agréable avec une belle vue sur la basilique.

3

Carnet pratique

S'informer

Office de tourisme – *25 av. Jean-Paul-II - Paray-le-Monial - ✆ 03 85 81 10 92 - www.tourisme-paraylemonial.fr.*
L'office de tourisme organise des visites guidées en juil.-août, dont des visites nocturnes aux flambeaux.

Se garer

Parking du Moulin-Liron près de la basilique, sur la rive gauche de la Bourbince.

Agenda

Mosaïque contemporaine - *De déb. juil. à mi-sept. - ✆ 03 85 88 83 13 - maisondelamosaique.org.* Une grande exposition des meilleurs mosaïstes contemporains, dans divers lieux de la ville.

Nos adresses

Restauration

Pour se faire plaisir

L'Apostrophe – *27 av. de la Gare - ✆ 03 85 25 45 07 - hotel-restaurant-lapostrophe.com - tlj - plats 30/36 €, menus déj. 26 €, menus 42/85 € - 14 ch. 100 € - ☕ 14 €.* Restaurant moderne et sympathique avec une cuisine traditionnelle mâtinée de saveurs exotiques comme ce

Saint-Pierre au chorizo, encornets, pesto d'oseille et fumet d'agrumes au yuzu. Les 14 chambres sont simples et élégantes.

Hostellerie des 3 Pigeons – *2 r. Dargaud - ✆ 03 85 81 03 77 - h-3-p.com - P 6,70 €/j - ♿ - fermé de mi-nov. à mi-mars - menus déj. 17,50 €, menus 29/56 € - 40 ch. 74/130 € ☕ 12 €.* En salle ou sur la belle terrasse arborée, une cuisine traditionnelle (escargots, filet de charolais poêlé sauce roquefort...) à prix corrects. Les chariots de fromages régionaux et de desserts maison valent le détour.

Activités

Randonnée

L'office de tourisme vend un topoguide *(3 €)* comprenant 12 circuits.

Cyclotourisme

Location de vélos et de rosalies – *Rens. à l'office du tourisme de Paray-le-Monial - www.tourisme-paraylemonial.fr - 1/2 j. 10 € (enf. 8 €), 1 j. 14 € (enf. 10 €); vélos électriques 1/2 j. 20 €, 1 j. 25 €, forfait famille 1 j. 38 €.* Réservation obligatoire.

Voie verte – Paray-le-Monial se situe au carrefour de plusieurs voies vertes. Le long du Canal du Centre, vous pourrez rejoindre Digoin, en suivant l'**EuroVelo 6**. Cette piste cyclable continue le long du Canal latéral à la Loire vous permettant de rejoindre Bourbon-Lancy. La **Véloire**, en direction du sud, aménagée sur une ancienne voie ferrée, vous invite à pédaler sur 60 km jusqu'à Roanne, dans la Loire.

Et vous trouverez d'autres itinéraires en téléchargement sur le site de l'office de tourisme.

Hébergement

☺ Les pèlerins affluent à Paray-le-Monial en juillet et août, et le 16 octobre, fête de sainte Marguerite-Marie. Pensez à réserver votre hébergement !

Premier prix

Clos des Oliviers – *1 cours Jean-Jaurès - ✆ 03 85 81 03 92 et ✆ 06 18 99 81 65 - 3 ch. 68/85 €.* À quelques pas de l'hôtel de ville, cette maison d'hôte fraîchement rénovée vous accueille avec son carré de verdure où poussent quelques arbres qui fleurent bon la Méditerranée. La bâtisse qui date de 1852 abrite des chambres spacieuses et agréables, avec parquet au sol.

Budget moyen

Grand Hôtel de la Basilique – *18 r. de la Visitation - ✆ 03 85 81 11 13 - www.hotelbasilique.com - P 6,50 €/j. - avr.-oct. - 45 ch. 78/131 € - ☕ 11 € - ✕ formule déj. 16 €, menus 24/45 €.* Depuis cinq générations, la même famille tient cet hôtel dont les chambres sont tournées en partie vers la basilique. Repas servis dans une salle à manger lumineuse fleurant bon la campagne et la tradition.

Digoin

Ce ne sont pas moins de trois canaux qui se rencontrent à Digoin, située en bord de Loire. D'où une riche histoire fluviale ! Et ce n'est pas la seule particularité de cette petite ville qui s'anime aux beaux jours : en effet, elle possède aussi une longue tradition d'activité céramique.

Se repérer

CARTE P. 190-191 (B3).

7 741 Digoinais – Saône-et-Loire (71)
À 14 km à l'ouest de Paray-le-Monial.

En famille

L'ObservaLoire et une balade à vélo.

Nos adresses p. 198

Se promener

7 r. Nationale - 03 85 53 00 81 - tourisme.legrandcharolais.fr.

Pont-canal

R. des Perruts. Long de 243 m, percé de 11 arches, l'ouvrage fut construit entre 1832 et 1836. Prouesse technique, il permet au canal latéral à la Loire de franchir le fleuve et de rejoindre le canal du Centre.

ObservaLoire

R. des Perruts - 03 85 53 75 71 - www.observaloire.com - ♿ - juil.-août : 10h-18h ; reste de l'année : tlj sf mar. 14h-18h - fermé de mi-nov. à mi-mars - 5 € (12-18 ans 4 €, 6-12 ans 2,50 €).

Dans cet espace consacré au patrimoine historique et naturel de Digoin, véritable carrefour d'eaux, vous découvrirez d'abord, dans des aquariums, les différentes espèces locales de poissons. Puis sont expliqués les phénomènes des crues, la vie des mariniers d'antan et le trafic fluvial au moyen de maquettes, d'outils, de documents d'époque, de vidéos et d'archives sonores, ainsi que de jeux pour les enfants. De l'observatoire, jolie **vue** sur le pont-canal et la Loire *(prêt de jumelles).*

Église Notre-Dame-de-la-Providence

Ce bel édifice de style à la fois roman et byzantin fut érigé au 19e s. Les sculptures des tympans de la façade ont été réalisées de 1976 à 1978, l'une d'elles représente le chef cuisinier Alexandre Dumaine, natif de Digoin. L'intérieur, très vaste, est éclairé par des vitraux d'une belle facture, notamment ceux imitant des mosaïques, du revers de la façade.

Musée de la Céramique

8 r. Guilleminot - 03 85 53 88 03 - www.musee-ceramique-digoin.com - juin-sept. : lun.-vend. 9h-12h, 14h-18h, w.-end 14h30-18h ; reste de l'année : voir le site - 6 € (-18 ans 3 €).

Aménagé dans une hôtellerie du 18e s., il présente l'histoire de la céramique ainsi que les différents procédés de fabrication : moulage,

Le saviez-vous ?

Suite au rattachement de l'Alsace-Lorraine à la Prusse en 1870, la **faïencerie** de Sarreguemines rapatria ses activités en France en créant deux usines, l'une à Vitry-le-François, la seconde à Digoin. Un savoir-faire qui perdure dans la cité ligérienne.

3

coulage, tournage, décoration, émaillage et cuisson. La visite guidée permet de s'y retrouver dans les impressionnantes collections de près de 10 000 pièces.

Manufacture de Digoin

1 r. de la Verne - ✆ 03 85 25 51 51 - www.manufacturededigoin.com - visite guidée sur réserv. à l'office de tourisme

Fondée en 1875, la fabrique des grès et poteries de Digoin a été reprise en 2014 afin de redonner vie à ces vinaigriers, pichets, cruchons et autres terrines, aux jolies teintes modernes.

Nos adresses

Restauration/ Hébergement

Budget moyen

Le Relais du Canalou – *76 av. du Gén.-de-Gaulle - ✆ 03 85 53 25 28 - www.relaisducanalou.com - - 15 ch. 49/84 € - 8 € - menus déj. 14/17 €, menus 29/37 €.* Ici, la cuisine est généreuse, à l'image de la spécialité de la maison : l'escarbœuf, une noix de joue de bœuf braisée à la bourguignonne avec fricassée d'escargots. L'établissement propose des chambres sur le thème du bateau, simples et bien tenues.

Village Toue des Demoiselles – *11 r. du Port - Chassenard - ✆ 03 85 53 76 60 - www.village-toue.fr - - 46/139 € - 8 €.* Dans un site naturel protégé, entre le canal latéral et la Loire, ce village propose des hébergements insolites : cabanes, tonneaux et autres toues (dont l'une avec Jacuzzi) amarrées sur l'étang. L'aire de jeux et la petite ferme plairont aux enfants.

Pour se faire plaisir

Auberge de Vigny – *Le Bourg - Vigny - à 10 km à l'est de Digoin - ✆ 03 85 81 10 13 - www.aubergedevigny.fr - - fermé lun.-mar. - menus 29/47,50 €.* Cuisine au goût du jour servie dans une ancienne salle de classe. La maîtresse de maison est excellente pâtissière ! Jardin-terrasse ensoleillé.

Shopping

Le musée de la Céramique et l'office du tourisme proposent à la vente des articles de la manufacture.

En soirée

En été, des concerts sont organisés et des lieux éphémères ouvrent, notamment sur les bords de Loire.

Dock Café – *Pl. de la Grève - ✆ 03 85 53 73 00 - de mi-juin à mi-sept. : 10h-23h (lun.-mar. 15h).* L'ancien dépôt de céramique se transforme en café-guinguette avec grande terrasse ombragée et vue sur le pont-canal. Cocktails et planches sur place.

Activités

Croisières sur Digoin – *Maison du Bateau - R. du port Campionnet - ✆ 03 85 53 76 78 - www.croisiere-digoin.fr - avr.-oct. - balade (1h30) : 11,50 € (-12 ans 8 €) - croisière déj. (3h) : 49 € (-12 ans 30 €) - location bateau avec matelot 160/240 €.* Plusieurs choix de promenade en bateau sur les canaux autour de Digoin, avec passage du pont-canal et d'une écluse.

Cyclotourisme – Digoin et ses environs offrent de belles balades à vélo le long des voies fluviales avec comme point d'orgue la traversée du pont-canal. Location de vélos à la Maison du Bateau *(sur réserv. 03 85 53 76 74)*.

Charolles

Sillonnée par un canal et traversée par l'Arconce et la Semence, l'ancienne cité de Charles le Téméraire se dévoile au détour de ses quais, de ses vieilles rues et de ses placettes fleuries.

Se repérer

CARTE P. 190-191 (B3).

2888 Charollais – Saône-et-Loire (71)
À 13 km à l'est de Paray-le-Monial
et à 54 km à l'ouest de Mâcon.

Carnet pratique p. 201

Nos adresses p. 202

Découvrir

Du 15e s., la ville conserve les vestiges du **château** des comtes de Charolais, avec la fière tour du Téméraire et la tour de Diamant, qui abritait une prison pendant la Terreur. **Vue** agréable depuis les jardins en terrasse. Rue Baudinot, l'ancien couvent des Clarisses, où vécut dans sa jeunesse Marguerite-Marie Alacoque *(voir encadré p. 192)* abrite l'office de tourisme.

Musée du Prieuré

4 r. du Prieuré - ✆ 03 85 24 24 74 - www.ville-charolles.fr - P ♿ - mai-sept. : 14h-18h - 4 € (-18 ans gratuit).

Logé dans un bâtiment du 15e s., le musée rassemble une belle collection de **faïences**★ de Charolles : service à café japonisant, bouquets légers agrémentés d'insectes ou de papillons pièces Art déco. Le musée présente également des œuvres de peintres régionaux. Dans la chapelle, sculptures de René Davoine (1888-1962), dont l'atelier est visible sur la promenade St-Nicolas. Avant de partir, ne manquez pas la salle capitulaire (15e s.) et sa poutre engoulée (car les animaux sculptés avalent la poutre), décorée de masques. En été, une exposition temporaire de céramique design ou contemporaine est proposée.

3

On vous emmène à la Maison du charolais

À l'écart du bourg qui lui a donné son nom, au milieu des grasses pâtures qui lui valent sa réputation, vous saurez tout sur le bœuf « charolais », de son origine (peut-être les Croisades) à son cheptel, jusqu'à sa vente au marché aux bovins du mercredi. En sortant de l'exposition, après la dégustation clôturant la visite, on n'a qu'une envie : aller saluer les vaches et rejoindre Charolles si, comme nous, vous aimez connaître le visage des lieux dont les noms font le tour du monde (comme Camembert, Porto, Panama...), surtout que l'on dit de celui-ci que c'est la « petite Venise du Charolais ». La promenade y est rafraîchissante, l'été, grâce à ses rivières, l'Arconce et la Semence, irriguant le canal qui longe les ruelles. Les habitants nous soufflent au passage qu'il y a ici une autre star : Charles le Téméraire, l'ambitieux cousin du roi de France qui reçut la cité en héritage au 14e s. Décidément, quel pedigree, ces Charolais !
Maison du charolais – *43 rte de Mâcon - ✆ 03 85 88 04 00 - www.maison-charolais.com - ♿ - mars-oct. : 10h-18h ; reste de l'année : 11h-17h - 5,50 € (-12 ans gratuit) - 7,60 € (-12 ans 3,80 €) avec dégustation.*

Le bœuf de Charolles

La richesse des herbages en Charolais et en Brionnais, conjuguée au savoir-faire des éleveurs, est à l'origine du succès de la **race charolaise**, mondialement reconnue pour la qualité de sa viande. À Charolles, plusieurs fois par an, des foires interdépartementales exposent à la vente vaches, veaux, broutards, génisses et taureaux. Depuis 2014, le bœuf de Charolles bénéficie de l'Appellation d'origine protégée. La Saône-et-Loire possède plus de 630 000 bovins charolais, soit la moitié des races à viande, et fournit un quart de la viande consommée en France.

Depuis la Maison du charolais *(voir encadré p. 199)*, vous pourrez vous rendre à pied à Vendenesse-lès-Charolles *(voir ci-après)* en suivant le **chemin des fours à chaux** *(6 km)*.

À proximité

CARTE P. 190-191

Vendenesse-lès-Charolles C3

5 km au nord-est par la D 17.

Fours à chaux – *06 83 98 92 74 ou 06 21 87 07 46 - www.foursachaux71120.fr - juin-oct. : 10h-19h - gratuit.* Des travaux de restauration ont rendu aux fours du village l'aspect qu'ils avaient au début du 20e s. Construites en 1881, ces curieuses installations produisirent, au plus fort de leur activité, quelque 1 000 tonnes de chaux. Leurs imposantes cheminées de brique témoignent d'une activité industrielle locale aujourd'hui disparue.

Un chemin frise-géologique d'1 km démarre au lieu-dit les Pacauds et passe devant les fours à chaux.

★★ Château de Digoine B2

À Palinges, 14 km au nord-est de Charolles par la D 25, puis à droite la D 128.

03 85 70 20 27 - www.chateaudedigoine.fr - avr. et oct. : tlj sf lun. 14h-18h ; mai-juin et sept. : tlj sf lun. 10h-12h, 14h-18h ; juil.-août et déc. : 10h-19h - fermé de mi-déc. à mars - château et théâtre en visite guidée uniquement, horaires en ligne - château + jardins + théâtre 12 € (7-12 ans 5 €) - jardins 5 € (7-12 ans 3 €) - .

Cette belle et imposante demeure du 18e s. présente deux façades d'aspect très différent, aux pierres couleur ocre. La façade d'entrée néoclassique, flanquée de deux pavillons en saillie, est précédée d'une cour d'honneur que ferme une grille en fer forgé ; elle porte un élégant fronton sculpté. La perspective sur l'allée cavalière est particulièrement majestueuse. La façade donnant sur le jardin anglais comprend, quant à elle, en son milieu, un avant-corps très ouvragé à deux étages ; à ses extrémités se dressent deux tours d'angle de la forteresse d'origine, cylindriques et à coupoles. Digoine est la propriété de Jean-Louis Remilleux, le producteur de l'émission Secrets d'Histoire, grand collectionneur et amateur d'art. À l'intérieur, une enfilade de pièces de réception dotées d'un riche **mobilier★** permet de découvrir un subtil décor aquatique par Clodion (1782), une salle de jeux aux loups naturalisés, une bibliothèque de style gothique troubadour, de beaux portraits de maîtres des 17e et 18e s. Le **théâtre★** à l'italienne attribué à Cicéri (1842), célèbre pour avoir décoré l'Opéra de Paris, clôt la visite.

Ne manquez pas, dans le **parc★** de 35 ha, les orangers bicentenaires du parterre de la cour d'honneur, la belle roseraie qui présente plus d'une soixantaine de variétés de rosiers anciens, ainsi que la serre (vers 1830) aux plantes tropicales et le jardin à la française, redessiné vers 1920 par le paysagiste Achille Duchêne. Depuis l'étang la vue sur le château est très belle.

★ Mont Châtelard C3

16 km à l'est par la N 79 puis la D 79.

D'une esplanade où s'élèvent les monuments dédiés au maquis de Beaubery et au bataillon du Charolais se déploie une **vue★** embrassant le pays de Loire à l'ouest, tout le Charolais et le Brionnais au sud, les monts du Beaujolais à l'est.

★ Butte de Suin C3

20 km à l'est par la D 17.

À proximité de la D 17, à mi-chemin entre Charolles et Cluny, se dresse la butte de Suin (593 m), qui portait jadis un oppidum ainsi qu'un temple dédié à Mercure. Aujourd'hui, les amateurs de deltaplane évoluent à proximité.

Laissez la voiture au parking derrière le monument aux morts et prenez le sentier qui passe à droite de l'église.

À hauteur de la statue de la Vierge, montez à droite les escaliers qui donnent accès à la table d'orientation *(15mn à pied AR)*. De là, on découvre un magnifique **panorama★★** circulaire sur la vallée de la Saône et le Charolais.

Carnet pratique

S'informer

Office de tourisme – *24 r. Baudinot - Charolles - ☏ 03 85 24 05 95 - tourisme.legrandcharolais.fr.*

Agenda

Foire d'octobre – *1er w.-end d'oct. - ☏ 03 85 24 17 54 - www.ville-charolles.fr.* Foire aux bestiaux. Ambiance pittoresque !

Festival du bœuf – *Déb. déc. - ☏ 03 85 24 17 54 - www.tourismecharolaisbrionnais.fr.* Concours de bovins, dégustations...

Journées médiévales - *W.-end suivant le 15 août - gratuit.* Animations, ateliers pour enfants, marché médiéval et visites guidées.

3

Nos adresses

Restauration/Hébergement

Pour se faire plaisir

Maison Doucet – *2 av. de la Libération - ☏ 03 85 24 11 32 - maison-doucet.com - 18 ch. 110/350 € - 17 € - ouvert du merc. midi au dim. midi (juin-août : mar. soir - dim. midi, fermé jeu.) - menu déj. 45 €, menus 60/145 € - Bistrot du quai (☏ 03 85 25 51 75) ouv. tlj - plats 17 € - menu déj. 21 €, menus 31/51 €.* La maison Doucet comprend un restaurant étoilé au Guide Michelin (2022) et un bistrot. Aux deux tables, produits régionaux (les fournisseurs sont choisis avec soin) cuisinés avec talent et inventivité, dans un décor raffiné ou sur l'agréable terrasse. L'hôtel propose des chambres confortables et contemporaines.

Shopping

Jetez un coup d'œil à la faïence de Charolles ; la production moderne est intéressante.

La Clayette

Réputée pour ses courses et concours hippiques, cette « ville du cheval » s'étage au-dessus de la vallée de la Genette. À l'extrémité de son agréable plan d'eau ombragé de platanes se dresse un imposant château fortifié. Ses environs réservent d'autres belles surprises, à l'instar du château de Drée, avec son somptueux intérieur et ses jardins à la française.

Se repérer

CARTE P. 190-191 (C4).
1637 Clayettois – Saône-et-Loire (71)
À 20 km au sud de Charolles, à 20 km au nord-est de Charlieu, à 55 km à l'ouest de Mâcon.

À ne pas manquer

Le château de Drée ; la vue du sommet de la montagne de Dun ainsi que de la montagne de St-Cyr ; les essences forestières de l'arboretum domanial de Pézanin.

En famille

La Maison des patrimoines en Bourgogne à Matour et le Lab 71 à Dompierre-les-Ormes.

Nos adresses p. 205

Se promener

3 rte de Charolles - 03 85 28 16 35 - www.tourisme-sudbrionnais.fr.
Prononcez La Claite, car, au Moyen Âge, La Clayette s'écrivait « La Claète », marquant une sorte de frontière entre les terres royales du Mâconnais et le duché de Bourgogne. Les armes de la ville portent un cheval, témoin d'une très ancienne tradition, puisqu'on dit que le cheval blanc d'**Henri IV** aurait été élevé ici.

Château

Ne se visite pas. Entouré de douves peuplées d'énormes carpes, ce château du 14e s. a subi d'importantes transformations aux 18e et 19e s. Ses vastes communs à tourelles du 14e s. et son orangerie du 18e s. ne manquent pas de caractère.

À proximité

CARTE P. 190-191

★ Château de Drée C3

À Curbigny, 4 km au nord par la D 193.
D 193 - 03 85 26 84 80 - www.chateau-de-dree.com - visite guidée uniquement (1h) juin-août : 10h-17h30 ; avr.-mai et sept.-oct. : tlj sf lun.-mar. 14h-17h - 12,50 € (8-18 ans 8,50 €) - visite libre des jardins et dépendances (6, 50 €).
Ce château du 17e et 18e s. est composé d'un corps de logis et de deux ailes en équerre. De la grille d'entrée, la **vue** sur la façade est grandiose. Des colonnes ioniques, formant portique, soutiennent un balcon et, au 1er étage, un blason sculpté.
À l'intérieur, les pièces de réception et les chambres sont ornées d'un beau **mobilier★★** de style Louis XIV, Louis XV ou Louis XVI, de tapis de la Savonnerie et de superbes tentures (les propriétaires appartiennent à une famille de filateurs du Nord). Remarquez la salle à manger Directoire et le ravissant salon d'angle, d'époque Louis XV. À l'étage, quatre chambres se visitent avant de descendre à la

chapelle dédiée au Sacré-Cœur. Vous découvrirez aussi des lieux plus inattendus comme la cuisine du 19e s., les écuries, le chenil, la glacière, la lampisterie, le colombier et la prison.

Entièrement restauré, un parc de 10 ha entoure le château *(des chasses à l'œuf y sont organisées à Pâques)*. Entre les communs, des parterres au tracé géométrique plantés de lavandes, de rosiers roses et de buis embaument l'entrée. Puis la terrasse entourant le château conduit à la roseraie, agrémentée d'un bassin orné de jets d'eau. À l'arrière, apparaissent les jardins à la française plantés de 25 000 buis formant une véritable broderie végétale. La promenade se poursuit dans les sous-bois qui dissimulent une folie, la Tour des Demoiselles.

Bois-Ste-Marie C3

7 km au nord-est par la D 79.

Bâtie au 12e s., l'**église**, au clocher ajouré et à l'imposant chevet, fut restaurée au 19e s. Sur le côté droit, une porte au tympan sculpté représente la Fuite en Égypte. À l'intérieur, égayée par la coloration rouge et blanc alternée des arcs doubleaux de la voûte, l'abside voûtée en cul-de-four est entourée d'un déambulatoire très bas avec colonnes jumelées dont la disposition est originale ; remarquez les chapiteaux ornés de scènes amusantes ou de feuillages.

Montagne de Dun C4

10 km au sud-est par la D 987 puis la D 283 en passant par St-Racho.

On atteint le sommet (alt. 721 m) par la route en direction de Chauffailles. Le nom de Dun provient du celte *dun*, qui a donné *dunum* à l'époque gallo-romaine, « lieu fortifié et élevé », comme *Augustodunum* (Autun).

De l'esplanade, près de la chapelle, vestige d'une place forte détruite par Philippe Auguste lors des luttes féodales (1180), on découvre une **vue★** circulaire : vers le nord-est, la montagne de St-Cyr et la Grande-Roche ; plus à l'est, la dépression de la Grosne et le col du Champ-Juin ; vers le nord, le Charolais et la vallée de l'Arconce ; vers le nord-ouest, la région de La Clayette ; plus à l'ouest, le Brionnais, la vallée de la Loire ; et vers le sud-ouest, les monts de la Madeleine.

Mussy-sous-Dun C4

11 km au sud par la D 985.

Un important **viaduc ferroviaire** (561 m), réalisé à la fin du 19e s., traverse la vallée. Certaines de ses piles sont hautes de 60 m.

Chauffailles C4

13 km au sud par la D 985.

Chef-lieu d'un canton très verdoyant, Chauffailles a longtemps profité de la prospérité de son industrie textile.

Musée de Tissage – *46 r. du 8-Mai - ✆ 03 85 84 65 16 ou ✆ 03 85 26 22 64 - museedetissage.fr.gd - ♿ - juil.-août : 14h30-18h ; mai-juin et sept. : merc. et w.-end 14h30-18h - 5 € (10-14 ans 2 €).* On y découvre toutes les étapes de la fabrication, « du fil à l'étoffe ».

Montagne de St-Cyr C3

15 km au nord-est par la D 79 puis, à Trappe-Loup, prenez la D 41. Après Montmelard, continuez sur 3 km et tournez à gauche.

Un chemin à droite donne accès à la table d'orientation de la montagne de St-Cyr, à 771 m d'altitude, plus haut sommet de la Bourgogne du sud. On y bénéficie d'un large **panorama** sur les monts du Charolais et, par beau temps, sur les Alpes.

Matour C3

19 km à l'est par la D 987.

6 pl. de l'Église - 03 85 59 72 24 - www.tourismevertsvallons.com.

La « petite Suisse du Mâconnais » occupe le centre d'un vaste cirque de montagnes boisées, à la naissance de la Grosne. Au pied des pentes couvertes de cultures qui l'environnent, le bourg, station verte de vacances, s'est doté d'équipements de loisirs (piscine, tennis, etc.). Son **étang** invite à la pêche et à la promenade tandis que la forêt, en partie plantée de résineux, couvre des sommets qui révèlent de vastes panoramas et offrent la possibilité de belles randonnées...

Maison des patrimoines en Bourgogne du Sud – *Parc du Manoir - 03 85 59 78 84 - www.matour.fr - - juil.-août : tlj sf mar. 15h-19h ; mai-juin et sept. à mi-oct. : w.-end 15h-18h - gratuit ; visite guidée (juil.-août) : merc. 10h - 4 € (6-18 ans 2 €).* Le manoir du Parc, au cœur du village, accueille sur 2 niveaux et 800 m^2 des expositions didactiques et vivantes qui invitent à découvrir différents aspects du patrimoine de la région : nature, histoire et traditions.

Dompierre-les-Ormes C3

20 km au nord-est par la D 79 puis la D 41 (après Trappe-Loup).

Lab 71 – *2 chemin du Molard - 03 85 50 37 10 - www.lab71.fr - - juil.-août : lun.-vend. 10h-18h ; des vac. de printemps aux vac. de la Toussaint (ttes zones) : lun.-vend. 14h-18h - fermé déc.-mars et vac. de Noël - 5 € (6-18 ans 2 €).*

Ce lieu de découverte scientifique accueille Effervé'Sciences, un showroom de 800 m^2 pour expérimenter les sciences de manière ludique et faire découvrir le développement durable aux plus jeunes. Les thèmes évoluent au fil des ans.

Arboretum domanial de Pézanin C3

22 km au nord-est par la D 79 puis la D 41, en dir. de Dompierre-les-Ormes.

- accès libre.

3 sentiers balisés de 1 à 1,5 km, dont le tour de l'étang accessible à tous. Créé de 1903 à 1923 près de son château par le grand-père de **Louise de Vilmorin,** cet arboretum occupe un site agréable de 27 ha au sein d'une zone Natura 2000. Dans le parc agrémenté d'un étang, propriété de l'état depuis 1935, sont entretenues avec soin quelque 450 espèces d'arbres et arbustes originaires du monde entier, dont de remarquables essences forestières, comme le chêne hétérophile, qui possède deux sortes de feuilles, les 37 variétés d'érables, ainsi que les cyprès chauves dont les racines apparentes, dites pneumatophores, leur permettent de ne pas s'asphyxier en zone marécageuse.

Nos adresses

Restauration

Budget moyen

La Belle Époque – *5 pl. des Fossés - ✆ 03 85 28 10 46 - www.labelleepoque-71.fr - juil.-août : tlj midi et soir; reste de l'année : ts les midis, vend. sam. et dim. soir - menus 10/33 €.* Face au château, cette brasserie dispose d'une terrasse accueillante quoique un peu bruyante. Très fréquenté par les locaux, c'est un lieu de halte idéal pour les amateurs de viande (charolaise, bien sûr).

À proximité

Premier prix

Ferme-Auberge des Collines – *Amanzé - 9 km au nord-ouest de La Clayette - ✆ 03 85 70 66 34 - www.fermeaubergedescollines.fr - P - ✕ menus 14/27 €, réserv. obligatoire - ch. 72 € ☕.* La jolie tour carrée de cette ferme témoigne de son passé lointain. Le décor est campagnard avec ses poutres et ses tomettes. Charolais élevés sur place et légumes du potager. Quelques chambres calmes sur les champs ou le jardin fleuri.

Shopping

Les Chocolats Bernard-Dufoux – *32 r. Centrale - ✆ 03 85 28 15 76 - www.chocolatsdufoux.com - mar.-jeu. 9h30-12h30, vend.-sam. 9h30-19h.* Le Club des Croqueurs de chocolat désigne Bernard Dufoux comme l'un des meilleurs chocolatiers de France depuis 1998. Le choix de la matière première et un savoir-faire acquis durant quarante ans de travail expliquent un tel succès. Le palet d'or, le Conquistador et les chocolats aux épices pour l'apéritif comptent parmi les spécialités de cet artisan.

Hébergement

À proximité

Premier prix

Chambre d'hôte Michèle Desmurs-Morin – *La Saigne - Varennes-sous-Dun - 4 km à l'est de La Clayette - ✆ 03 85 28 12 79/06 32 03 39 44 - www.la-saigne-varennes-sous-dun.fr - ⊭ P - 4 ch. 70 € ☕.* Cette ancienne ferme rénovée est en pleine campagne. Deux chambres sont un peu rétro avec une suite sous les toits. Choisissez la troisième, plus sympathique avec ses murs de pierre et ses tomettes, ou la suite pour 4 personnes si vous venez en famille. Ambiance décontractée chez ces éleveurs de charolais.

Budget moyen

Le Saint Cyr – *Le Bourg - 15 km au nord-est de La Clayette - ✆ 03 85 50 20 76 - www.lesaintcyr.fr - fermé lun. et mar. midi; nov.-mars : fermé lun. et mar. midis, vend. et dim. soirs - 7 ch. 65/68 € - ☕ 8 € - 1 appart. 125 € - 2 gîtes 880 €/sem. - ✕ plats 9/17 €, menus 33/52 €.* Profitez de la douceur de la campagne et des saveurs de la table, avec une vue panoramique sur le paysage environnant.

Semur-en-Brionnais ★

L'ancienne capitale du Brionnais apparaît sur un promontoire couvert de prés et de bois. Le château, l'église romane, l'ancien prieuré et l'auditoire de justice (mairie) du 18e s. composent un ensemble architectural séduisant dans les tons ocre rose, qui font de ce village charmant une étape à ne pas manquer.

Se repérer

CARTE P. 190-191 (B4) - CARTE DU BRIONNAIS P. 209.

610 Semurois – Saône-et-Loire (71)
À 29 km au sud de Paray-le-Monial.

À ne pas manquer

L'abbaye bénédictine de Charlieu ; l'église d'Anzy-le-Duc.

En famille

Le château St-Hugues ; le musée Reflet brionnais à Iguerande.

Nos adresses p. 215

Collégiale et château

★ Collégiale St-Hilaire

De style clunisien, elle présente un très beau chevet ; son aspect trapu est atténué par la hauteur des murs pignons à l'extrémité du chœur et des bras du transept, et sa sévérité par les corniches de modillons sculptés qui règnent à la base des toits. L'élégant clocher octogonal qui la domine est remarquable par son double étage d'arcatures romanes géminées qui s'ouvrent, à l'étage supérieur, sous un réseau de voussures.

Le portail ouest est richement décoré, mais ses sculptures sont traitées avec une certaine maladresse dans le modelé. À la clef de la voussure extérieure, on voit, comme à Charlieu *(voir p. 208)*, l'agneau nimbé. Au linteau est représenté un épisode de la vie de saint Hilaire : s'opposant à l'arianisme, il est condamné par un concile d'évêques ariens et est exilé en Asie Mineure ; en chemin, il rencontre un ange qui lui rend l'espoir et sa place parmi les évêques ; cependant, le diable s'empare brutalement de l'âme du président du concile.

La nef est très harmonieuse avec son triforium soutenu par des arcs à deux voussures, qui vient, au revers de la façade, former une tribune ronde en saillie, supportée par un encorbellement prenant appui sur la clef de voûte de la porte. Cette tribune est vraisemblablement inspirée de celle de la chapelle St-Michel établie au-dessus du grand portail dans l'église abbatiale de Cluny.

Château St-Hugues

55 Pl. Bouthier-de-Rochefort - ✆ 03 85 25 13 57 - www.chateau-semur-en-brionnais.fr - juin-août : 10h-12h, 14h-19h, dim. et j. fériés 14h-19h ; reste de l'année se rens. - fermé de mi-nov. à mi-mars - 4 € (-10 ans gratuit).

Des animations (jeux de piste, tir à l'arc, quilles, mât de cocagne, visites nocturnes aux flambeaux) ont lieu l'été.

Du château, **vue** sur les coteaux et, au loin, sur les monts du Forez et de la Madeleine. On visite ce qu'il reste de la résidence de la puissante famille des

Anzy-le-Duc, église Notre-Dame-de-l'Assomption.
Ch. Guy/hemis.fr

Semur dont est issu saint Hugues, le fameux abbé de Cluny : le donjon rectangulaire bâti au 9e s., rare exemple de donjon roman, peut-être le plus ancien de Bourgogne, ainsi que deux petites tours arrondies aménagées en prison au 18e s. Collection d'affiches de la Révolution française.

★★ Églises et châteaux en Brionnais

CARTE P. 209

Circuit de 97 km tracé en vert sur la carte. Quittez Semur-en-Brionnais au sud-est par la D 8.

Cette région, dont l'élevage des bovins constitue la ressource principale, est jalonnée de splendides églises romanes que l'on découvre avec bonheur en suivant les chemins du Roman *(voir encadré p. 206)*. Le Brionnais formait autrefois l'un des 19 bailliages du duché de Bourgogne, dont la capitale était alors Semur-en-Brionnais. C'est un pays vallonné, d'où l'on découvre la vallée de la Loire, le Forez et les monts du Beaujolais. Il s'étend principalement sur la rive droite de la Loire, entre Charlieu et Paray-le-Monial.

L'abondance de matériaux de premier ordre, bancs de calcaire jaunâtre d'un grain très fin, à la fois résistant et facile à travailler, explique les tons ocre ou jaunes de la plupart des édifices du Brionnais, qui prennent une belle couleur bronze au soleil couchant.

St-Julien-de-Jonzy

Édifié sur l'une des plus hautes collines de la région, le village offre un beau **panorama** sur les paysages vallonnés du Brionnais et du Beaujolais.

Église – De l'édifice roman du 12e s., l'église actuelle, raccourcie, conserve un clocher carré et un joli **portail★** sculpté dont certains détails rappellent le porche de Charlieu : les sculptures du tympan et du linteau sont prises dans un même bloc de grès dont la finesse met en valeur la virtuosité de l'artiste.

La Cène prend place au linteau : toutes les têtes, sauf deux, ont été martelées en 1793 par les révolutionnaires, qui changèrent le nom du bourg en Julien-Bellevue ou Julien-de-Bel-Air. Les plis de la nappe, comme ceux des vêtements séraphiques au-dessus, sont traités avec souplesse ; une scène du lavement des pieds figure à chaque extrémité.
À l'intérieur, l'ancienne croisée du transept, voûtée d'une coupole sur trompes, forme l'avant-nef de l'église. Les quatre colonnes engagées ont conservé de beaux chapiteaux ; celle de droite présente un décor de feuilles d'eau, réminiscence de l'art cistercien.
Prenez la D 8 sur 11 km, après être sorti du village à l'est.

Châteauneuf

L'**église** est mise en valeur par un cadre boisé. Une des dernières constructions romanes en Bourgogne, elle se signale par sa façade massive, son portail latéral droit dont le linteau porte une sculpture naïve des 12 apôtres. Entrez-y, pour observer les fenêtres hautes de la nef, dont les ouvertures sont supportées par de fines colonnes à chapiteaux et, au transept, la coupole sur trompes dont la base octogonale est allégée par une galerie à arcatures.
Prenez la D 987 sur environ 5 km puis la D 487 sur 5 km.

★ Abbaye bénédictine de Charlieu PLAN DE L'ABBAYE P. 207

✆ 04 77 60 09 97 - www.loire.fr - P - juin-août : 10h-18h30 ; avr.-mai et sept.-oct. : tlj sf mar. 10h-13h, 14h-18h ; reste de l'année : se rens. - 4,50 € (-12 ans gratuit).
Fondée vers 870 et rattachée à Cluny vers 930, l'abbaye fut transformée en prieuré un siècle plus tard. Au 12e s., elle bénéficia de la collaboration des architectes et artistes de Cluny (qui reconstruisirent l'église, puis ajoutèrent l'avant-nef et le nouveau portail, cette fois-ci latéral), ainsi que de l'aide de Philippe Auguste, son protecteur, qui la fit fortifier. En entreprenant leurs recherches, les archéologues ont découvert sur le site de l'abbaye une succession de constructions. Les **fouilles** attestent ainsi la présence de deux églises, du 9e et du 10e s., ainsi que d'une abbatiale du 11e s., légèrement désaxée.
Au moment de la Révolution, le prieuré ne compte plus que six moines. Il est sécularisé en mars 1789, et les bâtiments sont en grande partie démolis. Le site entame alors une longue période de déclin qui se poursuivra jusque vers la fin du 19e s.

Décryptage du tympan

Le Christ en majesté apparaît dans une mandorle (gloire ovale en forme d'amande), soutenue par deux anges et entourée des symboles des quatre évangélistes (l'ange pour Matthieu, le lion pour Marc, le taureau pour Luc, et l'aigle pour Jean) ; sur le linteau sont représentés la Vierge assistée de deux anges et les douze apôtres. Quelques copies de têtes ont été placées, sans que l'on soit vraiment sûr de leur attribution (les originaux sont conservés au musée lapidaire de l'abbaye). Aux impostes des piédroits apparaissent, à gauche, mutilés, le roi David et sans doute Boson, roi de Bourgogne et de Provence, qui aurait été l'un des bienfaiteurs de l'abbaye, qu'il porte entre ses mains ; à droite, saint Jean-Baptiste et l'évêque Robert, fondateur de l'abbaye. Au-dessus de l'archivolte trône l'agneau pascal. Le même travail de la toison se retrouve dans la peau de bête dont est vêtu Jean-Baptiste. Aux voussures et sur les colonnes qui encadrent la porte s'allient les motifs géométriques et floraux dont la luxuriante décoration, d'inspiration orientale, est un héritage des croisades.

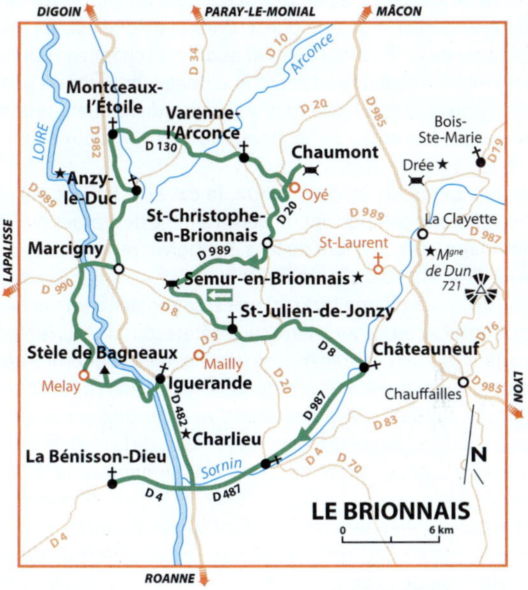

La façade nord de l'avant-nef s'ouvre par un **grand portail★★** du 12e s., véritable chef-d'œuvre de l'art roman. Bien que toutes les têtes aient été brisées ou martelées à la Révolution, il continue d'éblouir par la qualité de sa décoration sculptée. Le tympan du **petit portail,** à droite, est lui aussi intéressant. On reconnaît au linteau des animaux qui sont amenés vers un personnage assis pour être sacrifiés : la scène s'inspire des représentations antiques de sacrifices païens pour évoquer le temple de Jérusalem et les rites de l'ancienne Alliance. Elle est surmontée par les noces de Cana, premier miracle du Christ. À l'archivolte, la transfiguration du Christ est dominée par un nuage : de ces nuées sortaient le visage et le bras de Dieu (martelés) pour désigner son fils. Ce portail résume par ses scènes successives le passage de l'ancienne à la nouvelle Alliance.

À l'intérieur de l'abbaye, l'**avant-nef**, édifice rectangulaire de 17 m de long sur 10 m de large environ, comprend deux salles superposées, voûtées d'arêtes, dont une abrite un **sarcophage gallo-romain (1)**, trouvé au cours des fouilles. À l'est, le mur est constitué par la façade occidentale de l'ancienne église St-Fortuné, consacrée en 1094, qui comporte : un portail **(2)**, dont le tympan, encadré de trois voussures à arêtes vives, figure le Christ en majesté ; deux baies géminées à voussures, séparées à l'extérieur par un pilier flanqué d'une colonnette cannelée à chapiteau corinthien (au-dessus, deux figures affrontées).

On accède à l'**étage du porche** par un escalier à vis. À l'est, la grande baie est flanquée de deux petites arcades aveugles et surmontée de belles voussures reposant sur les chapiteaux à feuillages des colonnes engagées. Elle offre une vue d'ensemble sur les fondations des trois sanctuaires des 9e, 10e et 11e s. qui se sont succédé à cet emplacement. La vue englobe également la tour Philippe Auguste, l'hôtel du prieur et les toits de la ville. Dans la première travée de l'ancienne église du 11e s., observez d'intéressants chapiteaux : une représentation de Daniel dans la fosse aux lions et une sirène bicaudée.

3

Le cloître a été édifié au 15e s., en remplacement du cloître roman. Un vieux puits subsiste, adossé à la galerie ouest. Dans la galerie est, six arcades massives reposent sur des colonnettes jumelées dont les chapiteaux présentent une simple ornementation de feuilles d'acanthe, d'oiseaux et de motifs géométriques.
Le parloir *(visite guidée)*, belle salle voûtée du début du 16e s., abrite un **musée lapidaire** où sont exposés d'anciens chapiteaux du prieuré et deux beaux bas-reliefs des 10e et 12e s.
Voûtée de deux berceaux en plein cintre, **la cave** *(visite guidée)* accueille un **musée d'Art religieux** comportant un bel ensemble de statues du 15e au 19e s.
La salle capitulaire date du début du 16e s. Ses ogives reposent sur un pilier rond portant un lutrin sculpté dans la masse.
Édifiée à la fin du 15e s., **la chapelle du prieur** est surmontée d'un clocheton couvert de lamelles de bois. Le carrelage de terre cuite a été reconstitué sur le modèle ancien.
L'hôtel du prieur *(non accessible)* borde une élégante cour ornée en son centre d'un puits au couronnement en fer forgé. La construction (1510) comprend deux tours d'angle aux toitures couvertes de petites tuiles de Bourgogne. Sur la tour située à l'angle sud-est figure le blason des prieurs de la Madeleine.
Depuis la place de l'abbaye, admirez la **porte monumentale** du 16e s., en anse de panier, surmontée de créneaux décoratifs et d'un blason de prieur.
En face de l'abbaye, vous apercevrez la tour Philippe Auguste.
Tour Philippe Auguste – Cette imposante tour, de belle pierre ocrée, faisait partie du système défensif de l'abbaye construit sur ordre du roi vers 1180. Philippe Auguste estimait la place forte de Charlieu « très utile à la Couronne ».

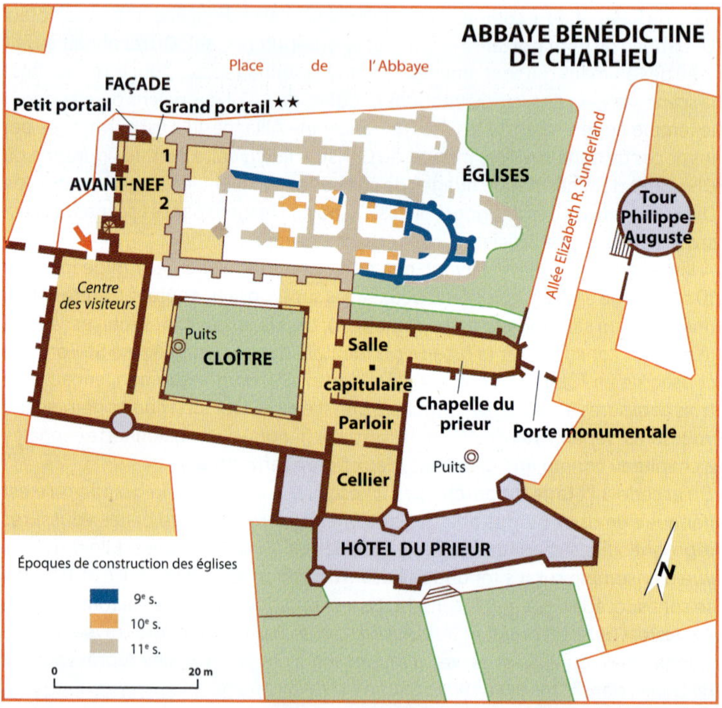

Salle capitulaire de l'abbaye de Charlieu.
Ch. Guy/hemis.fr

Église St-Philibert – Commencée au 13e s., cette église a reçu son tympan au 20e s. Sans transept, elle possède une nef de cinq travées, flanquée de bas-côtés, et un chœur rectangulaire, caractéristique de l'art bourguignon.

Elle abrite de beaux objets d'art : chaire en pierre monolithe du 15e s., **stalles** des 14e et 15e s. Ces dernières sont accompagnées de panneaux peints : ceux de gauche représentent 12 saints et saintes ; ceux de droite, du maître huchier Colinet – un huchier étant un ouvrier fabriquant des huches et des coffres –, font se succéder les apôtres portant chacun une phrase du *Credo*. Remarquez la statue de Notre-Dame-de-Septembre, patronne de la corporation des tisserands, portée chaque année lors de la procession qui a lieu le deuxième dimanche de septembre. Dans la chapelle Ste-Anne, à droite du chœur, le retable peint sur pierre (15e s.) représente la Visitation et la Nativité. Dans la chapelle St-Crépin, à gauche du chœur, se dévoilent une Pietà du 17e s. et la statuette de saint Crépin, patron des cordonniers et des bourreliers, en pierre polychrome.

★ **Musée de la Soierie** – *9 bd du Gén.-Leclerc - ✆ 04 77 60 28 84 ou ✆ 04 77 69 33 83 - musees-de-charlieu.webnode.fr - avr.-oct. : tlj sf lun. 10h-12h30, 14h-18h - 4,50 €.* Logé dans l'ancien hôtel-Dieu du 18e s., ce musée témoigne des traditions du tissage de la soie à Charlieu. La ville est d'ailleurs le siège de la dernière corporation de tisserands en France. Le beau choix de soieries (luxueuses robes anciennes, créations personnalisées pour les grandes familles, échantillons de tissus de rêve…), accompagnant les imposants métiers à tisser, offre un reflet de l'évolution des techniques depuis le 19e s. Du métier « à bras » au métier sans navette, l'ensemble du matériel présenté fonctionne en **démonstrations**★. À l'étage, exposition de tissus et de créations de grands couturiers.

Musée hospitalier – *9 bd du Gén.-Leclerc - ✆ 04 77 60 28 84 - musees-de-charlieu.webnode.fr - ♿ - avr.-oct. : tlj sf lun. 10h-12h30, 14h-18h - 4,50 €.* L'hôtel-Dieu, où officièrent pendant trois siècles les religieuses de l'ordre de Ste-Marthe, a cessé son activité en 1981. Transformé en musée, il témoigne de l'atmosphère quotidienne d'un petit hôpital, de la fin du 19e s. aux années 1950. L'apothicairerie a conservé

Une floraison de pierre

Dans l'étroit espace compris entre l'Arconce et le Sornin, une douzaine d'églises romanes construites sous l'influence de Cluny méritent d'être vues, ainsi que plusieurs châteaux. Si le **granit** et le **grès** ne permettent d'obtenir que des effets de ligne ou de masse comme à Varenne-l'Arconce, Bois-Ste-Marie, Châteauneuf ou St-Laurent-en-Brionnais, le **calcaire**, au contraire, se prête au travail du sculpteur – d'où la beauté des façades et des portails décorés. Les mêmes thèmes se déclinent autour des expressions et des attitudes des personnages. Au tympan apparaît le Christ en majesté, ou bien le Christ de l'Ascension, nimbé. Les linteaux ont une décoration particulièrement fouillée : nombreux personnages assistant au triomphe du Christ. La disproportion met bien en évidence la hiérarchie entre le Christ, les évangélistes, la Vierge et les apôtres. Ceux que la thématique intéresse suivront les **chemins du Roman**, *(dépliant en téléchargement sur www.brionnais-tourisme.fr).*

son aménagement du 18e s., et la lingerie, ses belles armoires régionales. L'une des grandes salles des malades a été reconstituée avec son double alignement de lits ceints de rideaux ; par la fenêtre qui permettait aux malades d'assister de leur lit à l'office, on contemple la chapelle qui abrite un bel **autel en bois doré** (1733), au devant paré de cuir repoussé.

Rejoignez le n° 32 de la rue Jean-Morel.

Maison des Anglais – C'est la plus jolie de la vieille ville. Datant du début du 16e s., elle est dotée de fenêtres à meneaux séparées par une niche gothique, d'une galerie et de deux échauguettes qui flanquent la façade. Pour apercevoir sa tour du guetteur, empruntez la rue de la Fromagerie sur quelques mètres.

Tournez à droite dans la rue André-Farinet.

Observez les maisons à pans de bois au n° 31 et au n° 27. Au n° 29, **maison St-Louis** du 13e s. ; à l'angle en vis-à-vis, au n° 22, quelques vestiges d'un grenier à sel du 14e s.

Prenez à droite dans la rue Charles-de-Gaulle.

Maison des Armagnacs – Au n° 9, cette maison des 13e et 14e s. présente deux fenêtres géminées, surmontées d'arcs trilobés, décorés à gauche d'un motif floral, à droite d'une tête humaine ; l'étage à pans de bois surplombe le tout.

Prenez la rue Michon et la rue Chanteloup, commerçante. Tournez à droite, à la hauteur de l'église, pour trouver la rue du Tour-de-l'Église, qui compte diverses maisons à pans de bois et bancs d'échoppe. Gagnez ensuite la rue du Merle.

Aux angles formés avec la rue des Moulins (n° 11), puis avec la rue des Moulins et la place St-Philibert, se dressent de vieilles maisons à pans de bois.

★ **Couvent des Cordeliers** – *Sortez à l'ouest par la rue Ch.-H.-Rouiller. Chemin des Cordeliers - ✆ 04 77 60 07 42 - www.loire.fr - P ♿ - juin-août : 10h-18h30 ; avr.-mai et sept.-oct. : tlj sf mar. 10h-13h, 14h-18h ; fév.-mars : tlj sf mar. 10h-13h, 14h-17h ; reste de l'année se rens. - 4,50 € (-12 ans gratuit).* C'est au 13e s. que les bourgeois de Charlieu firent appel aux franciscains, qui s'établirent à St-Nizier-sous-Charlieu. Situés hors des remparts de la ville, les bâtiments de leur couvent ont souffert de la guerre de Cent Ans.

Les galeries du **cloître** (fin 14e-15e s.) sont décorées de motifs végétaux très variés. Les **chapiteaux**★ de la galerie nord *(à droite en entrant)* sont les plus intéressants. Ils représentent peut-être les vices et les vertus. D'après cette hypothèse, on reconnaîtrait, dans l'ordre, à l'intérieur, l'hermine (la pureté), le félin (la prudence), le porc-épic (la justice), l'agneau (la douceur), le coq et l'écureuil (le travail), le chien (la fidélité) ; à l'extérieur, on trouve dans cette même portion un autre chien

(la vigilance), une chouette (la sagesse), une tête de religieux (la sérénité), un animal casqué (le courage), deux dragons (le mal contrôlé) et un visage voilé (la pudeur). Les vices occupent l'autre partie de la galerie : à l'extrémité opposée, on voit le singe (la lubricité), le serpent (l'hypocrisie), le perroquet (le bavardage), le vieillard (l'orgueil), un moine et une femme (la luxure) et, à l'intérieur, le soldat et la mort (la luxure), le chien (la paresse), les lions (la colère), le centaure (le vol) et de nouveau le singe.
L'**église** (14e s.) à nef unique, sans transept, avec trois chapelles latérales au sud (fin 15e-début 16e s.), a été en partie restaurée. Le mur sud du chœur présente un bel ensemble de peintures murales (14e-16e s.).
Prenez la D 487 puis la D 4 sur 11 km environ.

La Bénisson-Dieu B4

Dans la vallée de la Teyssonne, le village possède une **église** précédée d'une grande tour carrée du 15e s. Ce sont les seuls vestiges de l'abbaye fondée au 12e s. par les disciples de saint Bernard et qui devint un couvent de femmes au 17e s. La nef de l'église, du début de la période gothique, est couverte d'une superbe toiture aiguë à **tuiles vernissées** disposées en losanges.
Dans le bas-côté droit sont réunies de belles œuvres du 15e s. : stalle abbatiale, statues en pierre du Père éternel et de sainte Anne, la Vierge et l'Enfant (de l'école de Michel Colombe). La chapelle de la Vierge, à droite en entrant, est une adjonction du 17e s. due à l'abbesse de Nérestang : peintures murales et belle Vierge en marbre blanc.
Revenez vers la Loire et prenez la D 482 sur la gauche après l'avoir franchie.

Iguerande B4

Cette **église** trapue (début 12e s.) aux lignes très pures occupe le sommet d'une butte dominant la vallée de la Loire, le Forez à gauche et les monts de la Madeleine à droite. Remarquez les modillons sculptés du chevet et, dans la nef et le chœur, de curieux chapiteaux dont celui du « cyclope » musicien *(1er pilier de gauche).*
Musée Reflet brionnais – *Pl. de l'Église - ☏ 03 85 84 15 69 - musee.reflet-brionnais.fr - visite guidée (1h20) mai-oct. : tlj sf lun.-mar. 14h30-18h - 5 € (6-10 ans 2 €).*
À deux pas de l'église, de l'autre côté de la place fleurie, il occupe les trois niveaux d'une maison ancienne. Bien mis en scène, ses « personnages » évoquent la vie brionnaise entre 1850 et 1950 : le triporteur de l'épicier, la fanfare, la pêche, la vie quotidienne, le **travail de la vigne** et les costumes.
Traversez de nouveau la Loire pour gagner la D 122, en direction de Melay.
Peu après avoir passé le canal, vous trouverez à droite le court chemin et le pont qui mènent à la **stèle de Bagneaux**. Elle commémore l'atterrissage, dans la nuit du 19 au 20 mars 1943, d'un avion anglais venu déposer ici trois chefs de la Résistance : Jean Moulin, le général Delestraint et Christian Pineau. Jean Moulin, venu unifier la Résistance, sera arrêté dans le Rhône le 21 juin et mourra quelques semaines plus tard des suites de terribles tortures.
Continuez 8 km sur la D 122 puis prenez à droite sur la D 989.

Marcigny B4

Pl. des Halles - ☏ 03 85 25 39 06 - www.brionnais-tourisme.fr.
Marcigny est agréablement située à proximité de la Loire, sur les dernières pentes du Brionnais. La ville a conservé autour de l'église des maisons à pans de bois du 16e s. (la plus ancienne date du début du 15e s. et se situe impasse des Bouchers). Entre la place du Cours et la place Reverchon, remarquez un hôtel particulier de 1735. Marcigny est le siège, depuis 1850, d'une fabrique de poterie culinaire

renommée, **Émile Henry** *(magasin sur place)*, et abrite également un **jardin de Sculptures** contemporaine *(28 r. Marius-Avril - 03 85 25 10 71 - www.collectionrex.com - mi-mai à mi-août sur RV)* s'étendant sur 4 000 m² et agrémenté notamment d'érables, de rosiers, d'hortensias et de sculptures de pierre, bronze et métal.

Tour du Moulin – *7 r. de la Tour - ✆ 03 85 25 37 05 - www.tour-du-moulin.fr - juin-sept. : tlj sf mar. 10h-12h30, 14h-18h ; avr.-mai et oct.-nov. : tlj sf mar. 14h-18h - 5 € (-18 ans gratuit).* Cette grande tour, vestige du prieuré des dames de Marcigny, le premier prieuré clunisien de femmes fondé au 11e s., est une belle construction du 15e s., aux murs curieusement ornés de boulets de pierre en relief (bossages). Un **musée** consacré à l'histoire locale y a été installé : outre des collections de faïences anciennes, il présente d'importantes sculptures du 12e au 17e s., une pharmacie comptant 113 vases de Nevers et deux drageoirs de Bernard Palissy (16e s.). Au dernier étage, on découvre la haute **charpente★** en châtaignier.

Musée de la Voiture à Cheval – *56 r. de Borchamp - ✆ 06 41 09 48 87 - www.musee-attelages.com - ouv. sur rv uniquement - 5 € (6-12 ans 3 €).* Voici l'un des plus riches musées d'attelage de France : il comprend quelque 70 modèles parmi les plus beaux du 19e s.

Rejoignez la D 982 au nord de Marcigny et prenez à droite la D 10 vers Charolles.

★ Anzy-le-Duc B3

Agréablement campé sur les hauteurs, dans la vallée de l'Arconce, le village s'est développé autour de son prieuré fondé au 9e s. par le monastère de St-Martin d'Autun. Comme tant d'autres, le prieuré est tombé en décadence avant de disparaître à la Révolution. Son église a traversé les siècles et reste l'un des plus beaux exemples d'art roman dans la région, sur le même modèle que Charlieu.

★ **Église** – Sa construction aurait été entreprise au début du 11e s. La beauté de l'édifice, surmonté d'un magnifique **clocher** roman, tour polygonale à trois étages de baies, est rehaussée par les tons dorés de la pierre. La nef, couverte de voûtes d'arêtes et éclairée par des fenêtres hautes, a des lignes très pures. Les chapiteaux, fort bien conservés, représentent, dans la nef, des scènes bibliques et des allégories. Les **fresques** du chevet *(en cours de restauration lors de notre passage)* montrent une grande qualité d'exécution ; elles évoquent la vie des saints Jean-Baptiste et Hugues d'Anzy. Celles du chœur représentent l'ascension du Christ et Letbaldus, de Semur (magistrat) qui, au 9e s., fit don de sa villa d'Anzy-le-Duc pour y établir une colonie bénédictine.

Contournez les dépendances de l'ancien prieuré, dont une tour carrée forme l'élément principal. Un **portail** primitif percé dans le mur d'enceinte comporte un tympan représentant à gauche l'Adoration des Mages, à droite le péché originel, le linteau figurant la séparation des élus et des damnés.

Vous pouvez faire un détour par Montceaux-l'Étoile, à 4 km au nord par la D 174.

Montceaux-l'Étoile B3

Au portail de l'**église**, sous le cintre, admirez le tympan et le linteau sculptés dans un seul bloc de pierre : ils figurent l'Ascension, comme à Anzy-le-Duc et à St-Julien-de-Jonzy *(voir p. 207)*. Les colonnes portant les voussures sont ornées de chapiteaux.

Suivez la D 130 sur 9 km puis à St-Didier-en-Brionnais, prenez à gauche la D 108 vers Varenne-l'Arconce.

Varenne-l'Arconce B3

Le transept saillant et le clocher carré de type « Paray-le-Monial » donnent à l'**église** (13e s.) une silhouette massive. Le grès dont elle est bâtie a restreint la

décoration sculptée. Au-dessus d'une porte sud, un élégant tympan représente l'agneau de Dieu. L'intérieur contient des statues en bois, dont certaines polychromes (16e s.). Des travaux de restauration de l'église étaient en cours lors de notre passage.
Continuez 5 km au sud-est par la D 158 en passant par Oyé.

Château de Chaumont B3

La façade Renaissance du château est flanquée d'une tour ronde ; l'autre façade, de style gothique, est moderne. L'ampleur de ses bâtiments est saisissante.
Revenez sur Oyé et gagnez Semur par la D 20 puis la D 989, en passant par St-Christophe-en-Brionnais.

St-Christophe-en-Brionnais B4

Grande-Allée-de-Tenay - 03 85 25 98 05 - www.stchristophe-tourisme.fr - visites guidées merc. 9h-15h30 - 2 € (-10 ans gratuit)
St-Christophe-en-Brionnais est célèbre depuis 1488 pour sa foire au bétail de race charolaise, la plus importante de France avec 1200 bêtes vendues chaque mercredi. Si un marché au cadran, avec système de vente électronique, est aujourd'hui organisé pour les jeunes bovins et les broutards (des animaux dits « maigres »), les bovins de boucherie (dits « gras ») continuent quant à eux à être négociés de gré à gré sur le marché traditionnel. La visite guidée permet d'assister aux deux types de ventes.
Le mercredi, goûtez au menu du marché dans les restaurants, l'occasion de déguster la viande charolaise en circuit on ne peut plus court.

3

Nos adresses

Restauration

Budget moyen

L'Entrecôte Brionnaise – *Pl. Bouthier-de-Rochefort - 03 85 25 10 21 - www.entrecotebrionnaise.com - menus 13/30 € - le soir sur réserv.* Cuisine régionale traditionnelle pour manger grenouilles, escargots, viande charolaise et autres produits du terroir avec vue sur le jardin si vous n'êtes pas en terrasse.

À Charlieu

Pour se faire plaisir

L'Atelier de Rongefer – *22 r. Jean-Jaurès - à 17 km au sud de Semur - 04 77 60 01 57 - www.atelierrongefer.fr - P - fermé dim. soir et mar.-merc. - menus déj. 19/29 €, menus 30/56 €.* Carine et Fabien Gauthier ont investi ce superbe atelier – une ancienne usine textile – avec poutrelles métalliques, verrière et élégant décor au classicisme très contemporain. Cuisine audacieuse et créative.

À Marcigny

Premier prix

Restaurant Le Vieux Puits – *11 pl. du Cours - à 5 km à l'ouest de Semur - 03 85 25 11 05 - www.restaurant-levieuxpuits.fr - fermé lun. soir, mar. soir et dim. - menus déj. 11,50/14 €, menus 15/22 €.* La viande charolaise gouverne ici la cuisine bourguignonne. En sus, une carte brasserie assez éclectique.

Shopping

Leblanc – *Iguerande - Le Bas - 3,5 km au sud-ouest de*

Semur - ✆ 03 85 84 07 83 - www.huile-leblanc.com - 9h30-19h. Sur les étagères de la boutique se côtoient huiles de noisette, pistache, pignons de pin, sésame grillé, pépins de raisin et une sélection de vinaigres fins et de moutardes réalisées à la meule de pierre. N'oubliez pas de jeter un coup d'œil au moulin, instrument de travail de la famille depuis 1878. Les méthodes artisanales employées n'ont pas bougé d'un iota en quatre générations.

Activités

Voie verte – Autour de la Véloire *(voir p. 196)*, 6 circuits balisés au départ d'Iguerande et de Marcigny, allant de 24 à 58 km, emmènent le long de la Loire ou dans les collines du Brionnais. Fiches en téléchargement sur www.brionnais-tourisme.fr, où vous trouverez aussi les adresses de location de vélos.

Les Écuries de Nandax – *Nandax - Aux Perraux - 10 km au sud de Semur - ✆ 04 77 65 33 00 - www.ecuries-de-nandax.com.* Ce centre équestre propose différentes activités pour petits et grands : baptêmes, cours, randonnées...

Bougres d'ânes – *Lieu-dit Putinat - Melay - 15 km au sud-ouest de Semur - ✆ 03 85 84 16 70 - www.bougresdanes.com - 4 ch. 70 €.* Randonnées avec des ânes dans le bocage brionnais, de quelques heures à plusieurs jours. Possibilité d'hébergement en chambre d'hôtes dans la ferme.

Hébergement

Budget moyen

Maison Guillon-Kopf – *La Basse Ville - r. Menuiserie - ✆ 03 85 81 55 59/06 67 22 27 24 - www.maison-guillon-kopf.fr - P - 3 ch. 85/95 € - table d'hôte sur réserv. 27 €.* Cette maison de ville au jardin soigné abrite trois chambres confortables et décorées avec goût. L'accueil y est chaleureux et attentif, jusqu'à la table du petit-déjeuner.

À Charlieu et ses environs

Budget moyen

Hôtel Relais de l'Abbaye – *415 rte du Beaujolais - ✆ 04 77 60 00 88 - www.relais-abbaye.fr - P - 30 ch. 116/121 € - 16 € - menus déj. 21/26 € - menu 32/73 €.* Sur la rive gauche du Sornin, établissement rénové où vous séjournerez dans des chambres fonctionnelles, colorées et bien tenues. Pelouse avec aire de jeux pour enfants. Salle à manger néorustique, paisible terrasse et plats classiques aux accents du terroir.

Chambre d'hôte Domaine du château de Marchangy – *à 5,5 km au nord-ouest de Charlieu - ✆ 04 77 69 96 76 - www.marchangy.com - P - 3 ch. 110/125 €.* Au milieu de son parc, ce château du 18ᵉ s. en fera rêver plus d'un avec sa cour d'honneur, ses écuries et sa ferme. Les chambres, aménagées dans les dépendances, sont spacieuses, calmes, confortables et agrémentées par des ciels de lit. Belle terrasse.

À Iguerande

Budget moyen

Clos Marie – *R. du Fou-à-Chaux - Bas d'Iguerande - ✆ 07 71 03 67 71 - www.closmarie.com - 7 ch. 60/110 €.* Dans un magnifique parc arboré, cette belle maison de maître propose des chambres modernes et confortables, décorées avec goût. Excellente table d'hôte sur demande *(20/30 €).*

Aux environs d'Iguerande

Premier prix

Terre Amoureuse – *671 route de la Bourbe - La Bourbe - 4 km* *d'Iguerande par D 9 - ✆ 03 85 24 89 11/06 38 01 08 24 - www.terreamoureuse.net - 🚭 🅿 - 2 ch. de 2-4 pers. à partir de 65 €, 1 yourte de 1-6 pers. 60 €/2 pers. ☕ 7 €.* Au cœur de la verte campagne du Brionnais, Terre Amoureuse est née de la passion de Florent et Anne-Sophie pour la terre, l'agriculture raisonnée et la valorisation d'un territoire *via* son patrimoine et ses acteurs. Une nuit sous la yourte, la découverte du jardin en terrasse seront autant de façons de partager l'enthousiasme et la vision de ce couple engagé.

Une folie

La Colline du Colombier – *à 3,5 km au sud-ouest d'Iguerande - ✆ 03 85 84 07 24/06 03 58 30 45 - www.troisgros.com - 🅿 ♿ - ouv. de mi-mars. à fin nov. et fermé mardi sf juil.-août et merc. - pour 2 pers./2 nuits 650 €/750 € - ✕ plats 27/46 €, menu 49 €.* En pleine campagne, dominant la Loire, une ferme ancienne réhabilitée en restaurant rustico-chic (charpente et pierres apparentes) par la maison Troisgros. Belle cuisine aux accents du terroir. Vous aurez le choix de dormir en gîte ou dans l'une des trois cadoles, une construction contemporaine somptueusement épurée, posée sur pilotis face au paysage brionnais. Une réussite.

À Anzy-le-Duc

Budget moyen

Chambre d'hôte Les Pradelles – *Chemin des Colins - à droite face à l'église - ✆ 03 85 25 26 02 - ✆ 06 76 29 14 49 - 🚭 🅿 - 4 ch. 79 € ☕ - ✕ 22 €.* Paisible minoterie du 19e s. surplombant un bief. Salle à manger rustique agencée autour de l'ancienne machinerie, véranda, terrasse. Cuisine personnalisée et belle carte des vins.

Enfant et ânes.
DEBOVE SOPHIE/Getty Images Plus

Bourbon-Lancy ★

Bâtie sur une colline d'où l'on découvre la vallée de la Loire et les plaines du Bourbonnais, Bourbon-Lancy est à la fois une ville au cachet ancien et une station thermale réputée, dotée d'un casino et d'un golf. Au nord, Ternant attire les amateurs d'art et Luzy, les amoureux de randonnées.

Se repérer

CARTE P. 190-191 (A2).
4 713 Bourbonniens – Saône-et-Loire (71)
À 30 km au nord-ouest de Digoin.

En famille

Balades sur les bords de la Loire ou dans les forêts.

Nos adresses p. 220

La vieille ville

Pl. de la Mairie - 03 85 89 18 27 - www.tourisme-bourbonlancy.com.
Près de la mairie, le beffroi (fin 14e s.) est élevé sur une porte fortifiée – actuelle **tour de l'Horloge★**. Passez-la pour admirer le « Bredin » (simplet, innocent), un **automate** qui sonne les heures en tirant la langue.
Rue de l'Horloge, vous pourrez admirer une **maison de bois★**, dite maison Sévigné, du 16e s. richement ornée : colonne cornière, chapiteaux sculptés, fenêtres en accolade, médaillons vernissés... Poursuivez dans la rue Notre-Dame pour jeter un coup d'œil au petit jardin de la collégiale, à droite. Passez sous le porche de l'hôtel de Guy de Salin et prenez à gauche le long des remparts *(tour complet : 4 km)*. Remarquez les deux échauguettes. Continuez tout droit pour voir la vue se dégager sur un beau **panorama**. Le chemin passe sous un bosquet d'acacias après lequel vous remonterez à gauche vers l'église du Sacré-Cœur, près de la mairie.

Église St-Nazaire et musée

Pl. du Musée Cet édifice de style roman, à plafond lambrissé et plan basilical augmenté d'un transept, dépendait du prieuré clunisien fondé par Ancel de Bourbon. Il abrite depuis 1901 un musée *(03 85 89 23 23 - 03 85 89 18 27 - www.bourbon-lancy.fr - visites guidées avr.-juin et sept.-oct. : 1 merc. sur 2 à 17h - 4 €, 2 € 7-18 ans)* qui expose des antiquités locales (admirez les Vénus gallo-romaines découvertes en 1984), des fragments lapidaires provenant d'églises environnantes, ainsi que des peintures et sculptures du 19e s. Voyez notamment les œuvres de Puvis de Chavannes.

Le quartier thermal

Hospice d'Aligre

On peut voir dans la chapelle une jolie chaire sculptée offerte en 1687 par Louis XIV à Mme Élisabeth d'Aligre, abbesse de St-Cyr. À gauche de la chapelle, sur le palier du grand escalier, se trouve une statue en argent de sa descendante, la marquise d'Aligre (1776-1843), bienfaitrice de l'hospice.

Station thermale

Au pied de la colline fortifiée, dans la cour des bains, les sources jaillissent à une température de 56 à 60 °C, débitant plus de 400 000 litres par jour. Utilisées dès l'Antiquité romaine, elles soignent les affections rhumatismales (arthrose) et cardio-artérielles.

À proximité

CARTE P. 190-191

★ Signal de Mont A2

8 km au nord-est par la D 60.

15mn AR. Du belvédère (alt. 469 m), **panorama★** sur le Val de Loire, les monts du Morvan, le signal d'Uchon, le Charolais, la Montagne bourbonnaise et, par temps clair, sur les monts d'Auvergne.

★ Ternant A1

19 km au nord-est par la D 973 puis la D 223.

L'amateur d'art qui visite le Nivernais ou le Morvan ne doit pas manquer de se rendre à Ternant pour voir, dans la modeste **église** de ce village, deux magnifiques triptyques flamands.

★★ **Triptyques** – Du 15e s., en bois sculpté peint et doré, ils ont été offerts à l'église, l'un par le baron Philippe de Ternant, chambellan du duc de Bourgogne Philippe le Bon, l'autre par son fils Charles. Le **grand triptyque** est consacré à la Passion : sur le panneau central est reproduite la mort du Christ ; en bas, la pâmoison de la Vierge soutenue par saint Jean et les saintes femmes est représentée ; au premier plan sont agenouillés le donateur Charles de Ternant et sa femme, Jeanne. Sur le compartiment de gauche, la Pietà est entourée de saint Jean, de Marie Madeleine et des saintes femmes. À droite figure la Mise au tombeau. Les volets peints représentent l'agonie au jardin des Oliviers, le Christ portant sa croix, la Résurrection et la descente de Jésus aux limbes.

Plus ancien, le **petit triptyque** est traité avec une finesse exquise ; il est dédié à la Vierge. Au centre du panneau sculpté, dans la scène de la Dormition, un petit ange extrait du chevet de la Vierge son âme, figurée par une fillette en prière. En haut du panneau, remarquez l'Assomption de la Vierge portée au ciel sur un croissant de lune que soutient un ange. À gauche du motif central apparaît la dernière audience de la Vierge aux apôtres, tandis qu'à droite se déroule son cortège funèbre. Les peintures des volets sont remarquables. Outre des scènes de la vie de la Vierge – l'Annonciation, la Vierge couronnée, le Christ portant le globe, les funérailles de la Vierge –, on y découvre également le donateur Philippe de Ternant, vêtu du damier (armes de la maison), le cou orné du collier de la Toison d'or, et son épouse, Isabeau, en costume d'apparat, accompagnée de la Vierge couronnée.

Luzy B1

28 km au nord-est par la D 973.

Pl. Chanzy - ✆ 03 86 30 02 65 - www.rivesdumorvan.fr.

Ville importante au Moyen Âge, Luzy s'épanouit encore à l'ombre de la tour des barons de Luzy (14e s.), un donjon circulaire à campanile. C'est aujourd'hui une agréable localité traversée par l'Alène, sur la bordure sud du Morvan, d'où partent des sentiers de randonnée qui vous permettront de découvrir la région.

Tapisseries de l'hôtel de ville – *2 pl. de l'Hôtel-de-Ville - ✆ 03 86 30 02 34 - www.luzy.fr - lun.-vend. 8h-12h30, 13h30-17h.* Une salle de la mairie, installée dans l'hôtel Nault de Champagny, est décorée de remarquables **tapisseries d'Aubusson**, du début du 18e s., relatant l'histoire d'Esther, courageuse libératrice de ses compatriotes hébreux exilés en Perse. Racine s'inspira du livre éponyme de la Bible pour une œuvre où il fallait « que l'amour soit entièrement banni » ; sa tragédie (1689) est illustrée ici. L'ensemble, qui comprend deux compositions principales et six panneaux à un seul personnage, est d'une belle fraîcheur de coloris.

Nos adresses

Restauration

Budget moyen

La Grignotte du Vieux Bourbon – *12 r. de l'Horloge - ✆ 03 85 89 06 53 - tlj sf lun. et dim. soir, 12h-13h30, 19h-20h30 - plats 13,50/29 €, menu déj. 16,50 €, menus 24/27,50 €.* Dans le quartier médiéval, en face de la maison Sévigné, une adresse accueillante où l'on sert une cuisine traditionnelle de la région ainsi que de copieuses salades.

Le Restaurant du Cloître – *1 Parc-Thermal - ✆ 03 85 89 18 91 - www.restaurantducloitre.fr - ♿ - plats 19/22 €, menus déj. 15/21 €, menus 28,50/74 €.* Situé au cœur du Parc thermal, au premier étage du Grand Hôtel, dans un ancien couvent de visitandines bâti au 18e s., ce restaurant propose une cuisine de qualité (produits frais et locaux), à la fois traditionnelle et pleine de saveurs. La terrasse donne de plain-pied sur les arcades de l'ancien cloître.

À Luzy

Pour se faire plaisir

La Table de Jérôme – *26 r. de la République - à 28 km au nord de Bourbon-Lancy - ✆ 03 86 30 00 66 - www.hotelrestaurantdumorvan.fr - fermé dim. soir, lun. et mar. midi - menus 43/87 € - 12 ch. 94/122 € - ♿ - ☕ 9/13 €.* Le chef Jérôme Raymond propose une cuisine moderne et inventive qui fait la part belle au terroir du Morvan, autour d'un menu dégustation en 4 ou 6 services *(vend. et sam. soir, et dim. midi)*, et en semaine une formule à bon rapport qualité/prix. Belle carte des vins (500 références) faisant la part belle à la Bourgogne et chambres confortables pour prolonger l'étape.

En soirée

Casino – *17 r. du Breuil - Le Breuil - au bord du plan d'eau - ✆ 03 85 89 38 80 - www.casino-bourbon-lancy.fr - 10h-2h (vend.-sam. 3h).* Casino, spectacles, conférences et expositions, restaurant.

Activités

Randonnées pédestres

Rens. : www.rivesdumorvan.fr. Plusieurs dépliants, disponibles à l'office de tourisme, décrivent des circuits de randonnées (passage de la voie verte, balades vertes, etc.). Le plus court, partant du beffroi, fait le tour de la ville et de ses remparts; les autres, toujours de niveau facile, vous emmèneront sur les bords de la Loire ou dans les forêts.

Parmi les circuits possibles autour de Luzy : un Balcon sur le Morvan (17 km) avec deux variantes de 8,6 km et 9,6 km.

Hébergement

Budget moyen

Hôtel La Tourelle du Beffroi – *17 pl. de la Mairie - ✆ 03 85 89 39 20 - ✆ 06 19 50 21 56 - www.hotellatourelle.fr - 8 ch. 78/98 € - ☕ 10 €.* Emplacement agréable, près des remparts de la vieille ville et à l'ombre du beffroi, pour ce petit établissement aux airs de pension de famille. Chambres parfois exiguës.

Le Creusot-Montceau

Liés par une histoire industrielle et minière hors du commun, les deux pôles de la communauté urbaine du Creusot-Montceau, constituée en 1970, ont fusionné sans pour autant perdre leur singularité. Dans cette région fortement marquée par la métallurgie et l'extraction du charbon, les écomusées et les sentiers de randonnée proposent un voyage incomparable à la découverte d'une vallée au patrimoine unique en son genre.

Se repérer

CARTE P. 190-191 (C1-2).

21 269 Creusotins et 17 678 Montcelliens – agglomération : 92 305 hab. - Saône-et-Loire (71)
Le Creusot se trouve à 15 km au nord-est de Montceau-les-Mines. Les deux villes sont à une quarantaine de kilomètres à l'ouest de Chalon-sur-Saône.

À ne pas manquer

Le carreau du puits St-Claude, à Blanzy ; le panorama du mont St-Vincent ; le château de la Verrerie au Creusot ; la villa Perrusson à Écuisses.

En famille

Le musée de la Mine à Blanzy ; les plans d'eau, le parc des Combes et le Tacot des Crouillotes *(voir « Nos adresses »)*.

Nos adresses p. 228

Le Creusot

CARTE P. 190-191 C1

Château de La Verrerie - 03 85 55 02 46 - www.creusotmontceautourisme.fr.
Quelle ville étonnante, avec sa plaine des Riaux hérissée de bâtiments industriels, autour de laquelle ont poussé les cités ouvrières ! Le bassin minier et le canal du Centre (qui relie la Loire à la Saône, facilitant les transports des marchandises) tout proches expliquent pourquoi la famille Schneider a choisi ce site pour implanter sa première usine. Devant le succès, les bâtiments se sont développés et la ville s'est construite tout autour, pour loger les milliers d'ouvriers. Aujourd'hui, il ne reste plus qu'un seul bâtiment d'origine (l'ancienne halle des grues et des locomotives, qui abrite la bibliothèque universitaire), et la ville continue d'être un bassin industriel florissant.

★ Château de la Verrerie

www.creusotmontceautourisme.fr - horaires : voir ci-après - fermé déc.-janv. - billet combiné musée de l'Homme et de l'Industrie, Petit Théâtre, Pavillon de l'Industrie 9,80 € (enf. gratuit).
Construite en 1787 par Barthélemy Jeanson, l'ancienne cristallerie de la reine Marie-Antoinette, installée dans ce qui est aujourd'hui le château de la Verrerie, fut victime de la concurrence de Baccarat qui mena à sa fermeture en 1832. Cinq ans plus tard, les frères **Schneider,** deux industriels maîtres de forge visionnaires, rachetèrent les terrains et les bâtiments de la Verrerie, et en firent leur résidence. Ils devinrent si puissants que la ville faillit prendre en 1856 le nom de « Schneiderville »...
Au début du 20e s., Eugène II Schneider confia les travaux d'embellissement du château à l'architecte Sanson et au peintre Felz, afin que l'édifice reflète la puissance de cette dynastie industrielle.

3

Le château de la Verrerie accueille l'office du tourisme du Creusot, le musée de l'Homme et de l'Industrie, le pavillon de l'Industrie et les services de la communauté urbaine Creusot-Montceau, le tout dans un parc de 28 ha. En pénétrant dans la cour du château, on est tout de suite frappé par la silhouette singulière de deux immenses cônes dont la couleur sombre contraste avec l'éclatante blancheur des ailes du château : il s'agit des anciens fours de la cristallerie.

Musée de l'Homme et de l'Industrie – ♿ *rdc seult - juil.-sept. : 10h-12h, 13h30-18h30 ; reste de l'année : se rens.* Installé dans le corps principal du château, le musée retrace l'histoire de l'industrie au Creusot à travers des gravures, photos, tableaux, tapisseries et maquettes. Une remarquable **maquette d'usine animée** (fin 19e s.) présente tous les métiers de la forge. À l'étage, exposition sur la dynastie industrielle des Schneider, lithographies et maquettes des cités ouvrières, de la cristallerie et des trois âges du château et importante collection de cristaux et d'opalines du début du 19e s.

Petit Théâtre – ♿ - *visite guidée uniquement juil.-sept. : 12h, 15h30 et 17h ; reste de l'année : se rens.* Au début du 20e s., l'ancien four est (à gauche quand on est face au château) de la cristallerie fut transformé en un ravissant théâtre à l'italienne de 100 places, au décor inspiré du Petit Trianon à Versailles. Tout y est : la coupole en trompe-l'œil, la loge, les banquettes et les lustres, et même la cabine du souffleur. Le four ouest (à droite) servit tour à tour de temple protestant puis de chapelle, et abrite désormais une galerie d'art municipale.

Pavillon de l'Industrie – ♿ - *juil.-sept. : 10h-12h, 13h30-18h30 ; reste de l'année : se rens.* Logé dans la salle du jeu de paume du château, ce centre d'interprétation est consacré au rôle du Creusot dans l'aventure industrielle française. Deux superbes plans-reliefs permettent de se rendre compte de l'emprise gigantesque des usines, au centre de la ville qui se déploie tout autour ; des maquettes de locomotives et autres objets issus de l'acier, des pièces de haute technologie à taille réelle et enfin un film à la gloire de l'industrie de pointe française dans les domaines de la sidérurgie et de l'acier terminent la visite.

Parc de la Verrerie

Cet espace de détente et de loisirs est agrémenté, à l'est du château, de jardins à la française en terrasses, dessinés au début du 20e s. Le reste du parc, aménagé à l'anglaise, descend vers un étang peuplé de canards et de cygnes. Vous trouverez aussi un arboretum, des aires de jeux, une piscine et un petit parc animalier. Aux abords, remarquez la **tour des Bandages** (19e s.) qui cachait, sous sa façade d'allure médiévale, une machine industrielle disgracieuse.

Le marteau-pilon

Installé place du 8-Mai-1945, à l'entrée sud de la ville, ce mastodonte de 100 t est devenu l'emblème du Creusot. À l'époque de sa mise en service, en 1877, il trônait du haut de ses 21 m dans les ateliers de l'usine du Creusot. Il fut pendant plusieurs années l'outil de forgeage le plus puissant du monde. On entendait alors les coups de pilon jusqu'à 10 km à la ronde... Il finit par être démonté en 1931, puis offert à la ville en 1969.

Autour du Creusot BC1

Promenade des Crêtes C1

Par la rue Jean-Jaurès, la rue de Longwy, la D 28 (direction Marmagne) et un virage à droite à angle aigu, rejoignez la route des Crêtes.

Château de la Verrerie.
L. Fontaine/Michelin

Cette route en lacet domine le bassin du Creusot. Dans sa partie boisée, un espace aménagé avec table d'orientation offre une **vue** générale sur l'agglomération, ses bâtiments industriels et ses environs. En poursuivant, une seconde échappée permet de constater l'étendue des anciennes usines Schneider et la place centrale que tenait dans ce cadre le château de la Verrerie.

3

St-Sernin-du-Bois C1

5 km au nord du Creusot par la D 138.
Le château, un gros donjon carré du 14e s., et un ancien prieuré forment un ensemble pittoresque, à proximité d'un étang servant de réserve d'eau.

Château de Brandon C1

10 km au nord-est du Creusot par la D 43, puis à droite après Bouvier, à St-Pierre-de-Varennes.
03 85 55 45 16 - www.chateau-de-brandon.com - fermé lors de notre passage, se rens. sur la réouv. Cette forteresse médiévale subit des modifications sous Louis XIII, dont l'aménagement du corps de logis sur la cour haute. La cour basse conserve des écuries du 12e s. et une poterne du 14e s. Autour du château, joli panorama sur la campagne environnante, le mont St-Vincent et les monts du Charolais.

★ Villa Perrusson, à Écuisses C1

14 km au sud-est du Creusot par la D 28, puis la N 80.
1 r. de la Gare - 03 85 68 21 14 - www.villaperrusson.fr - ♿ - visite guidée de déb. juin à mi-oct. : tlj sf lun.-mar. 14h-18h ; reste de l'année : se rens. - 4 € (10-18 ans 2 €).
Cette villa exceptionnelle est constituée d'un corps de logis édifié en 1869, le pavillon Perrusson, auquel fut adossé à la fin du 19e s. le pavillon Desfontaines (œuvre de l'architecte Tony Ferret), du nom des familles qui y habitèrent durant six générations. Cette demeure commandée par des industriels de la céramique, située entre le canal du Centre et la voie ferrée, avait une vocation publicitaire : les façades et toitures permettaient aux clients et même aux passagers du train

Du minerai au patrimoine

Les débuts

Le minerai de fer fut exploité dès le Moyen Âge dans la région de Couches, et les Creusotins en firent commerce à partir du 16e s. Les importants gisements houillers d'Épinac et de Blanzy, découverts au 17e s., ne seront exploités industriellement qu'après 1769. En 1782, l'industriel de Wendel s'associe à un Anglais pour créer une fonderie de canons. Trois ans plus tard a lieu la première fonte au coke (un combustible), donnant le signal du développement de la région.

L'âge d'or

En 1836, **Joseph-Eugène Schneider**, maître de forges à Bazeilles, et son frère Adolphe s'installent au Creusot, alors peuplé de 3 000 habitants. Ils orientent la production vers les transports alors en plein essor : locomotives à vapeur et appareils moteurs de grands navires, rails. En 1843, l'invention du marteau-pilon, due à l'un des ingénieurs de l'usine, **François Bourdon** (1797-1865), permet la forge des grosses pièces : matériel de chemin de fer, pièces pour l'équipement des centrales électriques, des ports, des usines, etc.
Sous le Second Empire se développe l'usage de l'acier pour les plaques de blindage et les pièces d'artillerie.
Depuis l'extension des usines Schneider, Le Creusot a décuplé sa population.
Montceau s'est aussi beaucoup développée, avec l'exploitation intensive du bassin houiller de Blanzy à partir de 1856. Après la Seconde Guerre mondiale (1949), est créée la Société des forges et ateliers du Creusot (usines Schneider), qui fusionne en 1970 avec la Compagnie des ateliers et forges de la Loire, donnant naissance à **Creusot-Loire**.

Dynamique de reconversion

La grave crise économique des années 1980, qui affecta les industries minières et sidérurgiques, et qui entraîna le dépôt de bilan de Creusot-Loire en 1984, accéléra la reconversion économique et les efforts de diversification industrielle du Creusot-Montceau.
Aujourd'hui, la région accueille notamment des entreprises au service de l'électronique et des télécommunications.

Perspectives touristiques

L'intérêt historique ou technique que présentent certaines mines, usines ou cités ouvrières (comme la **Combe des mineurs**, plus ancienne cité creusotine, datant de 1826) a inspiré l'idée d'utiliser ces atouts patrimoniaux dans l'élaboration d'un programme touristique.
Au rang des initiatives originales, le **train des Deux-Vallées**, ou « tacot des Crouillottes », qui servait à acheminer les déblais des usines Schneider, effectue au départ de la gare creusotine des Combes un circuit au pied de la colline du Gros-Chaillot, procurant des vues sur le mont Beuvray, la vallée du Mesvrin et, plus au sud, sur Le Creusot *(voir « Nos adresses au Creusot et à Montceau »)*.
De la même façon, le **canal du Centre**, artère vitale dans cette région de collines, qui eut pour fonction de desservir les centres industriels dès 1794, joue aujourd'hui un nouveau rôle économique, celui de la navigation de plaisance.

Vallée de la céramique

C'est grâce au sol argileux qui fournissait la matière première, à proximité des mines de charbon qui permettaient d'alimenter les fours et au canal du Midi qui facilitait les échanges commerciaux, que s'est développée, à partir du milieu du 19e s., entre la Dheune et la Bourbince, toute une industrie autour de la céramique : pas moins de 40 entreprises se déployaient entre le canal et la voie de chemin de fer au début du 20e s. Il n'en reste que cinq.

d'apprécier la qualité des productions réalisées à l'usine de céramique : décor de faîtage, frises émaillées, garde-corps, médaillons de terre cuite, c'est une véritable maison catalogue, qui présentait l'étendue des techniques, des matières et des styles des céramistes.
L'intérieur de la villa, qui vient de rouvrir après des années de restauration minutieuse, n'est pas en reste. Les décors, des pavements gré cérame des sols aux tuiles vernissées des plafonds en passant par les faïences murales, témoignent du savoir-faire de la famille Perrusson.
Ne ratez pas le remarquable jardin, son bassin et ses allées sinueuses, ainsi que son orangeraie, les écuries et le jardin potager.
Après le lieu-dit Les Sept-Écluses, la route emprunte une levée de terrain entre le canal en tranchée et l'étang de Longpendu, qui se déverse vers la Saône par la Dheune ou vers la Loire par la Bourbince.

★ Uchon B1

18 km à l'ouest du Creusot par la D 228.
À mi-pente, dans un décor assez rude de blocs granitiques épars, ce petit village occupe un **site★** remarquable. On peut y voir un pan de tour en ruine, une vieille église et un oratoire abritant une colonne surmontée d'une Vierge, où se réunissaient au 16e s. les fidèles venus prier pour éloigner les épidémies de peste.
Centre monastique orthodoxe – *De mi-juil. à mi-sept. : mar., jeu. et w.-end 15h-18h ; reste de l'année : se rens.* Depuis 1989, ce petit centre affilié à l'Église orthodoxe française s'est installé dans l'ancienne cure. Le père abbé (higoumène), qui enseignait l'art des icônes à Paris, a entrepris de décorer la chapelle et le réfectoire de belles **fresques byzantines★**, riches de significations.
★ **Signal d'Uchon** – *1,5 km au sud d'Uchon par la D 275. Au sommet de la montée, 100 m environ après l'hôtel Bernard, prenez à droite un chemin goudronné. Laissez la voiture sur le parking aménagé. De là, gagnez à pied le rocher sur lequel se trouve la table d'orientation, à 650 m d'altitude.* Le **panorama** semi-circulaire englobe le village d'Uchon et s'étend sur la dépression de l'Arroux, jusqu'aux monts de la Madeleine et aux monts Dôme. Plus près se dressent les sommets du Morvan : le mont Beuvray à la masse trapue, le mont Préneley et le Haut-Folin.

Montceau-les-Mines

CARTE P. 190-191 C2

Manufacture de Bonneterie Perrin

17 r. Claude-Forest - ☏ 03 85 67 72 85 - manufacture-perrin.com - P ♿ - visite guidée sur réserv. tlj sf w.-end à 10h et à 14h - fermé de mi-juil. à mi-août - 6 € (-12 ans gratuit).
Créée en 1924, cette manufacture familiale de chaussettes et collants propose une visite de ses ateliers. Les salles des machines (en activité le jour et parfois

la nuit) vous livreront tous les secrets du tricotage, de l'appairage, et ce jusqu'au packaging. La visite se termine dans l'immense boutique, qui propose exclusivement des articles 100 % made in France.

Usine Aillot - Galerie du Camion ancien

27 r. des Prés - ✆ 06 84 54 69 23 - ✆ 07 71 11 16 40 - www.usineaillot.canalblog.com - ♿ - fermé au moment de notre visite, se rens. sur la réouverture.
Installé dans la vieille usine Aillot du 19e s., ce lieu présente une collection de poids lourds (1940-1980), dont certains sont mythiques : les camions conduits par Jean-Paul Belmondo et Bernard Blier dans *100 000 dollars au soleil* (1964), par Yves Montand dans *La Menace* (1977), ou encore le Berliet GBC 6x6 Sahara, le premier à avoir traversé le désert de Ténéré. Expositions (livres de route, photos, journaux) et rencontres culturelles au bar, très accueillant avec sa déco vintage.

Autour de Montceau-les-Mines C2

Blanzy C2

▶ *3 km au nord-est de Montceau-les-Mines.*
Située au bord du canal du Centre, la cité est devenue prospère à partir de 1860 grâce à ses houillères. Nombre d'industries sont venues renforcer celle de la fonderie : plastiques, robinetterie, tuyauterie, matériaux de construction et pneumatiques avec Michelin.
★ **Musée de la Mine** – *34 r. du Bois-Clair - ✆ 03 85 68 22 85 - www.musee-mine-blanzy.fr - visite guidée (1h30) juil.-août : tlj sf mar. 14h-17h ; avr.-juin et sept.-oct. : w.-end 14h-17h - 6 € (10-18 ans 3 €).* Un **chevalement** de 22 m de haut signale le carreau du puits St-Claude, aujourd'hui transformé en antenne de l'écomusée du Creusot-Montceau. D'anciens mineurs de ce puits de 30 m de profondeur, exploité de 1857 à 1881, vous proposent une découverte de l'activité minière dans la région. Un film présente les anciennes méthodes de travail des mineurs jusqu'aux dernières techniques. À l'étage, l'exposition permanente est consacrée à la vie dans le bassin de Blanzy (maquettes, photos, lettres et documents d'époque).
À l'extérieur, vous découvrirez une **lampisterie**, abritant un treuil des années 1920 et une collection de lampes, que les mineurs échangeaient contre un jeton avant de descendre (seul moyen de vérifier si tout le monde était remonté). En suivant les rails, on croise de vieilles berlines et les cages dédiées à la descente. Après une **salle des machines** en parfait état de fonctionnement, vous cheminerez sur quelque 200 m de galeries présentant l'évolution de l'abattage et du roulage du charbon ainsi que des techniques de soutènement. Représentez-vous les dangers, la chaleur, la poussière et l'obscurité qui régnaient ici, grâce à une reconstitution fidèle des moyens de communication et engins de l'époque, dont le petit train qui emmenait les mineurs au bassin à charbon, parfois à 20 km du point de départ. Des bacs suspendus conduisent à la galerie boisée, en usage jusqu'en 1965. Découvrez enfin la fierté de la région : le plateau-rabot à soutènement marchant, avancée technique ultramoderne, unique en France. On ressort bouleversé de ce voyage hors du temps et au centre de la Terre...

Gourdon C2

▶ *9 km au sud-est de Montceau-les-Mines par la D 980.*
Une route étroite et en forte montée conduit à Gourdon, d'où l'on découvre un vaste **panorama**★ sur la ville, le bassin de Blanzy, Montcenis, Le Creusot et, plus loin, les monts du Morvan. Ce petit village perché possède une **église** romane

du 11e s., avec triforium aveugle et fenêtres hautes, et un intéressant ensemble de chapiteaux. Des travaux ont mis au jour des fresques du 12e s. ayant pour thème principal la vision de l'Apocalypse.

★ Mont-St-Vincent C2

13 km au sud-est par la D 980.

Bâti à la proue d'une colline, sur la ligne de partage des eaux entre la Loire et la Saône, ce village du Charolais occupe un des points culminants de Saône-et-Loire (603 m). C'est du village que part chaque année le signal des Feux celtiques de la St-Jean, allumés pour célébrer le retour de la belle saison.

À l'entrée du bourg, une rue monte à droite à angle aigu jusqu'à une station de télévision et de météorologie. À proximité, du sommet d'une tour-belvédère *(table d'orientation)*, socle d'un ancien moulin disparu, on découvre un immense **panorama★★** sur les monts du Morvan, les dépressions du Creusot et d'Autun, les monts du Mâconnais et du Charolais... et, par beau temps, le Mont-Blanc.

Église – Bâtie à la fin du 11e s., l'église était celle d'un prieuré clunisien. Le porche carré, surmonté d'une tribune, abrite un portail dont le tympan sculpté, très dégradé, représente un Christ en majesté entre saint Pierre et saint Paul. La nef est voûtée de berceaux transversaux comme celle de St-Philibert de Tournus, tandis que les bas-côtés sont voûtés d'arêtes. La croisée du transept est surmontée d'une coupole sur trompes. Du terre-plein bordant le cimetière, on a une jolie **vue** sur le chevauchement des vallons du nord.

Musée Jean-Régnier – *R. du Grenier-à-Sel - ☎ 03 85 79 98 41 - www.passion-patrimoine.mmsv.fr - de mi-avr. à fin oct. : w.-end 15h-18h - gratuit.* Installé dans le bâtiment restauré d'un grenier à sel (15e s.), ce musée rassemble les découvertes archéologiques (du néolithique au haut Moyen Âge) faites dans la région.

Perrecy-les-Forges B2

19 km au sud-ouest de Montceau par la N 70 et la D 60.

Ce bourg industriel possède une **église** romane, vestige d'un ancien prieuré bénédictin, précédée d'un **porche-narthex★** de grande ampleur et de belle facture. Au tympan du portail trône le Christ dans une gloire soutenue par deux séraphins aux six ailes accolées. En contraste avec l'austérité de cette évocation aux lignes aiguës, les sculptures du linteau (Passion du Christ) et des chapiteaux offrent plus de souplesse et de vie. La croisée du transept, éclairée par des baies géminées, est surmontée d'une coupole sur trompes. L'édifice est mis en valeur, côté sud, par l'ingénieuse matérialisation au sol des plans de l'ancien cloître, grâce à des arbustes et des talus gazonnés.

Nos adresses

Restauration

À Montcenis

Pour se faire plaisir

Le Montcenis – *Pl. du Champ-de-Foire - à 3 km à l'ouest du Creusot - ✆ 03 85 55 44 36 - www.restaurant-lemontcenis.fr - fermé lun.-mar., dim. soir - menu déj. 26 €, menus 36/62 €.* Du cachet dans le décor (cave voûtée, pierres et poutres) comme dans l'assiette. Le chef, Laurent Dufour, propose une cuisine généreuse et sincère, réalisée avec de beaux produits; il change sa carte cinq fois par an, histoire de titiller les gourmands. Et l'hiver, il rend hommage à la truffe, sa passion!

À Montceau-les-Mines

Pour se faire plaisir

Jérôme Brochot – *7 pl. Beaubernard - ✆ 03 85 67 95 30 - www.jeromebrochot.com - fermé dim.-mar. - menu déj. 30 €, menus 48/75 €.* Le chef Jérôme Brochot concocte une élégante cuisine du marché, où l'ancrage régional est à l'honneur, à choisir entre le menu bistrot ou signature, plus ambitieux.

À St-Vallier

Premier prix

Le Moulin – *4,5 km au sud de Montceau-les-Mines - ✆ 03 85 57 18 85 - www.restaurantdumoulin.fr - P - fermé lun. soir, mar. soir, merc., jeu. soir et dim. soir - plats 17,50/19,50 €, menus 16/17 €.* Une auberge sans prétention à dénicher à l'extérieur du village, en bordure du canal du Centre. Cuisine traditionnelle servie dans une salle à manger campagnarde.

À Gourdon

Budget moyen

Auberge de Gourdon – *Le bourg - à 10 km à l'est de Montceau-les-Mines - ✆ 03 85 79 89 00 - fermé dim. soir et lun.-mar. - menus 28/35 €.* Cette auberge familiale et chaleureuse (il y a même une cheminée en hiver) propose une cuisine régionale simple et de bonne facture : œufs en meurette, viandes charolaises, fromages locaux et bons desserts. Bon rapport qualité-prix pour cette institution du bassin minier.

Shopping

Boutique de la manufacture Perrin – *10 r. de Verdun - Montceau-les-Mines - ✆ 03 85 58 70 02 - 9h30-12h30 et 14h-18h30 - fermé dim. et lun. mat.* La « cathédrale du made in France », rien de moins! Vous y trouverez la production de la manufacture Perrin *(voir p. 225)* et de ses marques partenaires. Quelques articles à prix d'usine.

Activités

Location de vélos – *Office de tourisme de Montceau - ✆ 03 85 69 00 00 - www.creusotmontceautourisme.fr - 20 €/demi-j, 30 €/j. VAE, siège bébé et remorque pour les enfants - réserv. obligatoire.* Idéal pour parcourir la véloroute le long du canal du Centre (EuroVelo 6).

Les plans d'eau sont nombreux dans la région. Les pêcheurs apprécieront particulièrement l'étang de Longpendu, les véliplanchistes, les lacs de la Sorme et de Torcy, et les canoéistes, le lac du Plessis.

Parcs de loisirs

Parc touristique des Combes – *R. des Pyrénées - ✆ 03 85 55 26 23 - www.parcdescombes.com - Pass Partout, train et attractions à volonté 23,50 € (-1,20 m 18,50 €) - 1 ticket 5 €, 10 tickets 45 €.* Ce parc de loisirs de 70 ha propose une vaste gamme d'activités ludiques et sportives (luge d'été, Nautic Jet, Déval'train, Vertingo...).

Tacot des Crouillotes – *www.parcdescombes.com - dép. gare du Creusot ou gare des Combes (35mn) - juil.-août : 11h-19h; reste de l'année : se rens.* Géré par le parc des Combes, ce train des années 1900 vous fera découvrir au long d'un itinéraire ponctué de tunnels, gorges et cascades, de magnifiques points de vue sur les monts du Beaujolais et le Morvan. Circuits de 5 km ou 10 km.

Yapluka Park Creusot-Montceau – *474 rte des Thibourins - Blanzy - Le Bois des Ranches - ✆ 06 74 26 13 53 - www.yaplukapark.fr - horaires voir le site - 21 € (6-14 ans 17 €, 3-5 ans 14 €) - réserv. obligatoire.* 11 parcours accrobranches adaptés à tous les âges et tous les niveaux, avec pour les plus téméraires un saut dans le vide de 17 m!

Randonnée pédestre

Les Découvertes de Sanvignes – Sentier piéton balisé sur plus de 7 km à travers les anciens sites miniers. Informations sur les différents circuits proposés sur www.creusotmontceautourisme.fr.

Golf

Golf du Château d'Avoise – *9 r. de Mâcon - Montchanin - 8 km au sud-est du Creusot par D 28 - ✆ 03 85 78 19 19 - golf-avoise.com - juil.-sept. : 8h30-18h; avr.-juin et oct. : 8h30-17h30; reste de l'année : 9h-16h30.* Un parcours 18 trous sur un domaine de 120 ha, entre chênes centenaires et plan d'eau. Parcours technique de grande qualité.

Hébergement

À Montceau-les-Mines

Premier prix

Hôtel Le Nota Bene – *70 quai Jules-Chagot - ✆ 03 85 69 10 15 - www.notabene.fr - P ♿ - 46 ch. 49/92 € - ☕ 15 € - ✕ plats 20/27 €.* Face au pont levant du canal, cet hôtel mise sur des chambres à la décoration atypique et décalée : béton ciré, fresques sur les murs, mobilier contemporain donnent à chaque chambre une atmosphère singulière. Salle de squash et de musculation. Confort et propreté irréprochable.

Forêt du mont Beuvray.
Tim Starke/Getty Images Plus

4

Le Morvan

CARTES MICHELIN DÉPARTEMENTS 319 ET 320 –
CÔTE-D'OR (21), NIÈVRE (58), SAÔNE-ET-LOIRE (71), YONNE (89)

AUXERRE
A
AUXERRE
PARIS
B
YONNE
6
Montréal
Vault-de-Lugny
Avallon
VÉZELAY
Pontaubert
Méluzien
Les Ruats
Chamoux
Moulin-Cadoux
Clamecy
Site archéologique des Fontaines salées
St-Père
Marrault
Ste-Magnance
Pierre-Perthuis
Roche Percée
St-Léger-Vauban
Chastellux
Crescent
Bazoches
Quarré-les-Tombes
La Pierre-qui-Vire
Dun-les-Places
Mont de la Justice
Rocher de la Pérouse
Lormes
Le Vieux-Dun
BOURGES
Lac de Chaumeçon
Corbigny
Saut de Gouloux
Montsauche-les-Settons
Marcilly
Les Settons
Lac de Pannecière
Ouroux-en-Morvan
Aqueduc de Montreuillon
Lac des Settons
5
Pannecière-Chaumard
Planchez
Vallon du Touron
Corancy
Théâtre gallo-romain
Château-Chinon
Arleuf
Châtillon-en-Bazois
Forêt de la Gravelle
Haut-Folin
Moulins-Engilbert
Commagny
NIÈVRE
St-Honoré-les-Bains
Bibracte-Mont Beuvray
Vandenesse
Lac de Chèvre
Vieille Montagne
Sémelay
Rémilly
Aron
LOIRE
Yonne
Cure
Cousin
Alain
Chalaux
1
2
3
A
B

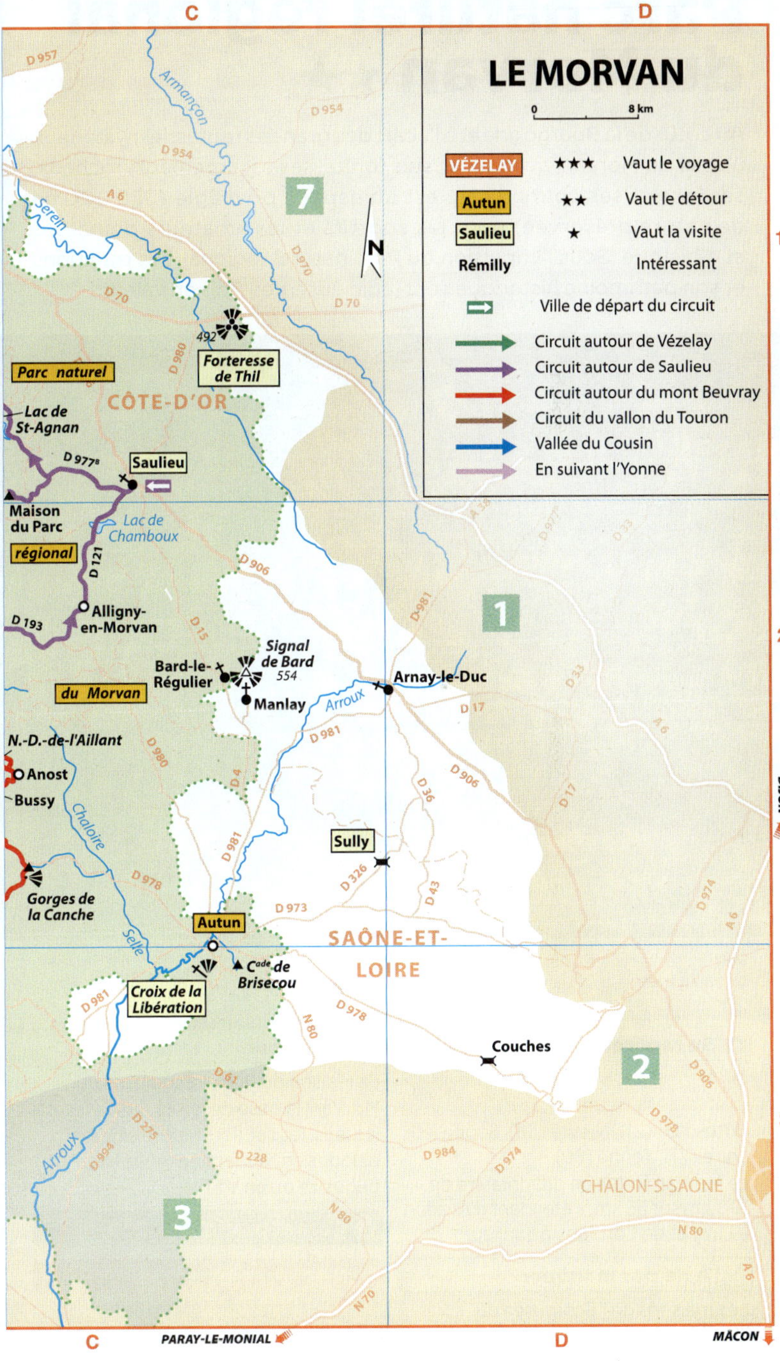

LE MORVAN
0
8 km
VÉZELAY ★★★ Vaut le voyage
Autun ★★ Vaut le détour
Saulieu ★ Vaut la visite
Rémilly Intéressant
Ville de départ du circuit
Circuit autour de Vézelay
Circuit autour de Saulieu
Circuit autour du mont Beuvray
Circuit du vallon du Touron
Vallée du Cousin
En suivant l'Yonne
C
D
1
2
3
N
7
1
2
3
Armançon
Serein
Arroux
Chaloire
Selle
Forteresse de Thil
492
Parc naturel
régional
du Morvan
CÔTE-D'OR
Lac de St-Agnan
Saulieu
Maison du Parc
Lac de Chamboux
Alligny-en-Morvan
Signal de Bard
554
Bard-le-Régulier
Manlay
Arnay-le-Duc
N.-D.-de-l'Aillant
Anost
Bussy
Gorges de la Canche
Sully
Autun
Cade de Brisecou
Croix de la Libération
SAÔNE-ET-LOIRE
Couches
CHALON-S-SAÔNE
DIJON
PARAY-LE-MONIAL
MÂCON
D 957
D 954
A 6
D 70
D 970
D 980
D 977B
D 121
D 193
D 906
D 15
D 981
D 17
D 33
D 36
D 4
D 978
D 326
D 43
D 973
D 974
N 80
D 61
D 275
D 994
D 228
D 984
N 70
A 38
D 977

Parc naturel régional du Morvan ★★

Au cœur de la Bourgogne et à l'écart des grandes routes, le mystérieux massif du Morvan, avec ses vastes forêts, ses escarpements rocheux, ses lacs et ses cours d'eau, est un espace privilégié (320 000 ha de nature préservée) pour les sportifs et les amateurs de nature et d'histoire. Sous l'impulsion du Parc naturel régional, ses traditions et son patrimoine historique sont judicieusement mis en valeur.

Rafting sur la rivière Chalaux, dans le Parc du Morvan.
Ch. Boisvieux/hemis.fr

Se repérer

CARTE P. 232-233 (AC1-3) - CARTE DU PARC P. 238.

Côte-d'Or (21), Nièvre (58), Saône-et-Loire (71), Yonne (89)
Le Morvan forme un quadrilatère de 100 km sur 55 km, s'étendant d'Avallon à Luzy et de Corbigny à Saulieu.

À ne pas manquer

Les maisons de l'Écomusée du Morvan; les nombreuses activités nature *(voir « Nos adresses »)*.

En famille

La Maison du Parc, l'Écomusée du Morvan, la base de loisirs des Settons, les lacs, les sentiers nature et les balades en randonnée (équestre, pédestre ou en VTT).

Carnet pratique p. 239

Nos adresses p. 239

Découvrir le Parc

CARTE P. 238

Créé en 1970, le parc, d'une superficie de 3 249 km², couvre l'essentiel du « pays » et participe amplement à son essor touristique. Regroupant 133 communes des départements de la Côte-d'Or, de la Nièvre, de la Saône-et-Loire et de l'Yonne, son rôle est d'assurer un développement économique et social du territoire en s'appuyant sur le respect de l'environnement et la valorisation des patrimoines. Il a pris pour emblème le cheval au galop qui orne une monnaie découverte sur le site antique de Bibracte.

Maison du Parc C1

À St-Brisson, 10 km à l'ouest de Saulieu - 03 86 78 79 57/00 - www.parcdumorvan.org - juil.-août : 10h-13h, 14h-18h ; mai-juin et sept. : merc.-vend., dim.-lun. 10h-13h, 14h-18h, sam. 14h-18h - avr. et oct.-nov. : merc.-vend., dim.-lun. 10h-13h, 14h-17h, sam. 14h-17h.

Il est possible de pique-niquer dans le domaine ou de se restaurer au **Bistrot du Parc**, qui propose des produits locaux *(www.lebistrotduparc-morvan.fr)*.

Au cœur de ce vaste domaine de 40 ha *(en accès libre)*, un ensemble de bâtiments du 19ᵉ s. abrite plusieurs structures dont la **Maison du tourisme du Parc** qui vous fournira toutes sortes d'informations utiles ainsi que deux sites de l'Écomusée du Morvan *(voir encadré p. 237)*.

Pour vous familiariser avec les milieux naturels de la région, promenez-vous dans l'**arboretum**, l'**herbularium** (jardin conservatoire), le **verger** conservatoire et le **sentier de découverte** de l'étang Taureau qui permet de traverser la tourbière grâce à une passerelle en bois. Sans oublier un parcours « pieds nus ». Vous pourrez également apercevoir des vaches Highland, introduites ici pour entretenir les prairies humides.

Sports, nature et culture

Voir « Nos adresses ».

Le **lac des Settons** *(voir p. 268)* est un cadre idéal pour la pratique des **sports nautiques**.

Le Morvan offre aux randonneurs chevronnés comme aux simples promeneurs une multitude de sentiers aménagés : **GR 13 et 131** (grande traversée du Morvan du nord au sud), **GR de pays** (tour du Morvan par les grands lacs), circuits de **petite randonnée** et sentiers de découverte et de valorisation du patrimoine. En hiver, les pentes du Haut-Folin, point le plus élevé du massif, font le bonheur des **skieurs de fond**.

Des circuits balisés Morvan Trail (course à pied nature), vélos sur petites routes et *gravel bike* complètent l'offre des circuits VTT qui font la renommée du Morvan, comme la randonnée pédestre.

Le visiteur pourra par ailleurs se documenter sur les traditions et métiers du cru en visitant les **maisons à thème** de l'Écomusée du Morvan *(voir encadré p. 237)*.

Le royaume des sapins de Noël

Première région française productrice d'arbres de Noël, le Morvan consacre environ 1 500 ha de sa superficie à cette activité, qui concerne une centaine de propriétaires. Il part chaque année du Morvan plus d'1 million de sapins (essentiellement des Nordmann) à destination des grandes villes de France.

Le massif du Morvan

Le Morvan aux quatre visages

Selon l'étymologie celtique, Morvan signifierait « montagne noire ».
La première approche du Morvan s'effectue par les franges, qui offrent des points de vue uniques sur le massif morvandiau, en particulier depuis des plateaux calcaires, qui ceinturent le massif, débouchant ensuite sur des vallées très ouvertes.
En pénétrant plus avant dans le massif, les paysages s'organisent autour de vallées bocagères larges qui font suite à une étroite vallée forestière à l'amont, avant de se fondre dans un paysage bocager de piedmont.
S'ensuivent plusieurs secteurs de transition entre un « haut » adossé au Morvan montagnard et les collines chaotiques annexées au Morvan.
Le lien s'affirme par une vallée-couloir appelée le « Morvan des 400 m », où le paysage agricole prend nettement le pas sur la forêt.
Au cœur du massif, depuis les hauteurs qui dominent le lac de St-Agnan jusqu'au mont Beuvray (821 m), la dorsale boisée caractérise le Morvan montagnard. L'altitude dépasse les 500 m, le climat est rude en hiver et le paysage plus fermé.

Un pays de forêts

La forêt, qui couvre environ 45 % de l'espace morvandiau, est l'élément caractéristique du massif. Les surfaces boisées représentent un enjeu majeur pour la région.
Progressivement, les futaies de hêtres ou de chênes cèdent la place aux résineux, plus rentables, dans un repeuplement que certains déplorent en raison du risque de déséquilibre écologique encouru, les sols étant déjà acides. L'économie forestière génère une activité majeure sur le territoire depuis plusieurs siècles. Aujourd'hui, les plantations résineuses effectuées depuis la Seconde Guerre mondiale représentent l'essentiel des revenus de la forêt et constituent un défi à relever pour concilier le développement d'une filière de proximité, la préservation de l'environnement et le maintien de la qualité du cadre de vie.

L'eau, une richesse

De climat atlantique à influences variées (continentale, montagnarde ou méridionale selon les secteurs), le massif du Morvan reçoit des pluies fréquentes qui, jointes au printemps à la fonte des neiges, transforment les ruisseaux en torrents. La roche, imperméable, ne permet pas l'existence de nappes phréatiques, en dehors des faibles volumes contenus dans les poches d'arènes granitiques. C'est pourquoi le massif est entièrement parcouru d'un dense réseau de cours d'eau, de sources et de suintements.
Les zones humides, très présentes, occupent les fonds de vallées. Cela explique aussi que des cours d'eau comme l'Yonne, la Cure, le Cousin ou encore le Chalaux roulent parfois des flots tumultueux. Plusieurs retenues (Pannecière-Chaumard, les Settons, Crescent, Chaumeçon) permettent d'en régulariser le cours au moment des crues et de soutenir leur débit en période d'étiage (basses eaux) ; le lac de St-Agnan constitue une réserve en eau potable.
À la faveur de conditions propices, un réseau de tourbières parsème le massif. Douze d'entre elles ont été classées Réserve naturelle régionale.

Le Morvan, terre de Résistance

Ce massif de hautes collines, couvert de vastes forêts, à l'écart des grands axes de communication, devient une

L'Écomusée du Morvan

L'Écomusée du Morvan est un réseau de **neuf maisons** à thème et de quatre sites associés qui ont pour vocation de raconter l'histoire du Morvan et des Morvandiaux au fil des échanges et des migrations.
À St-Brisson, au sein de la Maison du Parc :
Maison des Hommes et des Paysages – *Juil.-août : 10h-13h, 14h-18h ; mai-juin et sept. : merc.-vend., dim.-lun. 10h-13h, 14h-18h, sam. 14h-18h - avr. et oct.-nov. : merc.-vend., dim.-lun. 10h-13h, 14h-17h, sam. 14h-17h - fermé déc.-mars - 4,50 € (-8 ans gratuit) - 8,50 € pass donnant accès au musée de la Résistance en Morvan et au mémorial de Dun-les-Places.* Maison-centre de l'Écomusée du Morvan, elle invite à voyager à travers l'histoire et les paysages du territoire sur les traces de celles et ceux qui l'ont façonné, grâce notamment à un dispositif multimédia conjuguant photographies anciennes et contemporaines.
Musée de la Résistance en Morvan – *À l'étage de la Maison des hommes et des paysages - mêmes horaires - www.museeresistancemorvan.fr - ♿ - 6,50 € (-8 ans gratuit), pass à 8,50 €.* Il aborde l'Occupation, la Résistance et le maquis morvandiau.
Autres sites :
Maison du Seigle à Ménessaire (Côte-d'Or), le **musée Vauban** *(voir p. 266)* à Saint-Léger-Vauban (Yonne), la **Maison des Galvachers** *(voir p. 274)* et la **Maison du Patrimoine oral de Bourgogne** *(voir p. 275)* à Anost, le **Mémorial de Dun-les-Places** *(voir p. 267)*, le **musée des Nourrices et des Enfants de l'Assistance publique** *(voir p. 267)* à Alligny-en-Morvan, le **musée de l'Élevage et du Charolais** *(voir p. 279)* à Moulins-Engilbert.
Les sites associés sont **Ma p'tite École** au lac des Settons, la **saboterie Marchand** à Gouloux, les **Caves Barbotte** à Ouroux-en-Morvan et l'**Écomusée de l'Abeille** à Château-Chinon (Nièvre).
Voir la carte du Parc p. 238.

terre de refuge puis de résistance pour tous ceux qui sont traqués par les nazis pendant la Seconde Guerre mondiale.
Juifs, réfractaires au service du travail obligatoire, communistes, gaullistes, certains se regroupent en maquis surtout là où la géographie est propice à la résistance : le maquis Socrate agit dans la forêt d'Anost *(voir p. 274)*, Maurice dans celle de St-Prix, Bernard dans celle d'Ouroux-en-Morvan. Au total, une vingtaine de maquis sont officiellement homologués et près de 9 000 maquisards sont actifs dans le Morvan. Les actions sont diverses, rarement unies ou concertées : renseignements, sabotages, actions de guérilla, embuscades... Au fur et à mesure des parachutages (armes, moyens de communication...), elles deviennent plus efficaces. Ainsi le prouve la violence des représailles lancées par les nazis contre les Morvandiaux : Montsauche-les-Settons et Planchez sont incendiés en juin 1944 ; 27 personnes sont fusillées à Dun-les-Places *(voir p. 267)* ; le village de Manlay est entièrement détruit en juillet 1944 ; le massacre du maquis de Fours-Montaron entraîne la mort de 28 personnes le 10 juillet et de 22 personnes le 31 juillet 1944 à Chaumard...
29 lieux de mémoire liés à la Seconde Guerre mondiale sont disséminés au détour des routes et chemins de la région. Un guide Résistance en Morvan - Chemins de mémoire est disponible au musée de la Résistance en Morvan et dans les offices de tourisme.

PARC NATUREL
RÉGIONAL DU MORVAN
0
10 km
M : Écomusée du Morvan
Vault-de-Lugny
Avallon
Époisses
VÉZELAY
Pontaubert
Les Ruats
Méluzien
Moulin-Cadoux
Ste-Magnance
Semur-en-Auxois
St-Père
Site archéologiquedes Fontaines salées
Marrault
Pierre-Perthuis
Roche Percée
Rouvray
Lac de Pont
Armançon
Romanée
Trinquelin
St-Léger-Vauban
Précy-sous-Thil
Chastellux
Crescent
Quarré-les-Tombes
La Pierre-qui-Vire
La Roche-en-Brenil
Bazoches
Forteresse de Thil
Vic-s/s-Thil
Chalaux
Cure
Lac de St-Agnan
Rocher de la Pérouse
Mont de la Justice
Le Vieux-Dun
Maison du Parc
Forêt de Breuil Chenue
Dun-les-Places
Saulieu
Lormes
St-Brisson
Canal du Nivernais
Corbigny
Lac de Chaumeçon
Lac de Chamboux
BAS MORVAN
Saut de Gouloux
Gouloux
Vallée de l'Yonne
Anguisson
Montsauche-les-Settons
Marcilly
Ouroux-en-Morvan
Les Settons
Alligny-en-Morvan
Liernais
Lac des Settons
Aqueduc de Montreuillon
Pannecière-Chaumard
Planchez
Ménessaire
Chaumard
Lac de Pannecière
Chissey-en-Morvan
Aunay-en-Bazois
Corancy
Cussy-en-M.
N.-D.-de-l'Aillant
Forêt d'Anost
Lucenay-l'Évêque
Château-Chinon
Vallon du Touron
Anost
Bussy
Châtillon-en-Bazois
Forêt de la Gravelle
Théâtre gallo-romain
Arleuf
Reclesne
Chaloire
Canche
Haut-Folin
Gorges de la Canche
Tour du Morvan
C.A.F.
St-Prix
La Croisette
Moulins-Engilbert
Autun
Cade de Brisecou
HAUT MORVAN
Mt Preneley
Forêt
Mont Genièvre
Le Puits
St-Léger-sous-Beuvray
Croix de la Libération
St-Honoré-les-Bains
Bibracte-Mont Beuvray
Vandenesse
Cercy-la-Tour
Canal du Nivernais
Aron
Lac de Chèvre
Les Montarons
Vieille Montagne
Étang-sur-Arroux
Sémelay
Roche
Alène
Uchon
Rémilly
Arroux
Signal d'Uchon
Luzy
Ternant
N
Montceau-les-Mines

Carnet pratique

S'informer

Office de tourisme – *5 rte d'Avallon - Lormes - ☎ 03 86 22 82 74 - www.morvansommetsetgrandslacs.com.*
Deux autres points d'accueil : *6 bd de la République - Château-Chinon - ☎ 03 86 85 06 58;* Maison des Grands Lacs du Morvan - *Les Settons - Montsauche-les-Settons - ☎ 03 45 23 00 00.*
Maison du Parc – *Voir p. 235.*
tourisme.parcdumorvan.org – Vous y trouverez l'ensemble des informations concernant les différentes activités à pratiquer en Morvan (rubrique à pied, à cheval, à vélo) ainsi que les liens pour accéder aux itinéraires.

Comptoir des Activités Nature en Morvan (CAN) – *www.morvansommetsetgrandslacs.com (onglet Boutique).* Informations et réservations sur l'ensemble des sports nature dans le Morvan (randonnée, rafting, VTT, canoë, vélo électrique...).

Agenda

De nombreuses manifestations sportives et culturelles et toutes sortes d'animations sont organisées en saison. Les dates et toutes les infos sont disponibles en ligne : www.morvansommetsetgrandslacs.com/news-en-morvan.html
La Maison du Parc régional du **Morvan** édite le *Magazine touristique en Morvan,* recensant les dates, tarifs, lieux et coordonnées des manifestations et spectacles. Consultez également le site tourisme.parcdumorvan.org.

Nos adresses

Pour se restaurer et se loger dans le Parc, voir les carnets d'adresses de Vézelay (p. 252), Avallon (p. 261), Saulieu (p. 268), Bibracte (p. 275), Château-Chinon (p. 282), Autun (p. 295).

Activités

rando.parcdumorvan.org est le site du Parc dédié à la randonnée, (pédestre, équestre et cyclo).

Randonnée pédestre

Le Morvan offre aux randonneurs quelque 3500 km d'itinéraires balisés. Liste des topoguides sur le site de la Fédération française de randonnée pédestre *(www.ffrandonnee.fr).*
Grande randonnée (balisage blanc et rouge). Les GR 13 et 131 traversent le Morvan du nord au sud (318 km) d'Auxerre à Nolay par Vézelay ou Autun.
Randonnée de pays (balisage jaune et rouge). Le GRP Tour du Morvan (220 km) permet de découvrir le Parc et ses 6 grands lacs : lac des Settons *(tour du lac 15 km; 4h)*; lac de Pannecière *(37 km; 12h),* lac de St-Agnan *(9 km; 2h),* lac de Chaumeçon *(14 km; 4h),* lac de Chamboux *(8 km; 2h30),* lac du Crescent *(30 km; 10h).*
Petite randonnée (balisage généralement jaune). Le Morvan se prête à une multitude de circuits de petite randonnée ou PR, de 5 à 25 km environ chacun.
Randonnées sur le site www.randomorvan.fr ainsi que plusieurs circuits imprimés en vente dans les bureaux d'information touristique de Lormes, de Château-Chinon et du lac des Settons *(1 €).*

E-randonnées – Présentation des 9 parcours et application en téléchargement sur www.morvansommetsetgrandslacs.com.

Guides en Morvan – *Tazilly - La Réserve - ✆ 03 86 30 08 63 - www.guidesenmorvan.com - 6 €/pers. pour 3h30 de randonnée (gratuit -12 ans).* Toute l'année, des accompagnateurs spécialement formés vous font découvrir le Morvan, son patrimoine historique, naturel, et ses traditions au gré de randonnées de quelques heures ou de plusieurs jours.

VTT

2 400 km de sentiers, du niveau débutant à spécialiste, sont balisés au départ d'un ensemble de communes.

MTB Guide Morvan – *Les Petites Fourches - St-Brisson - ✆ 03 86 78 73 91 ou 06 45 08 87 73 - www.mtbguide-morvan.fr.* Service de location de matériel et de moniteurs qui vous accompagneront pour des randonnées à la journée ou des raids itinérants.

Grande Traversée du Morvan – La Grande Traversée du Morvan à VTT (la « GTM ») est un itinéraire qui relie Avallon, dans l'Yonne, à Autun, en Saône-et-Loire. 330 km via Saulieu (Côte-d'Or), la Nièvre et les principaux sites naturels et touristiques de la région : les lacs du Crescent, de St-Agnan, des Settons, le Haut-Folin, le mont Beuvray... Topoguide de la Grande Traversée du Morvan à VTT en vente sur www.vtopo.fr *(19,95 €).*

Grande Traversée du Massif Central – 1380 km de pistes du Morvan à la Méditerranée, accessibles aux VTT. Toutes les infos sur www.la-gtmc.com.

Gravel bike

Les adeptes de gravel apprécieront la variété du terrain. Les traces GPS à la journée ou en itinérance se trouvent sur www.randomorvan.fr.

Location de VAE

Bureaux d'informations touristiques des Settons – *✆ 03 45 23 00 00 - 40 €/1 j.*

Dans le sud du Parc :

Cyclo Déchaîné – *Moulin de Montécot - Sémelay - ✆ 06 19 81 24 13 - www.cyclodechaine.com - 32 €/1 j.* Possibilité de livraison et reprise des vélos.

Mairie de Luzy – *2 pl.de l'Hôtel de Ville - ✆ 03 86 30 02 34 - www.luzy.fr - location à la demi-journée minimum.*

Randonnée équestre

Le Morvan regorge de chemins affectés à la randonnée équestre. Il est préférable de réserver à l'avance les hébergements susceptibles d'accueillir les cavaliers et leurs montures.

Association pour la randonnée équestre en Morvan (Arem) – *www.morvan-cheval.org.* Sorties accompagnées par des guides de tourisme équestre (de quelques heures à quelques jours, tous niveaux), balades en calèche, tour équestre en attelage, séjours en roulotte, promenades en poney pour les enfants... Pour avoir la liste des prestataires de tourisme équestre, contacter l'Arem.

Tour équestre du Morvan – L'itinéraire comptabilise 600 km, divisé en 42 tronçons disposant d'hébergements et de points d'accueil équestres. Randonnée pour un w.-end, une sem. ou plus, calculée sur la base d'une étape de 25 à 40 km/jour. Itinéraire disponible sur Internet. Infos sur tourisme.parcdumorvan.org.

Randonnée à dos d'âne – *Lormes - Asinerie du Pré-de-la-Rose - ✆ 06 51 61 34 83 - ✆ 07 87 23 16 63 - www.les-escapades-de-stephane.com.* Différentes journées découvertes (de 2 à 7 jours pour le circuit « Morvan des lacs ») sont proposées par les propriétaires de cette petite ferme bio. Comptez 60 € par jour pour la location d'un âne avec son bât, une paire de sacoches de grand volume (100 litres), le topoguide et les cartes du parcours.

Les gîtes du Moulin de Poil – *48 rte du Moulin - Poil - ✆ 06 70 07 60 35 - contact@lesgitesdumoulindepoil.fr.* Balades avec 2 ânes à la journée ou la demi-journée sur rendez-vous. Également location de canoës familiaux biplaces à la journée ou demi, pour des balades sur l'Aroux.

Eaux vives

La Cure, l'Armance, l'Yonne et le Chalaux sont le domaine des eaux vives. Le débit de la Cure et du Chalaux est régulé par les lâchers d'eau des barrages *(en principe tous les w.-ends, de mars à nov.)*. La région des lacs offre aussi un bon potentiel : passage de rapides, traversée de gorges, descente en raft, hot-dog (canoë gonflable), nage avec palmes, hydrospeed, canoë-kayak à partir des points de départ fixés par les prestataires (avec moniteurs). Renseignez-vous à la Maison du Parc.

AN Rafting – *1 bis rte des Hâtes - St-Martin-du-Puy - Plainefas - ✆ 03 86 22 65 28 - ✆ 03 86 22 64 85/06 88 60 56 35 - www.an-rafting.com - 9h-18h - fermé nov.-mars - rafting 45/55 €/pers., descente en canoë sur la basse Cure (8 km) 12/50 €/pers.* L'Aventure Nature, spécialiste des sports d'eaux vives, propose sur son site de la Nièvre des activités encadrées par des moniteurs diplômés : rafting, canoë, hot-dog (canoë gonflable), nage en eaux vives, spéléologie, VTT, paintball forestier, parcours aventure.

Escalade

Voir la liste des prestataires sur tourisme.parcdumorvan.org.

Pêche

Vente de cartes de pêche – *Renseignez-vous auprès des différents offices de tourisme.*

Bases de loisirs

Activital - Base Sport et Nature des Settons – *Montsauche-les-Settons - Lac des Settons - ✆ 03 86 84 51 98 - www.activital.net - fermé nov. à mi-mars - 9h30-12h30, 13h30-18h.* La base des Settons borde un lac situé au cœur du Parc naturel régional du Morvan, à 600 m d'altitude. Sports nautiques (voile, canoë-kayak, etc.) ou de plein air (VTT, course d'orientation, randonnée...) et port miniature pour les plus petits. Activités libres ou encadrées, formules de séjours itinérants.

AB Loisirs – *R. Gravier - St-Père - ✆ 03 86 33 38 38 - www.abloisirs.com - 9h30-18h30 sur réserv. - canoë 18/40 € (9-14 ans 15/30 €), rafting 55 €, Segway 30/50 €.* Canoë, kayak, rafting, VTT, VTT électriques, VTC, randonnée Segway, parcours aventure, quad, kart, paint-ball, montgolfière, spéléo et hydrospeed. Activités ouvertes à tous, enfants et adultes, individuels, familles ou groupes.

Vézelay ★★★

Aux confins du Morvan, Vézelay occupe pentes et sommet d'une colline dominant la vallée de la Cure. À la grande époque du pèlerinage vers St-Jacques-de-Compostelle, la ville abrita jusqu'à 10 000 personnes dans les maisons blotties le long de ses ruelles escarpées. Sauvé de la ruine par Mérimée et le jeune architecte Viollet-le-Duc, ce haut lieu spirituel, site majeur de l'histoire de l'art, figure depuis 1979 au Patrimoine mondial de l'humanité.

Se repérer

CARTE P. 232-233 (B1) - PLAN DE LA BASILIQUE P. 244.

418 Vézeliens – Yonne (89)
À 16 km à l'ouest d'Avallon et à 51 km au sud d'Auxerre.

En famille

Le site archéologique des Fontaines salées à St-Père; le parc de Cardo Land à Chamoux.

Carnet pratique p. 252

Nos adresses p. 252

★★★ Basilique

PLAN P. 244

Pl. de la Basilique - 03 86 33 39 50 - www.basiliquedevezelay.org -7h-20h (lun. 8h-20h, en dehors des offices) - gratuit.

Pour éviter les foules de pèlerins, venez hors des grandes fêtes religieuses. Et pensez aux jumelles pour examiner les sculptures.

Fondé au 9e s., le monastère passe en 1050 sous l'invocation de sainte Marie-Madeleine, dont il conserve les reliques. Des miracles, dit-on, se produisent sur son tombeau; ils attirent une telle foule de pénitents qu'il faut agrandir l'église carolingienne (1096-1104). En 1120, un violent incendie éclate la veille du 22 juillet, jour du grand pèlerinage, détruisant toute la nef et tuant plus de 1000 pèlerins. Les travaux reprennent aussitôt; la nef est rapidement reconstruite puis, vers le milieu du 12e s., l'avant-nef. En 1215, le chœur romano-gothique et le transept sont terminés. Depuis le 7e s., un autre lieu de pèlerinage affirmait détenir les reliques de sainte Marie-Madeleine : la Ste-Baume en Provence. À la fin du 13e s., le différend qui oppose les deux sites les amène à faire appel au pape, qui invite à se référer à la tradition la plus ancienne : les pèlerinages à Vézelay s'espacent donc, les foires et marchés perdent de leur importance.

Lorsqu'au 19e s., **Prosper Mérimée**, romancier et inspecteur des Monuments historiques, attire l'attention des pouvoirs publics sur l'état de l'admirable monument, celui-ci est sur le point de s'effondrer. En 1840, **Viollet-le-Duc**, alors âgé de moins de 30 ans, assume la difficile tâche de sa restauration, qu'il n'achève qu'en 1859. L'abbatiale, qui est devenue église paroissiale en 1791, est érigée en basilique en 1920.

Façade

Elle a été refaite par Viollet-le-Duc d'après des documents anciens. Reconstruite vers 1150 dans un pur style roman, elle avait été dotée au 13e s. d'un vaste fronton gothique comportant cinq baies étroites aux meneaux ornés de statues. La partie supérieure forme un tympan orné d'arcatures encadrant les statues du Christ couronné entouré de la Vierge, de Madeleine et de deux anges. La tour

Portail central du narthex de la basilique Ste-Madeleine classée au Patrimoine mondial de l'Unesco.
J. Fritz/age fotostock

de droite – tour St-Michel – a été surmontée au 13e s. d'un étage à hautes baies géminées; la flèche octogonale en bois, haute de 15 m, fut détruite par la foudre en 1819. L'autre tour est restée inachevée. Sur son côté droit, l'édifice est dominé par la tour St-Antoine (13e s.), haute de 30 m.
Trois portails romans ornent la façade; le tympan du portail central a été reconstitué sur la base du tympan primitif, très mutilé (conservé à l'extérieur): la voussure supérieure de l'archivolte, ornée de motifs végétaux, est authentique, mais le reste des voussures et les chapiteaux sont modernes.

Le tour de la basilique

Contournez la basilique par la droite pour découvrir la longueur du vaisseau, que soutiennent des arcs-boutants.
Au fond, la salle capitulaire (fin du 12e s.) prolonge le croisillon sud. La galerie du cloître a été entièrement recréée. À droite, de beaux jardins *(privés)* s'étendent sur les lieux des anciens bâtiments abbatiaux, dont quelques vestiges subsistent (réfectoire du 12e s.).

Terrasse du château

Ombragée de beaux arbres, elle est située derrière la basilique, à l'emplacement de l'ancien château des abbés. Elle offre un beau **panorama★** sur la vallée de la Cure et sur le nord du Morvan, et un site idéal pour pique-niquer. En contrebas, une autre terrasse offre une jolie vue sur Asquins.
Sur le côté gauche de la basilique, de belles demeures ont été construites au 18e s. par les chanoines du chapitre.
Entrez dans la basilique par le portail principal de la façade.

Avant-nef

Consacrée en 1132 par le pape Innocent II, elle est postérieure à la nef et à la façade intérieure. À la différence de l'église elle-même, voûtée en arêtes, cet espace de

structure romane est coiffé d'arcs brisés et de voûtes d'ogives. Par ses vastes dimensions, l'avant-nef apparaît comme une première église, avec un vaisseau central de trois travées et deux bas-côtés surmontés de tribunes : c'est ici que les pèlerins se recueillent et se purifient avant d'entrer dans le sanctuaire... et dans la lumière.
Les quatre élégants piliers cruciformes sont ornés de chapiteaux historiés (restaurés) qui retracent des scènes de l'Ancien Testament (Joseph et la femme de Putiphar, Jacob, Isaac et Ésaü, la mort de Caïn, Samson terrassant le lion...) et des Évangiles (histoire de saint Jean-Baptiste, résurrection d'un enfant mort par saint Benoît...).
Trois portails font communiquer l'avant-nef avec la nef et les bas-côtés. Lorsque le premier est ouvert, la perspective sur le long vaisseau radieux de lumière que forment la nef et le chœur est un émerveillement. Il faut prendre le temps

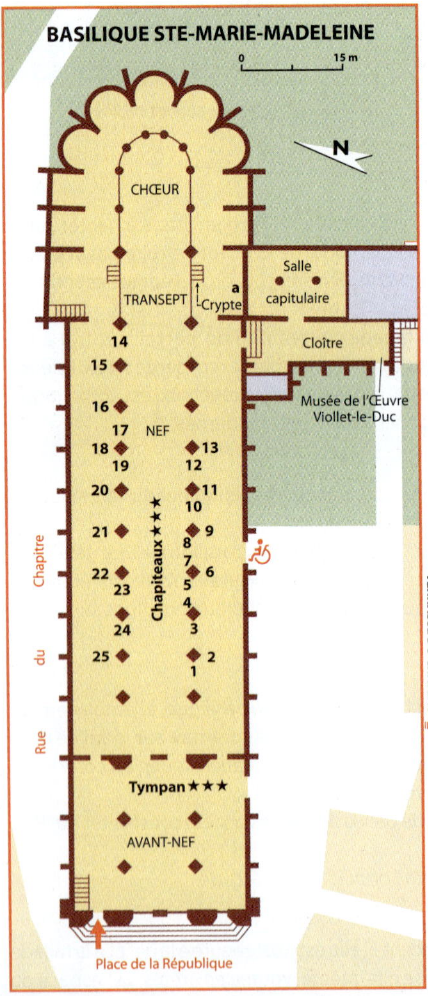

Chapiteaux du côté droit (partie basse) :
1. Un duel.
2. La Luxure et le Désespoir.
3. Légende de saint Hubert.
4. Signe du zodiaque : la Balance.
5. Le moulin mystique.
6. La mort du mauvais riche et de Lazare.
7. Lemech tue Caïn.
8. Les quatre vents de l'année.
9. David chevauchant un lion.
10. Saint Martin écarte un arbre dont la chute le menace.
11. Daniel respecté par les lions.
12. Lutte de l'ange et de Jacob.
13. Isaac bénit Jacob.

Chapiteaux du côté gauche (partie basse) :
14. Saint Pierre est délivré de prison.
15. Adam et Ève.
16. Légende de saint Antoine.
17. Exécution d'Agag.
18. Légende de sainte Eugénie.
19. Mort de saint Paul ermite.
20. Moïse et le Veau d'or.
21. La mort d'Absalon.
22. David et Goliath.
23. Meurtre de l'Égyptien par Moïse.
24. Judith et Holopherne.
25. La Calomnie et l'Avarice.

d'examiner en détail leurs sculptures datant du deuxième quart du 12e s., et surtout celles du portail central, dont le tympan offre un magnifique exemple de l'art roman bourguignon. L'interprétation des scènes de détail est parfois sujette à controverse.

Offices chantés

Lun. à 12h15 (messe); du mar. au vend. à 7h (laudes), 12h15 (messe), 18h (vêpres); sam. à 8h (laudes), 12h15 (messe), 18h (vêpres); dim. à 8h (laudes), 11h (messe), 18h (vêpres).

★★★ Tympan du portail central

Dans cette œuvre magistrale, le souffle de l'Esprit envahit les apôtres, tel un vent tumultueux qui agite les draperies et les plis des robes, modèle les corps et dessine des tourbillons. La virtuosité de la ligne domine, trahissant l'œuvre d'un calligraphe que le sculpteur a probablement dû suivre pour la scène principale. Au centre de la composition, le Christ **(1)**, immense, trône dans une mandorle. Il étend les mains vers ses apôtres **(2)** assemblés près de lui et, de ses stigmates, rayonne le Saint-Esprit qui va toucher la tête de chacun d'eux. Tout autour, dans les tableaux de la première voussure et sur le linteau, se pressent les peuples évangélisés, qu'accueillent, aux pieds du Christ, saint Pierre et saint Paul **(3)**, piliers de l'Église universelle.

Tous les peuples de la terre sont appelés. Sur le linteau, on reconnaît à gauche, des chasseurs à l'arc **(4)**, des pêcheurs **(5)**, des agriculteurs **(6)**, et à droite, des peuples lointains et légendaires : des géants **(7)**, des Pygmées (cherchant à monter à cheval grâce à une échelle – **8**), des hommes à grandes oreilles (dont un a le corps couvert de plumes – **9**).

Sur la voussure, ce sont les Arméniens (chaussés de socques – **10**) puis, peut-être, les Byzantins **(11)**, les Phrygiens **(12)** et les Éthiopiens **(13)**; à la droite du Christ, des hommes à tête de chien (les cynocéphales d'Inde évangélisés par saint Thomas – **14**).

Les deux tableaux suivants rapportent que des miracles accompagnaient la parole divine annoncée par les apôtres : des lépreux montrent leurs jambes guéries **(15)** et deux paralytiques leurs bras revivifiés **(16)**. Selon une autre interprétation, il s'agirait des Cappadociens et des Juifs. Enfin, deux évangélistes écrivent ce qu'ils ont vu **(17)**.

Cette grandiose composition montre que l'annonce de la parole divine touche le monde entier; une deuxième voussure **(18)** coiffant l'ensemble présente un calendrier où alternent les signes du zodiaque et les travaux des mois, introduisant la notion du temps : la mission des apôtres doit également se transmettre à travers l'histoire.

Au trumeau, un grand saint Jean-Baptiste **(19)** est placé sous les pieds du Christ, comme le supportant et l'introduisant à la place centrale qui lui revient. À ses côtés et sur les piédroits, des apôtres **(20)** complètent l'iconographie.

Portails latéraux

Sur les portes latérales, deux voussures ornées de rinceaux et de rosaces encadrent des tympans historiés. Le portail de droite représente l'enfance du Christ : au linteau, l'Annonciation, la Visitation, la Nativité; au tympan,

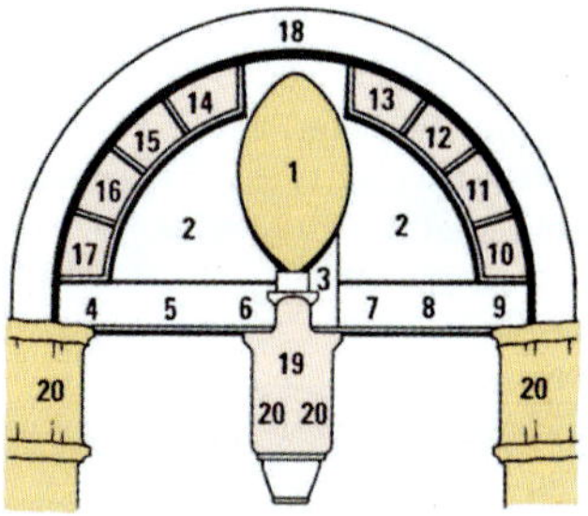

Tympan du portail central.

4

l'Adoration des Mages. Celui de gauche figure les apparitions du Christ après sa résurrection ; au linteau, apparition d'Emmaüs aux disciples ; au tympan, apparition aux apôtres.

Nef

Voir ABC d'architecture p. 506. Reconstruite entre 1120 et 1135 après un terrible incendie, cette nef romane se caractérise par ses dimensions imposantes – 62 m de longueur –, son appareil en pierre calcaire de tons différents et sa luminosité. Beaucoup plus haute que les bas-côtés, la nef est divisée en dix travées séparées par des arcs doubleaux en plein cintre aux claveaux alternativement clairs et foncés, ce qui dénote une probable influence sarrasine. Les grandes arcades en plein cintre, surmontées de fenêtres, reposent sur des piles cruciformes. Un gracieux décor d'oves (ornements de chapiteaux en forme d'œuf), de rosaces et de rubans plissés souligne les doubleaux, les arcades ainsi que les corniches, trouvant son point d'orgue dans la série de chapiteaux.

★★★ **Chapiteaux** *(voir plan p. 244)* – Sur les parties hautes et basses, une centaine de chapiteaux, tous sculptés et presque tous d'origine, méritent d'être examinés en détail. Ils s'inspirent pour la plupart de l'Ancien et du Nouveau Testament ou encore de la vie des saints. Avec une science étonnante de la composition et du mouvement, le génie des artistes anonymes qui les ont créés – on veut reconnaître la main de cinq sculpteurs différents – se manifeste avec esprit et malice. Le plus célèbre des chapiteaux est le **moulin mystique (5)**. Il représente Moïse versant dans le moulin de saint Paul le grain de la première Alliance. Notez les plis en spirale des vêtements, identiques à ceux du tympan, qui incitent à attribuer ce chapiteau au même maître.

Transept et chœur

Construits en 1096 pour agrandir l'église carolingienne, le transept et le chœur romans ont été démolis à la fin du 12e s. et remplacés par ce bel ensemble gothique terminé en 1215. Les arcatures du triforium se prolongent sur les croisillons du transept, qui a retrouvé blancheur et clarté en 2016. Un vaste déambulatoire avec chapelles rayonnantes enveloppe le chœur.

Crypte

La crypte carolingienne a été complètement remaniée dans la seconde moitié du 12e s. Sur la voûte, notez les peintures du 13e s. C'est une relique de sainte

Les chemins de Saint-Jacques

La Via Lemovicensis (ou voie limousine, car elle passe par Limoges), plus souvent appelée **voie de Vézelay**, a pour point de départ la basilique Ste-Marie-Madeleine. Elle était parcourue par les pèlerins venus de l'est et du nord de l'Europe. Elle se prolonge sur 1 100 km (soit 54 jours de marche) jusqu'à St-Jean-Pied-de-Port, où elle rejoint la Via Podensis (qui part du Puy-en-Velay) et la Via Turonensis (de Tours) ; démarre ensuite le tronçon qui conduit à St-Jacques. Sur sa partie bourguignonne, l'itinéraire passe par Tannay, Varzy, La Charité-sur-Loire et enfin Nevers, parcourant 131 km. Depuis 2000 a été aménagée la voie de Namur, un sentier qui part de Namur pour rejoindre la voie de Vézelay. Il traverse la Bourgogne de Tonnerre à Vézelay, en passant par Chablis, Auxerre et Arcy-sur-Cure, soit un parcours de 70 km.

www.chemins-compostelle.com

Crypte de la basilique de Vézelay.
Kloeg008/Getty Images Plus

Madeleine, la Marie de Magdala qui annonça la première la Résurrection aux apôtres, qui serait conservée dans le reliquaire du 19e s. de la crypte. Elle fut restituée en 1879 par la cathédrale de Sens, à qui Saint Louis l'avait confiée. Une autre relique, provenant de la Madeleine à Paris, était logée dans le fût d'une colonne surmontée d'une statue moderne **(a)** *(voir plan p. 244)*, dans le croisillon droit, mais elle a été volée en 2002.

Salle capitulaire et cloître

Construite à la fin du 12e s., peu de temps avant le chœur de la basilique, la salle capitulaire est couverte de six voûtes d'ogives. Elle a été restaurée par Viollet-le-Duc. Rasé à la Révolution, le cloître comportait au centre une vaste citerne qui existe toujours, et qui fut pendant longtemps la seule réserve d'eau de la ville. Viollet-le-Duc a reconstitué une galerie, de style roman.

4

Musée de l'Œuvre Viollet-le-Duc

Pl. du Cloître - ✆ 03 86 33 24 62 - www.vezelay.fr - juil.-août : 14h30-18h30 ; reste de l'année : w.-end 14h30-18h30 - fermé des vac. de la Toussaint au w.-end de Pâques - 3 € (-12 ans gratuit).

Au-dessus de l'aile du cloître de la basilique, dans l'ancien dortoir des moines, sont présentés clefs de voûte, fragments sculptés et chapiteaux rassemblés par Viollet-le-Duc. On peut ainsi appréhender sa démarche lors de la restauration de la basilique, remplaçant par des éléments modernes les sculptures endommagées. Dessins et estampages permettent d'apprécier les détails iconographiques.

Le centre-ville

Promenade des Fossés

De la place du Champ-de-Foire, en bas de la ville, suivez la promenade des Fossés, aménagée sur les remparts qui ceinturaient la ville au Moyen Âge et que jalonnent sept tours rondes. La **porte Neuve** (14e-16e s.), sur laquelle on voit un écusson aux

Les riches heures de l'abbaye

Girart de Roussillon, le fondateur

Au milieu du 9e s., ce pieux et riche chevalier installe un groupe de religieuses à l'emplacement actuel de la commune de St-Père. Le monastère de femmes cède bientôt la place à un monastère d'hommes. Détruit lors des invasions normandes, il est transféré sur la colline voisine, position naturellement plus facile à défendre. Dès 878, le pape Jean VIII le consacre.

À l'appel de saint Bernard

Quand, le 31 mars 1146, Bernard le cistercien lance du flanc de cette « colline inspirée » un vibrant appel en faveur de la deuxième croisade, en présence du roi de France Louis VII, l'abbaye est à l'apogée de sa gloire. Depuis un siècle, l'église abrite les reliques de sainte Madeleine : Vézelay est devenu un grand lieu de pèlerinage et la tête de ligne de l'un des itinéraires qui, à travers la France, mènent les pèlerins jusqu'à St-Jacques-de-Compostelle (les autres partant de Paris, du Puy et d'Arles, voir encadré p. 245). En 1217, la mission d'y fonder le premier couvent de Frères mineurs en France est confiée par saint François d'Assise à deux de ses disciples. Ils élisent domicile près de la petite église Ste-Croix, bâtie en souvenir du prêche de saint Bernard dans la vallée d'Asquins.

De la Réforme aux restaurations

En 1519, Vézelay voit naître **Théodore de Bèze**, qui prêchera la Réforme avec Calvin, et, en 1557, une communauté protestante s'y installe. La guerre de Cent Ans avait ruiné l'abbaye. Les siècles suivants verront la dégradation de l'église ; transformée en chapitre de chanoines dès 1537, pillée de fond en comble par les huguenots en 1569, elle est en partie rasée à la Révolution. Grâce aux travaux de restauration du 19e s., elle a retrouvé son âme et l'ampleur de ses pèlerinages.

Fraternités monastiques de Jérusalem

Après avoir été confiée aux bénédictins de la Pierre-qui-Vire, puis aux franciscains encore présents à Vézelay, la basilique est depuis 1993 entre les mains des Fraternités monastiques de Jérusalem. Fondé en 1975 à Paris, cet ordre s'installe au cœur des villes et des grands lieux de passage (Paris, Florence, Le Mont-St-Michel...) parce que, selon le père fondateur Pierre-Marie Delfieux, c'est là que le signe de la vie monastique manifeste le mieux son sens. Les prieurés d'hommes et de femmes vivent séparément, mais se retrouvent pour les offices, et travaillent à mi-temps hors de la communauté. La liturgie, méditative, est chantée et psalmodiée. Elle puise aux sources byzantines, à l'interprétation de la tradition grégorienne par le père André Gouzes et au fonds commun de la tradition catholique.

armes de la ville de Vézelay, est flanquée de deux tours à bossages et mâchicoulis et donne accès à une jolie promenade ombragée de noyers. De la **porte Ste-Croix** ou porte des Cordeliers, jolie **vue** sur la vallée de la Cure. Un chemin descend à la Cordelle, qui garde le souvenir de saint Bernard, venu prêcher la deuxième croisade, par une croix commémorative.
La promenade aboutit à la terrasse du château, derrière la basilique.

Maisons anciennes

De la place du Champ-de-Foire à la basilique, la **rue St-Étienne**, en forte pente, est bordée de maisons anciennes : portes sculptées, fenêtres à meneaux, escalier en encorbellementw, vieux puits surmontés d'une armature en fer forgé se succèdent.
Plusieurs maisons d'hommes célèbres ayant vécu à Vézelay : Théodore de Bèze, Max-Pol Fouchet, Georges Bataille, Romain Rolland... Ce dernier, qui aimait « le souffle des héros » et souhaitait, en pacifiste, l'éveil de la conscience européenne, passa les dernières années de sa vie au nº 20 de la Grande-Rue, rédigeant une biographie de son ami Péguy, et mourut peu après la Libération.

★ Musée Zervos - maison Romain-Rolland

R. St-Étienne - ✆ 03 86 32 39 26 - www.yonne.fr - ♿ - juil.-août : 10h-18h ; de mi-mars à juin et de déb. sept. à mi-nov. : tlj sf mar. 10h-18h - 5 € (-25 ans gratuit).
Dans la maison restaurée où Romain Rolland écrivit *(voir p. 504)*, sont exposées les plus belles pièces de la collection léguée à la ville de Vézelay par Christian Zervos en 1970. Le fondateur de la revue *Les Cahiers d'art* (1926-1960) avait constitué une collection d'art moderne (1920 à 1960) où sont représentés les différents mouvements, du cubisme au surréalisme et à l'abstraction, avec des artistes comme Brauner, Calder, Ernst, Giacometti, Hélion, Kandinsky, Laurens, Léger, Miró, Picasso, Balla... Ne manquez pas la belle *Sauterelle* de Max Ernst, ni les *Instruments de musique* de Laurens et *Le Peintre et l'Enfant* de Picasso. La chambre de Romain Rolland est au premier étage. La lecture de son *Journal de Vézelay 1938-1944*, établi par Jean Lacoste aux éditions Bartillat en 2012, est une bonne introduction à l'œuvre et à l'homme.

Maison Jules-Roy

R. des Écoles - ✆ 03 86 33 35 01 - avr.-oct. : tlj sf lun.-mar. 14h-18h - gratuit.
Pour découvrir un peu la personnalité de **Jules Roy** (1907-2000), il est désormais possible d'accéder au bureau et au jardin du romancier et homme de paix qui repose dans le cimetière de Vézelay. Les terrasses embrassent un magnifique **panorama**.

4

À proximité

CARTE P. 232-233

★ St-Père B1

3 km à l'est par la D 957.
La Cure coule ici tranquillement entre de vieilles maisons au pied de coteaux récemment replantés de vignes (AOC Vézelay, *voir encadré ci-contre*). En arrivant au village, le regard est attiré cette fois par une haute et élégante tour-clocher.
★ **Église Notre-Dame** – *1 ruelle de l'Église.* Commencée vers 1200, l'église a enregistré toutes les étapes de l'évolution du style gothique

AOC Village

Les vins blancs de Vézelay détiennent une AOC Village. Une démarche qui récompense plusieurs années de travail des vignerons pour faire reconnaître la spécificité du terroir autour de la colline éternelle. Vézelay est la 44e appellation village de Bourgogne.

bourguignon, du 13e au 15e s. Lors des guerres de Religion, elle devint église paroissiale, remplaçant dans ce rôle l'église St-Pierre (d'où le nom de St-Père), incendiée en 1567 et jamais reconstruite. Au-dessus de la rosace, le pignon est creusé d'arcatures abritant au centre les statues du Christ et de saint Étienne, encadrées d'un côté par la Vierge et les saints Pierre, André et Jacques, de l'autre par sainte Madeleine, saint Jean et deux évangélistes. Le porche ajouté à la fin du 13e s., restauré par Viollet-le-Duc, s'ouvre par trois portails, dont le central, avec arcade trilobée, est orné d'un Jugement dernier. Sous le porche, abritant les tombeaux des donateurs et d'une femme (1258), on remarque l'ampleur des voûtes et le beau dessin des larges baies latérales. L'intérieur est d'une grande pureté de style. À l'entrée, deux bénitiers en fonte du 14e s., en forme de cloches renversées, précèdent la nef centrale aux clefs de voûte peintes et aux consoles sculptées de têtes expressives. Une galerie au niveau des fenêtres hautes allège l'ensemble. Notez, dans le collatéral gauche, un gisant mutilé du 13e s.; dans la chapelle droite du chœur, une pierre d'autel du 10e s. provenant de l'église primitive; et en sortant, de curieux fonts baptismaux peints, d'époque carolingienne.
Site archéologique des Fontaines salées – *Rte de Pierre-Perthuis - ✆ 03 86 33 37 31 - www.saint-pere.fr - juil.-août : 10h-18h30; reste de l'année : 10h-12h30, 13h30-18h30 - fermé nov.-mars - 6 € (6-12 ans 3 €).* Ce site archéologique gallo-romain est unique en Europe. Sur place, les sources d'eau minérale salée furent captées et utilisées dès la plus haute Antiquité (2500 ans av. J.-C.), au moyen de fûts de chêne évidés. Le site présente aujourd'hui 14 puits toujours actifs, un temple circulaire dédié à la divinité des eaux ainsi qu'un établissement thermal gallo-romain, avec des extensions sportives comme une palestre pour la gymnastique. À l'entrée, un agréable bâtiment en bois conçu par l'architecte Jean-Paul Philippon abrite le centre d'accueil et de découvertes archéologiques. Il permet de comprendre, grâce à une maquette et aux objets retrouvés sur place, quelle fut la fonction du site. La visite se poursuit sur le site des fouilles, très bien entretenu et en pleine nature (en mai, les orchidées sauvages y foisonnent).
Quittez St-Père au sud.
La route remonte la haute **vallée de la Cure**, qui s'enfonce dans une gorge boisée.

Chamoux A1

7 km à l'ouest par la D 951 en direction de Clamecy.
Cardo Land – *35 r. Principale - ✆ 03 86 33 28 33 ou 06 38 01 40 20 - www.cardoland.com - ♿ - juil.-août : 10h-18h; avr.-juin et oct. : w.-end et vac. scol. 11h-17h30 - 16,80 € (7-14 ans 12,90 €).* Vous découvrirez dans ce parc « préhistorique » les dinosaures grandeur nature et les reconstitutions (dont une grotte ornée) de l'artiste espagnol Cardo. Cet ancien danseur de l'Opéra de Paris, devenu peintre, sculpteur et conteur, a façonné de ses propres mains, en métal et en béton, ces œuvres qui vous surprendront par leur originalité, leurs couleurs et leur expressivité. Une collection de paléontologie vient compléter cette visite pas comme les autres.

Autour de Vézelay

CARTE P. 232-233 B1

Circuit tracé en vert sur la carte – Boucle de 73 km au départ de Vézelay.
Ce circuit part de la bordure nord du Morvan jusqu'à Lormes, et revient par les lacs de Chaumeçon puis du Crescent. Il passe à proximité du château de **Bazoches★★** *(voir p. 254)* et du château de **Chastellux★** *(voir p. 259)*.

Quittez Vézelay en direction d'Avallon. Le site de Vézelay, couronné par la basilique, domine le paysage jusqu'au village de St-Père. Empruntez ensuite la D 958.

★ Pierre-Perthuis

On entre dans le bourg par la porte d'un château féodal du 12e s. en ruine. Le village occupe un **site★** très pittoresque, avec une église qui surplombe la vallée de la Cure et trois ponts, l'un moderne, à 33 m au-dessus de la rivière tumultueuse, et son aîné de cent ans (1770) presque à ses pieds, faisant le gros dos. Le troisième (1851) enjambe, un peu plus loin, le ruisseau de Bazoches.
Sortez du village pour trouver en aval, sur la rive droite, la **roche Percée**, qui est une arcade à laquelle Pierre-Perthuis doit son nom.
Poursuivez vers le sud en direction de Lormes.

★ Mont de la Justice

Table d'orientation. Au sommet du mont (alt. 470 m), on découvre un autre beau **panorama★** procurant, si la végétation n'est pas trop dense, des vues sur Vézelay (au nord), la dépression de l'Yonne et la butte de Montenoison (à l'ouest), le Bazois (au sud-ouest), et par-delà le clocher de Lormes, au sud-est, la ligne du Morvan avec la croupe du Haut-Folin.
Rejoignez Lormes 1 km au sud.

Lormes

ℹ 5 rte d'Avallon - ✆ 03 86 22 82 74 - www.morvansommetsetgrandslacs.com.
Prenez la rue du Panorama, qui conduit à l'église, édifice néoroman bâti sur la montagne St-Alban (470 m). N'hésitez pas à y entrer pour détailler les 82 chapiteaux historiés dus au sculpteur Guillaumet (19e s.).
De la terrasse du cimetière, un joli **panorama★** dévoile les sommets boisés du Morvan central *(au sud-est)* et les cultures parsemées de villages, entrecoupées des petits bois du Bazois et du Nivernais *(au sud-ouest)*. À l'horizon apparaît la butte de Montenoison.
Dans Lormes, prenez la D 6 sur 10 km en direction de Dun-les-Places.

Lac de Chaumeçon

La route, sinueuse, traverse des bois au sol vallonné où affleurent les rochers. Elle parcourt ensuite un paysage boisé. *Franchissez la digue et tournez aussitôt à gauche pour rejoindre à 800 m la D 235.*
On domine bientôt le plan d'eau de Chaumeçon, entouré de hauteurs boisées. Après Vaussegrois, la route en forte descente franchit un petit vallon et se rapproche de la rive, dont elle épouse les sinuosités, avant de passer sur le barrage (arrêtez-vous pour apprécier sa hauteur, 42 m au-dessus de la gorge du Chalaux) et de monter à Plainefas.
En quittant le bourg, prenez à droite jusqu'à Chalaux puis continuez 4 km sur la D 128. À Marigny-l'Église, tournez à droite sur la D 210 puis la D 192.

Barrage du Crescent

Terminé en 1933, au confluent du Chalaux et de la Cure, il résiste par sa seule masse à la poussée de l'eau accumulée en amont dans les deux vallées. Sa retenue de 14 millions de m³ alimente en énergie l'usine hydroélectrique de Bois-de-Cure et concourt à régulariser le débit de la Seine.
Rejoignez la D 944 en direction d'Avallon.
Du viaduc de la D 944 sur la Cure, on a une très belle **vue** sur une forteresse, bâtie à flanc de coteau dans un nid de verdure et dominant la gorge boisée.
Regagnez Vézelay, à 17,5 km, par la D 20 puis la D 36.

4

Carnet pratique

S'informer

Office de tourisme – *12 r. St-Étienne - ✆ 03 86 33 23 69 - www.destinationgrandvezelay.com.*

Se garer

Le village est piéton et très touristique en saison : tentez votre chance sur le parking de la place du Champ-de-Foire ou sur le parking du Clos.

Agenda

Rencontres musicales – *Fin août - ✆ 03 86 94 84 30 - www.lacitedelavoix.net.* Concerts dans la basilique, le village, à St-Père, Asquins et Avallon.

Chemin de lumière – *Sem. du 21 juin dans la basilique - ✆ 03 86 94 84 40 - www.vezelaytourisme.com.* Le jour du solstice d'été, à midi, le soleil vient projeter dans le centre de la nef de multiples taches de lumière parfaitement alignées.

Nos adresses

Restauration

Premier prix

Le Vézelien – *Pl. du Grand-Puits - ✆ 03 86 33 25 09 - 9h-20h - fermé mar.-merc. - plats 10/12 €.* Brasserie uniquement le midi dans un décor bistrot, avec cheminée et terrasse. Bar-tabac. Adresse locale. Idéal pour manger vite et bien.

Budget moyen

Le Cheval Blanc – *16 pl. du Champ-de-Foire - ✆ 03 86 33 22 12 - www.lechevalblancvezelay.fr - fermé merc.-jeu. sf juil.-août - plats 24/32 €.* Situé en bas du village, cet établissement propose une cuisine traditionnelle de qualité. Le menu du midi est élaboré en fonction des produits de saison.

Activités

Voir les activités proposées dans le Parc naturel régional du Morvan, p. 239.

Cyclotourisme

Cycle divin – *11 quai de l'Yonne - Vincelottes - ✆ 06 14 96 76 44 - www.cycledivin.fr - 55/69 €/1/2 j., 149 €/j.* Découverte des vignobles en vélo électrique avec Greg, diplômé en viticulture et œnologie. Des formules en demi-journée et journée sont proposées avec explications sur l'univers du vin, visite de village et de domaine viticole. Sans oublier la dégustation finale !

Vélozelay – *70 r. St-Pierre - ✆ 06 03 23 12 16 - velozelay.com - VAE 25 €/1/2 j., 40 €/j., sacoche 5 €.* Location de vélos avec propositions de circuits.

Montgolfière

France Montgolfière – *Pl. du Champ-de-Foire - ✆ 03 80 97 38 61 - www.franceballoons.com - 205/229 € (enf. 158 €).* Pour voir du ciel la basilique et la colline dominant la vallée de la Cure, offrez-vous un baptême de l'air en montgolfière au-dessus de Vézelay. Une expérience inoubliable !

Hébergement

Premier prix

Hôtel Compostelle – *17 pl. du Champ-de-Foire - ✆ 03 86 33 28 63 - www.le-compostelle-vezelay.fr - P public face à l'hôtel 5 €/j - 18 ch. 67/81 € - ☕ 10,50 €.* Petit hôtel familial dont certaines chambres, en rez-de-jardin ou avec balcon, donnent sur la vallée. Salle du petit-déjeuner panoramique.

Budget moyen

Hôtel SY Les Glycines – *33 r St-Pierre - ✆ 03 86 33 25 50 - www.vezelay-laterrasse.com - ♿ - 13 ch. 91/137 € - ☕ 15 €.* À 50 m de la Basilique, cette ancienne propriété du menuisier du roi abrite un hôtel de charme dont le cachet historique, le joli salon cossu et les agréables chambres mansardées dessinent un lieu de bon goût. Les petits-déjeuners se prennent sur la terrasse, aux beaux jours.

Hôtel de la Poste et du Lion d'Or – *Pl. du Champ-de-Foire - ✆ 03 73 53 03 20 - www.hplv-vezelay.com - P 5 €/j - ♿ - 39 ch. 147/177 € : ☕ - ✕ menus 49/95 € (fermé midi sf w.-end et lun.-mar.).* Cet ancien relais de poste accueille les voyageurs depuis plus de 200 ans ! Chambres spacieuses et confortables ; celles donnant sur la campagne sont très prisées. Le restaurant gastronomique L'Éternel propose une cuisine régionale revisitée dans un cadre raffiné.

À proximité

Budget moyen

Au Moulin de Vézelay – *48 r. Grande - hameau de Sœvres - Fontenay-Près-Vézelay - ✆ 03 86 81 98 68 - www.moulin-pres-vezelay.fr - P ♒ ♿ - 5 ch. 75/90 €, 3 gîtes 50/100 € - ✕ table d'hôte 25 €, pique-nique 15 €.* Entre Avallon et Vézelay, dans un parc de 3 ha, cette jolie adresse (qui fait également accueil animalier) invite à la détente, en toute simplicité. Pauline et sa famille savent accueillir leurs hôtes, avec gentillesse et générosité.

Moulin des Templiers Hôtel & Spa – *10 rte du Cousin - Pontaubert - ✆ 03 86 34 10 80 - www.hotel-moulin-des-templiers.com - P - 14 ch. 101/222 € - ☕ 17 € - ✕ planche 18 €, formules 21/24 €, pique-nique 8 €.* Niché dans la somptueuse vallée du Cousin, cet ancien moulin est un véritable havre de paix. On passe à table côté terrasse ou dans la salle rustique du moulin avec, au choix, une assiette « terre » ou « rivière » et un dessert maison, le tout accompagné du vin produit par la maison. Le petit-déjeuner est excellent : produits bio et locaux, fruits frais, fromage blanc du pays... Espace bien-être avec sauna, hammam, jacuzzi inclus.

Château de Bazoches ★★

Cette fière demeure médiévale, labellisée « Maison des Illustres », a été la propriété du maréchal de Vauban, qui la transforma en « bureau d'études », d'où il conçut pour Louis XIV les fameuses places fortes du « pré carré ». Restauré et meublé, l'intérieur permet de mieux connaître ce brillant ingénieur, qui fut aussi un écrivain éclairé. Les nombreux souvenirs qu'il a laissés illustrent avec bonheur sa personnalité, sa famille, ses conditions de vie et de travail.

Se repérer

CARTE P. 232-233 (B1).
Nièvre (58)
À 13 km au sud de Vézelay et à 48 km au nord de Château-Chinon.

En famille

Ils seront stupéfaits de découvrir la vie de Vauban, cet homme qui a fortifié et créé des places fortes sur tout le pourtour du royaume de Louis XIV.

★★ Château

03 86 22 10 22 - www.chateau-bazoches.com - fév.-mars : 14h-18h ; avr. : 9h30-12h, 14h-18h ; mai-sept. : 9h30-18h ; d'oct. à mi-nov. : 9h30-12h, 14h-17h - 9,50 € (7-14 ans 5 €).

Édifié à la fin du 12e s., d'architecture trapézoïdale, avec trois tours rondes et un donjon rectangulaire, le château est typiquement féodal (la quatrième tour, à mâchicoulis, fut ajoutée au 14e s.).

Le **seigneur de Vauban** (1633-1707), nommé maréchal en 1703, qui aurait dû en hériter, fit l'acquisition de son « petit patrimoine provincial qui l'oblige à beaucoup d'entretien » en 1675 grâce à une rétribution pour la prise de Maastricht en moins de 15 jours.

Dans les **salons**, ornés de meubles et de peintures des 17e et 18e s., ne manquez pas la grande tapisserie d'Aubusson avec des motifs de paons (17e s.), le portrait de Vauban avec sa fameuse cicatrice sur la joue, dû à l'atelier de Rigaud, ni, à travers les croisées, la **vue** sur Vézelay.

La **galerie**★ que fit construire Vauban pour travailler, avec ses ingénieurs, à l'édification de 300 ouvrages et places fortes, a été brillamment reconstituée. Au fond de la salle est exposée l'armure du maréchal, sur laquelle vous remarquerez des traces de coups. À côté, voyez la belle **maquette** qui illustre une fortification idéale, selon le système de défense mis au point par Vauban.

De part et d'autre de la copie du **plan-relief de Neuf-Brisach**, les murs sont ornés des arbres généalogiques de la famille des propriétaires du château, descendants de Vauban. Pour plus d'informations sur la technique des fortifications, une visite au musée Vauban à St-Léger-Vauban s'impose *(voir p. 266)*.

L'**antichambre** a conservé des ouvrages du maréchal, dont l'œuvre porta sur l'art militaire, la navigation et la construction des fours banaux, la statistique, l'agriculture, ou le rétablissement de l'édit de Nantes (révoqué en 1685).

La **chambre**★ de Vauban, habillée de brocart rouge, a gardé un ensemble de mobilier fort rare, composé d'un lit et de six fauteuils tapissés d'époque. Le portrait

L'art de la guerre

Né dans une famille désargentée, **Sébastien Le Prestre de Vauban** s'enrôla à 17 ans dans l'armée du prince de Condé, alors révolté contre la Cour, fut fait prisonnier par l'armée royale et s'attacha dès lors au service du roi Louis XIV. Ingénieur militaire à 22 ans, il travailla à 300 places anciennes, en construisit 33 nouvelles, dirigea et mena à bien 53 sièges, justifiant l'adage : « Ville défendue par Vauban, ville imprenable ; ville assiégée par Vauban, ville prise. » Brigadier général des armées, puis commissaire général des fortifications, il fut nommé Maréchal de France en janvier 1703. Il couvrit les frontières de la France d'une ceinture de forteresses de conception absolument nouvelle, utilisant des procédés tels que les feux croisés, le tir à ricochet, les boulets creux, les parallèles, les cavaliers de tranchée et de nombreuses autres inventions d'une portée révolutionnaire pour l'époque, souvent imaginées pour épargner les vies humaines.

à cheval de Louis XIV par Van der Meulen trône au-dessus de la cheminée. Sur le bureau hollandais se trouve un buste du maréchal par Coysevox. Quant au **bureau**, en forme de pentagone, vous pourrez y admirer le bucolique décor aux oiseaux de son plafond et la collection de petits portraits, dont trois dus à Clouet, peintre à la cour des Valois.
Au rez-de-chaussée, en bas de l'escalier d'honneur, sont présentés trois **bibliothèques** et **salons de lecture**, riches de volumes anciens et d'éditions rares. Avec son plafond peint et ses portes intactes, la **chambre de la maréchale** marque la suite de la visite. Vous y découvrirez un superbe plan de Paris, dit « de Turgot », ainsi que le portrait de l'épouse de Vauban, administratrice de la propriété pendant ses campagnes ; elle mourut en 1705, deux ans avant lui. Enfin, une minuscule **chapelle** attirera votre attention par ses voûtes peintes attribuées à Jean Mosnier, décorateur de Chambord.
Poursuivez la visite en vous promenant sur la terrasse. Du **bastion**, vous distinguerez la basilique de Vézelay et apercevrez en contrebas le village de Bazoches. C'est dans son église (12e-16e s.) que se trouve le **tombeau** de Vauban, son cœur reposant depuis 1809 dans le cénotaphe érigé à sa mémoire aux Invalides à Paris.

Nos adresses

Hébergement/restauration

Premier prix

Le Relais Vauban – *3 rte de Corbigny - ✆ 09 80 61 14 60 - 4 ch. 66/72 € - ☕ 7,50 € - ✕ menus déj. 12,50/14,50 € - jeu.-dim. midi, vend.-sam. midi et soir.* Cette auberge récemment rénovée permet une halte bienvenue après la visite du château. Dans la salle à manger vitrée ou sur la terrasse ombragée, on y sert une cuisine robuste d'un excellent rapport qualité prix, à l'image du pavé de bœuf en millefeuille sauce à l'époisses. Des soirées culinaires thématiques sont régulièrement organisées et un choix de produits d'épicerie fine est disponible à la vente. Petites chambres confortables et accueillantes.

Avallon ★

Cette cité pittoresque ne manque pas d'attraits, avec sa ceinture murée, ses jardins et ses maisons à pans de bois. Des passages aménagés et des escaliers permettent de parcourir plus facilement la ville à pied. Perché sur un promontoire granitique, Avallon domine la vallée du Cousin, constituant un excellent point de départ pour la visite de l'Avallonnais et du Morvan.

Se repérer

CARTE P. 232-233 (B1).
6 462 Avallonnais – Yonne (89)
À 16 km à l'est de Vézelay et à 39 km au nord-ouest de Saulieu.

À ne pas manquer

Le musée de l'Avallonnais Jean-Després; le château de Chastellux; le circuit de la vallée du Cousin.

Carnet pratique p. 261

Nos adresses p. 261

★ La ville fortifiée

CARTE P. 232-233

Découvrez la ville en suivant le Circuit de la grenouille (fléchage au sol).

Le tour des remparts

Depuis l'hôpital, bâtiment du début du 18e s., suivez la rue Fontaine-Neuve, dominée par la tour des Vaudois; le bastion de la côte Gally surplombe un terre-plein propice à la promenade, au-dessus du ravin du ru Potot.

Promenade de la Petite-Porte – De la terrasse plantée de tilleuls, le regard embrasse la vallée du Cousin, à 100 m en contrebas, les monts du Morvan et quelques manoirs.

Par la rue du Fort-Mahon, vous rejoignez le bastion de la Petite-Porte, après la tour du Chapitre (1454) et la tour Gaujard.

Prolongez à l'est ce tour des remparts.

En suivant en contre-haut le ravin des Minimes, vous voyez la tour de l'Escharguet, puis la tour Beurdelaine. Construite en 1404 par Jean sans Peur, cette dernière fut renforcée en 1590 par un bastion couronné d'une échauguette en encorbellement.

★ Église St-Lazare

Au 4e s., un édifice fut fondé ici sous le vocable de Notre-Dame. D'un sanctuaire du 10e s. subsiste une crypte sous le chœur actuel. À cette époque, l'église reçut du duc de Bourgogne, Henri le Grand, frère d'Hugues Capet, le crâne de saint Lazare, insigne relique à l'origine d'un culte. Dès la fin du 11e s., l'affluence des pèlerins était telle qu'il fut décidé, en accord avec les moines constructeurs de Cluny, d'agrandir l'église. Consacré en 1106 par le pape Pascal II, le sanctuaire fut vite trop petit, et on reporta la façade à une vingtaine de mètres vers l'avant pour allonger la nef.

Les portails – La façade était autrefois flanquée au nord d'une tour-clocher au pied de laquelle était percé le portail nord; le clocher, incendié puis ruiné plusieurs fois, s'écroula de nouveau en 1633, écrasant dans sa chute ce petit portail et une partie de la façade. Il fut remplacé en 1670 par la tour actuelle. Les voussures du **grand portail** (qui a perdu son tympan et son linteau) sont remarquables ; elles sont composées de 5 cordons sculptés d'angelots, de musiciens de l'Apocalypse, de signes du zodiaque et travaux des mois, de feuilles d'acanthe et de vigne. Remarquez les élégantes colonnettes à cannelures en hélice et les colonnes torses alternant avec les colonnes droites.

Le tympan et le linteau du **petit portail** portent encore leurs sculptures bien que très mutilées ; on croit reconnaître l'adoration et la chevauchée des Mages, leur visite à Hérode puis la Résurrection et la descente aux limbes. Quant au décor des voussures, il est d'inspiration végétale : guirlandes de roses épanouies, giroflées, arums stylisés.

À gauche du chevet, une terrasse permet d'en détailler les sculptures. À droite, dans le prolongement de la **façade**, se trouvent les vestiges de l'ancienne église St-Pierre, qui servit d'église paroissiale jusqu'à la Révolution. Sa vaste nef abrite des expositions temporaires.

Intérieur – La façade, lors de son déplacement, s'est trouvée orientée en biais par rapport à l'axe de la nef, qui suit, par paliers successifs, la déclivité du sol (le chœur se trouve 3 m plus bas que le seuil). Dans le bas-côté sud, voyez les statues en bois peint (17e s.) de sainte Anne et de la Vierge (15e s.) et un saint Michel terrassant le dragon, en pierre (14e s.). La chapelle en rotonde à droite du chœur est entièrement revêtue de peintures en trompe-l'œil du 18e s. Ne manquez pas, lorsque vous serez dans le chœur, de lever la tête vers la splendide tribune d'orgues, du 15e s.

Tout près, dans la rue Bocquillot, voyez le **grenier à sel**, ancien pressoir du 15e s., avec sa niche à coquille et ses fenêtres à meneaux.

Tour de l'Horloge

Édifiée au 15e s. sur la porte de la Boucherie, cette belle tour, flanquée d'une tourelle coiffée d'ardoise et surmontée d'un campanile qui abritait le guetteur, se dresse au point culminant de la ville.

4

Forteresse et forte-épice

Puissamment fortifiée, Avallon devint au Moyen Âge l'une des « clés » de la Bourgogne. Parti à la conquête du duché de Bourgogne, le roi de France Robert le Pieux, fils d'Hugues Capet, assiège Avallon en 1005. Vainqueur, il massacre la plupart des habitants. L'annexion au domaine royal a lieu en 1016.

En 1432, alors que Philippe le Bon se trouve en Flandre, **Jacques d'Espailly**, surnommé Forte-Épice, parvient, à la tête d'une bande d'aventuriers du Nivernais, à se rendre maître des châteaux de la basse Bourgogne. Il va jusqu'à menacer Dijon. Une nuit de décembre, alors que les Avallonnais, tranquilles à l'abri de leurs murailles, dorment sans inquiétude, Forte-Épice surprend la garde et enlève la ville. Le duc de Bourgogne, alerté, revient en hâte. Il fait diriger une « bombarde » contre la cité : les boulets de pierre ouvrent dans la muraille une large brèche par laquelle se précipite l'armée bourguignonne. Mais l'assaut est repoussé. Exaspéré, Philippe le Bon envoie chercher chevaliers et arbalétriers. Forte-Épice, se sachant perdu, disparaît par une des poternes qui ouvrent sur la rivière, abandonnant ses compagnons dans sa fuite.

Musée de l'Avallonnais Jean-Després

5 r. du Collège - ✆ 03 86 34 03 19 - www.museeavallonnais.com - ♿ - avr.-oct. : tlj sf mar. 14h-18h ; reste de l'année se rens. - fermé nov.-fév. - 3 € (-18 ans gratuit) - gratuit merc.

Fondé en 1862, le musée est installé dans l'ancien collège édifié au 17e s. L'histoire de l'Avallonnais y est présentée au travers de collections qui remontent à la préhistoire, avec les résultats des fouilles d'Arcy-sur-Cure *(voir p. 400)*. Vous découvrirez aussi des œuvres de sculpteurs, tels Loiseau-Bailly et Vigoureux, de l'orfèvre Jean Després, ou de peintres comme Antoine Vestier (*Petite fille au perroquet*, 1970). Les collections recèlent aussi la célèbre série du **Miserere★** de Georges Rouault (1871-1958) et les premiers tableaux qu'il a peints pour le musée en 1895. Au 1er étage est présentée une **collection Yao★** exceptionnelle et unique en France. Elle est centrée sur les peuples Yao de langue mien et mun, qui, depuis le bassin du Yang-Tsé au cœur de la Chine, ont peu à peu migré vers les provinces du sud puis au Laos, au Vietnam et en Thaïlande. La première salle expose des outils de la vie quotidienne, nasses en osier pour la pêche, culture du pavot, pipes à opium. Les salles 2 à 4 présentent les costumes traditionnels, broderies, batiks, coiffes de cérémonie, parures et bijoux ciselés. La salle 5, consacrée par un prêtre yao de Toulouse, est dédiée à la religion mien, véritable théocratie taoïste. On y retrouve nombre d'objets de culte, statuettes d'autel, peintures sacrées, vêtements de prêtres et costumes sacerdotaux. Une salle attenante, dédiée au taoïsme mun, comprend de superbes masques de cérémonie. Enfin, trois petites salles sont dédiées au taoïsme et aux costumes des Mien du Vietnam, Laos et Cambodge. Parmi ces œuvres, une série rarissime de peintures cérémonielles du 18e s., la plus ancienne connue à ce jour.

Centre d'exposition du costume

6 r. Belgrand - ✆ 03 86 34 19 95 - ville-avallon.fr - visite guidée de Pâques à la Toussaint : 10h30-12h, 14h-17h30 - 5 € (-16 ans 3 €).

Une belle demeure des 17e et 18e s. sert d'écrin à des **costumes★** anciens présentés lors d'expositions thématiques régulièrement renouvelées.

Statue de Vauban

Les Avallonnais ont adopté Vauban (né à St-Léger) comme l'un des leurs : sa statue par Bartholdi trône au bout de la promenade des Terreaux.

À proximité

CARTE P. 232-233

★ Montréal B1

12 km au nord-est d'Avallon par la D 957.

Enfermé dans ses remparts dominant la rive gauche du Serein, ce vieux bourg médiéval parfaitement entretenu compte parmi les plus caractéristiques de Bourgogne. On entre par la porte d'En-Bas, aux belles arcades du 13e s., puis l'on monte la rue principale bordée de jolies maisons anciennes.

Église – Cet édifice de style ogival primitif du 12e s. a été restauré par Viollet-le-Duc. La porte d'En-Haut, qui précède la collégiale, lui sert de clocher. Le portail en plein cintre de la façade, surmonté d'une rosace, est orné de redents descendant le long des piédroits et du trumeau.

À l'intérieur, au bas de la nef, une tribune en pierre du 12e s. est supportée par une fine colonnette. Les 26 **stalles★** en chêne sculpté, des années 1520, attribuées aux deux frères Rigolley de Nuits-sous-Ravières (sur l'Armançon,

près d'Ancy-le-Franc), méritent d'être détaillées. Tous les sujets traités, la plupart inspirés du Nouveau Testament, mais aussi des scènes rurales, sont formidables d'expressivité. Dans le chœur, à gauche, se trouve un **retable** en albâtre du 15e s. *(malheureusement très incomplet, à la suite d'un vol)*, d'origine anglaise, consacré à la vie de la Vierge. Remarquez encore la chaire et le lutrin du 15e s., un triptyque et une Vierge en bois des 16e et 17e s., ainsi que de belles pierres tombales.
De la terrasse, au fond du cimetière, derrière l'église, on découvre un superbe **panorama** sur toute la vallée du Serein, l'Auxois, la Terre-Plaine et, plus loin, les monts du Morvan. Remarquez dans la plaine, en direction de Thizy, au nord-est, une vaste ferme bourguignonne fortifiée.

★ Château de Chastellux B1

13 km au sud d'Avallon par la D 944, en direction de Lormes, à Chastellux-sur-Cure. *06 76 75 83 71 - www.chateau-de-chastellux.com - visite guidée (1h) juil.-août : tlj sf lun. 11h15, 15h et 16h30 ; reste de l'année se rens. - parc visite libre 10h-18h - 10 € (13-17 ans 8 €) - parc seul gratuit.*
Dressé sur un éperon rocheux qui domine la Cure, le château de Chastellux se dresse dans un **site★** remarquable. Ses parties les plus anciennes ayant été construites avant l'an 1116, elle est l'une des forteresses les plus anciennes du Morvan, et qui plus est encore habitée. Depuis plus de mille ans, le domaine appartient à une seule et même famille, celle des Chastellux, proche des ducs de Bourgogne : autant dire qu'il occupe une place importante dans l'histoire de la région. Or, ce château n'a ouvert ses portes au public qu'en 2008, sous l'impulsion de son propriétaire, le comte Philippe de Chastellux, qui assure lui-même très souvent les visites guidées.
Intérieur★ – Une partie seulement du château est ouverte au public, le château étant rénové progressivement. Vous pourrez découvrir notamment une salle des Gardes (13e s.) ornée de plusieurs grandes tapisseries, un fumoir, une bibliothèque contenant plus de 9 000 ouvrages, les galeries à arcades de la cour aux peintures Renaissance, la chambre des Palmes comprenant le portrait de Madame Victoire... Dans le salon aux portraits de famille, n'hésitez pas à poser des questions : chaque ancêtre a son histoire, souvent rocambolesque.
Parc – Pour mieux appréhender le côté « imprenable » de la forteresse, la visite guidée commence près des enceintes du château, d'où l'on domine les environs. Mais à la fin de la visite, il est possible de découvrir librement une partie du parc de 20 ha, dessiné par Le Nôtre (un plan est fourni). Trois circuits sont proposés, de 15 à 50mn de marche. Vous y trouverez une basse-cour, des écuries, les maisons du menuisier, du jardinier, une glacière profonde de 8 m, un étang, un verger, un potager... Bref, de quoi vivre en parfaite autarcie.
Ne repartez pas sans avoir visité l'ancienne chapelle, devenue église paroissiale, qui renferme les tombeaux de la famille de Chastellux.

Ste-Magnance B1

15 km au sud-est par la D 606 en direction de Saulieu.
L'**église** de ce petit village, édifiée vers 1514, est de style gothique. Le chœur et l'abside sont surmontés de voûtes flamboyantes. Elle renferme l'insolite **tombeau★** de sainte Magnance (12e s.), endommagé à la Révolution puis restauré. Ses bas-reliefs racontent la légende et les miracles de la sainte, qui accompagna avec sainte Camille et trois dames romaines le corps de saint Germain d'Auxerre, mort à Ravenne en 448.

4

★ Vallée du Cousin

CARTE P. 232-233 B1

Circuit de 33 km tracé en bleu sur la carte. Effectuez 6 km vers l'ouest par la D 606, puis prenez à gauche la D 128.
Cet itinéraire parcourt des paysages délicieux, au bord de l'eau à travers les sous-bois. Les Avallonnais ne s'y trompent pas, et profitent à chaque rayon de soleil des aires de pique-nique aménagées au bord du Cousin.

Vault-de-Lugny

Le bourg possède une **église** du 15e s. à chevet plat, consacrée à saint Germain. À l'intérieur, une **peinture murale** du milieu du 16e s. se déroule tout autour de la nef et du chœur, entre les grandes arcades et la retombée des ogives. Cette fresque, d'environ 70 m de longueur, représente 13 tableaux de la Passion du Christ. Les scènes sont traitées avec beaucoup d'habileté.
Continuez sur 1,5 km au sud-est.
La route suit une boucle du Cousin et laisse sur la gauche un **château** féodal entouré de douves, avec donjon du 14e s. (établissement hôtelier de luxe).

Pontaubert

La localité, qui s'étage sur la rive gauche du Cousin, abrite une **église** de style roman bourguignon (12e s.) établie par les moines hospitaliers.
Poursuivez à l'est sur la D 427.

Les Ruats

La route, qui longe le cours du Cousin dans une **gorge granitique et boisée★**, serpente dans un décor de verdure. D'anciens **moulins**, comme celui des Ruats ou celui des Templiers, ont été aménagés en hôtels *(voir « Nos adresses »)*, dans un site agréable. *La route passe au pied de l'éperon où domine Avallon, et continue à remonter la rive droite du Cousin.*

Méluzien

Site charmant au confluent du ru des Vaux et du Cousin. La route s'élève à travers bois jusqu'à Magny ; vous vous dirigez alors au sud vers le Cousin.

Moulin-Cadoux

Un vieux pont, avec parapet en dos d'âne, franchit la rivière.

Marrault

On aperçoit, à droite, un **château** du 18e s., où Pasteur fit plusieurs séjours, et aussitôt après, à gauche, l'étang du Moulin. *Revenez à Avallon par la D 10* d'où vous bénéficierez d'une jolie vue sur la ville.

Carnet pratique

S'informer

Office de tourisme – *6 r. Bocquillot - Avallon - 03 86 34 14 19 - www. destinationgrandvezelay.com.*

Agenda

Carnavallon – *En avr. - carnavallon.free.fr.* Spectacles de rue, défilé, animations... Bonne humeur garantie pour ce festival qui existe depuis une quinzaine d'années.

Nos adresses

Restauration

Premier prix

L'Horloge – *63 grande rue Aristide-Briand - 03 86 46 75 24 - 9h-1h (2h en hte sais.) - menu déj. 9,50 €, menus 15/19,50 €.* Les Avallonnais fréquentent cet établissement, idéalement situé au pied de la fameuse horloge, à toute heure. Les produits frais et locaux sont simplement accommodés au déjeuner, que l'on prend en terrasse ou dans une jolie salle bistrot.

À proximité

Budget moyen

Les Fleurs – *69 rte de Vézelay - Pontaubert - 4 km à l'ouest d'Avallon - 03 86 34 13 81 - www. hotel-lesfleurs.com - P - ouv. ts les soirs sf merc.-jeu. ; ouv. midi vend.-dim. - fermé de mi-déc. à mi-fév. - plats 17,50/18 € - 7 ch. 59/85 € - 10 €.* Auberge familiale sympathique, qui propose des plats régionaux dans un décor classique ou sur la terrasse dressée face au jardin.

Pour se faire plaisir

Auberge des Chenêts – *10 rte Nationale 6 - Valloux - Vault-de-Lugny - 6 km à l'ouest d'Avallon - 03 86 34 23 34 - fermé dim. soir, lun.-mar. - menu déj. 29 €, menus 31/70 €.* On oublie vite la route toute proche, lorsque l'on s'attable près de la cheminée de cette agréable auberge ! Au menu : de bons petits plats d'inspiration bourguignonne, joliment tournés et parfumés.

Petite pause

Dame Jeanne – *59 Grande-Rue Aristide-Briand - 03 86 34 58 71 - www.damejeanne.fr - 8h30-19h - fermé jeu. et dim. - plats 8,50/17 €.* Le décor de ce salon de thé, aménagé dans une belle maison du 17e s., plaît beaucoup : murs en pierres apparentes, poutres, cheminée allumée en hiver, mobilier contemporain et jolie terrasse. Pour accompagner les breuvages, spécialité de gougères à la crème d'époisses, mais aussi tartes salées ou sucrées, cake aux fruits et fondant au chocolat. Boutique avec grand choix de thés et cafés.

Activités

AB Loisirs - Loisirs en Morvan – *Rte des Châtelaines - 03 86 33 38 38/03 86 31 90 10 - www. loisirsenmorvan.com - Parcours Aventure (accrobranche) 25/35 € (enf. 11/16 €) - canoë-kayak 25/40 € (8/18 km) - location VTT 27 €/j.* Ouverte toute l'année, cette structure offre un éventail complet d'activités : VTT, spéléologie, course d'orientation, canoë-kayak, hydrospeed, paint-ball...

Cyclotourisme

La Grande Traversée du Massif Central *(voir p. 240)* part d'Avallon.

4

Pour les moins sportifs, deux itinéraires balisés : boucle de 21 km au départ de Montréal et Véloroute du Serein (53 km). Carte en téléchargement sur www.destinationgrandvezelay.com.

VéliBourgogne – *03 86 46 24 99 - www.veli-bourgogne.fr - à partir de 20 €/j.* L'office de tourisme d'Avallon fait partie du réseau de véli'stations. Idéal pour des balades à la journée, voir pour des randonnées sur plusieurs jours dans la région avec possibilité de rendre votre vélo dans une autre station (Auxerre, Chablis ou Montbard notamment).

Hébergement

Premier prix

Hôtel Avallon Vauban – *53 r. de Paris - 03 86 34 36 99 - www.citotel-avallon.fr - P - 24 ch. 69 € - 4 studios 99 € pour 2 à 5 pers. - 10 €.* Bordant un carrefour animé, cet hôtel familial est ouvert sur un vaste parc. Chambres confortables, plus tranquilles sur l'arrière.

Hôtel-restaurant Les Capucins – *6 av. du Pdt-Paul-Doumer - 03 86 34 06 52 - www.avallonlescapucins.com - P - 26 ch. 73/77 € - 11 € - menus 17/39 €.* Situé à proximité de la gare, cet hôtel-restaurant de charme possède des chambres familiales. Plaisante terrasse arborée dans le jardin où l'on peut savourer une cuisine du terroir labellisée « Maître restaurateur ».

Budget moyen

Hôtel Le Relais Fleuri – *La Cerce - 03 86 34 02 85 - www.hotel-relais-fleuri.com - P extérieure chauffée - - 48 ch. 101/135 € - 15 € - menu à partir de 24 €.* Cet hôtel situé sur la route de Saulieu abrite des chambres fonctionnelles de type motel, de plain-pied, avec un parc de 5 ha. Élégante salle à manger rustique, cuisine régionale revisitée et cave riche en bourgognes.

À proximité

Pour se faire plaisir

Hostellerie du Moulin des Ruats – *23 r. des Isles Labaumes - 2 km au sud d'Avallon - 03 86 34 97 00 - www.moulindesruats.com - ouv. de mi-fév. à mi-nov. - 25 ch. 80/160 € - 14 € - plats 20/30 €, menus 34/38 €.* Discrètement lové au bord du Cousin, au pied d'Avallon, cet ancien moulin dispense fraîcheur et sérénité. Les chambres, bien douillettes, invitent au repos.

Une folie

Relais Hôtelier du Château d'Island – *Pontaubert - 7 km au sud-ouest d'Avallon - 03 86 34 22 03/07 83 00 79 78 - www.chateaudisland.com - - fermé du 15 nov. au 15 mars - 18 ch. 140/240 € - 2 suites 390/450 € - 14 € -* . Voilà une occasion de séjourner dans un château des 15e et 18e s., au milieu de son parc. Vous apprécierez les meubles anciens, les poutres massives, les cheminées et la vue sur les arbres centenaires.

Saulieu ★

Niché aux confins du Morvan et de l'Auxois, Saulieu doit sa réputation à la renommée de son grand restaurant. L'animation de la rue du Marché, le hall d'exposition ouvert toute l'année et les Journées gourmandes organisées en mai en font une vitrine des mille saveurs.

Se repérer

CARTE C1 (P. 232-233).
2 372 Sédélociens – Côte-d'Or (21)
À 41 km au nord d'Autun et 39 km au sud-est d'Avallon.

À ne pas manquer

La basilique St-Andoche et ses chapiteaux ; le panorama depuis la forteresse de Thil.

En famille

Au Musée municipal, les sculptures animalières du fameux sculpteur bourguignon Pompon ; le lac des Settons.

Nos adresses p. 268

Découvrir

24 av. Bernard Loiseau - 03 80 64 00 21 - www.saulieu-morvan.fr.

★ Basilique St-Andoche

Pl. du Dr-Roclore. Légèrement postérieure à celle de Vézelay, elle fut édifiée au début du 12e s. pour remplacer l'église d'une abbaye fondée au 8e s. sur les lieux du martyre de saint Andoche, saint Thyrse et saint Félix. Mais ce beau monument roman a été fort maltraité : le chœur, brûlé par les Anglais en 1359, a été reconstruit en 1704 ; le portail, mutilé au 18e s., a été refait au 19e s., sans toucher au sol exhaussé de l'intérieur, dans lequel la base des piliers est enterrée de près de 1 m.

L'intérêt se concentre sur les **chapiteaux★★** historiés ou décoratifs, inspirés par ceux d'Autun. On reconnaîtra l'apparition du Christ à Madeleine (celui-ci opérant à la fois un mouvement de recul et d'ascension), la scène dramatique de la pendaison de Judas, la Fuite en Égypte (l'âne portant Marie et l'Enfant au milieu des vignes), la tentation du Christ au désert, face à un animal monstrueux, et l'ânesse de Balaam arrêtée par l'ange du Seigneur.

Les stalles du chœur (14e s.) sont agrémentées de figurines sculptées de l'école bourguignonne et de hauts-reliefs, dont une belle Annonciation. La tribune d'orgues est du 15e s., et les nouvelles orgues, bleu et or, ont été conçues dans un style néomédiéval. Très restauré, le tombeau en marbre de saint Andoche se trouve sous l'autel. À droite du chœur, vous remarquerez une Vierge Renaissance en pierre et, à gauche, une statue de saint Roch du 14e s. Dans le bas-côté gauche, notez une belle pierre tombale ainsi qu'une Pietà polychrome offerte, dit-on, par Mme de Sévigné. Le trésor comporte un évangéliaire du 12e s., dit « de Charlemagne ».

Musée municipal François-Pompon

3 pl. du Dr-Roclore - 03 80 64 19 51 - www.saulieu.fr - lun. 10h-12h30, merc.-sam. 10h-12h30, 14h-17h30/18h (oct.-déc. et mars/avr.-sept.), dim. 10h30-12h, 14h30-17h - fermé janv.-fév. - 3 € (-18 ans gratuit) - gratuit dim.

4

Saulieu, cité gastronomique

Mme de Sévigné, faisant halte à Saulieu le 26 août 1677, aurait déclaré s'être grisée, pour la première fois de sa vie, au cours d'un plantureux repas. Fidèles à cette tradition de bonne chère, de très grands chefs étoilés au Guide Michelin s'y sont succédé : **Alexandre Dumaine, Bernard Loiseau** et, aujourd'hui, **Patrick Bertron** au restaurant La Côte d'Or *(voir p. 268)*. Célèbre pour la qualité exceptionnelle de sa viande de charolais, Saulieu se distingue depuis 1999 comme **Site remarquable du goût** *(voir p. 524)*.

Installé dans un hôtel particulier du 17e s. attenant à la basilique, ce musée expose des dessins, bronzes, moulages et autres reproductions d'œuvres du sculpteur bourguignon **François Pompon** *(voir p. 512)*, élève de Rodin, célèbre pour ses sculptures animalières aux volumes arrondis et lisses. Les arts sacrés, les métiers et traditions populaires, la maison morvandelle et la gastronomie sont également à l'honneur, avec un espace consacré aux grands cuisiniers que furent Alexandre Dumaine et Bernard Loiseau.

À proximité

CARTE P. 232-233

★ Forteresse de Thil C1

Accès depuis Précy-sous-Thil, à 16 km au nord-est de Saulieu par la D 980.
Au centre d'une région autrefois exploitée pour son minerai de fer, la butte de Thil, qui culmine à 492 m, est couronnée des vestiges d'une collégiale et d'un château jadis redoutable, démantelé par Richelieu. Une allée bordée de tilleuls séculaires conduit à ces deux sites.

Ancienne collégiale – Fondée en 1340 par Jean II de Thil, sénéchal de Bourgogne, sur l'emplacement de l'église paroissiale du village disparu, cette collégiale fut consacrée quatre ans plus tard par l'évêque d'Autun. L'édifice, de plan très simple, et dont la toiture de « laves » a disparu, comporte un chevet plat à trois baies. La voûte, avec ses pierres se présentant de chant, est remarquable. On notera quelques chapiteaux reposant sur des culs-de-lampe et la présence de trois pierres tombales. Les inscriptions sur l'une des dalles funéraires se composent de caractères inconnus, d'aspect assez archaïque. La tour-clocher, à gauche, a été aménagée pour constituer la demeure du propriétaire des lieux.

Faites le tour de la collégiale par la droite pour avoir un bon aperçu du bâtiment. Remarquez, sur la corniche, une frise très fine et la belle tour carrée. Cette dernière, haute de 25 m, permettait de surveiller un territoire de 50 km à la ronde ; on l'avait d'ailleurs surnommée « l'espionne de l'Auxois » ou « la sentinelle ». Profitez du très beau **panorama** sur l'Auxois et le Morvan.

Château – *Hameau de Maison-Dieu - ✆ 06 08 23 24 19 - www.forteresse-de-thil.fr - juil.-août : tlj sf lun. 10h-18h30 ; du w.-end de Pâques à fin juin et sept. : w.-end 11h-18h - 6 € (4-15 ans 4 €).* Construit au sommet de la butte, directement sur l'oppidum romain, dont il a adopté la forme ovale, le château comporte des murs d'enceinte, percés d'étroites meurtrières, remontant au règne de Charlemagne, un donjon restauré du 14e s. et, parmi les vestiges des salles médiévales, des cuisines dotées de trois cheminées. Vous verrez également des fortifications en pierre de taille du 12e s. À noter, la fête médiévale au mois d'août avec de nombreuses animations.

L'Ours de François Pompon.
S. Chapman/Alamy/hemis.fr

Autour de Saulieu

CARTE P. 232-233

Circuit de 80 km tracé en violet sur la carte. Quittez Saulieu par la D 977^B en direction de Dun-les-Places.
Le circuit offre une face naturelle, avec un passage à la Maison du Parc et de jolies vues sur le lac des Settons, ainsi qu'une face culturelle, avec les visites de l'abbaye de la Pierre-qui-Vire et de la maison Vauban.
En juin, les jacinthes font des tapis bleus en sous-bois et au bord des routes, ponctués de quelques orchidées pourpres.
La route franchit un plateau parsemé de bois et d'étangs, puis une région en grande partie boisée.

Maison du Parc C1

Voir p. 235.
Aux Fourches, prenez la D 20 puis la D 226 en direction de St-Agnan, 5 km au nord.

Lac de St-Agnan BC1

Du village, on franchit le lac à la pointe sud, dans la vallée du Cousin, le barrage granitique (1969) qui forme la retenue du Trinquelin se trouvant à l'opposé (la rivière en profite pour changer de nom). De là, on embrasse une jolie **vue** sur ce plan d'eau bien intégré au paysage entre ses rives boisées (sapins et feuillus).
Faites le tour du lac en empruntant le sentier de découverte de la Réserve Naturelle Régionale des Tourbières du Morvan au domaine des Grands Prés.
Aux Michaux, prenez une petite route sur la gauche vers St-Léger-Vauban.

Abbaye de la Pierre-qui-Vire B1

03 86 33 19 20 - www.apqv.fr - - horaires du magasin juin-sept. : 10h45-12h15, 14h-17h30, dim. 11h15-12h15, 15h15-17h30 ; reste de l'année : 11h-12h, 15h-17h30 (sf lun. 17h), dim. 11h15-12h15, 15h15-17h30 - fermé déb. janv. - gratuit (dons bienvenus en période d'exposition).

Bâtie dans un site solitaire et sauvage du Morvan, sur une rive accidentée du Trinquelin, elle tire son nom d'une énorme pierre plate posée en équilibre sur un rocher et que l'on pouvait faire osciller d'une faible pression de la main.

En 1850, sur un domaine donné par la famille de Chastellux, le père **Muard** jette les bases du monastère. La progression est rapide et les locaux édifiés de 1850 à 1953 se révèlent insuffisants et inadaptés pour accueillir les 85 moines bénédictins ainsi que les nombreux hôtes. Un concours d'architecture est lancé en 1988. Les travaux réalisés par J. Cosse jusqu'en 1995 ont unifié l'ensemble des constructions successives. L'église est dotée d'une avant-nef, espace de transition qui invite au silence ; le tympan de l'église a été décoré par le frère Marc. Sur l'esplanade, à droite, remarquez la bibliothèque, riche de 100 000 volumes. On retrouve dans cette salle le choix de l'encorbellement pour couvrir les baies. L'abbaye a fondé et longtemps dirigé les éditions du Zodiaque, spécialisées dans l'art religieux et plus particulièrement roman. Elle reste un pôle culturel dans ce domaine.

Bien que la clôture monastique ne permette pas la visite des bâtiments, une **salle d'exposition** est ouverte aux personnes qui désirent en savoir plus sur la vie des moines *(film sur la vie monastique)* et sur leurs travaux. Vous y trouverez une grande librairie multimédia. Vous pouvez entrer dans l'église pour les **offices** et rendre hommage à la pierre plate qui se trouve hors de l'enceinte.

Continuez sur 5 km vers St-Léger-Vauban.

St-Léger-Vauban B1

Le village de St-Léger-de-Foucheret vit naître, en mai 1633, Sébastien Le Prestre, futur marquis de Vauban, l'une des gloires du Grand Siècle. Sur la place du bourg qui, en 1867, changea de nom, trône une statue en bronze de l'illustre homme, érigée au début du 20e s. *(voir aussi encadré p. 255).*

Église St-Léger – *16 r. de l'Église.* D'origine Renaissance, cette église de plan cruciforme, où fut baptisé Vauban, fut transformée au 19e s. Elle a reçu d'intéressantes adjonctions modernes dues au sculpteur bourguignon Marc Hénard (1919-1992) : les vantaux en bois du portail latéral sud, les sculptures et le vitrail de la chapelle Notre-Dame-du-Bien-Mourir (1625) à gauche du chœur, le ravissant **carrelage★** de céramique bleu et rose (1973) qui entoure le maître-autel et figure des planètes, animaux, outils, gravitant autour du triangle de la sainte Trinité.

Musée Vauban – *4 pl. Vauban - ✆ 03 86 32 26 30 - www.vaubanecomusee.org - ♿ - de mi-juil. à mi-août : merc.-dim. 10h-13h, 14h-18h ; d'avr. à mi-juil. et de mi-août à mi-nov. : jeu.-dim.. 10h-13h, 14h-18h ; reste de l'année : se rens. - 5 € (7-14 ans 1 €).* Installée dans l'ancien atelier de Marc Hénard, cette maison à thème de l'Écomusée du Morvan évoque la vie et l'œuvre de Vauban à travers un film *(20mn)* et une exposition.

Continuez 6 km sur la D 55.

Quarré-les-Tombes B1

Situé sur l'étroit plateau qui sépare les vallées de la Cure et du Cousin, ce village animé est un excellent centre de séjour et d'excursions. La localité doit son nom aux nombreux sarcophages de pierre calcaire (aujourd'hui 112 cuves ou couvercles), vestiges de plus d'un millier de tombeaux accumulés du 7e au 10e s., qui cernent l'église. Leur origine est mystérieuse : il peut s'agir d'un entrepôt lié à une fabrication locale ou bien d'une véritable nécropole (d'autant que les sarcophages auraient, par le passé, abrité des ossements) autour d'un sanctuaire dédié à saint Georges, patron des chevaliers.

Prenez la D 10 en direction de Saulieu. À 3,5 km, après le sentier pour la roche des Fées (site d'escalade), bifurquez vers Dun par la route forestière.

On vous emmène au musée des Nourrices

Les Morvandelles ont longtemps été à Paris « se mettre en nourrice » (au 19e s., il n'était en effet pas de bon ton en ville que les jeunes mères allaitent), ou accueillaient chez elles les enfants que l'Assistance publique leur confiait. Nourrir les enfants des autres permettait de compléter les revenus d'une agriculture souvent avare. Nombre de villages morvandiaux ont ainsi vu doubler leur population au 19e s. Appelés localement « les Petits Paris », nombreux furent les enfants de la capitale qui passèrent leurs premiers mois (voire leurs premières années) dans le Morvan. Leur histoire est contée dans cette grande maison aux lignes épurées, qu'on remarque au premier regard avec sa façade toute blanche, comme un hommage aux dentelles portées par les nourrices morvandelles. Poussons donc la porte de ce musée qui leur est consacré, quelle belle idée. Laissons sa pénombre nous envelopper, tel un cocon propice aux confidences, celles de ces jeunes femmes pauvres parties nourrir les enfants des autres pour que survivent les leurs. Un drôle de paradoxe, encore accentué par un étrange croisement géographique, dont on ignorait qu'il s'est poursuivi jusqu'aux années 1970 : celui des enfants abandonnés, placés par milliers par l'Assistance publique dans les familles du Morvan. Ballets d'arrachements croisés, dont les humbles souvenirs présentés ici écorchent le cœur, telles ces médailles gravées de « numéros de dépôt ». Un dépôt, un enfant. L'un d'eux, un petit Jean, fut placé bébé dans une famille d'Alligny-en-Morvan, où il vécut heureux avant une brutale séparation dont il ne se remettra jamais. Toute sa vie, il puisera dans ce drame originel l'inspiration de son œuvre littéraire. Il s'appelait Jean Genet. Il incarne depuis tous les orphelins du Morvan.
Musée des Nourrices et des Enfants de l'Assistance publique – *☏ 03 86 78 44 05 - www.museedesnourrices.fr - ♿ - juil.-août : tlj sf mar. 10h-18h, fermé sam. mat. ; reste de l'année : tlj sf lun.-mar. 10h-18h (fermé sam. mat.) - fermé de mi-nov. à fév. - 6 € (-18 ans 3,50 €).*

Avant d'arriver au **Vieux-Dun**, engagez-vous à droite sur une route forestière que vous suivrez pendant 1,6 km avant de laisser votre voiture au parc signalé, à 200 m du **rocher de la Pérouse**. Un sentier en forte montée vous permet d'atteindre le sommet *(30mn AR)*, qui offre un joli **point de vue**.
Reprenez la route jusqu'à Dun-les-Places.

4

Mémorial de Dun-les-Places B1

R. du 11-Novembre-1918 - ☏ 03 86 78 44 74 - ☏ 03 86 78 72 99 - www.museeresistancemorvan.fr - ♿ - mai-sept. : merc.-vend. 10h-13h, 14h-18h ; mar. et w.-end 14h-18h ; avr. et oct.-nov. : merc.-vend. 10h-13h, 14h-17h, w.-end 14h-17h ; reste de l'année : sur demande - 5 € (8-15 ans 3,50 €) - 8,50 € billet combiné avec le musée de la Résistance en Morvan.

Ce centre d'interprétation raconte l'histoire de ces trois jours de 1944 qui firent de Dun-les-Places un village martyr, pillé, brûlé et ses habitants (27 hommes) massacrés *(voir p. 236)*.
Prenez la D 236 vers le sud sur 6 km et tournez à gauche sur la D 977B.

Saut de Gouloux B2

15mn AR. Le Caillot forme, un peu avant son confluent avec la Cure, une belle cascade appelée saut de Gouloux. On y accède par un sentier qui, dans le premier tournant après le pont, descend à droite (ruines d'un ancien moulin).
Reprenez à gauche la D977B sur 6 km.

Montsauche-les-Settons B2

Situé à 650 m d'altitude, en plein cœur du Morvan, ce haut lieu de la Résistance fut reconstruit après avoir été incendié par les Allemands en juin 1944.
Continuez au sud par la D 193.

★ Lac des Settons B2

Après un pont sur la Cure, on longe la rive nord de ce lac artificiel de 367 ha. Destiné à l'origine à faciliter le flottage des bois sur la Cure, il sert désormais à régulariser le débit de l'Yonne. La route offre de jolies **vues** sur le plan d'eau et ses îles boisées. On atteint bientôt le barrage, une digue de pierre de 1860, puis la charmante station des **Settons**.
Le lac, vidangé en 2022, sera progressivement remis en eau en 2023-2024 après la restauration du barrage.
Entouré de bois de sapins et de mélèzes, à 573 m d'altitude, cet agréable plan d'eau s'étale au travers de la vallée de la Cure. On y pratique la pêche et il est fréquenté dès l'automne par le gibier d'eau. Des sentiers et une route longent le lac aménagé pour la plaisance et les sports nautiques. La beauté du site et les multiples activités proposées *(voir p. 241)* font du plus ancien lac artificiel du Morvan un lieu de séjour très fréquenté à la belle saison.
Prenez la D 193 vers Moux-en-Morvan, puis la D 121 vers Alligny-en-Morvan, et regagnez Saulieu par la D 26 après être passé par le lac de Chamboux.

Alligny-en-Morvan C2

C'est dans ce village qu'a grandi l'écrivain **Jean Genet** (1910-1986). Rue Jean-Genet, une plaque indique la maison où il fut placé de l'âge de six mois à 13 ans, chez une nourrice au sein d'une famille d'artisans *(voir encadré p. 267).*
Musée des Nourrices – *Voir encadré p. 267.*

Nos adresses

Restauration/ Hébergement

Une folie

Hôtel Le Relais Bernard Loiseau/ La Côte d'Or – *2 r. d'Argentine - ✆ 03 80 90 53 53 - www.bernard-loiseau.com - P extérieure et intérieure - ♿ - fermé de mi-janv. à mi-fév. - 33 ch. et suites 338/689 € - 25 € - ✕ fermé mar.-merc. - menu déj. 165 €, menus 195/255 €.* Ce luxueux relais (18e s.), fer de lance de cette ville-étape qui fait honneur à l'hospitalité bourguignonne, s'illustre par son confort et sa sérénité. Spa bien équipé (à partir de 95 €/45mn). Le chef du restaurant La Côte d'Or étoilé au Guide Michelin, Patrick Bertron, trouve son inspiration dans sa Bretagne natale, avec ses merveilleux produits de la mer, mais aussi en Bourgogne, dont il a appris au fil des années à apprivoiser les trésors (girolles, cèpes, bœuf de Charolles, mais aussi truffe noire, asperges...).

À St-Martin-de-la-Mer

Budget moyen

Domaine de la Pierre Ronde – *Lac de Chamboux - 4 km au sud de Saulieu - ✆ 03 80 84 13 07 - www.domainedelapierreronde.com - 4 yourtes 90/130 €/2 pers., 6 maisons 165/180 €/2 pers. - 7,50 €.* Vivre dans une maison sous terre ou une yourte, se laisser imprégner par le silence de la forêt... Telle est l'expérience magique que propose le Domaine de la Pierre Ronde, idéalement situé au bord du lac de Chamboux. Maison de hobbits, yourte ou chaumière de magicien, faites le choix de passer une nuit dans une maison « nature ».

À St-Agnan

Budget moyen

La Vieille Auberge Du Lac – *Le Bourg - 13 km à l'ouest de Saulieu - ✆ 03 86 78 71 36 - ✆ 06 87 34 42 83 - www.lavieilleaubergedulac.com - P ♿ - 8 ch. 80 € - ☕ 9 € - ✕ fermé du lun. soir au merc. - plat 18 € - menus 23/28 €.* Dans un hameau, près d'un lac, ancien café-épicerie converti en auberge familiale. Les chambres, mignonnes et colorées, possèdent des salles de bains récentes. Restaurant rustique (cheminée en pierre), service aux petits soins et authentique cuisine régionale.

À Quarré-les-Tombes

Budget moyen

Le Morvan – *6 r. des Écoles - ✆ 03 86 32 29 29 - www.le-morvan.fr - P ♿ - 8 ch. 80/87 € - ☕ 13 € - ✕ menu déj. 20 €, menus 31/62 € - fermé lun.-mar.* Un petit salon feutré et une salle cosy, des poutres apparentes, une belle horloge comtoise... Tout invite à la découverte du terroir, joliment revisité par le chef, au plus près des saisons. L'été, attablez-vous dans le jardin fleuri et musardez au soleil ! Accueil chaleureux et chambres confortables. Une bonne étape.

Aux Lavaults

Budget moyen

Auberge de l'Âtre – *Les Lavaults - 5 km au sud de Quarré-les-Tombes - ✆ 03 86 32 20 79 - www.auberge-de-latre.com - P ♿ - fermé lun.-mar. - 7 ch. 90/100 € - ☕ 10 € - ✕ menu déj. 36 €, menus 58,50/68 €.* En pleine campagne, cette ferme de pays rustique à souhait (belles cheminées) propose une cuisine de terroir ; spécialité de champignons et carte des vins étoffée. Grandes chambres classiques.

Aux Settons

Premier prix

Camping La Plage du Midi – *Rive droite lac des Settons - Les Branlasses - ✆ 03 86 84 51 97 - www.settons-camping.fr - 🏊 chauffée - ♿ - ouv. toute l'année : consultez le calendrier sur le site Internet - 106 empl. 5 €/j (3-11 ans 3 €/j) - 4 roulottes (60/70 € la nuit) - 25 chalets (80/130 € la nuit) - 1 cabane dans les arbres 150 €.* Venez donc vous reposer dans ce camping tranquille près du lac disposant d'une plage privative, d'une piscine (découverte hors saison) et de jeux pour enfants. Terrain de volley et pédalos à proximité.

Budget moyen

Les Grillons du Morvan – *Lac des Settons (rive droite du barrage) - ✆ 03 86 84 51 43 - www.lesgrillonsdumorvan.com - P ♿ - fermé merc. et jeu. midi - menus déj. 21/26 €, menu 33 € - 12 ch. 72/90 € - ☕ 5 €.* Ce restaurant familial sert une cuisine simple, à base de produits locaux et frais. La grande salle lumineuse bénéficie d'une belle vue sur le lac. L'accueil est charmant. Une excellente adresse, sans prétention. Chambres confortables.

À Planchez

Budget moyen

Hôtel-restaurant Le Relais des Lacs – *12 km au sud-ouest du lac des Settons - ✆ 03 86 78 41 30 - www.lerelaisdeslacs.com - ♿ - 30 ch. 81/96 € - ☕ 10 € - ✕ tlj en mai-sept., fermé du dim. soir au mar. midi d'oct. à avr. - menus 25/29 €.* Dans un beau chalet, chambres propres et confortables.

Belle table locale très appréciée et belle gamme de vins. Accueil un peu distant cependant.

À Alligny-en-Morvan

Premier prix

Chambres d'hôtes du musée des Nourrices – *Le bourg - ✆ 03 86 78 44 05 - www.museedesnourrices.fr - 🅿 ♿ - 3 ch. - 70 € ☕.* Derrière le musée des Nourrices, ces 3 chambres indépendantes et lumineuses ont vue sur les champs. Les maisonnettes ont été décorées par un artiste. Confort et propreté irréprochables, calme absolu, propriétaires charmants, et on prend le petit-déjeuner... dans le musée !

Budget moyen

Auberge du Morvan – *Le Bourg - ✆ 03 86 76 13 90 - www.aubergedumorvan.fr - fermé mar. soir, merc. hors sais. - plats 14/22 €, menus 27/35 € - 7 ch. 51/125 € - ☕ 8,70 € - pique-nique 9 €.* Cette auberge de campagne tenue par la même famille depuis trois générations dispose d'un côté pub, avec un vrai comptoir en bois et une ambiance cosy et d'un côté restaurant avec véranda. Cuisine régionale faite maison.

Shopping

À Saulieu

Boutique Bernard Loiseau – *4 av. Bernard-Loiseau - ✆ 03 80 90 53 50 - www.boutique-loiseau.com - 10h-12h30, 15h-19h.* Créée en 1995 par Loiseau, elle fait partie des adresses incontournables de Saulieu. Un millier de références sélectionnées selon trois critères : authenticité, simplicité et qualité. Parmi ces produits : denrées alimentaires, livres, ustensiles de cuisine, linge de maison...

Fromagerie La Fouchale – *4 pl. de la République - ✆ 03 80 64 02 23 - mar.-sam. 9h30-12h30, 15h-19h.* Cette boutique sélectionne depuis 1976 le meilleur de la région : de magnifiques vacherins, langres, époisses, chaources et soumaintrains, de goûteux petits-suisses et yaourts, de la crème fraîche et une belle sélection de vins pour accompagner ces perles fromagères. Les curieux apprendront que le mot patois fouchale veut dire « faisselle ».

À St-Léger-Vauban

Ferme de l'abbaye de la Pierre-qui-Vire – *1 Huis-St-Benoît - ✆ 03 86 33 03 73 - 17h-18h (18h30 en juil.-août, 18h30 de Pâques à la Toussaint) ; reste de l'année se rens.* Le pierre-qui-vire est le nom d'un fromage frais au lait de vache à deux jours d'égouttage. Vous le trouverez dans la boutique sise à 800 m du monastère, au sein même de la fromagerie, ainsi que dans le magasin de l'abbaye. La visite de la ferme s'effectue sur rendez-vous pour les groupes.

Bibracte - Mont Beuvray ★★

Avec ses 821 m d'altitude, le mont Beuvray se détache du Morvan des Sommets. C'est ici que, au 1er s. av. J.-C., le peuple gaulois des Éduens choisit de fonder sa capitale : Bibracte. Redécouvert au 19e s. après des siècles d'oubli, Bibracte compte aujourd'hui parmi les grands chantiers européens consacrés à l'époque gauloise. Labellisé « Grand Site de France », le mont Beuvray est également reconnu pour son patrimoine naturel remarquable.

Vestiges de la ville gauloise Bibracte, au sommet du mont Beuvray.
Bibracte, cliché Antoine Maillier

Se repérer

CARTE P. 232-233 (B3).

Nièvre (58)

Le mont Beuvray se trouve à 30 km à l'ouest d'Autun et à 25 km au sud-est de Château-Chinon.

En famille

La visite du musée permet de découvrir l'univers passionnant de l'archéologie, notamment grâce aux ateliers organisés par le musée. Le vaste site de l'oppidum (200 ha) est un extraordinaire terrain de jeu.

Organiser son temps

Visitez le musée le matin, déjeunez sur place et explorez le site archéologique l'après-midi.

Nos adresses p. 275

Le mont Beuvray, un Grand Site de France

L'Oppidum de Bibracte

Placé à un carrefour de voies de communication, Bibracte fut non seulement un centre politique, religieux et d'artisanat, mais aussi un important marché où s'échangeaient des biens de toute l'Europe celtique et méditerranéenne. C'est la présence d'une grande enceinte fortifiée qui définit l'oppidum (*oppida* au pluriel). À Bibracte, le rempart du 1er s. av. J.-C. se déploie sur plus de 5 km. Il témoigne de la volonté des Éduens d'affirmer leur prestige et de planifier l'organisation de la ville érigée en capitale.
Au début de l'ère chrétienne, sous le règne d'Auguste, la cité fut délaissée pour la plaine. À l'emplacement d'un important carrefour routier, la ville nouvelle d'*Augustodunum* (l'actuelle Autun) est construite. Rempart de même longueur, portes de même largeur, artisanat de même nature, une nouvelle Bibracte prend forme à 25 km à l'est de l'ancienne. Les 200 ha enclos de ce vaste oppidum regorgent de vestiges – seuls 5 % de la surface de la ville ont été fouillés à ce jour –, témoignages d'une importante activité. Les maisons d'habitation sont pour la plupart à ossature de bois ; en pierre quand elles subissent l'influence romaine. Bien que difficile à estimer, la population de Bibracte comptait peut-être plusieurs milliers d'individus.
Les premières fouilles scientifiques de l'oppidum ont été effectuées dès les années 1860 par **Jacques-Gabriel Bulliot** et se sont poursuivies sous la conduite de son neveu **Joseph Déchelette**, l'un des fondateurs de l'archéologie protohistorique. Interrompues en 1907, elles ne reprirent qu'à partir de 1984, cette fois avec le concours de chercheurs originaires d'une dizaine de pays européens.

La pierre de la wivre

Selon la tradition, c'est du haut de ce rocher marquant l'origine volcanique du mont Beuvray, à l'ouest de la porte du Rebout, que Vercingétorix aurait harangué ses troupes après avoir été proclamé chef de la coalition contre César.

La guerre des Gaules

En 52 av. J.-C., c'est dans l'enceinte de Bibracte que **Vercingétorix**, roi des Arvernes, est désigné par les tribus gauloises pour prendre la tête des troupes coalisées contre les Romains. Les éduens, alliés de Rome, avaient, cinq ans auparavant, demandé l'aide de **César** pour se défendre contre les Helvètes, qui commençaient à envahir la région. L'habile proconsul livra bataille contre ce peuple au pied du mont Beuvray en 58 av. J.-C. Il entama alors la conquête des Gaules dans l'optique d'égaler le prestige militaire de Pompée, puis d'obtenir les pleins pouvoirs à Rome. Le renversement d'alliance opéré par les éduens lors de sa défaite à Gergovie, la capitale des Arvernes (proche du Clermont-Ferrand actuel), ne freinera qu'un temps sa marche en avant. Les armées confédérées des Gaulois, parties de Bibracte pour défendre Vercingétorix assiégé à Alésia, sont défaites et leur chef fait prisonnier. L'hiver suivant, une fois l'insurrection réprimée, le vainqueur Jules César entreprend à Bibracte la rédaction de ses *Commentaires sur la guerre des Gaules*.

★★ Musée de Bibracte

Mont-Beuvray - St-Léger-sous-Beuvray - ✆ 03 85 86 52 40 - www.bibracte.fr - ♿ - juil.-août : 10h-19h, merc. 10h-22h ; reste de l'année : 10h-18h - fermé de mi-nov. à mi-mars - 7,50 € (-12 ans gratuit) - visite guidée 12 € (-12 ans gratuit) - journée gauloise (visite guidée du site archéologique + entrée au musée avec audioguide + visite de l'exposition temporaire + repas au Chaudron – voir p. 275) 27 € (-12 ans 12,50 €).

Pass Archéo : une entrée au musée de Bibracte permet de bénéficier d'un tarif préférentiel pour le MuséoParc Alésia, Autun et le Trésor de Vix.

Les *oppida* qui, à l'instar de Bibracte, se développent dans le monde celtique vers 100 av. J.-C. sont-elles des villes à part entière ? Quelles sont les étapes de la « romanisation » ? C'est pour répondre à ces questions que les fouilles se poursuivent à Bibracte. Le musée conçu par Pierre-Louis Faloci est une métaphore de l'archéologie, avec ses strates de pierre brute, de pierre polie et de métal. Le parcours, sur deux niveaux, est ouvert sur la forêt. Outre les pièces archéologiques, amphores, vaisselle de céramique ou de bronze, outils, armes, bijoux, sculptures, les supports interactifs et les maquettes restituant les étapes du travail des archéologues font tout l'intérêt de ce musée.

Le **premier niveau** offre au visiteur une présentation du monde celtique des 2e et 1er s. av. J.-C. à travers ses villes fortifiées ; par l'exemple de Bibracte, il s'attache à décrire la société gauloise au moment où elle bascule dans l'orbite de Rome. Ne ratez pas la **terrasse** qui offre un beau panorama sur le Haut-Folin.

La **seconde partie** explore en détail les quartiers de Bibracte et le mode de vie de ses habitants, qui change radicalement après la guerre des Gaules. Chaque année, une exposition temporaire propose de découvrir de nouveaux aspects de l'archéologie en s'ouvrant à d'autres horizons chronologiques et géographiques, tout en valorisant l'actualité des recherches.

★★ Oppidum

♿ - *visite guidée (2h) juil.-août : 10h30, 14h, 15h et 16h30 ; reste de l'année se rens. - inclus dans les billets visite guidée et journée gauloise.*

La visite guidée *(2h, réserv. conseillée)* est recommandée, les vestiges disséminés sur le mont étant peu lisibles pour des non-initiés. Trois circuits pédestres sont proposés : le centre-ville de Bibracte, le tour des remparts et le chemin de maraude. En été, une navette gratuite permet d'accéder directement au sommet du mont Beuvray.

Le mont Beuvray est un site naturel remarquable, riche de profondes futaies de hêtres dont certains aux formes étranges héritées de la technique du plessage (haies vives constituées d'arbustes fendus et tressés), de pelouses sèches parsemées de fleurs sauvages comme la digitale pourpre et de belvédères ouvrant sur les paysages du Morvan. De **La Côme Chaudron**, l'ancien quartier artisanal gaulois, à l'esplanade de **La Chaume** *(table d'orientation)*, on découvre des panoramas sur Autun, le signal d'Uchon *(voir p. 225)* et le mont St-Vincent ; par beau temps, on distingue même le Mont-Blanc.

Grâce aux fouilles, des vestiges sont mis au jour chaque année. Le site, qui s'étend sur 200 ha de forêts, comptabilisait 12 km de fortifications, 15 portes monumentales, des quartiers artisanaux ou résidentiels et des espaces publics qui jalonnaient le tracé des anciennes rues de la ville ; il est l'un des *oppida* les mieux préservés en Europe.

Au **Parc aux Chevaux,** les vestiges d'une grande *domus* ont été mis à jour *(fouilles toujours en cours)*. À côté, une autre maison fait actuellement l'objet de fouilles.

4

Plus haut, le **Theurot de la Roche** abrite un ancien sanctuaire. À la **Pâture du Couvent**, le centre monumental qui a été découvert serait le plus ancien forum romain connu en terre gauloise. Le **bassin** marquant la fin du quartier, en forme de coque de navire, a été en partie restauré. Sa construction, en bloc de granit soigneusement agencé, témoigne des connaissances géométriques des bâtisseurs. La **Porte du Rebout**, reconstituée à l'issue des fouilles, montre la technique typiquement gauloise du *murus gallicus* (mur gaulois) décrit par César dans le livre VII de la *Guerre des Gaules* : un rempart constitué d'un parement en pierre et d'un remplissage de terre armé de poutres de bois croisées.
La D 274 qui traverse le mont Beuvray est à sens unique. Pour retourner au musée après la visite, continuez sur la D 274 et reprenez à gauche par la D 3.
La bibliothèque du **Centre archéologique européen** est également accessible *(dans le village de Glux-en-Glenne - ✆ 03 86 78 69 00 - www.bibracte.fr - ♿ - sur demande - gratuit)*. Le Centre accueille des équipes universitaires internationales qui participent à la redécouverte de Bibracte.

Autour du mont Beuvray

CARTE P. 232-233

▶ *Circuit de 84 km tracé en rouge sur la carte au départ du mont Beuvray. Prenez à droite la D 18 pour rejoindre le Haut-Folin.*

Haut-Folin B2

La route forestière du Haut-Folin conduit au point culminant du Morvan (alt. 901 m ; station de ski de fond).
Reprenez la route qui traverse la forêt de St-Prix, plantée d'épicéas et de sapins immenses, et rejoignez la D 179 au lieu-dit La Croisette pour gagner les gorges de la Canche, à 4 km au nord-est.

Gorges de la Canche C2

La route suit à flanc de coteau les gorges de la Canche dans un paysage tourmenté de bois et de rochers. Les essences s'enrichissent ici d'érables, de tilleuls et d'ormes. Dans un virage à droite, un beau **point de vue** se dégage à hauteur d'une petite aire de stationnement. On aperçoit, au fond de la gorge, l'usine hydroélectrique de la Canche. Le réservoir créé par le barrage en fait un endroit très agréable.
Continuez la route et empruntez la D 978 sur 1 km vers Château-Chinon, puis la D 388 à droite vers Anost (à 8 km).

Anost C2

Dans un **site** agréable et pittoresque, Anost offre la possibilité de nombreuses promenades, en particulier dans la forêt *(itinéraires balisés)*, et de baignades en plein air, au pont de Bussy.
Maison des Galvachers – *Pl. Centrale - ✆ 03 85 82 73 26 - www.anost.fr - juil.-août : tlj sf mar. 14h-17h ; juin et sept. : merc. et w.-end 14h-17h ; reste de l'année : merc. et sam. 14h-17h - 3 € (-12 ans 2 €).* Le hameau de **Bussy** fut la capitale de la « galvache », transport itinérant en charrette à bœufs, activité typique du Morvan des Sommets jusqu'à la Grande Guerre. Les bouviers allaient ainsi louer

Représailles à Anost

Pendant la Seconde Guerre mondiale, les forêts du Morvan abritèrent plusieurs maquis, notamment le courageux **maquis Socrate** *(voir aussi p. 235)*, aux environs d'Anost. Entre mai et juillet 1944, le village fut à quatre reprises victime des représailles allemandes.

leur savoir-faire et leur expérience du convoyage pour rapporter des revenus complémentaires au pays. Le 1er Mai, jour du départ, les « galvachers » disaient adieu au pays. Ils ne rentraient que début novembre. Cette maison à thème de l'Écomusée du Morvan présente outils, techniques et documents sur la galvache.

Maison du Patrimoine oral de Bourgogne – *Pl. de la Bascule - ✆ 03 85 82 77 00 - mpo- bourgogne.org - juil.-août : lun.-vend. 15h-19h ; reste de l'année : sur RV - 2 €.* Centre de ressources et salles d'exposition sur le patrimoine oral et l'art de la transmission.

Notre-Dame-de-l'Aillant BC2

15mn à pied. Au nord-ouest d'Anost.

Au-dessus de Joux, à hauteur de la statue de la Vierge, **panorama★** semi-circulaire sur la cuvette d'Anost et, par-delà les collines, sur la dépression d'Autun.

Traversez la forêt d'Anost par la D 2 (enclos à sangliers de 16 ha à 1 km) jusqu'à Planchez, puis prenez la D 37, très sinueuse, en direction de Château-Chinon.

À 9 km, vue *(à gauche)* sur le site du village de **Corancy,** accroché à une colline. Une belle **vue** panoramique se révèle vers le nord sur un petit barrage blotti au fond d'un creux verdoyant dominé par des croupes boisées qui limitent le Morvan, et se dégage vers l'ouest sur un paysage de prés, de cultures et de bois ; puis la route en montée pénètre dans la **forêt de la Gravelle**. Elle suit la ligne de partage des eaux entre les bassins de la Seine (l'Yonne à l'est) et de la Loire (l'Aron et ses affluents coulent vers l'ouest).

Remarquez une échappée, à droite, sur une lande aride couverte de genêts, avant d'atteindre le point culminant de la route (766 m) et de quitter la forêt.

La route débouche (18 km) sur la D 18, qui mène à gauche au mont Beuvray.

Nos adresses

Restauration

Premier prix

Le Chaudron – *Musée de Bibracte - St-Léger-sous-Beuvray - ✆ 03 85 86 52 40 - www.bibracte.fr - vac. scol. et juil.-août : tlj le midi et merc. soir ; reste de l'année se rens. - réserv. oblig. - 19 € (-12 ans 12,50 €).* À la carte de ce restaurant situé à deux pas du musée, un unique repas gaulois (entrée, plat, fromage, dessert) composé de légumes, céréales et viande (ou option végétarienne) susceptibles d'avoir été consommés à l'époque gauloise. Les produits sont locaux et pour la plupart bios. On mange dans des assiettes en terre cuite avec des cuillères en bois, et on boit de la cervoise de Bibracte.

Budget moyen

La Petite Auberge – *Glux-en-Glenn - Le bourg - ✆ 03 86 78 65 79 - petiteaubergeglux.com - P - fermé merc.-jeu. - menus 22,50/27,50 €.* Cuisine simple et fraîche aux accents du monde (française, anglaise, thaï...) dans un cadre très convivial. Accueil chaleureux.

Au Cochon ventru – *St-Didier-sur-Arroux - au bord du lac - ✆ 03 85 52 87 09 - www.aucochonventru.fr - P ♿ - fermé lun.-jeu. - menus 28/39 €.* Auberge « bistronomique » installée face au plan d'eau. Petite terrasse couverte, particulièrement agréable si le soleil est au rendez-vous.

4

Pour se faire plaisir

Chez Franck et Francine – *Le Bourg - St-Prix-en-Morvan - ☎ 03 85 82 45 12 - www.franck_et_francine.monsite-orange.fr - P ♿ - sur réserv. - fermé dim. soir et lun. - 47/55 €.* Restaurant de village à l'ambiance familiale. Salle à manger au sobre décor, feu dans la cheminée en hiver. Cuisine au goût du jour personnalisée. Tout est fait maison, notamment à partir des produits cultivés dans le jardin. Petite salle un peu bruyante.

Activités

Itinéraire Bibracte-Alésia – *Balisage jaune et bleu - rando. parcdumorvan.org.* Long de 120 km, praticable à pied, à cheval ou à VTT, il relie deux sites phares de la civilisation celtique.

Hébergement

Premier prix

Hôtel du Morvan – *St-Léger-sous-Beuvray - 5 km de Bibracte - ☎ 03 85 82 51 06 - www.hoteldumorvan.com - P - fermé déc. - 7 ch. 40/52,50 € - 10 € - lun. et mar. soir hors sais. - plats 12/17 €.* Dans cette belle bâtisse, des chambres toutes simples, correctes pour un premier prix. Restaurant de spécialités bourguignonnes.

Chambre d'hôte L'Eau Vive – *St-Prix-en-Morvan - 9 km au nord-est de Bibracte - ☎ 03 85 82 59 34 - chambresdhotes-eauvive.fr - P - ouv. de mi-avr. à mi-juin et juil.-nov. - 4 ch. 60 €.* À une encablure du mont Beuvray, cette maison est un point de départ idéal pour des randonnées. Décoration originale dans les chambres et le salon avec de nombreux souvenirs de voyages dans les îles. Table d'hôte dans la salle à manger avec poutres, faïence bleue et vieux outils aux murs.

Pour se faire plaisir

Château d'Ettevaux – *Poil - 14 km au sud de Bibracte - ☎ 03 86 30 95 51 - ☎ 06 66 59 66 47 - www.ettevaux.fr - www.cabanes-lacustres.fr - P - fermé 2 sem. en hiver - 2 ch. 95 € - 2 cabanes lacustres 130/140 € - gîte (4-6 pers.), 302/1200 €/w.-end, 420/1470 €/sem. - menu 28 €.* Lieu idéal pour se ressourcer, en particulier dans ces belles cabanes de charbonnier, construites entièrement en bois et posées sur pilotis au milieu d'un étang.

Château-Chinon ★

Capitale du Morvan, la ville accueillit tour à tour un oppidum gaulois, un camp romain, un monastère, un château féodal, et fut le fief d'un célèbre maire, futur président de la République : François Mitterrand. Combats, sièges en règle, hauts faits d'armes et soirées d'élections valent à la cité sa devise : « Petite ville, grand renom. »

Château-Chinon.
Ch. Guy/hemis.fr

Se repérer

CARTE P. 232-233 (B2).

1932 Château-Chinonais – Nièvre (58)
À 67 km à l'est de Nevers et 36 km au nord-ouest d'Autun.

À ne pas manquer

Admirez les sommets du Morvan depuis le panorama du Calvaire; empruntez la promenade qui faisait le tour de l'ancien château; un détour par le lac de Pannecière-Chaumard.

En famille

Le circuit des fresques en trompe-l'œil de Moulins-Engilbert; la maquette du barrage de Pannecière; les Ruchers du Morvan *(voir « Nos adresses »).*

Nos adresses p. 282

Se promener

6 bd de la République - 03 86 85 06 58 - www.morvansommetsetgrands-lacs.com.

Le vieux Château-Chinon

De la porte Notre-Dame, vestige d'un rempart édifié au 15e s., il est agréable d'arpenter les ruelles au cachet médiéval-notamment le week-end, lorsqu'elles sont très animées. Ceux qui préfèrent les réalisations modernes iront voir la **fontaine monumentale** *(face à la mairie)*, composée de sculptures articulées dues à Jean Tinguely et Niki de St-Phalle, ainsi que le **quartier des Gargouillats** *(autour du collège)*, aux bâtiments conçus avec des matériaux traditionnels, mais dans un style futuriste.

Cité muséale

4 r. du Château - 03 86 85 18 55 - www.nievre.fr - fermé jusqu'en 2023.
Le musée du Costume et le musée du Septennat ont fermé et ne formeront plus qu'une seule et grande cité muséale, dont l'ouverture est prévue en 2023 ou 2024. Elle présentera la collection de costumes français, essentiellement du 18e au 20e s., en particulier du Second Empire ; également des accessoires de mode et de toilette, dentelles, bourses, éventails, des gravures et revues de mode anciennes, des tissus d'ameublement ; et les cadeaux protocolaires reçus en sa qualité de chef d'État par **François Mitterrand** durant ses deux septennats. La variété des collections est étonnante. Ainsi, des vestiges antiques côtoient des objets portant la marque de maisons prestigieuses, ou les créations plus modestes d'artisans locaux.

★★ Panorama du Calvaire

15mn AR. Départ du square d'Aligre. Érigé à l'emplacement d'un oppidum gaulois, sur les vestiges d'un ancien château fort, le calvaire (alt. 609 m) se compose de trois croix de pierre. Il offre une admirable vue d'ensemble *(table d'orientation)* sur Château-Chinon et ses toits d'ardoise, avec au loin les croupes boisées du Morvan. Vous distinguerez, au sud-est, le Haut-Folin (901 m) et le mont Préneley (855 m). Au pied de la colline, la vallée de l'Yonne s'ouvre à l'est, tandis qu'à l'ouest, dominant le bassin supérieur du Veynon, la vue se prolonge au-delà du Bazois jusqu'au Val de Loire.

★ Promenade du château

Une route, à flanc de coteau, fait le tour de la butte. Partez du faubourg de Paris et revenez par la rue du Château.

À proximité

CARTE P. 232-233

Moulins-Engilbert B2

16 km au sud-ouest de Château-Chinon par la D 978 puis la D 37.
Dans cette longue plaine du Bazois, qui descend du Morvan jusqu'à la vallée de la Loire, Moulins-Engilbert eut un rôle politique notable en tant que résidence des comtes de Nevers. Ayant concédé ce statut à Château-Chinon, la cité se contente désormais d'une activité commerciale. L'harmonie des toits et des tourelles, groupés autour de la tour gothique de l'église à flèche d'ardoise, au pied des ruines d'un château, est particulièrement heureuse. En dehors des jours de marché, le bourg, traversé par deux cours d'eau nonchalants, est très tranquille.

Parsemée de vieilles demeures, de passerelles sur le Garat et le Guignon, la ville a conservé les ruines du château comtal (en 1424, Philippe le Bon y épousa Bonne d'Artois) et l'église St-Jean-Baptiste, dotée d'un beau portail. Le 17e s. est bien représenté avec l'hôtel Salonnier, en face de l'église, l'ancien couvent des Ursulines et celui des pères de St-François de Picpus, ainsi que la mairie, qui occupe un relais de poste.

Le **circuit des fresques en trompe-l'œil** permet de découvrir l'histoire du village tout en se promenant. Conçues dans le cadre du festival Faites le Mur, 16 fresques ornent ainsi les murs ou les devantures de boutiques.

Musée de l'Élevage et du Charolais – *4 r. de la Mission - 03 86 84 26 17 - - de mi-avr. à fin juin, sept.-oct. : w.-end et j. fériés 14h-17h ; juil.-août : mar.-dim. 10h-17h - 3 € (-12 ans gratuit).* Cette maison à thème de l'Écomusée du Morvan retrace l'histoire de l'agriculture morvandelle du 19e s. à nos jours. Outre la présentation des modes de production et de la vie des paysans, elle fait la part belle à la race charolaise, véritable symbole de la région.

Commagny B2

18 km au sud-ouest de Château-Chinon par la D 978 puis la D 37.

Vous pourrez découvrir un **ancien prieuré** bénédictin, bien situé au-dessus des herbages du Bazois *(ne se visite pas)*. De l'**église romane**, vous verrez surtout l'abside à cinq arcatures alternativement aveugles et ouvertes, inscrites dans un décor rappelant les bandes lombardes (pilastres réunis à leur sommet par une frise d'arceaux), ainsi que les chapiteaux sculptés.

En contournant le bâtiment par le pied de la tour, gagnez la grille de la propriété pour admirer le chevet de l'église. La **demeure du prieur** (15e s.), flanquée d'un clocher et d'une haute tour ronde, montre sa façade la mieux conservée.

Châtillon-en-Bazois A2

Voir p. 328.

Vandenesse B3

25 km au sud-ouest de Château-Chinon par la D 978 puis la D 37.

La route traverse la forêt. En arrivant à Vandenesse, on aperçoit le vaste château *(ne se visite pas)*, construit en 1475, flanqué de nombreuses tours.

Vous pouvez rejoindre St-Honoré-les-Bains par les D 3 et D 403 pour profiter de jolies **vues** sur le lac de Chèvre.

St-Honoré-les-Bains B3

26 km au sud-ouest de Château-Chinon par la D 978 puis la D 37. Après Moulins-Engilbert, prenez à gauche la D 985.

13 r. Henri-Renaud - 03 86 30 43 10 - www.rivesdumorvan.fr.

Découvertes par les Romains l'année du siège d'Alésia, les eaux sulfurées, arsenicales et sodiques de St-Honoré sont employées dans le traitement des maladies des voies respiratoires (asthme, bronchite, emphysème), contre les rhumatismes et en ORL. Trois sources ont fait la réputation de St-Honoré. Celles-ci peuvent débiter jusqu'à 1 million de litres d'eau à 25-30 °C chaque jour.

Un prieuré bénédictin consacré à saint Honoré fut fondé ici au 10e s., donnant son nom à la localité. La construction, en 1854, de l'**établissement thermal** entraîna malheureusement la disparition des thermes antiques, qui comportaient notamment sept puits, une piscine et un système de chauffage par hypocauste.

Destinés à répondre aux besoins de l'importante patientèle de curistes, des villas, des hôtels, des aménagements de loisirs (casino, théâtre, kiosque à musique, etc.)

4

furent édifiés jusque vers 1930. Aujourd'hui, les curistes peuvent jouir d'un **parc** ombragé, tapi dans un vallon ou utiliser les nombreuses installations sportives mises à leur disposition.

Vieille Montagne B3

9 km au sud de St-Honoré-les-Bains par la D 985. Aux Montarons, prenez à gauche la D 502 vers le nord-est. Laissez votre voiture au niveau de la clairière.
Le point de vue de Mont à 3 km se trouve à l'est de St-Honoré-les-Bains. Le circuit de randonnée La Perle du Morvan *(11 km)* dévoile un beau point de vue sur l'ensemble de St-Honoré-les-Bains, sur le château de la Montagne et sur la pleine du Bazois en arrière-plan. Revenez par **Préporché** et visitez les vitraux remarquables de son église.

Rémilly B3

12 km au sud de St-Honoré-les-Bains par la D 403, puis la D 3.
Dans ce bourg, on peut voir des maisons fortifiées du Moyen Âge.
Revenez par **Sémelay** *(D 158)* où vous pourrez découvrir les vestiges d'un castrum gallo-romain.

En suivant l'Yonne CARTE P. 232-233

Circuit de 70 km tracé en rose sur la carte. Quittez Château-Chinon au nord et empruntez sur la droite la D 37, puis la D 12. Suivez ensuite la D 161, qui fait le tour du barrage.
De Château-Chinon à Corbigny, l'impétuosité naturelle de l'Yonne est brisée par divers travaux destinés à régulariser son cours : la rigole d'Yonne, qui alimente aussi le canal du Nivernais, le barrage de compensation et le barrage-réservoir de Pannecière-Chaumard.

★ Lac de Pannecière B2

Le plus grand des lacs morvandiaux s'étale sur près de 7,5 km dans un joli **site★** de collines boisées, plus sauvage que celui des Settons *(voir p. 268)*. Une route franchit la crête du barrage, d'où la **vue** s'étend sur les ramifications de la retenue, tandis qu'à l'horizon se profilent les sommets du Morvan.
Notez au passage que le peintre contemporain **Balthus** (1908-2001) vécut entre 1954 et 1961 au château de Chassy, occupé par les comtes de Choiseul au 16e s. Les paysages du Morvan prennent dans ses toiles une allure à la fois élégante et mystérieuse.
Barrage de Pannecière-Chaumard – Construit en 1949, long de 340 m et haut de 50 m, il est constitué de multiples voûtes minces, prolongées sur chaque rive par des digues massives en béton ; 12 contreforts prennent appui sur le fond de la gorge. Par sa retenue de 82,5 millions de m^3, il régularise le régime des eaux du bassin de la Seine et lutte contre les risques d'inondations. Une usine hydroélectrique, installée en aval, produit près de 18 millions de kWh par an.
Construite avant le barrage (1938), la **maquette** du barrage de Pannecière (réalisée au 1/36e) était destinée à montrer aux habitants le fonctionnement du barrage et servait à effectuer les simulations d'une crue avec l'évacuateur de crue. Laissée à l'abandon, elle a été entièrement reconstruite, alimentée par un ensemble de canaux, d'une chute d'eau qui fait tourner une roue à aubes et par différentes vannes qui permettent d'intervenir sur le trajet de l'eau. Une vraie découverte pour les enfants.
Près de la D 944, en aval de l'ouvrage principal, a été édifié un barrage de compensation long de 220 m et composé de 33 voûtes minces. Il permet de restituer

Un cours d'eau peu à peu dompté

Née à 730 m d'altitude sur les pentes du mont Préneley, au sud-est de Château-Chinon, l'Yonne se jette dans la Seine à **Montereau-Fault-Yonne** après un parcours de 273 km. Au confluent, à Montereau, le débit de l'Yonne est supérieur à celui de la Seine, ce qui fait dire à certains que c'est l'Yonne et non la Seine qui baigne Paris.
Les pluies fréquentes qui tombent sur le Morvan et l'imperméabilité de presque tous les terrains que la rivière traverse provoquent des **crues** violentes. L'Yonne, élément perturbateur, est considérée comme l'enfant terrible du système hydrographique du bassin de la Seine. La construction d'un certain nombre de barrages et de retenues, dont le principal ouvrage est celui de Pannecière-Chaumard, a permis de régulariser son débit en retenant une partie des eaux des crues et en les relâchant pendant l'été.
À partir d'Auxerre, l'Yonne est classée comme rivière navigable; des locations de bateaux permettent de descendre le cours d'eau jusqu'à Montereau.
Le canal du Nivernais et le canal de Bourgogne, également navigables, relient l'Yonne aux bassins de la Loire et de la Saône.

à l'Yonne, sous un débit constant, l'eau turbinée par l'usine au rythme de la demande en courant électrique. Le barrage permet également l'alimentation en eau du canal du Nivernais.
Pour un beau **point de vue★** sur le plan d'eau, rendez-vous à **Ouroux-en-Morvan** par la D 301 en direction de Montsauche-les-Settons. De l'église et de la place centrale, deux rues conduisent au panorama.
Rejoignez le lac par Courgermain en prenant la D 12, puis prenez à gauche un chemin vicinal vers Les Quatre-Vents.
Très sinueux, le chemin offre dans sa descente de sympathiques vues sur le site.
Retournez vers le barrage de Pannecière-Chaumard par la D 303 puis prenez ensuite à droite la D 944 jusqu'à La Chaumière et tournez à gauche sur la D 126.
Dans une vallée élargie, la route est encadrée, à gauche par l'Yonne, à droite par la rigole d'Yonne.

4

Aqueduc de Montreuillon B2

Long de 152 m et haut de 33 m, barrant la vallée de ses 13 arches, cet ouvrage d'art qui franchit la vallée de l'Yonne est utilisé par la rigole d'Yonne.
Poursuivez sur la D 126 vers le nord-ouest sur 10 km.
Le paysage de bocage alterne avec des bosquets de charmes et de chênes. Petit à petit, l'élevage cède la place aux cultures.

Marcilly AB2

Ne se visite pas. Le château du 15e s., cantonné de quatre tours d'angle, a été modifié aux 18e et 19e s.
Poursuivez sur 5 km par la D 985.

Corbigny A2

ℹ *8 pl. de l'Hôtel-de-Ville - ✆ 09 82 56 94 98*
Située aux confins du Morvan et du Nivernais, Corbigny est une petite ville active, avec ses foires et ses abattoirs.
Abbaye St-Léonard – *6 r. de l'Abbaye - ✆ 03 86 20 22 78 - www.abeicite.fr - de déb. juil. à mi-sept. : horaires se rens. ; reste de l'année : sur demande - 3 €.* Dominant la ville et la vallée de l'Anguison, elle connut la réforme mauriste, qui tenta de

faire revivre sa règle bénédictine, et lui valut d'être reconstruite juste avant la Révolution. Ses harmonieuses façades symétriques, discrètement ornées, s'inspirent de cette réforme. Remarquez le superbe escalier d'honneur Louis XV à volées droites, doté d'une rampe d'inspiration à la fois baroque et grecque. Les charpentes ainsi que les façades de la chapelle et du cloître ont également été restaurées. L'abbaye abrite un **centre d'art contemporain** qui propose des spectacles toute l'année (danse, théâtre...).
Vous apercevrez quatre tours des anciennes fortifications au bord de l'Anguison. L'église St-Seine est un édifice gothique flamboyant très restauré au 16e s. Un impressionnant monument de béton commémore un accident aérien de 1934 (l'avion, surpris par une tempête de neige, s'est écrasé faisant 10 morts).

★ Vallon du Touron

CARTE P. 232-233

Circuit de 30 km tracé en marron sur la carte. Rendez-vous à Arleuf, 9 km à l'est de Château-Chinon par la D 978.

Arleuf B2

Ici, presque tous les pignons des maisons, tournés vers l'ouest, présentent cette particularité d'être revêtus d'ardoises qui les protègent des pluies.
Dirigez-vous vers le nord (D 500).
Tout près du village des Bardiaux, les ruines d'un **théâtre gallo-romain** de 700 places peuvent faire encore illusion. Après une descente, la route franchit le vallon du Touron. À hauteur des Brenots, on reconnaît au sud les croupes boisées du Haut-Folin.
La D 500 continue de courir à flanc de pente, dans le décor très vert d'un paysage vallonné et débouche finalement sur la D 37 qui, à gauche, ramène à Château-Chinon.

Nos adresses

Restauration

À proximité

Premier prix

Le Cornemuse – *9 rte du Haut Morvan - Arleuf - 10 km à l'est de Château-Chinon - ✆ 03 86 78 84 66 - www.lecornemuse.com - merc.-jeu. 8h-22h30, vend.-sam. 8h-0h, dim. 8h-15h50 - menu déj. 15,50 €, planches 10/17 €.* Ce lieu associatif qui accueille des résidences d'artistes ouvre ses portes (presque) à toute heure : petit-déjeuner, déjeuner (avec omelette au lard et verre de vin!), apéro. De nombreux événements festifs y ont également lieu en soirée.

Shopping

Gaudry – *25 pl. St-Romain - ✆ 03 86 85 13 87 - 7h-19h - fermé dim. apr.-midi (oct.-juin).* Mme Gaudry mène seule ce commerce de grande qualité où tout est fabriqué sur place. La délicate odeur qui embaume la boutique est le gage de la fraîcheur des produits qu'elle élabore : petits fagots de Château-Chinon, pâté de foie, terrine à l'ancienne, jambonnette, boudin noir, quiche et rosette du Morvan, la spécialité, ont fière allure derrière les vitrines.

À proximité

Les Ruchers du Morvan – *Port-de-l'Homme - 4 km de Château-Chinon - 03 86 78 02 43 - www.achat-nivernais-morvan.com - lun.-vend. 9h-12h, 13h-18h, w.-end 10h-12h, 13h-18h.* Les propriétaires de ces 800 à 1000 ruches suivant la saison, vous font partager leur passion; une ruche vitrée permet de voir les abeilles s'affairer. Les visiteurs peuvent assister à l'extraction du miel, s'aventurer dans la miellerie, goûter les miels et le pain d'épice élaboré avec 70 % de miel.

Marché – *Pl. du Champ-de-Foire - Moulins-Engilbert - 16 km au sud-est de Château-Chinon - mar. 8h-13h.* L'été, attention aux embouteillages, le premier mardi du mois étant aussi jour de foire mensuelle. Au Marché au Cadran, ventes d'ovins le lundi, et de bovins le mardi.

Le Comptoir gourmand – *1 pl. Boucaumont - Moulins-Engilbert - 03 86 84 26 85 - www.comptoirgourmand.fr - mar.-sam. 9h-12h30, 15h-19h, dim. 10h-12h30.* Cette petite boutique située sur la place du village propose une sélection de vins de la région et de France et des produits régionaux.

En soirée

À proximité

Le Cornemuse – *Voir ci-contre.*

Casino – *9 av. Jean-Mermoz - St-Honoré-les-Bains - 25 km au sud de Château-Chinon - 03 86 30 70 99 - merc.-jeu. 14h-0h, vend.-sam. et veille de fêtes 14h-2h.* Casino, bar et restaurant, soirées à thème.

Hébergement

Budget moyen

Hôtel Au Vieux Morvan – *8 pl. Gudin - 03 86 85 05 01 - www.auvieuxmorvan.com - extérieure chauffée - fermé de mi-déc. à mi-janv. - 22 ch. 105/112 € - 12 € - fermé du dim. soir au mar. midi - plats 18 € - menu déj. 13,50 €, menus 25,50/36 €.* Si les chambres sont un peu étriquées, l'emplacement de l'hôtel, la qualité de l'accueil et les tarifs occultent facilement ces nuisances pour une nuit. Restaurant très correct.

À St-Honoré-les-Bains

Premier prix

Camping et Gîtes des Bains – *15 av. Jean-Mermoz - sortie ouest, rte de Vandenesse - 03 86 30 73 44 - 07 77 73 00 17 - www.campinglesbains.com - avr.-oct. - 130 empl., 18/22 € - locatif 31/100 €.* Entouré de verdure, ce terrain propose des emplacements bien délimités, répartis en îlots et diverses locations : mobile homes, gîtes ou appartements. Nombreuses animations et activités disponibles : bar-restaurant, piscines dont une avec toboggan, minigolf, aire de jeux, ping-pong.

À Moulins-Engilbert

Budget moyen

Chambre d'hôte La Grande Sauve – *Rte de Limanton - 2 km au sud-ouest de Moulins-Engilbert - 03 86 84 36 40 - www.lagrandesauve.com - mars-nov. - 3 ch. 75 €.* Tout près d'une grosse ferme bourguignonne, parmi les arbres et la verdure, cette solide maison aux amples volumes aurait presque des vertus apaisantes. On se sent à l'aise dans ses chambres décorées avec goût et garnies de beaux meubles anciens. Box pour chevaux, pré et paddock à disposition, ainsi que deux petits étangs où il est possible de pêcher.

Autun ★★

« Sœur et émule de Rome », ces mots gravés à l'entrée de l'hôtel de ville peuvent paraître exagérés. Et pourtant, un théâtre de 20 000 places, le plus grand de Gaule, l'imposant temple de Janus, des portes monumentales et bien d'autres vestiges attestent sa puissance passée. La beauté de son cadre, les rues médiévales, les sculptures de la cathédrale et la richesse de ses musées ne manquent pas de séduire les visiteurs.

Se repérer

CARTE P. 232-233 (C2-3) - PLAN DE LA CATHÉDRALE P. 289 - PLAN D'AUTUN P. 285.
12 987 Autunois – Saône-et-Loire (71)
La gare TGV (Le Creusot) est à 30 km.

À ne pas manquer

Le tympan de la cathédrale St-Lazare, les vestiges de la ville gallo-romaine.

En famille

Le Muséum d'histoire naturelle ; les bases de loisirs d'Autun et d'Arnay-le-Duc.

Carnet pratique p. 295

Nos adresses p. 295

★★★ Cathédrale St-Lazare PLAN P. 287

R. Notre-Dame - ✆ 03 85 86 25 56 - 8h-19h (en dehors des offices) - gratuit.
Afin de rivaliser avec la basilique de son diocèse, Ste-Marie-Madeleine de Vézelay, l'évêque **Étienne de Bâgé** décide, en 1120, de créer un lieu de pèlerinage à Autun. Les reliques de saint Lazare, alors abritées dans la cathédrale St-Nazaire, feront l'objet du culte. Consacrée en 1130 par le pape Innocent II, la nouvelle cathédrale est rapidement achevée, en 1146. Extérieurement, l'édifice a perdu son caractère roman : le clocher, frappé par la foudre en 1469, est reconstruit et surmonté d'une flèche gothique. La partie supérieure du chœur et les chapelles du bas-côté droit datent aussi du 15e s. ; celles du bas-côté gauche sont du 16e s. Quant aux deux tours du grand portail, inspirées de celles de Paray-le-Monial, elles ont été édifiées au 19e s. à l'occasion d'importants travaux de restauration contrôlés par **Viollet-le-Duc**. En 1766, l'édifice subit de nombreuses modifications : les chanoines du chapitre détruisent le jubé, le tympan du portail nord et le splendide tombeau de saint Lazare (qui se dressait derrière le maître-autel), dont il reste fort heureusement de précieux éléments *(voir musée Rolin)*. La rénovation qui s'est achevée en 2022 permet un nouveau regard sur les éléments sculptés, admirablement nettoyés, les chapelles toutes restaurées, la pureté des lignes enfin de l'une de plus belles cathédrales de France.

★★★ Tympan du portail

Réalisé entre 1130 et 1135, il compte parmi les chefs-d'œuvre de la sculpture romane. Son auteur, **Gislebertus**, a laissé son nom sur le rebord supérieur du linteau, sous les pieds du Christ. La signature à cet endroit peut laisser penser que Gislebertus fut aussi le maître d'œuvre de l'ensemble de la cathédrale. On ne sait malheureusement rien de ce sculpteur (et peut-être architecte) ; certains voient dans son art une influence des ateliers de Vézelay et sans doute de Cluny. Sa force créatrice, son sens de la forme et sa puissance expressive se retrouvent dans presque toute

Cathédrale St-Lazare.
F. Guiziou/hemis.fr

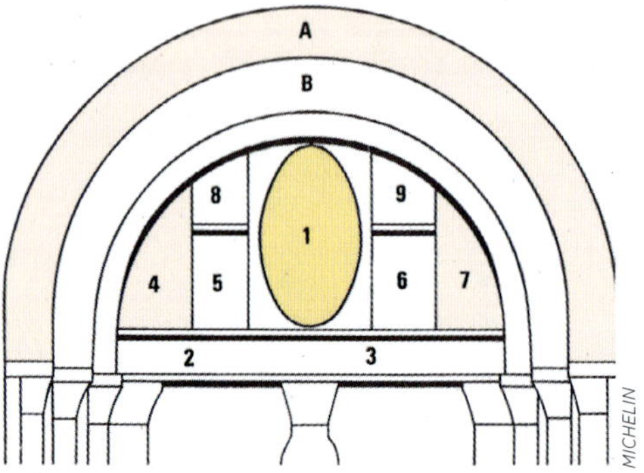

Schéma du tympan du portail principal.

la décoration sculptée de la cathédrale. Par les plis des vêtements, les vagues de la chevelure, l'expression des visages et la structuration de l'espace pour exprimer l'ordre ou le désordre, il donne vie à la pierre. **Au centre,** le Christ en majesté siège dans une mandorle soutenue par quatre anges, dominant toute la scène **(1)**. **Au bas,** les morts sortent de leur tombeau, prévenus de l'heure du jugement par quatre anges soufflant dans de grands olifants **(4, 7, 8, 9)** ; au centre du linteau, les élus **(2)** sont séparés des damnés **(3)** par un ange. À la gauche du Christ, l'archange saint Michel fait face au Malin, qui tente de fausser la pesée des âmes en tirant sur le fléau de la balance **(6)**. Derrière lui s'ouvre l'enfer, dont la place est réduite à l'extrême droite du tympan **(7)**, tandis que le ciel occupe tout le registre supérieur avec, à droite, deux apôtres – ou le prophète Élie et le patriarche Énoch transportés vivants au ciel – **(9)**, et à gauche, Marie **(8)**, qui domine la Jérusalem céleste **(4)** et le groupe des apôtres **(5)** attentifs à la pesée des âmes ; saint Pierre, reconnaissable à la clef qu'il porte sur l'épaule, prête main-forte à un bienheureux, tandis qu'une âme tente de prendre son envol en s'accrochant au manteau d'un ange sonnant de la trompette.

La **figure humaine** est traitée avec une extrême diversité. Le Christ, sa cour céleste et les personnages bibliques sont tous vêtus de draperies légères, finement plissées, qui témoignent de l'essence immatérielle des êtres qui les portent. Les **morts**, beaucoup plus petits et sculptés en fort relief, ont une tout autre présence. Les élus cheminent le regard tendu vers le Christ en un cortège paisible ; parmi eux, on distingue prélats et seigneurs en manteau ainsi que deux pèlerins portant des sacoches, l'une ornée d'une coquille St-Jacques, l'autre de la croix de Jérusalem. La terreur et l'angoisse des damnés s'expriment dans les lignes chaotiques des corps et la composition hachée du groupe.

Les trois **voussures** de l'arc en plein cintre coiffent l'ensemble de la composition : la voussure extérieure **(A)** symbolise le temps qui passe, les médaillons représentant alternativement les travaux des mois et les signes du zodiaque ; au centre, entre les Gémeaux et le Cancer, un petit personnage accroupi a été interprété comme figurant l'année. Sur la voussure centrale **(B)** serpente une guirlande de fleurs et de feuillages.

Intérieur de la cathédrale

Les piliers et les voûtes datent de la première moitié du 12e s. Le caractère roman clunisien subsiste malgré de nombreux remaniements : élévation sur trois niveaux (grands arcs brisés, faux triforium et fenêtres hautes), berceau brisé dans la nef et voûtes d'arêtes dans les collatéraux. Cependant, le chœur adopte la formule paléochrétienne de l'abside flanquée de deux absidioles ; leur voûtement en cul-de-four disparut à la fin du 15e s., lorsque le cardinal Rolin fit percer de hautes fenêtres. Par ailleurs, la présence à Autun d'abondants vestiges antiques explique

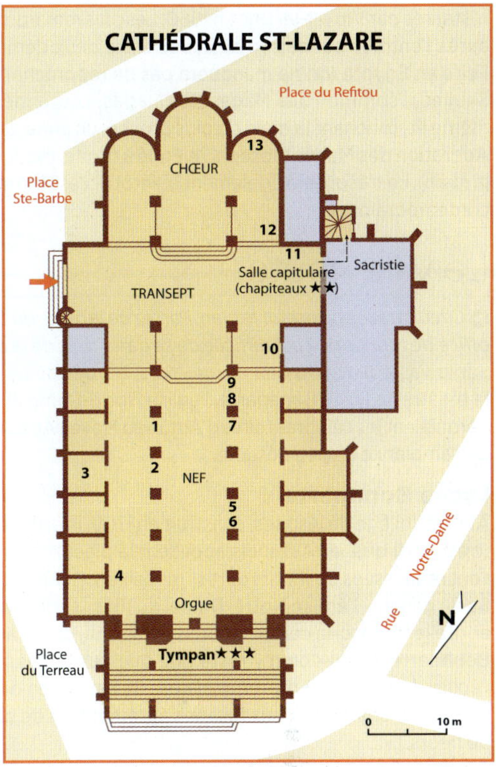

que se soit généralisé l'usage des pilastres cannelés surmontés de chapiteaux à feuillages à l'ensemble de la galerie haute, conférant ainsi à l'église une grande unité intérieure. Cette majestueuse ordonnance est animée par le décor sculpté des chapiteaux, dont certains seraient dus à Gislebertus. Selon un ordre que le visiteur peut suivre sur place, les pièces les plus intéressantes sont les suivantes :

1) Tableau d'Ingres (1834) représentant le martyre de saint Symphorien à la porte St-André.

2) Apparition de Jésus à sainte Madeleine. Admirez les volutes du feuillage à l'arrière-plan de ce chapiteau inachevé.

3) Deuxième tentation du Christ. Assez curieusement, le diable seul est juché au sommet du temple.

4) La Nativité. La Vierge est couchée, aidée par un groupe de femmes. L'Enfant Jésus est au bain. Sur le côté, saint Joseph médite.

5) et **6**) Simon le Magicien tente de monter au ciel en présence de saint Pierre, clef en main, et de saint Paul. Simon tombe, la tête la première, sous le regard satisfait de saint Pierre et les ricanements du diable.

7) Lapidation de saint Étienne, premier martyr chrétien.

8) Samson renverse le temple, représenté de façon symbolique par une colonne.

9) Chargement de l'arche de Noé, lequel, à la fenêtre supérieure, surveille les travaux.

10) Porte de la chapelle du Clugny (16e s.).

11) Dans la chapelle de sépulture des évêques d'Autun, vitrail de 1515 représentant l'arbre de Jessé.

12) Statues funéraires de Pierre Jeannin (mort en 1623), président du parlement de Bourgogne et ministre d'Henri IV, et de sa femme.

13) Les reliques de saint Lazare avaient été placées provisoirement dans l'abside de la chapelle St-Léger.

Salle capitulaire *(fermée au moment de la rédaction de ce guide)* – Construite au début du 16e s., elle abrite de beaux **chapiteaux**★★ (12e s.) en pierre grenée contenant du mica, qui ornaient à l'origine les piliers du chœur et du transept

4

restaurés par Viollet-le-Duc en 1860. Les plus remarquables sont sur le mur droit après l'entrée : pendaison de Judas entre deux démons qui tirent les cordes ; Fuite en Égypte (on ne manquera pas de rapprocher ce chapiteau de celui de Saulieu) ; sommeil des Mages (les Mages, couronnés, sont couchés dans un même lit ; touchant la main du plus proche, un ange lui montre l'étoile à suivre) ; Adoration des Mages (Joseph, relégué à droite, médite encore, le menton dans la main). Le trésor sera également bientôt accessible et aménagé dans un esprit contemporain.

La ville haute

PLAN CI-CONTRE

Circuit tracé en vert sur le plan. Partez de la place du Champ-de-Mars (parking, office de tourisme, il est difficile de se garer près de la cathédrale).
Sur la vaste place du Champ-de-Mars, bordée aujourd'hui par l'hôtel de ville, le théâtre, le lycée Bonaparte, l'église Notre-Dame et des terrasses de café, se déroulaient les célèbres foires d'Autun au Moyen Âge. Aujourd'hui, il s'en dégage une ambiance un peu désuète.

Lycée Bonaparte A1

Ancien collège de jésuites, construit en 1709, il termine noblement le « Champ » (c'est ainsi que les Autunois appellent la place). Ses **grilles★**, forgées en 1772, sont rehaussées de motifs dorés : médaillons, mappemondes, astrolabes, lyres. Sur la gauche, l'**église Notre-Dame**, du 18e s., servit de chapelle à ce collège qui abrita le fantasque comte de Bussy-Rabutin, puis Napoléon, Joseph et Lucien Bonaparte. Napoléon n'y resta que quelques mois, en 1779, avant d'entrer à l'école de Brienne. Empruntez la rue St-Saulge en direction de la cathédrale, puis la rue Chauchien, aux façades agrémentées de balcons en fer forgé ornés de fleurs.
Passez la Porte des Bancs et continuez sur la rue des Bancs.

Musée Rolin A2

5 r. des Bancs - ✆ 03 85 54 21 60 - www.museerolin.fr - le musée est fermé pour rénovation, la date de réouverture n'était pas encore annoncée au moment de la rédaction de ce guide.
Le musée est installé dans une aile de l'ancien hôtel construit au 15e s. pour le chancelier Rolin. Il expose 2 000 ans d'histoire de la ville d'Autun. Il regroupe des collections d'archéologie gallo-romaine, témoins de la grande richesse d'*Augustodunum*, un superbe fonds médiéval, et des œuvres de peinture européenne à partir du 17e s. et d'histoire régionale. Le musée a fermé ses portes fin 2022 pour plusieurs années. Le projet prévoit d'étendre la présentation des collections à deux bâtiments voisins qui bordent la place St-Louis : une très originale prison circulaire du 19e s. et l'ancien Palais de Justice. Ces travaux devraient plus que doubler la surface d'exposition actuelle et mettre en valeur ses très riches **collections★★** *(voir encadré ci-dessous).*

Les collections du musée Rolin

Outre de belles mosaïques, le musée possède des chefs-d'œuvre de la statuaire romane bourguignonne, dont la Tentation d'Ève, de Gislebertus, à qui l'on doit aussi le portail de la cathédrale. De la période des Rolin, le célèbre tableau de la *Nativité au Cardinal Rolin* par le Maître de Moulins, ainsi que la délicate Vierge Bulliot.

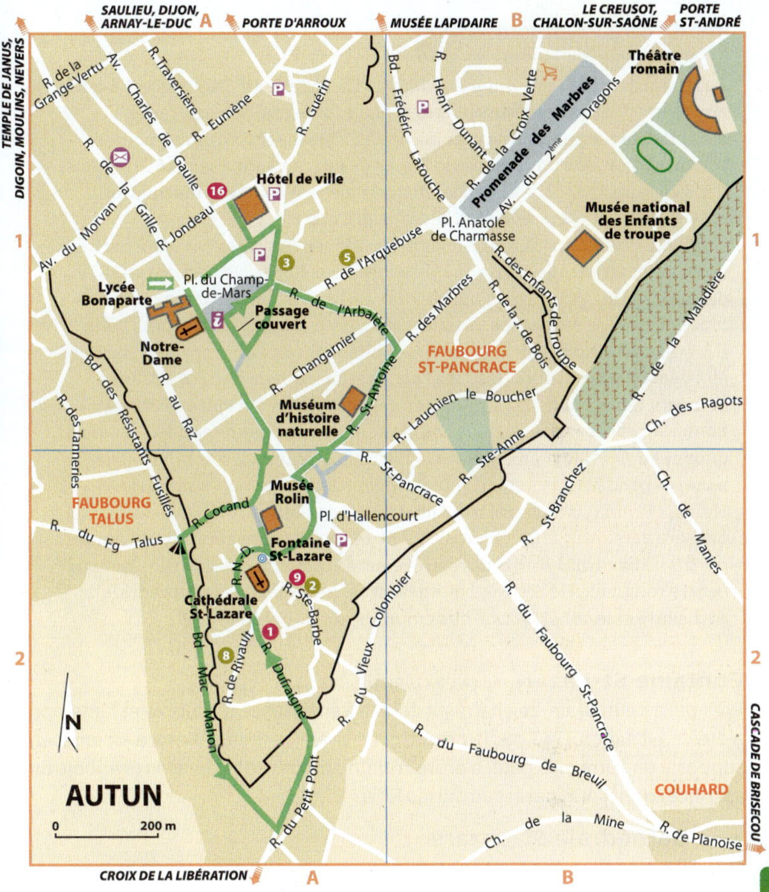

SE RESTAURER
- Le Cathédral 1
- Comptoir Cuisine 9
- Le Châteaubriant 16

SE LOGER
- Chambre d'hôte Maison Ste-Barbe 2
- Hôtel Le Grand Café 3
- Hôtel La Tête Noire 5
- Les Ursulines Hôtel 8

4

Reprenez la rue des Bancs puis prenez à gauche la rue aux Maréchaux pour rejoindre les remparts par la rue Cocand.

Remparts AB1-2

À hauteur du boulevard des Résistants-Fusillés, notez le bel aperçu d'une portion des remparts gallo-romains. Longez-les à votre guise jusqu'à la tour des Ursulines, donjon du 12e s.

Revenez vers la cathédrale par la rue du Fg-St-Blaise puis flânez dans la rue Dufraigne (maisons à pans de bois), la rue Notre-Dame (hôtel de Millery au no 12) et l'impasse du Jeu-de-Paume (hôtel Mac-Mahon).

★ Place du Terreau A2

Avec ses belles façades anciennes , cette place pavée bordée par la cathédrale a beaucoup de charme et d'authenticité. Remarquez notamment la maison du Lutrin (16e s.) aux colombages rouges.

Deux époques glorieuses

La Rome des Gaules – *Augustodunum*, ville fortifiée d'Auguste, est fondée au 1er s. av. J.-C., pour rivaliser avec la place forte gauloise existante, la capitale éduenne de **Bibracte,** située à 25 km. Extraordinaire pôle de romanisation, Autun subit dès le 3e s. de désastreuses invasions. Toutefois, d'importants tronçons de l'enceinte fortifiée, deux portes ainsi que les vestiges d'un théâtre sont parvenus jusqu'à nous.
Le siècle des Rolin – La ville connaît au Moyen Âge une vraie prospérité, qu'elle doit en grande partie au rôle joué par les Rolin. Né à Autun en 1376 dans l'hôtel qui porte son nom, **Nicolas Rolin** devient l'un des avocats les plus célèbres de son temps. Habile négociateur attaché à Jean sans Peur, il reçoit de Philippe le Bon la charge de chancelier de Bourgogne et participe aux démarches qui aboutissent à l'arrestation de Jeanne d'Arc. Beaune et Autun témoignent de l'ampleur de son mécénat. Parvenu au faîte des honneurs et des richesses, il fonde l'hôtel-Dieu de Beaune en 1443. Louis XI, qui ne l'appréciait guère, déclara : « Il était juste, après avoir fait tant de pauvres pendant sa vie, qu'il leur donnât un logement après sa mort. » Nicolas Rolin fait construire à Autun la collégiale Notre-Dame-du-Châtel, qui sera détruite au 18e s. Il meurt à Autun en 1461 et y est inhumé. L'un de ses fils, le **cardinal Rolin**, devenu évêque de la cité, fait de la ville un grand centre religieux. De cette époque datent l'achèvement de la cathédrale St-Lazare et la construction de nombreux hôtels particuliers.

Fontaine St-Lazare A2 (À L'EXTÉRIEUR, SUR LA PLACE)

Près de la cathédrale, ce charmant édifice Renaissance à coupole et lanternon a été construit en 1543 par le chapitre. Un premier dôme, d'ordre ionique, en supporte un autre plus petit, d'ordre corinthien, coiffé d'un pélican (symbole du sacrifice) dont l'original est au musée Rolin.

★★★ Cathédrale St-Lazare A2

p. 284.

Gagnez la place d'Hallencourt, donnant sur l'évêché, dont la cour est accessible. Rejoignez ensuite la rue St-Antoine en passant par la rue Piolin.

Muséum d'histoire naturelle A1

14 r. St-Antoine - 03 85 52 09 15 - www.autun.com - juil.-août : tlj sf lun.-mar. 14h-17h30 ; reste de l'année : consultez le site Internet - 5,90 € (-16 ans gratuit).

Axé sur l'évolution du bassin d'Autun et du Morvan au cours des grandes ères géologiques, il présente, dans leur contexte d'époque, divers échantillons minéralogiques (beaux quartz et blocs de houille conservant l'empreinte de plantes ou d'animaux de l'ère primaire). Il traite, en particulier, de l'histoire des schistes bitumineux, roches qui, lors de leur traitement par pyrogénation, permirent la production de 1838 à 1957 d'huile de schiste équivalant au pétrole naturel. Petits et grands apprécieront la collection d'**oiseaux naturalisés** de la Bourgogne actuelle.
Plus loin, prenez à gauche la rue de l'Arbalète, qui rejoint le secteur piétonnier de la rue aux Cordiers.

Passage couvert A1

Fermé le dim. Ce passage du milieu du 19e s. dit passage Balthus ouvre sur la place du Champ-de-Mars par un majestueux portail classique.
Suivez la rue de Lattre-de-Tassigny, bordée d'hôtels particuliers du 18e s.

Hôtel de ville A1

Il abrite une importante médiathèque contenant une riche collection de manuscrits et d'incunables.
Terminez votre promenade en passant dans la rue Jeannin, derrière la mairie.

★ La ville gallo-romaine PLAN P. 289

Les vestiges étant à l'écart du centre-ville et éloignés les uns des autres, une voiture est indispensable.
La ville d'Auguste, est une création romaine de la fin du 1er s. av. J.-C. Si Auguste décide de fonder une ville à 25 km de Bibracte, la capitale des éduens sur le mont Beuvray, c'est dans l'objectif d'attirer et de romaniser ceux-ci, au travers d'écoles et d'universités bientôt construites. En 150 apr. J.-C., Augustodunum est peuplée, entièrement construite, enrichie d'un théâtre, et Bibracte abandonnée.

Remparts AB1-2

Construits dès la fondation d'Autun, longs de 6 km à l'origine et percés de quatre portes, ils entouraient toute la ville. La hauteur reconstituée du mur d'enceinte est d'environ 11 m.

Promenade des Marbres B1

Cette large promenade plantée d'arbres doit son nom aux vestiges de la porte romaine qui était située à proximité. Près de là s'élève un bel édifice du 17e s. précédé d'un jardin à la française et couvert d'un toit en tuiles vernissées. Construit par Daniel Gittard, architecte d'Anne d'Autriche, cet ancien séminaire abrite maintenant le **lycée militaire** d'Autun. Remarquez la belle toiture en tuiles vernissées.
Musée national des Enfants de troupe – *3 r. des Enfants-de-Troupe - ✆ 03 85 86 55 37 - museedesenfantsdetroupe.fr - ♿ - lun.-vend. 14h-17h30 - gratuit.* Installé dans l'ancienne chapelle du séminaire et la crypte du lycée militaire, ce musée retrace l'histoire des collèges et lycées militaires de France et d'Outremer : drapeaux et fanions, tenues et uniformes, insignes, photographies.

★ Théâtre romain B1

Les vestiges de sa *cavea* à trois étages de gradins permettent de mesurer ce que fut le plus vaste théâtre de Gaule. Aujourd'hui, il peut recevoir jusqu'à 20 000 spectateurs, et des spectacles son et lumière retraçant l'histoire romaine ont remplacé les « jeux » du temps de l'Empire *(voir p. 295)*. Notez les fragments lapidaires gallo-romains encastrés dans les murs de la maison du gardien.

★ Porte St-André HORS PLAN

Les routes du pays des Lingons venant de Langres et de Besançon aboutissaient ici. C'est l'une des quatre portes qui faisaient partie de l'enceinte construite à partir de la fin du 1er s. av. J.-C., dotée de 54 tours semi-circulaires. Elle présente deux grandes arcades pour le passage des véhicules et deux plus petites pour celui des piétons. Elle est surmontée d'une galerie de dix arcades et a été restaurée par **Viollet-le-Duc**. Un des corps de garde qui la flanquaient subsiste encore grâce à sa conversion en église au Moyen Âge (l'intérieur est orné de fresques représentant les travaux des mois). La tradition place le martyre de saint Symphorien non loin de là.

Musée lapidaire. HORS PLAN

14 r. St-Nicolas - ✆ 03 85 52 27 23 - www.museerolin.fr - ♿ - avr.-sept. : tlj sf mar. et sam. 14h-18h - gratuit.

Temple de Janus.
digital_eye/Getty Images Plus

L'ancienne chapelle St-Nicolas (édifice roman du 12e s. dont l'abside est ornée d'un Christ peint en majesté) appartenait à un hôpital. La chapelle et ses galeries, qui enserrent le jardin attenant, abritent maints vestiges gallo-romains (fragments d'architecture et de mosaïques, stèles) et médiévaux (sarcophages, chapiteaux), trop grands pour trouver place au musée Rolin, ainsi que des éléments de statuaire.

Porte d'Arroux HORS PLAN

Celle-ci s'est appelée *Porta Senonica* (porte de Sens) et donnait accès à la *Via Agrippa*, qui reliait Lyon à Boulogne-sur-Mer. De belles proportions, moins massive et en meilleur état que la porte St-André, elle possède le même type d'arcades. La galerie supérieure, ornée d'élégants pilastres cannelés à chapiteaux corinthiens, a été édifiée à l'époque augustéenne.

★ Temple de Janus HORS PLAN

Cette tour quadrangulaire construite extra-muros, haute de 24 m, dont il ne reste que deux pans, se dresse solitaire au milieu de la plaine, au-delà de l'Arroux. Il s'agit de la *cella* d'un temple dédié à une divinité inconnue (l'attribution à Janus est de pure fantaisie ; au Moyen Âge, on l'appelait tour de Genetoye).

À proximité

CARTE P. 232-233

Cascade de Brisecou C3

2 km au sud. Garez-vous à Couhard, près de l'église.

45mn AR. Un sentier longeant un ruisseau conduit au joli **site★** arboré où coule la cascade. Au retour, vue sur la **pierre de Couhard**, que rejoint un sentier partant du parking : cette curieuse pyramide est un monument funéraire dominant l'une des nécropoles de la ville, contemporaine du théâtre romain.

★ Croix de la Libération C3

6 km au sud-ouest par la D 256.

Au cours de la montée en lacet, vous aurez une excellente vue sur la cathédrale, la vieille ville, les cônes des terrils des Télots et le Morvan à l'horizon. Environ 50 m après le pavillon d'entrée du château de Montjeu, à droite, un chemin en forte pente conduit à la croix de la Libération, croix de granit édifiée en 1946 pour commémorer la libération d'Autun. De la croix, **vue★** sur la dépression d'Autun et la vallée de l'Arroux et, plus loin, de gauche à droite, sur les monts du Morvan, la forêt d'Anost et le revers de la Côte.

Château de Couches D3

25 km au sud-est d'Autun par la N 80 puis la D 978. À 1 km du bourg.
03 85 45 57 99 - www.chateaudecouches.com - juin-sept. : 10h-18h; reste de l'année : sur réserv. - 6 €.
Très restauré, ce château, connu sous le nom de « château de Marguerite de Bourgogne », a conservé de son passé défensif un pont-levis, une partie d'enceinte, quelques vestiges de tours, et ses deux cours, haute et basse, séparées par une porte monumentale. On visite la chapelle du 15e s., érigée par un Montaigu et consacrée par le cardinal Rolin (statues et retables d'époque), la tour de Justice (armes retrouvées au château) et la tour Carrée, qui remonte au 12e s (décorée par trois tapisseries d'Aubusson). On suppose que les souterrains du 12e s. et les galeries souterraines du 15e s. reliaient le château aux forêts et aux châteaux des environs. Ils permettaient de se déplacer à l'abri des attaques, mais aussi de stocker des provisions été comme hiver. Après la visite, vous pourrez déguster, au caveau des vins du domaine et vous promener dans les jardins.

★ Château de Sully C2

15 km au nord-est par la D 973 en dir. de Nolay, puis la D 326.
03 85 82 09 86 - www.chateaudesully.com - ♿ - visites guidées uniquement et sur réserv. : avr.-oct. : 9h30-17h - 9,10 €, 4,50 € pour le parc seul.
De nombreuses animations ponctuent l'année : Pâques, Halloween, Noël, etc.
Cette résidence Renaissance constitue un bel ensemble, avec son vaste parc et ses dépendances (18e s.). Ayant acquis la terre de Sully en 1515, Jean de Saulx étoffa la place forte du 14e s. en doublant la façade et en intégrant la tour, au sud-est, dans une construction plus importante, qui sera poursuivie par son fils et achevée par ses petits-fils. « C'est le Fontainebleau de Bourgogne », disait Mme de Sévigné. Trois siècles plus tard, en 1808, le futur maréchal de **Mac Mahon**, duc de Magenta, et président de la République de 1873 à 1879, naquit au château. Ses descendants y vivent toujours.
Extérieur – Quatre ailes flanquées de tours d'angle carrées posées en losanges enserrent une cour intérieure qui, par son ordonnance et sa décoration, rappelle le château d'Ancy-le-Franc *(voir p. 418)*. À l'ouest, la façade d'entrée présente, au 1er étage, de larges baies séparées par des pilastres. Sur la façade sud, deux tourelles en encorbellement encadrent la chapelle. La façade nord, refaite au 18e s., est précédée d'un large escalier monumental donnant accès à une terrasse, aux beaux balustres, dominant une pièce d'eau. Enfin, les douves qui entourent le château sont alimentées par la Drée.
Intérieur – Les fastueux décors du 19e s. (remarquez le dallage du vestibule, qui alterne dalles de marbre noir et cabochons blancs, à l'inverse de ce qui se fait habituellement, et la belle salle de bal) sont peuplés des souvenirs de grandes figures familiales : Charlotte de Mac Mahon (dont le régisseur sauva le château pendant la Révolution en maquillant son cadavre, faisant croire qu'elle se reposait) et le président Mac Mahon (promu duc par Napoléon III après sa victoire à Magenta, en Italie).

Parc – Il a été créé au 17e s. par les fils de Gaspard de Saulx-Tavannes, qui se sont inspirés du style de Le Nôtre, puis les jardins ont été modifiés par le paysagiste Achille Duchêne au 19e s. En s'y promenant, on découvre un potager clos de murs, un verger, des arbres centenaires, mais aussi un miroir d'eau, un pigeonnier et une chapelle du 13e s.

Église de Manlay C2

22 km au nord par la D 981 puis la D 4.

La façade de cette église fortifiée du 14e s. est flanquée de deux tours rondes percées de meurtrières et son chœur est situé dans un donjon carré.

Bard-le-Régulier C2

24 km au nord par la D 981 puis la D 4 et la D 15.

Le hameau est doté d'une **église**, surmontée d'une élégante tour octogonale de style oriental, qui appartenait à un prieuré de chanoines augustins. Elle date de la fin du 12e s., bien que présentant certains archaïsmes à l'intérieur (voûtes en plein cintre dominantes, baies étroites, piles sans chapiteaux). Le sol présente aussi la particularité de s'élever par trois fois jusqu'à l'autel, pour rattraper une déclivité accentuée. Outre un gisant du 13e s., l'église renferme quelques statues des 15e, 16e et 17e s., dont une en pierre très élaborée de saint Jean l'Évangéliste (fin 15e s.), et surtout une trentaine de **stalles** : richement sculptées à la fin du 14e s., elles se répartissent sur quatre rangs (deux à droite, deux à gauche, en vis-à-vis) dans la dernière travée précédant le chœur. Sur les accoudoirs sont représentées des figurines du bestiaire de l'Apocalypse de saint Jean ; sur les faces latérales, l'Annonciation, la Visitation, la Nativité, la Cène, le martyre de saint Jean l'Évangéliste, patron de l'église, etc.

Signal de Bard C2

1 km à l'est de Bard.

1h30 AR. Arrivé au signal (554 m), vous aurez mérité une belle **vue** étendue, au nord-est sur l'Auxois, au sud-ouest sur le Morvan.

Arnay-le-Duc CD2

29 km au nord-est d'Autun par la D 981.

6 pl. Bonaventure-des-Périers - ✆ 03 80 90 07 55 - www.arnay-le-duc.com.

Au cours de votre promenade, vous remarquerez de nombreuses maisons anciennes (notamment rue des Ursulines, rue St-Honoré...), comme la maison Bourgogne, de la fin du Moyen Âge, ou encore le château des princes de Condé, qui embellirent au 17e s. cette demeure Renaissance.

Église St-Laurent – Elle date des 15e et 16e s. Un vestibule avec dôme (18e s.) précède la nef (15e s.) dont la voûte primitive de pierre a été refaite en bois en 1859 en forme de carène renversée. La première chapelle à gauche possède un intéressant plafond Renaissance à caissons et un saint Michel en bois doré du 15e s. Dans la première chapelle à droite, Pietà polychrome du 16e s.

Maison régionale des arts de la table – *15 r. St-Jacques - ✆ 03 80 90 11 59 - www.musee-artsdelatable.fr - de mi-avr. à mi-nov. : 10h-12h, 14h-18h - 6 € (-8 ans gratuit).* Les anciens hospices St-Pierre (17e s.), rénovés, présentent chaque année une nouvelle exposition sur un thème culinaire lié à l'histoire de la table et de la gourmandise. Les cuisines conservent un imposant vaisselier du 18e s. et des céramiques d'antan.

Tour de la Motte-Forte – *Ne se visite pas.* Derrière le chevet de l'église, cette grosse tour du 15e s., couronnée de mâchicoulis, est le seul vestige d'un important château féodal détruit pendant les guerres de Religion.

Carnet pratique

S'informer

Office de tourisme – *13 r. du Gén.-Demetz - Autun - ✆ 03 85 86 80 38 - www.autun-tourisme.com.* L'office de tourisme organise des visites guidées insolites en été et propose des city games pour les familles.

Espace Gislebertus - Destination Autun – *Parvis de la cathédrale - ✆ 03 85 54 21 60 - avr.-sept. : 10h-13h, 14h-18h - gratuit.* Face au portail de la cathédrale, ce lieu équipé d'une carte en relief et de dispositifs numériques permet de découvrir le patrimoine d'Autun. Un film en 3D donne les clés de compréhension de l'exceptionnel tympan de la cathédrale.

Se garer

De grands parkings se situent sur le Champ-de-Mars et le boulevard Frédéric-Latouche.

Agenda

La cathédrale en lumière – Les soirs de juil.-août, visite libre de la cathédrale *(sf soirs de concert)* sur fond musical, avec éclairage mettant en valeur l'édifice.

Augustodunum© – *15 j. fin juil.-déb. août au théâtre romain d'Autun - spectacle à 22h - ✆ 03 85 86 80 38 - www.augustodunum.fr - billetterie à l'office de tourisme : 19 € (6 -12 ans 8 €; 2 adultes + 2 enf. 44 €).* Spectacle son et lumière qui vous fera découvrir l'*Augustodunum* (Autun) antique, avec force effets spéciaux et feux d'artifice...

Journées romaines – *1er w.-end d'août.* Ateliers, animations (manœuvres de l'armée romaine), démonstrations (combats de gladiateurs) et rencontres, sur la promenade des Marbres, face au lycée militaire.

Beurdin'z Festival – *À Sommant - 1er sam. de juil. - 25 € (- 12 ans gratuit) - billetterie à l'office de tourisme.* Jeune festival de rock.

Nos adresses

Restauration

PLAN P. 290

Premier prix

1 Le Cathédral – A2 - *2 r. Dufraigne - ✆ 03 45 74 94 27 -www.lecathedral.business.site - 12h-14h30, 19h-21h30 - fermé mar. - menus 15/26 €.* Situé sur une place calme et ombragée derrière la cathédrale, ce restaurant fréquenté par les locaux propose une cuisine simple et régionale, servie avec le sourire.

Budget moyen

16 Le Châteaubriant – A1 - *14 r. Jeannin - ✆ 03 85 52 21 58 - www.lechateaubriant-autun.com - fermé dim.-lun. - menus déj. 16,50/19,50 €, menus 23/38 €.* Situé près de la place du Champ-de-Mars, ce restaurant est très fréquenté par les Autunois. Vous apprécierez son accueil sympathique et sa cuisine traditionnelle : œufs en meurette, joues de bœuf, rognons de veau, foie gras maison, filet de bœuf à l'Époisses, etc. Une valeur sûre.

À proximité

Budget moyen

Restaurant Marie Boissy – *Antully - Les Charrières - 13 km au sud-est d'Autun - ✆ 03 85 54 71 17 - www.marie-boissy.fr - fermé lun.-mar. - plat 16 €, menus 21/32 €.* Ce restaurant de terroir propose une bonne cuisine morvandelle, concoctée à partir de fins produits locaux. C'est raffiné, généreux, traditionnel, avec quelques touches de modernité. Une bonne étape.

Shopping

Aux délices de l'Autunois – *29 r. Guérin - ✆ 03 85 52 28 56 - www.auxdelicesautunois.fr - mar.-jeu. et sam. 8h30-12h30, 15h-19h ; jeu. 8h45-12h30, 15h30-19h.* Impossible de manquer cette boucherie-charcuterie tant sa devanture attire le regard. La maison est réputée pour la qualité de ses produits : vous apprécierez le jambon persillé, le jambon cru du Morvan, le pâté de campagne, la terrine de lièvre et de gibier en saison, l'andouillette, la mousse de volaille et les plats cuisinés.

Activités

Petit Train – *13 r. Gén.-Demetz - ✆ 03 85 86 80 38/06 52 69 65 07 - www.autun-tourisme.com - du 20 juin au 20 sept. : dép. pl. du Champ-de-Mars (devant le lycée Bonaparte) 11h, 14h, 15h, 16h et 17h - 7 € (3-12 ans 3,50 €).* Pour un aperçu complet de la ville en une petite heure.

Base de loisirs d'Autun - Espace Sport Nature – *2 rte de Chalon - plan d'eau du Vallon - 1,5 km du centre-ville - ✆ 03 85 86 95 80/06 31 27 45 85 - www.sportnatureautun.fr - juil.-août : lun.-sam. 10h-12h, 14h-19h, dim. 14h-19h ; reste de l'année : se rens.* 100 ha de nature pour petits et grands et pour tous les goûts : skate-park, bike-park, activités nautiques (pédalo, voile, paddle, pêche, canoë-kayak), centre équestre, site naturel d'initiation à l'escalade, golf et minigolf, piscine, terrain de tennis, parcours VTT (dont site de descente), petit train « Autun Vapeur Parc ».

Base de loisirs de l'Étang Fouché – *Arnay-le-Duc - 29 km au nord-est d'Autun - ✆ 03 80 90 03 44 - www.arnay-le-duc.com - juil.-août.* Étang calme et agréable. Baignade surveillée en été, pédalos et toboggan aquatique.

Bourgogne Archerie – *Hameau d'Auxerain - Viévy - 9 km au sud d'Autun - ✆ 03 80 90 17 82 - www.bourgognearcherie.com - mar.-sam. 9h-12h30, 13h30-17h.* Ce centre d'archerie propose des formules-découvertes destinées aux néophytes *(sur réserv.)*. Location de matériel et plusieurs parcours (25 ha) où sont disséminées 48 cibles 3D.

Hébergement

PLAN P. 290

Premier prix

3 Hôtel Le Grand Café – A1 - *19 bis r. de Lattre-de-Tassigny - ✆ 03 85 52 27 66 - www.hotel-legrandcafe.fr - 9 ch. 44/64 € - ☕ 7 € - ✕ menus déj. 15/19 €, menus 16/16 €.* Cet hôtel-brasserie du centre-ville dispose de chambres bon marché. Certaines offrent une belle vue sur la place du Champ-de-Mars.

Budget moyen

2 Chambre d'hôte Maison Ste-Barbe – A2 - *7 pl. Ste-Barbe - ✆ 03 85 86 24 77 - www.maisonsaintebarbe.com - ♿ - 3 ch. 92 € ☕, 1 suite familiale avec kitchenette 122 € ☕.* Ancien logis de chanoines (15e-18e s.) au pied de la cathédrale. Grandes chambres personnalisées, jolie salle du petit-déjeuner agrémentée de meubles anciens, jardin clos. Confitures et pâtisseries maison. Et surtout un accueil charmant.

5 Hôtel La Tête Noire – A1 - *3 r. de l'Arquebuse - ✆ 03 85 86 59 99 - www.hoteltetenoire.fr - ♿ - 31 ch. 89/106 € - ☕ 11,50 € - ✕ menus déj. 20/23,50 €, menus 29/53 €.* Adresse du centre-ville dont les chambres, au mobilier rustique, sont pratiques et confortables.

Accueil familial et professionnel. À table, carte régionale et bonne cuisine du terroir.

(8) **Les Ursulines Hôtel** – A2 - *14 r. de Rivault - 03 85 86 58 58 - www.hotelursulines.fr - P 3,50 €/j - - 38 ch. et 5 suites 92/105 € - 14 €.* Situé dans un ancien couvent, tout près de la cathédrale, cet hôtel a vue sur les monts du Morvan. Jardin intérieur reposant.

Une folie

Chambre d'hôte Le Moulin Renaudiots – HORS PLAN - *Ch. du Vieux-Moulin - 03 85 86 97 10/06 02 10 73 42 - www.moulinrenaudiots.com - P - 6 ch. 140/165 € - sur réserv., 22/30 €.* Située au bord de la forêt de Planoise, à l'écart de la ville, cette villégiature dans un ancien moulin du 17e s. a toutes les qualités des chambres d'hôte de caractère : design, calme, harmonie des couleurs. La table vaut aussi le détour. Accueil chaleureux et personnalisé. Piscine et salle de sport.

À proximité

Premier prix

Chambre d'hôte La Ferme de la Chassagne – *Laizy - 14 km au sud-ouest d'Autun - 03 85 82 39 47 - P - fermé de nov. à mi-mars - 4 ch. 54 € - sur réserv. (fermé dim. soir) 22 €.* La bâtisse, restaurée, conserve le charme des fermes d'antan avec ses robustes poutres apparentes et son mobilier ancien. Les chambres sont décorées simplement, mais très agréables. Table d'hôte avec produits de l'exploitation familiale et légumes du jardin.

Une folie

Château de Villette – *Poil - 32 km au sud-ouest d'Autun - 06 31 52 13 18 - www.chateaudevillette.eu - - 4 ch. 195/265 € et 2 gîtes 145/295 € 18 € - sur réserv. (mini 6 pers.) 55 €, ou planches 28 €.* Situées dans le Parc naturel régional du Morvan, chambres et gîtes d'hôte de grand charme, sous le signe de la nature et du luxe.

La Rêverie – *Lieu-dit Thoreille - Viévy - 25 km au nord-est d'Autun - 03 73 68 00 13 - www.ecodomainelareverie.com - 145/240 € - paniers dîner 28/35 €.* Cet écodomaine situé dans la forêt à Viévy propose des logements insolites : tente, tipi, roulotte, cabane flottante ou encore maison de verre sur une île. Les prestations sont haut de gamme avec notamment Spa privatif et panier petit-déjeuner, mais également respectueuses de l'environnement (panneaux solaires, toilettes sèches et réserve d'eau). Une expérience nature et luxe!

4

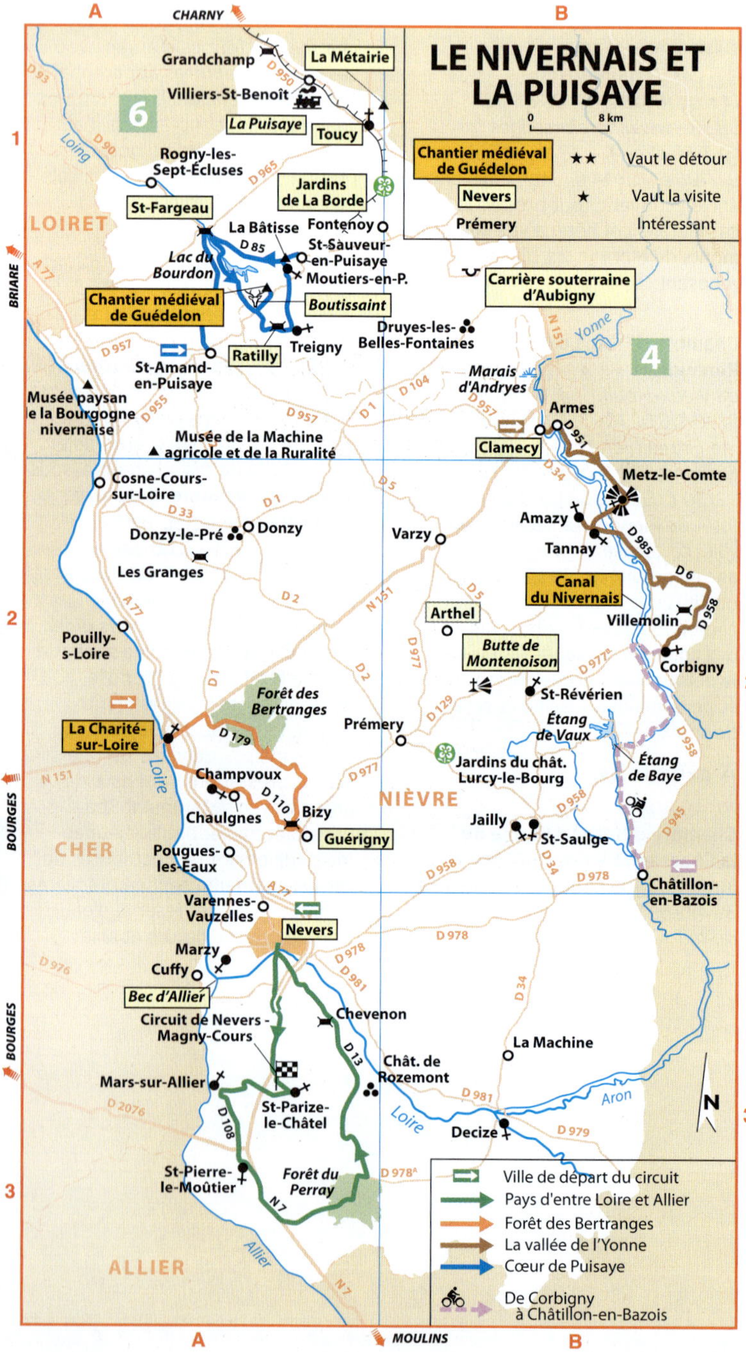
LE NIVERNAIS ET LA PUISAYE
0 8 km
Chantier médiéval de Guédelon ★★ Vaut le détour
Nevers ★ Vaut la visite
Prémery Intéressant
Ville de départ du circuit
Pays d'entre Loire et Allier
Forêt des Bertranges
La vallée de l'Yonne
Cœur de Puisaye
De Corbigny à Châtillon-en-Bazois
CHARNY
MOULINS
BRIARE
BOURGES
LOIRET
CHER
ALLIER
NIÈVRE
Grandchamp
La Métairie
Villiers-St-Benoît
La Puisaye
Toucy
Rogny-les-Sept-Écluses
Jardins de La Borde
St-Fargeau
La Bâtisse
Fontenoy
St-Sauveur-en-Puisaye
Moutiers-en-P.
Lac du Bourdon
Chantier médiéval de Guédelon
Boutissaint
Treigny
Ratilly
St-Amand-en-Puisaye
Druyes-les-Belles-Fontaines
Carrière souterraine d'Aubigny
Marais d'Andryes
Musée paysan de la Bourgogne nivernaise
Musée de la Machine agricole et de la Ruralité
Armes
Clamecy
Metz-le-Comte
Cosne-Cours-sur-Loire
Donzy-le-Pré
Donzy
Varzy
Amazy
Tannay
Les Granges
Canal du Nivernais
Villemolin
Corbigny
Arthel
Butte de Montenoison
St-Révérien
Pouilly-s-Loire
Forêt des Bertranges
Prémery
Étang de Vaux
Étang de Baye
La Charité-sur-Loire
Jardins du chât. Lurcy-le-Bourg
Champvoux
Chaulgnes
Bizy
Guérigny
Jailly
St-Saulge
Pougues-les-Eaux
Châtillon-en-Bazois
Varennes-Vauzelles
Nevers
Marzy
Cuffy
Bec d'Allier
Circuit de Nevers - Magny-Cours
Chevenon
La Machine
Chât. de Rozemont
Mars-sur-Allier
St-Parize-le-Châtel
Decize
St-Pierre-le-Moûtier
Forêt du Perray
Loire
Loing
Yonne
Allier
Aron
N

5

Le Nivernais et la Puisaye

CARTE MICHELIN DÉPARTEMENTS 319 – NIÈVRE (58), YONNE (89)

Nevers ★

À quelques kilomètres de la confluence de la Loire et de l'Allier, la capitale du Nivernais s'imposa, au 17e s., comme celle de la faïence française. Sur la butte dominant le « dernier fleuve sauvage d'Europe » se dresse la silhouette des monuments emblématiques de la ville qui, bien que sévèrement meurtrie par le bombardement de sa cathédrale en 1944, a su mettre en valeur son patrimoine. Pittoresques et préservés, les paysages ligériens alentour forment un véritable joyau écologique, que vous apprécierez à pied le long des sentiers de bord de Loire, ou à l'occasion d'une agréable balade en bateau.

Palais ducal de Nevers.
K. Oke/DanitaDelimont.com/age fotostock

Se repérer

CARTE P. 298 (A3) - PLAN DE NEVERS P. 302.
33 005 Neversois – Nièvre (58)
À 68 km à l'est de Bourges, à 150 km à l'ouest de Beaune.

À ne pas manquer

La cathédrale et son bel ensemble de vitraux contemporains; le palais ducal; les curieux verres émaillés du musée de la Faïence et des Beaux-Arts.

En famille

Le musée de la Mine à La Machine; Zebulle Parc *(voir « Nos adresses »)*.

Carnet pratique p. 311

Nos adresses p. 311

★ La vieille ville

PLAN P. 302

Circuit tracé en vert sur le plan.

Pour avoir une vue d'ensemble de la vieille ville, allez sur le grand pont en grès roux que franchit la nationale.

★★ Cathédrale St-Cyr-et-Ste-Julitte A2

La cathédrale est fermée jusqu'à nouvel ordre - se rens. pour les conditions de visite.

Cette vaste cathédrale composite fut consacrée en 1058, puis en 1331, complétée et plusieurs fois remaniée ou restaurée. Ce sont les photos exposées dans la nef qui en parlent le mieux : le 16 juillet 1944, la cathédrale subit un terrible bombardement allié qui la réduisit presque à une ossature de pierre. Bizarrement, ce bombardement permit de révéler la partie la plus ancienne du site : un **baptistère** du 6e s., dans la dernière chapelle latérale gauche.

Extérieur – Faites le tour de l'édifice, hérissé de contreforts, de piliers, d'arcs-boutants et de pinacles, pour comparer les portails et admirer la tour carrée, haute de 52 m, flanquée de contreforts polygonaux ; l'étage inférieur est du 14e s. ; les deux autres, richement décorés, sont du 16e s. Près de la cathédrale, un ancien évêché du 18e s. abrite le **palais de justice**.

Intérieur – La cathédrale présente un curieux plan, caractérisé par deux absides opposées à chaque extrémité de la nef : une romane dite « occidentée » à l'ouest, et une gothique à l'est, ce qui est plus fréquent sur les bords du Rhin (Worms, Spire et Mayence) que sur ceux de la Loire. L'abside romane, surélevée de 13 marches et voûtée en cul-de-four, est décorée d'une fresque du 12e s. représentant le Christ en gloire. La nef (13e s.) est de grande ampleur, mais reste légère grâce à un triforium orné et à des fenêtres hautes qui courent jusqu'au chœur cerné par un déambulatoire. Remarquez, le long de ce triforium, la guirlande de personnages : toute la société du 13e s. y est représentée, soutenant l'Église, certains pliant sous le poids de la douleur, d'autres levant les yeux au ciel.

En 1944, la cathédrale fut bombardée. Quelques œuvres de valeur furent épargnées : le jaquemart (16e s.) de la nef, qui ornait autrefois un jubé ; la Vierge

Faïence et verres filés

Devenu duc de Nivernais en 1565, **Louis de Gonzague**, troisième fils du duc de Mantoue, fait venir d'Italie un grand nombre d'artistes et d'artisans. Il introduit la faïence d'art à Nevers entre 1575 et 1585. Les **frères Conrade**, originaires d'Italie, « maîtres pothiers en œuvre blanche et autres couleurs », initient à leur art une pléiade d'artisans locaux.

Peu à peu, la forme, les coloris et les sujets d'ornementation, qui au début reproduisent seulement les procédés italiens, évoluent vers un style très particulier. Parallèlement se développe l'industrie de la verrerie – verres filés servant généralement à la composition de scènes religieuses –, qui devient, avec l'émaillerie, très à la mode. Les productions sont expédiées par la Loire vers Orléans et Angers. L'industrie de la faïence atteint son apogée vers 1650, 12 fabriques occupant alors 1 800 ouvriers, mais la Révolution de 1789, dernier thème pour lequel la production fut importante, lui porte un grave préjudice. Les difficultés et la concurrence de la porcelaine contribuent à son déclin au cours du 19e s.

Actuellement, seuls deux ateliers de **faïenciers** perpétuent cette activité traditionnelle.

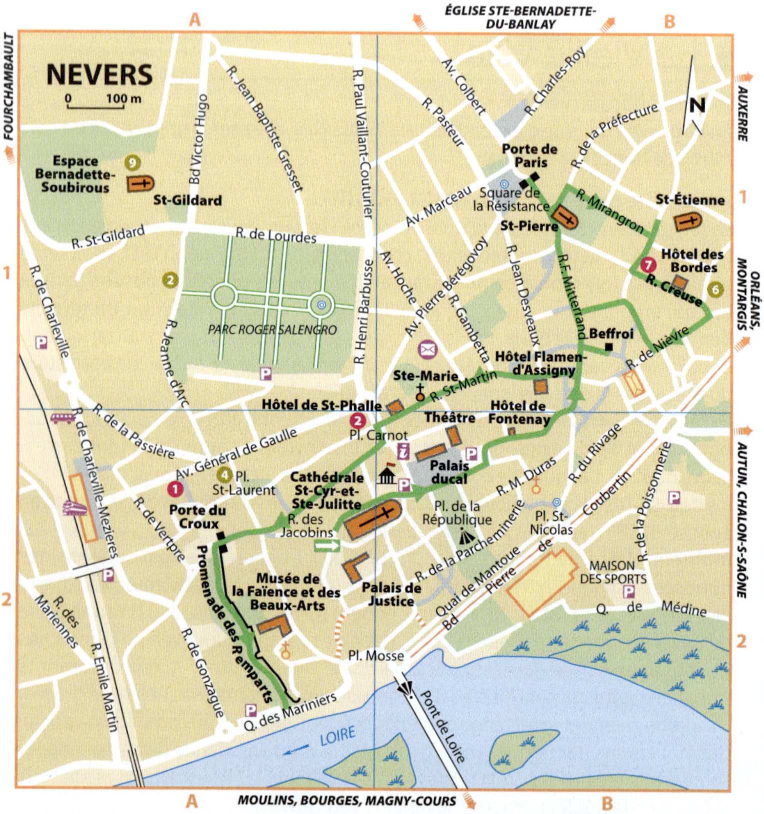

SE RESTAURER
Le Gambrinus 1
Tomate et Chocolat......... 2
Jean-Michel Couron 7

SE LOGER
Chambre d'hôte Côté Parc-Côté Jardin...... 2
Best Western Hôtel de Diane 4
Hôtel de la Chasseigne...... 6
Espace Bernadette-Soubirous................. 9

de pitié (15e s.), dans la première chapelle latérale gauche ; et surtout, la **Mise au tombeau★** (15e s.), de style bourguignon, abritée dans la crypte. Mais la cathédrale perdit ses vitraux anciens. Un programme de restauration établi à la fin des années 1970 a permis de mettre en place un magnifique ensemble de **vitraux contemporains★★**. Le projet représente la plus grande commande de vitraux contemporains d'Europe, signés Raoul Ubac, Claude Viallat, Jean-Michel Alberola, François Rouan, Gottfried Honegger. Sur l'un des vitraux de Gilles Rousvoal, on reconnaît Napoléon non loin de... François Mitterrand.

★ Palais ducal B2

Visite guidée, se rens. à l'office de tourisme. L'ancienne demeure des ducs de Nevers est un beau spécimen de l'architecture civile du tout début de la Renaissance. Commencée dans la seconde moitié du 15e s. par Jean de Clamecy, comte de Nevers, désireux d'abandonner l'austère forteresse située à l'emplacement actuel de l'hôtel de ville, elle fut embellie au 16e s. par les familles de Clèves et de Gonzague. Les grosses tours rondes de la façade postérieure, qui donnent sur une cour surplombant la rue des Ouches, sont les plus anciennes. La façade ocre, coiffée d'ardoise, est ponctuée de deux tourelles. Une belle tour centrale à pans coupés, terminée par un lanternon, abrite l'escalier d'honneur. Elle est ajourée de fenêtres dont le décalage, d'un gracieux effet, souligne la révolution de l'escalier. Les bas-reliefs modernes évoquent la légende de saint Hubert ainsi que celle du « Chevalier au cygne », ancêtre de la maison de Clèves qui inspira le *Lohengrin* de Wagner. Remarquez encore les fenêtres en lucarne ornées de cariatides et d'atlantes, ainsi que les cheminées en tuyaux d'orgue. Sur la tourelle de gauche, une plaque commémorative signale que des princesses nivernaises devinrent reines de Pologne.

Longez le palais, puis prenez dans l'enfilade la rue des Récollets. Remarquez en passant à gauche le **théâtre** (19e s.), le portail de l'ancien **couvent des Récollets**, celui (17e s.) de l'**hôtel de Fontenay**, et la **tour médiévale,** aux nos 15 et 13. Le no 7 a gardé l'un des rares pignons flamands de Nevers.

Le saviez-vous ?

Tous ne sont pas d'aussi fins bretteurs que le **duc de Nevers**, rendu célèbre par le roman de Paul Féval, *Le Bossu* (1857). L'écrivain s'est inspiré d'un coup d'escrime prétendu infaillible qui remonterait au 17e s. et serait la marque de la famille des Nevers. Enchaînement de parades de tierce et de prime, **la botte de Nevers** touche la tête. Autre caractéristique, elle serait plus accessible aux ambidextres ; or, les Nevers l'auraient tous été, de père en fils...

Passé la place Mancini, prenez à gauche la rue François-Mitterrand.

Beffroi B1

Il date du 15e s. Son clocher pointu domine un vaste bâtiment qui abritait autrefois les halles et la salle du bailliage ducal.

Continuez dans la même direction. Tournez à droite vers la place Guy-Coquille, puis prenez à droite la rue du Fer vers la rue de Nièvre. Prenez-la à gauche.

Jetez un coup d'œil au no 5 de la rue Fonmorigny. Quand elle est ouverte, la porte de cet hôtel des 16e et 17e s. laisse apercevoir une charmante cour fleurie.

Hôtel des Bordes et rue Creuse B1

À la hauteur de la rue Creuse, l'hôtel des Bordes (17e s.) était, à sa construction, entre ville et campagne. La veuve de Jean Sobieski, roi de Pologne, y vint en séjour chez sa sœur. Dans la rue Creuse, remarquez le monumental siège de la Mutuelle de la Nièvre (19e s.) et la tour de guet de l'hôtel de Maumigny (15e et 16e s.). **Georges Simenon** vécut de 1923 à 1924 au no 7 de la rue Creuse. *Les Suicidés* se déroulent en partie dans ce quartier de Nevers.

Vous arrivez devant une jolie maison à pans de bois et banc d'échoppe au coin de la rue des Francs-Bourgeois. Prenez à droite.

★ Église St-Étienne B1

33 r. St-Étienne.. Cette belle église romane, qui fit autrefois partie d'un prieuré clunisien, est d'une grande pureté de style. Elle fut édifiée de 1063 à 1097 sur l'initiative de Guillaume Ier, comte de Nevers. Entouré de sa ceinture d'absidioles, le chevet *(visible de la rue du Charnier)* est très élégant. La tour de la croisée du transept, dont il ne reste que la base, fut détruite durant la Révolution, ainsi que les deux tours surmontant la sobre façade. Un porche y a laissé quelques traces. L'intérieur séduit par les tons dorés de la pierre et ses belles proportions. La nef est voûtée en berceau. Dans le chœur a été placé un autel roman. La rangée de fenêtres à la naissance du berceau est assez hardie.

Après avoir admiré les ferronneries du n° 48, revenez un peu sur vos pas pour prendre à droite la rue Mirangron : elle vous permet d'arriver à l'église St-Pierre par le jardin et de remarquer le joli décrochement de la toiture qui la jouxte.

Église St-Pierre et porte de Paris B1

Conçue pour le collège jésuite, cette église du 17e s. abrite un beau maître-autel et des fresques. Le portail monumental date de 1676.

Parachevant une perspective, la porte de Paris est un arc de triomphe. Elle fut élevée en 1746 pour commémorer la victoire de Fontenoy. Des vers de Voltaire à la louange de Louis XV y sont gravés.

Revenez sur vos pas pour prendre la rue commerçante François-Mitterrand, puis à droite la place St-Sébastien.

Hôtel Flamen-d'Assigny B1

Remarquez, au n° 1, l'un des plus beaux hôtels particuliers de Nevers (18e s.), avec une façade symétrique ornée en style rocaille.

Continuez par la rue St-Martin.

Chapelle Ste-Marie B1

C'est l'ancienne chapelle d'un monastère de visitandines. La **façade★**, chargée d'ornements dans le style baroque italien – niches, entablements, colonnes et pilastres –, est due à Jean Collignon (époque Louis XIII).

Notez sur la gauche l'**hôtel de St-Phalle** (18e s.).

Les rues St-Martin, du 14-Juillet puis de la Porte-du-Croux mènent à la porte du même nom.

★ Porte du Croux A2

Coiffée d'une haute toiture, cette belle tour-porte de défense, avec mâchicoulis et tourelles en encorbellement, est l'un des vestiges des fortifications de la ville. Elle fut élevée en 1393, lorsque l'on remania l'enceinte établie deux siècles auparavant par Pierre de Courtenay.

Musée archéologique du Nivernais – *R. de la Porte-du-Croux - ✆ 03 86 61 42 39 - www.nevers.fr - juin-oct. : jeu.-dim. 14h-18h - 2 € (-18 ans gratuit).* La porte du Croux abrite un musée lapidaire composé d'une collection de chapiteaux romans provenant de l'ancienne église St-Sauveur de Nevers, et de mosaïques, figurines et bas-reliefs exhumés lors de fouilles dans la Nièvre.

Promenade des remparts A2

De la porte du Croux jusqu'à la Loire, remarquez l'enceinte édifiée par Pierre de Courtenay au 12e s., avec les tours du Havre, St-Révérien et Goguin. L'ensemble fut reconstruit au 15e s. Prolongez par le quai des Mariniers, dégageant une **vue** sur le pont de Loire.

★ Musée de la Faïence et des Beaux-Arts A2

16 r. St-Genest - ✆ 03 86 68 44 60 - culture.nevers.fr - ♿ - merc.-dim. 12h-18h - 6 € (-25 ans gratuit) - fermé janv.

Le musée est situé au sein du quartier des faïenciers, dans l'ancienne abbaye Notre-Dame. Les collections phares témoignent des deux artisanats qui se développèrent à Nevers entre le 16e et le 18e s. : la faïence et le verre émaillé, deux techniques qui font appel aux mêmes matériaux : le sable de la Loire et le bois des environs. Quelque 340 pièces de **faïence** sont exposées selon leur usage (plats

Vitraux de la cathédrale de Nevers, par François Rouan
Christine944/Getty Images Plus/ © ADAGP, Paris 2023

d'ornement, coupes, bouteilles, aiguières) par ordre chronologique, du 16e s. à nos jours, avec des pièces emblématiques : la statue de la *Vierge à l'enfant* (dite « à la pomme »), un plat ovale à bord contourné orné d'une scène de banquet campagnard peinte en 1769, période où la polychromie atteint son apogée. À l'inverse des faïences cuites au petit ou au grand feu (four), le **verre émaillé** est travaillé à la lampe (technique dite « du chalumeau »), puis modelé à l'aide de pinces qui transforment la pâte de verre en personnages ou en objets divers. 300 pièces (la plus importante collection d'Europe) occupent une salle entière. On est saisi par ces boîtes ornées aux compositions baroques, ces saynètes (retables, grottes, fermes, scènes de théâtre...) peuplées d'innombrables figurines d'émail. Ces décorations étaient très prisées des milieux aristocratiques.
À l'étage, une collection de beaux-arts (peintures, sculptures, gravures, dessins) complète la visite. La **donation Bossuat,** du nom du donateur nivernais (1873-1948) qui vécut à Montmartre, permet au musée d'exposer quelques grands noms de l'école de Montparnasse : Modigliani, Vlaminck, Dufy, Kisling mais aussi Utrillo, Jongking, Picabia. 5
Remontez vers la cathédrale par la rue des Jacobins.

À voir aussi

PLAN P. 302

Espace Bernadette-Soubirous A1

34 r. St-Gildard - ✆ 03 86 71 99 50 - www.sainte-bernadette-soubirous-nevers.com - ♿ - 10h-12h, 14h-17h - gratuit - hôtel-restaurant (voir « Nos adresses »).
Maison mère des Sœurs de la charité de Nevers, St-Gildard abrite le Centre international de pèlerinage, le Centre international de recherche et de ressourcement pour l'humanitaire, ainsi qu'un espace muséologique dédié à l'œuvre spirituelle de Bernadette Soubirous *(voir encadré p. 306)* : un parcours spirituel à la rencontre de la sainte, à travers ses paroles et écrits et quelques objets lui ayant appartenu.

Bernadette Soubirous

Témoin, à 14 ans, d'apparitions de la Vierge Marie, Bernadette Soubirous quitta Lourdes en 1866 pour rejoindre la congrégation des Sœurs de la charité de Nevers, à St-Gildard. Elle n'était pas satisfaite de la statue de la Vierge installée à Lourdes et réalisée sur la base de ses récits. Lorsqu'elle arriva à Nevers, elle en découvrit une autre, au fond du jardin, dont elle dit : « Celle-ci ressemble un peu à la dame que j'ai vue. » Cette statue est toujours visible au même endroit. Bernadette vécut à St-Gildard jusqu'à sa mort, en 1879, et fut canonisée en 1933. Son corps, trois fois exhumé, intact, repose dans une châsse vitrée de la chapelle de l'Espace Bernadette-Soubirous.

Église Ste-Bernadette-du-Banlay B1 EN DIR.

Accès par l'av. Colbert et la r. du Banlay. - se rens. à l'office de tourisme pour la visiter.
Ce sanctuaire (1966), dû à l'urbaniste Paul Virilio et l'architecte Claude Parent, fondateur du modernisme en architecture, présente extérieurement, sous des lignes de béton obliques, la forme lourde et ramassée d'un blockhaus. Contre toute attente, la nef concave est éclairée d'une lumière diffuse qui agrandit l'espace.

À proximité

CARTE P. 298

Marzy A3

3 km à l'ouest par la D 131.
Remarquez une **église romane** du 12e s., surmontée d'un clocher à deux étages.
Env. 7 km AR. Ponctué de panneaux d'interprétation, le **sentier du Ver-Vert**, qui relie Nevers *(départ quai des Mariniers)* à Marzy, sensibilise le promeneur à l'écosystème ligérien et aux activités traditionnelles des bords de Loire. Un belvédère permet d'avoir une vue d'ensemble du bec d'Allier.

★ Bec d'Allier A3

12 km au sud-ouest de Nevers par la D 976.
3 km, 30mn. C'est ici que l'Allier vient retrouver sa fougueuse compagne la Loire. Le sentier du bec d'Allier, au lieu-dit du même nom (commune de Cuffy) permet d'aller au plus près du site préservé où se marient leurs eaux, dans un **paysage★** d'une grande diversité et en évolution permanente : forêts alluviales, îlots, grèves et bras morts, prairies, landes… Pas moins de 220 espèces d'animaux et près de 500 plantes différentes s'épanouissent ici.
Un peu en amont, à Gimouille, le sentier du passeur *(boucle de 1,5 km)* mène au **pont-canal** du Guétin (1838). Avec ses deux écluses, il permet au canal latéral à la Loire d'enjamber l'Allier.
Le centre de **Cuffy** possède une ravissante église du 12e s. Vous pouvez aussi apercevoir son château fort depuis la route en direction de Fourchambault.

Varennes-Vauzelles A3

8 km au nord de Nevers, au niveau de la sortie 32 de l'autoroute.
Cette bourgade offre un bel exemple de **cité cheminote** (ateliers de réparations ferroviaires dans le bourg) du début du 20e s.

Pougues-les-Eaux A2

11 km au nord par la D 907.
À proximité de la Loire, cette ancienne station thermale occupe un site agréable dans un vallon ombragé. Ses parcs aux futaies centenaires et la terrasse du parc de

Bellevue sur le mont Givre, d'où l'on a une **vue** étendue sur la vallée de la Loire et le Berry, constituent d'agréables lieux de promenade ou de repos. La ville offre une gamme étendue de distractions : plan d'eau, casino, piscine, tennis, etc. En 2012, elle a inauguré la première manifestation « Faites de la N 7 », renouvelée depuis tous les deux ans, qui honore la célèbre route (animations, rallye-promenade, rassemblement de voitures anciennes, etc.).

Decize B3

35 km au sud-est par la D 981.

Pl. du Champ-de-Foire - 03 86 25 27 23 - www.decize-confluence.fr.

Occupant une île rocheuse de la Loire, le bourg de Decize s'étale au pied d'une butte où se dressait jadis le château des comtes de Nevers. Il fait bon se promener sous son allée de platanes ou embarquer, comme les mariniers autrefois, sur une gabare. Au pied de la butte, les anciens remparts montrent les vestiges de tours, portes et ravelin (élément de fortification ayant un angle saillant servant à couvrir un fort ou une courtine).

Les Decizois habitent de part et d'autre de la Loire, ou encore sur l'île dessinée par les deux bras du fleuve. Le plus ancien, la **Vieille Loire**, est un bras mort qui offre la vision surprenante d'un pont chevauchant une prairie.

Église St-Aré – Le chœur du 11e s. recouvre une **crypte double** du 7e s., qui renfermait avant la Révolution le tombeau de saint Aré, évêque de Nevers. La légende raconte qu'à sa mort son corps fut, selon son vœu, placé sur une barque qui remonta seule la Loire et vint s'échouer à Decize. C'est l'une des très rares cryptes mérovingiennes conservées en France. Elle abrite une Vierge du 16e s., Notre-Dame de Sous Terre. Dans l'église même, remarquez les bénitiers en bronze datant du 15e s. et le reliquaire de saint Aré.

Redescendez vers la Vieille Loire en passant devant l'ancien couvent des Minimes. Longez le bras de rivière.

Promenade des Halles – Cette superbe allée longue de plus de 900 m est ombragée de platanes dont certains atteignent 55 m de hauteur ; les premiers ont été plantés en 1771. Les arbres, arrivés en fin de vie, seront progressivement remplacés.

La Machine B3

38 km au sud-est par la D 981 puis la D 34 à gauche après St-Léger-des-Vignes.

Connu depuis la haute Antiquité pour ses affleurements de charbon, le gisement houiller de la région fut exploité industriellement sous l'impulsion de Colbert, qui vanta auprès du roi l'excellente qualité du charbon nivernais pour fournir les forges des arsenaux militaires. En 1670, une machine d'extraction d'origine liégeoise – un manège en bois tiré par un cheval – fut installée sur le site, donnant

Decize, terre natale de hérauts

St-Just (1767-1794) fut membre du Comité de salut public en 1793. Celui qu'on appelait « l'archange de la Terreur » est l'auteur du fameux : « On ne peut point régner innocemment » lors du jugement de Louis XVI, et du prémonitoire : « Le bonheur est une idée neuve en Europe. » St-Just fut guillotiné le 10 thermidor an II (28 juillet 1794).

Maurice Genevoix (1890-1980) dépeignit avec lucidité les ravages de la guerre dans *Ceux de 14*, avant de recevoir le prix Goncourt en 1925 pour son roman *Raboliot*. La suite de son œuvre célèbre la plénitude de la nature et la force animale. Il fut élu à l'Académie française en 1946 et est entré au Panthéon le 11 novembre 2020.

son nom à la ville. La mine fut achetée par la compagnie Schneider du Creusot en 1864 et nationalisée en 1946. La concurrence de l'étranger et des autres sources d'énergie conduisirent à sa fermeture en 1974.
Musée de la Mine – *1 av. de la République - ✆ 03 86 50 91 08 - www.ccsn.fr - visite guidée (1h30) de mi-juin à mi-sept. : 14h-19h ; de déb. mars à mi-juin et de mi-sept. à fin oct. : dim. 14h-18h - 8 € (6-18 ans 4 €) - le billet inclut la visite du Musée de la Mine et la visite guidée du Puits des Glénons.* Installé dans les bâtiments de l'ancienne direction des houillères depuis 1983, ce musée évoque l'histoire du site, le travail et la vie quotidienne au fond de la mine, ainsi que les aspects sociaux liés au quotidien d'une ville minière. Le musée organise chaque année une exposition temporaire liée au patrimoine industriel.

Pays d'entre Loire et Allier

CARTE P. 298

Circuit de 82 km tracé en vert sur la carte.
Dans la dernière partie de son cours, l'Allier, épanoui mais vif encore, trace jusqu'à la Loire une voie presque directe. Ce pays verdoyant et bocager, avec au sud la forêt du Perray, est donc isolé. Les bourgs sont rares ; de belles demeures se cachent au milieu de vastes domaines où se pratique l'élevage des bœufs charolais. Leur calme est seulement troublé par le trafic de la N 7, et certains jours... par des Grands Prix !

Circuit de Nevers - Magny-Cours A3

Technopole - ✆ 03 86 21 80 00 - www.circuitmagnycours.com - ♿ - visite uniquement pour les groupes - rens. sur les compétitions sportives sur le site Internet.
Inauguré en 1961 (on l'appelait alors le circuit Jean-Behra), ce célèbre circuit auto-moto est le théâtre de prestigieuses compétitions : le Grand Prix de France de Formule 1 de 1991 à 2008, et aujourd'hui, le Grand Prix de France Historique et les 12 heures de Nevers Magny-Cours. Son immense enceinte peut accueillir quelque 110 000 spectateurs. La **piste Grand Prix** mesure 4 411 m. Le complexe comprend aussi la piste Club (initiation au pilotage F3 et F1 et essais techniques) et une piste de karting. Autour du circuit s'est développé, sur 25 ha, un **pôle de performance** dédié aux sports mécaniques.
Empruntez la D 58 au sud-est.

St-Parize-le-Châtel A3

Tout près du circuit, ce riant village était déjà florissant à l'époque gallo-romaine grâce à ses sources d'eau gazeuse, naguère exploitées à l'est de la localité. Son église construite sur une terrasse dominant le paysage est surtout remarquable pour sa **crypte** aux magnifiques chapiteaux historiés du 12e s.
Il abrite aussi le **Mémorial de la présence américaine en Nièvre 1917-1919**. Ce château d'eau a été construit en 1918 pour alimenter en eau l'hôpital militaire américain, qui occupait 330 ha afin de soigner 38 000 patients. Deux parcours de mémoire (6 et 12 km) agrémentés de textes et de photos d'archives nous replongent dans la Première Guerre mondiale.
Château de Villars – *À 5 km à l'ouest de St-Parize via la D 133 - ✆ 03 86 37 21 25 ou 06 80 90 43 60 - chateaudevillars.fr - visites sur RV, tél. avant de venir.* Repérable depuis l'autoroute à ses six tours et à la longue allée de platanes qui le précède, ce remarquable château médiéval a été construit au 14e s. Propriété de la même famille depuis plus de quatre siècles, l'édifice classé est restauré progressivement. L'association la Guilde de Villars y organise des visites originales : vous apprendrez en particulier que ces terres furent le berceau de la race charolaise !
Suivez la D 133 à l'ouest sur 8,5 km.

La Loire en Bourgogne

La Loire nivernaise

À l'époque de Jules César, la Loire s'appelait *Liger*. Son nom viendrait de la racine gauloise *lig*, signifiant « boue ». De Digoin à Briare, la Loire coule vers le nord-ouest sur 150 km, dans des plaines rattachées au Bassin parisien. Elle n'y a pas l'ampleur et la majesté qu'on lui connaît en aval d'Orléans ; pourtant, tantôt nonchalante et tantôt fougueuse, elle est déjà très attachante par sa physionomie, son tracé, ses îles boisées et les paysages qu'elle traverse. Son débit varie de 30 à 40 m^3/s en été à 7 000 voire 8 000 m^3 en période de grandes **crues**. Les caprices du fleuve ne datent pas d'hier. Dans des temps reculés, il aurait peut-être coulé jusqu'à la Seine, dans la dépression qu'occupe aujourd'hui le canal de Briare.

En été, la Loire n'est qu'un maigre cours d'eau qui se fraie péniblement un chemin entre d'immenses bancs de sable d'un blond doré sur lesquels des buissons de saules forment, çà et là, des taches vertes. Mais d'octobre à juin, elle recouvre complètement son lit, charriant une nappe d'eau grisâtre.

La navigation sur la Loire

Le plus irrégulier des fleuves de France a connu, autrefois, une intense activité de **batellerie**. Au temps où les routes étaient rares et mauvaises, la voie d'eau était un chemin très fréquenté. Au Moyen Âge, une puissante confrérie levait des droits sur toutes les marchandises transportées sur la Loire et ses affluents et imposait de nombreux péages.

De Roanne à Orléans vivait tout un peuple de mariniers, transportant sur des chalands, des allèges, des sentines – dont quelques-unes étaient « vergées », c'est-à-dire dotées d'un mât supportant la voilure –, les marchandises les plus diverses : produits agricoles du Charolais et du Morvan, faïences de Nevers, bois et charbon du Forez. La circulation était surtout intense à la descente, où l'on parcourait une trentaine de kilomètres par jour. La remontée étant très pénible à cause du courant, les mariniers préféraient le plus souvent démolir leurs bateaux, en vendre les planches, et revenir à pied à leur point de départ !

Les voyageurs aussi empruntaient volontiers ce mode de locomotion. La conversation des mariniers était cependant réputée pour ne pas convenir aux oreilles chastes.

À la veille de la Révolution, un service pour passagers était organisé sur les trois sections Roanne-Nevers, Nevers-Orléans et Orléans-Nantes. Au 19e s., la navigation à vapeur donna un nouvel essor au trafic fluvial. Des services réguliers entre Roanne, Nevers et Orléans étaient assurés par plusieurs compagnies. Mais, très vite, l'extension du chemin de fer allait porter un coup fatal à la batellerie. En 1862, la dernière compagnie cessa son trafic.

Quelques chapelles dédiées à **saint Nicolas**, le patron des mariniers, existent encore, comme à Nevers, parfois en partie démolies, à La Charité-sur-Loire. Certaines églises des bords de Loire conservent, suspendus à la voûte, de beaux vaisseaux de bois, fidèles reproductions des navires à voiles du 17e s. ; ces bateaux étaient portés solennellement au cours des processions en l'honneur de saint Nicolas.

Mars-sur-Allier A3

La petite **église** romane de Mars était au 12e s. un prieuré dépendant de Cluny. Trônant sur une petite place, elle offre un plan rectangulaire très simple. Le tympan du portail figure le Christ en gloire entouré des symboles des quatre évangélistes et de plusieurs apôtres.

9 km, 2h30. Le sentier des cigognes permet d'observer le fameux échassier qui y niche de mars à juillet. La grue cendrée prend ensuite la relève de novembre à mars. Jumelles recommandées !

Retournez sur la D 133 puis prenez à droite la D 108 sur 10 km.

St-Pierre-le-Moûtier A3

Cet ancien siège d'un bailliage royal est un bourg commerçant, aux tranquilles petites places. On y trouve les traces des remparts qui fortifiaient la ville au 15e s. et de jolies maisons anciennes.

Église – Elle appartenait à un prieuré bénédictin lié à St-Martin d'Autun. Sa masse carrée et solide est aujourd'hui isolée sur la place du marché. Le tympan du portail nord, dégradé, représente le Christ et les évangélistes avec leurs symboles, entourés d'anges dans les voussures. Certains chapiteaux de la nef sont ornés de scènes pittoresques. Notez un gisant du 14e s. Sur la place, l'entrée du presbytère est marquée par une porte gothique au décor flamboyant.

Huilerie Réveillée – *2 r. Lieutenant Paul-Theurier - ✆ 06 11 94 96 95 - jeu. 9h-12h - gratuit.* Située dans un immeuble de caractère, cette ancienne huilerie, fondée en 1867, a été remise en état de fonctionnement par l'association éponyme. Démonstration du fonctionnement des machines et découverte du processus de transformation.

Gagnez Chantenay-St-Imbert, 9 km au sud par la N 7, et bifurquez ensuite sur la D 522 vers l'est.

Forêt du Perray A3

Plusieurs étangs viennent égayer ses 2 200 ha. Au centre, le Rond-du-Perray est une vaste clairière d'où partent en étoile de profondes allées. La forêt de Chabet prolonge le massif du Perray vers l'ouest.

Traversez la forêt. Après Les Raguet, prenez à gauche la D 13 et gagnez Luthenay-Uxeloup à 10 km au nord.

Dès la sortie est de Luthenay-Uxeloup, la silhouette du **château de Rosemont** (13e s.), l'un des repaires de Perrinet-Gressard *(voir encadré p. 315)*, se détache sur l'autre versant de la vallée.

Descendez vers la Loire par la D 13 et gagnez Chevenon à 9,5 km au nord.

Chevenon

En bordure des coteaux qui commandent la vallée, le **château** *(ne se visite pas)*, ancien logis seigneurial étroitement resserré entre ses fortes tours rondes, était autrefois entouré de fossés. Il fut édifié au 14e s. par Guillaume de Chevenon, « capitaine des châteaux et tours de Vincennes » sous Charles V. Aujourd'hui encore, une impression de puissance se dégage de la haute construction, dont la coloration rose adoucit la sévérité.

La **chapelle St-Étienne de Jaugenay** (12e s.), de style roman, présente une abside en cul-de-four et une coupole d'inspiration byzantine. Remarquez le plafond en bois.

Retournez à Nevers par la D 13.

La route longe le canal latéral à la Loire dont les eaux calmes reflètent un paysage apaisant ; mais le fleuve, caché par une large bande alluviale, reste invisible.

Carnet pratique

S'informer

Office de tourisme – *R. Sabatier - Nevers - ✆ 03 86 68 46 00 - www. nevers-tourisme.com.*

Promenade-découverte – Deux itinéraires bleus, peints sur les trottoirs de la ville, vous permettront de découvrir les principales curiosités patrimoniales de Nevers. Le premier relie le palais ducal à l'église St-Étienne ; le second vous fait parcourir le quartier des faïenciers.

Se garer

Parking gratuit partout dans la ville : zone bleue (2h, il faut avoir un disque), places balisées en blanc, gratuit sans limite de temps. Une navette gratuite parcourt le centre-ville *(tlj sf dim.)*.

Nos adresses

Restauration

PLAN P. 302

Budget moyen

2 **Tomate et Chocolat** – A2 - *1 bis av. du Gén.-de-Gaulle - ✆ 03 86 69 05 63 - fermé dim., lun. et merc. soir - formules déj. 19/23 €, menus 28/35 €.* Depuis la cuisine ouverte sur une salle aux pierres apparentes, le chef Christophe Nedellec prépare une cuisine de marché qui s'exprime dans de belles assiettes. Attention particulière aux légumes (de saison, bien sûr), mais les desserts ne sont pas en reste.

Café de la Marine – HORS PLAN - *10 quai de la Jonction - ✆ 03 86 37 58 61 - fermé lun. - plats 12,50/18,50 € - menu déj. 14,80 € - menus 16,50/28,50 €.* Bistrot situé sur le port de plaisance de la Jonction, sur le canal latéral à la Loire. Un endroit réputé pour sa friture fraîche de Loire, son bavarois de chèvre et son rösti morvandiau (hiver). Une adresse à découvrir les jours de beau temps pour profiter de la terrasse.

Pour se faire plaisir

7 **Jean-Michel Couron** – B1 - *21 r. St-Étienne - ✆ 03 86 61 19 28 - www.jm-couron.com - fermé du dim. soir au mar. - menu déj. 25,50 €, menus 39/61 €.* L'une des trois minuscules salles à manger est aménagée sous les voûtes (14e s.) de l'ancien cloître de l'église St-Étienne. Belle cuisine inventive.

À proximité

Budget moyen

La Gabare – *171 rte de Lyon - Challuy - 3 km au sud de Nevers - ✆ 03 86 37 54 23 - www. restaurant-challuy.fr - P ♿ - fermé dim. et merc. - menu déj. 22 €, menus 28/34 €.* Cette vieille ferme joliment restaurée abrite deux salles rustiques : poutres apparentes et grande cheminée. Terrasse fleurie aux beaux jours. Tradition basée sur le poisson.

Le Bengy – *25 rte de Paris - Varennes-Vauzelles - 4,5 km au nord de Nevers - ✆ 03 86 38 02 84 - www.le-bengy-restaurant. com - fermé, dim. et lun. - menus déj. 17/19 €, menus 20/34 €.* Tons chocolat et beige, lignes contemporaines, cuir, fer forgé et plantes vertes composent l'ambiance japonisante de ce restaurant, qui affiche souvent complet. Cuisine au goût du jour.

Auberge de l'Écluse – *12 levée de la Loire - Cours-les-Barres - Givry - 13 km à l'ouest de Nevers - ✆ 03 86 90 97 28 - www.auberge-ecluse.com - fermé lun.-mar. - menu*

5

déj. 18 €, menus 28/42 €. Terrasse avec vue sur la Loire et cuisine régionale.

Pour se faire plaisir

Moulin de l'Étang – *64 rte de l'Étang - Sauvigny-les-Bois - 9,5 km à l'est de Nevers - ✆ 03 86 37 10 17 - www.moulin-de-letang.com - P - fermé dim. soir, lun., mar. soir et merc. soir - menu 39 €.* Aux portes du village de Sauvigny-les-Bois et près de l'étang environné de bois, l'ancienne laiterie abrite une salle à manger d'esprit moderne. Le chef François Martin travaille de bons produits frais pour une cuisine traditionnelle, comme cette fricassée d'escargots au pistou.

Shopping

Marché Carnot – *Halle Carnot : mar.-vend. 7h-12h30, 15h-19h, sam. 6h30-13h.* Beau marché de producteurs locaux.

À la tentation – *24 r. de Nièvre - ✆ 03 86 61 09 28 - www.a-la-tentation.com - fermé dim. apr.-midi et lun.* Excellente sélection de pâtisseries, chocolats et autres spécialités sucrées.

Fayencerie d'art de Nevers – *1 r. Sabatier (Palais Ducal) et 88 bis av. Colbert (atelier-boutique) - ✆ 03 86 36 51 71 ou 03 86 61 19 25 - www.fayencerie-dart-de-nevers.com - fermé dim.-lun. (r. Sabatier : tlj mai-sept.).* Une faïencerie familiale de père en fils. Claire, qui en a repris les rênes, entend se tourner vers un art plus fonctionnel, un peu plus éloigné des éternelles bonbonnières ou pots à pharmacie.

À Decize

Marché de Decize – *Vend. 8h-12h et foire 3e mar. du mois.*

Marché de producteurs locaux (Marché Artisan'halles) – *un dim./mois, pl. Guy-Coquille ou aux halles (selon la saison) toute la journée.*

Activités

Zebulle Parc – *Chevenon - ✆ 03 86 37 21 25 - ouv. tte l'année en accès libre, jeux d'eau juin-sept. 10h-20h, baignade surveillée juil.-août 13h-18h.* Inspiré par la thématique des insectes, ce parc propose des jeux originaux pour petits et grands. Baignade surveillée en saison, pêche, randonnée pédestre ou en vélo. Snack et tables de pique-nique.

Location de Vélo du Sud-Nivernais Decize – *✆ 06 73 98 47 81 - www.locationvelosdecize.fr - pour 1 jour : VTC 15 €, VAE 25 €, Tandem 30 €, enf. 8 €, sacoche 6 €.*

Canoë Raid Aventure – *✆ 07 71 06 90 34 - www.canoeraidaventure.fr - de mi-avr. à fin sept. : sur réserv. - 2 formules : de 15h à 17h - 30 € (-12 ans 17 €), de 18h30 à 21h30, avec pause gourmande : 40 € (-12 ans 17 €).* Balade nature sur la Loire en pirogue motorisée.

Bateau Promenade Le Latéral – *Halte nautique - Le Guétin - Cuffy - ✆ 06 65 96 28 25- départ à 15h30 - avr.-oct. : w.-end et j. fériés ; juil.-août : tlj - 9 € (enf. 6 €).* Croisière découverte (1h30) de Cuffy à Gimouille avec passage du pont-canal.

Hébergement

PLAN P. 302

Premier prix

9 **Espace Bernadette Soubirous** – A1 - *34 r. St-Gildard - ✆ 03 86 71 99 50 - www.sainte-bernadette-soubirous-nevers.com - P ♿ - 100 ch. 76/94 € ☕ - ✕ menu du jour 15 €.* En plein centre-ville, un hébergement situé dans le cadre apaisant d'un parc de 4 ha. Chambres un peu spartiates mais lumineuses et très bien entretenues avec point d'eau. Certaines disposent d'une douche particulière. Cuisine simple mais consciencieusement préparée.

Budget moyen

2 Chambre d'hôte Côté Parc-Côté Jardin – A1 - *24 r. Jeanne-d'Arc - ✆ 09 83 44 94 15/06 59 03 29 83 - www.chambresdhotes-nevers.com - P - 4 ch. et 1 suite 106/111 €.* Juste derrière le parc Salengro, à deux pas du centre-ville, se cache une belle demeure de 1936. Entre parc et jardin, 4 magnifiques chambres confortables et cossues ainsi qu'une belle suite. Un lieu idéal pour se sentir à la campagne au cœur de Nevers.

6 Hôtel de la Chasseigne – B1 - *5 r. de Fonmorigny - ✆ 03 86 36 61 69 - ✆ 06 85 74 03 35 - www.lachasseigne.canalblog.com - P - 3 ch. 90 €* . Au cœur du vieux Nevers, cet hôtel particulier abrite des chambres amples et confortables, avec des aménagements modernes et une touche presque japonisante par son raffinement sans ostentation. Jardin luxuriant. Une adresse remarquable.

4 Best Western Hôtel de Diane – A2 - *38 r. du Midi - ✆ 03 86 57 28 10 - P 10 € - - 29 ch. 77/110 € - 13,50 € - menu déj. 17 €, menus 24/30 €.* Cette demeure ancienne, proche de la gare, abrite de grandes chambres, rajeunies et meublées avec soin. Quelques problèmes d'insonorisation encore pour certaines. La salle du petit-déjeuner occupe une tour du 14e s. Au restaurant, cuisine classique et cadre empreint de fraîcheur et de sobriété.

À proximité

Premier prix

Chambre d'hôte Domaine de Trangy – *8 rte de Trangy - St-Éloi - 5,5 km à l'est de Nevers - ✆ 03 86 37 11 27 - www.chambrestrangy.com - P - 4 ch. 68 € - menu 31 € sur réserv.* Au cœur du Val de Loire bourguignon, cette belle maison du 18e s. abrite quatre charmantes chambres d'hôte au cachet rustique. Agréable jardin aux arbres centenaires.

Maison d'hôte du Bec d'Allier – *3 r. du Panorama - Marzy - 8 km à l'ouest de Nevers - ✆ 03 86 57 98 76/07 87 57 71 08 - www.instant-nature.org - 2 ch. 70 €* . Christophe Page est guide naturaliste : c'est peut-être l'occasion d'allier séjour et découverte... Après une nuit dans l'une des 2 chambres bien douillettes, pourquoi ne pas l'accompagner en bateau sur la Loire, afin de découvrir les castors et autres animaux sauvages ? Une excellente adresse.

Cité monastique de La Charité-sur-Loire

★★

Entourée de vignobles et de forêts, La Charité-sur-Loire est une ville où il fait bon vivre. Son passé prestigieux, son dynamisme culturel et son environnement naturel sont appréciés des visiteurs. Le cœur de la ville se concentre autour de son prieuré clunisien qui, grâce à des restaurations audacieuses, transforme progressivement son centre historique en levier patrimonial et artistique. Ce colossal chantier de restauration est toujours en cours, mais nul doute que cette mise en lumière, intelligente et sensible, saura faire de La Charité-sur-Loire un lieu de convergence inévitable pour les plus curieux des voyageurs.

Canoë sur la Loire, avec vue sur la ville.
Ch. Goupi/age fotostock

Se repérer

CARTE P. 298 (A2) PLAN DE L'ÉGLISE P. 316.
4 742 Charitois – Nièvre (58)
À 26 km au sud de Cosne-Cours-sur-Loire et à 25,5 km au nord de Nevers.

À ne pas manquer

Le prieuré et la salle capitulaire. La belle vue depuis les remparts.

En famille

La réserve naturelle du Val de Loire et le Pavillon du milieu de Loire, tous deux à Pouilly-sur-Loire.

Carnet pratique p. 321

Nos adresses p. 321

La pucelle et le brigand

Fortifiée au 12e s., la ville, « poste considérable à cause du passage de la Loire », est l'enjeu de luttes entre les Armagnacs et les Bourguignons au cours de la guerre de Cent Ans. Occupée par les premiers, partisans de Charles VII, la ville est prise en 1423 par **Perrinet-Gressard**, aventurier payé à la fois par le duc de Bourgogne et par les Anglais. En novembre 1429, **Jeanne d'Arc**, venant de St-Pierre-le-Moûtier, met le siège devant La Charité. Mais l'insuffisance des troupes, les rigueurs du froid et peut-être une « merveilleuse finesse », jamais élucidée, de Perrinet-Gressard l'obligent à lever le siège. Perrinet-Gressard ne rendra la ville à Charles VII qu'après 1435 et la signature de la paix d'Arras entre Armagnacs et Bourguignons, moyennant une forte rançon et la charge à vie de capitaine de La Charité. La cité fera à nouveau l'objet de plusieurs changements de main, cette fois entre les catholiques et les protestants (1559-1577). En 1570, elle fait partie des quatre places de sûreté des huguenots en France.

★★ La cité monastique

PLAN P. 316

Le prieuré, fondé au 11e s., attirait voyageurs, pèlerins et pauvres. Connaissant l'hospitalité des moines, beaucoup venaient solliciter la « charité des bons pères ». « Aller à la charité » passa dans le langage courant et le nom fut attribué à la localité. Les armes de la ville, trois bourses d'or ouvertes sur champ d'azur, rappellent la prodigalité des religieux.

Place Ste-Croix

C'est ici que l'imbrication de la ville et du prieuré est la plus manifeste : cette place se situe en fait à l'intérieur de l'ancienne église prieurale détruite en 1559. En effet, le 31 juillet 1559, un grand incendie ravage six travées de Notre-Dame, le clocher, la chapelle axiale, la nef de St-Laurent, le dortoir, le cloître, les logis des officiers, la cuisine, le chauffoir et de nombreuses maisons en ville.

Le prieuré était « flambant neuf » aux deux sens du terme : vingt ans auparavant, le prieur Jean de La Madeleine de Ragny avait financé sa remise en état. Levez la tête pour apercevoir les arcatures sous lesquelles ont été encastrées des habitations au 19e s., après la vente des biens nationaux.

★★ Église prieurale Notre-Dame

Le pape Pascal II consacra l'église en 1107. La Charité resta toujours dépendante de sa maison mère, Cluny, mais engendra 400 nouvelles fondations. Malgré ses blessures, l'édifice reste l'un des plus dignes représentants de l'architecture romane en Bourgogne. Avec ses cinq nefs, 122 m de longueur, 37 m de largeur et 27 m de hauteur sous la coupole, elle était, après celle de Cluny, la plus grande église de France et pouvait contenir 5000 personnes. Elle faisait partie des cinq privilégiées honorées du titre de « fille aînée de Cluny » et ne possédait pas moins d'une cinquantaine de « filiales », jusqu'à Constantinople. Lorsque Cluny décida cette nouvelle fondation, c'est à dessein qu'elle la préféra monumentale. Bien implantée sur les routes des pèlerinages, plus au sud, elle posa un bastion en terre vierge, dans le diocèse d'Auxerre. Cet ancrage lui permit de rayonner et d'essaimer dans la partie nord de la France. Depuis 1998, elle est inscrite au Patrimoine mondial de l'Unesco et constitue une étape majeure sur les chemins de St-Jacques-de-Compostelle.

Extérieur – Isolée du reste de l'édifice par l'incendie de 1559, qui ravagea une bonne partie de la ville, la façade se dresse place des Pêcheurs. L'ample **tour Ste-Croix** a été édifiée au 12e s. De plan carré, à deux étages de fenêtres, elle est surmontée d'une flèche couverte d'ardoise remplaçant l'originale en pierre. Elle est décorée d'arcatures aveugles et de motifs sculptés figurant des rosaces. Les deux portes sont murées; l'une d'elles conserve son **tympan**, avec une rare scène de la Nativité où Marie est représentée couchée, et avec au-dessus d'elle l'Enfant Jésus réchauffé par l'âne et le bœuf. Une seconde tour aurait dû encadrer le portail central, mais elle ne fut probablement jamais construite.

Intérieur – L'église actuelle occupe les quatre premières travées de la nef originelle, le transept et le chœur. De l'entrée, notez la taille de l'église et la surélévation du sol, visible au pied du pilier et due à l'accumulation de remblais; il est probable que l'église ait, dès l'origine, disposé de plusieurs niveaux. Si la nef a perdu son intérêt suite à la restauration de 1695, le transept constitue avec le chœur un magnifique ensemble roman. La croisée est surmontée d'une coupole octogonale sur trompes; les croisillons comptent trois travées et deux absidioles remontant au 11e s., c'est la partie la plus ancienne de l'édifice. Un **bestiaire** à huit motifs souligne le faux triforium dont les arcatures, d'inspiration arabe, sont supportées par des pilastres ornementés. Les vitraux modernes sont l'œuvre de Max Ingrand. Juste avant de quitter l'église par le croisillon droit, remarquez le **tympan de la Transfiguration★** à droite de la porte. Notez le mouvement des prophètes Moïse et Élie qui encadrent le Christ : ils semblent danser, les courbes de leur corps épousant celles du tympan. En dessous, voyez l'adoration des Mages et la présentation au Temple. Décors et frises sont admirablement soignés. **Mérimée** rapporte que les tympans étaient à leur place, mais insérés dans des échoppes de serruriers, appuyées sur le mur de l'église. Celui de la Transfiguration donnait dans une chambre à louer. Un locataire, furieux de cohabiter avec des punaises, se vengea en brisant la tête de l'Enfant Jésus présenté au Temple. Cela arriva

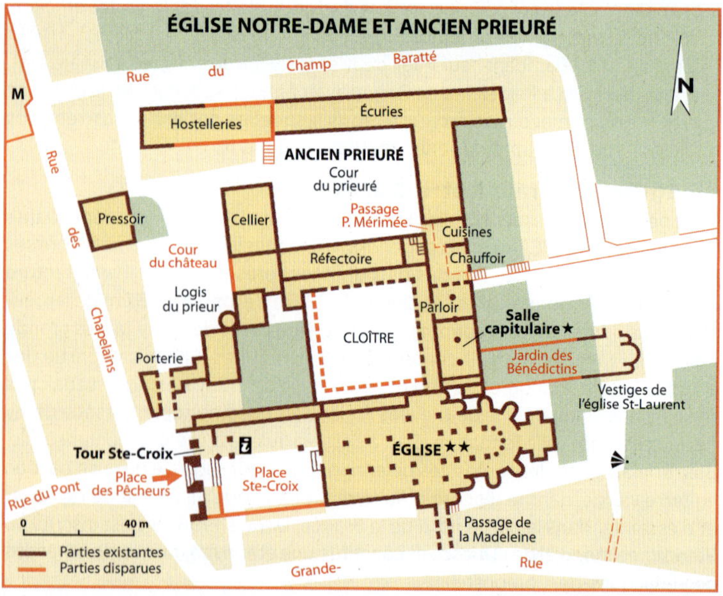

Patrimoine et création, un dialogue subtil

« Dans quelles conditions le patrimoine peut-il engager la création ? », interroge Luc Jolivel, homme-orchestre de ce chantier gigantesque. Une première réponse est apportée par **Christopher Wool** (né à Chicago en 1955). Cet artiste, chantre d'un certain renouveau de la peinture abstraite, griffonne avec des lignes de plomb. Ses **vitraux**, de belles épures sur un verre transparent soufflé à la bouche, puis cuit avec cette texture de grain opalescent, ornent désormais les deux baies de la salle Mérimée et les trois baies de la salle capitulaire. Observez bien (les portes, l'éclairage...), le moindre détail a été minutieusement travaillé.

peu avant le passage de Mérimée, qui demanda le transfert des tympans dans l'église. Seul celui de la Transfiguration fut déplacé...
★ **Vue sur le chevet** – Le passage de la Madeleine (16e s.), voûté d'ogives, permet de rejoindre le **jardin des Bénédictins**, d'où l'on découvre le bel ensemble formé par le chevet, le transept et la tour octogonale de l'église prieurale. Ici, des fouilles ont mis au jour une deuxième église du prieuré, l'**église St-Laurent**. Contemporaine de Notre-Dame, elle était vraisemblablement consacrée à une importante fonction clunisienne : le culte des défunts. Des concerts sont aujourd'hui donnés dans ce bel écrin.
Faites le tour du jardin. Empruntez le passage Prosper-Mérimée afin de rejoindre les cours du monastère ou la salle capitulaire et le cloître.
★ **La salle capitulaire (13e-14e s.)** – *Horaires d'ouverture variables, se rens.* Une incroyable campagne de **restauration** a redonné vie et unité à ce vaste ensemble (250 m de côté), qui a gardé de très beaux éléments : la salle capitulaire et la salle Mérimée, attenante, font partie des salles reconstruites à l'époque gothique. Les sols ont été déposés, une partie des voûtes a été reprise, le chapiteau complété...
Le **cloître**, reconstruit au 18e s. sur le cloître gothique, desservait la salle du chapitre, l'église Notre-Dame et le réfectoire.
Un **magnifique escalier en fer forgé** permettait d'accéder aux dortoirs à l'étage. Au rez-de-chaussée, réfectoire, cuisine, salle de réception et salon de compagnie du prieur...

Cour du château

Sur la gauche, on reconnaît, au fond de la cour, la tour du Logis du prieur (16e s.) avec sa jolie tourelle à sept pans, et le cellier (13e s.) qui accueille aujourd'hui des manifestations culturelles. Entre les deux, un bâtiment néogothique du 19e s. laisse voir, à sa droite et en hauteur, le montant du portail monumental par lequel s'achevait le cloître du 17e s., à quelques mètres de là. Retournez-vous pour voir, au no 19, les anciennes hostelleries, remaniées au 18e s.
Longez les hostelleries.

5

La cité historique

Les remparts

Leur origine remonte à 1181. Ils ménagent de jolies **vues★** sur l'église, la Loire et la vieille ville.
Descendez par le parc Adam. Remarquez dans la rue des Chapelains, aux nos 16 et 29, les vestiges d'un pressoir du 16e s. et d'un hôtel-Dieu qui ne fonctionna que quelques années.

Les côtes de la Charité

Ce vignoble de 45 ha se concentre sur les communes de l'arrière-pays charitois : Nannay, Chasnay, St-Lay, Mauvrin, Murlin, La Celle-sur-Nièvre et, plus à l'ouest, Raveau et Chaulgnes. Ses sols, de calcaire et de marne du Jurassique moyen, sont idéaux pour le pinot noir et le chardonnay, base de l'encépagement des vins blancs (70 % de la production) et rouges qui sont produits ici. Depuis 2011, le vignoble est devenu une Indication géographique protégée (IGP).
www.cotes-de-la-charite.com et www.vins-centre-loire.com

Le quartier des pêcheurs

Il en reste peu de chose : des ruelles étroites et, rue Basse-de-Loire, le « guichet », sous le quai Foch, témoin du lien vital entre ce quartier et le fleuve.
Empruntez l'escalier le long du guichet et prenez les quais à gauche.
Admirez les maisons symétriques du 18e s. qui encadrent l'arrivée sur la ville, au commencement de la rue du Pont. Quai Clemenceau, remarquez, entre les nos 3 et 5, la maison du Grenier à sel (16e s.) et, au no 17, la porte des Mariniers (17e s.).
Remontez par l'étroite rue du Grenier-à-Sel.

Le quartier des commerçants

Sur la place des Pêcheurs, à droite de l'ancien portail de l'église, la maison de la Revenderie (13e s.) était le lieu où le prieuré vendait ses productions. On reconnaît au rez-de-chaussée, comme dans la maison du Sabotier (15e s.) à sa gauche, un linteau en demi-cercle typique : il abrite la porte, la fenêtre et le banc d'échoppe. Ces façades, fréquentes, manifestent l'activité du quartier au Moyen Âge.

Le quartier bourgeois

C'est l'élévation plus importante des immeubles, récents ou très transformés, qui signale le prestige de la Grande-Rue. Remarquez la porte de la Madeleine (16e s.) entre les nos 23 et 25. Prenez du recul devant l'hôtel de ville pour admirer de chaque côté deux styles opposés du 19e s., l'un bourgeois, l'autre commerçant. Redescendez par la rue des Ourbes et ses vestiges de maisons du 16e s.

Le quartier des guêtrots

C'est surtout l'uniformité de l'ensemble qui pousse à faire un tour, à pied ou en voiture, dans le quartier des rues Ste-Anne, St-Jacques et des Halles. Ces petites maisons des 18e et 19e s. sont celles des vignerons (qui portaient des guêtres). Jusqu'à l'arrivée, tardive ici, du phylloxéra, la ville était cernée de vignes, ce qui explique l'absence quasi totale de faubourgs.

L'île du faubourg

On y accède par le **pont de pierre**, long de 200 m et formé de 10 arches. Construit en 1520, c'est l'un des plus vieux ouvrages encore en circulation sur la Loire. En son centre, se trouve une pyramide qui aidait les mariniers à repérer l'arche permettant le passage des bateaux. Une passerelle métallique piétonnière a été accolée au pont en 2017. Sur l'île s'est développé un quartier à part, entre les deux bras du fleuve. Depuis la passerelle et les quais, jolies vues sur la cité historique et la Loire.

À proximité

CARTE P. 298

Pouilly-sur-Loire A2

14 km au nord de La Charité par la N 7.

Cette localité est réputée pour ses vins, des blancs au goût de terroir très caractéristique *(voir encadré p. 321)*.

Tour du Pouilly-Fumé – *30 r. Waldeck-Rousseau - ✆ 03 86 24 04 70 - www.pouilly-fume.com - juil.-août : 10h-13h, 14h-19h ; avr.-juin et sept.-oct. : tlj sf lun. 10h-13h, 14h30-18h30 ; fév.-mars et nov.-déc. : tlj sf lun. 14h-18h - fermé de mi-déc. à mi-fév. - 7 € (12-17 ans 5 €).* Situé au cœur du village, ce centre œnotouristique – qui héberge aussi l'office de tourisme (mêmes horaires) – propose une visite animée par une belle scénographie sensorielle : la « mise en nez » a lieu dans la cave aux arômes, puis une dégustation commentée de 4 vins vient enrichir nos papilles. La boutique présente les vins d'une soixantaine de vignerons partenaires.

Pavillon du Milieu de Loire – *17 quai Jules-Pabiot - ✆ 03 86 39 54 54 - ✆ 06 14 77 41 28 - ♿ - juil.-août : 14h-18h ; mai-juin et de sept. à mi-oct. : w.-end 14h-17h30, reste de l'année : 14h-17h30 ; fermé nov.-mars - gratuit.* Ce centre d'éducation à l'environnement, en bord de Loire, présente l'écosystème du fleuve et de ses abords ainsi que des expositions sur la nature. Nombreuses animations tout au long de l'année : journée nature pour les enfants, descentes de Loire commentées, sorties et ateliers nature, etc.

Belvédère de St-Andelain – Niché dans un ancien château d'eau, il permet de jouir d'une belle vue panoramique sur le vignoble de Pouilly.

Réserve naturelle du Val de Loire – *44 r. du Puits-Charles - La Charité-sur-Loire - ✆ 03 86 60 78 25 - www.reserves-naturelles.org - visites libres (3 sentiers de découverte de 3,5 à 6,5 km) ou guidées thématiques avr.-sept.* Couvrant un tronçon de Loire entre Pouilly et La Charité, elle abrite quelques familles de **castors** et de nombreux **oiseaux migrateurs**, tels que le petit gravelot ou la sterne naine (du printemps à l'automne) et diverses espèces de canards (l'hiver). Vous pouvez les observer en vous promenant en canoë ou à pied dans la réserve naturelle.

Sur la rive gauche court un chemin de 10 km entre les lieux-dits Passy, au nord de La Charité, et la Vallée, en face de Pouilly, par la levée Napoléon.

Forêt des Bertranges

CARTE P. 298 A2

Circuit de 46 km tracé en orange sur la carte.

Distante de quelque 5 km à l'est de la Loire, cette vaste et belle forêt domaniale couvre environ 10 000 ha de ses belles futaies de chênes mêlées de hêtres, de sapins et de mélèzes. Vous pourrez remarquer, au cours de ce circuit, de nombreux vestiges d'ateliers. Comme l'indique le nom des villages de St-Aubin-les-Forges ou Beaumont-la-Ferrière, le massif fut, du 14e au 19e s., le lieu d'une intense activité métallurgique, grâce au charbon de bois, à la présence généreuse

Le vignoble de Pouilly

Situé sur la rive droite de la Loire, ce vignoble se divise en deux AOC : les **pouilly-fumé** (cépage sauvignon blanc) et les pouilly-sur-loire (cépage chasselas). Le premier, le plus connu (1 300 ha pour une production annuelle de 9,4 millions de bouteilles), possède des notes aromatiques qui tirent sur le genêt, les agrumes et la pierre-à-fusil. Les **pouilly-sur-loire** (30 ha pour une production annuelle de 260 000 bouteilles) portent en bouche des arômes rappelant les fleurs blanches, l'amande fraîche ou la noisette. Le meilleur moment pour découvrir ces deux AOC est la foire aux vins de Pouilly, qui se tient chaque année le 15 août.

www.pouilly-fume.com et www.vins-centre-loire.com

de minerai de fer et au port de La Charité, très animé du temps de la navigation sur la Loire.

Quittez La Charité vers le nord-est, par la N 151. Prenez ensuite à droite la D 179 jusqu'à Raveau, puis la D 138 vers Chaulgnes. Au lieu-dit La Vache, empruntez la route forestière du Rond-de-la-Réserve sur 1 km environ.

Vous arrivez à la **fontaine de la Vache**, source limpide voisine d'un beau chêne isolé *(aire de pique-nique).*

Faites demi-tour et prenez à droite une autre route forestière empierrée qui mène à celle de la Bertherie, où vous tournez à droite.

Vous atteignez alors le **Rond de la Réserve**, carrefour forestier entouré de résineux et de jeunes peuplements de chênes. Du Rond, gagnez au sud Les Bois-de-Raveau, hameau précédé par la maison forestière dite « de l'Usage défendu », puis, par la D 179 tout en montées et descentes successives, le village de St-Aubin-les-Forges. Prenez à droite la D 117 jusqu'à **Bizy**, dont on remarque le château bordé d'un charmant étang ; si vous prenez à gauche, c'est celui de Sauvage qui apparaîtra non loin de Beaumont-la-Ferrière, tel le château de *La Belle au bois dormant*.

Rejoignez Guérigny par la D 8.

★ Guérigny A2

Située à la confluence des deux Nièvres d'Arzembouy et de Champlemy, la petite cité de Guérigny a été entièrement rebâtie au 18e s. sous l'égide de Pierre Babaud de la Chaussade (1706-1792), propriétaire forestier et fondateur des forges qui ont fait la célébrité de la ville. Hormis la mairie datant de 1913 et l'ancien cinéma Rex Art Déco (1930), le centre a entièrement conservé son bâti d'origine : vous ferez donc ici une immersion dans une cité imaginée au 18e s. Parmi les éléments remarquables de Guérigny, les **allées Babaud de la Chaussade,** classées et plantées de 400 spécimens d'arbres répartis en 4 rangées (platanes, tilleuls, etc.), conduisaient du **château de la Chaussade** (1743-1746, en cours de rénovation) à la chênaie située plus à l'est (forêt de Guérigny), laquelle fournissait les forges en bois. Remarquez également l'**église St-Pierre** (1767), la seule de style Renaissance du Nivernais : elle porte toujours au fronton les armes des forges royales.

★ **Forges royales** – *Musée : av. Arnault de Lange - ✆ 03 86 37 01 08 - www.musee-forgesetmarines.fr - 🅿 - de mi-juil. à mi-sept. : tlj sf lun. 14h-18h ; reste de l'année sur RV - 5 € (enf. 2,50 €, -12 ans gratuit).* Vous tomberez immédiatement sous le charme du **site** des anciennes forges royales : son vaste bief couvert de lotus a été aménagé à la jonction des deux Nièvres, dans un environnement verdoyant et arboré, couronné par un platane trois fois centenaire. Les bâtiments des forges sont tels que l'on pouvait les voir lors de la fermeture du site, en 1971. « La Royale », comme on la surnomme ici, est constituée d'édifices datant du milieu du 18e s. au début du 19e s. De l'eau en quantité inépuisable, des gisements de fer abondants à proximité et une chênaie au bois reconnu pour sa qualité : voilà les trois ingrédients qui décidèrent Pierre Babaud de la Chaussade à fonder ces forges – rachetées par Louis XVI en 1781. Pendant plus de deux siècles, elles fournirent la Marine nationale en pièces métalliques. C'est en effet ici que l'on fabriquait les clous, les fers plats, les chaînes et les ancres : le **musée Forges et Marines**, situé derrière l'impressionnant marteau-pilon de 5 t – et c'était pourtant le plus petit spécimen du site, le plus gros pesait 20 t –, présente sur deux étages l'histoire des forges et de la métallurgie nivernaise ; remarquez en particulier la maquette au 1/5e des forges des ancres et la reproduction d'une ancre géante du célébrissime paquebot *France*.

Un peu à l'écart de la cité, le **château de Villemenant★** (14e s., *ne se visite pas*), avec sa ravissante tour à colombage, est joliment isolé sur les bords de la Nièvre : en remontant la rivière, vous rejoindrez un agréable bief au site de la **Poêlonnerie**. Et s'il vous reste un peu de temps, rendez-vous dans la commune voisine d'**Urzy**, qui abrite le **château des Bordes** (15e-17e s.) et dont les tours d'angle ont fière allure *(✆ 06 86 64 48 32 - www.chateaudesbordes.net - visite sur RV).*

Reprenez la D 8 vers Pougues puis tournez à droite sur la D 110 vers Chaulgnes.

Cette petite route s'élève en procurant d'agréables **vues** sur la forêt et les localités les plus proches ; la descente finale fait découvrir la cuvette où se tapit le bourg de **Chaulgnes**, dominé par son église.

Continuez sur la D 110, au-delà de Chaulgnes, jusqu'à Champvoux.

L'**église de Champvoux** (13e s.), amputée de sa nef (dont il reste les murs à contreforts et les vestiges sculptés du portail), séduit par sa haute abside coiffée de toits coniques ; remarquez, dans le chœur, les chapiteaux naïfs des deux piliers et le blason (daté de 1668) de la chapelle axiale.

La D 110, puis la D 907, le long de la Loire, ramènent à La Charité-sur-Loire.

Carnet pratique

S'informer

Office de tourisme – *5 pl. Ste-Croix - La Charité-sur-Loire - ✆ 03 86 70 15 06 - www.lacharitesurloire-tourisme.com.*

Se garer

Parkings du prieuré ou de l'Europe (gratuits).

Agenda

Aux quatre coins du mot - *fin mai - www.citedumot.fr.* Festival autour du mot et de la parole avec lectures, spectacles, concerts.

Loire en fête – *13 et 14 juil.* Nombreuses animations sur les bords de Loire : jeux traditionnels, visite guidée, balade en toue...

Festival Blues en Loire – *Mi-août - www.bluesenloire.com.* Concerts de jazz dans toute la ville.

Nuit du livre – *1er sam. d'août.*

5

Nos adresses

Restauration

Budget moyen

La Poule Noire – *9 pl. des Pêcheurs - ✆ 03 86 59 49 28 - fermé dim.-lun. - plats 18/25 €.* Si vous voulez déjeuner en terrasse au pied du site prieural, La Poule Noire a l'emplacement idéal. Cuisine élaborée à partir des produits frais de la région, avec une légère pointe d'excentricité.

À Guérigny

Premier prix

Hôtel-restaurant Le Commerce – *2 Grande Rue - ✆ 03 86 37 32 77 - www.lecommerce-guerigny.fr - fermé lun.-mar. - menus déj. 12/14 €, menus 20/24 €.* Voici le plus ancien établissement de Guérigny, ouvert depuis plus de deux siècles... Dans une ambiance simple et conviviale, vous pourrez déguster une aile de raie aux câpres ou un jambon braisé façon chablisienne et, en dessert, une crème caramel ou classique coupe glacée. Service enjoué.

À Herry

Budget moyen

La Ferme des Barreaux – *7 km de Pouilly-sur-Loire - ✆ 02 48 79 57 80 - www.la-ferme-des-barreaux.com - été : tlj sur réserv. ; hors saison : w.-end - menus 29,50/36,50 €.* Ici tout est fait maison, à partir des produits de la ferme qui a pour particularité d'accueillir toutes sortes d'animaux (yack, vache africaine, zébu nain, lama). Le produit roi est le canard, décliné sous toutes ses formes (foie gras, tournedos, magret). Cuisine exquise dans ce lieu qui fait aussi salon de thé. Boutique et vente des produits de la ferme et régionaux.

Petite pause

Confiserie du Prieuré – *11 pl. des Pêcheurs - ✆ 03 86 70 01 81 - 9h30-19h - fermé lun.* Cette magnifique maison d'époque en pierre abrite un petit salon de thé doté d'un mobilier en rotin où l'on pourra déguster le « Doux Frisson » ou ce duo de confiseries « le Charitois et la Charitoise », ainsi que des glaces maison. Terrasse fleurie. Cette institution a fêté ses 100 ans en 2021.

Vins

Caves de Pouilly-sur-Loire – *39 av. de la Tuilerie - Pouilly-sur-Loire - Les Moulins à vents - ✆ 03 86 39 10 99 - www.cavespouillysurloire.com - lun.-jeu. 8h-12h, 13h30-18h (17h vend.), sam. 9h-12h30, 14h-17h30 - fermé dim.* La cave, créée en 1948, représente près de 20 % de la production de pouilly-fumé et de pouilly-sur-Loire. Le caveau qui y est aménagé abrite un grand comptoir de dégustation où vous pourrez découvrir ces vins blancs, rouges ou rosés au goût de terroir si caractéristique.

Le Vin – *7 pl. des Pêcheurs - ✆ 03 86 70 21 30/06 31 16 20 66 - fermé dim.-lun. et jeu.* Vous saurez tout sur les côtes de La Charité, vins de la région (et au-delà) avec Jean-Paul Quenault, connaisseur passionné.

Domaine Seguin – *48 ter r. Louis-Joseph Gousse - Pouilly-sur-Loire - Le Bouchot - ✆ 03 86 39 10 75 - www.domaineseguin.com - visite de cave et dégustation sur RV 7 j/7.* La famille Seguin, où l'on est vigneron depuis six générations, élève trois types de cuvées en Pouilly-fumé. Accueil très sympathique.

Shopping

En centre-ville, artistes et artisans d'art, galerie et boutiques éphémères partagent leur passion et leur savoir-faire. Ils ouvrent leur porte pour vous faire découvrir leurs métiers et échanger avec vous.

Hébergement

Premier prix

Camping municipal La Saulaie – *Quai de la Saulaie - ✆ 03 86 70 00 83/06 01 23 28 30 - de mi-avr. à mi-sept. - 82 empl. 15/18 € - locatif 20/90 €/nuit, 120/540 €/sem. - possibilité de dormir dans une roulotte en bois, dans un bungalow toilé ou sous une tente Trek.* Dormez dans les bras de la Loire en plantant votre tente dans ce camping sur l'île de la Saulaie, tout près de la plage. Randonnées pédestres, canoë, tennis, pêche et tir à l'arc à proximité.

Budget moyen

Le Mille et Une Feuilles – *23 av. Gambetta - ✆ 03 86 70 09 61 - www.milleetunefeuilles.com - 9 ch. 88/91 € - ☕ 10 € - ✕ fermé midi en sem. - menu déj. 19 €, menus 21/29 €.* La littérature est reine dans cette sympathique adresse qui donne du volume et des volumes aux nombreux événements organisés autour du livre. Chaque chambre porte les mots d'un écrivain, œuvres à l'appui glissées discrètement sur la table de nuit. Les chambres sont simples mais décorées là encore avec passion. Tout comme la salle de restaurant où l'on se perd dans les multiples portraits d'écrivains avant d'être happé par les saveurs d'une cuisine singulière et exigeante. Terrasse en été.

À proximité

Budget moyen

Hôtel Relais de Pouilly – *Quai de Loire - 4 km au sud de Pouilly-sur-Loire - ✆ 03 86 39 03 00 - www.relaisdepouilly.com - P ♿ - 23 ch. 77/87 € - ☕ 10 € - ✕ menu déj. 17 €, menus 25,50/33 €.* Hôtel tout près de la cité vigneronne et d'une aire d'autoroute (accès piétonnier). Chambres actuelles et insonorisées tournées vers la réserve naturelle de la Loire. Restaurant ouvert sur le jardin : carte régionale, buffet, grillades et sélection de pouillys.

Le Coq Hardi – *42 av. de la Tuilerie - Pouilly-sur-Loire - ✆ 03 86 39 12 99 - www.lecoqhardi.fr - P ♿ - fermé mar. (sf le soir de mai à sept.), lun. - 11 ch. 85/95 € - ☕ 11,50 € - ✕ menu déj. 21 €, menus 29/75 €.* Face à la Loire, un bel établissement dirigé avec rigueur. Dans l'assiette, des plats aux associations audacieuses dont on se délectera derrière la grande baie vitrée.

À Guérigny

Premier prix

Chambre d'hôte Le Clos des Forges – *Pl. du 14-Juillet - ✆ 06 09 17 51 10 - 3 ch. 60 € ☕ - table d'hôte sur réserv. 48h av.* La maison familiale d'Anne est un ancien édifice de la Marine : ses murs dissimulent un ravissant jardin où l'on prend le petit-déjeuner à la belle saison, composé de confitures réalisées avec les fruits de la propriété. Chambres spacieuses.

Prémery

Sise au bord de la Nièvre, l'ancienne résidence d'été des évêques de Nevers occupe un agréable écrin de verdure. Son musée recèle une exceptionnelle collection de grès anciens. Avec leurs plans d'eau et leurs sentiers de randonnée, les environs de Prémery attireront pêcheurs et amateurs de voile ou de balades en pleine nature.

Se repérer

CARTE P. 298 (B2) - CARTE CANAL DU NIVERNAIS P. 326.
1823 Prémerycois – Nièvre (58)
À 29 km au nord-est de Nevers, à 28 km à l'est de La Charité-sur-Loire et 24 km au sud de Varzy.

En famille

Une balade à pied, à vélo, en pénichette ou en paddle sous les voûtes de la Collancelle *(voir « Nos adresses »)*; les postes d'observation de la faune de l'étang de Vaux.

Carnet pratique p. 329

Nos adresses p. 329

Se promener

Tour du Château - ✆ 03 86 37 99 07 - www.mairie-premery.fr.

Église St-Marcel

Cette ancienne collégiale des 13e et 14e s. est surmontée d'un clocher massif. L'intérieur présente des voûtes gothiques surbaissées et de larges bas-côtés. Remarquez l'abside et sa double rangée de fenêtres, et admirez une Pietà sculptée du 15e s. due à un disciple du célèbre Claus Sluter qui exerça à Dijon *(voir le tombeau de Philippe le Hardi p. 45 et la chartreuse de Champmol p. 59)*. Notez, pour la petite histoire, que la dépouille du bienheureux chanoine **Nicolas Appeleine**, mort en 1466, repose dans l'église. Celui-ci avait une telle réputation de sainteté que Louis XI, malade, se fit apporter sa robe. Le roi guérit et renvoya la robe avec force remerciements... mais sans supprimer les impôts des bourgeois de Prémery, comme ceux-ci l'espéraient!

La **maison** dite « du Saint » (14e-15e s.) se trouve à proximité de l'église. Vous apprécierez ses pans de bois et son encorbellement.

Ancien château

C'est ici que les évêques de Nevers séjournaient à la belle saison. De son origine médiévale, le château a conservé un beau porche fortifié (14e s.), petit frère de la porte du Croux à Nevers. Le corps de logis a été remanié au 16e s.

Une agréable promenade permet de faire le tour du plan d'eau (3 ha).

★ Musée du Grès ancien

3 Grande-Rue - ✆ 03 86 68 10 32 - www.grespuisaye.fr - juil.-août : w.-end 14h30-18h30 ; reste de l'année : sur demande préalable - 5 € (-12 ans 4 €).

Présentée de façon moderne et élégante, cette importante collection privée (1250 pièces) est l'aboutissement de vingt-cinq années de recherches passionnées. Voici, rassemblés sur trois niveaux, des grès traditionnels de Puisaye, du bas et haut Berry, objets utilitaires ou témoins de l'art populaire, des

On vous emmène à la butte de Montenoison

À mesure que vous franchissez les quelques virages vers le sommet de cette petite butte, une sensation de sérénité vous envahit... Le plus haut sommet du Nivernais hors du Morvan (alt. 417 m) invite à la contemplation et à la méditation. Son allée de platanes indique le chemin vers le point culminant : longez à gauche la petite église qui a conservé son cimetière, et passez sous le vénérable tilleul qui indique le **calvaire**, posé sur une ancienne motte féodale ; vous jouissez alors d'un **panorama★** époustouflant vers la campagne alentour, le massif voisin et, par temps clair, vers l'église de Lormes qui se détache à l'horizon. Vous ne manquerez pas d'admirer, enfin, la gracieuse croisée d'ogive perdue au milieu de la verdure : c'est l'un des derniers vestiges d'un important château du 13e s., construit par Mahaut de Courtenay, comtesse de Nevers. Après cette charmante déambulation, et si vous faisiez un pique-nique sous le grand tilleul (table aménagée) ou une petite sieste sur l'herbe ?
10 km au nord-est de Prémery par la D 977, la D 977B, puis à gauche la D 129.

rares bleus des 16e et 17e s., ainsi que quelque 250 superbes **œuvres de l'école de Carriès★★** (1884-1914), qui s'est développée à l'époque de l'Art nouveau. Clairement influencées par l'art japonais, les pièces alors produites se distinguent par leurs tons chauds et la pureté de leurs lignes.

À proximité

CARTE P. 298

Jardins de la gentilhommière de Lurcy-le-Bourg B2

5 km au sud-est par la D 38.

06 76 14 03 77 - www.guillaume-de-saulieu.fr - juin-sept. : tlj sf lun. 15h-19h - gratuit.
Cette gentilhommière du 17e s. a été modifiée et agrémentée de jardins à la française au 18e s. (boulingrin, fabrique Louis XVI, buis taillés en topiaires). Dans la cour, pris dans le mur, on remarque un rare « puits dû », c'est-à-dire dont la jouissance est partagée par le château et le village.

★ Arthel B2

13 km au nord-est par la D 977, la D 102 et la D 140.

Une butte sur laquelle grimpent de jolies maisons bordées de jardins fleuris, des murs en pierre sèche qui semblent posés là depuis toujours, un **étang** qui servait autrefois de retenue pour le flottage du bois et qui fait le bonheur des pêcheurs... Vous succomberez au charme simple d'Arthel, perdu au cœur de la campagne nivernaise. Le village d'une centaine d'âmes abrite en outre deux belles demeures médiévales : situé à côté de l'église, le **château d'Arthel** (16e-18e s.) est entouré de douves sèches et possède un parc en terrasses, dont l'une abrite un labyrinthe de buis taillés, et des allées de tilleuls plantés au début du 18e s. *(03 86 60 14 31, juil.-août : lun.-vend. 10h-12h, 14h-18h - 5 €, -15 ans gratuit).* Bien plus discret, le **château de la Motte** (dit aussi le Vieux château, 15e-16e s.), à proximité de l'étang, dissimule ses grandes tours d'angle derrière la végétation.

St-Révérien B2

15 km à l'est par la D 977 puis la D 977B.

Ce village du Nivernais possède l'une des plus intéressantes églises romanes de la région.

Église – De l'église primitive, édifiée au milieu du 12e s., il ne reste, après un incendie en 1723, que le chœur et le chevet, avec son déambulatoire et les chapelles rayonnantes, qui manifestent son ancienne appartenance à un prieuré clunisien. Au 19e s., la nef fut reconstruite et le clocher central, remplacé par un clocher-porche. Parmi les églises à nef dépourvue de fenêtres hautes, c'est l'une des seules à posséder un chevet à déambulatoire. La porte est surmontée de deux anges à quatre ailes, d'inspiration byzantine, provenant du portail primitif. L'**intérieur**★ est d'une grande pureté. Remarquez la nef aux arcs doubleaux et l'alternance des piles fortes et des piles faibles, ainsi que les beaux chapiteaux à feuillages à la retombée des voûtes et ceux, historiés, des trois petites chapelles. La chapelle axiale et celle de droite, consacrée à saint Joseph, conservent des fresques du 16e s.

St-Saulge B2

17 km au sud-est de Prémery par la D 38.

Situé sur un éperon rocheux qui annonce les premiers contreforts du Morvan, le bourg doit son nom à saint Salve, ermite auxerrois martyrisé au 6e s. Cet ancien fief des comtes de Nevers, connu pour ses foires et ses légendes, a vu naître

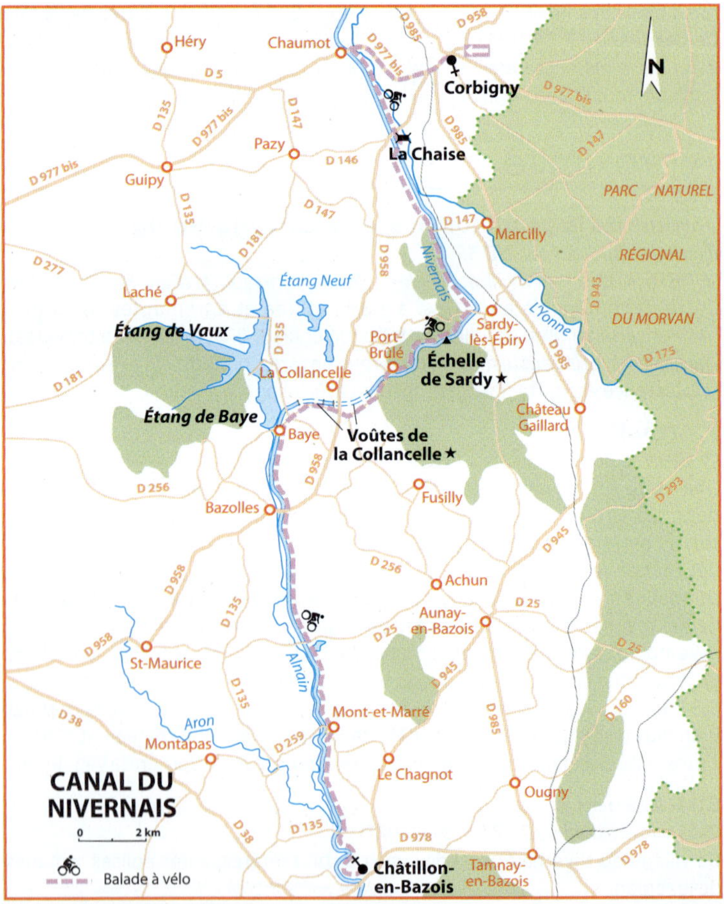

★★ Canal du Nivernais

Le canal du Nivernais est peut-être l'un des plus beaux de France. Avec son charme suranné, on en oublierait presque pourquoi il a été construit : faciliter le flottage du bois vers Paris. Ce bois provenant de la région de Châtillon-en-Bazois allait rejoindre celui des forêts du Morvan pour lequel un système de flottage avait déjà été mis en place à partir de Clamecy. Ce n'est que dans un second temps, à partir de 1786, que cette rigole de flottage deviendra un canal de navigation en reliant le bassin de la Loire à celui de la Seine par l'intermédiaire de l'Yonne. D'une longueur de 174 km, le canal du Nivernais se compose de 116 écluses, 35 situées sur le versant Loire et 81 sur le versant Seine, où ne circulent que des bateaux de plaisance. On peut diviser le canal en de nombreuses étapes. Nous référençons ici l'un des tronçons les plus attachants, qui fait découvrir quelques-uns de ses plus beaux ouvrages d'art comme le tunnel de la Collancelle ainsi que l'échelle de Sardy et ses 16 écluses.

dom de Laveyne (1653-1719), fondateur de l'ordre des Sœurs de la charité de Nevers. L'une des fameuses légendes de St-Saulge, immortalisées sur des cartes postales au début du 20e s., raconte qu'une vache a été hissée sur le clocher de l'église. Ses trois nefs, de style gothique, sont couvertes de belles voûtes d'ogives. Les travées des bas-côtés abritent d'intéressants vitraux du 16e s. Tout près de là, on gagne par une route bucolique l'église romane de **Jailly**, qui, bâtie à flanc de coteau dans un site agréable, faisait partie d'un prieuré clunisien et qui serait, selon la légende, l'œuvre inachevée des fées.

Étang de Vaux B2

28 km à l'est de Prémery par la D 977, la D 977B puis la D 135 à droite après Guipy.
Avec son voisin, l'**étang de Baye**, dont il est séparé par une digue, il alimente le canal du Nivernais. Le premier, le plus important des deux, environné de bois, est un agréable lieu de pêche ; le second se prête aux évolutions des voiliers.
Au départ de la digue et à proximité de Vaux, des sentiers balisés conduisent à des postes d'observation de la faune (martin-pêcheur et héron cendré).

De Corbigny à Châtillon-en-Bazois à vélo

CARTE CI-CONTRE

Circuit de 32 km à vélo tracé en rose sur la carte.
Point de départ du circuit, **Corbigny** est une petite ville active située aux confins du Morvan et du Nivernais *(voir p. 281)*.
Depuis Corbigny, prenez la route de Nevers (D 97) jusqu'à Chaumot (4 km) en bordure du canal du Nivernais.
Une fois Chaumot atteint, empruntez le chemin de halage jusqu'au **château de La Chaise** (15e s.). Franchissez le canal et continuez sur l'autre rive jusqu'à la célèbre **échelle de Sardy★** *(voir encadré p. 328)*.
Une fois passé Port-Brûlé, les eaux du canal disparaissent sous les **voûtes de la Collancelle★**, trois ouvrages voûtés de 758 m, 268 m et 212 m de long. Elles ne sont malheureusement pas visibles à vélo, mais vous pourrez les découvrir en paddle à partir de l'étang de Baye.
Traversez la D 958 pour rejoindre le chemin de halage à Baye.

On vous emmène à l'échelle de Sardy

Passer une écluse prend un certain temps, alors en passer 16... C'est ce qui vous attend dans la vallée de Sardy : à cet endroit, le canal franchit un dénivelé de près de 50 m, au moyen d'une « échelle » de 16 écluses. Le chemin de 3,6 km est interdit aux véhicules motorisés, et seuls les promeneurs, les cyclistes et les plaisanciers animent les lieux. Vous aurez tout le temps de discuter avec les artistes et artisans (potier, tailleur de pierre...) qui occupent les belles maisons d'éclusiers. L'une des plus attachantes est sans doute l'écluse n° 6. Derrière sa façade habillée de lierre, on découvre un véritable cabinet de curiosités qui fait aussi salon de thé. Vous pourrez y faire connaissance de son occupant, Gérard Mazière, Nivernais d'adoption, personnage haut en couleur !

Les deux étangs de **Vaux** et de **Baye** qui alimentent le canal seront le prétexte à de multiples activités nautiques *(voir p. 330)*.

Continuez à longer le canal jusqu'à Châtillon-en-Bazois.

Châtillon-en-Bazois est l'un des centres les plus importants de la navigation de plaisance en Bourgogne. Le chantier de construction de bateaux est dominé par un château des 16e et 17e s. flanqué d'une tour ronde du 13e s., qui s'élève entre la rivière et le canal. Ne manquez pas la visite de l'église : tableau de Nicolas Mignard dans la chapelle à gauche de l'entrée, pierre tombale de Jehan de Châtillon du 14e s. et retable de 1423 en pierre. Les plus sportifs poursuivront jusqu'à **Rouy** *(10 km à l'ouest)*, pour visiter l'église romane du 12e s. : beau clocher carré déjà gothique, dont le 1er étage est décoré de colonnettes sous arcatures et le 2nd percé sur chaque face de deux baies géminées. À l'intérieur, la voûte de l'abside est peinte d'un Christ bénissant entre un ange et un démon.

Canal du Nivernais, une des 16 écluses du site de l'échelle de Sardy.
Ch. Guy/hemis.fr

Carnet pratique

S'informer

Office de tourisme – *8 pl. de l'Hôtel-de-Ville - Corbigny - ✆ 09 82 56 94 98 - www.tannay-brinon-corbigny.fr.*

www.canal-du-nivernais.com – Site dédié au canal.

www.facebook.com/jaime.le.canal.du.nivernais – Détaille les événements animant le canal.

www.vnf.fr – Informations sur les voies navigables de France.

Nos adresses

Restauration

À Bazolles

Premier prix

La Marine – *8 rte de l'Étang - Baye - ✆ 03 86 23 15 35 - tlj sf lun. - plats 12/18 €.* En bordure du canal, une petite cuisine traditionnelle à prix raisonnable.

À Alluy

Pour se faire plaisir

La Grangée – *Le bourg - Alluy - 3 km au sud de Châtillon-en-Bazois - ✆ 03 86 76 11 56 - www.restaurantlagrangee.com - fermé lun.-merc., jeu. soir - menus 48/54 €.* Originaire (et amoureux !) de la région, le chef Girard a transformé cette auberge communale à sa main. Il y met en avant la production locale (Charolais du Bourbonnais, légumes bio de Rouy, pintades de Vandenesse) et la cueillette, qu'il pratique lui-même le week-end : baies sauvages, herbes... Une réussite.

Activités

Tous les moyens sont bons pour découvrir le canal et ses alentours en famille !

Rando et VTT

De mardelles en tourbières – *Rte de Donzy - 2 km au nord-ouest de Prémery, itinéraire balisé à l'aide de deux logos (3 km).* 4 sentiers serpentent entre les tourbières. Certaines sont âgées de 15 000 ans environ (zone naturelle d'intérêt écologique, faunistique et floristique).

Randonnées au cœur du Nivernais – 380 km de circuits VTT, 300 km dédiés aux randonnées pédestres et 12 parcours cyclotourisme, pour découvrir la faune, la flore, les monuments. Livret en vente à l'office de tourisme.

Un circuit pédestre de 2,5 km permet de découvrir les « Légendes de St-Saulge ».

Louer une pénichette

Aquafluvial – *Port des Pougeats - Baye - ✆ 03 86 38 90 70 - www.aquafluvial.fr - avr.-oct. - 12,50 € (-12 ans 9 €) - le bateau : 60 €/5 pl. et 70 €/7 pl.* Ce spécialiste de la navigation de plaisance sur le canal du Nivernais loue des bateaux électriques sans permis à la journée ou à la semaine. Il propose également des promenades pour visiter les voûtes de la Collancelle.

Locaboat – *À Corbigny - ✆ 03 86 20 07 29 - www.locaboat.com.* Mini-séjours ou croisières d'une semaine, pour découvrir la partie centrale du canal.

Les Canalous – *À Mailly-le-Château et à Châtillon-en-Bazois - ✆ 03 85 53 76 74 - www.canalous-bourgogne.com - www.lescanalous.com.* Formules et types d'embarcation variés. À partir de 200 €/2 j. pour 2 pers.

Louer un vélo

Cycles Letellier – *À Corbigny - 23 r. des Forges - ✆ 03 86 20 07 96 - www.cycles-letellier.fr - mar.-sam. 8h-12h, 14h-18h - 16 €/j, 9 €/1/2 j.* Location de VTT et VTC, idéal pour découvrir le canal du Nivernais.

La Maison du vélo – *À Auxerre - ✆ 03 86 46 24 99 - www.maison-velo.fr - VTC 20 €/j.* Pratique, au bord de la véloroute et à 300 m de la gare. Vélos électriques, vélos enfants, sacoches...

Hello Vélo – *À Châtillon-en-Bazois - ✆ 07 69 84 86 83 - www.hello-velo.com - VTC 20 €/j.* VTC mais aussi tandems, vélos pour enfants, remorques et accessoires.

Halte nautique de Cravant-Bazarnes – *À Cravant - ✆ 06 10 84 52 04 - escale-chablis.fr - juil.-sept. 9h30-13h et 14h-17h30 (sf dim. en sept.).* Vélos adultes, enfants, carrioles.

Base de loisirs

Activital - Base Sport et Nature de Baye – *✆ 03 86 38 97 39 - www.activital.net - fermé de nov. à mi-mars - 9h30-12h30, 13h30-18h.* Catamaran *(38 €/h)*, paddle *(11 €/h)* sur le lac ou sous les voûtes de la Collancelle; location de vélo californien *(17 €/h)*, trottinette grande roue *(8 €/h)*.

Hébergement

À Bazolles

Premier prix

Activital – *Étang de Baye - ✆ 03 86 38 97 39 - www.activital.net - avr.-oct. - 22 ch. (de 2 à 5 pers.) de 15,30 €/pers. - 50 empl. de 5 €/nuit, 4 Bungalis (4 à 5 lits) de 10,40 €/pers, cabane 40/50 €* Face à l'étang de Baye, les possibilités d'hébergement sont nombreuses dans cette belle base sport et nature animée par une équipe professionnelle et sympathique.

Aux Étangs – *Étang de Baye - ✆ 03 86 38 97 23 - ✆ 06 24 84 05 81 - 2 ch. 86 € ☕ - ✕ plats 12/18 €.* Face à l'étang, deux belles chambres bien aménagées au 1er étage; avec possibilité de déjeuner sur la terrasse face au verger.

À Corbigny

Budget moyen

Hôtel de l'Europe – *7 Grande-Rue - ✆ 03 86 20 09 87 - www.hoteleuropecorbigny.com - ♿ - 18 ch. 75/88 € - ☕ 10 € - ✕ menus 20,50/25 €.* Au cœur de la vieille ville, une demeure bourguignonne bien tenue aux chambres petites mais confortables. Cuisine semi-gastronomique.

Clamecy ★

Clamecy, la « Venise du Nivernais », écrivait Romain Rolland, l'un de ses prestigieux habitants. Cette petite cité, aux rues étroites et sinueuses et aux toits de tuile rouge brun, se situe au cœur du joli pays du val d'Yonne, charnière entre le Morvan, le Nivernais et la basse Bourgogne. Bâtie sur un éperon rocheux au confluent de l'Yonne et du Beuvron, la ville a toujours écrit son destin dans le roulis de ses eaux. Plus particulièrement avec ceux qui avaient pour mission d'en descendre le cours afin d'alimenter en bois de chauffe la capitale. Pendant trois siècles, les flotteurs de bois firent la fortune de Clamecy, ce dont témoignent encore aujourd'hui les joutes nautiques disputées chaque année.

Clamecy sur le canal du Nivernais.
Ch. Goupi/age fotostock

Se repérer

CARTE P. 298 (B1).
3 590 Clamecycois – Nièvre (58)
À 23 km à l'ouest de Vézelay et à 43 km au sud d'Auxerre.

À ne pas manquer

Le musée d'Art et d'Histoire Romain-Rolland ; la collégiale St-Martin.

En famille

La carrière souterraine d'Aubigny pour s'initier aux techniques de taille et d'extraction.

Carnet pratique p. 339

Nos adresses p. 339

★ Collégiale St-Martin

Édifiée du 13e s. au début du 16e s., la collégiale (appelée ainsi car elle était desservie par un collège de chanoines) présente une façade richement décorée de style gothique flamboyant. Sur les voussures du portail (mutilées à la Révolution) sont représentés des épisodes de la vie de saint Martin. À l'intérieur, remarquez le plan rectangulaire et le déambulatoire carré, typiquement bourguignon. Un faux jubé a été construit par Jean-Jacques Huvé (vers 1840) afin de contenir le fléchissement d'un pilier gauche du chœur.
La chapelle de la Croix, au bas-côté droit, renferme un triptyque peint sur bois du début du 16e s. *(Le Crucifiement)* et deux bas-reliefs provenant de l'ancien jubé du 16e s. (détruit en 1773), représentant la Cène et la Mise au tombeau, l'ensemble étant éclairé à travers de beaux vitraux comme le « Triomphe de la Croix » datant du 16e s. Grand orgue de Cavaillé-Coll (1864).

★ Maisons anciennes

Pour les visites guidées, adressez-vous à l'office de tourisme.
La visite du centre historique (secteur sauvegardé), progressivement et magnifiquement rénové, permet de découvrir le riche passé médiéval de Clamecy.
Partez de la place du 19-Août *(parking)*. Sur le parvis de la collégiale, suivez la rue de la Tour, puis la rue Bourgeoise ; prenez à droite la rue Romain-Rolland, puis la rue de la Monnaie. Parmi les maisons les plus remarquables : la **maison du Tisserand★** (15e s.) à l'angle de la rue du Pont-Châtelain et de la rue Romain-Rolland ; la maison dite du **« Saint accroupi »,** rue de la Monnaie. Ce saint accroupi n'est autre que saint Eutrope (très connu des pèlerins de Compostelle) et les deux **maisons à pans de bois** (16e s.) en vis-à-vis à l'angle de la rue de la Monnaie et de la rue du Grand-Marché.

★ Musée d'Art et d'Histoire Romain-Rolland

Av. de la République - ✆ 03 86 27 17 99 - www.clamecy.fr - ♿ - mai-sept. : tlj sf mar. et dim. mat. 10h-12h, 14h-18h ; reste de l'année : tlj sf dim.-mar. 10h-12h, 14h-18h - fermé de mi-nov. à mi-fév. - 4 € (-16 ans gratuit) - billet donnant accès au musée Zervos - maison Romain-Rolland de Vézelay.
Ce musée, vaste et moderne, est situé dans l'ancien hôtel du duc de Bellegarde et la maison natale de Romain Rolland. Les salles du rez-de-chaussée sont consacrées à l'archéologie gallo-romaine provenant de Compierre et d'Entrains-sur-Nohain, et de nombreuses pièces issues des fouilles de la nécropole mérovingienne de Brèves y sont présentées. À l'étage est exposée la mystérieuse **calotte zodiacale** trouvée à Chevroches (à 3 km au sud-est de Clamecy) en 2001. Cet objet, un disque en bronze de 6,45 cm de diamètre, unique à ce jour dans le monde romain, pourrait être un instrument de mesure astrologique utilisé par un devin ambulant, et peut-être abandonné au milieu du 4e s. en raison des interdits prononcés contre l'astrologie par les premiers empereurs chrétiens...
Au 2e étage, collection de peintures des écoles française, italienne et hollandaise.

Le saviez-vous ?

Jusqu'au début du 20e s., le **canal du Nivernais** – qui compte 116 écluses entre St-Léger-des-Vignes (Nièvre) et Auxerre (Yonne) – traversait Clamecy en empruntant l'actuelle avenue de la République où se trouve aujourd'hui le musée d'Art et d'Histoire Romain-Rolland.

Les évêques de Bethléem

On comprend mal aujourd'hui l'existence d'un évêché à Clamecy, compte tenu de l'importance des évêchés voisins, Auxerre, Nevers et Autun. Il faut donc remonter aux croisades pour en avoir l'explication.

Guillaume II (1083-1148), comte de Nevers, part pour la première croisade (1096) en Terre sainte. **Beaudoin de Boulogne** devient en 1110 le premier roi de Jérusalem et fonde l'évêché de Bethléem en Palestine. De retour en Nivernais, Guillaume II fait construire à Clamecy l'**hôpital de Pantenor** (près de l'actuelle église de Bethléem) afin d'héberger les pèlerins malades revenus de Terre sainte.

Parti lui aussi pour la Palestine en 1167, **Guillaume IV de Nevers** (son petit-fils) y contracte la peste et meurt à St-Jean-d'Acre en 1168. Dans son testament, il demande à être enterré à Bethléem et lègue à l'évêché de ce lieu l'hôpital de Pantenor et ses terres environnantes, à condition toutefois que ses biens puissent servir de refuge aux évêques de Bethléem, au cas où la Palestine tomberait aux mains des infidèles. Ainsi, lorsque s'effondre le royaume latin de Jérusalem, c'est donc tout naturellement que **Reynier**, évêque de Bethléem, se réfugie à Clamecy pour prendre possession des biens légués par Guillaume IV. Cinquante évêques se succéderont de 1224 jusqu'en 1801. Un évêché de Bethléem perdure donc jusqu'à cette date dans le faubourg auquel il donne son nom : le **faubourg de Bethléem**.

Aujourd'hui, seuls la nef et le chœur de l'église primitive des évêques de Bethléem (12e s.) ainsi que **Notre-Dame de Bethléem** viennent rappeler ce passé *(voir p. 334)*.

Parmi les toiles, une superbe *Nature morte à la carpe* de l'Alsacien **Sébastien Stoskopff** (1597-1657), l'un des premiers grands maîtres français de la nature morte. La donation François Mitterrand présente des tableaux reçus par l'ancien président de la République et offerts au musée. Le fonds le plus important du musée est consacré au grand affichiste de l'entre-deux-guerres, **Charles Loupot** (1892-1962), qui possédait une maison de campagne à Chevroches. Affiches, objets publicitaires, photographies se succèdent selon un parcours chronologique qui met en évidence l'évolution d'un style de plus en plus épuré mais reconnaissable entre mille. Qui n'a pas été séduit par ses affiches publicitaires pour les vins Nicolas, la peinture Valentine, Dop, Monsavon, Ambre solaire, St-Raphaël, Air Liquide...

Au dernier étage, des vitrines renferment des **faïences de Nevers et Clamecy**. L'œuvre de l'écrivain **Romain Rolland** y est présentée à travers des éditions originales et des objets personnels (meubles et photographies). Sous la belle charpente de l'hôtel de Bellegarde, on découvre la superbe scénographie du musée, réservée à l'**histoire du flottage du bois★** *(voir encadré p. 334)*. Cette activité fit la fortune des Clamecycois, qui arrivaient à Paris en chevauchant leur train de bois après onze jours de dérive, et rentraient à pied avec, dit-on, des idées révolutionnaires... La pièce la plus spectaculaire est la grande maquette d'un train de bois datant du 19e s. Picots, marteaux à marteler et une lanterne complètent cette mise en scène. Derrière le musée, dans les caves de l'ancien **hôtel More de Tannerre** (1601) sont présentées des expositions temporaires.

5

Vues sur la ville

Le quai des Moulins-de-la-Ville révèle une jolie **vue** sur les maisons qui dominent le bief. Du quai du Beuvron, vous apercevrez le pittoresque quai des Îles, et du pont de Bethléem, qui porte une **statue** élevée en souvenir des « flotteurs », vous aurez

Le flottage du bois

Utilisé pour approvisionner en bois « de chauffe et de four » la capitale, le transport par flottage fit pendant près de trois siècles (de 1549 à 1925) la fortune du port de Clamecy. À l'hiver, les bûches coupées (1,14 m de long très précisément) dans les forêts du haut Morvan étaient acheminées par les charretiers jusqu'aux ports de flottage, les berges plates des rivières. Sélectionnées puis achetées par les marchands forains, les bûches étaient ensuite estampillées à l'aide d'un marteau gravé portant la marque (lettre ou signe) de son propriétaire. Jetées dans les ruisseaux aux eaux gonflées par les crues et l'ouverture des étangs, les milliers de bûches descendaient les cours d'eau sous l'œil des « flotteux » qui les guidaient le long des rives jusqu'au port d'aval (Clamecy), où elles étaient stoppées par des barrages. Tirées hors de l'eau (le tirage) grâce au picot (perche de 3 à 4 m munie à son extrémité d'un crochet acéré), elles étaient triées par essence, par marque, une opération appelée « tricage », avant d'être savamment empilées sur la terre ferme. Tout devait être prêt en juillet. Avec la fin de l'été arrivait la période de construction des trains de bûches, ces immenses radeaux de 75 m de long, 4,50 m de large, 40 à 60 cm d'épaisseur, d'une contenance moyenne de 200 stères de bois (soit 200 m^3). Cette construction, extrêmement complexe (une semaine de travail pour six ouvriers expérimentés), permettait d'acheminer le bois jusqu'à Paris en une dizaine de jours. On compta jusqu'à 3 535 trains en 1804 ! Dès la création du canal du Nivernais, on préféra à ce mode de transport celui par péniches.

une **vue** d'ensemble sur la ville et les quais. En amont, à la pointe de la chaussée séparant la rivière d'un canal, s'élève, telle une figure de proue, le buste en bronze de **Jean Rouvet**, marchand de bois parisien qui commercialisa le « flottage ».

Église Notre-Dame de Bethléem

Cet édifice de style oriental est l'une des toutes premières églises de France construites en ciment armé (1926-1927). Ses volumes singuliers – sa voûte en ciment armé de 475 m^2 a été coulée d'un seul bloc – devraient être prochainement restaurés. Les **peintures murales** de la crypte ont été réalisées par l'abbé Nicolas Boon (1920-1981) et par Robert Pouyaud (1901-1970), l'un des premiers élèves du peintre et théoricien cubiste Albert Gleizes. L'édifice a reçu le label « Patrimoine du 20e s. » en 2005.

« L'Homme du futur »

La grande statue en bronze de **César** (1921-1998), érigée en 1987, est visible à l'extrémité du boulevard Misset, près de la salle polyvalente.

À proximité

CARTE P. 298

Varzy B2

16 km au sud-est par la N 151.

Sur le chemin de St-Jacques-de-Compostelle, Varzy accueillit en son temps des milliers de pèlerins qui vénérèrent ici, lors de leur passage, les reliques de sainte Eugénie d'Alexandrie. Blottie à l'orée des forêts du Nivernais, et enserrée par de beaux boulevards ombragés, l'ancienne résidence préférée des évêques d'Auxerre se place, par ses activités, sous le signe du bois.

Statue érigée en hommage aux flotteurs de bois et l'église Notre-Dame de Bethléem.
Ch. Guy/hemis.fr

Église St-Pierre – Cette église de style gothique rayonnant (13e s.) possède une nef aux hautes arcades comportant un élégant triforium. Dans le chœur, notez une statue polychrome et le triptyque de sainte Eugénie (16e s.). Autre triptyque, du 17e s., dans le croisillon droit : scènes de la vie de saint Pierre. Provenant de la collégiale Ste-Eugénie, le trésor renferme deux bras reliquaires (13e s.) de la sainte et de saint Régnobert, un coffret contenant le crâne de ce dernier et un Christ en bois (début du 16e s.). Il se trouve dans une chambre forte à droite du chœur.

★ **Musée Grasset** – *Pl. de la Mairie - ✆ 03 86 29 72 03 - www.varzy.fr - ♿ - mai-sept. : tlj sf mar. 13h30-18h30 ; avr. et oct. : w.-end 13h30-18h30 - 3 € (-16 ans 1 €) - gratuit sam.* Plus de 4 000 objets sont ici rassemblés par des amateurs éclairés, dont l'inspecteur des Monuments historiques Auguste Grasset (1799-1879) et son collègue **Prosper Mérimée** (1803-1870) : sarcophages égyptiens, objets rapportés lors des expéditions de Dumont d'Urville dans les îles du Pacifique, armes, faïences nivernaises et émaux limousins, meubles anciens, tapisseries (*Didon et Énée*, tapisserie d'Aubusson), peintures (*Judith et Holopherne*, attribuée à Jan Massys, *La Mort de Camala* par Girodet). Ne manquez pas le **salon de musique** et ses instruments, successivement mis en lumière et expliqués au son d'une partition, ainsi que la salle dédiée au peintre varzycois Rex Barrat.

Prenez la rue St-Pierre en sortant du musée.

Lavoir – Pavé et bordé d'auvents, il était accessible aux animaux à ses deux extrémités et remplissait les fonctions de lavoir, d'abreuvoir et de pédiluve. Ses deux auvents témoignent par leurs dimensions de l'importance passée du bourg.

Prolongez votre flânerie par la rue des Grandes-Promenades et la rue Delangle, artère commerçante.

Druyes-les-Belles-Fontaines B1

20 km au nord-ouest par la N 151, la D 39 à hauteur de Coulanges-sur-Yonne, puis à gauche la D 73.

Château – *17 pl. du Château - ✆ 03 86 41 51 71 - www.chateau-de-druyes.com - juil.-août : 15h-18h ; du dim. de Pâques à fin juin et sept. : w.-end 15h-18h - 5 € (8-16 ans 3 €).*

5

Les ruines imposantes du château féodal de Druyes (12e s.) se dressent encore au sommet d'une colline. Pour les découvrir sous un jour favorable, arrivez en fin d'après-midi par le sud, soit par la D 148, accidentée et agréable, soit par la D 104, qui offre une excellente vue d'ensemble sur le village avec, en premier plan, le viaduc de l'ancienne voie ferrée.
De la route de Courson-les-Carrières, en passant sous une porte fortifiée du 14e s., accédez au rocher qu'occupent le vieux Druyes et le château. Seuls les murs extérieurs de ce monument ainsi que la tour-porche improprement appelée donjon se dressent à peu près intacts.
Dans le bas du village, l'**église romane St-Romain** (12e s.) présente un beau portail. Près de l'église, dans un site pittoresque, jaillissent les sources de la Druyes.

Marais d'Andryes B1

En contrebas de la D 39. Parking au niveau de l'étang de Cornoy.

Très préservé, le marais d'Andryes se découvre grâce à 3 sentiers d'interprétation : le sentier de découverte (3,6 km), le sentier de naturalité (500 m) et le sentier de perception environnementale (50 m). Un guide distribué à l'entrée du marais donne de précieuses informations sur la faune, la flore et le patrimoine liés à cette zone naturelle protégée. Une aire de pique-nique est aménagée autour de l'étang de Cornoy, qui jouxte le marais, pour une journée en pleine nature.

★ Carrière souterraine d'Aubigny B1

Sur la commune de Taingy, 30 km au nord-ouest de Clamecy par la N 151 puis, à Courson-les-Carrières, prenez la D 9 à gauche.
Hameau d'Aubigny - ☏ 03 86 52 38 79 - carriere-aubigny.com - ♿ - juil.-août : 10h-18h30, dim. 14h30-18h30 ; avr.-juin et sept.-oct. : tlj sf lun. 10h-12h, 14h30-18h30, dim. 14h30-18h30 - 8,50 € (6-16 ans 6,50 €).

Cette carrière (16 000 m²) fait partie d'une entité naturelle de plusieurs milliers d'hectares appelée **la Forterre**, célèbre pour son gisement de calcaire oolithique, caractéristique du Jurassique (période géologique s'étendant environ de -200 à -145 millions d'années) dont les pierres servirent notamment à la construction du Louvre, des pieds de soutènement de la tour Eiffel et de la cathédrale de Sens.
À l'époque gallo-romaine, la carrière d'Aubigny était déjà exploitée, à des fins essentiellement religieuses (fabrication de sarcophages et sculpture sacrée). Son exploitation se poursuivit au Moyen Âge et à la Renaissance, mais connut son véritable apogée au Second Empire, lors du réaménagement de Paris par le baron Haussmann.
Au cours de la visite insolite de ce chantier, à 60 m de profondeur, la pierre brute vous livre peu à peu tous ses secrets, des techniques d'extraction aux outils de taille du carrier, en passant par les origines géologiques des différentes roches de

Le travail de la pierre

Tendre et très compact, le calcaire est facile à exploiter et à travailler. Dans la forte humidité naturelle de la carrière souterraine d'Aubigny (70 à 80 %), la pierre se gorge d'eau ; sous l'effet de la température, celle-ci s'évapore, faisant ressortir la **calcite**. Elle forme en surface une pellicule protectrice extrêmement dure, qui permet l'emploi du calcaire en construction.
Vous découvrirez ici les méthodes d'extraction des blocs ou blots, et bien sûr les outils de taille de la pierre : le pic, le marteau têtu, le peigne, le marteau taillant, la polka, le marteau grain d'orge, la bretture, les chemins de fer...

Petite histoire du canal

Hiver 1782-1783 : il fait très froid, les Parisiens grelottent. Le bois du Morvan ne suffit plus. Il faut acheminer le bois d'autres réserves forestières de la région : celles des forêts du Bazois. Pour transporter ce bois, il faut donc créer une rigole entre la Loire et l'Yonne. Cette idée née sous le règne d'Henri IV, mise en œuvre à partir de 1784, est achevée près de soixante ans plus tard, en 1841. La tâche n'est pas aisée : l'une des plus dures épreuves est de creuser trois galeries, trois tunnels (la Collancelle, Mouas et Breuil) dans la roche (granit et porphyre) de la Collancelle. Une centaine d'ouvriers y perdent la vie. Une fois ouvert, le canal sert à charrier du bois, mais aussi de la houille, du vin, des céréales et des pierres de taille. Pris de vitesse par la concurrence du charbon du Nord, il tombe en désuétude au 19e s., échappant alors à la modernisation que connaîtront d'autres voies d'eau.

Aujourd'hui, la lourdeur de son entretien inquiète les éclusiers. Ils craignent que les Voies navigables de France, son gestionnaire, ne l'abandonnent si le tourisme fluvestre (activités sur et autour de la voie d'eau) ne se développe pas davantage.

Voir aussi encadrés p. 332 et p. 401.

la région. Vous découvrirez, au fil des salles baignées d'ombre et de lumière, des œuvres d'inspiration tantôt classique, tantôt moderne, taillées et sculptées par les Compagnons. Car le savoir-faire de ces artisans de talent a trouvé ici un lieu d'exposition privilégié. Ne manquez ni l'élégante **Arche des œuvres**, ni le monumental *Escalier de l'Ascension*. Et, en vous enfonçant au cœur de la carrière, prenez le temps d'admirer les pans de calcaire qui vous entourent, dont le gigantisme rappelle étrangement celui… des temples de l'Égypte ancienne.

Vallée de l'Yonne

CARTE P. 298

Circuit tracé en marron sur la carte – 38 km de Clamecy à Corbigny. Quittez Clamecy par la D 951 à l'est.

De Clamecy à Corbigny, la route longe l'Yonne au pied de vallons boisés.

Armes B1

Cette petite localité occupe un site agréable en bordure de l'Yonne et du canal du Nivernais. Poursuivez au sud-est par Dornecy (joli lavoir à charpente de bois) et Brèves (tombe de Romain Rolland) ; la route suit la vallée de l'Armance.

Prenez ensuite à droite la D 985 puis la D 280.

Metz-le-Comte B2

Perchée sur une butte isolée du village et bordée par son cimetière, ombragé de grands arbres et quelques carrés de vignes, l'église constitue un **site★** original. De la terrasse, derrière l'église, on découvre une **vue★** étendue sur l'Avallonnais et le Morvan ainsi que sur la vallée de l'Yonne.

Prenez la D 165 vers Tannay qui franchit la rivière puis le canal.

Tannay B2

Au centre d'un vignoble s'étalant sur des collines calcaires bien exposées et produisant un excellent vin blanc, sec et très bouqueté, Tannay est perché sur un coteau qui domine la rive gauche de l'Yonne. Ses maisons anciennes participent à son cachet.

Carnet pratique

S'informer

Office de tourisme – *7-9 r. du Grand-Marché - Clamecy - ✆ 03 86 27 02 51 - www. clamecyhautnivernais-tourisme.fr.*

Agenda

Fête de l'andouillette et du vin blanc – *1er w.-end de juil.*

Tournoi de joutes clamecycoises – *W.-end autour du 14 Juil. pour la fête et 14 Juil. pour le tournoi sur l'Yonne, au pont de Bethléem.* Ces joutes nautiques étaient le divertissement favori des flotteurs de bois. Défilé et manifestations de toutes sortes.

Descente bidon – *2e dim. d'août.* Ou comment naviguer sur des embarcations de fortune sur l'Yonne et le canal du Nivernais.

Flottage Festival – *2e w.-end de sept.* La 1re édition de ce festival artistique et festif a eu lieu en 2022, et selon le succès, il devrait être programmé tous les 2 ans. À suivre !

Nos adresses

Restauration

Budget moyen

L'Angélus – *11 pl. St-Jean - ✆ 03 86 27 33 98 - www. restaurantlangelus.com - fermé dim. soir, lun. et merc. soir - plats 25/43 €.* Cette jolie bâtisse typiquement nivernaise, avec ses colombages et ses petites fenêtres, abrite un restaurant traditionnel. Si l'intérieur égaye les repas de son style rustique, la terrasse au pied de l'église offre un cadre unique aux beaux jours. Service simple et soigné.

Le Festin de Babette – *7 r. de la Monnaie - ✆ 09 50 61 42 49 - fermé du dim. soir au mar. - plats 19/24 €, menu déj. 19 €, menu 35 €.* Nouveau décor, tout de bois, et nouveau chef pour cette adresse du centre de Clamecy. Daniel Bessonneau, ancien de Chez Lasserre, y déroule les classiques de la gastronomie française : foie gras chaud, ris de veau, dos de cabillaud rôti et autre fondant au chocolat.

Petite pause

Salon de thé Emmanuel Portal – *22 r. de la Monnaie - ✆ 09 74 56 18 34 - www.emmanuel-portal.fr - 8h30-12h30, 15h-19h, sam. 8h-12h30, 15h-19h, dim. 8h30-12h30 - fermé lun.* Chez ce pâtissier-chocolatier qui peut aussi avoir la bouche salée, les gourmandises sont légion. Parmi les spécialités : les flotteurs de Clamecy, pralinés aux éclats de noix et de nougatine, enrobés de chocolat au lait et pailletés de chocolat noir. Gamme de thés à déguster sur place ou à emporter.

Shopping

Marché de Clamecy – *Sam. mat., pl. du 19-Août - foire le 3e sam. mat. du mois, av. de la République.* Construites sous Napoléon III, les halles ont fait l'objet d'une rénovation très réussie. Profitez-en pour acheter de bons produits locaux.

La Charolaise - Boucherie Charcutier Traiteur Lièvre et fils – *6-8 av. de la République - ✆ 03 86 27 02 19 - 9h-12h30, 15h-19h - fermé dim.-lun.* C'est là qu'il faut aller pour découvrir la vraie andouillette de Clamecy, celle qui est faite de chaudin, de panse et de gorge de porc, qui cuit trois bonnes heures, et qui n'est jamais nouée mais toujours renfourrée.

5

Autre spécialité, le jambon persillé. M. Lièvre possède une autre boucherie à Varzy *(14 r. Delangle, mêmes horaires)*.

La boulangerie Meignen – *2 r. des Promenades - ✆ 03 86 27 16 84 - lun.-mar., vend. 6h45-19h, jeu. 6h45-13h30, 16h-19h, sam. 7h-19h, dim. 7h-13h - fermé merc.* Pain excellent, pâtisseries et tourtes délicieusement gourmandes.

Faïencerie d'art et création Colas – *1 pl. de la Gravière - ✆ 03 86 27 18 39 - www.faiencerie-colas.com - fermé dim.-lun.* Depuis 1790, date de sa fondation, la faïencerie de Clamecy a vu passer plusieurs générations : Nolet, Duquenelle, Roger Colas pour la dernière, le père du célèbre navigateur Alain Colas. Cette faïencerie qui perpétue un savoir-faire traditionnel est aussi connue de tous les fabophiles grâce à sa production de fèves « Fèves de Clamecy » réalisée pour les boulangers et pâtissiers.

À proximité

Domaine Pierre Hervé Bel Air – *Villiers-sur-Yonne - Bel-Air - ✆ 06 42 77 83 20 - ✆ 03 86 24 24 51.* Vigneron bio, Pierre Hervé cultive avec passion les vins des coteaux de Tannay (Indication géographique protégée). Ce vin méconnu a de quoi surprendre... Le chardonnay et le melon de Bourgogne entrent dans la composition du vin blanc, tandis que l'on trouve le pinot noir, le gamay, le gamay de Bouze noir et le chaudenay dans celle des rouges et des rosés.

Hébergement

Premier prix

Camping du Pont Picot – *R. de Chevroches - ✆ 03 86 27 05 97 - www.clamecy.fr - avr.-sept. - 66 empl. 10 € - locatif 380/430 €/sem.* Posé entre l'Yonne et le canal du Nivernais, face aux collines verdoyantes, il n'est qu'à deux pas de la cité médiévale. Idéal pour petits budgets.

Budget moyen

Hostellerie de la Poste – *9 pl. Émile-Zola - ✆ 03 86 27 01 55 - ✆ 09 74 56 06 28 - www.hostelleriedelaposte.fr - ♿ - 23 ch. 80 € - ☕ 10 € - ✕ menus déj. 20/24 €, menus 35/55 €.* Ancien relais de poste aménagé avec goût et tenu avec soin. Coquettes petites chambres (salles de bains refaites), plus calmes sur l'arrière. Dans l'agréable salle à manger, mi-classique mi-actuelle, goûtez à des plats dans l'air du temps. Service très professionnel. Excellente adresse.

À proximité

Budget moyen

Chambre d'hôte des Missiaux – *Creux - 5,5 km au sud de Clamecy - ✆ 03 86 22 25 18/06 72 06 51 37 - www.lesmissiaux.fr - 🚭 - 3 ch. 80/85 € - ✕ table d'hôte 28 €, panier pique-nique 10 € sur réserv.* Situées dans des anciens bâtiments agricoles du 19e s., ces chambres d'hôte simples et confortables sont tenues par un couple d'Anglais très sympathique. L'environnement est un bel écrin vert propice à toutes les paresses entre deux activités. Étape idéale pour les cyclistes qui suivent le canal du Nivernais.

Cosne-Cours-sur-Loire

Situé au débouché de la vallée du Nohain, sur la rive droite de la Loire, ce petit centre artisanal et industriel actif est relié à une île boisée par un pont suspendu. Les méandres sauvages de la Loire et les vignobles des coteaux du Giennois offriront aux amateurs de plein air d'agréables lieux de promenade.

Se repérer

CARTE P. 298 (A2).
9 589 Cosnois – Nièvre (58)
À 30 km au nord de La Charité-sur-Loire et à 17 km à l'ouest de Donzy.

En famille

Une balade en cyclorail ou une promenade en canoë ou à cheval *(voir « Nos adresses »).*

Nos adresses p. 343

Se promener

R. du Général-de-Gaulle - 03 86 28 11 85 - www.ot-cosnesurloire.com.
Cosne s'est développée sur le site gallo-romain de **Condate** (terme celte signifiant « confluent »). La ville doit son nom actuel à la fusion, en 1973, de Cosne-sur-Loire et de Cours.

Église St-Agnan

Ne se visite pas. Cette église d'un prieuré clunisien a conservé de sa construction primitive un portail roman et une abside romane épaulée par des contreforts montant jusque sous la corniche. Ses deux absidioles sont très en retrait sur l'abside principale. Ne manquez pas la décoration des chapiteaux.

Musée de la Loire

Pl. de la Résistance - 03 86 26 71 02 - www.museedelaloire.fr - - mars-oct. : lun. et merc.-vend. 10h-12h, 14h-18h, w.-end 14h-18h ; nov.-déc. : lun. et merc.-vend. 10h-12h, 14h-17h30, sam. 14h-17h30 - 3,50 € (-18 ans gratuit).

Un arsenal convoité

Au 18e s., Cosne était célèbre pour ses **forges**, en fonction dès 1666, et ses manufactures de canons, mousquets, ancres de marine. Sa situation lui permettait de profiter pleinement des ressources houillères et forestières toutes proches du Nivernais, de la force motrice du Nohain, et de la Loire pour expédier ses produits vers les ports de l'Atlantique. Transférée à Guérigny en 1872 *(voir p. 320)*, l'activité des forges « nationalisées » s'est maintenue au service de la Marine jusqu'en 1971.
Aujourd'hui le site des **forges de la Chaussade** a été bien transformé. Sur les quais, une ancre (de 1861) pesant 2 580 kg témoigne de ce passé industriel, ainsi que le portail d'entrée des forges (fin 17e s.). Le bâtiment du restaurant Le M comporte quant à lui de beaux ouvrages de ferronnerie *(quai du Mar.-Joffre).*

5

Ce musée situé dans l'ancien couvent des Augustins présente à travers de multiples objets aussi bien artistiques qu'ethnographiques les rapports de l'homme avec la Loire : peintures de paysages, faïences, maquettes de bateaux, divers outils du quotidien sans oublier ces nombreux objets de culte qui témoignent de l'impétuosité du fleuve. Le second volet du musée est dédié à la peinture moderne. Parmi la trentaine d'artistes accrochés émergent quelques grands noms de l'École de Paris : Vlaminck, Dufy, Derain, Utrillo, Chagall, Manguin et Zingg...

La Loire est sujette à de fortes **crues**. Celle du 6 décembre 2003 atteignit un pic de 4,60 m, ce qui ne s'était pas vu depuis octobre 1907.

À proximité

CARTE P. 298

Musée paysan de la Bourgogne nivernaise, à Cadoux A1

À La Celle-sur-Loire, 7 km au nord par la D 907 - 06 43 52 84 78 - juil.-août : 14h-19h ; reste de l'année sur RV - 6 € (-12 ans 4 €).

Dans une vieille grange du 15e s., un musée des traditions paysannes expose divers outils agricoles et artisanaux du 19e s. (avant la mécanisation), ainsi que du mobilier présenté dans des intérieurs reconstitués.

Musée de la Machine agricole et de la Ruralité A1

À St-Loup-des-Bois, 11 km au nord-est de Cosne.

9 r. du Maître-de-Forges - 03 86 39 91 41 - www.mumar.fr - mai-sept. tlj sf mar. 10h-12h, 14h-18h ; oct.-avr. sur réserv. - 6 € (6-15 ans 3 €).

Ce musée expose une collection de plus de 150 machines agricoles, moissonneuses-batteuses et autres tracteurs, tous en état de fonctionnement. Il présente également les anciens métiers du bois.

Château des Granges A2

À Suilly-la-Tour, 15 km au sud-est par les D 33, D 163 puis D 153.

Du 17 juil. au 20 sept. : visite libre du parc, des salles des blasons et de la turbine - 2 €.

Cet élégant château classique date de 1605. Entouré de douves, il abrite d'importants communs et une chapelle dans son enceinte cantonnée de tours rondes.

Donzy A2

17 km à l'est par la D 33.

03 86 28 11 85 - www.ot-cosnesurloire.com.

Cette ancienne baronnie du Moyen Âge, dont les puissants seigneurs devinrent par alliance comtes de Nevers, se trouve au confluent du Nohain et de la Talvanne. Autour de l'église St-Caradeuc, refaite au 19e s., se concentrent des demeures à pans de bois et des façades Renaissance.

Moulin de Maupertuis – *R. André Audinet - 03 86 39 39 46 - www.moulindemaupertuis.jimdofree.com - juil.-sept. : tlj sf merc. 10h-12h, 14h-18h ; reste de l'année : se rens. - fermé nov.-mars. - 6 € (6-18 ans 3 €).* Cet ancien moulin à farine (fin 14e s.) est devenu un écomusée sur l'univers de la meunerie. Ses machines fonctionnent toujours. Un nouvel espace consacré au Nohain et à son environnement a ouvert ses portes en 2021. Boutique de produits régionaux.

Donzy-le-Pré – *1 km à l'ouest du bourg de Donzy ; n'hésitez pas à vous y rendre à pied.* Les ruines d'un prieuré clunisien (début du 12e s.) sont intéressantes, en particulier un **tympan** du 12e s., chef-d'œuvre de la sculpture romane bourguignonne, qui représente la Vierge et l'Enfant, entre le prophète Isaïe et un ange thuriféraire. Les voussures sont ornées d'alvéoles carrées et de fleurs.

Nos adresses

Restauration/ Hébergement

Budget moyen

Les Forges – *21 r. St-Agnan - ✆ 03 86 28 23 50 - www.les-forges-cosne.com - fermé dim. soir et lun. - plats 15/17 €, menus 19/34 € - 7 ch. 66/81 € - ☕ 10/13 €.* Cette avenante maison abrite une salle à manger confortable et chaleureuse où l'on propose une courte carte régionale. Chambres joliment décorées et soignées.

Au Bistrot d'Anatole – *6 r. Anatole-France - ✆ 03 86 27 12 95 - www.chez-anatole.com - fermé lun., mar. soir, merc. soir, dim. soir - menus déj. 15/23,50 €, menus 21/36 €.* Un bistrot contemporain dans une petite rue du centre-ville. On y savoure des classiques du genre comme ce pressé de poireaux, girolles et canard confit. L'accueil souriant et l'ambiance conviviale achèvent de nous convaincre de la sympathie de l'adresse !

À proximité

Budget moyen

Le Chat – *42 r. des Guérins - Villechaud - 3 km au sud de Cosne - ✆ 03 86 28 49 03 - www.restaurant-lechat.fr - fermé lun., mar., dim. soir - menus déj. 17/29 €, menus 24,50/47 €.* Comment un ancien bar de village – baptisé Le Chat depuis 1856 – se mue-t-il en bonne table ? Demandez donc au sympathique chef, qui fait rimer créativité et convivialité. On en ronronne de plaisir.

Chambre d'hôte L'Orée des Vignes – *21 Croquant - St-Père - 3,2 km à l'est de Cosne-Cours-sur-Loire par D 33 et D 168 - ✆ 07 88 43 04 96/03 86 24 84 51 - www.loreedesvignes.com - 🅿 - 4 ch. 83/103 € ☕ - ✕ 30 € bc.* Cette jolie fermette recèle de vastes chambres mansardées, une belle salle à manger où se mêlent meubles bourguignons et mobilier de style Renaissance espagnole et un agréable salon agrémenté d'un vieux four à pain. La terrasse s'ouvre sur un délicieux jardin.

Le Grand Monarque – *10 r. de l'Étape - Donzy - 16 km à l'est de Cosne - ✆ 03 86 39 35 44 - www.legrandmonarque-donzy.fr - fermé dim.-mar. - 9 ch. 88 € - ☕ 10 € - ✕ rest. fermé du dim. soir au merc. midi - menus 20/27 €.* Ce petit hôtel familial d'un paisible village possède aussi un bel escalier à vis du 16e s. qui dessert des chambres ; certaines se révèlent charmantes (lits king size). Mais l'attrait de la maison réside surtout dans sa jolie cuisine du 19e s. bien préservée où sont servis des plats traditionnels.

Shopping

Ferme de Port Aubry – *À 4 km via la D 243 - ✆ 03 86 26 63 61 - 9h-12h, 15h-18h.* Quatre cents chèvres produisent entre autres le fameux crottin de Chavignol. Après avoir assisté à la traite (6h et 15h30), on peut faire son marché dans la ferme attenante qui fourmille de produits locaux (miel, vins, etc.). Espace pique-nique avec jeux pour enfants et gîte.

Activités

Louer un vélo

Office de tourisme de Pouilly-sur-Loire – *✆ 03 86 28 11 85 - 15 €/1/2 j, 30 €/j.* Location de VTC, VTT et VAE. Pensez à réserver en saison.

Canoë

Canoë Évasion – *300 île de Cosne, face au camping de l'île - location au camping de l'Île de Cosne, situé à Bannay, 11 km au sud de Cosne-Cours-sur-Loire - ✆ 06 84 69 06 70 - www.canoeevasion.com - juil.-août : 8h-19h30 ; de mi-avr. à fin juin et sept. : w.-end sur réserv.* En route

5

pour l'aventure à bord d'un grand canot ! Accessibles même aux plus jeunes, ces balades au fil de l'eau vous feront découvrir la beauté du Val de Loire et de son patrimoine naturel.

Excursions

Exploration Aventure Loire – *✆ 06 44 00 84 05 - www.exploration-aventure-loire.com - 15 € (enf. 13 €).* Balade commentée (1h) en bateau au départ de Cosne-Cours-sur-Loire, à la découverte des paysages encore sauvages de la Loire.

Cyclorail du Sancerrois – *Port-Aubry - ✆ 06 85 22 80 72 - www.cyclorail.com - tte l'année sur réserv. 2h AR max. 9,50 € (-6 ans 2 €).* Le parcours (13 km AR) entre les vignes vous offre de belles vues sur les bords de Loire, sur le Canal latéral à la Loire, et finalement sur les vignobles et les collines de Sancerre. On démarre par un magnifique pont de 856 mètres : le plus grand pont métallique ferroviaire français.

Randonnée équestre

Camargue Équitation Loisirs Nièvre – *Cosne-Cours-sur-Loire - ✆ 03 86 26 60 34 - www.camargue-equitation-loisirs-nievre.com - sur RV : promenades à l'heure, à l'après-midi, pour les initiés ou non - lun. et jeu. soirs (à partir de 18h), mar.-merc.et vend. après-midi et w.-end à partir de 14 €.* Ce centre propose une initiation à l'équitation Camargue, sorte d'histoire de couple entre le cavalier et le cheval. Possibilités d'hébergement pour les randonnées de plusieurs jours et organisation de spectacles autour de cette discipline.

La Puisaye ★

Bocage, forêts et étangs forment le paysage verdoyant du pays natal de Colette ; une région rurale également empreinte d'une forte tradition potière. Au cœur de cette nature propice aux activités de plein air serpentent de charmantes petites routes au détour desquelles se dévoilent les silhouettes de quelques châteaux, dont celui de St-Fargeau.

Se repérer

CARTE P. 298 (A1).
Nièvre (58), Yonne (89)
Ce plateau entre la Loire et l'Yonne a pour villes principales St-Amand, St-Sauveur et St-Fargeau.

À ne pas manquer

Le château de St-Fargeau ; le château de Ratilly ; St-Sauveur-en-Puisaye et la maison natale de Colette.

En famille

La ferme du château de St-Fargeau, le parc animalier de Boutissaint ; le cyclorail au départ de Charny, le train touristique du pays de Puisaye-Forterre ; la Pyramide du Loup *(voir « Nos adresses »)*.

Carnet pratique p. 354

Nos adresses p. 354

Cœur de Puisaye

CARTE P. 298 A1

Circuit de 36 km tracé en bleu sur la carte.

St-Amand-en-Puisaye

Idéalement installée sur un gisement d'argile de Myennes, cette petite ville est la capitale de la Puisaye potière. Parmi les ateliers et points de vente *(voir « Nos adresses »)*, ne manquez pas d'aller rendre visite à la boutique de Jean Cacheleux, qui expose aussi ses céramiques d'art en région parisienne et en Normandie.
Musée du Grès – *13 Grande-Rue - ✆ 03 86 39 63 72 - www.saint-amand-en-puisaye.fr - de mi-juil. à mi-août : 10h-13h, 15h-18h ; de déb. juin à mi-juil. et de mi-août à fin sept. : tlj sf mar. 10h-13h, 15h-18h ; avr.-mai : w.-end 10h-13h, 15h-18h - 4 € (-12 ans gratuit) - billet donnant accès à la maison de la Mémoire potière.* Le château Renaissance de St-Amand accueille, dans trois salles, les pièces qui retracent l'évolution de la production régionale, depuis les grès utilitaires déjà

5

D'argile et d'eau

Le sol de la Puisaye contient des silex non roulés, empâtés d'argile blanche ou rouge utilisée dès le haut Moyen Âge par les potiers de St-Amand, Treigny, St-Vérain et Myennes. L'industrie de la **poterie** se développe surtout au 17e s. Aux pièces de luxe, dites « bleu de St-Vérain », succèdent, au siècle suivant, des productions pour la plupart utilitaires ; l'artisanat de la fin du 19e s. leur assure une nouvelle réputation. Aujourd'hui, l'activité se concentre à **St-Amand-en-Puisaye** *(voir « Nos adresses »)* devenu centre de formation, et aux abords mêmes de la localité, où fonctionnent plusieurs ateliers, lui assurant l'un des premiers rangs pour la fabrication des grès. Moutiers, proche de St-Sauveur, propose des grès au lieu-dit La Bâtisse (four couché du 18e s.), où exercent les descendants de la dynastie de potiers des Cagnat.

répandus au 14e s. jusqu'à la poterie décorative développée à la fin du 19e s. par le sculpteur Jean Carriès et ses amis, représentants de l'Art nouveau. Remarquez *Le Défi*, superbe tête de berger, par son élève Paul Jeanneney. Le musée est couplé avec la **Maison de la Mémoire potière**, située à 300 m : la visite guidée permet de découvrir un atelier, d'apprécier le four de 80 m^3 et d'assister à une démonstration de tournage.
Prenez au nord la D 2 et la D 18 sur 13 km.

★ Château de St-Fargeau

Voir carnet pratique.
03 86 74 05 67/03 86 74 03 76 - www.chateau-de-st-fargeau.com - d'avr. à mi-nov. : 10h-12h, 14h-18h (19h en juil.-août) - 11 € (6-15 ans 7 €) - visites nocturnes juil.-août : jeu. 21h30 - réserv. en ligne - 13 € (6-15 ans 9 €).
Le spectacle son et lumière en été vaut le déplacement ! Voir agenda p. 354.
La tendre couleur rose de la brique et du crépi enlève à cette imposante construction, cernée de fossés, l'aspect rébarbatif que pourraient lui conférer ses tours massives. De la même façon, celles-ci s'affinent grâce à des lanternes ajourées très élancées, installées par Le Vau. À l'intérieur de ce corset féodal, la vaste cour d'honneur, entourée de cinq corps de logis (le plus récent à droite de l'entrée date de 1735), forme un ensemble d'une élégance inattendue.
Édifié en plusieurs étapes, à partir de la Renaissance, le château actuel se trouve à l'emplacement d'une forteresse élevée par un parent d'Hugues Capet vers 980. Sur les six tours qui encadrent le bâtiment, la plus grosse (au point de renfermer une cour intérieure à ciel ouvert) fut bâtie par **Jacques Cœur**, banquier du roi Charles VII. Un ancien compagnon de Jeanne d'Arc, l'homme d'armes **Antoine de Chabannes** (de réputation sulfureuse quand, soldat rebelle, il prit la tête d'une troupe de mercenaires appelés « Écorcheurs »), acquit le château lors de l'emprisonnement de Jacques Cœur et y fit exécuter d'importants travaux d'agrandissement en lui donnant son plan pentagonal. Mais c'est durant l'exil de la Grande Mademoiselle *(voir encadré ci-contre)* que l'architecte de Versailles,

Un château pour des propriétaires insolites

Sur l'ordre de son cousin Louis XIV, Anne Marie Louise d'Orléans, duchesse de Montpensier, dite **la Grande Mademoiselle**, passa cinq ans à St-Fargeau après sa participation à la Fronde. En 1681, elle fit don de St-Fargeau au duc de Lauzun, courtisan en disgrâce auquel elle s'unit en secret, après de nombreux projets de mariage avortés.
En 1715, la propriété fut acquise par Le Peletier des Forts. Son arrière-petit-fils, **Louis-Michel Le Peletier de St-Fargeau**, réélu député du tiers état à la Convention nationale en 1792, vota la mort au procès de Louis XVI. Assassiné la veille de l'exécution du roi par le garde du corps Pâris, il fut considéré par les révolutionnaires comme le premier « martyr de la liberté ». David le peignit sur son lit de mort. Sous la Restauration, sa mémoire tomba en disgrâce et sa fille racheta le tableau à prix d'or pour... le faire oublier (en fait, le détruire). Son corps repose dans la chapelle. Vous pouvez voir son effigie en cire dans l'une des salles du rez-de-chaussée.
Propriété de la famille des d'Ormesson jusqu'à la fin des années 1960, le château de St-Fargeau est le personnage central du roman *Au plaisir de Dieu*, de Jean d'Ormesson (1974). Le château appartient depuis 1979 à Michel Guyot, également propriétaire de celui de Guédelon *(voir p. 357)*.

Château de St-Fargeau.
J. Elliott/age fotostock

Louis Le Vau, transforma (vers 1655) l'aspect des bâtiments et conçut l'aile qui porte toujours son nom.

La galerie – *Visite libre.* Dans l'angle des deux ailes principales, un escalier semi-circulaire donne accès à la rotonde d'entrée. La chapelle est aménagée dans l'une des tours : à gauche s'ouvre la galerie qui desservait les appartements de la Grande Mademoiselle, entièrement brûlés en 1752 ; à droite s'étend la belle salle des Gardes, qui fut la plus vaste de France lors de sa construction.

Les appartements de la Grande Mademoiselle – *Visite guidée.* Grâce aux efforts de l'actuel propriétaire, les salles de billard, le grand salon et la salle à manger ont retrouvé un mobilier et des décors d'époque. Dans la belle bibliothèque de chêne de Hongrie (19e s.), vous pourrez repérer quelques ouvrages originaux de Voltaire.

Les **combles★★** – La visite (libre) des combles (1000 t de poutres de chêne) révèle des charpentes datant des 17e, 18e et 19e s. en fonction des incendies (1752 et 1855) qui les éprouvèrent. Elles ont été taillées dans le cœur de chêne, la partie la plus dure de cet arbre. On estime qu'il a fallu couper une chênaie d'une soixantaine d'hectares pour réaliser cette immense toiture de près de 2 ha. Sa structure a été assemblée sur le principe du tenon-mortaise, c'est-à-dire sans utiliser de chevilles, uniquement par emboîtement des pièces.

La **tour Jacques Cœur** – C'est la plus grosse du château (36 m de haut et 24 m de diamètre). Elle est particulièrement spectaculaire. Son toit en forme d'entonnoir légèrement incliné vers l'ouest permet à la fois d'éclairer l'intérieur et de récupérer les eaux de pluie.

Le parc – Dans le parc à l'anglaise de 118 ha, la grande pièce d'eau est alimentée par le ruisseau du Bourdon. Vu de la berge, le château se présente sous son meilleur jour. Huit **locomotives** – dont le dernier exemplaire du mastodonte à vapeur de 1905 qui relia Paris à Rouen avec des pointes de 120 km/h – ont trouvé leur place parmi les belles futaies.

Ferme du Château – *Allée des Platanes - ✆ 03 86 74 03 76 - www.ferme-du-chateau.com - juin-oct. : w.-end, j. fériés et vac. scol. 10h-18h ; reste de l'année :*

Rogny-les-Sept-Écluses

Pas moins de 12 000 ouvriers ont participé à la construction de ce spectaculaire ouvrage d'art imaginé par Henri IV et Sully dès 1597. L'objectif ? Relier la Méditerranée à l'Océan et à la Manche en faisant confluer la Loire et la Seine grâce à un canal. Mais entre les deux cours d'eau, l'obstacle était de taille : une colline les séparait à Rogny. C'est l'ingénieur Hugues Cosnier qui imagine alors cet ensemble de six écluses – sept au final – pour que les navires puissent franchir ce dénivelé de 24 m. Ce n'est qu'en 1642 que le « canal de Loyre en Seyne » s'ouvre à la navigation. On le connaît aujourd'hui sous le nom de canal de Briare.
À 20 km au nord-ouest de Saint-Fargeau via la D90 (20mn).
Rogny-les-Sept-Écluses – *2 r. Gaspard-de-Coligny - ✆ 03 86 74 57 66 - www.puisaye-tourisme.fr.*

se rens. - 8 € (4-15 ans 6 €) - hébergements sur place. Revêtus de la tenue de leurs aïeux, des Fargeaulais présentent, à travers de nombreuses animations, les animaux de la ferme, la vie rurale et les métiers de la campagne au début du 20e s. Au cours de votre visite, vous verrez la maison du fermier, avec sa laiterie, son four à pain et sa cuisine dotée d'ustensiles d'époque. Vous découvrirez aussi les gestes du maréchal-ferrant ou du cordier, et vous vous laisserez peut-être tenter par une promenade en calèche ou en malle-poste, tandis que vos enfants assisteront à la traite des chèvres ou à l'attelage des chevaux de trait.
Tour de l'Horloge – En contrebas du château, cette tour carrée en brique et pierre est une ancienne porte fortifiée de la fin du 15e s.
Église St-Ferréol – Sa façade gothique de la fin du 13e s. s'éclaire d'une rose rayonnante inscrite dans un carré (vitraux modernes). L'église conserve d'intéressantes pièces, comme dans la nef, à droite, une Pietà en pierre polychrome du 15e s., une statue de la Vierge en bois polychrome et, dans le chœur, des stalles du 16e s. ainsi qu'un Christ en bois du 14e s. Dans la chapelle du bas-côté sud sont réunis un triptyque de la Passion (peu visible) et la Charité de saint Martin, remarquable bois sculpté du 16e s.
Chapelle Ste-Anne – *(Clé disponible à l'office de tourisme).* L'édifice abrite un bel ensemble de peintures murales datant du début du 16e s. Le récit de la Passion du Christ est retracé en 11 épisodes, tandis que deux autres peintures évoquent la *Généalogie de la Vierge* ou encore la *Rencontre des Trois Morts et des Trois Vifs*.
★ **Musée de l'Aventure du son de St-Fargeau** – *Pl. de l'Hôtel-de-Ville - ✆ 03 86 74 13 06 - www.aventureduson.fr - ♿ - avr. et oct.-nov. : tlj sf mar. 14h-18h ; mai-sept. : tlj sf mar. 10h-12h, 14h-18h ; reste de l'année : se rens. - 7 € (12-16 ans 3 €).* Phonographes, radios et toutes sortes d'instruments de musique mécanique (démonstrations à heures fixes) forment l'une des plus belles collections du genre. On découvre ici qu'Edison et Cros avaient pour point commun d'être autodidactes et touchés de près par la surdité, ce qui orienta leurs recherches. En état de marche, les phonographes, orgues de manèges et orgues de Barbarie rivalisent de rengaines nostalgiques, dont on peut comparer les sons. Les heures de gloire de la radio se suivent également à travers l'exposition de centaines de postes : récepteurs à cohéreurs, à galène, à lampes extérieures... En 1907, on enterra à Paris des disques avec l'intention de les déterrer un siècle plus tard. La presse d'alors s'extasiait : « Oh, merveille ! Ils entendront parler les morts. » Redécouvrez les exploits de la technique en écoutant des voix mémorables : celles de l'actrice Sarah Bernhardt, du pape Léon XIII ou d'**Édith Piaf**.
Prenez la D 185 à l'est du château, sur 3 km.

Lac du Bourdon

Il couvre 220 ha et forme un beau réservoir destiné à alimenter le canal de Briare. Plan d'eau aménagé *(promenades autour du lac, voile, canotage, pêche et baignade).*

Continuez sur la D 185.

★ Parc animalier de Boutissaint

06 34 20 83 20 - www.boutissaint.com - ♿ - avr.-juin : tlj sf lun. et jeu. 10h-18h ; juil.-août : 9h30-19h ; sept.-oct. : tlj sf lun. et jeu. 10h-19h ; fermé de nov. à mars - 14 € (5-17 ans 11 €) - les sam. de sept., soirée (dîner et promenade nocturne) pour écouter le brame du cerf. réserv. au 03 86 74 18 18.

Soyez prudents : au moment du rut, les animaux peuvent être agressifs, en particulier les cerfs en sept.-oct.

Créé en 1968 au sud du lac du Bourdon, ce parc occupe 400 ha de bois, de prairies et d'étangs, et ménage environ 100 km de promenades. Son but est de maintenir dans leur biotope plus de 400 grands animaux vivant à l'état sauvage. Des itinéraires pour piétons et cavaliers permettent de découvrir des hardes de cerfs, de biches, de daims et de chevreuils en pleine liberté. Dans de vastes enclos vivent des bisons d'Europe, de nombreux sangliers et des mouflons de Corse. On peut également observer de petits animaux tels que des écureuils, des lapins, des belettes, des hermines ainsi qu'une multitude d'oiseaux sédentaires ou migrateurs. Notez que le pique-nique y est autorisé. Si la vénerie vous intéresse, ne manquez pas, le 15 août, la **Fête de la forêt sauvage** *(spectacle de fauconnerie, spectacle équestre et recensement des animaux).*

Un peu plus loin, prenez à gauche la D 955 en dir. de St-Sauveur-en-Puisaye.

★★ Chantier médiéval de Guédelon

Voir p. 357.

Reprenez la D 955 vers St-Amand-en-Puisaye, puis la D 185 à gauche.

★ Château de Ratilly

06 09 12 13 74 - www.new.chateauderatilly.fr - de mi-juin à mi-sept. : 10h-18h ; de fin mars à mi-juin et de mi-sept. à mi-nov. : tlj sf vend. 10h-12h, 14h-17h30, w.-end 14h30-18h ; reste de l'année : se rens. - 5 € (-12 ans gratuit).

La découverte de cette importante bâtisse du 13e s., à l'écart des grandes routes, dans un écrin de beaux arbres, ne manque pas de charme. Dans les années 1730, la forteresse servit de refuge aux jansénistes, qui y imprimèrent un journal clandestin, *Les Nouvelles ecclésiastiques*, temporairement à l'abri des poursuites de la police royale et avec l'appui de l'évêque d'Auxerre. Des tours massives et de hauts murs d'aspect sévère surplombent les douves sèches entourant le château construit en belle pierre ocre, patinée par le temps. Derrière ses murs, on découvre un très rare **pigeonnier★** avec son échelle tournante pour accéder aux boulins (niches où nidifiaient les pigeons). Les volatiles étaient élevés à la fois pour leurs œufs et leurs fientes. Très riche en ammoniaque, le guano était un engrais courtisé ; symbole de fécondité, on l'offrait aux jeunes mariés privilégiés. À raison du millier de boulins que compte ce pigeonnier – sachant qu'un boulin équivalait à un demi-hectare de terres –, on imagine l'étendue des terres que possédait le domaine de Ratilly.

On visite un atelier artisanal de poteries de grès dans l'aile gauche, ses combles et les deux ailes basses sur l'arrière, aux salles rénovées avec une belle cheminée historique de 1581 *(expositions temporaires d'art contemporain, concerts).*

Redescendez sur le village.

5

Treigny

Dans cette commune, frontière entre la Puisaye et la Forterre, trône une belle **église** du 15e s., de style gothique flamboyant. En raison de ses vastes proportions, étonnantes pour un sanctuaire de campagne, elle est surnommée la « cathédrale de la Puisaye ». Remarquez la masse imposante des contreforts. À l'intérieur, deux Christ en croix : l'un, aux extrémités rongées, posé sur le bas-côté de la nef, exécuté par un lépreux au 16e s., l'autre accroché au-dessus du portail, de facture janséniste.

Couvent – *4-8 r. du Couvent - ✆ 03 86 74 75 38 - www.lecouventdetreigny.com - juil.-août : 14h-19h ; avr.-juin : vend.-lun. 14h-19h (18h en sept.-oct.) - gratuit.* Dans ce bâtiment jadis occupé par les jansénistes, les potiers de Puisaye exposent tous les ans leurs œuvres et accueillent des artistes invités.

Empruntez la D 66 sur 8 km en direction de Moutiers.

Moutiers-en-Puisaye

L'**église** paroissiale appartenait autrefois à l'abbaye St-Germain d'Auxerre. Elle conserve quelques belles œuvres, telles que les motifs sculptés ornant l'embrasure des baies de l'avant-nef (13e s., remaniés au 16e s.) et les **fresques médiévales** de sa nef. Découverts en 1982 sous un badigeon du 17e s., deux cycles peints, roman et gothique, se superposent. Les fresques romanes (seconde moitié du 12e s.) ont été privilégiées sur le mur nord (Annonciation, Nativité, Annonce aux bergers, Christ entouré d'anges montrant ses plaies), le mur ouest au revers de la façade (grands personnages énigmatiques) et la première travée du mur sud (scène d'adoration). Trois registres gothiques (vers 1300) complètent ce dernier : en haut, procession ; au centre, scènes de la Genèse ; en bas, histoire de saint Jean-Baptiste et arche de Noé.

La Bâtisse – *2 bis rte de St-Fargeau - ✆ 03 86 45 68 00 - www.poterie-batisse.com - mar.-sam. 10h-12h, 14h-18h, et dim. 15h-18h (mai-sept.), lun. 15h-18h (juil.-août) - 5 € (7-12 ans 2,50 €).* Au lieu-dit La Bâtisse, la vieille poterie Louis-Cagnat abrite le dernier grand **four couché** du 18e s., pouvant accueillir jusqu'à 3 000 poteries. Il brûlait en moyenne 50 m^3 de gros bois et plus de 5 000 fagots de brindilles par cuisson.

Poursuivez à l'est sur la D 85.

St-Sauveur-en-Puisaye

« Donne ta main, serre bien la mienne : elle te mène, sans bouger, vers les dimanches humbles que j'ai tant aimés. Je t'emmène vers ma maison d'autrefois ». Cette invite est bien sûr signée **Colette**. L'écrivaine vécut ses dix-huit premières années à St-Sauveur avant de déménager en 1891 à Châtillon-Coligny, dans le Loiret, suite au revers de fortune que connut sa famille.

Peintures murales en Puisaye-Forterre

St-Amand-en-Puisaye, St-Fargeau, Villiers-St-Benoît, mais aussi Bléneau, La Ferté-Loupière, Lindry, Louesme, Moutiers, Parly, Pourrain, Ronchères, Sts-en-Puisaye, Villeneuve-les-Genêts... Dans toutes ces communes où les sous-sols sont riches en ocre, églises ou chapelles abritent des peintures murales dont les plus anciennes remontent au 12e s.

Dépliant disponible dans la plupart des lieux touristiques de la Puisaye et en téléchargement sur www.puisaye-tourisme.fr.

Le pays de Colette

Quitter sa maison natale fut un véritable déchirement pour **Colette**, qu'elle n'aura de cesse de panser à coups d'écriture. « Sa maison deviendra l'un des personnages centraux de son œuvre », fait observer Frédéric Maget, président de la Société des amis de Colette et cheville ouvrière du projet de rachat de la maison natale. Cette maison, ce pays de son enfance, on les retrouve dans *Claudine à l'école* (1900), premier roman signé sous le pseudonyme de Willy, diminutif de son premier mari **Henry Gauthier-Villars**, et dans nombre de ses ouvrages ultérieurs. Bien qu'habitant Paris depuis plus de 50 ans, Colette conservera jusqu'à sa mort, en pleine gloire, le 3 août 1954, un lien quasi ombilical avec sa terre natale, qu'elle appelait « le musée de ma jeunesse ».

★ **Maison de Colette** – *8-10 r. Colette - ✆ 03 86 44 44 05/06 - www.maisondecolette.fr - ♿ - visites guidées uniquement - de mi-juin à mi-sept. : 11h, 12h, 14h, 15h, 16h, 17h ; reste de l'année se rens. ; fermé de mi-nov. à mi-mars (ouv. vac. de Noël) - 11 € (-6 ans gratuit).* La maison natale de Colette – un médaillon de marbre rose porte la sobre inscription « Ici Colette est née » plonge le visiteur dans un lieu de vie, celui de l'enfance de Colette. L'intérieur de la maison et les jardins ont ainsi été reconstitués au plus près de ce qu'elle a décrit dans son œuvre. Accessible uniquement sous la forme de visite commentée (par petits groupes), on traverse ainsi le temps via ces multiples espaces : le jardin « d'en face », la salle à manger, les différentes chambres, la cuisine *(ateliers culinaires)* et la magnifique terrasse dallée, le jardin et sa glycine deux fois centenaire. Les combles de la maison seront à terme occupés par le Centre d'études Colette (lettres, manuscrits, livres, articles, objets...) qui aura aussi pour enjeu la réhabilitation de la littérature féminine.

★ **Musée Colette** – *1 pl. du Château - ✆ 03 86 45 61 95 - www.musee-colette.com - ♿ - d'avr. à mi-nov. : tlj sf mar. 10h-18h - 7 € (enf. 5 €).* Consacré à la vie et à l'œuvre de Colette, ce musée est aménagé dans le château de St-Sauveur (16ᵉ-17ᵉ s.), à proximité d'une tour sarrasine du 12ᵉ s. – la dernière de ce type subsistant en France – construite en pierre de fer sous une forme ovoïde. L'enfance, les passions et la carrière de Colette sont illustrées par quelque 250 photos accompagnées d'une bande sonore qui reprend quelques-uns de ses textes sur des morceaux de piano. Le salon et la chambre qu'elle occupait au Palais-Royal, à la fin de sa vie, sont reconstitués autour de son mobilier, comme le célèbre lit-radeau au damas rouge, doté d'une table qui lui permettait d'écrire en dépit de son arthrite. L'ensemble est complété par de nombreux souvenirs légués par la famille de Jouvenel, son deuxième mari. Après un bel escalier, dont chaque marche porte un titre de son œuvre, la visite se termine à la bibliothèque factice, un espace de lecture ou plutôt de « dégustation », dans lequel 1500 faux livres renferment des citations de l'écrivain.

Sentier « Colette » – *6 km. Comptez 2h30. Du musée, passez devant la maison de Colette, puis devant le lavoir du Petit-St-Jean. De là, suivez le balisage (les silhouettes de Colette et de son chat sur fond blanc) qui traverse le village de Moutiers et s'en retourne sous la voie de chemin de fer.* Vous pourrez lire les passages de ses livres consacrés aux lieux de son enfance, tout en les découvrant par la promenade.

Retour à St-Fargeau, à 11 km par la D 85.

5

Autour de Toucy

CARTE P. 298

Toucy A1

1 r. de la République - ✆ 03 86 44 15 66 - www.puisaye-tourisme.fr.
Ne ratez pas le grand marché du samedi matin !
Cette localité vivante, bâtie sur la rive droite de l'Ouanne, fut le pôle historique de la Puisaye jusqu'au 14e s. Sur une hauteur, la surprenante **église St-Pierre★** a littéralement l'aspect d'une forteresse : le chevet plat, flanqué de deux tours du 12e s., et le mur nord de l'édifice sont les restes de l'enceinte du château des barons de Toucy. Promenez-vous près des anciens remparts, d'où l'on découvre la ville basse, le buste du célèbre enfant du pays, le lexicographe **Pierre Larousse** (1817-1875), et les environs. Autour de l'étang alimenté par l'Ouanne, un espace de verdure a été aménagé en parc de loisirs *(camping)*.
★ **Galerie de l'Ancienne Poste** – *Pl. de l'Hôtel-de-Ville - ✆ 03 86 74 33 00 - galerie-ancienne-poste.com - jeu.-dim. 10h-12h30, 15h-19h- fermé en fév.* Cet hôtel particulier du 17e s. abrite au rez-de-chaussée LA référence hexagonale en matière de **céramique contemporaine** : la plus célèbre galerie française consacrée à cet art, créée en 1997, présente des artistes français mais aussi européens, confirmés comme émergents.
Embarquez à bord du **train touristique du pays de Puisaye-Forterre** *(voir p. 355)* pour une sympathique balade de Toucy à Villiers-St-Benoît à travers la campagne poyaudine (relative à la Puisaye).

★ Jardin de La Borde B1

9 km au sud-est de Toucy.
À Leugny - ✆ 03 86 47 69 01 - www.lbmh.fr - de mi-mars à mi-nov. : mar., dernier jeu. et dernier dim. du mois 10h-18h - 10 € (-12 ans gratuit).
C'est une histoire d'amour qui commença en 1997 entre un couple, Marieke et Rik Klomp, et une belle demeure seigneuriale du 14e s. et ses 7 ha de prés, plantés alors seulement d'une allée de tilleuls. Peu à peu, ils ont métamorphosé les lieux en jardin remarquablement géré, avec une seule taille par an et la proscription des pesticides. Classé Jardin remarquable, il abrite en particulier un arboretum comprenant une cinquantaine d'espèces, une roseraie... et un ravissant **potager★** à la française, ordonné autour d'un vieux catalpa. Ne manquez pas, enfin, de jeter un œil à la première **cour★** de la demeure, avec son mûrier noir qui s'épanouit au centre et, autour, son gazon circulaire en relief.

Fontenoy B1

11 km au sud de Toucy.
Musée de la Bataille de Fontenoy – *R. St-Marien - ✆ 03 86 44 02 18 - www.bataille-fontenoy841.fr - juil.-août : merc.-dim. 14h30-18h30 ; reste de l'année sur RV - 5 €.* Le 25 juin 841, les 1200 cavaliers des trois petits-fils de Charlemagne s'affrontent ici même, à la bataille de Fontenoy : cet événement marque alors la fin de l'empire de leur grand-père. Maquettes animées, peintures et pointes de lances trouvées sur le site évoquent cet épisode méconnu et essentiel du haut Moyen Âge.
Centre d'art contemporain – *Château du Tremblay - ✆ 03 86 44 02 18 - www.crac-fontenoy.fr - tlj sf lun. lun. 14h-19h - 6 € (-12 ans gratuit).* Ce château de la fin du 17e s. abrite le Centre régional d'art contemporain (CRAC) créé en 1978 par Fernand Rolland et Jean-Louis Vetter. Leurs œuvres sont exposées ici, ainsi que celles de M'an Jeanne, une ouvrière agricole devenue artiste à 70 ans. Des expositions temporaires sont également organisées.

Le « petit » Larousse

Quand Pierre Larousse était tout jeune, les mots le fascinaient déjà. À 20 ans, il fut nommé directeur de l'école primaire supérieure de Toucy. Son besoin d'« instruire tout le monde et sur toute chose » le poussa à entreprendre un *Dictionnaire de la langue française*. Travailleur acharné, il consacra la fin de sa vie à un monument intellectuel considérable, le *Grand Dictionnaire universel du XIX*e *siècle*, auquel il laissa son nom.

Villiers-St-Benoît A1

9 km au nord-ouest de Toucy.

Ce village se distingue par la qualité de son patrimoine. Les murs de son église sont couverts de magnifiques **peintures murales** (*voir encadré p. 352*). Le mur nord porte une fresque du 15e s., une conversation surnaturelle d'un bel équilibre trinitaire, le *Dict des trois morts et des trois vifs*. Sur la partie supérieure du mur sud se distingue un archer. Au registre inférieur, une Vierge de Pitié est encadrée de bandes d'ocre rouge.

Musée d'Art et d'Histoire de Puisaye – *5 r. Paul-Huillard - 03 86 45 73 05 - www.mah-puisaye.fr - de mi-mars à fin oct. : tlj sf mar. 10h-12h, 14h-17h (18h de mai à sept.) - fermé de mi-nov. à mi-mars - 5 € (-16 ans gratuit)* Aménagé dans une grande demeure bourgeoise du 17e s. typique de la région, ce musée présente au rez-de-chaussée la reconstitution d'une cuisine poyaudine et celle d'un cabinet d'érudit du 19e s. Au 1er étage est exposée une collection de faïences (principalement de l'Auxerrois, des 18e et 19e s.) et de grès de Puisaye. Dans le second bâtiment, que l'on rejoint par une galerie en verre (où sont exposées de belles céramiques d'artistes contemporains), on peut voir un remarquable ensemble de sculptures bourguignonnes (du 12e au 16e s.), dont quelques chefs-d'œuvre des ateliers dijonnais du 15e s. Le musée accueille chaque été une exposition d'art contemporain.

Grandchamp A1

14 km au nord-ouest de Toucy.

Le village abrite un **château** d'aspect longiligne très original, remanié plusieurs fois de la Renaissance au Second Empire. Entre les quatre tours circulaires, les façades emploient la brique avec un goût très sûr. Les dépendances (début 17e s.) bénéficient elles aussi de cette décoration très spécifique.

Charny A1 EN DIR.

25 km au nord-ouest de Toucy.

Le village marque par une plaque commémorative le terrible souvenir du 14 juillet 1944, jour où tous les hommes et quelques femmes du village, soupçonnés de soutenir le maquis, furent regroupés sous les armes dans la petite école. Quarante-cinq furent arrêtés, dont 14 torturés et déportés en Allemagne. Au centre de la petite ville, la **halle** ne manque pas d'allure avec ses murs de brique à pans de bois posés sur des piliers de pierre. Elle abritait autrefois la mairie.

★ Centre d'Art graphique La Métairie-Bruyère, Parly B1 EN DIR.

9 km au nord-est de Toucy.

03 86 74 30 72 - la-metairie.fr - juin-sept. : merc.-dim. 14h-19h ; reste de l'année : sur RV - 7 € (6-15 ans 5 €).

Profitez de la passionnante visite guidée (w.-end à 15h30 - 2h).

5

Lieu de création d'art unique en son genre, la Métairie-Bruyère est à la fois une maison d'édition de livres d'art (RLD), un site d'expositions et un atelier de rencontre à quatre mains entre l'artiste et l'imprimeur. Les charmants corps de ferme abritent les trois métiers de l'imprimerie : la gravure, réalisée à l'aide de la presse Miró (la plus grande d'Europe), du nom de l'artiste catalan, ami du fondateur des lieux, qui l'a fabriquée lui-même ; la typographie et ses 40 t de plomb ; la lithographie. Après cette belle immersion, agréable terrasse pour se rafraîchir, au milieu d'œuvres de *street art*, signés par le CyKlop ou Speedy Graphito.

Carnet pratique

S'informer

Office de tourisme – *3 pl. de la République - St-Fargeau - ✆ 03 86 74 10 07 - www.puisaye-tourisme.fr.*

Agenda

Spectacle pyromélodique – *Fin juil. à Rogny-les-Sept-Écluses - www.feudartificerogny.com - 14/27 € (-10 ans gratuit).* Lâcher de ballons, concert, feu d'artifice.

Foire du Beau Marché – *Le jour des Rameaux à Toucy.* Foire aux bestiaux qui existe depuis plusieurs siècles.

Marché des Potiers – *En juil. à St-Sauveur.* Un rendez-vous à ne pas manquer !

Spectacle au château de St-Fargeau – *✆ 03 86 74 05 67 - www.chateau-de-st-fargeau.com - 9 juil.-20 août : vend. et sam. à 22h - 13 €, enf. 9 €.* Dans ce spectacle historique, 600 acteurs et 60 cavaliers font revivre l'histoire de St-Fargeau.

Nos adresses

Restauration

À Toucy

Premier prix

Broc and Roll – *12 r. de la République - ✆ 03 86 45 54 40 - fermé merc.-jeu. - plats 14/18 €, menu déj. 14 €.* La grande salle du restaurant forme un bien charmant bric-à-brac dont la maîtresse de maison, Coco, n'a pas pu se défaire. Service jovial et cuisine fraîche composée de salades gourmandes, d'œufs cocotte garnis, de jarret d'agneau confit au romarin et autres plats du jour... Sans oublier les incontournables profiteroles !

À St-Fargeau

Budget moyen

Le Bistrot du Château – *10 r. du Petit-Pont - ✆ 03 86 44 23 69 - www.bistrot-chateau.fr - fermé dim. soir et lun. - plats 16/27 €.* Restaurant bistronomique tendance rustico-chic. Au menu, des classiques et des spécialités locales. La carte des vins offre un vaste choix, privilégiant les vignobles de l'Yonne.

St-Amand-en-Puisaye

Budget moyen

Au grès des envies – *49 Grande-Rue - ✆ 09 51 29 31 71 - fermé mar.-merc. - plats 18/21 €.* Ici, la convivialité est un maître mot : la maîtresse de maison vous accueille comme à la maison, tandis que le chef se plaît à concocter une cuisine de région et des burgers inventifs (qui peuvent être végétariens pour les amateurs), qui change chaque mois. Rapport qualité prix impeccable. Un coup de cœur !

Shopping

St-Amand-en-Puisaye

Espace Terre – *8 Grande Rue - ✆ 06 68 62 46 69 - www. espaceterre-ceramique.com - juil.-août : vend.-dim. 14h30-18h30 ; reste de l'année : se rens.* Ces deux maîtres artisans potiers font de très belles réalisations à des prix tout à fait abordables.

Activités

Excursions

Cyclorail de Puisaye – *Gare de Charny - ✆ 06 32 45 63 91 - www. cyclorail.com - 9,50/17 € de 1h à 1 j. (5 pers. maxi).* Une façon originale de partir à la découverte de la Puisaye : rouler en vélorail sur une ancienne voie ferrée. Le parcours, de Charny à Villiers-St-Benoît, d'une longueur de 32 km AR, permet de pique-niquer ou de se restaurer en chemin.

Train touristique du pays de Puisaye-Forterre – *Av. de la Gare - accueil touristique de Toucy - ✆ 03 86 44 05 58 - www.train-de-puisaye.com - juil.-août : merc. et w.-end 9h-18h30 ; mai-juin et sept. : dim. 14h-18h30 - 8 € (-14 ans 5,50 €) pour Toucy-Ville-Villiers-St-Benoît (AR). Possibilité de déjeuner en wagon-restaurant en période touristique : 35 € (-14 ans 21,50 €).* Ce train touristique qui emprunte la voie ferrée entre Villiers-St-Benoît et Moutiers-la-Bâtisse, via Toucy, vous fera découvrir la verdoyante Puisaye sur un trajet de 30 km. Le billet, valable toute la journée, permet de monter et descendre à n'importe quelle gare.

Parc de loisirs

Parc d'aventure du Bois de la Folie – *D 185 - Treigny - ✆ 03 86 74/06 30 07 74 28 - www. natureadventure.fr - juil.-août (réserv. nécessaire) : 10h-19h ; reste de l'année : se rens. - Tree Park 23 € (tarif réduit pour les enfants selon âge), paintball sur réserv. tte l'année (1h30) 24 € (8-13 ans 20 €).* 145 ateliers aériens, 11 parcours accrobranches et 1500 m de tyroliennes dans un agréable cadre d'arbres centenaires. Paintball et jeux interactifs autour de l'environnement.

Pyramide du Loup – *Les Gilats - à 4 km au nord de Toucy - ✆ 09 54 94 64 47 - www. lapyramideduloup.com - ♿ - avr.-nov. : merc.-dim. 10h-18h - 10 € (3-16 ans 6 €).* Cette pyramide en bois de 35 m de diamètre est dédiée au loup et à la biodiversité : spectacle 3D, parcours ludique et pédagogique et collection d'objets variés. Les espaces extérieurs feront à terme également partie de la visite. Restauration rapide, buvette et tables de pique-nique.

Hébergement

À Tannerre-en-Puisaye

Premier prix

Chambre d'hôte Chantal et René Gagnot – *Moulin de la Forge - 11 km au nord-est de St-Fargeau - ✆ 03 86 45 40 25 - www.moulindelaforge-puisaye. fr - 5 ch. 57/72 € - 1 gîte 360/450 €/5 pers. -* Chambres confortables (poutres apparentes, mobilier des années 1930), beau jardin fleuri avec piscine et étang poissonneux : cet ancien moulin à tan (14e s.) rayonne au milieu d'un parc arboré de 3 ha.

À Treigny

Pour se faire plaisir

Écolodge Beauregard – *3 r. de la Cour-Vieille - ✆ 06 51 84 23 03 -*

5

www.ecolodge-beauregard.com - P - 3 lodges et 3 cabanes 215 €. Si vous voulez jouer au Robinson avec tout le confort et une vraie fibre écolo, ces cabanes et les safari-lodges sont faites pour vous. Parmi les chênes, pins et autres bambous trône un immense potager en permaculture. Les enfants seront comblés : animaux et aire de jeux. Petit-déjeuner généreux servi dans un panier.

À St-Sauveur-en-Puisaye

Budget moyen

Domaine des Sapins – *rte de Mézilles - 03 86 45 50 07 - www.domaine-des-sapins.com - P - 4 ch. 92 €.* Située à 2 km du village natal de Colette, cette demeure familiale, construite au milieu du 19e s., prend place au cœur d'un ancien arboretum. Féru d'histoire, le propriétaire des lieux n'est pas avare d'informations intéressantes sur les attraits de sa région. Chambres spacieuses avec meubles d'époque.

À St-Fargeau

Budget moyen

Hôtel Les Grands Chênes – *Les Berthes-Bailly - 4,5 km au sud - 03 86 74 04 05 - www.hotellesgrandschenes.com - 14 ch. 104/127 € et 3 maisonnettes 120/190 € - 12 €.* Entre maison d'hôte et demeure de charme, une bâtisse bourgeoise pleine de cachet aux chambres colorées, près de Guédelon.

Le Relais du Château – *7 prom. du Grillon - 03 86 45 56 27 - www.relais-du-chateau.fr - P - 28 ch. 105/110 €.* Dans un authentique relais de poste, chambres confortables donnant sur une jolie cour intérieure où vous pourrez prendre votre petit-déjeuner aux beaux jours. Accueil chaleureux.

Le Hameau des Grilles – *Lac du Bourdon (5 km de St-Fargeau) - 03 86 74 12 11 - www.lehameaudesgrilles.com - 12 chalets, à partir de 94 €/2 pers - 9,50 €.* Situé en bordure du lac du Bourdon, le Hameau des Grilles fait partie d'un vaste domaine de 80 ha de prairies et d'installations équestres et sportives. Les possibilités sont innombrables : baignade, pêche, spa, activités nautiques et équestres sans oublier baptême de l'air en Gyro ULM. Accueil très chaleureux. Une adresse vivement recommandée pour les familles.

Pour se faire plaisir

La Maison Jeanne d'Arc – *9 r. de l'Église - 06 32 37 05 73 - www.lamaisonjeannedarc.com - 7 ch. 130/150 €.* Située au pied de l'église, cette maison historique (elle aurait hébergé Jeanne d'Arc) propose de très belles chambres et suites pouvant accueillir des familles. La décoration soignée mêlant teintes pastel et tissus imprimés ainsi que le petit jardin à l'arrière donnent à l'ensemble un charme fou.

Une folie

Les Galants – *Rte d'Arquian - 09 50 85 69 35 - www.lesgalants.fr - 4 ch. 160 € - table d'hôte sur réserv. 17 €.* Dans le bois des Galants, les chênes accueillent des hébergements insolites : 4 cabanes (cube et sphère) perchées à 6 m de haut. Toilette sèche et salle de bains à l'extérieur. Le petit-déjeuner est hissé jusqu'au faîte de l'arbre !

Chantier médiéval de Guédelon ★★

Vouloir construire un château fort du 13e s. avec les techniques et les outils de l'époque, le pari lancé en 1997 était audacieux. Il l'est encore une vingtaine d'années plus tard. L'objectif de ce projet est d'apprendre en construisant, de construire en apprenant. Le château devrait être achevé d'ici une dizaine d'années. Ce chantier d'archéologie expérimentale se gouverne aussi comme une véritable entreprise : plus de 70 personnes, salariés et saisonniers, y travaillent, sauf pendant la trêve hivernale. Ce défi économique est gagné grâce aux entrées des 300 000 visiteurs annuels. Chapeau Guédelon !

Se repérer

CARTE P. 298 (A1).

Yonne (89)

Le chantier médiéval de Guédelon se trouve sur la D 955, entre St-Sauveur-en-Puisaye et St-Amand-en-Puisaye.

Organiser son temps

Trois chroniqueurs à trois points différents du chantier donnent des informations aux visiteurs plusieurs fois par jour *(gratuit et sans réserv.)*. Vous trouverez les horaires de ces interventions sur le plan de visite remis à l'entrée et sur www.guedelon.fr. Attention, le chantier est fermé le mercredi et certains mardis *(avr.-juin et sept.-oct.)*.

En famille

Tout les enchantera ! L'atelier « taille de pierre » a beaucoup de succès.

Le château fort

03 86 45 66 66 - www.guedelon.fr - P ♿ - juil.-août : 9h30-18h30 ; avr.-juin : tlj sf merc. (et certains mar.) 10h-18h ; reste de l'année se rens. - dernier accès 1h av. la fermeture - fermé nov.-mars - 14 € (5-13 ans 11 €).

Deux **espaces de restauration**, le Pain sur la Planche et le Mistembec, proposent une restauration froide avec des sandwichs et des salades « maison »

Un chantier expérimental

Le château devrait être achevé autour de 2030 (la date de fin du chantier est encore très incertaine). Une image virtuelle de ce qu'il sera à terme est déjà visible sur le site Internet. La construction se base sur des « châteaux témoins » de l'architecture dite philippienne : Ratilly *(voir p. 349)*, La Motte-Josserand (58), Yèvre-le-Châtel (45) et Dourdan (91).

Un laboratoire à ciel ouvert – Guédelon veut être le lieu où les manuscrits et dessins du Moyen Âge se confrontent à la réalité. La **cage à écureuil** (quelle masse pouvait-elle soulever ? avec combien d'hommes ?) et la **voûte à croisée d'ogives** (allait-elle trouver son équilibre une fois le coffrage retiré ?) sont déjà passées à l'essai. Les tuiliers ont créé les carreaux de pavement et les tuiles servant au logis seigneurial, ainsi que celles qui servent à créer la toiture des tours. Petit à petit, les techniques médiévales livrent leurs secrets.

5

et une restauration chaude avec des grillades. Des paniers pique-nique peuvent également être commandés en ligne et retirés au Mistembec.

Sur ce site forestier de 7 ha (la forêt de Guédelon), choisi en raison de la présence des matières premières nécessaires à la construction du château (pierre, bois, sable, terre, eau), vous ne croiserez ni bulldozers ni camions ni grues d'acier, mais seulement des outils et techniques de construction utilisés dans le premier tiers du 13ᵉ s. Pourquoi cette époque ? Elle correspond au règne de **Philippe Auguste** (1180-1223) dont la conquête territoriale (la France est quatre fois plus grande à la fin de son règne) amorce un nouveau modèle d'architecture militaire qui fera école sous le nom de **châteaux philippiens**. Ses principales caractéristiques sont les suivantes : un plan polygonal constitué de hautes courtines maçonnées ; à chaque angle, des tours cylindriques munies d'archères et pourvues d'un châtelet défensif à l'entrée. Le tout dominé par un donjon ou tour maîtresse, plus haut et plus grand, et cerné d'un fossé sec.

Pour l'heure ont émergé l'**enceinte fortifiée** (les murs font 2,10 mètres de large), le **logis seigneurial** (fenêtres géminées) et ses charpentes, la **chambre** et ses peintures murales (pigments fixés avec de la peau de lapin), la **tour de la chapelle** (la première tour couverte avec sa charpente en poivrière), la **cuisine** et le cellier avec ses magnifiques carreaux de pavements, une partie du **chemin de ronde** avec créneaux et merlons et des tours d'angle. La **tour maîtresse** devrait à terme mesurer 30 m de haut.

Les **salles de tir** et leurs imposantes voûtes d'ogives ont été finalisées. On peut observer au passage ces ingénieux systèmes de levage que sont les fameuses « **cages d'écureuil** », roues à tambour qui peuvent soulever des charges de plus de 200 kg, fidèlement reconstituées et validées par une commission de sécurité. N'hésitez pas à interpeller les « œuvriers » en « biaudes », tuniques portées au Moyen Âge par les bâtisseurs. Vous pourrez questionner, organisés autour d'espaces thématiques, les carriers (30 000 t environ seront nécessaires pour édifier le château), les tailleurs de pierre qui travaillent le grès ou le calcaire, les maçons, les bûcherons, les charretiers, les charpentiers, les forgerons, les tuiliers, les cordiers, sans oublier les meuniers. Ils s'arrêtent régulièrement dans leur tâche pour expliquer, montrer et partager leur savoir, avant de revenir à leur ouvrage, donc n'hésitez pas à leur poser vos questions.

Pour la corporation des meuniers, un **moulin hydraulique à farine** a vu le jour à 500 m à pied du chantier via un chemin forestier. Il a été reconstruit d'après les vestiges d'un moulin du 12ᵉ s. retrouvé à Thervay dans le Jura. Toutes ces pièces ont été conçues, tracées et taillées avec des techniques et des outils identiques à ceux des amoulageurs (constructeurs de roues à aubes pour les moulins à eau) des 12 et 13ᵉ s. La farine produite est utilisée par le « talmelier » pour faire du pain au levain.

L'atelier

Dans le cadre des visites en famille - réserv. en ligne conseillée - pour connaître les dates et les horaires de l'atelier (à partir de 6 ans) se rens. sur www.guedelon.fr ou 03 86 45 66 66 - 7,50 € (1h env.).

L'atelier **taille de pierre** se déroule près du château. Un tailleur de pierre explique aux enfants (et aux parents qui peuvent participer s'ils le souhaitent) les différents types de pierre utilisés sur le chantier, leur dévoile les secrets de construction de l'édifice et les initie à son métier. Chaque enfant reçoit des outils et un bloc de pierre, puis taille ou sculpte l'objet de son choix qu'il garde ensuite.

Chantier de Guédelon.
Carlos Perez Lopez/Getty Images Plus

Statuettes sur maison à pans de bois, Noyers-sur-Serein.
guy-ozenne/Getty Images Plus

6

Sens et l'Auxerrois

CARTE MICHELIN DÉPARTEMENTS 319 – YONNE (89)

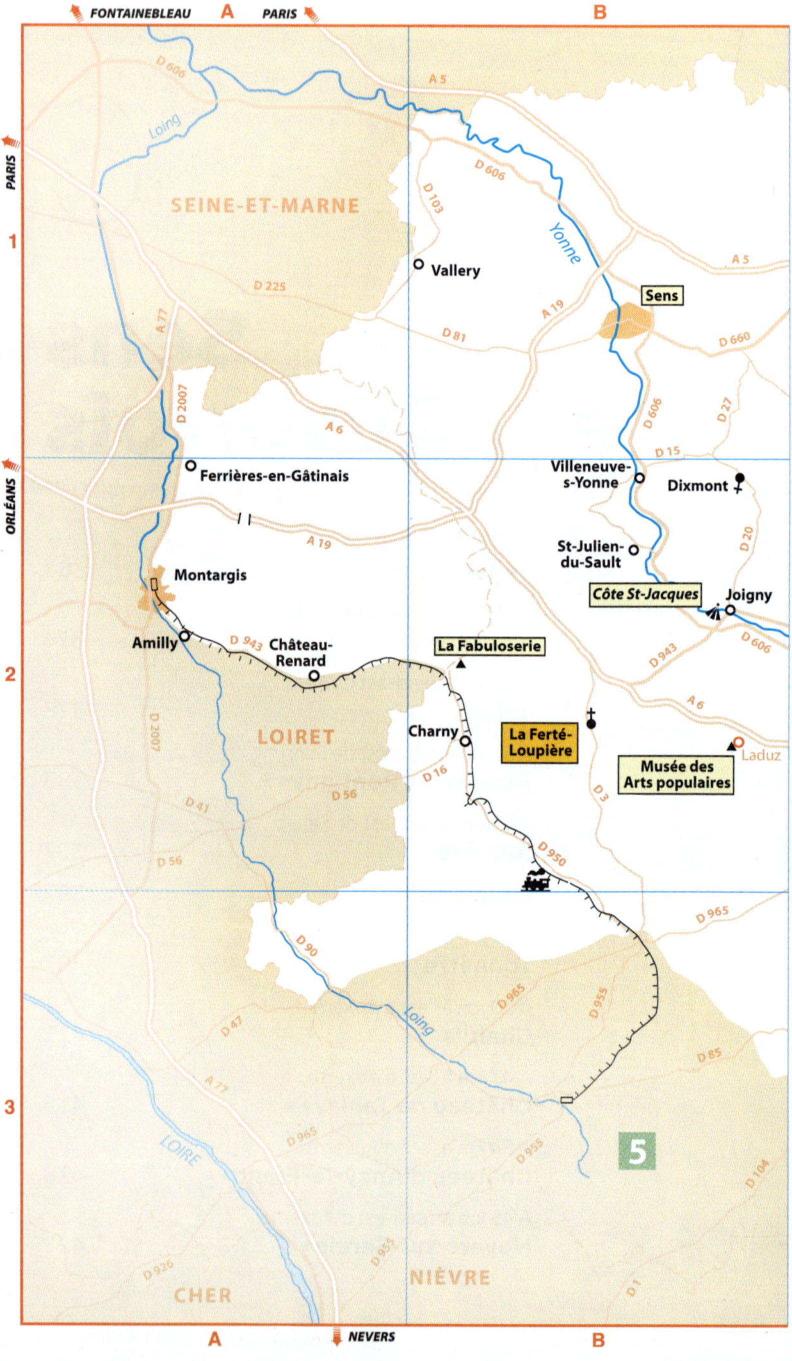
FONTAINEBLEAU
A
PARIS
B
PARIS
1
ORLÉANS
2
3
SEINE-ET-MARNE
LOIRET
NIÈVRE
CHER
Loing
Yonne
LOIRE
Vallery
Sens
Ferrières-en-Gâtinais
Villeneuve-s-Yonne
Dixmont
St-Julien-du-Sault
Montargis
Côte St-Jacques
Joigny
Amilly
Château-Renard
La Fabuloserie
Charny
La Ferté-Loupière
Musée des Arts populaires
Laduz
D 606
A 5
D 103
D 225
A 77
D 81
A 19
D 660
D 2007
A 6
D 27
D 15
D 20
D 943
D 2007
D 16
D 3
D 41
D 56
D 950
D 965
D 90
D 955
D 47
D 85
D 104
D 926
D 1
5
A
NEVERS
B

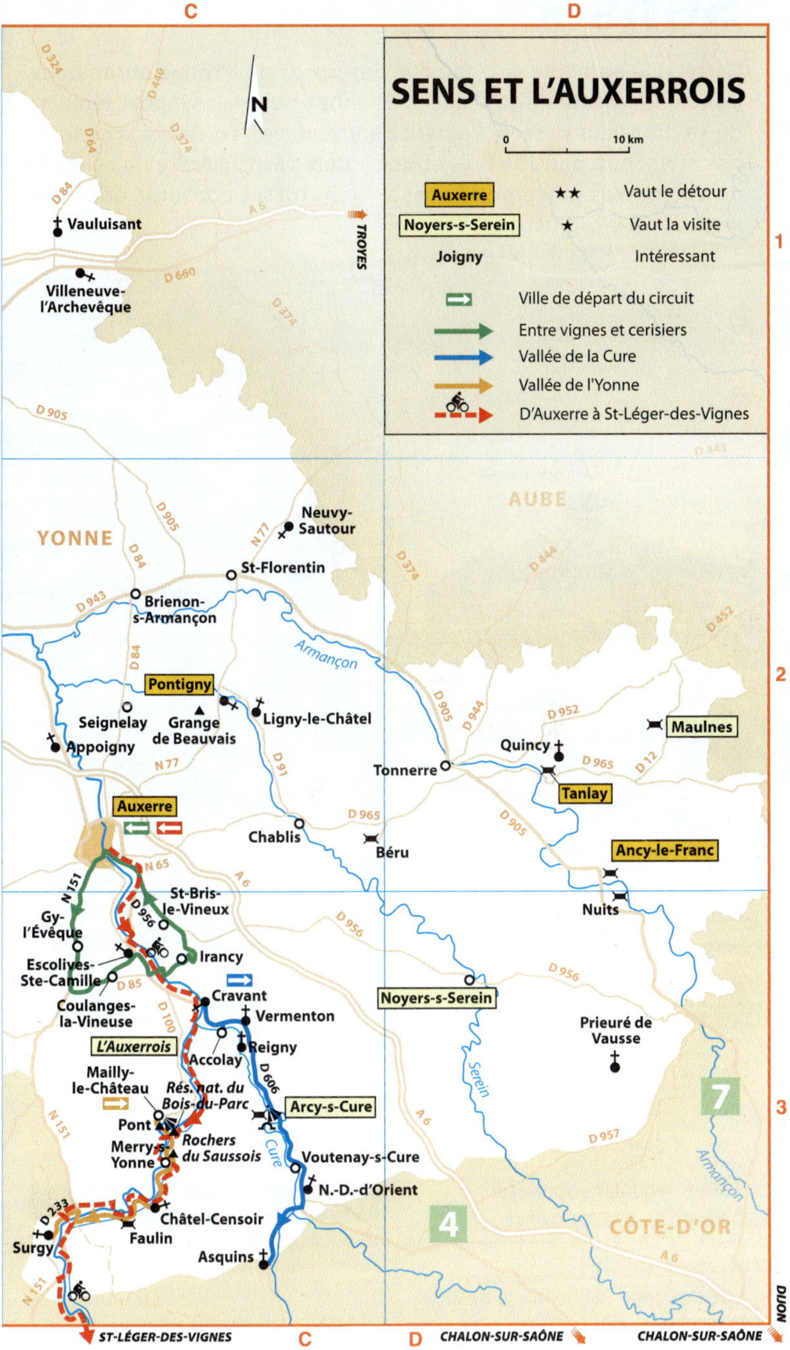
SENS ET L'AUXERROIS
0
10 km
Auxerre
★★
Vaut le détour
Noyers-s-Serein
★
Vaut la visite
Joigny
Intéressant
Ville de départ du circuit
Entre vignes et cerisiers
Vallée de la Cure
Vallée de l'Yonne
D'Auxerre à St-Léger-des-Vignes
C
D
1
2
3
N
TROYES
DIJON
ST-LÉGER-DES-VIGNES
CHALON-SUR-SAÔNE
CHALON-SUR-SAÔNE
YONNE
AUBE
CÔTE-D'OR
Vauluisant
Villeneuve-l'Archevêque
Neuvy-Sautour
St-Florentin
Brienon-s-Armançon
Pontigny
Seignelay
Grange de Beauvais
Appoigny
Ligny-le-Châtel
Auxerre
Chablis
Béru
Tonnerre
Quincy
Tanlay
Maulnes
Ancy-le-Franc
Nuits
St-Bris-le-Vineux
Gy-l'Évêque
Escolives-Ste-Camille
Irancy
Coulanges-la-Vineuse
Cravant
Vermenton
Reigny
Accolay
L'Auxerrois
Mailly-le-Château
Rés. nat. du Bois-du-Parc
Arcy-s-Cure
Pont
Rochers du Saussois
Merry-s-Yonne
Voutenay-s-Cure
N.-D.-d'Orient
Châtel-Censoir
Faulin
Surgy
Asquins
Noyers-s-Serein
Prieuré de Vausse
Armançon
Serein
Cure
4
7
A 5
A 6
N 77
N 65
N 151
D 324
D 440
D 374
D 64
D 84
D 660
D 905
D 943
D 91
D 944
D 952
D 965
D 12
D 956
D 85
D 100
D 606
D 957
D 444
D 452
D 443
D 233

Sens ★

Cette ville agréable et tranquille des bords de l'Yonne abrite deux joyaux : la cathédrale gothique St-Étienne et le palais synodal, témoins de sa grandeur passée. Le petit centre ancien conserve le charme des maisons à pans de bois et des hôtels particuliers, et la ceinture de boulevards qui remplace ses anciens fossés constitue une belle invitation à la promenade.

Place de la République et marché couvert.
H. Lenain/hemis.fr

Se repérer

CARTE P. 362-363 (B1) - PLAN DE LA CATHÉDRALE P. 366 ET PLAN DE LA VILLE P. 368.

26 688 Sénonais – Yonne (89)
À 65 km au nord d'Auxerre.

À ne pas manquer

La cathédrale St-Étienne, le trésor et le palais synodal.

En famille

Emmenez-les, de mai à octobre, aux serres tropicales du parc du Moulin-à-Tan.

Carnet pratique p. 372

Nos adresses p. 372

★★ Cathédrale St-Étienne

PLAN P. 366

Pl. de la République - ✆ 03 86 65 06 57 - www.tourisme-sens.com - ♿ - 8h-18h (en dehors des offices) - spectacle « Lumière de Sens » : se rens.

Commencée vers 1130 à l'initiative d'un proche de saint Bernard, l'archevêque Henri Sanglier, c'est la première cathédrale gothique de France. Nombre d'édifices firent de larges emprunts à son plan, à l'alternance de ses piles ou au dessin de son triforium.

Extérieur – La façade ouest est majestueuse, même amputée du clocher de sa tour nord, dite « tour de plomb » ; édifiée à la fin du 12e s. avec la participation de Philippe Auguste, celle-ci était surmontée d'un beffroi en charpente, couvert de plomb, détruit au 19e s. La tour sud, ou « tour de pierre », écroulée en 1268, fut rebâtie au siècle suivant et couronnée en 1534 par un élégant campanile, qui la porte à 78 m. Elle abrite deux cloches pesant respectivement 14 et 16 tonnes. Les statues de la galerie haute, remplacées au 19e s., représentent les principaux archevêques de Sens.

Au trumeau du **portail central**, la très belle statue de saint Étienne, en habit de diacre et portant l'Évangile, est une œuvre de la fin du 12e s. Elle constitue un bon exemple de la statuaire gothique à ses débuts. Au-dessus du portail central s'étagent une immense fenêtre, une rose et un Christ bénissant (moderne). Les bas-reliefs des piédroits encadrant le portail central représentent, à droite, les vierges folles et, à gauche, les vierges sages des Évangiles. Les statues des apôtres ont disparu de leur niche. Le tympan primitif est du 13e s. : il est consacré à des scènes de la vie de saint Étienne. Maintes statuettes de saints ornent les voussures. Sur le soubassement, vous verrez les arts libéraux, les travaux des mois et un étonnant bestiaire. Toutes ces sculptures sont aujourd'hui très abîmées.

Le tympan du **portail de gauche** (12e s.) évoque l'histoire de saint Jean-Baptiste. À la base des piédroits, des bas-reliefs figurent la Libéralité et l'Avarice. Le tympan du **portail de droite** (début du 14e s.) est consacré à la Vierge. Les statuettes représentant les prophètes ont été décapitées.

Contournez la cathédrale par la gauche jusqu'à l'impasse Abraham.

Au **croisillon nord,** admirez la magnifique façade de style flamboyant, exécutée de 1503 à 1513 par Martin Chambiges et son fils. Le décor sculpté est d'un grand raffinement. Au pignon, notez une statue moderne d'Abraham.

En contournant la cathédrale par la droite, on pénètre dans la cour de l'archevêché et du palais synodal *(voir p. 366)* d'où l'on peut admirer le **croisillon sud,** exécuté par Martin Chambiges, maître d'œuvre de Beauvais et de Troyes ; c'est une belle réussite du style flamboyant. La décoration du portail de Moïse est remarquable.

Intérieur – L'ample nef communique avec les bas-côtés par des arcades surmontées d'un triforium. L'alternance de piles fortes et de piles faibles est caractéristique du gothique primitif. L'aspect de l'église a été modifié par des remaniements successifs : les fenêtres hautes ont été encore rehaussées au 13e s. dans le chœur et au 14e s. dans la nef, et le transept a été ajouté au 15e s. par l'archevêque Tristan de Salazar (fils d'un compagnon de Jeanne d'Arc), coupant ainsi le chœur de la nef.

Les **vitraux★★**, exécutés du 12e au 18e s., sont remarquables. Dans le bas-côté droit, à la troisième travée, **vitrail (1)** de 1536, attribué à Jean Cousin, dit « le Père ». Les vitraux du croisillon sud *(à droite)* proviennent d'ateliers troyens (1500-1502) : ceux qui figurent l'arbre de Jessé et la légende de saint Nicolas sont remarquables ; la rosace représente le Jugement dernier. Sur le côté gauche,

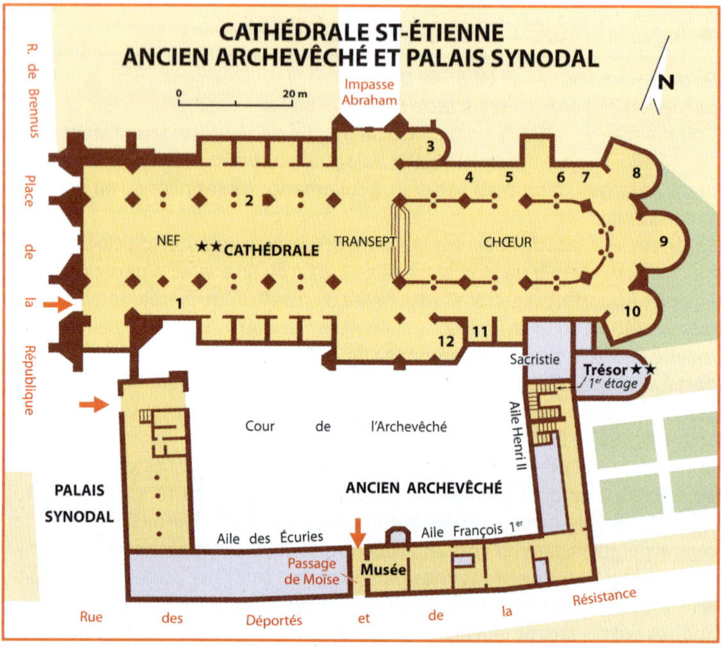

on peut voir, soudé à un pilier, un retable Renaissance et le **monument (2)** élevé par Tristan de Salazar à la mémoire de ses parents. La rosace du croisillon nord *(à gauche)* a été exécutée en 1516-1517 par Jean Hympe et son fils, verriers à Sens ; elle représente le paradis. Dans le transept nord, la chapelle St-Jean renferme un beau **calvaire (3)** du 13e s.

Le **chœur** est fermé par de belles grilles de bronze, relevées de dorures (1762) et portant les armes du cardinal de Luynes. Le **maître-autel** monumental a été exécuté au 18e s. par Servandoni sur le modèle de celui de St-Pierre de Rome. Des vitraux, comptant parmi les plus anciens de la cathédrale (fin 13e s.), éclairent la partie nord du déambulatoire : on reconnaît tour à tour l'histoire de **saint Thomas de Cantorbéry (4)**, celle de **saint Eustache (5)**, la parabole de l'**Enfant prodigue (6)** et celle du **Bon Samaritain (7)**. Le **mausolée** du dauphin Louis et de la dauphine Marie-Josèphe de Saxe, parents de Louis XVI, par Guillaume Coustou **(8)**, se trouve dans la chapelle suivante. La chapelle axiale, du 13e s., conserve des **vitraux (9)** d'époque. Dans la chapelle du Sacré-Cœur, remarquez le **vitrail** attribué à Jean Cousin **(10)**. Un escalier du 13e s. donne accès au trésor en été *(accès par le musée)*. Après la sacristie, dans une chapelle, se trouve un **retable** Renaissance **(11)** et, au-dessus de l'autel de la chapelle Notre-Dame, une **Vierge** assise **(12)** du 14e s.

★ Musée, trésor et palais synodal B1-2

135 r. des Déportés-et-de-la-Résistance - ✆ 03 86 64 46 22 - www.musees-sens.fr - merc. et w.-end 10h-12h, 14h-18h, lun. et jeu.-vend. 14h-18h - 6 € (-17 ans gratuit).
Cet ensemble, composant les musées de Sens, occupe les bâtiments de l'**ancien archevêché** et du **palais synodal** qui bordent la cathédrale du côté sud. Admirez le raffinement du décor des façades, des gouttières et des cheminées.

Palais synodal – Construit au début du 13e s., il fut restauré et couvert de tuiles vernissées par Viollet-le-Duc. Au rez-de-chaussée, la salle voûtée à deux nefs était le tribunal de l'officialité *(ouv. lors des J. du patrimoine)*. On y trouve des **cachots** du 13e s., conservant de nombreux graffitis, dont quelques-uns d'époque médiévale (notamment un évêque et un chevalier du Temple). Le 1er étage est occupé par la grande salle qui servait aux assemblées ecclésiastiques (synodes).
Musée de Sens – Construites au 16e s., les ailes François Ier et Henri II abritent des collections consacrées à l'histoire de Sens et du Sénonais. Les premières salles exposent des découvertes pré- et protohistoriques : important outillage de pierre du paléolithique, sépultures et maison du néolithique (7500 à 2500 av. J.-C.), objets de l'âge du bronze (2500 à 750 av. J.-C.), dont le **trésor de Villethierry** (fonds d'un artisan bijoutier), armes et parures de l'âge du fer. Notez la présence des ossements de l'homme des Planchettes, qui tient son nom du lieu-dit voisin où il a été découvert : ils sont curieusement disposés, selon le mode des momies péruviennes.
Au sous-sol sont présentés des **vestiges gallo-romains★** utilisés comme matériaux lors de la construction de la muraille de Sens : blocs d'architecture, sculptures, stèles... Sous la cour, des fouilles ont livré les bases d'un édifice thermal du 4e s. présenté *in situ*. Dans la salle attenante est exposée une grande mosaïque dite « des Cerfs », exhumée dans un jardin voisin.
Au 1er étage, la sculpture du 18e s. est représentée par deux ensembles importants : le bas-relief de la porte Dauphine, élevée à la mémoire du dauphin, fils de Louis XV, et de sa femme ; l'élément du jubé de la cathédrale (1762) démonté au 19e s. Dans la donation Marrey : quelques tableaux flamands (dont deux Brueghel le Jeune), des œuvres des années 1930 (céramiques de Jean Mayodon et mobilier de Raymond Subes) et *L'Âge d'airain* de Rodin. Depuis le bicentenaire de la mort de Napoléon (2021), une salle est dédiée à l'Empereur.
Remarquez, à l'est de l'aile Henri II, l'**orangerie**, édifiée au 18e s., elle abrite aujourd'hui des expositions temporaires et ouvre sur des jardins à la française.
★★ **Trésor de la cathédrale** – *Accès par le musée.* Il s'agit, avec celui de Ste-Foy de Conques, de l'un des plus riches trésors de France. Il a notamment su préserver un grand nombre d'objets médiévaux. Par la fenêtre de la tribune, on peut voir le chœur de la cathédrale. De là, les archevêques pouvaient assister à la messe et contrôler les allées et venues des fidèles.

Des Senons aux Campont

Le peuple des Senons fut longtemps l'un des plus puissants de la Gaule. En 390 av. J.-C., commandés par Brennus, ils envahirent l'Italie et s'emparèrent de Rome. Maîtres à leur tour de toute la Gaule au 4e s., les Romains firent de Sens la capitale d'une province de la Lyonnaise, la **Grande Senonie**, comprenant Chartres, Auxerre, Meaux, Paris, Orléans et Troyes. Cette tutelle dura fort longtemps à travers l'archevêché qui, ajoutant à ses suffragants l'évêché de Nevers, prit pour devise « Campont » (acronyme formé de l'initiale des sept cités). Le séjour qu'y fit le pape **Alexandre III** en 1163-1164 transforma la ville en capitale provisoire de la chrétienté. C'est dans la cathédrale que fut célébré, en 1234, le mariage de **Saint Louis** et de Marguerite de Provence. Avec la création de l'évêché de Paris, en 1622, le diocèse de Sens perdit Meaux, Chartres et Orléans. La résidence des archevêques de Sens dans le Marais (à Paris), construite vers la fin du 15e s., montre le rapport de force ecclésiastique si longtemps subi par la capitale.

SE RESTAURER
Au Crieur de Vin 1
Le Clos de Jacobins 2
Brasseries de l'Écu 9

SE LOGER
Hotel de l'Esplanade........ 5
Archotel.................. 6

Au 19e s., les reliques furent démaillotées des tissus qui les protégeaient, et l'on découvrit des étoffes précieuses, originaires de Perse, de Byzance ou d'ailleurs, témoignant de leur commerce et de leurs itinéraires. Ainsi, le trésor renferme une splendide collection de ces **tissus** et de vêtements liturgiques : mitre de soie brodée d'or du 13e s., aube et chasuble de **saint Thomas Becket** (12e s.) ; des tapisseries de haute-lisse du 15e s. en parement d'autels et des bourses à reliques ; des ivoires (peigne liturgique de saint Loup du 7e s., coffret reliquaire byzantin) ; des pièces d'orfèvrerie (la Sainte Coupe, ciboire de vermeil et crosses d'évêque) ; et une belle Vierge hiératique en bois du 12e s...

Autour de la cathédrale

PLAN CI-DESSUS

Marché couvert A1-2

Face à la cathédrale, ces halles sont caractéristiques des réalisations en vogue au cours de la seconde moitié du 19e s. : architecture métallique à remplage de brique. Observez la charpente apparente et la toiture à clochetons.

Quartier de l'église St-Pierre-le-Rond A2

De part et d'autre du clocher élevé en 1728, la façade de l'**église** et celle de l'ancien hôtel-Dieu (13e s.) se répondent harmonieusement, avec leurs pignons ornés de hautes fenêtres lancéolées.

Quelques rues du centre-ville

La Grande-Rue, piétonne et commerçante, est bordée de nombreuses **maisons à pans de bois** dont certaines portent des plaques rappelant leur activité passée.

À l'angle de la rue de la République et de la rue Jean-Cousin, la **maison** dite **« d'Abraham »** (16e s.) montre un poteau cornier très ouvragé, sculpté d'un arbre de Jessé. La maison mitoyenne, au 50 rue Jean-Cousin, dite **« maison du Pilier »** (16e s.), possède un porche singulier. Plus loin, au n° 8, la **maison Jean-Cousin**, dont la façade sur jardin donne sur la rue Jossey, est aussi une construction du 16e s. Proche du palais synodal, la rue Abélard est bordée de beaux **hôtels particuliers** des 17e et 18e s.

La Poterne B2

Sur le boulevard du 14-Juillet, au sud, on peut remarquer des vestiges de la muraille gallo-romaine.

Église St-Maurice A2

Bâtie sur l'île d'Yonne tout au bord de l'eau, elle a beaucoup de charme quand on la contemple depuis la rive droite de la rivière. Construite au cours de la seconde moitié du 12e s., elle présente un chevet plat à pans de bois et un toit asymétrique surmonté d'une flèche d'ardoise.

Église St-Savinien HORS PLAN

137 bis r. d'Alsace-Lorraine, à 750 m du bd du Mail. Construite au 11e s. sur l'emplacement de la première église de Sens, St-Savinien présente un plan basilical sans transept à trois absides orientées et une nef charpentée. À l'extérieur, le gracieux clocher du 13e s. est mis en valeur par la sobriété de l'édifice.

Parc du Moulin à Tan HORS PLAN

À la sortie sud, sur la route d'Auxerre. Parcours d'orientation en téléchargement sur www.tourisme-sens.com.

Traversé par la Vanne et la Lingue, ce parc de 16 ha préfigure la ceinture verte qui devrait, à terme, entourer la ville de Sens. Il doit son nom à un type de moulin (1887) peu connu, qui servait à broyer de l'écorce de chêne pour fabriquer le **tan**, poudre utilisée dans le tannage du cuir. Sa partie paysagère comporte une roseraie, un arboretum, trois serres vouées aux plantes tropicales, dont la géante *Victoria cruziana*, des enclos animaliers, une aire de jeux, un parcours d'orientation, un sous-bois... de quoi procurer d'agréables moments de détente aux petits et aux grands.

À proximité

CARTE P. 362-363

Villeneuve-sur-Yonne B2

15 km au sud par la D 606. Garez-vous près de l'office de tourisme.

4 r. Carnot - 03 86 87 12 52 - www.tourisme-sens.com.

Située sur les bords de l'Yonne, au cœur d'une région de collines boisées, la petite cité a conservé de charmantes demeures des 17e et 18e s. Les fossés de ses remparts médiévaux, dont deux portes fortifiées subsistent encore, ont été aménagés en jardins où coule un petit ruisseau.

Porte de Sens (ou de Champagne) – Doté d'archères, de herses et d'un assommoir, c'est un bel exemple de l'architecture militaire médiévale (13e s.).

Poursuivez rue Carnot.

Maison des Sept-Têtes – Au n° 41, ancienne maison de poste du 18e s. dotée de balcons en fer forgé et de mascarons.

Église Notre-Dame – Selon la tradition, la première pierre de cet édifice fut posée par le pape Alexandre III lors du baptême de la cité en 1163. La construction, où

Villeneuve, ville nouvelle

Créée de toutes pièces en 1163 par le roi Louis VII, Villeneuve-sur-Yonne fut d'abord la « ville nouvelle ». Résidence royale au Moyen Âge, elle devint « Villeneuve-le-Roi », et plus récemment la « ville neuve ». Si, dans l'Yonne, on compte sept « Villeneuve », ce sont plus de 90 localités qui portent ce nom sur tout le territoire français... sans parler des villes nouvelles.
Villeneuve reçut des rois : Louis VII, Philippe Auguste et Saint Louis ; puis des combattants, les Armagnacs et les Bourguignons ; plus tard, les riches mariniers des « rues basses » et les riches vignerons des « rues hautes », rois du négoce des vins, charbons et cuirs, se disputèrent le haut du pavé.

se mêlent les influences bourguignonne et champenoise, s'est échelonnée du 13e au 16e s. La façade Renaissance, due à Jean Chéreau, est remarquable tant par l'harmonie de ses proportions que par la délicatesse de son ornementation. La vaste nef gothique est décorée de chapiteaux à feuillages. Le chœur et le déambulatoire sont les parties les plus anciennes. Dans le bas-côté gauche, la chapelle du Sépulcre abrite une Mise au tombeau, comprenant un Christ en bois du 14e s. et des personnages en pierre de la Renaissance. Dans le bas-côté droit, une statue de la Vierge, portant l'Enfant Jésus, loge dans la chapelle Notre-Dame-des-Vertus, au beau vitrail du 16e s.

★ **Porte de Joigny (ou de Bourgogne)** – *2 r. Carnot - ☏ 03 86 87 12 52 - www.tourisme-sens.com - juil.-août : merc.-dim. 14h-18h.* Édifié au 13e s. puis remanié au 16e s., ce châtelet carré forme un bel ensemble avec les maisons environnantes. Il abrite une collection consacrée à l'histoire de la ville, et deux siècles d'uniformes de gendarmerie.

Grosse Tour – Édifié pour Philippe Auguste au début du 13e s., le donjon de l'ancien château royal est un énorme ouvrage cylindrique, haut de 21 m, un peu à l'écart.

St-Julien-du-Sault B2

26 km au sud par la D 606.
Ce petit bourg s'élève sur la rive gauche de l'Yonne. Son origine remonte au 12e s., au cours duquel les archevêques de Sens construisirent, sur la butte de Vauguillain, une chapelle protégée par de solides fortifications.

Église – Des 13e et 14e s., elle fut en partie remaniée à la Renaissance. À l'extérieur, remarquez les porches latéraux et, à l'intérieur, le chœur, de proportions hardies, ainsi que de beaux vitraux à médaillons du 13e s., dus pour certains aux verriers de la Sainte-Chapelle (de Paris), et des vitraux à personnages (saint Julien) du 16e s.
De la place du Gén.-Leclerc, prenez, devant la façade ouest de l'église, la rue Notre-Dame (D 107) en direction de Courtenay.

Maison de bois – Dans la première rue à gauche *(rue du Puits-de-la-Caille)*, vers la place Fontenotte, s'élève une belle maison du 16e s., à pans de bois.

Chapelle de Vauguillain – Une route en forte montée conduit à la chapelle et aux vestiges du **château** édifié sur la butte. De là, on découvre une belle vue sur St-Julien et la vallée de l'Yonne.

Dixmont B2

25 km au sud-est par la D 606 (jusqu'à Villeneuve-sur-Yonne) puis la D 15.
Vous y verrez les vestiges de l'**église** d'un ancien prieuré, édifié en 1209, détruit durant la guerre de Cent Ans, puis rebâti au 16e s. Au portail d'entrée, remarquez deux fines statues de l'Annonciation.

Villeneuve-l'Archevêque C1

23 km à l'est par la D 660.

Cette petite ville de la vallée de la Vanne, fondée au 12e s. par Guillaume de Champagne, archevêque de Sens, se situait aux confins des territoires de Saint Louis. C'est donc là que celui-ci reçut solennellement des Vénitiens, en 1239, la couronne d'épines pour laquelle il fera construire un magnifique reliquaire à Paris : la Sainte-Chapelle.

Église Notre-Dame – La façade est flanquée d'une tour coiffée d'ardoise. À sa base se dresse un beau portail du 13e s. consacré à la Vierge. La voussure du tympan est formée par un triple cordon de personnages en relief (remarquez, à gauche, l'ange qui sourit). Au sommet est représenté le couronnement de la Vierge. À l'intérieur, une Mise au tombeau (1528) provient de l'abbaye de Vauluisant.

Abbaye de Vauluisant C1

30 km au nord-est par la D 660 (jusqu'à Villeneuve-l'Archevêque), puis la D 84, au nord, en direction de Courgenay.

03 86 88 42 02 - ♿ - visite guidée (1h30) de mi-juin. à fin sept. : dim. 15h - fermé festival de musique (juin) - 5 €.

On visite les vestiges d'une abbaye cistercienne du 12e s. Rachetée en 1835 par un industriel qui développe son exploitation agricole et organise des concours (fauchage, labourage, ferrage), elle devient une ferme modèle au 19e s. Les bâtiments restants ont été retouchés au 16e s. L'escalier d'honneur de l'ancien logis abbatial (17e s.) est classé. Voyez également le pigeonnier, encore pourvu de son échelle rotative. Un festival de musique classique se tient à l'abbaye chaque été.

Vallery B1

22 km au nord-ouest par la D 26.

Vallery fut, avant Chantilly, le domaine des princes de Condé. Dans l'allée cavalière dominant le château, allez voir le **chêne** du Grand Condé, planté en 1621, au pied duquel les maîtres des lieux avaient coutume d'enterrer leurs chiens de chasse. Ce site très particulier, qui accueillit à plusieurs siècles d'intervalle des « combattants de la foi » – au Moyen Âge, les seigneurs de Vallery, compagnons croisés de Saint Louis, puis lors des guerres de Religion, le chef huguenot Louis de Condé –, a conservé des bâtiments de toutes ces époques, ce qui compose un mélange hétéroclite d'architecture militaire et civile d'influence à la fois médiévale et Renaissance. Dans l'**église** *(pour les visites, se rens. auprès de la mairie au 03 86 97 51 12)*, où reposent les princes et princesses de Condé, se trouve le **mausolée** d'Henri II de Bourbon, père du Grand Condé, mort en 1646. Réalisée par un grand sculpteur du 17e s., Gilles Guérin, cette œuvre se distingue par ses cariatides symbolisant la Prudence, la Tempérance, la Force et la Justice.

Château de Vallery – *Pl. des Condé - 03 86 97 77 00 - www.chateaudevallery.com - ♿ - visite virtuelle sur RV.* Du Moyen Âge subsiste une vaste enceinte qui était capable d'accueillir, au 13e s., quelque 5 000 hommes. Notez la poterne d'entrée et les anciens remparts portant des tours à encorbellement. Favori d'Henri II, l'extravagant maréchal de St-André fit appel à l'illustre **Pierre Lescot** (1515-1578), ami de François Ier et l'un des architectes du Louvre, pour construire, sur une partie de l'ancienne forteresse, un somptueux palais Renaissance digne des plus grands rois. Dans sa sobriété et son heureuse combinaison de brique et de pierre, le **pavillon Renaissance** (1550) anticipe d'un siècle le style Louis XIII. Derrière le pavillon, l'aile ouest abrite une Grande Galerie classique (l'aile sud fut démolie au début du 17e s.).

Carnet pratique

S'informer

Office de tourisme – *6 r. du Gén.-Leclerc - Sens - ☏ 03 86 65 19 49 - www.tourisme-sens.com.* Plan-découverte du centre historique en téléchargement sur le site Internet.

Circuit du Gaulois Brennus – *Audioguide en location à l'office de tourisme : 6 €.* Promenade audioguidée *(1h env., 2,5 km)* dans le cœur de la ville historique, identifiée au sol par des flèches en bronze à l'effigie de Brennus, chef de la tribu gauloise des Sénons, ancêtre des Sénonais.

Se garer

Les parkings se trouvent boulevards Garibaldi et de Maupeou.

Agenda

Les fêtes de l'âne – *Janv.* Renaissance d'une tradition moyenâgeuse, durant laquelle les habitants de Sens se moquaient du clergé en se déguisant. Animations et spectacles (musique, danse, théâtre) dans toute la ville.

Foire de Sens – *Déb. mai.* C'est l'une des dernières grandes foires commerciales gratuites en France.

Journées de l'archéologie – *3e w.-end de juin - Rens. au ☏ 03 86 64 46 22 ou sur www.musees-sens.fr.* Pendant deux jours, les musées se consacrent à l'archéologie, l'occasion de découvrir des lieux exceptionnellement ouverts pour l'événement. Visites guidées, conférences et animations variées.

Lumières de Sens et de Villeneuve-sur-Yonne – *Vend. et sam. à 22h30 de mi-juin à mi-sept. sur la façade de la cathédrale - ☏ 03 86 65 19 49 - gratuit.* Spectacle son et lumière gratuit projeté sur la cathédrale St-Étienne et le palais synodal. Également à Villeneuve-sur-Yonne de mi-juin à mi-sept. *(sam. à 22h30)* sur la porte de Sens.

Fête de la St-Fiacre – *Déb. sept. - ☏ 03 86 95 67 00.* Éclatants décors floraux installés dans la cathédrale par les horticulteurs. Stands et animations au parc du Moulin-à-Tan.

Régates & Canotiers – *À Villeneuve-sur-Yonne - 14 juil. - ☏ 03 86 87 62 00 - www.villeneuve-yonne.fr.* Animations gratuites (baptêmes nautiques, voile, canoë, etc.) à Villeneuve-sur-Yonne.

Nos adresses

Restauration

PLAN P. 368

Premier prix

9 Brasserie de l'Écu – AB1 - *87 r. de la République - ☏ 09 74 56 91 01 - www.lecusens.fr - P - 12h-14h, 19h-22h (23h30 vend.-sam.) - menus déj. 15/19 €, menus 23/30 €.* Cette brasserie propose une cuisine traditionnelle à base de produits saisonniers. Une adresse appréciée. Pub à l'étage *(vend.-sam. 22h-2h).*

Budget moyen

1 Au Crieur de Vin – B1 - *1 r. d'Alsace-Lorraine - ☏ 03 86 65 92 80/07 67 33 38 83 - www.restaurant-aucrieurdevin.fr - fermé dim.-lun., mar. midi - plats 20/33 €, menus 32/57 €.* Plaisante atmosphère de bistrot, plats régionaux et de saison, viandes cuites à la broche et crus choisis :

« vin sur vin » pour cette très conviviale adresse.

Pour se faire plaisir

2 Le Clos des Jacobins – A2 - *49 Grande-Rue - ✆ 09 74 56 06 44 - www.restaurantlesjacobins.com - fermé dim. soir, mar. soir et merc. - plats 17/30 €, menus 32/45 €.* Décoration contemporaine pour cet établissement à deux pas de la cathédrale. Sympathique cuisine au goût du jour.

Une folie

La Madeleine – HORS PLAN - *À la pointe de l'île - quai Boffrand - ✆ 03 86 65 09 31 - www.restaurant-lamadeleine.fr - P - fermé dim.-mar. - menu déj. 50 €, menus 70/126 €.* Dans une ancienne école de voile, au bord de la rivière, Patrick Gauthier, le chef ce restaurant étoilé au Guide Michelin 2022, signe une cuisine authentique, à base de beaux produits (les légumes paradent en vedette), très enlevée et pleine de saveurs. Et il y a quatre chariots de fromages, ainsi qu'une belle cave pour sublimer ce bon moment.

À proximité

Budget moyen

La Table du Martin Bel Air – *Pl. du 19-Mars-1962 - St-Martin-du-Tertre - 4 km au nord-ouest de Sens - ✆ 03 86 66 47 95 - www.lemartinbelair.com - fermé lun.-mar., dim. soir - menu déj. 21 €, menus 35/55 €.* Pour la petite (et la grande) histoire, Martin-Bel-Air est le nom donné à la commune de St-Martin-du-Tertre pendant la Révolution française. Ce bistrot de campagne est la première affaire d'un jeune chef passé par de bonnes maisons de la région : il compose une cuisine du marché moderne et enlevée, au bon rapport qualité prix.

Pour se faire plaisir

La Haie Fleurie – *30 rte de Courtenay - Subligny - 11 km au sud-ouest de Sens - ✆ 03 86 88 84 44 - P - fermé dim. soir, lun.-jeu. - menu déj. 29 €, menus 39/48 €.* Auberge de campagne dans un hameau. Petit salon d'accueil ouvrant sur une avenante salle à manger rustico-moderne. Terrasse fleurie. Cuisine traditionnelle.

Shopping

Marché – Lundi toute la journée, vendredi matin *(en centre-ville)*, mercredi matin et le dimanche matin *(aux Champs-Plaisants)*, et jeudi en soirée à la gare. De nombreux commerces sont fermés le mardi.

Brasserie Larché – *89 r. Bellocier - ✆ 03 86 65 19 89 - www.brasserie-larche.fr - ♿ - lun.-vend. 9h-17h - fermé w.-end - gratuit.* On découvre dans cette brasserie le concassage du malt et les étapes de l'embouteillage.

En soirée

La plupart des cafés de Sens sont réunis autour de la place de la République, située face à la cathédrale.

Hébergement

PLAN P. 368

Premier prix

5 Hôtel de l'Esplanade – B1 - *2 bd du Mail - ✆ 03 86 83 14 70 - www.lesplanade89.fr - 12 ch. 56 € - ☕ 6,80 € - ✕ bar, petite brasserie - fermé dim.* Situé près de la cathédrale St-Étienne de Sens, ce charmant petit hôtel est une bonne entrée de gamme.

Budget moyen

6 Archotel – A2 - *9 Cours Tarbé - ✆ 03 86 64 26 99 - www.archotel-sens.com - P ♿ - 44 ch. 66/96 € - ☕ 13 € - ✕ 35/54 € - rest. fermé vend.-dim.* Idéal pour visiter le centre-ville, cet hôtel rénové s'adresse plutôt à une clientèle d'affaires.

6

Montargis

Ses quelque 131 ponts et passerelles enjambant de multiples canaux ont valu à Montargis son surnom de « Venise du Gâtinais ». Une invitation à profiter du charme de la ville dominée par les vestiges de son château, et à découvrir ses maisons à colombages et demeures Renaissance.

Se repérer

CARTE P. 362-363 (A2).
14 976 Montargois – Loiret (45)
À 65 km au sud-ouest de Sens, à 60 km à l'ouest de Joigny.

En famille

Le musée vivant de l'Apiculture gâtinaise de la Cassine, à 17 km au sud-est de Montargis.

Nos adresses p. 377

Se promener

35 r. Renée-de-France - 02 38 98 00 87 - www.tourisme-montargis.fr.
Certaines rues du vieux Montargis ouvrent de plaisantes perspectives sur le canal de Briare. Enveloppant la vieille ville au nord et à l'est, celui-ci relie, depuis 1642, le Loing à la Loire *(voir encadré p. 348)*. Les bras d'eau qui agrémentent le quartier ancien étaient alors aménagés comme régulateurs de niveau. La ville compte de multiples ponts ou passerelles permettant de traverser les canaux et les bras de rivière qui quadrillent son centre historique.
Suivez la rue Renée-de-France, puis le bd du Rempart et le bd Durzy, à hauteur du musée Girodet.

Musée Girodet

2 r. du Fg-de-la-Chaussée - 02 38 98 07 81 - www.musee-girodet.fr - merc.-dim. 14h-18h - 4 €.
Après six ans de travaux de rénovation et d'agrandissement, le musée a réouvert ses portes en décembre 2018. Il s'est doté de pièces supplémentaires : une salle d'exposition, des bureaux, des ateliers, une bibliothèque, ainsi qu'une impressionnante verrière de 250 m². Dédié au peintre **Anne-Louis Girodet-Trioson** (1767-1824), enfant de Montargis, élève préféré de David, prix de Rome en 1789 et l'une des gloires du néoclassicisme, ce musée occupe l'**hôtel Durzy** (19e s.), agrémenté d'un joli parc bordé sur un côté par le Loing.

Amitié franco-chinoise

Montargis, berceau de la Chine révolutionnaire ? Entre 1902 et 1927, 4 000 étudiants chinois vinrent travailler en France, et la plupart à Montargis, envoyés par une association admiratrice de la culture française. Parmi eux, un certain Deng Xiaoping. Aujourd'hui, une association, un parcours touristique et un musée perpétuent la mémoire de cette histoire.
Musée historique de l'amitié franco-chinoise – *15 r. Raymond-Tellier - 02 38 90 99 99 - 10h-17h - fermé mar.*

La **collection Girodet★** est à l'honneur, avec une vingtaine de tableaux parmi lesquels des portraits (du Dr Trioson et de Mustapha Sussen), ou encore la belle *Leçon de géographie* (1803).
La bibliothèque, dont le mobilier fut dessiné et conçu en 1861 par le sculpteur romantique **Henry de Triqueti** (1803-1874), abrite une importante collection de petites sculptures d'époque romantique réalisées par des contemporains de l'artiste : Feuchère, Barre, Gechter, Pradier...

Renée de France

Fille de Louis XII et d'Anne de Bretagne, calviniste, Renée de France (1510-1575) se retira à Montargis sous la pression de son petit-fils, Henri de Guise. Elle fit de ce lieu un centre de diffusion du protestantisme dans la région, et sauva des centaines de réformés pendant les guerres de Religion.

Boulevard Durzy

Ombragé de platanes, il s'allonge entre le canal et le jardin Durzy. À son extrémité, une haute et élégante passerelle métallique en dos d'âne, œuvre des ateliers Eiffel en 1891, ferme la perspective. De la passerelle même, jolie **vue** sur deux écluses et sur la halte fluviale du port St-Roch.
Franchissez le canal par la passerelle et continuez tout droit.

Boulevard des Belles-Manières

Il est bordé au nord par un étroit chenal, des passerelles donnant accès aux maisons élevées sur les tours arasées de l'ancien rempart.
Revenez à l'entrée du bd des Belles-Manières, et prenez à gauche la rue du Moulin-à-Tan, puis laissant à gauche la place de la République, suivez la rue Raymond-Laforge.

Rue Raymond-Laforge

De vieilles maisons avec lavoirs veillent sur deux canaux, que vous traverserez l'un après l'autre. Des barques décoratives, faisant office de jardinières, y sont bercées par les flots.
Revenez sur vos pas pour tourner dans la rue de l'Ancien-Palais.
Au bout de la rue, empruntez à droite une venelle que prolonge un pont d'où s'offre une **vue** en enfilade sur le dernier canal franchi.
Encore à droite, prenez la rue de la Pêcherie.
On traverse un quartier rénové, où subsistent quelques maisons à pans de bois. De la place Jules-Ferry, la rue Raymond-Tellier mène, à environ 50 m, à une autre **perspective d'eau** (jusqu'au canal de Briare).
Empruntez la rue du Loing à gauche, continuez par la rue du Gén.-Leclerc qui longe le flanc sud de l'église Ste-Marie-Madeleine (entrez pour y admirer les vitraux), et tournez à gauche dans la rue du Château.

6

Musée des Tanneurs

R. du Château - ✆ 02 38 98 00 87 - ♿ - sam. 14h30-17h30 - 3 €.
Dans le vieux quartier rénové de l'îlot des Tanneurs, une maison du 16e s. accueille cet espace dédié au dur travail artisanal de la tannerie, avec ses gestes et ses outils du siècle dernier. L'étage abrite une collection de costumes ruraux et de coiffes. On distingue par exemple la fanchon (foulard à carreaux), portée au quotidien, la câline pour sortir en ville, et la coiffe brodée réservée aux grandes occasions.
Regagnez la place du 18-Juin-1940 par le pont du Québec.

À proximité

CARTE P. 362-363

Amilly A2

6 km au sud-est par la D 92060.

Ce bourg rural est traversé par le Loing. La **forêt domaniale de Montargis** couvre une partie du territoire.

Les Tanneries – *234 r. des Ponts - 02 38 85 28 50 - www.lestanneries.fr - merc.-dim. 14h30-18h - gratuit.* Ce centre d'art contemporain a investi une ancienne tannerie réhabilitée, située dans un parc arboré bordé par deux bras du Loing. Les espaces d'exposition sont consacrés à la diffusion et à la production d'art contemporain dialoguant avec l'extérieur, le parc accueillant également un ensemble de sculptures.

Château-Renard A2

17 km au sud-est par la D 943.

Cette petite ville, qui doit son nom à un château construit au 10e s. sur la colline dominant l'Ouanne, et au comte Renard de Sens, garde quelques maisons anciennes, dont la plus belle (15e s.), à pans de bois et sculptures, s'élève place de la République. On y voit, sur la rive gauche de l'Ouanne, le château de la Motte *(privé)*, du début du 17e s., dans un joli parc fleuri.

L'**église** correspond à l'ancienne chapelle (11e et 12e s.) du château. Une porte fortifiée, entre deux tours, donne accès à l'édifice encastré dans les ruines. Un puits précède le clocher-façade que coiffe un lanternon. Le terre-plein voisin, où se trouve une meule à huile du 12e s., offre une **vue** sur l'agglomération.

Si la vie des abeilles vous fascine, foncez au **musée vivant de l'Apiculture gâtinaise** de La Cassine, route de Chuelles (D 37). Après avoir suivi le sentier de découverte, vous saurez repérer la reine des abeilles dans les ruches vitrées. Ensuite, vous apprendrez comment fonctionne une ruche. Vous assisterez pour finir, à l'extraction du miel que vous pourrez goûter. *02 38 95 35 56 - www.museevivant.com - - avr.-août : visite guidée sur demande (1h) - 6 € (3-14 ans 4 €).*

Ferrières-en-Gâtinais A2

Empruntez de préférence la D 815 au nord à travers la forêt de Montargis (18 km).

Le bourg groupe ses rues tortueuses au pied de l'ancienne abbaye bénédictine, un foyer de la civilisation carolingienne et le grand centre monastique du Gâtinais.

Ancienne abbaye St-Pierre-et-St-Paul – *Laissez votre voiture sur l'esplanade (ancien mail et ancien « champ royal ») qu'annonce la belle croix élancée de Ste-Apolline.* De style gothique, l'**église** est originale pour sa **croisée du transept★** (12e s.), construite en rotonde sur huit hautes colonnes. Un édifice carolingien du 9e s., sur plan centré, inspira sans doute cette architecture en dais. Remarquez l'accessoire liturgique dans le croisillon : un palmier doré décoré de pampres ayant servi à l'exposition du Saint-Sacrement. Le chœur (13e s.) est éclairé par cinq fenêtres aux vitraux Renaissance. Dans le bras gauche du transept, remarquez une collection de statues anciennes (14e et 17e s.). Du terre-plein, en contrebas de la cour de l'ancien cloître, **vue** sur le côté sud de l'église et la chapelle Notre-Dame-de-Bethléem, maintes fois reconstruite depuis le 15e s.

La ville basse – Une dérivation de la Cléry lui apporte une ambiance pittoresque, d'autant que le lavoir de la Pêcherie est encore en service. Du pont sur le ruisseau, profitez de la vue sur le barrage d'un ancien moulin à tan – il servait à broyer de l'écorce de chêne pour fabriquer le **tan**, poudre utilisée dans le tannage du cuir –, les vieux toits de la ville et la flèche de l'abbatiale.

Nos adresses

Restauration

Budget moyen

L'Orangerie du Lac – *57 r. Jean-Jaurès - ✆ 02 38 93 33 83 - www.restaurant-orangerie-montargis.com - fermé lun., mar., dim. soir - menus déj. 22/28 €, menus 45 €.* Nul besoin d'être amateur d'agrumes pour apprécier la généreuse cuisine traditionnelle de ce restaurant. Les gourmands s'installent dans l'une des jolies petites salles ou sous la véranda aux allures de jardin d'hiver. Une sympathique halte en Gâtinais!

Une folie

La Gloire – *74 av. du Gén.-de-Gaulle - ✆ 02 38 85 04 69 - www.lagloire-montargis.com - ♿ rest. - fermé mar.-merc. - menus déj. 28/38 €, menus 49/78 € - 10 ch. - 66/75 € - ☕ 8,50 €.* Aux fourneaux, Jérôme Gaultier propose une cuisine généreuse et subtile qui revisite la tradition gastronomique avec une générosité certaine. Ne manquez pas l'imposant chariot de desserts.

Shopping

Mazet – *43 r. du Gén.-Leclerc - pl. Mirabeau - ✆ 02 38 98 63 55 - www.mazetconfiseur.com - 10h-13h, 14h-19h, sam. 9h-19h, dim. 10h-13h, 15h-19h.* Les pralines de Mazet sont incontournables.

Hébergement

Premier prix

Hôtel Central – *2 r. Gudin - ✆ 02 38 85 03 07 - www.hotel-montargis.com - 12 ch. 81 € - ☕ 7 €.* Au cœur de la ville, cet hôtel aménagé dans les murs d'un ancien couvent a bénéficié d'une rénovation complète. Les chambres, de taille variable, sont simples et bien tenues. Petite terrasse pour le petit-déjeuner.

Budget moyen

Hôtel Ibis – *2 pl. Victor Hugo - ✆ 02 38 98 00 68 - www.accordhotels.com - P ♿ - 59 ch. 67/82 € - ☕ 10,50 € - ✕ menus 15,50/20 € - rest. fermé dim. soir et lun.* Les chambres de cet hôtel, modernes et pratiques, offrent les prestations habituelles de la chaîne. Celles du 3e étage conviendront particulièrement aux familles. Plaisant restaurant rétro : verrière, appliques et banquettes. Plats de brasserie.

À proximité

Budget moyen

Hôtel Le Belvédère – *192 r. Jules-Ferry - Amilly - 6 km au sud-est de Montargis - ✆ 02 38 85 41 09 - www.hotel-belvedere-amilly.com - P - 24 ch. 55/60 € - ☕ 9 €.* Cet hôtel familial précédé d'un jardin fleuri fait face à l'école du village. Calme et confort; petites chambres personnalisées.

6

Joigny

Située aux portes de la Bourgogne, à l'orée de la forêt d'Othe, Joigny offre deux visages : celui d'un « front de l'Yonne » animé, et l'autre, plus discret, d'une ville ancienne aux rues bordées de maisons à pans de bois. Le canal de Bourgogne fait de Joigny un excellent point de départ pour naviguer dans le Tonnerrois.

Se repérer

CARTE P. 362-363 (B2).
9 557 Joviniens – Yonne (89)
À 27 km au nord d'Auxerre et à 33 km au sud de Sens.

À ne pas manquer

Les peintures murales de La Ferté-Loupière.

En famille

Le musée des Arts populaires de Laduz et la Fabuloserie (musée d'art brut en plein air à Dicy).

Carnet pratique p. 381

Nos adresses p. 381

Se promener

Porte du Bois

Cette porte du 13e s., flanquée de deux tours rondes, faisait autrefois partie de l'enceinte médiévale dont il reste quelques vestiges le long du chemin de la Guimbarde, à l'est.

Église St-Thibault

Construite de 1490 à 1529, cette église de style gothique et Renaissance est dominée par une tour carrée du 17e s., couronnée d'un léger campanile. Au-dessus du portail, la statue équestre de saint Thibault (1530) est l'œuvre du sculpteur Jean de Joigny, qui s'installa en Espagne, où il se fit appeler Juan de Juni. À l'intérieur, on est frappé par la déviation du chœur vers la gauche, accentuée par l'asymétrie des voûtes. Celle du chœur comporte une élégante clef pendante.
Vous y découvrirez de nombreuses œuvres d'art *(plan dans le bas-côté gauche, à hauteur de la chaire)* : peintures et sculptures, dont une série de bas-reliefs Renaissance provenant de l'ancien jubé, parmi lesquels le Christ aux enfers, dans la chapelle axiale. Remarquez contre le quatrième pilier à droite, face à la chaire, une charmante statue en pierre du 14e s., la **Vierge au sourire★**.

Le saviez-vous ?

Les habitants de Joigny, ou Joviniens, sont surnommés **Maillotins** depuis 1438, suite à un soulèvement contre leur seigneur, le comte **Guy de La Trémoille**, qu'ils mirent à mort à coups de maillet, instrument dont les vignerons faisaient alors usage. L'outil détourné figure dans les armes de la ville.
L'écrivain **Marcel Aymé** est né à Joigny en 1902 ; il y passa les deux premières années de sa vie. L'auteur de *La Jument verte* et de *Clérambard* fut un fin observateur des mœurs de la province, comme de ceux de la capitale.

Maisons anciennes

Flâner dans les rues étroites entourant les églises St-Thibault et St-Jean permet de faire l'inventaire d'un certain nombre de demeures à pans de bois du 16e s. Aucune n'a résisté à l'incendie de 1530, qui détruisit toute la ville. Joigny a aussi été très endommagée lors des bombardements de 1940, mais la plupart des maisons anciennes ont été restaurées : voyez la maison d'angle dite « de l'arbre de Jessé », ainsi que les maisons du Pilori, de l'Ave Maria et du Bailli (début 16e s.).

Des hauteurs de la ville aux bords de l'Yonne

Située sur les hauteurs, près du château des Gondi, l'église St-Jean est précédée d'un clocher-porche ; dénuée de transept, elle se termine par un chevet à cinq pans. La nef est plafonnée d'une belle voûte de pierre en berceau et à caissons de style Renaissance, décorée de nervures et de médaillons sculptés. Dans le bas-côté droit repose un sépulcre en marbre blanc (15e s.), orné de bas-reliefs. Remarquez le gisant d'Adélaïs, comtesse de Joigny morte en 1187, sur un tombeau décoré d'élégantes sculptures, parmi lesquelles figureraient les enfants de la défunte.
En face, la **porte St-Jean** servait de passage entre le château et la ville.
Du **château des Gondi** (famille d'origine italienne qui posséda le comté de 1603 à 1792), on peut voir deux façades : celle regardant l'église, Renaissance, et celle sur la rue, de style Louis XIII.
Rejoignez l'esplanade de l'ancien cimetière par la rue Dominique-Grenet.
Intégrée au palais de justice, la **chapelle des Ferrands** est un sépulcre octogonal édifié en 1530, sans doute dû à l'artiste jovinien Jean Chéreau, à voir pour ses panneaux sculptés de personnages fantastiques. Tout près de là, le **petit portail** de St-André, de la même époque, retrouve la sobre élégance de l'antique.
Pour finir avec de jolies **vues** sur la rivière, les promenades ombragées et la ville construite en amphithéâtre, n'hésitez pas à franchir le pont d'Yonne (qui conserve une arche du 18e s.) et à gagner le parc du Chapeau par le quai de la Butte sur la rive gauche.

À proximité

CARTE P. 362-363

★ Côte St-Jacques B2

1,5 km au nord par la D 20.
La route s'élève en lacet en contournant le haut de St-Jacques. Au milieu des vignes, on découvre, dans un virage à droite, à la Croix-Guémard, une belle **vue★** semi-circulaire sur Joigny et la vallée de l'Yonne.

★ Musée des Arts populaires à Laduz B2

À 15 km au sud de Joigny par la D 955 (jusqu'à Senan) puis la D 19 (à gauche). 22 r. du Monceau - 03 86 73 70 08 - www.laduz.com - juil.-août : 14h30-18h ; juin et sept. : w.-end 14h30-17h30 ; reste de l'année : visite sur demande - fermé déc.-janv. - 9 € (5-10 ans 3 €).
Situé à la sortie sud-est du village, il présente les collections de Raymond Humbert, qui a porté son regard d'artiste sur la vie et le travail à la campagne d'avant 1914. Les outils, les gestes et la production des artisans sont exposés, ainsi qu'une importante collection de jouets anciens et de nombreuses « sculptures » peuplant l'univers quotidien d'autrefois.

La Ferté-Loupière B2

23 km au sud-ouest par la D 943 puis la D 3.

Escargots à la bourguignonne.
bhofack2/Getty Images Plus

Cet ancien bourg fortifié – comme en témoigne le mot « Ferté » qui signifiait « lieu fortifié » – possède un centre plein de charme.

Église Saint-Germain – Des 12e, 15e et 17e s., elle abrite des **peintures murales★★** à la fois saisissantes et exceptionnelles par leur état de conservation. Exécutées sur enduit sec à la fin du 15e s., elles sont articulées autour de quatre sujets : le « Dict des Trois Morts et des Trois Vifs », la « Danse Macabre », « Saint Michel terrassant le démon » et la « Vierge de l'Annonciation ». Elles ont été dégagées en 1910 du badigeon qui les recouvrait et les protégeait. Ces peintures, aux tons vifs bleu, rouge et ocre, s'étendent sur le mur gauche de la grande nef au-dessus des trois premières arcades. On reconnaît, emportés par la mort, le pape, l'empereur, le roi, un paysan et même un nourrisson. Le thème, fréquent au 15e s., mêle le rappel de l'égalité de tous devant la mort à une satire de la société. La présence de l'archange saint Michel terrassant le démon et, à droite, celle de la Vierge de l'Annonciation y apportent une nuance positive moins récurrente.

Ne manquez pas de visiter le jardin du Prieuré et celui d'Octave situé au pied de l'église.

★ La Fabuloserie à Dicy B2

À 28 km à l'ouest par la D 943.

1 r. des Canes - 03 86 63 64 21 - www.fabuloserie.com - juil.-août : 11h-19h ; avr.-juin et sept.-oct. : w.-end 14h-19h - 10 € (5-18 ans 6 €).

Ce musée d'**art brut** (selon le terme de Jean Dubuffet), qui relève davantage du cabinet de curiosités, présente une très belle collection d'œuvres réalisées à partir de matériaux ou d'objets de récupération. Débarrassés de tout préjugé, ces artistes-bricoleurs mettent en scène leur sensibilité : mères possessives exécutées en tissus d'ameublement (Eckenberger) ; poupées en chiffons teints (Nedjar) ; personnages étranges de Marshall ; sans oublier la désopilante tribu des Turbulents réalisée par Alain Bourbonnais, ami de Dubuffet et fondateur de cet espace qui se poursuit en plein air. Dans le **parc** bruit le manège de Petit Pierre, émouvante et merveilleuse poésie mécanique de ce petit homme rejeté par la société.

Carnet pratique

S'informer

Office de tourisme – *4 quai Ragobert - Joigny - ✆ 03 86 62 11 05 - www.joigny-tourisme.com.*

Agenda

Nuits maillotines – *Se rens. à l'office du tourisme.* Visites-spectacles nocturnes en juil.-août : certains vend. ou sam. à 21h *(15 €).*

Les Bouchons de Joigny – *Sept.* Reconstitution des embouteillages des années 1950, expositions de véhicules anciens, défilés.

Semaine de la gastronomie jovinienne – *Rens. auprès de l'office du tourisme de Joigny.* En avril et en novembre, sept grands chefs de Joigny et du Jovinien concoctent des menus spéciaux de l'apéritif au café, vins compris. Leur but ? Faire découvrir des plats d'exception à des prix raisonnables.

Nos adresses

Restauration/ Hébergement

Pour se faire plaisir

Le Rive Gauche – *R. du Port-au-Bois - ✆ 03 86 91 46 66 - www.hotel-le-rive-gauche.fr - fermé dim. soir - menus 39/58 € - 42 ch. 102 € - ☕ 15 €.* Atout charme de cette maison contemporaine dirigée par Catherine Lorain, sœur de Jean-Michel *(voir ci-dessous)* : la terrasse face aux rives de l'Yonne, mais la salle offre également de belles échappées sur la verdure. La carte met à l'honneur les saveurs régionales et la créativité. Spécialité : escargots en persillade et gnocchis aux herbes.

Une folie

La Côte St-Jacques – *14 fg de Paris - ✆ 03 86 62 09 70 - www.cotesaintjacques.com - P ♨ ♿ - fermé lun. et mar. midi (lun.-merc. de janv. à mi-fév.) - 31 ch. 335/470 € - ☕ 32 € - ✕ menus déj. 90/168 €, menus 185/355 €.* Qu'elle est belle, cette bâtisse postée sur les bords de l'Yonne ! Fondée par Marie Lorain en 1945, la maison, étoilée au Guide Michelin 2022, a gagné ses lettres de noblesse sous l'impulsion de son fils, Michel, puis de son petit-fils, Jean-Michel qui transmet aujourd'hui ses fourneaux à son neveu Alexandre Bondoux, qu'il continuera d'épauler. Harmonie des saveurs, cuissons, assaisonnements : une belle partition gourmande rythmée par un service de qualité, efficace et proche du client. Chambres raffinées et pour se détendre : piscine, spa, bateau privé et boutique.

Shopping

Marché de Joigny – *merc. et sam. 8h-13h.* Sous la magnifique halle.

Galeries et artisans d'art dans le centre-ville ancien.

Vignerons de Joigny – *Rens. à l'office de tourisme.* Partez à la découverte des fameux vins gris de Joigny (chardonnay, pinot noir et pinot gris), soit 32 ha en AOC Bourgogne depuis 1990.

Activités

Randonnées – Joigny est le point de dép. de différentes randonnées dans la région, comme celle de Joigny à Cézy *(circuit de 10,3 km).* Voir avec l'office du tourisme de Joigny ou sur www.joigny-tourisme.com.

Vélo – Une nouvelle véloroute longe l'Yonne de Migennes à Sens en passant par Joigny et Villeneuve-sur-Yonne.

De la fondation aux Décades

La fondation

Au début de l'année 1114, douze religieux, ayant à leur tête l'abbé **Hugues de Mâcon**, un compagnon de Bernard de Clairvaux, sont délégués de Cîteaux par Étienne Harding pour établir un monastère au bord du Serein, dans une clairière, au lieu-dit Pontigny. L'abbaye, à la limite de trois évêchés (Auxerre, Sens, Langres) et de trois provinces (comtés d'Auxerre, de Tonnerre, de Champagne), bénéficie dès son origine de la protection et de la générosité de six maîtres différents ainsi que d'un emplacement géographique stratégique.
De nombreux bienfaiteurs, parmi lesquels des comtes de Champagne et de Nevers, soutiennent la construction de l'abbaye. Les cisterciens trouvent également des fonds propres grâce à leur travail et à l'exploitation d'une douzaine de domaines agricoles.

Les archevêques de Cantorbéry

Assez important pour avoir affilié environ 40 abbayes en France, en Italie, en Hongrie et jusqu'en Roumanie, Pontigny fut, au Moyen Âge, le refuge des persécutés d'Angleterre. Trois archevêques de Cantorbéry y trouvèrent ainsi asile. Le premier, **Thomas Becket**, primat d'Angleterre, en conflit avec le roi Henri II Plantagenêt, vint se retirer à Pontigny en 1164. De retour dans son pays en décembre 1170, après un séjour à Sens, il fut assassiné dans sa cathédrale. Ses derniers moments et son martyre sont rappelés dans le fameux *Meurtre dans la cathédrale*, écrit par le poète et critique littéraire Thomas Stearns, dit **T. S. Eliot** (1888-1965). Le second, **Étienne Langton**, grand théologien à qui l'on doit la division de la Bible en chapitres, désavoué par Jean sans Terre, se réfugia à Pontigny de 1208 à 1213. Enfin, le troisième, **Edmond d'Abingdon** (saint Edme), entré en conflit avec les moines du chapitre de sa cathédrale et le roi Henri III, se retira à Pontigny, où il tomba malade et fut inhumé en 1240. Canonisé en 1246, il fit longtemps l'objet d'un culte dans la région. Adèle de Champagne, mère de Philippe Auguste, a également été inhumée à Pontigny en 1206.

Sauvée des ruines

à la Révolution, l'église devient paroissiale. Le reste de l'abbaye est vendu comme bien national et en grande partie démonté. Le domaine, racheté par l'archevêque de Sens en 1843, est mis à la disposition d'une nouvelle congrégation, les Pères de St-Edme, qui restaure l'église et les bâtiments. Depuis 1954, l'abbatiale de Pontigny est le siège de l'évêque de la Mission de France.

Les Décades de Pontigny

En 1906, Pontigny est mise en vente et devient la propriété du philosophe **Paul Desjardins** (1859-1940), qui y organise les fameuses **Décades** groupant tous les esprits éminents de l'époque : André Gide, Paul Valéry, Gaston Bachelard, André Malraux, Walter Benjamin, Jean-Paul Sartre et beaucoup d'autres auront, à l'occasion de ces « retraites », de fructueuses conversations littéraires dans la célèbre allée des Charmilles.
Le domaine (jardins et bâtiments annexes de l'abbatiale), propriété du conseil régional de Bourgogne depuis 2003, est vendu en 2020 à la fondation François Schneider qui entend y développer un projet à la fois économique, touristique et culturel.

Abbaye de Pontigny

★★

Pontigny, seconde fille de Cîteaux, fondée en 1114, a conservé intacte son église abbatiale, contrairement à Cîteaux dont ne subsistent que des vestiges. Comment transcrire l'émerveillement ressenti par le visiteur dès l'entrée? La sobriété, la pureté des lignes et surtout le jeu de la lumière sur la blancheur des pierres, voulus par les moines cisterciens, créent un univers de paix et d'harmonie, propice à la spiritualité.

Se repérer

Nos adresses p. 386

CARTE P. 362-363 (C2).

Yonne (89)

Pontigny se trouve à 18 km au nord-est d'Auxerre et à 27 km au sud-est de Joigny.

Découvrir

L'idéal est d'arriver à Pontigny par le sud : après le hameau de La Tuilerie, l'abbaye surgit, dans toute sa splendeur, immense, au milieu des champs. L'entrée de l'édifice se situe face au monument aux morts du village, par un portail du 18e s. flanqué de petits pavillons. Une avenue ombragée conduit à l'église abbatiale en longeant les bâtiments monastiques.

★★ Église

Av. de l'Abbaye - ✆ 03 86 47 54 99 - www.abbayedepontigny.com - ♿ - abbatiale : 9h-18h; domaine et jardin : se rens.

Voir illustration dans l'ABC d'architecture (p. 507).

De la Pentecôte au mois de septembre sont organisés des concerts, consultez le site Internet.

L'église a été construite en deux phases successives : tout d'abord un premier chevet, le transept et la nef, bâtis au milieu du 12e s., puis le chevet, terminé au début du 13e s.

L'ensemble est d'une austérité rigoureuse, conformément à la règle cistercienne. De dimensions imposantes (108 m de longueur à l'intérieur, 117 m avec le porche et 54 m de largeur au transept), presque aussi longue que la cathédrale Notre-Dame de Paris, elle est la plus grande église cistercienne d'Europe.

Extérieur – Le porche roman, voûté d'arêtes, date de la première étape de construction et occupe toute la largeur de la façade. La seule décoration est une simple croix sculptée au centre du tympan. Il annonce la sobriété de l'intérieur de l'église, le refus du décor et du pittoresque de la sculpture romane et de la polychromie : on est bien dans le monde de saint Bernard.

Le transept et les bas-côtés sont d'une grande simplicité, avec contreforts à pans plats et arcs-boutants au chevet et au flanc nord.

Intérieur – D'un gothique épuré, la longue nef à deux niveaux compte sept travées.

La décoration essentielle, splendide dans son dépouillement, est celle des jeux d'ombre et de lumière sur la pierre blanche.
La clôture en bois du chœur monastique séparait le chœur des moines de celui des frères convers.
Les bas-côtés, voûtés d'arêtes, contrastent avec la nef de forme plus dégagée. Le transept, éclairé à chaque extrémité par une rose, est très caractéristique avec ses six chapelles rectangulaires ouvrant dans chaque bras.
Le chœur date de la fin du 12e s. ; il est d'une grande finesse avec son déambulatoire et ses 11 chapelles rayonnantes, dont certaines discrètement hexagonales. Les chapiteaux à crochets du chœur terminent les belles colonnes monolithes ; ceux de la nef ont, pour tout élément décoratif, des feuilles d'eau stylisées. Au fond du chœur se trouve la châsse (18e s) contenant les reliques de saint Edme. Une fois dans le déambulatoire, dont il faut admirer l'harmonie des voûtes à cinq branches, on peut voir, dans l'une des chapelles, une châsse en bois de la Renaissance qui a contenu le corps du saint.
Les imposantes **stalles★** sont de la fin du 17e s. Au milieu du 18e s, le sanctuaire a été réaménagé alors que l'abbaye était encore prestigieuse : les grilles du chœur et du transept, le maître-autel en marbre et la tribune d'orgues très ouvragée datent de cette période.
À la Révolution, Pontigny devient église paroissiale, ce qui permit sa préservation.

Les bâtiments monastiques

Fermés depuis 2020, en attente de réouverture. Des bâtiments cisterciens du 12e s. subsistent dans l'aile des frères convers. La façade, où le moellon s'allie à la fine pierre de Tonnerre, est épaulée par des contreforts. Des autres bâtiments ne demeure que la galerie méridionale du cloître, reconstruite au début du 18e s. Elle permet d'imaginer l'ampleur du cloître.

Le parc

Fermé depuis 2020, en attente de réouverture. Le parc, à l'ouest du bâtiment des convers, renferme deux vasques médiévales monumentales (l'ancien point d'alimentation en eau des moines) ainsi que les vestiges du palais abbatial.

À proximité

CARTE P. 362-363

Grange de Beauvais C2

À Venouse, à 3,7 km au sud-ouest par la N 77 et la D 8 ou 2,5 km à pied (1h AR). Ch. de la Ferme de Beauvais ✆ 06 80 72 90 36 - www.grangedebeauvais.com - visite guidée (1h) mar. et sam. 9h-18h30 - 5 €.
Fondée en 1237, cette ancienne ferme cistercienne faisait partie d'un réseau de 15 granges qui dépendaient de l'abbaye de Pontigny : on peut d'ailleurs apercevoir les toits rouges de cette dernière depuis l'entrée. Depuis 1996, une association la restaure et fait revivre les lieux : vous visiterez l'immense cour, la bergerie, le colombier du 19e s., le fournil qui fonctionne toujours (pain en vente sur place) et la halle ouverte, dont la charpente date du 17e s. La ferme comprend aussi un conservatoire présentant les 10 cépages utilisés actuellement dans l'Yonne, un jardin d'inspiration médiévale et un rucher.

Ligny-le-Châtel C2

4,5 km à l'est par la D 131 et la D 8.
L'**église** date des 12e s. (nef) et 16e s. (chœur). Le plan du chevet s'inspire de celui de l'abbaye de Pontigny, mais l'abside, circulaire à Pontigny, est ici polygonale.

Ancienne abbaye cistercienne de Pontigny.
Borisb17/Getty Images Plus

Dans la deuxième chapelle nord, on peut voir un tableau du 16e s. représentant saint Jérôme. Remarquez aussi deux statues en bois polychrome, un saint Jean et la Vierge au pied de la Croix (16e s.).

St-Florentin C2

12 km au nord par la N 77.
16 Grande-Rue - 03 86 35 11 86 - serein-armance.fr.
Les plaisanciers et les pêcheurs apprécient cette ville ancienne desservie par le canal de Bourgogne, au confluent de l'Armance et de l'Armançon. Son théâtre de verdure et la proximité des forêts d'Othe et de Pontigny confèrent un charme supplémentaire à ce petit centre industriel niché au cœur d'une région réputée pour ses fromages : le soumaintrain et le saint-florentin.
Église – L'église de St-Florentin domine le bourg du haut de la colline où s'élevait jadis le château médiéval. Sa construction, ralentie par la guerre de Cent Ans et les guerres de Religion, s'échelonna de 1376 à 1625. Le monument comprend une nef inachevée, de deux travées, tandis que le chœur, prolongé par une abside à déambulatoire, en compte trois. Le gros œuvre de style gothique finissant a été enrichi par des décors Renaissance, comme en témoignent les portails du transept, le jubé à triple arcature, le retable du maître-autel et la clôture du chœur.
Ses beaux **vitraux★** du 16e s. forment un ensemble cohérent. Comme pour la statuaire, on y reconnaît le travail de la florissante école troyenne. Elle se caractérise par son goût pour les couleurs intenses, la fréquente utilisation du thème de la vie des saints et le recyclage des cartons afin de rentabiliser le capital de l'atelier. Il faut surtout remarquer l'arbre de Jessé et la Genèse à droite du chœur, et l'Apocalypse, inspirée des gravures de Dürer, à gauche après le jubé.
Grande Fontaine – Cette belle fontaine de style Renaissance est une reconstitution (1979) de l'ancienne, démolie au 19e s. Seuls sont d'origine les trois griffons de bronze crachant l'eau (1512).

Promenade du Prieuré – Cette terrasse, sur le lieu de l'ancienne abbaye, révèle une jolie **vue** sur la vallée de l'Armançon et sur la vieille ville, qui n'a conservé de ses fortifications qu'une seule des six tours d'origine : la **tour des Cloches** (12e s.).

Neuvy-Sautour C2

18 km au nord-est par la N 77.
Dominant le bourg, l'**église**, construite aux 15e et 16e s., possède deux beaux portails latéraux. Le chœur et le transept sont de style Renaissance ; les influences champenoise et bourguignonne s'y entremêlent.
Remarquez, à droite du chœur, une grande croix en pierre du début du 16e s., dite « Belle-Croix », ornée de nombreuses statues.

Brienon-sur-Armançon C2

20 km au nord-ouest par la N 77 (jusqu'à St-Florentin), puis la D 943.
Cette ville d'origine gauloise dispose de « monuments » civils consacrés à l'eau : un très joli lavoir ovale à *impluvium* d'époque Louis XV et les plus anciennes maisons éclusières du canal de Bourgogne (fin 18e s.).

Nos adresses

Restauration

À St-Florentin

Budget moyen

Hôtel Les Tilleuls – *3 r. Decourtive - ✆ 03 86 35 09 09 - www.hotel-les-tilleuls.com - P - 9 ch. 71/82 € - ☕ 11 € - ✕ plats 23/28 €, menus déj. 26/30 €.* Cet établissement familial est aménagé dans les murs d'un couvent des capucins datant de 1635. Agréable restaurant agrémenté de poutres colorées et terrasse verdoyante. Cuisine traditionnelle. Petites chambres proprettes donnant parfois sur le jardin ombragé de tilleuls.

Hébergement

À Neuvy-Sautour

Budget moyen

La Grange de Boulay – *2-4 ch. des chevaux des Hauts-Doux - Lieu-dit Boulay - ✆ 06 23 47 79 27 - www.lagrangedeboulay.com - P - 4 gîtes et 5 ch. d'hôtes - prix selon le nbre de pers. et la capacité du gîte - ✕.* Les cinq chambres, réunies dans un bâtiment baptisé « La Palombière » bénéficient chacune d'une décoration personnalisée. Piscine, ping-pong, billard à disposition.

Auxerre ★★

La capitale de la basse Bourgogne, point de passage historique incontournable sur la route entre Paris et Lyon, s'est développée sur une butte surplombant l'Yonne. C'est aujourd'hui une petite ville animée et très agréable. Son centre médiéval, entre pouvoir civil et religieux, a traversé les siècles sans subir de transformations majeures. Autour de la remarquable cathédrale, les ruelles dégringolent vers l'Yonne, abritant de coquettes maisons à pans de bois colorées.

Se repérer

CARTE P. 362-363 (C2) - PLAN D'AUXERRE P. 390.

34 451 Auxerrois – Yonne (89)
À 166 km de Paris et à 149 km de Dijon.

À ne pas manquer

La charmante place St-Nicolas; l'abbaye St-Germain; la cathédrale St-Étienne; la tour de l'Horloge.

En famille

Le musée d'Histoire naturelle; la coulée verte pour découvrir la ville *(voir « Nos adresses »)*.

Carnet pratique p. 394

Nos adresses p. 394

Se promener

PLAN P. 390

Circuit tracé en vert sur le plan.

Quartier de la Marine B1

Montez sur la passerelle qui enjambe l'Yonne pour admirer l'abbaye St-Germain. Les quais ont été rénovés.

Pré carré de tous ceux qui autrefois vivaient des ressources de la rivière, tanneurs, bateliers, marchands, coches d'eau, le quartier a gardé ses ruelles sinueuses. Prenez la rue de la Marine pour voir les vestiges de la tour d'angle nord-est de l'enceinte gallo-romaine, traversez la charmante **place St-Nicolas** pour atteindre la jolie place du Coche-d'Eau. Remarquez l'hostellerie du 17e s. ornée de la statue de saint Nicolas, le saint patron des marins.

★★ Abbaye St-Germain B1

2 bis pl. St-Germain - ✆ 03 86 18 02 90 - www.auxerre.fr - juil.-août : 10h-12h30, 13h30-18h ; avr.-juin et sept.-oct. : tlj sf mar. 10h-12h, 14h-18h ; reste de l'année : se rens. - gratuit.

Cette abbaye bénédictine fut fondée au 6e s. par la reine Clotilde, épouse de Clovis, à l'emplacement d'un oratoire où saint Germain, évêque d'Auxerre au 5e s., avait été inhumé. Au temps de Charles le Chauve, elle possédait une école célèbre où enseignèrent des maîtres réputés comme Héric ou Rémi d'Auxerre, dont saint Odon de Cluny fut le disciple. L'évangélisateur de l'Irlande, saint Patrick, y apprit la science théologique.

Église abbatiale – La démolition, en 1811, des travées occidentales de l'église a isolé le beau **clocher** du 12e s. appelé tour St-Jean, de construction romane et d'une hauteur de 51 m. Sa base, de plan carré, surmontée du beffroi, et ses gables étagés donnent un puissant relief à l'élan de sa flèche de pierre. Les fouilles

Un peu d'histoire

À proximité d'une simple bourgade gauloise *(Autricum)*, les conquérants romains établissent la ville d'*Autessiodurum*, située sur la grande voie reliant Lyon à Boulogne-sur-Mer. Dès le 1er s., elle devient une ville importante, dont témoignent les vestiges découverts lors des fouilles archéologiques.
L'influence intellectuelle et spirituelle de la cité au Moyen Âge repose en grande partie sur le rayonnement de l'**évêque saint Germain** (début du 5e s.) et des pèlerinages organisés auprès de son tombeau. Au 12e s., Auxerre (prononcez « Ausserre ») est déclarée « ville sainte » par la papauté.

archéologiques ont dégagé les fondations des **avant-nefs** carolingiennes et romanes : les vestiges (sarcophages, éléments sculptés...) sont visibles dans la crypte archéologique, accessible par l'église.
L'église supérieure, de style gothique, a été construite du 13e au 15e s. pour remplacer l'église romane ; l'unique chapelle axiale à dix branches date de 1277 : elle est reliée par un beau passage au déambulatoire et repose sur les solides assises de deux chapelles inférieures superposées construites à la même époque. Notez la belle hauteur sous voûte.
★★ **Crypte** – *visite guidée 7 €.* Elle forme une véritable église souterraine : au centre, la « confession », appelée ainsi parce qu'elle contenait les reliques de croyants qui n'avaient pas été martyrs. Possédant trois nefs voûtées en berceau, elle offre, du haut de ses trois marches, une belle perspective sur une succession de voûtes carolingiennes et gothiques. Coiffées de chapiteaux d'inspiration ionique, quatre colonnes incorporant des éléments gallo-romains soutiennent deux poutres millénaires en cœur de chêne.
Dans le couloir de circulation, des **fresques**★ du 9e s. – parmi les plus anciennes de France – représentent le jugement et la lapidation de saint Étienne, ainsi que deux évêques, aux tons rouge et ocre.
Le **caveau**, profond de 5 m, où le corps de saint Germain fut déposé, est surmonté d'une voûte étoilée de soleils peints (symbole de l'éternité) rappelant les mosaïques de Ravenne, où l'évêque mourut en 448. Il contient les sarcophages de plusieurs évêques, contrairement à la tradition qui voudrait les voir dans la cathédrale.
La chapelle d'axe, ou chapelle Ste-Maxime, reconstruite au 13e s. à l'emplacement qu'occupait autrefois la rotonde de la crypte carolingienne, comporte une belle voûte d'ogives à dix branches. Elle se superpose à la chapelle St-Clément, à laquelle on accède par un escalier droit *(à droite en sortant de la chapelle Ste-Maxime)*.
Musée d'Art et d'Histoire – Installé dans les bâtiments conventuels de l'ancienne abbaye, il comprend le logis de l'abbé reconstruit au début du 18e s. *(entrée du musée)*, le cellier du 14e s., la salle des moines, la salle capitulaire du 12e s. (dont on a retrouvé la belle façade derrière le cloître) et la sacristie.
Le circuit débute au 2e étage par la salle de préhistoire et de protohistoire consacrée au paléolithique, au néolithique, à l'âge du bronze et à l'âge du fer. Au 1er étage, dans la salle gallo-romaine, remarquez un superbe petit cheval, enseigne gauloise provenant de Guerchy. Au rez-de-chaussée, la sacrisitie présente l'évêque **saint Germain** (337-448). Dans les salles voûtées du sous-sol, vous découvrirez l'activité des moines copistes ainsi que des objets trouvés lors des fouilles (bijoux, armes, vases...) dans la région. Voyez aussi le trésor d'Asquins (6e s.) et la collection numismatique.

Rive de l'Yonne et cathédrale St-Étienne.
Borisb17/Getty Images Plus

Remontez la rue du Dr-Labosse pour rejoindre la rue Cochois. Notez au passage la préfecture, ancien palais des évêques, et la maison Defert.

★★ Cathédrale St-Étienne B1

Pl. St-Étienne - ✆ 03 86 51 29 20 - www.auxerre.fr - 8h30-18h.
Vers l'an 400, saint Amâtre fit bâtir un sanctuaire à cet emplacement. Celui-ci, embelli au cours des siècles suivants, fut incendié à plusieurs reprises. Suite à un nouveau sinistre, Hugues de Chalon entreprit en 1023 la construction d'une cathédrale romane sur le site, puis, en 1215, Guillaume de Seignelay fit édifier une cathédrale gothique, dont le chœur et les verrières furent achevés en 1234. La nef, les collatéraux, les chapelles et le transept sud datent de l'an 1400. Quant à la tour nord, elle fut achevée vers 1525.

Façade – De style flamboyant, la façade est encadrée de deux tours aux contreforts ouvragés; la tour sud reste inachevée. La façade est ornée de quatre étages d'arcatures surmontées de gâbles.

Au portail central, le Christ trône au tympan, entre la Vierge et saint Jean. Le linteau évoque le Jugement dernier. Le Christ préside, ayant à sa droite les vierges sages et à sa gauche les vierges folles (tenant leur lampe renversée). Ces 12 statuettes s'étagent au long des piédroits. Au-dessus du portail central, légèrement en retrait, une rosace de 7 m de diamètre s'inscrit entre les contreforts. Les célèbres sculptures des 13e et 14e s. ont été mutilées au 16e s. lors des guerres de Religion, et la tendre pierre calcaire a souffert des intempéries.

Au portail de gauche, les sculptures des voussures retracent la vie de la Vierge et de ses parents, saint Joachim et sainte Anne. Le registre restant du tympan représente le couronnement de la Vierge. Les médaillons du soubassement traitent différentes scènes de la Genèse.

Le portail de droite date du 13e s. Le **tympan**, divisé en trois registres, ainsi que les voussures sont consacrés à l'enfance du Christ et à la vie de saint Jean-Baptiste. Au registre supérieur des soubassements sont représentées six scènes des amours de David et Bethsabée – huit statuettes placées entre les pinacles symbolisent la Philosophie (à droite avec une couronne) et les Sept Arts libéraux. À droite du portail, un haut-relief représente le jugement de Salomon. Des deux portails latéraux, celui du sud (14e s.), consacré à saint Étienne, est le plus intéressant. Le portail nord est dédié à saint Germain.

Intérieur – La nef, construite au 14e s., a été voûtée au 15e s. (hauteur : 34 m). Au mur du fond du transept droit, on remarque quatre consoles à figures d'un réalisme étonnant. Au-dessus, les verrières de la rosace (1550) montrent Dieu le Père entouré des puissances célestes. La rosace du bras nord du transept (1530) représente la Vierge entourée d'anges et d'emblèmes de Notre-Dame.

Le **chœur** et le **déambulatoire** remontent au début du 13e s. En 1215, Guillaume de Seignelay, évêque d'Auxerre, grand admirateur de l'art nouveau appelé alors « style français » (le terme « gothique » n'est employé que depuis le 17e s.), décida de raser le chœur roman et fit élever ce splendide ouvrage d'architecture sur la crypte du 11e s. Tout autour du déambulatoire se déroule un magnifique ensemble de **vitraux**★★ à médaillons du 13e s., où dominent les tons bleus et rouges. Ils représentent des scènes de la Genèse, l'histoire de David, celle de Joseph, celle de l'Enfant prodigue et des légendes de saints. Le soubassement est souligné par

SE RESTAURER		
Bistro L'Aspérule 1	Le Jardin Gourmand 3	**SE LOGER**
Le Rendez-Vous 2	Le Maison Fort 4	Hôtel Le Maxime 13
	La P'tite Beursaude 13	Hôtel Normandie 16

une arcature aveugle ornée de têtes sculptées, figurant essentiellement prophètes et sibylles, parfois des drôleries.
Dans la partie gauche du déambulatoire, un tableau sur bois du 16e s. représente la lapidation de saint Étienne. Les beaux **vitraux** des rosaces sont du 16e s. Appréciez l'extrême finesse du vitrail de la chapelle Notre-Dame-des-Vertus, au-dessus de la statue de la Vierge.

★ **Crypte romane** – *5 € (-12 ans gratuit) crypte + trésor.* Ce seul vestige de la cathédrale romane (1023-1035), qui constitue un intéressant ensemble architectural, abrite, à défaut de reliques, des **fresques** exceptionnelles des 11e et 13e s. Sur la voûte est représenté le **Christ monté sur un cheval blanc** entouré de quatre anges équestres : c'est le seul exemple connu en France d'une telle figuration. L'autre fresque, dans le cul-de-four, montre le Christ en majesté entouré des symboles des évangélistes et de deux chandeliers à sept branches.

★ **Trésor** – Il renferme, entre autres pièces intéressantes, des émaux champlevés des 12e et 13e s., des livres d'heures des 15e et 16e s., des miniatures et des triptyques d'ivoire, ainsi qu'une **Mise au tombeau★** peinte sur ardoise, attribuée au peintre de l'école de Fontainebleau, Luca Penni. Observez les couleurs froides et le dessin précis, caractéristiques du maniérisme florentin.
Gagnez le centre-ville par la place St-Étienne devant la cathédrale, puis à gauche par la rue Maison-Fort et la rue Joubert.

Le foot au musée

Un musée sur le mythique club de football d'Auxerre, ses valeurs et son histoire, devrait ouvrir en 2023 au sein même du stade de l'Abbé-Deschamps.
Rens. www.ot-auxerre.fr

Centre-ville AB1-2

Le centre-ville, largement piétonnier, est très agréable. Les ruelles conservent d'intéressantes demeures, la plupart du 16e s. La rue Fécauderie (deux maisons à pans de bois possèdent un superbe poteau cornier sculpté, à l'angle de la rue Joubert et du passage Manifacier) mène à la belle **place de l'Hôtel-de-Ville**, où, figée parmi les passants, se dresse une statue polychrome de **Marie Noël** *(voir p. 393)* en vieille dame ; belles maisons aux nos 4, 6, 16, 17, 18.

Tour de l'Horloge A2

De style flamboyant, cette tour, construite au 15e s. sur les fondations de l'enceinte gallo-romaine, était aussi appelée tour Gaillarde (du nom de la porte qu'elle défendait) et faisait partie des fortifications ; le beffroi et l'horloge symbolisaient les libertés communales accordées par le comte d'Auxerre. L'horloge (17e s.) présente un double cadran indiquant sur les deux faces les mouvements apparents du Soleil et de la Lune. Le cadran astronomique fut célébré par Restif de La Bretonne, qui vécut plusieurs années de sa jeunesse dans un atelier d'imprimeur au pied de cette tour.
Un passage voûté, attenant à la tour de l'Horloge, conduit à la place du Mar.-Leclerc ; sous la voûte, une plaque rappelle la mémoire de **Guillaume Roussel** *(voir p. 391)*.
Passez sous la tour de l'Horloge. Au no 6, remarquez un poteau cornier sculpté et quatre maisons accolées en face. Prenez à gauche la **rue de la Draperie** ; celle-ci débouche sur la **place Charles-Surugue**, où s'élève une fontaine à l'effigie de Cadet Roussel. Voyez les maisons à pans de bois et la tentative d'Art nouveau sur la poste (1909). Longez la poste par la rue René-Schaeffer jusqu'à l'église **St-Eusèbe**, vestige d'un prieuré, qui conserve un clocher du 12e s. décoré d'arcs polylobés.

Sa flèche de pierre date du 15e s. À l'intérieur, très lumineux, remarquez le chœur Renaissance, la chapelle axiale et les vitraux du 16e s. Un hôtel particulier a été construit au 18e s. à l'emplacement des granges du prieuré.
Empruntez la rue Diderot pour parvenir, au n° 5 place Robillard, devant le plus vieil édifice civil en pierre d'Auxerre : l'**hôtel du Cerf-Volant** des 14e et 15e s. Sa girouette rappelle qu'il fut un temps un magasin d'instruments de musique.
Revenez vers la cathédrale en passant par la place des Cordeliers.
Vous pourrez admirer un bel hôtel Renaissance, dit « de Crôle », à lucarnes et corniche sculptées, au n° 67 de la **rue de Paris** (A1).

À voir aussi

PLAN P. 390

Église St-Pierre B2

Rue Joubert, vous remarquerez – encadré par deux maisons – un superbe portail Renaissance sur lequel figurent Noé, ivre, et Cérès, déesse de l'Abondance. Ce portail, inspiré du Castelnuovo de Naples, s'ouvre sur la place de l'église St-Pierre. Reconstruite aux 16e et 17e s. dans le style classique, elle conserve des éléments décoratifs de la Renaissance. Très ornée, la tour de style flamboyant s'inspire de la tour nord de la cathédrale. L'église était autrefois située au cœur du quartier des vignerons. Jusque dans les années 1870 et la crise du phylloxéra, Auxerre était entourée de vignes. Les plus anciennes vignes d'abbaye, le Clos de la Chaînette, subsistent encore (4 ha plantés en chardonnay et pinot noir). Elles appartenaient à l'abbaye St-Germain et sont désormais propriété de l'hôpital psychiatrique d'Auxerre.

Musée Leblanc-Duvernoy A2

9 bis r. d'Égleny - ✆ 03 86 18 05 50 - www.auxerre.fr - avr.-sept. : merc.-dim. 14h-18h - gratuit.
Aménagé dans une demeure du 18e s., ce musée est surtout consacré à la **faïence** : nombreuses pièces provenant de fabriques françaises ou appartenant à la production locale (en particulier de l'époque révolutionnaire). Il abrite également une série de fastueuses **tapisseries de Beauvais** du 18e s. ainsi qu'une importante collection de grès de Puisaye.

Musée d'Histoire naturelle A1

5 bd Vauban - ✆ 03 86 72 96 40 - www.auxerre.fr - lun.-mar. et jeu.-vend. 13h30-17h30, merc. 9h-12h, 13h30-17h30, dim. 14h-17h30 - gratuit.
Dans le pavillon entouré d'un petit parc botanique, ce musée consacre ses expositions temporaires aux sciences naturelles du monde entier.

Le saviez-vous ?

Lorsqu'il fait, en 1657, l'acquisition de la baronnie de Seignelay, **Colbert** (1619-1683) est encore au service de Mazarin, qui le recommandera à Louis XIV. Fait intendant des Finances à la mort du cardinal, en 1661, ce fils de marchand drapier va conduire la politique économique du royaume pendant près de vingt ans. Son système, qui consiste pour l'essentiel à augmenter la masse monétaire, sera appelé « colbertisme ». Il fait ériger la baronnie de Seignelay en marquisat (son fils, futur ministre de la Marine, en portera le nom) et obtient, pour restaurer le château, le détachement de l'architecte du roi, Le Vau.

Maison de Marie Noël B2

1 r. Marie-Noël - ✆ 03 86 51 30 02 - www.marienoelsiteofficiel.fr - consultez le site pour les dates - visites guidées uniquement 10h30 et 15h - 5 € (-18 ans gratuit).
C'est dans cette maison qu'a vécu, de 1895 à sa mort en 1967, la poétesse Marie Noël, grand prix de poésie de l'Académie française en 1962. Selon sa volonté, sa chambre est demeurée intacte.

À proximité

CARTE P. 362-363

Appoigny C2

11 km au nord-ouest par la N 6.
4 r. du Fer-à-Cheval - ✆ 03 86 53 20 90.
Cette localité faisait partie du domaine des évêques d'Auxerre, qui y firent construire au 13e s. la **collégiale St-Pierre**. La haute tour carrée qui la surmonte fut ajoutée au 16e s. Remarquez les grappes de raisin et les feuilles de vigne qui ornent le tympan : elles rappellent qu'à l'époque les vins d'Auxerre étaient les plus réputés de France. L'intérieur, très restauré, présente un beau jubé sculpté, daté de 1610.

Seignelay C2

17 km au nord d'Auxerre par la D 84.
Construite au flanc d'une colline boisée de l'Auxerrois, au pied de laquelle serpente le Serein, la ville présente de belles maisons de pierre serrées le long de rues en pente. En 1429, en route vers Reims où allait être sacré Charles VII, Jeanne d'Arc fit une halte à ce qui était à l'époque une importante seigneurie. Mais c'est à Jean-Baptiste Colbert, marquis de Seignelay, que le village doit véritablement ses titres de noblesse… et vice versa *(voir encadré ci-contre)*.
Château – Il fut détruit à la Révolution. Il n'en reste que l'ancien parc, un pan de l'enceinte fortifiée, une tour, restaurée au siècle dernier, et un pavillon d'entrée construit à la fin du 17e s.
Place Colbert – Une avenue bordée de platanes aboutit à cette place au charme classique préservé. L'ancien auditoire, ou salle du bailliage (actuel hôtel de ville), remarquable pour sa façade ornée d'un fronton et ses portes à fortes moulures, fut édifié sous Colbert. Le bâtiment du Trésor public, tout proche, correspond à l'ancienne capitainerie, construite en équerre avec le pavillon d'entrée du château. L'ensemble forme un corps de bâtiment harmonieux, avec ses toits à la Mansart couverts d'ardoise.
Église St-Martial – Rebâtie au 15e s. sur une église romane dont les contreforts extérieurs ont été conservés, elle est dotée d'une belle tour-clocher, à la masse surmontée d'un lanternon. Elle surprend par son plan irrégulier (un seul bas-côté). Le chœur, l'abside, la chapelle de la Vierge et les fonts baptismaux datent du 15e s. Au siècle suivant, la voûte du collatéral fut élevée à hauteur de celle de la nef, alors refaite. De cette époque date aussi le petit portail Renaissance surmonté d'un auvent. L'intérieur abrite un banc d'œuvre Louis XIII. Dans le chœur, remarquez six chandeliers Louis XVI en cuivre argenté, provenant du château, trois tabourets et deux petites châsses aux armes de Colbert, ainsi qu'une Vierge peinte du 17e s. Aux fenêtres de la nef gauche et du chœur, on peut observer les restes des remplages de vitraux du 16e s., œuvre des frères Veissières et de leur élève Mathieu, originaires de Seignelay.

Carnet pratique

S'informer

Office de tourisme – *7 pl. de l'Hôtel-de-Ville - ✆ 03 86 52 06 19 - www.ot-auxerre.fr.*

Circuit fléché – Le circuit « Sur les traces de Cadet-Roussel » permet de découvrir la vieille ville. Brochure disponible à l'office de tourisme *(2 €).*

Se garer

Parkings gratuits à la périphérie de la ville.

Agenda

Fleurs de Vigne – *Tous les 2 ans, les années paires, 1 j. au mois de mai - www.fleursdevigne.fr.* Les vignerons de l'Yonne font découvrir et déguster leurs vins sur les quais de l'Yonne. Dégustations et expositions.

Nos adresses

Restauration

PLAN P. 390

Budget moyen

4 **Le Maison Fort** – B1-2 - *10 r. Fourier - ✆ 09 73 66 70 52 - www.lemaisonfort.fr - fermé dim.-lun. et mar.-merc. soir - menu déj. 22 €, menus 28/32 €.* Que les choses soient dites : cuisine 100 % fait maison, produits 100 % bio et majoritairement locaux. Et au final, une carte courte et inspirée (avec option végétarienne), de jolies assiettes colorées et en prime une agréable terrasse dans la cour.

13 **La P'tite Beursaude** – B2 - *55 r. Joubert - ✆ 03 86 51 10 21 - la-ptite-beursaude.business.site - fermé mar., merc. et jeu. midi - menus déj. 21,50/23 €, menus 30/34 €.* L'enseigne à consonance régionale, la salle à manger au cachet campagnard simple et chaleureux, les serveurs qui officient en costume local et de copieuses recettes puisant dans le terroir : voilà un véritable concentré de Bourgogne que l'on découvre en poussant la porte de cette P'tite Beursaude !

1 **Bistro L'Aspérule** – B2 - *34 r. du Pont - ✆ 03 86 33 24 32 - www.restaurant-asperule.fr - fermé dim.-lun. - menu déj. 27 €, menu 38 €.* L'Aspérule, jolie fleur des bois, a donné son nom à ce restaurant du cœur de la cité bourguignonne, qui ne manque ni de fraîcheur ni de délicatesse. Produits locaux de qualité, saveurs bien maîtrisées : on passe un agréable moment.

2 **Le Rendez-Vous** – B2 - *37 r. du Pont - ✆ 03 86 51 46 36 - www.restaurant-lerendezvous.fr - fermé sam.-dim. - menu déj. 25 €, menu 37 €.* Amateurs de la tradition, ce restaurant est fait pour vous ! Au pied de l'église St-Pierre, le chef concocte de savoureuses spécialités bourguignonnes : jambon persillé, croustillant de pied de veau et autres plats mijotés... La générosité comme les saveurs sont au rendez-vous.

Le Bourgogne – HORS PLAN - *15 r. de Preuilly - ✆ 03 86 51 57 50 - www.lebourgogne.fr - P ♿ - fermé dim.-lun. - menus déj. 25/29 €, menus 38/48 €.* Sympathique cadre rustique, belle terrasse d'été et petits plats du marché aussi appétissants : reconversion réussie pour cet ancien garage !

Une folie

3 **Le Jardin Gourmand** – A1 - *56 bd Vauban - ✆ 03 86 51 53 52 - www.lejardingourmand.com - fermé lun.-mar., merc.-vend. midi, dim. soir - plats 40/55 €, menus 74/139 €.* Cette ancienne maison de vigneron ressemble

désormais à une élégante maison bourgeoise. La salle à manger cossue distille un charme intime… On y savoure une cuisine créative, inspirée par les produits du jardin, les voyages du chef, les saisons. Voyageuse aussi la belle carte des vins qui cultive les cépages locaux mais aussi ceux du bassin méditerranéen.

Shopping

Vin

Le Clos de la Chaînette – *03 86 94 38 00 - www.chs-yonne.fr.* Ce sont les seules vignes encore en activité dans la ville d'Auxerre. L'existence du clos est attestée dès le 7e s. La commercialisation de cette AOC (80 % de chardonnay et 20 % de pinot noir) a lieu en décembre. Mais seuls les 2600 clients inscrits auprès du clos peuvent acheter un carton de 12 bouteilles !

Les Agapes – *13 r. de Preuilly - 03 86 52 15 22 - les-agapes-caviste.com - mar.-sam. 9h30-12h30, 14h-19h.* Depuis plus de 20 ans, Marc Ragaine, ancien sommelier, est une référence à Auxerre.

Spécialités culinaires

Fromagerie Soufflard – *23 r. Joubert - 03 86 52 07 07 - mar. 8h-12h, 16h/19h, merc. 10h30-12h30, 15h-19h, jeu.-sam. 8h30-12h30, 15h-19h - fermé dim.-lun. et vend. mat.* Époisses Berthaut, plaisir au chablis, brillat-savarin, pouligny st-pierre, vézelay, crottin de Chavignol, délice de Bourgogne et morbier sont un mince échantillon de tous les fromages que l'on trouve ici. M. Soufflard sélectionne lui-même ses produits et ne travaille que des fromages fermiers et AOC.

À proximité

Le Jardin de Laborde – *R. de Venoy - Laborde - 6 km au nord-est d'Auxerre - 06 11 48 20 43 - www.jardindelaborde.com - lun.-sam. 9h-12h30, 14h-19h, dim. 9h-12h - fermé lun. de nov. à mars.* Au fil des saisons, le plaisir de cueillir fleurs, fruits rouges et légumes… cultivés en agriculture raisonnée. Produits locaux et régionaux en boutique.

Le Borvo – *R. de Beaumont - Chemilly-sur-Yonne - 15 km au nord-est d'Auxerre - 03 86 47 82 44 - www.leborvo.fr - parcours découverte : sur réserv. 2 sem. à l'avance à l'office de tourisme - tlj sf dim. 9h-18h pour la boutique.* La référence européenne en matière de fumage du saumon. Parcours historique et gastronomique dans une réplique contemporaine de la saline d'Arc-et-Senans. Sont expliqués l'évolution des modes de conservation du poisson des origines à nos jours et l'art du tranchage manuel.

Activités

À pied

La coulée verte – Ou comment découvrir Auxerre en longeant l'ancienne voie de chemin de fer. 12 km de balade aménagée pour faire le tour de la ville. Parcours disponible sur www.ot-auxerre.fr.

Sur l'eau

Pour plus d'infos sur les voies navigables de France : www.vnf.fr.

Les bateaux touristiques de l'Auxerrois – *Quai de la République - 09 75 23 27 89 - 06 30 37 66 17 - www.bateaux-auxerrois.com - de mi-avr. à mi-oct. - fermé lun. - Découverte (1h) - 16 € (4-12 ans 10 €) ; Promenade (1h30) - 20 € (4-12 ans 13 €) ; Évasion (2h) - 28 € (4-12 ans 20 €).* Croisières commentées avec passage d'écluses.

Le Batardeau – *1 pl. Achille-Ribain - 03 86 40 14 28 - le-batardeau.fr - avr.-oct.* Location de bateaux électriques, paddles, kayaks, pédalos. Également location et réparation de vélos. Restauration sur place *(merc.-dim. 11h-18h)*, dans un jardin au bord de l'eau.

Golf

Golf domaine du Roncemay – *Chassy - 25 km à l'ouest d'Auxerre - ☏ 03 86 73 50 50 - www.roncemay.com - hte sais. : 8h-21h ; basse sais. : 9h-19h.* Golf de 18 trous dans un parc de 80 ha avec bois (11 trous en forêt), étangs et links façon écossais.

Hébergement

PLAN P. 390

La sortie 19 de l'autoroute (à quelques kilomètres de Seignelay) offre une importante concentration d'hôtels, qui peuvent dépanner. Fourchette de prix assez large.

Budget moyen

16 Hôtel Normandie – A1 - *41 bd Vauban - ☏ 03 86 52 57 80 - www.hotelnormandie.fr - P 7,50 € - ♿ - 47 ch. 94/114 € - ☕ 12 €.* Cette demeure bourgeoise a tout pour plaire : paisible cour-terrasse, chambres confortables (optez pour la maison principale), salon-bar meublé Art déco, billard, spa et espace fitness.

Hôtel Les Maréchaux – HORS PLAN - *6 av. Foch - ☏ 03 86 51 43 77 - www.hotel-lesmarechaux.com - P piscine chauffée - 25 ch. 77/97 € - ☕ 11 €.* Juste en périphérie immédiate du centre-ville, cet hôtel installé dans une élégante maison du 19e s. saura vous séduire. Les chambres, très confortables, portent chacune le nom d'un des maréchaux de France, surtout de l'Empire.

Pour se faire plaisir

13 Hôtel Le Maxime – B1 - *2 Quai de la Marine - ☏ 03 86 52 14 19 - hotel-lemaxime.com - P - 26 ch. 131/210 € - ☕ 15 €.* Sur les bords de l'Yonne, cet ancien grenier à sel reconverti en hôtel propose des chambres joliment rénovées (mobilier de style), avec vue sur le fleuve ou au calme côté cour.

Au nord d'Auxerre

Pour se faire plaisir

Le Puits d'Athie – *1 r. de l'Abreuvoir - Appoigny - 12 km au nord-est d'Auxerre - ☏ 03 73 53 07 50 - www.puitd'athie.fr - P - 5 ch. 95/140 € - ☕ 13,50 € - table d'hôte 30 €.* Le puits en question date du 15e s. et trône au milieu du jardin de cet ancien monastère du 18e s. Le lieu abrite aujourd'hui 3 chambres et 2 suites (dont l'une avec cuisine), chacune dotée de sa propre ambiance, mais toutes résolument contemporaines et offrant tout le confort moderne.

L'Auxerrois ★

Au sud d'Auxerre s'étend un territoire de caractère, où alternent vignobles et vergers, avant de s'épanouir en deux vallées bucoliques. La vallée de la Cure, habitée depuis des temps immémoriaux, abrite des villages pittoresques aux lourdes maisons de pierre. L'Yonne, doublée par le canal du Nivernais, serpente entre de hautes falaises, dans une nature sauvage et préservée.

Se repérer

CARTE P. 362-363 (BC2-3).
Yonne (89)
Les circuits décrits ci-dessous se situent à une vingtaine de kilomètres au sud d'Auxerre.

À ne pas manquer

Une balade dans la vallée de la Cure et la visite des grottes d'Arcy.

En famille

Les grottes d'Arcy-sur-Cure ; la petite plage de Mailly-la-Ville ; la boucle de la grotte des Fées ; les caves de Bailly-Lapierre à St-Bris-le-Vineux.

Carnet pratique p. 405

Nos adresses p. 405

Entre vignes et cerisiers

CARTE P. 362-363

Circuit de 40 km tracé en vert sur la carte. Quittez Auxerre par la N 151 en direction de Gy-l'Évêque.
Cette excursion dans les environs immédiats d'Auxerre est particulièrement charmante en avril, à l'époque des cerisiers en fleurs. Le vignoble (1200 ha de production de cépages chardonnay, aligoté, pinot noir et gamay) alterne avec les vergers, les petits villages de pierre se découvrent au détour de collines boisées. De vastes cerisaies recouvrent les coteaux bordant l'Yonne et descendent jusqu'au creux de la vallée, en particulier entre Gy-l'Évêque et Coulanges-la-Vineuse.
Dans le village de **Gy-l'Évêque**, visitez l'église (13e-16e s.), où est exposé un **Christ aux orties★** (16e s.), ainsi que le **lavoir**.
Prenez la D 463 à droite en direction de Jussy et de Coulanges-la-Vineuse.

Coulanges-la-Vineuse C3

Le nom même de ce petit village haut perché, entouré de vignes et de cerisiers, témoigne d'une tradition viticole antique. Sur 135 ha, de Jussy à Migé, en passant par Escolives, le vignoble de Coulanges donne des bourgognes coulanges-la-vineuse rouges (cépage pinot noir) à la fois tendres et légers, des blancs fruités et des rosés.
Musée du Vieux Pressoir et de la Vigne - *46 r. André-Vildieu - Coulanges-la-Vineuse - ✆ 03 86 42 20 59 - ♿ - de mi-mars à mi-nov. : visite guidée sur demande (1h30) tlj sf dim. 9h-12h, 14h-18h - 5 € (-12 ans gratuit).* En complément d'une exposition d'outils anciens de vignerons et de caves du 12e s., ce musée recèle un vrai trésor : un pressoir à abattage de type médiéval.
Prenez la D 85 qui descend vers l'Yonne, puis à gauche la C 4 en direction d'Escolives.

6

Escolives-Ste-Camille C3

Située à flanc de coteau, la charmante **église** romane est précédée d'un narthex à arcades en plein cintre. Elle possède une flèche octogonale recouverte de briques posées de chant. La crypte (11e s.) abritait naguère les reliques de sainte Camille, compagne de sainte Magnance *(voir p. 259)*, de retour de Ravenne avec la dépouille de saint Germain.

Villa gallo-romaine *–9r. Raymond-Kapps - ✆ 03 86 42 71 89 - www.lavillascoliva.org - visite guidée (1h) avr.-oct. : 10h, 11h, 14h, 15h, 16h, 17h - 5 € (12-18 ans 2,50 €) - visite nocturne juin-sept. : sam. 21h45, fermé nov.-mars.* À la sortie nord du village, les vestiges, en partie sous abri, d'un bourg et de thermes gallo-romains (1er au 3e s.) ainsi que d'un cimetière mérovingien font l'objet de fouilles.

Prenez la D 606 qui longe l'Yonne en direction de Vermenton. Traversez la rivière à Vincelles (sur la rive gauche). En vis-à-vis, sur la rive droite, se situe Vincelottes. Continuez jusqu'à Irancy.

Irancy C3

Dans un vallon, ce village produit les vins rouges et rosés les plus réputés du vignoble auxerrois. C'est aussi le lieu de naissance de **Jacques-Germain Soufflot** (1713-1780), architecte de l'hôtel-Dieu à Lyon et du Panthéon à Paris. En haut du village, profitez du très beau **point de vue** panoramique sur le vignoble en amphithéâtre.

Rejoignez St-Bris-le-Vineux par la D 38.

St-Bris-le-Vineux C3

Ce joli village du vignoble d'Auxerre possède une **église** gothique du 13e s., dont les voûtes du chœur et du bas-côté gauche sont d'époque Renaissance. Remarquez également les vitraux Renaissance, la chaire sculptée ainsi qu'une immense peinture murale de l'arbre de Jessé (généalogie du Christ), datant de 1500, dans la première travée droite du chœur. Dans le bras droit du transept, une chapelle abritant le sarcophage de saint Cot montre une clef pendante très basse portant un blason sculpté aux armoiries des Coligny (puissante famille noble originaire de Bresse) et des Dreux de Mello (seigneurs de St-Bris dans la seconde moitié du 12e s.).

St-Bris a également conservé quelques maisons anciennes des 14e et 15e s. On peut voir au n° 1 de la rue de l'Église une remarquable cave romane à deux nefs, avec colonnes et chapiteaux.

Caves de Bailly-Lapierre – *Au sud-ouest de St-Bris-le-Vineux, sur l'Yonne. Quai de l'Yonne - ✆ 03 86 53 77 77 - www.bailly-lapierre.fr - ♿ - visite guidée juil.-août : 14h30-17h30 ; reste de l'année : 15h30 et 16h30 (se rens.) - 6 € (enf. gratuit).* Ces carrières souterraines, qui fournirent les pierres du parvis de la cathédrale Notre-Dame de Paris au 19e s., abritent depuis 1972 plus de 3 ha de caves. Visite guidée des salles, présentation de l'élaboration du crémant de Bourgogne, avec dégustation finale.

Regagnez Auxerre par la D 956.

★ Vallée de la Cure

CARTE P. 362-363

Circuit tracé en bleu sur la carte – 30 km de Cravant à Asquins, avec la possibilité de poursuivre jusqu'à Vézelay. Pour rejoindre Cravant, prenez la D 606 au sud-ouest d'Auxerre sur 19 km. Les sites décrits ci-après se trouvent le long de cette départementale.

Vignoble d'Irancy.
Photopixal/Getty Images Plus

Ce circuit longe la Cure, de Cravant à Vézelay *(voir p. 242)*, en traversant des villages immobiles, dont les grosses maisons sont blotties autour de leur église. Longue de 109 km, la Cure, rivière morvandelle par excellence, est un affluent de l'Yonne (bien que son bassin soit plus étendu). Dans la partie vallonnée du Parc naturel régional du Morvan, c'est un cours d'eau « sportif », très apprécié des canoéistes. Il s'assagit en aval, le long du circuit proposé, mais conserve du tempérament jusqu'à Cravant, où il rejoint l'Yonne.

Cravant C3

Cette petite localité, autrefois fortifiée (comme l'attestent les vestiges d'un donjon), est bâtie au confluent de la Cure et de l'Yonne. Des promenades ont été aménagées à l'emplacement des anciens fossés. L'**église** (13e s.) possède un chœur ainsi qu'une tour de la Renaissance, et le bourg des maisons à pans de bois. La route suit la rive de la Cure parmi des paysages de collines boisées ou plantées de vignes. Le village d'**Accolay**, proche de Vermenton, était réputé pour ses poteries vernissées.
Poursuivez 5 km sur la D 606.

Vermenton C3

Cet ancien port occupe un site agréable sur les rives de la Cure. Son **église** possède une belle tour du 12e s. ; le portail conserve des statues-colonnes très mutilées. Voir aussi les vestiges des remparts *(se rens. auprès de M. Verrier au ✆ 03 86 81 62 93)*. En contrebas du village, non loin du port et des péniches, le Parc des îles est un endroit idéal pour pique-niquer à l'ombre des tilleuls et au bord de la Cure *(buvette en été)*.
Poursuivez sur 2 km et tournez à droite.

Abbaye de Reigny C3

✆ 03 86 81 59 30 - ✆ 06 07 37 27 76 - www.abbayedereigny.com - ♿ - juil.-août : tlj sf sam. et dim. matin 10h-12h, 14h-18h ; reste de l'année : sur demande - 5 € (-18 ans gratuit).

Ce site appartient au réseau des Audacieux du Patrimoine, au sein de la Demeure Historique. Le lieu accueille des manifestations culturelles *(voir « Carnet pratique »)*. Il abrite aussi gîte et chambres d'hôte *(voir « Nos adresses »)*.
Située à la sortie de Vermenton, dans un cadre verdoyant au bord de la Cure, cette abbaye a été fondée en 1128. Durant son âge d'or, au Moyen Âge, elle a accueilli jusqu'à 300 moines. En partie détruite durant la guerre de Cent Ans et la Révolution, elle a néanmoins conservé un très beau réfectoire cistercien du 14e s. et un impressionnant réseau hydraulique de la même époque. La visite permet également de découvrir un cellier du 18e s. Quarante panneaux illustrés relatent, à travers l'exemple de Reigny, toute l'histoire du mouvement cistercien. Mais l'abbaye a également connu un passé mondain : dans les années 1920, elle appartenait au sculpteur Max Blondat, qui y invita souvent Coco Chanel.
Reprenez la D 606 sur 6 km.

Arcy-sur-Cure C3

La Cure divise le bourg en deux parties reliées par un grand pont en dos d'âne, offrant de jolies **vues** sur la rivière et le manoir de Chastenay.
Après avoir traversé la Cure, vous apercevez la ravissante façade classique du **château d'Arcy** (18e s.), que précède une allée d'arbres.
Poursuivez en prenant à gauche l'étroit chemin de Vault (V 8), qui traverse le hameau de **Val-Ste-Marie** ; vous pourrez voir les impressionnantes ruines d'une maison forte du 14e s., habitée par les seigneurs du domaine d'Arcy jusqu'à la construction du château.
Manoir de Chastenay – Cet édifice *(privé, ne se visite pas)* de la seconde moitié du 14e s., très bien conservé, fut érigé sur l'emplacement d'une demeure fortifiée du 11e s. dont subsiste une partie de l'enceinte. Sa façade nord présente une jolie tour d'escalier hexagonale ainsi qu'une échauguette en encorbellement. Les lieux sont ici empreints de la symbolique alchimiste avec notamment la **porte des Sages**, ornée d'une frise sculptée de trois personnages au-dessus desquels la tiare représente l'or philosophal, le pape et le seigneur.
Reprenez la D 606 sur 2,5 km pour atteindre les grottes.

★ Grottes d'Arcy-sur-Cure C3

En amont du village d'Arcy, la rive gauche de la Cure est dominée par de hautes falaises. Ce massif calcaire corallien, qui a émergé à la fin de l'ère secondaire ou

La Cure, une rivière énergétique

C'est sur la Cure, au milieu du 16e s., que fut réalisé le premier essai de flottage à bûches perdues *(voir encadré p. 334)* qui, jusqu'en 1923, permit à une part importante de la population riveraine de vivre de l'utilisation de l'Yonne et de la Cure comme chemins d'eau. Au 19e s., la création du lac-réservoir des Settons *(voir p. 268)*, à quelques kilomètres de sa source de la Cure, avait pour but d'aider à ce mode de transport original du bois de chauffe. Depuis la disparition du flottage, le lac n'est utilisé que pour régulariser le débit de l'Yonne et alimenter, pendant l'été, le canal du Nivernais. Dans les années 1930, plusieurs barrages hydroélectriques ont été aménagés dans le bassin amont de la Cure : barrage du Crescent (1930-1933) avant Chastellux ; barrage de Malassis (1929-1930) près de Domecy-sur-Cure ; barrage de Chaumeçon (1933-1935) sur le Chalaux, un affluent de la Cure. On est ainsi passé du « charbon de bois » à la « houille blanche ». T
Voir aussi « Canal du Nivernais », p. 327.

Le canal du Nivernais dans l'Auxerrois

En suivant le canal en bateau, à pied ou à vélo, on découvre les divers paysages de la région (côtes calcaires, paysages bocagers, prairies...) et, avec un peu de chance, on apercevra martins-pêcheurs, bergeronnettes ou hérons cendrés... Les escales à ne pas manquer : Clamecy *(voir p. 331)*, pour comprendre l'histoire et les techniques du flottage du bois ; Mailly-le-Château *(voir p. 402)*, lové dans un méandre de l'Yonne ; les rochers du Saussois *(voir p. 402)*...

mésozoïque (de -250 à -65 millions d'années), a été creusé par la Cure, donnant naissance à un ensemble de cavernes. En 1990, les archéologues ont mis au jour, dans deux des trente grottes connues, des **peintures pariétales** aux dominantes de rouges (oxyde de fer, manganèse), qui étaient restées cachées (et protégées) par une épaisse couche de calcite. Les animaux (une soixantaine de mammouths, ours, félins, rhinocéros, chevaux, bouquetins, oiseaux, poissons, etc.), les empreintes de mains et signes divers ont été datés entre 28 000 et 33 000 av. J.-C., positionnant Arcy juste derrière la grotte Chauvet (-35 000 ans) mais bien avant Lascaux (-18 000 ans). C'est donc l'une des plus anciennes grottes ornées en France – et l'une des rares à pouvoir se visiter partiellement (seule la Grande Grotte est ouverte à la visite et permet d'observer une partie des peintures découvertes).
★★ **Grande Grotte** – *03 86 81 90 63 - 06 71 98 18 33 - www.grottes-arcy.net - - visite guidée (1h15) juil.-août : 10h-18h ; avr.-juin et sept.-nov. : 10h-12h, 14h-17h ; reste de l'année se rens. - 10,70 € (3-11 ans 6 €)* Attention, il fait 12 °C dans la grotte. Visite passionnante et très émouvante, lorsque l'on découvre dans le fond, à 900 m de l'ouverture, des mammouths, des cervidés, des traces de mains, peintes il y a environ 30 000 ans ! Cette caverne se ramifie sur 2,5 km en une succession de salles et de galeries décorées de draperies, stalactites et stalagmites, de concrétions d'aspect fantastique se transformant au gré de l'imagination en bêtes ou en fleurs vénéneuses. Au retour, on peut voir deux petits lacs alimentés par la Cure, dont le premier est figé sous une fine couche calcaire (le « lavoir des Fées »).
Les bords de la Cure – *30mn AR.* Au départ de la Grande Grotte, un agréable chemin ombragé remonte la rive gauche de la Cure jusqu'à St-Moré, au pied d'escarpements calcaires creusés d'une quinzaine de grottes, en cours de fouilles, parmi lesquelles les grottes du Loup, du Bison, du Renne, des Ours, du Trilobite, de l'Hyène, du Cheval, des Fées... Remarquez le Grand Abri, imposante masse rocheuse qui surplombe le terrain sur plus de 20 m de longueur et 10 m de profondeur. Pénétrez dans une zone boisée *(protégée)* où vous découvrirez une **carrière mérovingienne** de sarcophages et la **fontaine de St-Moré**, source qui fit l'objet d'un culte jusqu'au 19e s. Au sommet des rochers de St-Moré, **vue** sur la vallée.
Poursuivez sur la D 606. La route passe par **Voutenay-sur-Cure**, *village qui bénéficie d'une agréable situation au pied de collines boisées. Continuez la route jusqu'à Sermizelles.*

6

Notre-Dame-d'Orient C3

Départ à l'est de Sermizelles. Un chemin de terre balisé conduit, sous bois, au sommet de la colline où s'élève une chapelle octogonale (19e s.) surmontée d'une Vierge en pierre. Du pied de la statue *(accessible par 39 marches)*, belle vue sur la vallée de la Cure. En retrait, vous verrez une chapelle moderne de pèlerinage (invoquée depuis la guerre de Crimée, en 1854).
Poursuivez sur la D 606, puis prenez à droite la D 951 en direction de Vézelay.

On vous emmène grimper aux rochers du Saussois

Au milieu coule une rivière, l'Yonne. Rive gauche, le village de Merry-sur-Yonne ; rive droite, le hameau du Saussois, une poignée de maisons blanches à toits de tuiles roses lovées sous de hautes falaises calcaires. C'est une Bourgogne de carte postale. C'est aussi celle des grimpeurs, qui profitent de cette muraille de pierre, plus de soixante mètres de haut, qui fit office d'école d'escalade en pleine nature depuis les années 1970. Très fréquenté jusque dans les années 1990, le site a même donné son nom à une technique de grimpe, « le libre Saussois ». Parlez-en aux varappeurs si vous en croisez. Le site s'est patiné au fil du temps et le petit chemin escarpé qui monte jusqu'au sommet est surtout fréquenté par les marcheurs, qui apprécient le calme et la vue qu'ils découvrent sur le village de Merry-sur-Yonne juste en face, comme enveloppé de verdure. Pas de quoi déranger les faucons pèlerins qui nichent, d'avril à juin, dans les cavités de la roche. Un petit conseil à ce propos : n'oubliez pas vos jumelles !

Asquins C3

On prononce « Aquin ». Ce charmant village aux maisons de pierre est le point de départ de la « voie de Vézelay », l'un des quatre grands chemins de St-Jacques-de-Compostelle *(voir encadré p. 246)*. L'église **St-Jacques-le-Majeur** (12e-13e s.) abrite notamment un reliquaire du 16e s. figurant saint Jacques. Un charmant **lavoir** du 18e s. est également à voir au nord du village.

Continuez sur la D 951 pour rejoindre Vézelay (voir p. 242). En venant d'Asquins, la vue sur la basilique est spectaculaire.

★ Vallée de l'Yonne

CARTE P. 362-363

Circuit tracé en orange sur la carte – 27 km de Mailly-le-Château à Clamecy. D'Auxerre, longez l'Yonne jusqu'à Vincelles, 14 km au sud, de préférence par la D 163 (notez au passage le village d'Escolives-Ste-Camille – p. 398). Poursuivez ensuite en direction de Bazarnes par la D 100. Après Bazarnes, continuez sur la D 100, qui longe de très près la rivière bordée d'arbres. À Mailly-la-Ville, prenez à gauche la D 950.

Mailly-le-Château C3

Cet ancien bourg fortifié, commandé par les comtes d'Auxerre, est bâti sur un escarpement qui domine un méandre de l'Yonne. Une terrasse ombragée au-dessus des remparts offre une jolie **vue** sur la rivière et le canal du Nivernais, tandis qu'au loin se détachent les collines du Morvan. De l'extrémité droite de la terrasse, on aperçoit le bourg d'en bas, construit au bord de l'eau, avec son pont du 15e s. dont une pile supporte une petite chapelle.

Église St-Adrien – Cet édifice fortifié du 13e s., surmonté d'un solide clocher à gargouilles, se singularise par une façade de style gothique primitif à pignon aigu et galerie d'arcs en plein cintre reposant sur des statues-colonnes.

Le saviez-vous ?

C'est en 1547 qu'un premier **train de bois** serait arrivé à Paris en provenance de Châtel-Censoir. Au milieu du 16e s., Paris compte déjà 300 000 habitants et le bois de chauffe ou de four fait désormais cruellement défaut. Que faire sinon se tourner vers l'exploitation des forêts du Morvan ?

Mailly-le-Château, vu depuis l'Yonne.
Ch. Guy/hemis.fr

Les personnages représentés seraient la comtesse Mathilde (ou Mahaut) entourée de serfs. Fille de Pierre de Courtenay, signataire de la charte d'affranchissement de 1223, Mathilde aurait beaucoup contribué à l'abolition du servage.

Chapelle du cimetière – De la fin du 12e s., restaurée, elle présente un chevet plat et, sur son toit, un joli clocheton de pierre à arcades trilobées. L'intérieur, éclairé par six petites fenêtres en plein cintre, est décoré de peintures murales sur la vie du Christ.

Après Mailly-le-Château, on franchit deux bras de l'Yonne sur un joli **pont** du 15e s., en double dos d'âne et avec chapelle, offrant une jolie vue sur la falaise de Mailly.

À 5 km de Mailly-le-Château via les D 39 et D 950, la petite plage de bord de rivière de **Mailly-la-Ville**, située sur la commune éponyme entre le canal du Nivernais et l'Yonne, offre une aire de détente et un coin baignade *(surveillée en juil.-août)* très agréable. Café-snack, aire de loisirs, minigolf et tables de pique-nique sont ouverts en saison, mais l'endroit peut être bondé certains week-ends d'été.

Poursuivez sur la D 100, puis passez la voie ferrée. La réserve se trouve sur la gauche.

Réserve naturelle du Bois-du-Parc C3

Des marches de bois sont ancrées à flanc de coteau. Le départ de la promenade est escarpé, mais cela ne dure que quelques minutes. Ensoleillées, ces petites falaises sont couvertes d'une végétation et d'une faune méridionales inattendues à cette latitude. C'est aux mois de mai et juin que la floraison est la plus belle. Se succèdent celles des liserons roses des monts Cantabriques, géraniums sanguins sauvages, hélianthèmes des Apennins, anémones pulsatiles, etc. Quelques panneaux aident à repérer ces raretés.

Profitez d'une belle **vue** sur la vallée de l'Yonne et redescendez en pente plus douce qu'à la montée, parmi les fougères scolopendres.

Une seconde partie de la promenade est accessible à partir d'un autre parking, un peu plus loin sur la gauche. Accès aisé.

L'exploitation de cette carrière pour la construction de l'A 6 a été arrêtée pour préserver d'étonnants **fossiles de coraux★**, témoins de la période où un massif corallien marquait ici la proche limite d'une mer chaude et peu profonde, il y a 150 millions d'années. Du pied des falaises pourtant élevées, on aperçoit les fossiles, car certains d'entre eux mesurent 3 m de haut! On reconnaît divers types de coraux, ceux en gerbes étant plus faciles à repérer.
Empruntez la D 100 vers le sud.

Rochers du Saussois C3

Voir encadré p. 402.
Poursuivez 5 km sur la D 100.

Châtel-Censoir C3

Ce petit bourg de 700 habitants est adossé à une colline qui domine le confluent du Chamoux et de l'Yonne. Bâtie au sommet de la colline, la **collégiale St-Potentien** est entourée de hautes murailles que l'on franchit par une poterne. Elle a conservé un chœur roman du 11e s. La nef et le bas-côté s'ouvrent par deux portails de la Renaissance. Dans le bas-côté gauche, on peut voir deux bas-reliefs : la Cène (16e s.) et la Crucifixion (15e s.), très endommagée. De la sacristie, dans le bas-côté droit, on a accès à la charmante salle capitulaire du 12e s. Le chœur, surélevé au-dessus d'une crypte, contient des chapiteaux romans archaïques. De la terrasse près de l'église, on a une jolie **vue** sur la ville.

La boucle de la grotte des Fées *(5-11 km selon l'itinéraire)* permet de découvrir une belle vue panoramique de Châtel-Censoir. Pour les moins sportifs, le chemin des remparts sillonne le bourg très agréablement. Demandez les itinéraires à l'office de tourisme *(pl. Aristide-Briand - ✆ 03 86 81 01 98 ou sur www.chatel-censoir.fr).*
Après Châtel-Censoir, on aperçoit à gauche le château de Faulin.
Continuez la route (D 21) jusqu'à Lucy-sur-Yonne, puis prenez à gauche la D 214.

Château de Faulin C3

À Lichères-sur-Yonne - ✆ 06 09 74 00 68 - www.chateau-faulin.fr - juil.-août : w.-end 15h-19h - 10 € (-12 ans 7 €).
Cette massive demeure de la fin du 15e s. est impressionnante, bâtie à flanc de colline et entourée d'une enceinte de hauts murs flanquée de tours circulaires. Le château abrite un petit **musée** de l'Innovation technique médiévale.
Revenez à Lucy-sur-Yonne et poursuivez sur la D 21 puis la N 151 en direction de Clamecy. Traversez ensuite le canal du Nivernais par la D 144.

Surgy C3

L'**église** St-Martin (16e s.) se distingue par son clocher surmonté d'une belle flèche de pierre.
Après le village, la route passe au pied des roches de Basseville, suite de falaises et d'escarpements calcaires *(école d'escalade)*, et atteint **Clamecy** *(voir p. 331)* par sa zone d'activités.

Carnet pratique

S'informer

Office du tourisme d'Auxerre et de l'Auxerrois – *Voir p. 394.*
À Cravant – *Rte de Paris - halte nautique de Bazarnes-Cravant - ✆ 06 10 84 52 04.*

Agenda

Les quatre saisons de l'abbaye de Reigny – *À chaque déb. de saison - ✆ 03 86 81 59 30 - www. abbayedereigny.com.* À chaque nouvelle saison, l'abbaye propose un nouveau spectacle de théâtre, voix, jazz ou musique classique.

Nos adresses

Restauration

Dans le vignoble

Budget moyen

Le Soufflot – *33 r. Soufflot - Irancy - ✆ 03 86 42 39 00 - www. restaurant-irancy.fr - fermé lun. et le soir sf vend. et sam. - menus 25/35 €.* Dans le centre-ville d'Irancy, ce bistrot convivial propose une carte au goût du jour, courte et savoureuse (avec une prédilection du chef pour les légumes) et une carte de vins (évidemment!) 100 % bourguignonne.

J'MCA – *12 r. André-Vildieu - Coulanges-la-Vineuse - ✆ 03 86 34 33 41 - www.jmca-restaurant.fr - déj. tlj sf merc., dîner vend.-sam. - menu déj. 20 €, menus 28/44 €.* Ce restaurant contemporain propose une cuisine de saison bien ficelée. La carte est renouvelée chaque semaine, au gré des inspirations du chef et du marché, local bien sûr. Une institution.

Pour se faire plaisir

Auberge Les Tilleuls – *12 quai de l'Yonne - Vincelottes ✆ 03 86 42 22 13 - www.auberge-les-tilleuls. com - P 6,50 € - fermé mar.-merc. (et lun. soir d'oct. à Pâques) - menus déj. 22,50/29 €, menus 39,50/66 € - 6 ch. 98/124 € ☕.* Faites donc un petit détour en dehors des routes fréquentées pour apprécier le cadre bucolique et la cuisine traditionnelle soignée de cette auberge de village. L'été, sa terrasse dressée en bordure de l'Yonne est très prisée.

Activités

Dans le vignoble

La Calèche d'Amédée – *9, r. du Canal - Escolives-Ste-Camille - La Cour-Barrée - ✆ 03 86 53 86 63 - sur réserv. - fermé nov.-mars.* Venez découvrir le vignoble auxerrois lors d'une promenade en calèche! Voici une manière amusante de profiter des paysages de la région et de faire connaissance avec les vignerons et leurs caves. Dégustation incluse.

Vallée de l'Yonne

Voie verte – La voie verte longe l'Yonne, puis le canal du Nivernais. Parcours disponible sur www. francevelotourisme.com.

Location de vélos – *Halte nautique de Bazarnes - Cravant - ✆ 06 10 84 52 04 - www.escale-chablis. fr - juil.-sept. : lun.-sam. (tlj juil.-août) - sur réserv. - 10 € 1/2 j., 19 €/j.* Le Bureau d'informations touristiques de Cravant loue des vélos (adultes, enfants, carrioles), et tout le matériel nécessaire pour une balade le long du canal du Nivernais.

Hébergement

Dans le vignoble

Budget moyen

Chambre d'hôte Château de Ribourdin – *Chevannes - 03 86 41 23 16 - www.chateauderibourdin.com - - 5 ch. 90 €.* Dressés en contrebas du village, au milieu de champs de blé, ce château du 16e s. et son pigeonnier ont fière allure. L'ancienne grange du 18e s. accueille les chambres, baptisées chacune du nom d'un château des environs.

Vallée de la Cure

Premier prix

Chambres d'hôtes La Chaumière – *5 Rte Nationale 6 - Arcy-sur-Cure - 03 86 81 91 47 - www.lachaumierearcy.com - - fermé nov.-mars - 5 ch. 68/73 € - 8 €.* Ces chambres d'hôtes, à l'ambiance familiale, sont simples et propres, dans une belle bâtisse du 19e s.

Pour se faire plaisir

Chambre d'hôte Abbaye de Reigny – *Vermenton - 03 86 81 59 30 - 06 07 37 27 76 - www.abbayedereigny.com - - 5 ch. 98/158 € ; gîtes 625/720 €/w.-end, 900/1220 €/sem. - table d'hôte sur réserv. 40 €.* Calme et repos assurés dans le bel écrin de verdure de l'ancienne abbaye, à l'ombre de ses tilleuls. Les chambres ont été refaites. Elles sont confortables et charmantes, dans leur style désuet. Celle de Coco Chanel a beaucoup de succès : le papier peint, aux tons gris et bleu, est d'époque.

Tonnerre

Entourée de vignes et de verdure, traversée par le canal de Bourgogne, cette cité historique est adossée à l'une des collines qui soulignent la rive gauche de l'Armançon. Elle a perdu de sa superbe et est aujourd'hui bien calme. Vieille ville et nouveaux quartiers étagés sont dominés par l'église St-Pierre et la tour Notre-Dame.

Se repérer

CARTE P. 362-363 (D2).

4381 Tonnerrois – Yonne (89)
À 36 km à l'est d'Auxerre et à 49 km à l'ouest de Châtillon-sur-Seine.
Chablis est à 17 km à l'ouest.

Carnet pratique p. 410

Nos adresses p. 410

★ Fosse Dionne

Cette source, qui tire son nom de *Divonna*, divinité celte des Eaux, fut longtemps considérée comme une source divine. La tradition prétendait même que ce bassin était sans fond; une autre légende affirmait qu'un serpent au regard meurtrier (le basilic) y habitait, avant que l'évêque saint Jean de Réôme ne l'en débarrassât. Un escalier, dont on a retrouvé la trace au 16e s., reliait la fosse au castrum romain situé sur la colline. Plus tard, ce bassin circulaire, qu'emplit une belle eau de couleur bleu vert (changeant selon l'heure et la saison), fut utilisé comme lavoir : l'actuel date du 18e s. La source est alimentée par une résurgence de type vauclusien : l'eau, infiltrée dans les roches calcaires des plateaux du Tonnerrois, rejaillit après avoir parcouru dans les rochers une galerie à forte pente de 45 m de longueur et débouche par un entonnoir au centre du bassin; son débit est très variable. Elle se déverse dans l'Armançon par un petit cours d'eau.

Église St-Pierre

À l'époque romaine, un castrum appelé **Tornodurum** (citadelle de Tornus) fut érigé à l'emplacement actuel de l'église St-Pierre. La petite ville se développa ainsi au carrefour de deux axes importants : la voie reliant Alésia à Sens, et celle reliant Auxerre à Langres. L'église s'élève sur une terrasse rocheuse offrant une belle vue sur l'enchevêtrement des toits de tuile de la vieille ville, à droite. À l'exception du chœur du 14e s. et de la tour carrée du 15e s., elle fut reconstruite après le grand incendie de 1556. Sur le côté droit, admirez le beau portail orné d'une statue de saint Pierre au trumeau. Remarquez aussi, en entrant, la sculpture de la porte de 1881. À l'intérieur, le buffet d'orgue ainsi que la chaire et le banc d'œuvre sont du 17e s. Deux peintures sur bois (16e s.) représentent la Passion.

Hôtel d'Uzès

Ce charmant logis de la Renaissance est la maison natale du chevalier d'Éon de Beaumont *(voir encadré p. 409)*. Le dessin des portes de la façade est particulièrement raffiné.

Hôtel-Dieu et Musée hospitalier

Pl. Marguerite-de-Bourgogne - ☏ 03 86 54 35 01 - www.hoteldieu-tonnerre.com - juil.-août : 10h-19h; sept. : merc.-dim. 10h-18h; oct. : w.-end 11h-18h - fermeture hivernale le 13 nov. - 9,50 € (12-25 ans 7,50 €, enf. 6,50 €).

En 1556, Tonnerre fut ravagée par un terrible incendie qui détruisit les deux tiers de la ville, d'où la quasi-absence d'édifices antérieurs à cette époque. Les flammes épargnèrent son vieil hôpital, qui figure aujourd'hui parmi les trésors bourguignons. Si grand, si imposant, ce bel édifice servit de modèle pour la conception de l'hôtel-Dieu de Beaune *(voir p. 89)*, postérieur d'un siècle et demi. Il fut bâti de 1293 à 1295 à la demande de Marguerite de Bourgogne, venue se retirer à Tonnerre à la mort de son époux Charles d'Anjou, roi de Naples et de Sicile, frère de Saint Louis. Parvenu intact jusqu'à nous, à quelques détails près, comme la façade ouest transformée au 18e s., l'hôtel-Dieu de Tonnerre offre un superbe exemple d'architecture médiévale.

★ **Intérieur** – L'ancienne **salle des malades**, pourtant raccourcie au 18e s., offre des proportions impressionnantes (longueur 90 m, largeur 18 m, hauteur 20 m) et, vus de l'extérieur, les murs qui l'abritent semblent bien frêles au regard de la volumineuse toiture qui couvre une telle surface (4 500 m^2) ! Cette salle renfermait jadis une quarantaine de lits, installés dans des alcôves de bois, qui s'alignaient le long des murailles percées de hautes baies cintrées divisées par des arcs brisés. Remarquez tout particulièrement le berceau lambrissé et la **charpente** en chêne. À partir de 1650, la salle des malades fut désaffectée et servit plusieurs fois d'église paroissiale (Notre-Dame-des-Fontenilles). Maints Tonnerrois y furent inhumés, d'où la présence de nombreuses dalles funéraires.

Sur le dallage, vous distinguerez une **méridienne horizontale**, cadran solaire datant du 18e s. À 12h, les rayons du soleil traversent l'orifice percé dans le mur et forment une tâche sur la ligne tracée au sol.

L'ancienne **église** de l'hôpital est située dans le prolongement de la salle des malades, de manière à leur permettre de suivre l'office sans avoir à se déplacer. Un mausolée fut édifié en 1826 au centre du chœur, là où Marguerite de Bourgogne fut inhumée en 1308. Au-dessus de l'autel se trouve une Vierge en pierre du 14e s. À droite du maître-autel, une porte donne accès à la chapelle du Revestiaire, abritant une superbe **Mise au tombeau★** offerte au 15e s. par un marchand de la ville. On sent, dans cette scène d'une dramatique intensité, l'influence de Claus Sluter, chef de file de l'école burgondo-flamande. Dans la chapelle latérale gauche, vous pouvez voir le tombeau de Louvois, ministre de Louis XIV, qui acquit le comté de Tonnerre en 1684. Les statues de bronze représentent l'une la Vigilance, par Desjardins, l'autre la Sagesse, par Girardon, concepteur de l'ensemble.

Depuis quelques années, l'art contemporain est entré dans l'Hôtel-Dieu. La salle des malades abrite des installations visuelles et sonores, le Cellier présente une

Le vignoble tonnerrois

D'une surface totale de 250 ha, le vignoble tonnerrois est exploité en vins rouges, rosés et blancs. Seules deux appellations sont en Appellation d'origine contrôlée : le bourgogne épineuil, implanté sur la commune du même nom. Ce vignoble de 86 ha est exploité à 93 % en vins rouges. Le bourgogne tonnerre, quant à lui, est une AOC depuis 2006. Implantée sur les communes de Tonnerre, Épineuil, Dannemoine, Junay, Molosmes et Vézinnes, elle s'étend sur une superficie d'environ 110 ha, exploitée uniquement en vins blancs. Ambassadeurs des vins du Tonnerrois, les membres de la **confrérie des Foudres tonnerrois**, créée en 1994, se réunissent à l'occasion de la foire de Tonnerre, des Vinées tonnerroises et de la St-Vincent.

Le mystère de l'hermaphrodite

C'est à Tonnerre que naquit, en 1728, Charles-Geneviève de Beaumont, connu sous le nom de **chevalier ou chevalière d'Éon**. Après une carrière d'agent secret, au cours de laquelle il dut se déguiser, il subit des revers de fortune, s'exila à Londres et ne fut autorisé par Louis XVI à reparaître en France que sous des vêtements de femme. Il fut longtemps pris pour un hermaphrodite et l'annonce de sa mort (en 1810) provoqua un vaste mouvement de curiosité. L'autopsie de son cadavre mit un point final à la controverse : Charles d'Éon n'était pas une femme.

exposition permanente, la pharmacie est devenue une salle d'exposition et la cour d'honneur expose parfois des grands formats.

Musée hospitalier Marguerite-de-Bourgogne – Installé dans des bâtiments du 17e s., ce musée rassemble plusieurs objets et manuscrits liés à l'histoire hospitalière, entre autres un très beau reliquaire en argent massif du 18e s. La salle des Chartes abrite la charte de fondation de 1293 et le testament de Marguerite de Bourgogne, daté de 1305. Dans la salle d'art religieux, vous pourrez voir une grande croix d'or ainsi que des chasubles du 16e s. à l'étage, remarquez la surprenante reconstitution d'un bloc opératoire de 1908 et l'équipement chirurgical complet de l'époque, ainsi qu'une chambre de malade de 1850.

Musée du chevalier d'Éon

22 r. du Pont - ✆ 06 86 37 25 63 - www.escale-en-tonnerrois.fr - visite guidée de déb. avr. à mi-nov. : vend.-dim. 10h30, 14h30, 15h et 17h30 ; reste de l'année sur demande - 15 € (-15 ans gratuit).

Cet hôtel a été construit en 1661 par le père du chevalier d'Éon, célèbre diplomate sous le règne de Louis XV. Avec ses dépendances, la propriété s'étend jusqu'aux rives de l'Armançon. C'est dans son grand salon du rez-de-chaussée ou dans sa salle à manger d'été que le chevalier, célèbre pour son goût pour le travestissement, recevait. Toujours propriété de la famille, l'hôtel particulier accueille depuis 2015 le Musée du chevalier d'Éon et présente les souvenirs de ce personnage énigmatique et fascinant *(voir encadré ci-dessus)*.

À proximité

CARTE P. 362-363

Château de Béru C2

11 km au sud-ouest de Tonnerre par la D 994 et la D 965.

32 Grande-Rue - ✆ 03 86 75 90 43 - www.chateaudeberu.com - visite guidée avec dégustation de vin sur demande préalable (45mn) juil.-août : 11h et 16h ; reste de l'année : sur demande - 15 € (-18 ans gratuit).

Ce château fut construit au 12e s., puis modifié à la Renaissance et au 17e s. Il appartient à la famille des comtes de Béru depuis 1627. Sur le mur extérieur, on peut voir un cadran solaire et lunaire du 15e s., dont il n'existe qu'un seul équivalent en Europe (au Queen's College de Cambridge). Trois pièces du rez-de-chaussée sont ouvertes à la visite ; elles abritent des souvenirs de la famille. Le château, qui domine les coteaux de Chablis, produit un vin biologique qui se déguste dans les chais du 15e s.

Carnet pratique

S'informer

Office de tourisme – *12 r. Campenon - Tonnerre - ✆ 03 86 55 14 48 - www.escales-en-bourgogne.fr.*

Agenda

Les Médiévales de Tonnerre – *Mi-sept. (tous les 2 ans, prochaine session en 2023) - ✆ 03 86 55 14 48.* Jeux, marché médiéval, spectacles de rue, tournoi, spectacle équestre...

Nos adresses

Restauration

Premier prix

Autour du Pressoir – *Pl. Marguerite-de-Bourgogne - ✆ 03 86 54 81 05 - ✆ 06 86 10 60 18 - www.autourdupressoir.fr - été : 10h-23h, dim. 10h-15h ; hiver : mar.-sam. 10h-17h, dim. 10h-15h - plats 8/11 €, menu déj. 17 €.* Cette jolie maison au bord de l'Armançon abrite une salle aux vieilles poutres et aux murs en pierre, avec le feu de cheminée qui couve la plupart du temps : au menu, quelques plats du jour de produits régionaux accompagné de vin de Tonnerre. Boutique adjacente proposant une belle sélection du terroir tonnerrois. Accueil sympathique et très belle vue sur l'hôtel-dieu depuis la terrasse ombragée.

Shopping

Marché – Sous la halle, le sam. matin et pl. de la République le merc. mat.

Hébergement

Budget moyen

Chambre d'hôte Caroline's – *111 r. du Gén.-Campenon - ✆ 03 86 55 26 32 - www.carolines.fr - P ♿ - 5 ch. 80/90 € ☕ - ✕ table d'hôte 25/30 € (sur réserv.).* Une adresse de charme à deux pas de la Fosse Dionne. On apprécie la sérénité du lieu et l'accueil de l'hôtesse.

La Ferme de la Fosse Dionne – *11 r. de la Fosse-Dionne - ✆ 07 71 18 31 66 - www.ferme-fosse-dionne.eu - P - 3 ch. et 2 suites 100/106 € ☕ - ✕ table d'hôte 29 €.* Les chambres d'hôtes, aménagées dans une ancienne ferme, sont confortables et lumineuses. Le plus : elles sont situées dans le quartier historique de Tonnerre, à deux pas de la Fosse Dionne.

À proximité

Premier prix

Chambre d'hôte La Marmotte – *2 r. de l'École - Collan - 10 km au sud-ouest de Tonnerre - ✆ 03 86 55 26 44 ou 06 89 45 42 82 - 🚭 P - 3 ch. 64 € ☕.* Au cœur d'un petit village typique, maison ancienne rénovée où poutres et pierres apparentes ont été préservées. Chambres coquettes. Petit-déjeuner servi dans le jardin d'hiver agrémenté d'une fontaine.

Budget moyen

L'Auberge de Bourgogne – *Rte de Dijon (D 905) - 2 km au sud de Tonnerre - ✆ 03 86 54 41 41 ou 06 13 17 80 11 - www.aubergedebourgogne.com - P ♿ - 40 ch. 98 € ☕ - ✕ menus déj. 18/30 €, menus 24/28 € - rest. fermé sam.-dim.* Chambres fonctionnelles et rafraîchies. Privilégiez celles situées sur l'arrière qui offrent une jolie vue sur la campagne. Salle de fitness. Excellent accueil.

Chablis

Petite ville baignée par le Serein, Chablis est surtout connue pour son vin blanc, exporté dans le monde entier dès le 19e s. Ce sont notamment les moines de l'abbaye de Pontigny, toute proche, qui ont contribué au développement du vignoble. La petite cité s'est déployée autour de la collégiale St-Martin, construite au début du 13e s. Aujourd'hui, c'est surtout pour les plaisirs de bouche que l'on fera escale : de nombreuses boutiques (vin et produits de terroir) voisinent avec quelques bonnes tables.

Se repérer

Nos adresses p. 412

CARTE P. 362-363 (C2).

2 205 Chablisiens – Yonne (89)
À 16 km au sud-ouest de Tonnerre et à 20 km à l'est de d'Auxerre.

Le village

1 r. du Mar.-de-Lattre-de-Tassigny - 03 86 42 80 80 - www.escale-chablis.fr. En vous promenant dans les ruelles et au bord du Serein, vous découvrirez quelques maisons du 14e s. La petite « ruelle à feu », entre le bief et la rue des Moulins, est très pittoresque. Ce passage permettait aux habitants d'acheminer de l'eau en cas d'incendie.

Collégiale St-Martin

Les chanoines de St-Martin-de-Tours, ayant fui devant les Normands, fondèrent à Chablis cette collégiale afin d'y abriter les reliques de leur saint. Elle fut reconstruite après 1220. Sur les vantaux du portail latéral droit (dit « porte aux Fers »), de style roman, remarquez les pentures (sortes de gonds) du début du 13e s. et les fers à cheval, ex-voto des pèlerins à saint Martin, patron des cavaliers. L'intérieur forme un ensemble homogène, inspiré de St-Étienne de Sens.
Rendez-vous au chevet de la collégiale.

Obédiencerie

22 r. Louis-Bro - 03 86 42 89 28 - www.larochewines.com - visite sur demande préalable. Ce bâtiment du 15e s. qui appartenait aux chanoines abrite des caves qui dateraient du 9e s. Il est aujourd'hui le siège du domaine Laroche. À l'intérieur, superbe **pressoir** à double abattage du 13e s.

Le vin de Chablis

Le vin de Chablis, vif et élégant, mondialement connu, est apprécié pour sa saveur fine et son bouquet minéral (pierre à fusil, silex). Son parfum particulier s'élabore vers le mois de mars qui suit la récolte et conserve longtemps une remarquable fraîcheur. L'unique cépage est le **chardonnay**, qui révèle ici toute l'expression d'un terroir, dans les vins blancs exclusivement. L'aire de production s'étend sur une vingtaine de communes, de Maligny et Ligny-le-Châtel au nord à Préhy et Poilly-sur-Serein au sud, de Viviers et Béru à l'est à Beines et Courgis à l'ouest.

Le vin au musée

Si la visite de vignobles est bien agréable pour découvrir le vin de Chablis, son univers s'expose également dans les musées.

Musée de la Vigne et du Tire-Bouchon – *4 r. de l'Équerre - Beine - ✆ 03 86 42 43 76 - www.chablis-geoffroy.com - lun.-vend. 8h-12h, 13h30-17h30 ; juin-sept. : sam. 10h-13h, 14h-17h30 - 3,50 € (7,50 € avec dégustation, -18 ans gratuit).* Ce petit musée présente une impressionnante collection d'outils liés au travail de la vigne et du vin, dont près de 5 000 tire-bouchons du 18e s. à nos jours.

Cité des climats et des vins – *Cellier du Petit Pontigny - www.cite-vins-bourgogne.fr.* En 2023, Chablis se dote d'un nouvel espace tourné vers les sens afin de permettre au visiteur de faire l'expérience du vin.

L'organisation de ce vignoble est verticale, avec quatre appellations selon leur exposition. Les **chablis grands crus**, les plus prestigieux, sont groupés sur les coteaux abrupts de la rive droite du Serein (103 ha), et exclusivement à Chablis et à Fyé. Ils sont constitués par sept « climats » : Vaudésir, Valmur, Grenouilles, les Clos, Preuses, Bougros et Blanchot. Les **chablis premiers crus** (40 climats) s'étendent sur les deux rives du Serein, sur les coteaux exposés au sud et à l'ouest, sur le territoire de Chablis et des huit communes environnantes (776 ha). Ensuite viennent les **chablis**, dont le vignoble est le plus étendu (3 257 ha), puis les **petits chablis** (783 ha).

Les 5 820 ha du vignoble de Chablis sont répartis sur 20 communes, dans un rayon d'une douzaine de kilomètres autour du village. Plus de 370 domaines viticoles produisent environ 37,2 millions de bouteilles chaque année. Une trentaine de vignerons, soucieux de faire aimer, partager et comprendre leur terroir et leur patrimoine en lien avec le vin, sont réunis sous le label « Vignobles & Découvertes ».

Nos adresses

Restauration

Budget moyen

Le Kimm & Ridge – *19 av. du Mar.-de-Lattre-de-Tassigny - ✆ 03 86 42 19 45 -www.kimm-et-ridge.com - fermé dim.-lun. - menus déj. 15,50/19,50 €, menus 26/36 €.* Son nom résume bien le lieu : inscrit dans le terroir (le sous-sol chablisien est de type kimméridgien) en sachant faire des écarts. Et cela se retrouve sur la carte où se côtoient spécialités locales et saveurs d'ailleurs, mais toujours à base de produits frais et de saison. À déguster sous une voûte du 13e s.

Les Trois Bourgeons – *10 r. Auxerroise - ✆ 03 86 46 63 23 - www.restaurant-chablis.fr - fermé dim.-lun. - plats 20/21 €, menu 32 €.* Ce bistrot contemporain a bourgeonné gentiment entre les murs d'une ancienne cave du domaine Laroche, fameux producteur de chablis. Une équipe nippone, formée dans les belles maisons françaises, y soigne ses clients avec une cuisine traditionnelle et bourguignonne. Une bonne adresse qui a tout bon.

Le Bistrot des Grands Crus – *18 r. Jules-Rathier - ✆ 03 86 42 19 41 - www.bistrot-des-grands-crus.com -*

lun.-mar. 12h-14h, 19h-21h ; jeu.-dim. 12h-14h - plats 17/24 € - menu déj. 28 €. Carte typiquement bourguignonne de bonne tenue.

Pour se faire plaisir

Hostellerie des Clos – *18 r. Jules-Rathier - ✆ 03 86 42 10 63 - fermé dim.-merc. - plats 29/39 €, menu 50 €.* Le chef Guillaume Collet propose une cuisine gastronomique bourguignonne contemporaine : pressé de foie gras et magret de canard, rhubarbe et figue, pâte de dattes et sarrasin, carpaccio de tête de veau sauce Ravigote, glace aux deux moutardes... Belle carte des vins.

Au fil du zinc – *18 r. des Moulins - ✆ 03 86 33 96 39 - www.aufilduzinc.fr - fermé mar.-merc. - menu déj. 38 €, menus 55/70 €.* Le chef Mathieu Sagardoytho signe un menu-carte créatif, à la gloire de produits bien choisis : les assiettes sont généreuses et originales, dans un style néobistrot porté avec brio ! Les crus locaux sont à l'honneur, et le cadre charmant : un ancien moulin enjambe la rivière...

Shopping

Marché – Marché bourguignon dim. 8h30-14h.

Vin

Pour déguster et acheter du vin, les caveaux ne manquent pas. Voici quelques adresses :

Château Long-Depaquit – *45 r. Auxerroise - ✆ 03 86 42 11 13 - www.albert-bichot.com - juin-août : dim. 11h-13h, 14h-17h ; reste de l'année se rens.* Ce vaste domaine viticole, qui appartenait jusqu'à la Révolution à l'abbaye cistercienne de Pontigny, produit des AOC chablis premier cru et grand cru. Le vin issu de la parcelle de La Moutonne, monopole du domaine, est considéré comme « le huitième grand cru de Chablis ». Caveau de dégustation et vente à l'orangerie du château.

Domaine Laroche (caveau de dégustation) – *10 r. Auxerroise - ✆ 03 86 42 89 28 - www.larochewines.com - boutique : juil.-août : dim. 10h-12h30 ; reste de l'année se rens.* Créé en 1850, le domaine couvre, cinq générations plus tard, plus de 100 ha répartis sur les quatre appellations de Chablis. Son siège, l'Obédiencerie de Chablis, noble et ancestrale demeure du 9e et du 16e s., abrite dans ses caves la petite crypte qui reçut, de 877 à 887, les reliques du grand saint Martin. Visite de l'Obédiencerie, de ses caves et de son pressoir du 13e s. *(visite payante, se rens.).*

Domaine Jean-Marc Brocard – *3 rte de Chablis - ✆ 03 86 41 49 00 - www.brocard.fr.* « Produire et faire croître, produire sans s'approprier, agir sans rien attendre, guider sans contraindre ». Les préceptes de Lao-Tseu sont au cœur de cette famille de propriétaires-récoltants qui défend une agriculture raisonnée, à l'image de ces biodynamiques qui existent aussi bien en petit chablis qu'en grand cru (Les Preuses).

Charcuterie

Maison de l'Andouillette – *3 bis pl. du Gén.-de-Gaulle - ✆ 03 86 42 12 82 - www.maisondelandouillette.sitew.fr - lun.-sam. 9h30-18h, dim. 8h30-15h.* Chez Michel Soulié, on trouve les produits du terroir, et notamment la fameuse andouillette au chablis depuis 1886. Une institution !

Activités

E-bike winetours – *1 av. Jean-Jaurès - Chablis - ✆ 03 86 18 97 12 - ✆ 06 38 14 96 10 - www.e-bikewinetours.com - juil.-août : tlj 9h-18h ; avr.-juin et sept.-oct. : lun. sur réserv., mar.-dim. 9h-18h - vélo : 20 €/2h, 32 €/4h ; scooter : 35 €/h, 50 €/3h, 70 €/6h.* Une excellente manière de découvrir le vignoble

6

et les villages alentour : en vélo ou scooter électrique, partez pour une balade de quelques heures ou la journée entière, à votre rythme et guidé par un GPS.

Visite du vignoble

Chablis Vititours - *✆ 06 11 47 82 98 - www.chablis-vititours.fr - 180 €/j ou 90 €/1/2 j. avec visite de cave et dégustation. Possibilité de dép., dans un rayon de 30 km, autour de Chablis avec le minibus Vititours.* Franck Chrétien, guide de terroir indépendant, vous fera découvrir les différents crus de Chablis à travers une belle lecture géographique, culturelle et pédestre du relief chablisien. Les explications techniques se terminent par une dégustation en cave, à chaque fois différente.

Hébergement

Pour se faire plaisir

Hostellerie des Clos – *18 r. Jules-Rathier - ✆ 03 86 42 10 63 - P ♿ - 36 ch. 116/154 € - ☕ 15 €.* Élégante hostellerie en partie installée dans les murs d'un ancien hospice. Chambres soignées, plus vastes à la Résidence, salons cossus et caveau de dégustation. Restaurant ouvert sur un jardin *(voir « Restauration »)*.

Une folie

Hôtel du Vieux Moulin – *18 r. des Moulins - ✆ 03 86 42 47 30 - www.larochewines.com - ♿ - 7 ch. 152/247 € - ☕ 15 €.* Subtile alliance de tradition (poutres, pierres) et de modernité (salles de bains design) ; le luxe sans ostentation.

À proximité

Pour se faire plaisir

Hôtel-restaurant Le Moulin de la Coudre – *8 r. des Gravottes - Venoy - 12 km à l'ouest de Chablis - ✆ 03 86 40 23 79 - www.moulindelacoudre.fr - P ♿ - fermé dim. soir (et lun. midi pour le rest.) - 28 ch. 128/142 € - ☕ 12 € - ✕ plats 15/28 €, menus 26/49 €.* L'ancien moulin à eau de la Coudre a donné naissance à un restaurant puis à un hôtel. Deux édifices élégants en miroir et en totale osmose avec un beau jardin. La cuisine est rigoureuse et savoureuse. Les chambres confortables sont impeccablement tenues. Une excellente adresse.

Château de Tanlay ★★

Le château de Tanlay, haut lieu du protestantisme durant les guerres de Religion, constitue un bel exemple d'architecture Renaissance. Toujours habité par la même famille depuis 1704, soit onze générations successives, le lieu accueille chaque été des expositions d'art contemporain.

Se repérer

CARTE P. 362-363 (D2).
Yonne (89)
Tanlay se trouve à 9,5 km à l'est de Tonnerre.

En famille

À proximité, le château de Maulnes, ses secrets de construction et sa curieuse forme pentagonale.

Le château

03 86 75 70 61 - www.chateaudetanlay.fr - visite guidée uniquement (50mn) de Pâques à la Toussaint : tlj sf mar. à 10h10, 11h15, 14h15, 15h15, 16h15 - visite libre des extérieurs tlj sf mar. 10h-12h30 et 14h-18h ; w.-end 10h-18h - 10 € pour le château et le parc (10-15 ans 5 €) ; 3 € uniquement pour les extérieurs.

Cet élégant château est un rare témoin à la fois de la Renaissance bourguignonne et des guerres de Religion : il fut la demeure et le refuge de la famille de l'amiral de Coligny, chef de file des protestants. Son édification fut entreprise vers 1550, sur les fondations d'une ancienne forteresse. Interrompue, elle reprit en 1642 sous la direction de l'architecte Pierre Le Muet, ancien ingénieur militaire, qui termina le chantier en élevant l'aile droite du bâtiment, travailla sur les façades et sur la décoration des appartements. C'est de cette époque que datent le parc, le canal et les douves entourant le château.

Architecture extérieure

Une belle avenue bordée de tilleuls séculaires mène à l'édifice, bâti peu de temps après le château voisin d'Ancy-le-Franc *(voir p. 418)*. Le petit château (le Portal), gracieuse construction de style Louis XIII, fait office de leurre masquant le grand château. Il donne accès à la Cour verte, bordée d'arcades sur trois côtés ; à gauche, le visiteur découvre avec surprise le véritable château, derrière un pont franchissant les larges douves et le portail monumental ouvrant sur la cour d'honneur. Remarquez les curieux obélisques de forme pyramidale qui se dressent à l'entrée du pont, influence du Quattrocento italien, et le travail de bossage et de ciselage. Deux ailes, plus basses que le corps de logis principal, s'articulent sur celui-ci par deux belles tourelles d'escalier à pans coupés. Chacune d'elles se termine par une tour ronde couverte d'un dôme à lanternon : à gauche la tour des Archives, à droite celle de la Chapelle.

Intérieur

Avec ses peintures murales, ses cheminées monumentales et ses portraits de famille peints par Jean-Baptiste Oudry ou Nicolas de Largilière, l'intérieur du château présente un grand intérêt. Au rez-de-chaussée, le vestibule dit des Césars est fermé par une remarquable grille en fer forgé (16e s.) donnant sur le parc. Après la salle des Trophées (où trône un superbe caribou parmi de plus traditionnels cervidés), on traverse le grand salon et l'antichambre, où a été placé un joli bureau Louis XIV.

Tanlay et le protestantisme

François de Coligny d'Andelot construisit, sur une ancienne forteresse féodale, le premier grand château, à partir de 1559. Il fut terminé et embelli en 1642 par Michel Particelli d'Hémery, surintendant des Finances. Comme son frère Gaspard de Châtillon (assassiné le 22 août 1572, deux jours avant le massacre de la Saint-Barthélemy), François de Coligny d'Andelot s'était tourné vers la Réforme. Tanlay devint alors, avec Noyers *(voir p. 422)*, fief du prince de Condé, l'un des deux centres du protestantisme dans la région.

Salle à manger – Elle contient un étonnant cabinet Renaissance aux armes de la famille de Tanlay et un coffre bourguignon de la même époque, orné d'un bas-relief représentant Adam et Ève.
Salon de compagnie – Les deux sphinges, sur la cheminée, représenteraient Catherine de Médicis ; au centre, sa victime, l'amiral de Coligny. Les boiseries en chêne du 17e s. sont sculptées au chiffre MPH de Michel Particelli d'Hémery, le second bâtisseur du château. Notez au mur une rare représentation de la circoncision du Christ, du 16e s.
Chambre des marquis de Tanlay – *Au 1er étage.* Une Crucifixion peinte sur cuivre, de l'école allemande de la fin du 16e s., y est exposée.
★ **Grande Galerie** – Les fresques de cette ancienne salle de réception, traitées en trompe-l'œil et grisaille (camaïeu), sont dues à l'artiste troyen Rémi Vuibert.
★ **Tour de la Ligue** – Les réunions des conspirateurs huguenots, à l'époque des guerres de Religion, se seraient tenues au dernier étage de cette tour. Ses ouvertures circulaires permettaient de surveiller les environs, et ses souterrains, de se disperser en cas de mauvaise surprise. La voûte en forme de coupole qui surmonte la pièce est ornée d'une peinture à la détrempe de l'école de Fontainebleau ; des catholiques et des protestants de la cour d'Henri II y sont représentés sous les attributs mythiques de dieux et de déesses, à partir d'une ode de Ronsard. On reconnaît Diane de Poitiers en Diane chasseresse, Catherine de Médicis, nue de dos, et Vulcain, dans le camp des catholiques, qui battent le fer pour semer la guerre, tandis que les protestants se montrent pacifiques. Une partie de la fresque fut d'abord grattée (des protestants ont disparu), puis l'ensemble fut masqué sous un enduit.
Le parc – *En partie accessible aux visiteurs.* Il s'étend le long du grand canal (526 m), bordé d'arbres centenaires. En général, la clarté des eaux laisse voir de nombreux poissons entre les nénuphars.
Les communs abritent le **Centre d'art contemporain** qui présente, chaque année en saison, des expositions.

À proximité

CARTE P. 362-363

Abbaye de Quincy D2

À Tanlay, à 2 km du château de Tanlay.
Rte de Quincy - ✆ 03 86 75 87 03 - de mi-mai à fin sept. : visite sur réserv. - fermé de fin sept. à mi-mai - 8 € (-14 ans 4 €).
Amoureux des vieilles pierres, vous serez séduit par les vestiges de cette abbaye cistercienne, fille de Pontigny *(voir p. 383)*, fondée en 1133. Aujourd'hui subsistent une partie du bâtiment des moines, transformé en logis abbatial, l'ensemble du

Château de Maulnes.
châteaudemaulnes

bâtiment des convers et de l'hôtellerie (12e et 15e s.), ainsi que trois moulins qui témoignent du savoir-faire hydraulique des moines cisterciens. Des expositions d'art contemporain sont organisées l'été.

★ Château de Maulnes D2

Sur la commune de Cruzy-le-Châtel, 18 km à l'est de Tanlay. Empruntez la D 905 puis la D 965 jusqu'à Pimelles et tournez à gauche sur la D 12. L'accès se fait par un chemin en montée dans la forêt de Maulnes.

06 16 05 00 41 - www.maulnes.com - juil.-août : 10h-19h ; reste de l'année se rens. - fermé de mi-nov. à fin mars - 8 € (-6 ans gratuit).

Unique en France avec son imposante silhouette en forme de **pentagone**, ce château est le fruit d'un amour, celui de Louise de Clermont (v. 1504-1596), comtesse de Tonnerre et confidente de Catherine de Médicis, et d'Antoine de Crussol, duc d'Uzès (1528-1573). « Palais idéal » réalisé par ce couple féru de modernité qui prônait la tolérance en pleine guerre de Religion, cet incroyable relais de chasse est bâti sur des sources qui jaillissent en haut de la colline. Aujourd'hui encore, le mystère n'est toujours pas levé sur le nom de l'architecte, probablement Philibert de L'Orme ou peut-être l'Italien Sebastiano Serlio ? L'édifice, finalement très peu occupé, a servi de décor en 1994 au film *La Reine Margot* de Patrice Chéreau.
Tout en géométrie, l'intérieur, tel un labyrinthe circulaire, est un bel exemple de l'esprit qui régnait à l'époque de la Renaissance : il s'ordonne autour d'un ingénieux puits d'eau et de lumière autour duquel tourne un bel **escalier★** en colimaçon. Les pièces carrées succèdent à d'autres salles aux formes plus originales (en triangle, en pentagone, etc.). À l'étage inférieur, le nymphée (« sanctuaire des eaux » sous l'Antiquité) est alimenté par trois sources. Les combles dévoilent une belle charpente à l'italienne. Et du toit du château, la vue sur la forêt alentour est à couper le souffle.

Château d'Ancy-le-Franc ★★

Ce magnifique palais Renaissance, chef-d'œuvre de l'architecte italien Sebastiano Serlio, est un modèle d'harmonie et de symétrie des volumes. La qualité de son architecture et de son décor en fait une étape importante dans l'évolution de l'architecture de la Renaissance en France. Sa cour, élégante et raffinée, ses peintures murales et son parc aux beaux parterres invitent à la contemplation et à la flânerie.

Galerie de Pharsale dans le château d'Ancy-le-Franc.
R. Mattes/hemis.fr

Se repérer

Nos adresses p. 421

CARTE P. 362-363 (D2).
Yonne (89)
À 18 km au sud-est de Tonnerre et à 29 km au nord-ouest de Montbard.

Le château et le parc

18 pl. Clermont-Tonnerre - ✆ 03 86 75 14 63 - www.chateau-ancy.com - mar.-dim. 10h-12h30, 14h-17h - fermé de mi-déc. à janv. - 13 € (6-15 ans 8 €).
L'été, un **festival de musique** est organisé : concerts dans la cour d'honneur et promenades musicales dans le parc (*rens. ✆ 06 25 52 27 87 - www.musicancy.org*).

Livret (1,50 €), jeux d'énigmes (8 €). Les enfants peuvent aussi se costumer pour visiter le château (pour les 4-8 ans, gratuit).

★★ Château

Formé par quatre ailes en apparence identiques reliées par des pavillons d'angle, le château constitue un ensemble carré d'une parfaite homogénéité. Il est l'œuvre de **Sebastiano Serlio**, auteur d'un célèbre traité d'architecture et de plusieurs édifices réalisés en France, parmi lesquels l'hôtel du Grand Ferrare à Fontainebleau dont il ne subsiste que le portail.

Les façades extérieures, très sobres, contrastent avec l'ordonnance raffinée de la **cour d'honneur★★** *(voir ABC d'architecture p. 509)*. Serlio y utilise la travée rythmique, c'est-à-dire l'alternance d'arcades et de niches, encadrées de doubles pilastres. Ce procédé crée un rythme et un effet visuel harmonieux. Remarquez la cohérence géométrique de l'ensemble ainsi que les chapiteaux finement sculptés. Entre les pilastres du rez-de-chaussée, la **devise** des Clermont-Tonnerre, « *Si omnes ego non* » (« Si tous [t'ont renié], moi pas »), rappelle qu'au 12e s. le comte Sibaut de Clermont aida à rétablir sur le siège de saint Pierre le pape bourguignon Calixte II, élu à Cluny lors de la querelle des Investitures. Reconnaissant, le pape fit l'honneur à Sibaut de pouvoir porter sur les armes familiales la tiare et les clefs pontificales.

Intérieur

La somptueuse décoration murale intérieure fut exécutée en plusieurs campagnes au milieu du 16e s. L'exceptionnelle qualité des peintures fait qu'on les attribue au **Primatice** et à **Nicolo dell'Abate,** ou à leurs élèves (seconde école de Fontainebleau).

Les rares pièces du mobilier initial du palais ne donnent qu'une idée lointaine du luxe de l'époque et de l'harmonie d'ensemble.

Rez-de-chaussée – Il abrite la salle des Archives, puis la **salle de Diane** *(Diane surprise au bain par Actéon)*, aujourd'hui restaurée, dont les voûtes, d'inspiration italienne, datent de 1578, et, de l'autre côté de la cour, les monumentales cuisines.

1er étage – On y découvre la **chapelle Ste-Cécile★**, établie sur deux niveaux et voûtée en berceau. Les peintures en trompe-l'œil, ayant pour thème les pères du désert, sont l'œuvre d'André Ménassier, un artiste bourguignon de la fin du 16e s. L'imposante **salle des Gardes** (200 m²) fut spécialement décorée pour accueillir Henri III, qui, cependant, ne séjourna jamais au château. Sur la grande cheminée, remarquez le portrait équestre du souverain.

Une heureuse restauration

Gouverneur du Dauphiné et beau-frère de Diane de Poitiers, Antoine III de Clermont fit construire Ancy entre 1542 et 1550 sur les plans de **Sebastiano Serlio**. Le talent de cet architecte bolonais, venu à la cour de François Ier, joua un grand rôle dans l'introduction des principes de la Renaissance italienne en France. En 1684, le domaine est vendu à Louvois, ministre de la Guerre de Louis XIV. Au milieu du 19e s., la famille de Clermont-Tonnerre en redevient propriétaire ; à la mort du dernier duc (1940), le château passe à ses neveux, les princes de Mérode. En 1980, la propriété est cédée, et l'opulent mobilier, vendu aux enchères. Après 1985, le château vit une période noire, avant son rachat, en 1999, par la société Paris Investir, qui le restaure progressivement avec beaucoup d'attention.

Quant à la bibliothèque, elle compte près de 3 000 volumes. L'étage comprend aussi le **salon Louvois★** (ancienne chambre du Roi dans laquelle Louis XIV dormit le 21 juin 1674), la **galerie des Sacrifices** et la **galerie de Médée**, au pavement coloré. Le **cabinet du Pastor Fido** est lambrissé de chêne sculpté. Les scènes peintes au début du 17e s. (attribuées au peintre dijonnais Philippe Quantin) en haut des murs sont tirées d'une tragi-comédie de Guarini (1590), elle-même inspirée du drame pastoral du Tasse, *Aminta*. L'histoire est celle d'un oracle arcadien qui doit mettre fin au traditionnel sacrifice d'un jeune homme à Diane grâce à un « berger fidèle ». La pièce possède un magnifique plafond à caissons Renaissance.

Les murs de la **chambre de Judith** sont ornés de neuf tableaux maniéristes de très belle qualité (fin 16e s.) qui racontent l'histoire de Judith. Cette dernière est ici figurée sous les traits de Diane de Poitiers ; Holopherne reprend ceux de François Ier et d'Henri IV (peintures attribuées au Flamand Nicolas de Hœy).

★★★ Les peintures murales de la chambre des Arts et de la galerie de Pharsale – La visite se poursuit en passant dans la chambre des Arts. Les sept médaillons ovales représentent les arts libéraux – astronomie, logique, rhétorique, musique, géométrie, arithmétique, grammaire – et sont attribués au Primatice (ou à ses élèves). Le huitième, sur le thème d'Apollon et des muses, est attribué à des artistes de son entourage. On débouche ensuite sur la charmante chambre des Fleurs qui donne sur le parc.

Dans l'aile sud, les peintures de la **galerie de Pharsale** (32 m de long) ont été réalisées dans un étonnant camaïeu d'ocres ; la finesse du dessin, la variété d'attitude des chevaux et les expressions des protagonistes donnent à l'œuvre attribuée à Nicolo dell'Abate et Ruggiero de Ruggieri un souffle épique.

★ Parc

Derrière le château, entouré de douves comblées il y a plus de deux siècles, s'étend un beau **parc** de 50 ha, duquel on peut apprécier les façades et les belles proportions du château. Étang, cours d'eau et petite folie du 18e s. offrent une agréable flânerie. Dessiné par **Le Nôtre** en 1684, il fut transformé au 18e s. en jardin à l'anglaise.

Sur le parterre est on peut admirer la reproduction, florale et agrandie par 100, de quatre motifs visibles sur les boiseries de la chambre des Fleurs, représentant deux roses, une tulipe et une anémone. Œillets et pétunias constituent les pétales des quatre fleurs géantes, les tiges et les feuilles étant réalisés en plantes vertes. Le tout apparaît sur un fond de pierres blanches encadré d'une rangée de fusains. Au fond de la perspective, un bassin circulaire couronne l'ensemble avec un grand jet d'eau. La plus belle vue de ce jardin est celle que l'on a de la chambre des Fleurs, au premier étage du château.

À proximité

CARTE P. 362-363

Musée de la Faïencerie

59 Grande-Rue - ✆ 03 86 75 14 52 - avr.-sept. : tlj sf lun.-mar. 15h-18h30 - 1 €.

À 10mn à pied du château, ce petit musée présente les techniques de fabrication et la production de la faïencerie fondée à Ancy-le-Franc en 1763 par le marquis de Courtanvaux. Les pièces, exposées dans d'anciennes caves voûtées, proviennent de fouilles archéologiques effectuées sur place. Des expositions temporaires sont également organisées.

Château de Nuits D3

5 km au sud par la D 905.
42 r. du Mar.-Leclerc - ✆ 01 47 63 82 78 - www.chateaudenuits.fr - visite guidée (1h) avr.-oct. : tlj sf mar. 11h, 14h15, 15h15, 16h15 et 17h15 - 10 € (6-15 ans 4 €).
Élevé vers 1560 lors des guerres de Religion, le château a perdu l'enceinte fortifiée qui précédait sa belle façade Renaissance à lucarnes et pilastres. La façade est, tournée vers l'Armançon (ancienne frontière entre la Bourgogne et la Champagne) et soulignée par deux puissants pavillons en saillie, trahit par son austérité son rôle défensif.
Située dans les salles voûtées donnant accès à la terrasse est, la cuisine bénéficie d'un puits intérieur qui permettait de tenir en cas de siège. Un large escalier de pierre conduit à l'étage noble, qui abrite, en particulier, une haute cheminée de pur style Renaissance ainsi que des lambris du 18e s. À la visite du château s'ajoute celle de la **commanderie de St-Marc**, qui compta parmi les plus influentes de Bourgogne. Ses bâtiments, près des rives de l'Armançon, constituent un bel ensemble architectural, dont une chapelle de la fin du 12e s.

Nos adresses

Restauration/ Hébergement

À Ancy-le-Franc

Premier prix

Autour d'un verre – *26 Grande-Rue - ✆ 03 58 46 20 54 - www.autourdunverre-89.fr - mar.-sam. et dim. de mai à sept. - fermé le soir - menu 16 €.* Cette cave à vin propose un menu qui change chaque semaine et fait la part belle aux solides recettes de famille (coq au vin, andouillette). Également des planches à partager et une sélection de produits régionaux à la vente.

À Chassignelles

Premier prix

Hôtel-restaurant de l'Écluse 79 – *2 ch. de Ronde - 3 km d'Ancy-le-Franc - ✆ 03 86 75 13 88 - www.hotel-restaurantdelecluse.com - 7 ch. 70 € - ☕ 8,50 € - ✕ déj. tlj sf sam., dîner mar.-jeu. et sam. - menu déj. 14 €, menu 20 €.* Excellente adresse en bordure du canal de Bourgogne. Cuisine du terroir classique, renouvelée à chaque saison.

Budget moyen

Le Clos du Mûrier – *1 ch. de Ronde - ✆ 06 19 64 03 27 - www.leclosdumurier-bourgogne.fr - 🏊 - 4 ch. 79 € ☕.* C'est une halte pleine de quiétude que propose cette ancienne fermette rénovée du 18e s. située sur le canal de Bourgogne. Salle de remise en forme.

À Pacy-sur-Armançon

Budget moyen

L'instant Présent – *4 Grande-Rue - 7 km à l'ouest d'Ancy-le-Franc - ✆ 03 86 75 51 17 - 🅿 - 5 ch. 65/80 € - ☕ 10 €.* Chambres d'hôte simples et fonctionnelles à prix corrects. Le restaurant, doté d'une petite terrasse fort sympathique, propose une honnête cuisine de terroir.

Noyers-sur-Serein ★

Niché dans un méandre du Serein, Noyers (prononcez « Noyère ») est un ravissant village médiéval resserré entre ses remparts aux tours rondes. Entouré de forêts, de prés et de haies, le bourg offre, le long de ses ruelles hors du temps, un échantillonnage particulièrement harmonieux d'architecture bourguignonne : modestes logis de vignerons sur caves de plain-pied, maisons à pans de bois sur arcades et belles demeures Renaissance en pierre sculptée.

Se repérer

CARTE P. 362-363 (D3).

565 Nucériens – Yonne (89)

À 30 km au nord d'Avallon, à 22 km au sud de Tonnerre.

En famille

Le « p'tit train de l'Yonne » *(voir « Nos adresses »).*

Carnet pratique p. 424

Nos adresses p. 425

Le bourg

Place de l'Hôtel-de-Ville

Elle est entourée de jolies maisons à pans de bois des 14e et 15e s., et de maisons à arcades. L'hôtel de ville présente une façade du 18e s. surmontée d'un fronton curviligne et ornée de balcons en fer forgé et de pilastres.

Prenez la direction de l'église en suivant la rue du Marché-au-Blé.

Place du Marché-au-Blé

Cette place triangulaire est bordée de maisons anciennes dont une en pierre, à arcades et à pignon, sur la droite : l'hôtel de la Croix-Blanche.

Par la rue de l'Église, gagnez l'église Notre-Dame.

Église Notre-Dame

Ce vaste édifice date de la fin du 15e s. Remarquez sa façade Renaissance, sa tour carrée et ses gargouilles. Voyez l'imposant chevet à contreforts et, sur la façade nord, l'étrange figuration sculptée d'un gisant.

Retournez place du Marché-au-Blé et prenez, sous une voûte à gauche, la petite rue du Poids-du-Roy.

Place de la Petite-Étape-aux-Vins

Sur la gauche de la rue du Poids-du-Roy, aussitôt après l'arcade, remarquez une ravissante maison du 15e s. à pans de bois et à poteaux corniers sculptés. La rue aboutit, par un passage couvert, à la minuscule place de la Petite-Étape-aux-Vins encadrée de maisons à pans de bois : celle qui se trouve tout de suite à gauche, lorsque l'on débouche sur la place, porte trois sculptures représentant des saints. À l'Assomption (15 août), les vignerons décorent leur protectrice – la Vierge à l'Enfant domiciliée à la porte de Tonnerre – de grappes de raisin vert.

Engagez-vous à gauche dans la rue de la Petite-Étape-aux-Vins.

La rue principale, rue de la Petite-Étape-aux-Vins que l'on prend à gauche, est bordée de maisons anciennes. Elle conduit à la place du Grenier-à-Sel.

Marché de Noyers-sur-Serein.
RnDmS/Getty Images Plus

Place du Grenier-à-Sel

Au fond à droite, l'hôtel de la Vieille Tour, où vécut Charles Louis Pothier (1881-1962), auteur des chansons *Les Roses blanches* et *Félicie, aussi.* À l'extrémité de cette place, engagez-vous dans la **rue de la Madeleine**, au début de laquelle vous verrez, à gauche, une maison Renaissance portant une inscription grecque (*kamato*, qui signifierait « grâce au travail »).

Prenez une ruelle sur la gauche ; également vers la gauche, la rue des Vignerons, aux petites maisons basses typiques des vignerons, conduit au musée.

Musée des Arts naïfs et populaires

25 r. de l'Église - ✆ 03 86 82 89 09 - www.noyers-et-tourisme.com - juil.-août : tlj sf mar. 10h-12h30, 13h-18h30 ; juin et sept. : tlj sf mar. 11h-12h30, 14h-18h ; reste de l'année : w.-end et vac. scol. 14h30-18h - fermé janv. - 4 € (-11 ans gratuit).

Les paysages et la proximité de Paris ont attiré dans la vallée du Serein nombre d'artistes solitaires. Le musée de Noyers, situé dans l'aile méridionale de l'ancien collège du 17e s., en témoigne par les tableaux des Russes Kikoïne, Soutine et Pinchus Krémegne. Il abrite aussi des salles de peinture et d'histoire locales (où l'on découvre, au détour de quelques broderies, que le célèbre photographe Henri Cartier-Bresson était issu d'une famille de filateurs de Noyers) et d'intéressantes **collections de tableaux d'art naïf, brut ou populaire★** provenant entre autres de la donation du peintre Jacques Yankel, fils de Kikoïne. Le musée s'enrichit chaque année de nouvelles pièces : objets d'art populaire d'Amérique latine et d'Asie, boîtes lithographiées de biscuits et de bonbons, poétiques petites figurines en terre peinte, etc.

Vous retrouverez la place du Marché-au-Blé au bout de la rue de l'Église.

6

Site du vieux château

De la place de la Madeleine, prenez à droite la rue de Venoise pour arriver au **Saut Parabin,** ancienne place d'armes du château de Noyers. Profitez de la vue sur la vallée du Serein et le village. Redescendez par la porte de Venoise, en bas de laquelle vous avez la possibilité de monter *(env. 300 marches)* au site du vieux château *(45mn AR)*, qui offre un magnifique **panorama★** (belvédère sud) sur le village et la vallée. De la porte de Venoise, continuez à droite par une **promenade** ombragée le long de la rivière; vous y verrez 9 des 23 tours qui défendaient la ville. Vous arrivez à la **porte Peinte**, porte fortifiée de forme carrée, par laquelle vous entrez dans la rue de ce nom *(grande maison à pans de bois, à gauche)* pour regagner la place de l'Hôtel-de-Ville.

À proximité

CARTE P. 362-363

Prieuré de Vausse D3

16 km au sud-est de Noyers par la D 101.

Rte d'Aisy-sur-Armançon - 03 86 82 87 28 - ♿ - juil.-août : tlj sf lun.-mar. 14h-18h ; juin et sept. : w.-end sur RV - 4 € (-16 ans gratuit).

Ne manquez pas *Les Quatre Saisons de Vausse :* concerts, pièces de théâtre, spectacles et expositions *(juin-oct.)*.

Fondé au 12e s.., le prieuré de Vausse se composait d'une communauté de moines cisterciens. Il jouit d'une certaine importance jusqu'au 15e s., mais la réforme religieuse entraîna sa décadence. Vendu comme bien national à la Révolution, il fut racheté en 1792 par un faïencier qui y établit une fabrique. Vers les débuts du 19e s., le prieuré devint la propriété de la famille Petit, dont l'un des membres, Ernest, consacra sa vie à l'histoire bourguignonne. Aujourd'hui, lors de votre visite, vous remarquerez l'ancienne église (13e s.) qu'il avait transformée en bibliothèque. Vous verrez également un **cloître** roman (13e s.) bien conservé entourant un charmant jardin de curé, ainsi qu'une petite **chapelle** du 14e s.

Carnet pratique

S'informer

Office de tourisme – *12 pl. de l'Hôtel-de-Ville - Noyers-sur-Serein - 03 86 82 66 06 - www.tourisme-serein.fr.*

Se garer

Les dimanches d'été, la vieille ville est piétonnière. Garez-vous près de la salle polyvalente.

Agenda

Le Gargouillosium – *Rens. à l'office de tourisme.* Le week-end du 15 août, une vingtaine de sculpteurs se réunissent sur le site du vieux château pour exécuter, dans un délai de trois jours, une gargouille en pierre vendue au profit de l'association.

Les Rencontres Musicales – *www.musicalesdenoyers.com - juil.* Concerts et académie d'été sont proposés aux mélomanes et aux jeunes talents.

Festival La Belle du Serein – *1er sam. d'août.* Festival gratuit de musiques du monde (funk, reggae...).

Nos adresses

Restauration

Budget moyen

Maison Paillot - Les Millésimes – *14 pl. de l'Hôtel-de-Ville - ✆ 03 86 82 82 16 - www.maison-paillot.com - P ♿ - déj. merc.-dim., dîner sam. - menu déj. 38 €.* Traiteur-restaurant situé derrière la boucherie-charcuterie familiale. Le menu déjeuner offre un excellent rapport qualité prix. La carte variée fait la part belle aux produits traditionnels et régionaux, accommodés de façon originale.

Activités

Le p'tit train de l'Yonne – *Rte de Coutarnoux - ATPVM - ✆ 06 52 67 13 13 -www.petit-train-de-yonne.e-monsite.com - ♿ - dép. de Massangis - les dim. et j. fériés - mai : 15h ; de juin à mi-juil. : 15h, 16h30 ; de mi-juil. à fin août : 14h30, 16h, 17h - 7 € (3-11 ans 4 €).* 5 km AR entre Massangis (à 9,5 km au sud de Noyers) et Civry-sur-Serein, surplombant par moments de plus de 10 m la vallée du Serein.

Grotte de Champ-Retard – *Rte D 11 - Coutarnoux - ✆ 03 86 33 94 31 - www.grottechampretard.com - tarifs selon les âges et les parcours - fermé de mi-nov.à mars.* Parcours acrobatiques dans une ancienne carrière de pierre (à partir de 4 ans).

Hébergement

Budget moyen

Chambre d'hôte Le Tabellion – *5 r. du Jeu-de-Paume - ✆ 03 86 82 62 26 ou 06 86 08 39 92 - www.noyers-tabellion.fr - 2 ch. 96 € ☕.* Au cœur d'un ancien relais de poste du 18e s., des chambres spacieuses et élégantes, avec tomettes anciennes et vieux meubles. Très bon accueil.

Côté-Serein – *18 pl. de l'Hôtel-de-Ville - ✆ 06 42 07 43 64 - www.cote-serein.fr - 21 ch. 85 € ☕ 13 €.* Disséminés dans Noyers, ces gîtes et chambres d'hôte (très bien signalés) sont nichés dans les plus belles bâtisses du village. Formidablement bien rénovés, avec originalité et goût, ces lieux au luxe délicat peuvent accueillir des groupes, avec ou sans cuisine et avec des dépendances à géométrie variable : la Tour cachée, la Loge, la Tour Madame... Les espaces en bordure du Serein sont particulièrement réussis.

À proximité

Premier prix

Chambre d'hôte de la Vallée du Serein – *35 Grande-Rue - Annay-sur-Serein - 5,5 km au nord-ouest de Noyers - ✆ 03 86 82 63 98/07 81 62 70 98 - www.valleeduserein.free.fr - 🚭 P - 4 ch. 75 € ☕ - table d'hôte sur réserv. 23 €.* Tout est à savourer ici : la couleur des pierres du village, le calme de la cour intérieure, la sobriété du décor, les confitures exotiques et, surtout, les récits de voyage des véritables globe-trotters, artistes de la rencontre, qui ont ouvert ces chambres.

Budget moyen

Auberge La Beursaudière – *9 ch. de Ronde - Nitry - 10 km à l'ouest de Noyers - ✆ 03 86 33 69 70/03 86 33 69 69 (rest.) - www.beursaudiere.com - ♿ - 11 ch. 91/141 € - ☕ 13 € - ✕ menu déj. 19 €, menus 30,50/54,50 €.* Chambres de caractère, salles du petit-déjeuner voûtées et pigeonnier médiéval : reconversion réussie pour cette ancienne dépendance de prieuré. Côté table, décor campagnard soigné et service en costume régional. Cuisine du terroir et cave fournie.

ANIS
de l'Abbaye
de
FLAVIGN
ritable Marque des
ANIS
ENTE ICI

7

Fontenay et l'Auxois

CARTE MICHELIN DÉPARTEMENTS 320 – CÔTE-D'OR (21)

Publicité pour Les Anis de Flavigny.

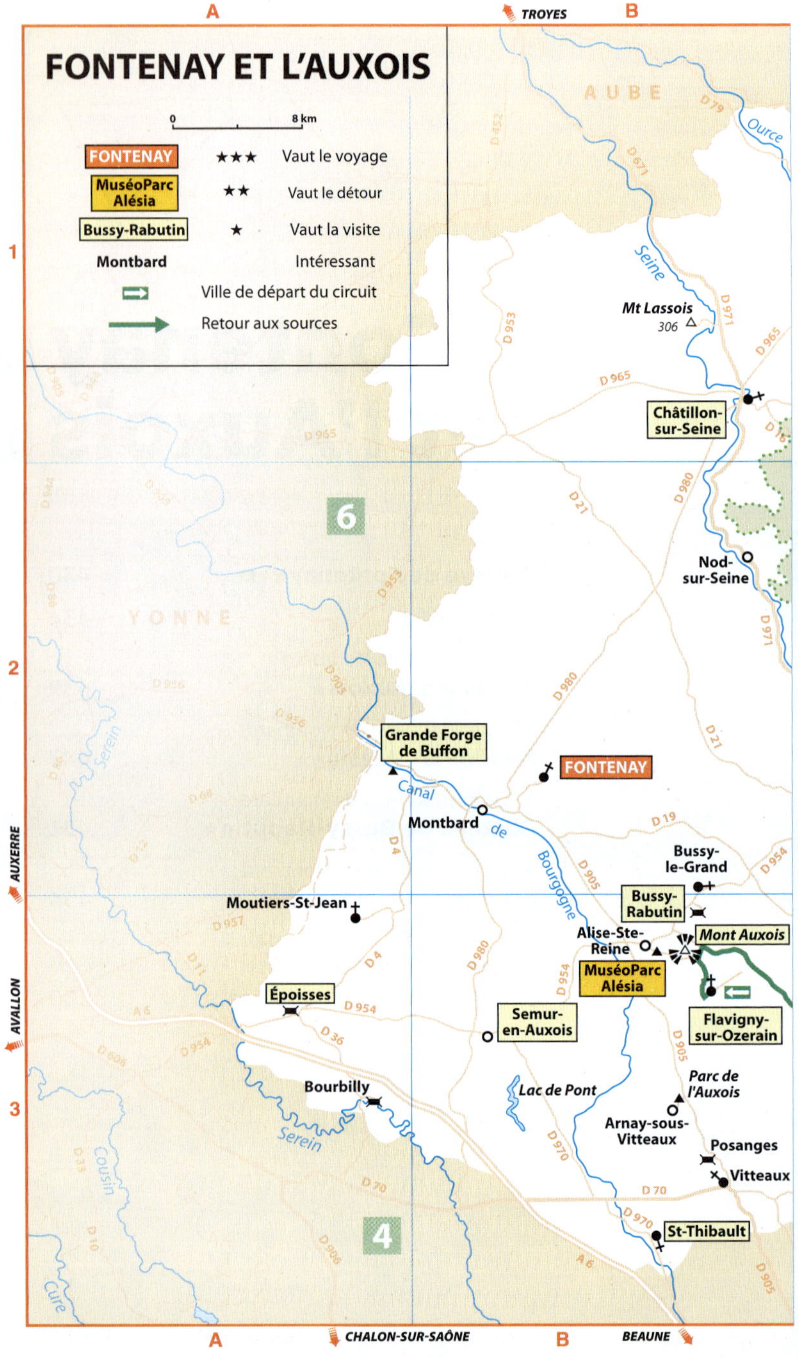
FONTENAY ET L'AUXOIS
0
8 km
FONTENAY ★★★ Vaut le voyage
MuséoParc Alésia ★★ Vaut le détour
Bussy-Rabutin ★ Vaut la visite
Montbard Intéressant
Ville de départ du circuit
Retour aux sources
A
B
1
2
3
TROYES
CHALON-SUR-SAÔNE
BEAUNE
AUXERRE
AVALLON
AUBE
YONNE
6
4
Ource
Seine
Mt Lassois
306
Châtillon-sur-Seine
Nod-sur-Seine
Grande Forge de Buffon
FONTENAY
Canal de Bourgogne
Montbard
Bussy-le-Grand
Bussy-Rabutin
Mont Auxois
Alise-Ste-Reine
MuséoParc Alésia
Flavigny-sur-Ozerain
Moutiers-St-Jean
Époisses
Semur-en-Auxois
Lac de Pont
Parc de l'Auxois
Arnay-sous-Vitteaux
Posanges
Vitteaux
St-Thibault
Bourbilly
Serein
Cousin
Cure
D 79
D 671
D 452
D 953
D 971
D 965
D 980
D 21
D 19
D 954
D 905
D 4
D 957
D 11
D 36
D 970
D 70
D 906
A 6

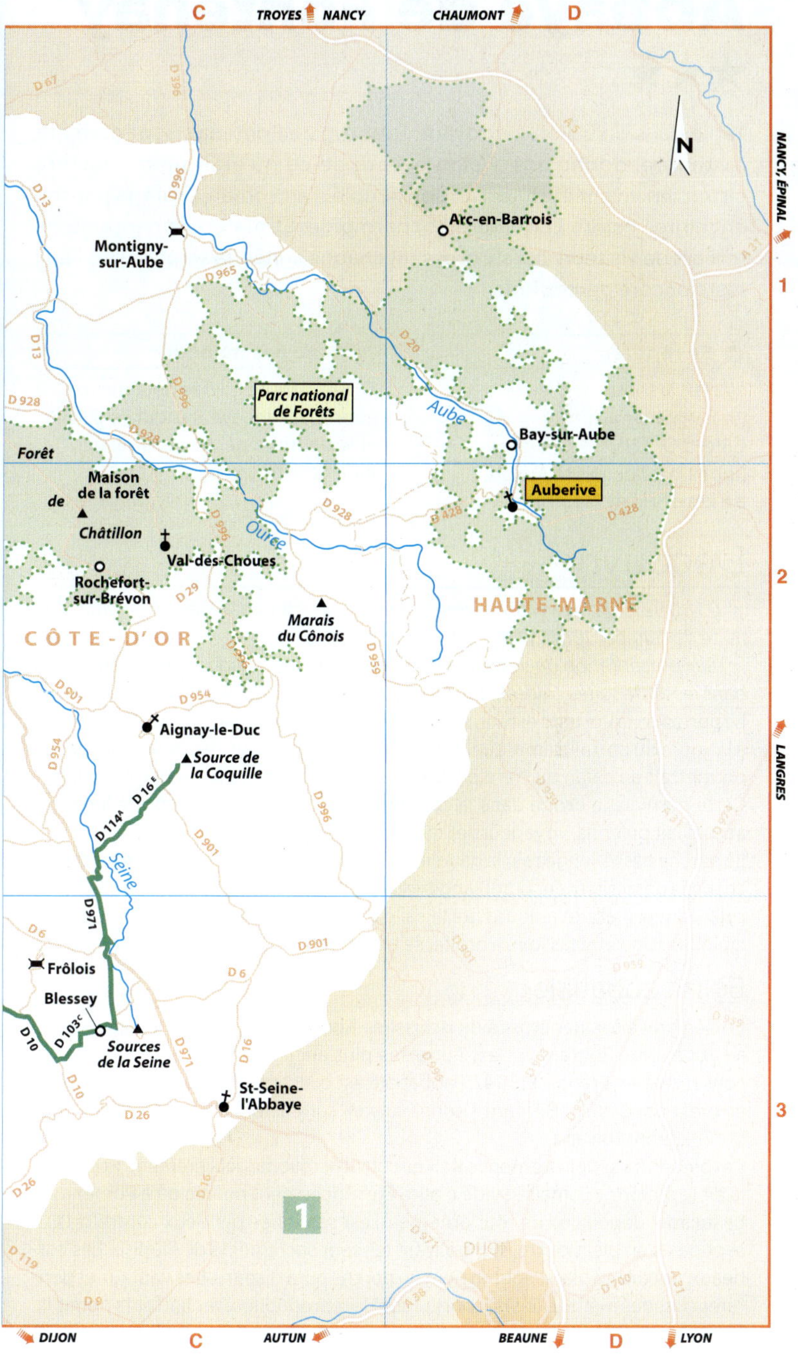
C
TROYES
NANCY
CHAUMONT
D
NANCY, ÉPINAL
1
2
LANGRES
3
DIJON
C
AUTUN
BEAUNE
D
LYON
Arc-en-Barrois
Montigny-
sur-Aube
Parc national
de Forêts
Aube
Bay-sur-Aube
Auberive
Forêt
de
Châtillon
Maison
de la forêt
Val-des-Choues
Ource
Rochefort-
sur-Brévon
HAUTE-MARNE
CÔTE-D'OR
Marais
du Cônois
Aignay-le-Duc
Source de
la Coquille
Seine
Frôlois
Blessey
Sources
de la Seine
St-Seine-
l'Abbaye
D 67
D 396
D 13
D 996
D 965
D 20
D 928
D 428
D 29
D 959
D 901
D 954
D 114A
D 16E
D 971
D 6
D 103C
D 10
D 16
D 26
D 119
D 9
A 5
A 31
A 38
D 700
1

Abbaye de Fontenay

★★★

Tapie dans un vallon verdoyant, l'abbaye de Fontenay, superbement restaurée, donne une vision exacte de ce qu'était un monastère cistercien vivant en autarcie. L'ensemble d'art roman, protégé par son enceinte, inspire l'équilibre et l'harmonie. Et malgré la centaine de milliers de visiteurs qui s'y pressent chaque année, la sérénité des lieux reste encore perceptible.

Se repérer

CARTE P. 428-429 (B2) - PLAN DE L'ABBAYE P. 432.
Côte-d'Or (21)
Entre Châtillonnais et Auxois, à 6 km à l'est de Montbard.

À ne pas manquer

Suivez la visite guidée pour mieux apprécier l'abbaye, surtout l'église et le cloître, et découvrir la vie des moines cisterciens.

Découvrir

PLAN P. 432

03 80 92 15 00 - www.abbayedefontenay.com - de déb. avr. au 11 nov. : 10h-18h ; reste de l'année : 10h-12h, 14h-17h - 11 € (12-26 ans 9 €).
Sur présentation de votre ticket d'entrée, bénéficiez d'un tarif préférentiel dans les autres sites (Alésia, Bussy-Rabutin...). Rens. à la billetterie de l'Abbaye.

Le portail de la Porterie est surmonté des armes de l'abbaye ; l'étage date du 15e s. à la voûte du portail, remarquez une niche aménagée sous l'escalier : l'ouverture permettait au chien du frère portier, posté à l'entrée, de surveiller l'hôtellerie. Cette dernière, à droite dans la cour intérieure, est un long corps de logis qui accueillait pèlerins, voyageurs et mendiants.

Le porche passé, longez sur la gauche un grand bâtiment du 13e s. qui renfermait la chapelle des visiteurs et la boulangerie des moines, remarquable par sa cheminée cylindrique. Il abrite aujourd'hui la salle d'accueil, la librairie et un petit musée lapidaire. Un peu plus loin, à droite, se trouve le magnifique **colombier**.

Église abbatiale

Édifiée grâce à la générosité du richissime **Ebrard**, évêque de Norwich, réfugié à l'abbaye de Fontenay, c'est l'une des plus anciennes églises cisterciennes conservées en France. En 1147, l'abbatiale est consacrée par le pape Eugène III, en présence de saint Bernard, l'année suivant son célèbre prêche à Vézelay pour la deuxième croisade.

L'expression « simplicité monacale » lui convient tout particulièrement. Et comme le dit le dicton : « Jamais le vide n'aura été si richement peuplé qu'à Fontenay. »

La **façade**, dépouillée de tout ornement, est soulignée par deux contreforts et sept baies en plein cintre, symbolisant les sept sacrements de l'Église. Les corbeaux, encore en place, soutenaient un porche qui a disparu. Les vantaux et pentures (bandes métalliques) du portail sont la reproduction des battants primitifs. La règle et le plan cisterciens y sont scrupuleusement observés et, malgré les dimensions relativement réduites de l'édifice (longueur : 66 m ; largeur du

Cloître de l'abbaye de Fontenay.
milllim/Getty Images Plus

transept : 30 m), l'effet est saisissant. Une sensation que renforce l'exceptionnelle qualité de l'acoustique.
La **nef**, voûtée en berceau brisé, compte huit travées ; elle est étayée par des bas-côtés voûtés de berceaux transversaux qui forment une suite de chapelles éclairées par de petites baies en plein cintre. La nef aveugle reçoit la lumière par les ouvertures de la façade et par celles qui s'étagent au-dessus de l'arc triomphal.
Dans le vaste **transept**, la disposition des berceaux et des chapelles des croisillons rappelle celle des bas-côtés. Dans le bras nord, remarquez la **statue (1)** de Notre-Dame de Fontenay (fin du 13e s.).
Le **chœur carré (2)**, à chevet plat, est éclairé par un double rang de triplets (symbole de la Trinité). On y a rassemblé des pierres tombales et les restes d'un pavage

Deuxième fille de Clairvaux

Devenu abbé de Clairvaux, **saint Bernard** fonda successivement Trois-Fontaines (près de St-Dizier) en 1115, Fontenay en 1118 (20 ans après Cîteaux) et Foigny (en Thiérache) en 1121. En 1130, l'ermitage établi à proximité de Châtillon-sur-Seine, sous la direction de son oncle Godefroy de Rochetaillé, fut transféré dans la vallée, là où se trouve l'abbaye actuelle. Fontenay connut une grande prospérité jusqu'au 16e s., comptant plus de 300 moines et convers. Mais le régime de la commende, établi en 1547, avec ses abbés nommés par faveur royale et ne s'intéressant guère qu'aux revenus de l'abbaye, ainsi que les désordres causés par les guerres de Religion allaient provoquer une rapide et irréversible décadence de Fontenay. Les bâtiments, vendus en 1791 par les révolutionnaires, furent transformés en papeterie ; celle-ci périclita en 1903. En 1906, de nouveaux propriétaires entreprirent de restituer à Fontenay son aspect initial. En 1981, l'abbaye fut classée au Patrimoine mondial par l'Unesco.

de carreaux émaillés du 13e s., qui recouvrait autrefois le sol du chœur et d'une grande partie de l'église. On peut voir, à droite, le **tombeau (3)** du seigneur de Mello d'Époisses et de son épouse (14e s.). Le retable en pierre de l'ancien maître-autel gothique (fin du 13e s.) a malheureusement subi des mutilations. Dans le transept, sur la droite, un escalier mène à l'ancien dortoir des moines.

Dans le **dortoir**, à l'étage, les moines de chœur (40 à 50 personnes) dormaient sur des paillasses disposées à même le sol, séparés les uns des autres par des cloisons basses. La puissante **charpente de chêne★**, en forme de carène renversée, date de la seconde moitié du 15e s. Elle porte une rare signature des charpentiers de la marine qui la construisirent : l'emplacement du mât !

La **salle capitulaire**, aux chapiteaux ornés de feuilles d'eau, est voûtée sur croisée d'ogives ; elle communique avec la galerie est par une belle arcade.

La grande salle de travail des moines, le **scriptorium**, se situe dans son prolongement. Le labeur des copistes ne relevait pas uniquement des devoirs intellectuels du moine : la tâche, assez pénible, était exécutée dans le froid (seules les encres bénéficiaient du chauffage) et nécessitait une concentration tant physique que mentale. Sur la droite, une petite porte ouvre sur le « chauffoir ». Cette pièce, présentant deux foyers, était la seule où la règle tolérait le feu, en dehors de la cuisine. Et sur la droite, en sortant du scriptorium, se trouve un petit bâtiment, l'**enfermerie**, dont le premier étage abritait sans doute une bibliothèque, tandis que la partie basse a été reconnue comme étant l'église primitive du monastère,

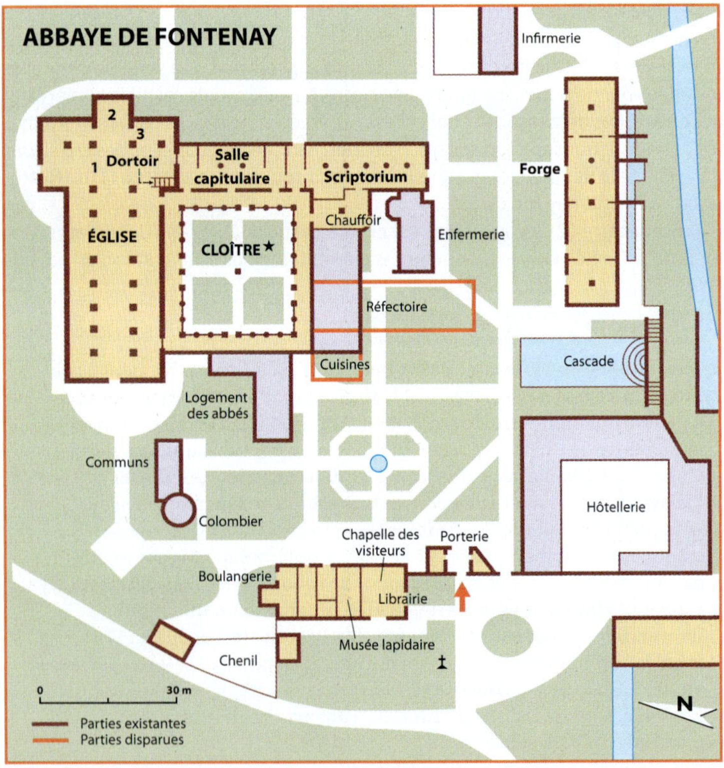

Le saviez-vous ?

Les terres données par Raynard de Montbard, parent de saint Bernard, sont appelées Fontanetum car, comme nombre de lieux défrichés par les moines, elles « flottent sur des sources ». Les fontaines, toujours présentes, et peuplées de truites, sont devenues la parure du jardin qui entoure la propriété.
Fontenay servit de décor pour plusieurs films, dont *Angélique, marquise des anges* (Bernard Borderie, 1964), avec Michèle Mercier et Robert Hossein, et *Cyrano de Bergerac* (Jean-Paul Rappeneau, 1990), avec Gérard Depardieu.

dédiée à saint Paul *(ne se visite pas)*. De l'autre côté, à proximité de l'infirmerie, les moines cultivaient des plantes médicinales (ou simples) dans ce que l'on appelle aujourd'hui le Grand Jardin.
Adossé au flanc sud de l'église, à la fois robuste et élégant, le **cloître★** est un accomplissement de l'art cistercien. Chaque galerie compte huit travées délimitées par de beaux contreforts ; les arcs en plein cintre (sauf ceux des portes donnant accès au préau) sont divisés par une double arcature reposant sur des colonnes géminées. Observez les corbeilles des chapiteaux, toutes différentes.

À l'extérieur

Le grand bâtiment de la **forge**, qui s'étend dans la partie sud de l'abbaye et longe un canal, date de la fin du 13e s. Ce canal était utilisé pour actionner les roues du moulin et du martinet (marteau hydraulique), une innovation technologique majeure que les cisterciens ont adoptée très tôt pour forger le fer en quantité industrielle. Le marteau hydraulique de Fontenay, avec sa roue à aubes, a été reconstitué par des lycées professionnels européens, avec l'aide d'universitaires et d'artisans. Des démonstrations de forgeage sont organisées pendant la saison touristique.
Redessinés par l'architecte-paysagiste anglais Peter Holmes, les **jardins** sont ponctués de topiaires bordant les pelouses et s'intègrent parfaitement au lieu par leur sobriété.
Pour prolonger la visite, suivez les **sentiers pédestres** qui parcourent la forêt.

Le quotidien d'un moine cistercien

Il est régi à la fois par le soleil et la **règle de saint Benoît**. Entre le lever et le coucher du soleil, la liturgie des heures égrène, aussi sûrement qu'un chapelet, pas moins de huit offices : matines (avant l'aube ou au milieu de la nuit en tant que vigiles), laudes (à l'aurore), prime (au lever du soleil), tierce (troisième heure après le levant), sexte (à midi), none, vêpres (au début de la soirée) et complies (juste avant le coucher). Entre ces offices, le rythme du moine est organisé autour de trois activités principales : la prière, la lecture divine *(lectio divina)* – lecture de la Bible et d'ouvrages pieux – et le travail manuel (six heures par jour en été). Ces temps étaient harmonieusement répartis de manière à évincer toute oisiveté, « grande ennemie de l'âme » pour saint Benoît.

Montbard

Les rues en pente de la ville, étagée sur une colline entre la Brenne et le canal de Bourgogne, ont conservé le souvenir d'un enfant du pays hors du commun : le célèbre naturaliste Buffon. À l'emplacement de la forteresse des comtes de Montbard, devenue résidence des ducs de Bourgogne, puis finalement abandonnée, l'illustre homme de sciences avait fait aménager un parc aujourd'hui ouvert au public.

Se repérer

CARTE P. 428-429 (B2).
4848 Montbardois – Côte-d'Or (21)
À 33 km au sud de Châtillon-sur-Seine et à 31 km à l'est de Noyers-sur-Serein.

À ne pas manquer

Au musée Buffon, découvrez l'œuvre du naturaliste et celle de Daubenton, autre enfant du pays. Sur la commune de Buffon, la forge et les ateliers.

En famille

Partez à la recherche du manuscrit secret à l'*escape room* du parc Buffon. Emmenez les enfants découvrir la Grande Forge de Buffon.

Nos adresses p. 437

Buffon, seigneur de Montbard

Un naturaliste réputé – Né en 1707, **Georges-Louis Leclerc**, futur comte de Buffon, entre à l'Académie des sciences en 1733, à l'âge de 26 ans ; il succède à Jussieu. À peine nommé au poste d'intendant du jardin du Roi, en 1739, il conçoit l'ambitieux dessein d'écrire l'histoire de la nature. Dès lors, il consacre l'essentiel de son temps à cette gigantesque entreprise. Les trois premiers tomes de son *Histoire naturelle* sont publiés en 1749, les suivants vont se succéder pendant 40 ans (36 volumes d'une œuvre inachevée).

En 1752, Buffon est élu à l'Académie française. Les honneurs qui lui sont prodigués en récompense de ses travaux n'ont guère de prise sur cet homme indépendant. Les souverains de l'Europe entière et les plus grands personnages de son temps sollicitent son amitié. « Monsieur de Buffon, lui dit ainsi l'empereur d'Allemagne Joseph II, arrivant au jardin du Roi sans s'être fait annoncer, nous traiterons ici, si vous le voulez bien, de puissance à puissance, car je me trouve actuellement sur les terres de votre empire. »

Buffon et le Montbardois – Buffon n'aime pas Paris, les distractions de la capitale ne lui permettant pas de travailler à son gré. Il s'établit donc en son pays natal. Il installe sur son domaine une forge qu'il dirige en personne. Seigneur de Montbard, il arase le Donjon, le corps de logis et comble la terrasse basse, ne conservant que le mur d'enceinte, les deux tours médiévales et les salles souterraines. Il fait installer des jardins en terrasses et plante des arbres d'essences variées sans négliger fleurs et légumes. C'est à Montbard, où il mène la vie de son choix, que Buffon rédige une grande partie de son œuvre. Mais c'est à Paris, au jardin du Roi, qu'il meurt en 1788.

Grande Forge de Buffon.
L. Lourdel/hemis.fr

Découvrir

Pl. Henri-Vincenot - Montbard- ✆ 03 80 92 53 81 - www.ot-montbard.fr.

★ Parc Buffon

R. du Parc-Buffon - ✆ 03 80 92 50 42 - www.musee-parc-buffon.fr - avr.-sept. : tlj sf mar. 10h-12h, 14h-18h ; reste de l'année se rens. - visite libre du parc tte l'année (gratuit) - visites guidées des tours et du cabinet de travail : merc.-dim. 11h, 14h30 et 16h - 5 € (-18 ans gratuit).

Testez l'escape room ! Sur réserv., merc. et sam. 10h et 17h - 12 € (-18 ans 6 €).

En 1735, Buffon achète le château, déjà en ruine, dont l'origine est antérieure au 10e s. Ne conservant que deux tours et l'enceinte fortifiée, il y aménage les jardins – légèrement modifiés par le temps – qui forment aujourd'hui le parc Buffon. Sillonné de sentiers et d'allées, cet espace vert procure d'agréables promenades.

Tour de l'Aubespin – Plus haute tour-terrasse de Bourgogne (46 m), elle permit à Buffon de réaliser des expériences sur **la foudre**. Les gargouilles et merlons datent d'une restauration du 19e s. Du sommet, on a une belle **vue** sur la ville et ses environs.

Tour St-Louis – La mère de saint Bernard, Aleth de Montbard, y naquit en 1070. Buffon rabaissa la tour d'un étage et y installa l'une de ses bibliothèques.

Cabinet de travail de Buffon – C'est dans ce petit pavillon, tapissé des estampes de l'*Histoire naturelle des oiseaux* (18e s.), que Buffon rédigea, entre 1749 et 1788, les 36 volumes de sa fameuse *Histoire naturelle générale et particulière*.

Chapelle de Buffon

Ouvert tlj avr.-sept. - L'explorateur de la nature a été inhumé le 20 avril 1788 dans le caveau d'une chapelle latérale de l'église St-Urse, en dehors de l'enceinte.

Le saviez-vous ?

Les Montbardois vivent non seulement dans le souvenir du grand savant **Buffon**, mais aussi dans la continuation de son activité de maître de forges, puisque la cité est un important centre métallurgique spécialisé dans la fabrication des tubes d'acier.
La ville a donné naissance à un autre savant, le médecin **Louis Daubenton** (1716-1800), inventeur de l'anatomie comparée, qui collabora à l'*Histoire naturelle* ainsi qu'à la réorganisation du jardin du Roi. Il fut le premier directeur du Museum national d'Histoire naturelle, à Paris.

Musée Buffon

R. du Parc-Buffon - ☏ 03 80 92 50 42 - www.musee-parc-buffon.fr - avr.-sept. : tlj sf mar. 10h-12h, 14h-18h ; reste de l'année se rens. - gratuit.

Installé dans les anciennes écuries du domaine de Buffon, le musée propose de découvrir l'histoire naturelle à travers son exposition « Penser la Nature ». Grâce à une muséographie vivante et interactive, on découvre l'œuvre des deux grandes figures locales, Buffon et Louis Daubenton *(voir encadré ci-dessus)*. Des spécimens naturalisés, des objets scientifiques ou encore des œuvres contemporaines cohabitent pour mieux nous faire comprendre la nature. Une salle dédiée aux ateliers, conférences et expériences propose une programmation toute l'année.

Hôtel de Buffon

Ne se visite pas. À l'emplacement de sa maison natale, le savant fit construire ce vaste et confortable hôtel (achevé en 1741), d'où il pouvait gagner directement ses jardins et son cabinet de travail. À lire, sous un porche de l'hôtel, la citation que Buffon appliqua visiblement lui-même : « Ne quittez jamais le chemin de la vertu et de l'honneur, c'est le seul moyen d'être heureux. »

Ancienne chapelle des Ursulines

R. Piron - visite guidée uniquement, se rens. à l'office de tourisme. L'ancienne chapelle néogothique (1887-1890) de l'institution des Ursulines abrite une collection unique de plâtres et moulages ainsi que le fonds d'atelier du sculpteur Eugène Guillaume, natif de la ville.

À proximité

CARTE P. 428-429

★ Grande Forge de Buffon A2

Sur la commune de Buffon, 8 km au nord-ouest par la D 905.
☏ 03 80 92 10 35 - www.grandeforgedebuffon.fr - juil.-août : 10h-18h ; reste de l'année se rens. - 8 € (-12 ans gratuit).

C'est sur ses terres que Buffon, alors âgé de 60 ans, fit construire en 1768 une forge pour mettre en œuvre ses recherches sur la fusion et poursuivre ses expériences sur les minéraux. Dès 1769, le haut-fourneau fonctionne, le reste des bâtiments est achevé quatre ans plus tard.
Le **pavillon de Buffon**, où résidait le naturaliste quand il venait sur place, abrite aujourd'hui des salles d'exposition présentant l'histoire de la forge et l'œuvre de son fondateur. Les **ateliers** regroupent trois bâtiments séparés par des bras d'eau, des biefs ou dérivations destinés à alimenter en eau les différentes installations motrices hydrauliques.

Le grand canal d'amenée a été creusé à bras d'hommes et de femmes sur 600 m en aval du méandre de l'Armançon. Il dessert trois autres canaux, chacun étant dédié à une fonction particulière : haut-fourneau (minerai et charbon de bois pour produire de la fonte brute), forge d'affinerie et fenderie (découpe des barres en produits semi-finis). Le canal du haut-fourneau abrite la **grande roue hydraulique** actionnant la soufflerie ; le canal de la fenderie (sorte d'ancêtre du laminoir) met en branle le martinet (marteau hydraulique), ici d'un poids total de 20 t (200 coups par minute). Le canal de la forge d'affinerie possède quatre roues hydrauliques (deux pour l'affinerie, deux autres pour la fenderie). Au total, onze roues étaient actionnées à l'époque de Buffon, lequel employait près de 400 ouvriers.

Les vestiges du **haut-fourneau** sont accessibles par un escalier monumental qui se divise en deux rampes et ménage des paliers, d'où l'on pouvait assister à la coulée de la gueuse, même la nuit grâce à l'éclairage d'une lanterne. Buffon aimait en effet transformer ce succès technique en spectacle pour ses nobles visiteurs. N'oublions pas que nous sommes au siècle des Lumières. Suivent la forge proprement dite, où la fonte était refondue et frappée au martinet (l'affinerie), et l'emplacement de la fenderie, où les barres de fer pouvaient être retravaillées en produits semi-ouvrés.

L'habitat domestique comprend des maisons d'ouvriers (jusqu'à 17 habitations), le four à pain, un atelier, l'écurie et les remises, la maison du maître de forges et une chapelle. L'ensemble donne sur un jardin potager agrémenté d'une magnifique **orangerie,** ouvert parfois à la visite.

Nos adresses

Restauration

Premier prix

Anatole & Arthémiss – *16 r. Anatole-Hugot - ✆ 03 80 89 59 80 - www.anatole-arthemiss.fr - mar.-vend. 12h-14h - menus 14/19 €.* Près du pont de la Brenne, dans une salle attenante au café du quartier, cette petite adresse sert des assiettes à composer soi-même avec soupe, terrine, salade, quiche, etc. Même principe pour le sucré avec tarte, gâteau et glace. C'est tout simple... et très bon.

À proximité

Budget moyen

Le Marronnier – *6 rte des Forges - Buffon - 6 km au nord de Montbard - ✆ 03 80 92 33 65 - ✆ 06 11 95 18 94 - www.lemarronnier-buffon.com - P ♿ - menu déj. 14 €, menus 24/36 € - 5 ch. 60/95 € - ☕ 10 €.* Cette maison de pays pourvue de 5 chambres profite d'une belle situation face au canal de Bourgogne. La salle à manger est agréable avec ses murs de pierre et sa cheminée, mais l'été, on préférera la terrasse agrémentée d'une fontaine. Carte traditionnelle.

La Mirabelle – *1 r. de la Brenne - St-Rémy - 5 km à l'ouest de Montbard - ✆ 09 53 73 45 62 - www.restaurant-la-mirabelle.com - fermé mar.-merc. - plats 14/20 €.* À proximité du canal, cette ancienne grange à sel cache une belle salle à manger en pierre sous une voûte. L'accueil y est gentil et les assiettes travaillées mettent en valeur les productions locales. Sans oublier la petite touche bretonne du chef, Benjamin Rouzé, comme ce kig ha farz de lieu et seiche.

Activités

Randonnées à vélo – *03 86 46 24 99 - www.veli-bourgogne.fr - à partir de 20 €/j.* Rendez-vous à l'office de tourisme pour rejoindre Pouilly-en-Auxois ou le lac de Panthier, en longeant les chemins de halage du canal de Bourgogne : ancienne tuilerie de Grignon, Venarey-les-Laumes et le lac de Pont-et-Massène (halte nautique), Pont Royal, château d'Éguilly… Une dizaine de Véli'stations sur votre parcours.

Centre aquatique Amphitrite – *R. Michel-Servet - Montbard - 03 80 89 15 20 - www.ca-amphitrite.fr - horaires et tarifs se rens.* Centre moderne équipé d'un bassin sportif, d'un bassin ludique intérieur et extérieur (bains bouillonnants et toboggans), et d'un espace détente (sauna, hammam, spa).

Hébergement

Premier prix

Camping municipal – *R. Michel-Servet - 03 80 92 69 50 - www.montbard.com - ouv. de mars à la Toussaint - 78 empl. 6 €/nuit/pers. - locatif 52/102 €.* Outre ses 78 emplacements aménagés sur un terrain plat et herbeux, ce camping propose des locations de mobile homes et de « minichalets découverte », pratiques pour les séjours en famille. Jeux pour enfants, tables de ping-pong et court de tennis. Une entrée au Centre nautique Amphitrite *(voir « Activités »)* incluse par jour et par personne.

Budget moyen

L'Écu – *7 r. Auguste Carré - 03 80 92 11 66 - www.hotelecu-montbard.fr - P - 20 ch. 95/110 € - 10 € - plats 26/38 €, menus 22/40 € - rest. fermé vend. soir et w.-end en basse sais.* On y apprécie l'accueil et les chambres classiquement aménagées, à l'image des espaces communs. Au restaurant, balluchon d'escargots au chou, œuf poché à la crème d'époisses, lotte au chorizo, filet de bar au miel et vin rouge… Des petits plats originaux et goûteux selon les saisons servis sous les voûtes des anciennes écuries de ce relais de poste du 16e s.

À proximité

Budget moyen

Chambre d'hôte des Forges – *5 r. des Forges - Buffon - 03 80 92 11 12 - 06 19 94 44 29 - www.chambres-hotes-buffon.com - P - 4 ch. 78 € - table d'hôte sur réserv.* Dans une grande bâtisse flanquée d'une belle terrasse et d'un agréable jardin fleuri, des chambres confortables avec entrée indépendante et vue sur le canal de Bourgogne.

Semur-en-Auxois ★

Capitale de l'Auxois, riche pays de culture et d'élevage, Semur est une jolie cité médiévale campée sur une falaise de granit rose. À l'abri de ses remparts, un entrelacs de ruelles pavées et quelques maisons à pans de bois sont dominés par les tours du donjon et la flèche effilée de la collégiale Notre-Dame. Vivante et accueillante, la bourgade jouit en outre d'un environnement naturel propice aux activités de plein air.

Se repérer

CARTE P. 428-429 (B3) - PLAN DE LA COLLÉGIALE P. 441.

4120 Semurois - Côte-d'Or (21)
À 18 km au sud de Montbard, à 35 km à l'est d'Avallon et 22 km au nord-est de Saulieu.

À ne pas manquer

La collégiale Notre-Dame (superbe *Mise au tombeau*) ; à proximité, le château d'Époisses.

Organiser son temps

Outre la visite de Semur, qui vous prendra environ 1h30, prévoyez le temps de faire un pique-nique au bord du canal de Bourgogne.

En famille

La plage du lac de Pont ; le parc animalier de l'Auxois, près d'Arnay-sous-Vitteaux.

Nos adresses p. 445

Se promener

Circuit au départ du parking Collenot. Prenez la rue de l'Ancienne-Comédie.
Pl. Gaveau - 03 80 97 05 96 - www.terres-auxois.fr.

Porte Sauvigny

Précédée d'une poterne et décorée aux armes de la ville, cette porte marquait l'entrée principale de l'enceinte dite « du Bourg-Notre-Dame ». Elle doit son nom au receveur des Finances Jean de Sauvigny, qui la fit construire en 1417.
Empruntez la rue Buffon, qui se distingue par ses commerces et maisons du 16e s.

★ Collégiale Notre-Dame PLAN P. 441

6 pl. Notre-Dame. Elle s'élève sur une petite place bordée de maisons anciennes. Fondée au 11e s., reconstruite au cours du 13e s., plusieurs fois remaniée et agrandie par l'adjonction de chapelles sur les bas-côtés nord, elle fut restaurée par Viollet-le-Duc.

Extérieur – Flanquée de tours carrées, sa façade (14e s.) est précédée d'un vaste porche. Le tympan, martelé en 1793, garde de jolis anges musiciens. Avancez-vous, à gauche de l'église, dans la rue Notre-Dame : la porte du croisillon nord, dite « porte des Bleds » (13e s.), a conservé un beau tympan contant l'incrédulité de saint Thomas et l'évangélisation des Indes. Au sommet de l'archivolte, un ange ouvre les bras en un geste d'accueil. De fines colonnettes encadrent le portail ; sur l'une d'elles, deux escargots sculptés symbolisent la vie humaine.

Le porche (15e s.), à trois arcades, abrite trois portails ; de sa décoration, la Révolution n'a laissé, peuplant les piédroits de chacun des portails, que de petits personnages sculptés en bas-relief.

Une ville réputée imprenable

Ayant toujours eu des remparts, la ville fut baptisée *Sinemuro castrum*, « sinemurus » (dénomination prélatine d'une citadelle). Au 14e s., lorsque l'on renforça sa citadelle par un rempart appuyé sur 18 tours, Semur devint la place la plus redoutable du duché. La ville se divisait alors en trois parties entourées chacune d'une enceinte. Au centre, occupant toute la largeur de l'éperon rocheux, le quartier du Donjon était une vraie citadelle, plongeant à pic sur la vallée de l'Armançon, et défendue, aux angles, par quatre énormes tours rondes : tour de l'Orle-d'Or, tour de la Géhenne, tour de la Prison et tour Margot. À l'ouest, le quartier du Château (qu'Henri IV fit démanteler en 1602 car il avait servi de refuge aux ligueurs catholiques) couvrait la partie haute de la presqu'île enfermée dans le méandre de la rivière. À l'est, le bourg Notre-Dame demeura le quartier le plus peuplé, même lorsque la ville s'étendit sur la rive gauche de la rivière.

Du jardin, derrière l'église, admirez la jolie **vue** sur le chevet élancé, un peu surprenant par son élévation et ses chapelles aux toits coniques. Le carré du transept est surmonté d'une tour octogonale coiffée d'une flèche (56 m).
Intérieur – En entrant, on est impressionné par l'étroitesse de la nef centrale (13e et 14e s.), qui accuse la hauteur des voûtes soutenues par de fines colonnes. Gagnez le bas-côté gauche, où s'ouvrent plusieurs chapelles intéressantes.
Dans la deuxième chapelle, une **Mise au tombeau★** polychrome de la fin du 15e s., dotée de personnages monumentaux, est attribuée à l'atelier d'Antoine Le Moiturier, sculpteur des ducs de Bourgogne. Elle était entourée de quatre anges ; deux sont au Louvre et deux au musée de Semur.
La troisième chapelle, voûtée en étoile, est éclairée par un vitrail **(1)** du 16e s. illustrant la légende de sainte Barbe. Les deux chapelles suivantes conservent des panneaux de vitraux offerts au 15e s. par diverses confréries de l'époque : bouchers **(2)** et **drapiers★**. Ce dernier décline la tonte, le lavage, le travail du foulon, la coupe, le cardage, le tissage et le peignage. Les quatre vitraux du bas sont du 16e s., les autres du 19e s. Derrière la chaire, adossé au mur, le remarquable **ciborium (3)** en pierre, orné d'un clocheton finement sculpté et haut de 5 m (15e s.), servait à conserver les huiles saintes.
Autour des bras du transept et du chœur règne un triforium aveugle aux élégantes colonnettes surmontées de masques sculptés, d'un curieux réalisme. La grande clef de voûte peinte représente le couronnement de la Vierge, au milieu de feuillages et de têtes angéliques.
Le chœur est flanqué d'un double collatéral ; sur le déambulatoire s'ouvrent trois chapelles rayonnantes séparées par des fenêtres à triple baie. Certains vitraux datent du 13e s. Remarquez aussi l'orgue Grantin-Riepp-Callinet des 17e, 18e et 19e s.
Dans la dernière chapelle du collatéral gauche, un retable peint en 1554 **(4)** représente l'arbre de Jessé ; un dais gothique en bois sculpté le surmonte. De beaux vitraux du 13e s., restaurés par Viollet-le-Duc, éclairent la chapelle axiale dédiée à la Vierge **(5)**.
Plus loin, la chapelle Ste-Julitte **(6)** possède un encadrement Renaissance avec une jolie clef pendante ornée d'un ange lisant. Un Christ aux cinq plaies, statue polychrome de la fin du 15e s., montre l'une d'elles de la main droite.
Continuez rue Fevret, puis prenez à gauche la rue des Remparts.

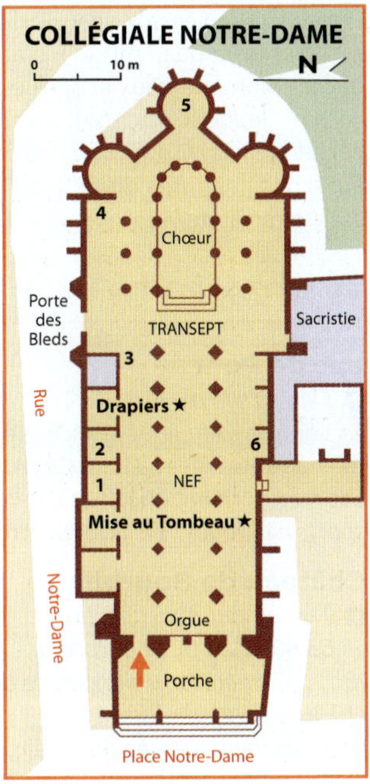

Tour de l'Orle-d'Or

R. du Rempart - ✆ 03 80 97 05 96 - www.terres-auxois.fr - visite guidée (30mn) w.-ends de sept. ; j. du patrimoine : 14h-19h - 3 € (-18 ans gratuit).

Cette tour lézardée faisait partie des courtines, démantelées en 1602 sur ordre d'Henri IV. Elle doit son nom aux créneaux (supprimés), qui étaient revêtus de plomb cuivré (« un ourlet d'or »). Ses dimensions sont imposantes : 44 m de hauteur, murs d'environ 2,20 m d'épaisseur au sommet, 5 m à la base. Avant la construction du pont Joly (1787), cette tour était l'une des entrées de la ville. Elle est aujourd'hui le siège de la Société des sciences historiques et naturelles de Semur.

Rejoignez les rives de l'Armançon en contrebas.

Pont Pinard

De ce pont qui conduit aux faubourgs de la rive gauche, la **vue** est très belle sur la ville, particulièrement en fin d'après-midi.

Pont Joly

Il commande une superbe **vue** ★ de la cité médiévale. Ce pont franchit l'Armançon au pied du donjon qui verrouillait l'isthme étroit rattachant la falaise rose, où naquit la cité, au plateau granitique, où elle s'est étendue. La vue s'ouvre sur la vallée ; on se régale des jardins, rochers, parcs, cascades.

Empruntez les escaliers de la Poterne.

Promenade des remparts

Aménagée sur l'ancienne muraille à la proue de l'éperon granitique, cette promenade, plantée de tilleuls, domine en corniche la vallée de l'Armançon. Pour s'y rendre, on passe devant l'ancien hôpital, qui fut l'hôtel du marquis du Châtelet, gouverneur de Semur et lieutenant général des armées du roi, dont la savante épouse, Émilie, fut la tendre amie de Voltaire.

Il est possible de prolonger la flânerie en descendant la rue basse du Rempart. Le site est alors mis en valeur par les énormes masses de granit rouge pailleté de mica et de quartz qui servent d'assise au donjon.

Revenez par la rue Collenot.

Musée municipal

3 r. J.-J.-Collenot - ✆ 03 80 97 24 25 - www.ville-semur-en-auxois.fr - ♿ - avr.-oct. : tlj sf mar. 14h-18h ; reste de l'année : lun. et merc.-vend. 14h-18h - 4 € (-26 ans gratuit).

Installé depuis 1880 dans l'ancien couvent des Jacobines (18e s.), tout comme la bibliothèque, ce musée recèle sur trois étages une grande variété d'œuvres. Vous trouverez, dans la section d'archéologie, des objets provenant de sites préhistoriques, gallo-romains (ex-voto des sources de la Seine) et mérovingiens. L'espace consacré à la paléontologie-géologie présente plus de 10 000 spécimens et une salle de zoologie ressemblant à un véritable cabinet de curiosités.

7

La section dédiée aux beaux-arts contient notamment des sculptures du 13e s. au 19e s., dont de nombreux plâtres originaux d'Augustin Dumont, auteur de décors monumentaux et statues commémoratives (génie de la Liberté de la colonne de Juillet, place de la Bastille à Paris), et d'émouvants **anges deuillants** qui encadraient la *Mise au tombeau* de la collégiale Notre-Dame. Vous remarquerez aussi des peintures du 17e s. au 19e s. et les oiseaux naturalisés de la section d'histoire naturelle.

À proximité

CARTE P. 428-429

Lac de Pont B3

3 km au sud par la D 103B.

Long de 6 km, le lac artificiel s'étend entre Pont-et-Massène et Montigny. Cette retenue a été créée au 19e s. sur l'Armançon pour alimenter le canal de Bourgogne. Ses rives forment un joli site, dans un cadre de verdure et de rochers *(plage et sports nautiques).* Le lac peut être à sec en période de haute sécheresse.

Château de Bourbilly A3

9 km au sud-ouest par la D 9.

03 80 97 05 02 - bourbilly.fr - ♿ - parc : de mai à mi-sept. : tlj sf mar. 13h30-18h - 2 € ; château : visite guidée de mi-juil. à fin août : tlj sf mar. 13h30-18h - 10 € (10-16 ans 5 €).

Campée dans la vallée du Serein, cette place défensive fut achevée en 1379 par Marguerite de Beaujeu. Elle appartint à Jeanne Frémyot de Chantal, fondatrice en 1610, avec François de Sales, de l'ordre de la Visitation et canonisée sous le nom de sainte Jeanne de Chantal. Sa petite-fille n'était autre que la marquise de Sévigné, qui séjourna à Bourbilly à plusieurs reprises, notamment lors de son voyage de noces. Démantelé pendant la Révolution, puis réhabilité au Second Empire, le château a noble allure dans son parc, avec ses trois ailes en équerre (la quatrième n'a pas été relevée) cantonnées de tours rondes, et ses hautes toitures sur lesquelles se dressent de curieuses **cheminées** cylindriques.
À l'intérieur, on visite la salle des Gardes, dotée d'un billard Louis XIII et d'une tapisserie flamande du 17e s. *(Prise de Tyr par Alexandre)* ; la chapelle, endommagée par un incendie en 1952 et redécorée avec des matériaux modernes (belle charpente), que ferme une grille en fer forgé aux motifs de roses et de croix (1889) ; la bibliothèque néogothique ; la salle à manger, ornée d'un plafond à la française ; enfin, le Grand Salon, au décor vénitien (lustres fleuris en cristal de Murano).

Époisses A3

13 km à l'ouest par la D 954.

Cet agréable bourg, érigé sur le plateau de l'Auxois, fut le lieu de villégiature préféré de la reine Brunehaut, établie à Autun au 6e s. Il doit sa célébrité à son château ainsi qu'à un fromage à pâte molle au fort caractère.

★ **Château** – *1 r. de Semur - www.chateaudepoisses.com - ♿ - visite guidée (45mn) juil.-août : tlj sf mar. 10h-12h, 15h-18h - parc : tte l'année 9h-18h - 9 € (10-16 ans 4 €) - parc seul 2 €.* « Cette maison est d'une grandeur et d'une beauté surprenante », écrivit Mme de Sévigné en 1673 en parlant du château d'Époisses, où elle venait régulièrement. Le château est entouré d'une double enceinte de douves sèches. On y accède par une poterne, qui conduit dans l'avant-cour, véritable petit village où s'assemblent des maisons (aujourd'hui une école primaire occupe l'un des bâtiments) et des granges autour d'une église, ancienne collégiale du 12e s., et

Semur-en-Auxois, cité médiévale.
Zimnevan/Getty Images Plus

d'un remarquable pigeonnier Renaissance comportant quelque 3000 « boulins » (trous destinés à la ponte des œufs de pigeon).
Avant de franchir le second fossé, contournez le château par la droite pour observer les quatre tours qui relient entre eux les bâtiments d'habitation. Il y en avait sept à l'origine, mais la moitié sud, démolie en 1794, a été remplacée par une balustrade ; remarquez, dans la cour d'honneur, le puits finement ouvragé. Le château, propriété de la famille de Guitaut depuis le 17e s., offre une suite de galeries et de salons richement décorés. Le grand salon abrite un beau mobilier Louis XIV, dont les sièges sont recouverts de tapisseries des Gobelins. Des tableaux et souvenirs évoquent de nombreux personnages historiques, en particulier les hôtes du château : les grands ducs de Bourgogne, Henri IV, Mme de Sévigné, Chateaubriand, le prince de Condé.

Château-abbaye de Moutiers-St-Jean A3

15 km au nord-ouest par la D 1.

L'époisses

Ce sont les moines d'une communauté cistercienne venue s'installer à Époisses au 16e s. qui auraient inventé la recette du « roi des fromages », comme l'appelait Brillat-Savarin. À l'époque, ils retournaient quotidiennement, et ce pendant deux mois, chaque fromage, et le lavaient à l'eau salée avant de l'arroser au marc de Bourgogne. Quatre siècles plus tard, la transformation profonde du monde agricole faillit avoir raison du petit fromage, mais, relancé par la famille **Berthaut** *(voir « Nos adresses »)* vers la fin des années 1950, il échappa à l'oubli et connaît aujourd'hui un regain de popularité. Pour mériter sa prestigieuse appellation, l'époisses, reconnu AOC depuis 1991, est désormais soumis à de strictes règles définissant précisément son aire géographique de production et ses méthodes de fabrication.

1 pl. de l'Abbaye - ✆ 06 32 55 43 86 - www.abbayedemoutiers.fr - de mi-juil. à fin août : tlj sf lun. 11h30-13h, 14h-18h30 - reste de l'année se rens. - 7 € (13-18 ans 4 €). Cette ancienne abbaye royale est considérée comme la plus ancienne de Bourgogne (elle aurait été fondée vers 450). Le vaste palais abbatial d'esprit « Grand siècle » présente une majestueuse façade classique. En cours de restauration, on peut aujourd'hui visiter le cloître, des salons meublés (18e s.), la curieuse et moderne salle de bains de l'évêque, et, après avoir gravi l'escalier monumental en fer forgé, la grande galerie qui dessert les cellules des moines. Dans le village, remarquez aussi le jardin italien Cœurderoy, du nom du président aux requêtes du parlement de Bourgogne, Jean Cœurderoy (1627-1709), qui se fit construire un hôtel particulier. Le jardin se trouve hors de l'enceinte des remparts, mais est toujours relié au parc de l'hôtel par un petit souterrain.

St-Thibault B3

▶ *19 km au sud-est par la D 970.*

★ **Église** – De l'église, construite pour abriter les reliques de saint Thibault grâce aux libéralités de Robert II, duc de Bourgogne, et de sa femme, Agnès de France, fille de Saint Louis, il ne reste que le chœur, une chapelle absidiale et le portail sculpté appartenant à l'ancien transept (écroulé avec la nef au 17e s.). Le **portail★** est un admirable livre d'images. Les sculptures du tympan, consacrées à la Vierge, ont été exécutées dans la seconde moitié du 13e s. Vers 1310, cinq grandes statues furent ajoutées : saint Thibault, le duc Robert II et son fils Hugues V, bienfaiteurs de l'église (sous l'aspect d'Aaron et David), la duchesse Agnès et l'évêque d'Autun, Hugues d'Arcy (la reine de Saba et Salomon) ; l'expression des physionomies est extrêmement réaliste et vivante. Les vantaux, aux beaux panneaux sculptés, sont de la fin du 15e s., avec, à gauche, les vierges sages et, à droite, les vierges folles. À l'intérieur, la modeste nef, reconstruite au 18e s., est décorée de boiseries de l'époque, mais tout l'intérêt se concentre sur le chœur et l'abside, chefs-d'œuvre de légèreté édifiés à la fin du 13e s. Le **chœur★** à cinq pans est la plus élégante des constructions bourguignonnes de l'époque. Du sol aux voûtes, les fines colonnettes s'élèvent d'un seul jet, unissant dans le même mouvement ascensionnel l'arcature aveugle du soubassement, les fenêtres basses bordées d'une claire-voie délicate, le triforium et les fenêtres hautes. À droite du chœur, sous un enfeu aux bas-reliefs restaurés en 1839, se trouve le tombeau d'Hugues de Thil, avec, à ses côtés, une piscine d'autel à deux vasques, tous deux du 13e s. Le **mobilier★** est fort intéressant : l'autel est décoré de deux retables ; au fond du chœur se dresse un grand crucifix du 14e s. et, au-dessus de l'autel, sur une belle crosse, on distingue une colombe eucharistique du 16e s. Dans la nef, à droite, contre le mur du chœur, remarquez la jolie statue de la Vierge regardant l'Enfant Jésus jouer avec un oiseau (14e s.) ; enfin, dans la chapelle St-Gilles, partie la plus ancienne de l'église, accompagnant la châsse de saint Thibault, les statues figurant l'Ancien et le Nouveau Testament.

Arnay-sous-Vitteaux B3

▶ *21 km au sud-est par la D 970 (jusqu'à Villeneuve-sous-Charigny), puis à gauche sur la D 10 et la D 117B (après Marigny-le-Cahouët).*

Parc de l'Auxois – *Lieu-dit Le Foulon - ✆ 03 80 49 64 01 - www.parc-auxois.fr - ♿ - avr.-sept. : 10h-19h ; fév.-mars et d'oct. à mi-nov. : 10h-18h - 19 € (3-12 ans 14 €).* À proximité du village, sur la Brenne, ce parc animalier et de loisirs de 35 ha propose de nombreuses animations (promenades en carriole, piscine, manèges) et présente des animaux d'Afrique, d'Asie, d'Amérique et d'Océanie : zèbres, autruches, watusis, castors, ratons laveurs…

Vitteaux B3

23 km au sud-est de Semur-en-Auxois par la D 970 puis à gauche la D 70.
16 r. Hubert-Languet - 03 80 33 90 14 - terres-auxois.fr.
L'**église St-Germain** possède un portail aux lignes harmonieuses du 13e s., avec des vantaux sculptés du 15e s., comme à St-Thibault. À l'intérieur, les amateurs de bois sculpté seront enchantés : belle tribune d'orgues retraçant le récit de la Passion selon saint Matthieu et stalles aux scènes délectables. Ces deux ensembles datent du 15e s. Les **halles** couvertes des 13e s. et 14e s. ont été partiellement reconstruites au 17e s. À proximité, vous remarquerez une belle demeure aux fenêtres gothiques, dite **« maison Bélime »**. À l'emplacement de l'ancien château *(beau point de vue sur l'éperon de Myard et sur Vitteaux)* subsiste un vieux puits où résiderait la Vouivre, créature mythique, mi-serpent, mi-humaine... Pour en savoir plus, lisez (ou relisez) le roman de Marcel Aymé.
Parcours d'ombres Boltanski – À la nuit tombée, Vitteaux s'anime sous un éclairage conçu par Christian Boltanski. L'artiste a créé des figurines (sorcières, chauve-souris, anges...) qu'il a disposées près de lanternes. Ce parcours est visible ruelle Ferrand, rue Portelle, rue Hubert Languet et pont de l'Œuf.

Château de Posanges B3

23 km au sud-est par la D 954 et la D 9, puis à droite sur la D 905.
Cette imposante construction *(ne se visite pas)*, érigée par Guillaume Dubois, premier maître d'hôtel et conseiller du duc Philippe le Bon, date du 15e s. Remarquez la poterne d'entrée fortifiée : un pont-levis commandait autrefois l'accès du château. Les quatre tours rondes sont reliées par des courtines.

Nos adresses

Restauration

Budget moyen
Le St-Vernier – *13 r. Févret - 03 80 97 32 96 - ouv. tte l'année midi et soir - 21/32 €.* Situé au cœur du centre historique, ce bistrot bourguignon, un peu bouchon lyonnais, accueillant, convivial et bruyant, propose une bonne cuisine du terroir (viande charolaise). Époisses et autres fromages du cru sont ici à la fête et se déclinent en une farandole de tartiflettes. Assiettes copieuses, belle carte des vins et service efficace.

À proximité

Budget moyen
Le Pari des gourmets – *10 r. du Lac - Pont-et-Massène - 03 80 97 11 11 - www.leparidesgourmets.fr - fermé lun., mar. soir, merc. soir, dim. soir - menus déj. 14/16 €, menus 21/40 €.* Ce restaurant situé face au lac est idéal pour une bonne halte : cuisine élaborée et gourmande (douceur chocolat blanc-caramel beurre salé).
L'Auberge du château – *21 r. des Éperons - Époisses - 03 80 89 30 13 - www.aubergeduchateau-restaurant.com - fermé lun.-mar. merc. soir, jeu. soir et dim. soir - plats 13/17,50 €, menus déj. 12,50 €.* Une auberge régionale fort sympathique, qui sert une bonne cuisine faite maison : jambon grillé, burgers à l'époisses... Les desserts sont délicieux, et l'accueil charmant. Terrasse agréable.

Shopping

L'Épicerie de Céline – *12 r. de la Liberté - ✆ 03 80 92 25 82 - fermé lun. et dim. apr.-midi.* Dans un décor soigné, des produits frais (fruits et légumes, fromages...) côtoient une belle sélection de produits du terroir (vins, moutardes, escargots...). L'adresse de tous les gourmets.

Fromagerie Berthaut – *Pl. du Champ-de-Foire - Époisses - ✆ 03 80 96 44 44 - lun. 14h-18h30, mar., jeu.-sam. 9h30-18h30, merc. 9h30-13h, 14h-18h30.* Dans leur fromagerie fondée en 1956, les Berthaut valorisent la recette traditionnelle de l'époisses – affiné au marc de Bourgogne – qui bénéficie aujourd'hui de l'AOC. Nombreuses autres spécialités tels le perrière, vendu à la coupe, l'aisy cendré, l'affidélice, lavé au chablis, et le soumaintrain. La boutique propose aussi de bons petits crus de pays.

Activités

Randonnée – Téléchargez l'application gratuite « Balades en Bourgogne ».

Hébergement

Budget moyen

Hôtel Les Cymaises – *7 r. du Renaudot - ✆ 03 80 97 21 44 - www.hotelcymaises.fr - P ♿ - 18 ch. 81 € - ☕ 9 €.* Demeure cossue (19e s.) située au cœur de la cité médiévale. Chambres calmes et classiques. Petit-déjeuner servi sous la véranda ; cour et jardin.

Hostellerie d'Aussois – *Rte de Saulieu - ✆ 03 80 97 28 28 - www.hostellerie.fr - P 🏊 ♿ - 42 ch. 117/147 € - ☕ 13,50 € - ✕ plats 16/32 €, menus 16/30 € - rest. fermé sam. midi et vend.* Cet hôtel propose des chambres fonctionnelles et très confortables, au cadre design. Agréable salon-bar. La Table de l'Hostellerie, d'esprit actuel, ouvre sur la piscine et sa terrasse, avec les remparts de Semur à l'arrière-plan. Cuisine originale entre tradition et terroir.

À proximité

Premier prix

Chambre d'hôte et halte fluviale La Maison du Canal – *10 r. du Port - Clamerey - Halte nautique du Pont Royal - 16 km au sud-est de Semur-en-Auxois - ✆ 06 60 78 77 53 - www.lamaisonducanal.net - P - 5 ch. 72 € ☕.* Cette maison du début du 19e s. plantée au bord du canal de Bourgogne, face à un petit port de plaisance, abritait autrefois un bureau de poste. Les chambres toutes simples mais bien tenues s'ouvrent sur la calme campagne.

MuséoParc Alésia ★★

La recherche de vestiges de la lutte qui opposa César et Vercingétorix en 52 av. J.-C. anime le village d'Alise-Ste-Reine depuis plus d'un siècle. Les milliers de clichés aériens et les grandes campagnes de fouilles de la seconde moitié du 20e s. ont dissipé les doutes. Cette riche histoire est restituée dans le très beau MuséoParc.

Se repérer

CARTE P. 428-429 (B3).
Côte-d'Or (21)
Alise-Ste-Reine se trouve à 16 km au nord-est de Semur-en-Auxois.

Carnet pratique p. 450

Nos adresses p. 450

Musée

1 rte des Trois-Ormeaux - ✆ 03 80 96 96 23 - www.alesia.com - ♿ - juil.-août : 10h-19h ; avr.-juin et sept.-oct. : 10h-18h ; reste de l'année : 10h-17h - fermé de déb. déc. à mi-fév. - 8 € (7-16 ans 4,50 €) - 10 € (7-16 ans 6 €) billet combiné avec les vestiges de la ville gallo-romaine.

Le MuséoParc est conçu pour les enfants, quel que soit leur âge. Des dispositifs ludiques interactifs animent le parcours de visites et en été, des ateliers d'artisanat antique sont proposés.

Le **musée** est construit sur le champ de bataille, autour du mont Auxois. À 3 km, à Alise-Ste-Reine, vous verrez les vestiges d'une **ville gallo-romaine** qui s'était développée au sommet de l'oppidum, là où Vercingétorix et ses 80 000 fantassins gaulois s'étaient retranchés.

Ce superbe bâtiment sur trois niveaux, conçu par l'architecte Bernard Tschumi, est circulaire pour symboliser l'encerclement des Gaulois ; le revêtement extérieur, en résille de bois, fait référence aux fortifications romaines. Au dernier étage, une terrasse panoramique offre une vision à 360° sur le site, détaillant les différents lieux du célèbre siège.

Renouvelée en 2021, la scénographie de l'exposition vient dérouler l'histoire d'Alésia depuis la Préhistoire jusqu'à nos jours, en mettant en avant plus de 600 objets et en s'appuyant sur de nombreux outils à disposition des visiteurs : maquettes, vidéos, bornes interactives, expériences immersives, ateliers et jeux. Après avoir évoqué de manière humoristique les nombreuses idées reçues à propos des Gaulois, puis détaillé l'occupation du site dans le temps, place au siège d'Alésia (52 av. J.-C.) expliqué grâce à un dispositif visuel de grande qualité : des forces en présence à la stratégie militaire en passant par la logistique, la bataille n'aura plus de secret pour vous. Le parcours se poursuit après la défaite de Vercingétorix, de la ville gallo-romaine d'Alésia au village d'Alise-Ste-Reine, du nom d'une sainte martyre catholique décapitée en 252 pour avoir refusé les avances du gouverneur romain local. L'exposition se termine sur l'évocation du mythe gaulois... qui résiste encore et toujours.

À l'extérieur, une partie des lignes fortifiées romaines, bordées par deux fossés remplis d'eau et un système de pièges très réaliste, est reproduite grandeur nature. De nombreuses animations font revivre l'histoire d'Alésia tout au long de la saison.

★ Mont Auxois

Pour arriver au sommet de l'ancien oppidum, montez (forte pente) à Alise-Ste-Reine, à 3 km. À l'ouest du plateau, le panorama s'étend sur la plaine des Laumes et les sites occupés par l'armée romaine lors du siège.

Vestiges de la ville gallo-romaine – *1 chemin des fouilles - ✆ 03 80 96 96 23 - www.alesia.com - ♿ - juil.-août : 10h-19h ; avr.-juin et sept.-oct. : 10h-18h ; reste de l'année : 10h-17h - fermé de déc. à mi-fév. - 3,50 € (7-16 ans 2 €) - 10 € billet combiné avec le musée.*

Une tablette permet de découvrir le site à l'époque gallo-romaine en 3D.

Après la défaite de Vercingétorix, l'oppidum de 100 ha continue d'être occupé et une ville gallo-romaine prospère se développe, dont subsistent plusieurs vestiges. Fortement arasé, le site donne quand même une idée de la vie d'une cité antique. La prospérité de la ville semble liée à son importante activité métallurgique. Au cours de la visite *(itinéraire fléché, vestiges numérotés)*, on observe sa distribution en quartiers assez distincts autour du forum (en forme de trapèze), qui était le lieu du marché.

À l'**ouest**, le quartier monumental regroupe le théâtre. La *cavea* (les gradins) et son *orchestra* en demi-cercle pouvaient accueillir 5 000 spectateurs. Près du temple et d'une basilique civile (dans l'Antiquité, la basilique n'a pas de fonction religieuse, elle désigne un édifice public), des spectacles y étaient donnés.

Au **nord** s'étend un secteur prospère réunissant des boutiques, la rue avec portiques, la grande maison de la « Cave à la Mater » équipée d'un hypocauste (système de chauffage par le sol), le four des bronziers et des puits.

Au **sud-est**, le quartier des artisans présente un édifice à double colonnade, de petites maisons, souvent accompagnées d'une cour où s'exerçait l'activité artisanale. Le monument d'Ucuetis, le plus original et le mieux conservé, servait de lieu de rencontre et de sanctuaire.

Au **sud-ouest**, les vestiges de la basilique mérovingienne Ste-Reine, entourée seulement d'un cimetière, marquent la fin de l'occupation du plateau par la population, qui s'installe dès lors à l'emplacement du village actuel.

Alise-Ste-Reine

Fontaine Ste-Reine – On rapporte qu'une source miraculeuse aurait jailli sur le lieu où fut décapitée **sainte Reine**, jeune fille élevée dans la foi chrétienne qui refusa d'épouser le gouverneur romain Olibrius. Jusqu'au 18e s., la vertu curative de ses eaux fut renommée. Près de la fontaine, fréquentée par de nombreux pèlerins depuis le Moyen Âge, une chapelle abrite une statue vénérée de la sainte (15e s.). L'hôpital à proximité fut créé en 1660 sur les instances de saint Vincent de Paul.

Statue de Vercingétorix – Œuvre du Bourguignon Aimé Millet, la statue de 6,60 m en tôle et cuivre a été érigée en 1865, à la demande de Napoléon III. Le socle, d'une hauteur de 7 m, a été dessiné par l'architecte Viollet-le-Duc.

Église St-Léger – Cette église des 7e et 10e s., restaurée dans son état primitif, a été construite sur le plan des anciennes basiliques chrétiennes, avec une nef couverte en charpente et une abside en cul-de-four. Le mur sud est mérovingien, le mur nord carolingien. Elle accueille le **pèlerinage de sainte Reine** *(1er w.-end de sept.)*. L'histoire du martyre de sainte Reine est jouée dans les rues de la ville, par les habitants du pays.

Une défaite qui fait débat

Le siège d'Alésia

Après son échec devant Gergovie, fief des Arvernes, près de Clermont-Ferrand, au printemps 52 av. J.-C., le proconsul **César** bat en retraite vers le nord, afin de rallier, près de Sens, les légions de son lieutenant Labienus. Cette jonction opérée, et alors qu'il regagnait ses bases romaines, sa route est coupée par l'armée gauloise de **Vercingétorix**. Malgré l'effet de surprise et l'avantage du nombre, les Gaulois subissent un cuisant échec et décident de ramener leurs troupes dans l'oppidum d'Alésia. Commence alors un siège mémorable. L'armée de César (50 000 hommes) entoure la place d'une double ligne de tranchées, murs, palissades, tours ; la contrevallation, première ligne de fortifications, face à Alésia, doit interdire toute tentative de sortie des assiégés ; la seconde, la circonvallation, tournée vers l'extérieur, est faite pour contenir les assauts de l'armée gauloise de secours. Pendant six semaines, Vercingétorix essaie en vain de briser les lignes romaines. L'armée gauloise de secours, forte de près de 250 000 guerriers, ne parvient pas davantage à forcer le barrage et bat en retraite. Affamés, les assiégés capitulent. Pour sauver ses soldats, Vercingétorix se livre à son rival. Celui-ci le fera figurer dans son « triomphe » six ans plus tard avant de le faire étrangler au fond de son cachot, le Tullianum, à Rome.

Une « bataille » d'érudits

L'emplacement d'Alésia a été vivement contesté sous le Second Empire par quelques érudits qui situaient le lieu du combat à Alaise, village du Doubs. Le botaniste **Georges Colomb** (1856-1945) fut un ardent défenseur de cette hypothèse comtoise et publia *L'Énigme d'Alésia* en 1922.

Napoléon III fit exécuter des fouilles autour d'Alise-Ste-Reine en 1861. Elles furent dirigées, notamment de 1862 à 1865, par le baron **Eugène Stoffel**, aide de camp de l'Empereur. Ces recherches permirent de découvrir de nombreux vestiges d'ouvrages militaires attribués à l'armée de César, des ossements d'hommes et de chevaux, des armes ou débris d'armes, des meules à grain, des pièces de monnaie. Au terme des fouilles, en 1865, l'érection sur le plateau d'une statue de Vercingétorix ne mit pas fin aux polémiques.

Les fouilles franco-allemandes des années 1990 ont clarifié la situation : pour la communauté archéologique européenne, c'est bien autour du mont Auxois que s'est déroulée la fameuse bataille. Le conseil général de la Côte-d'Or, en partenariat avec le ministère de la Culture, y a réalisé depuis un parc archéologique d'envergure européenne.

Le saviez-vous ?

Alise-Ste-Reine tire son nom d'Alésia.

Vercingétorix, qui n'est pas un patronyme, signifie littéralement « le chef suprême des combattants », le terme *rix* désignant le roi.

Depuis 1985, le lieu de la bataille d'Alésia (7 000 ha) est classé **Site d'intérêt historique et paysager national**. Il est adossé au mont Auxois, butte de 407 m aux versants abrupts qui sépare les vallées de l'Oze et de l'Ozerain, et domine la plaine des Laumes.

Carnet pratique

S'informer

Office de tourisme – *1 av. de la Gare - Venarey-les-Laumes - ✆ 03 80 96 89 13 - www.alesia-tourisme.net.*

Pass Archéo

Avec le ticket du MuséoParc, bénéficiez d'un tarif préférentiel à Autun, Bibracte et Trésor de Vix.

Nos adresses

Restauration

Premier prix

Le Carnyx – *Dans le MuséoParc - 1 rte des Trois-Ormeaux - ✆ 03 80 96 96 23 - www.alesia.com - 11h45-17h - menus 14/16 €.* Agréable terrasse. Produits frais, menus pratiques si vous venez avec des enfants.

Budget moyen

Auberge du Cheval Blanc – *9 r. du Miroir - Alise-Ste-Reine - ✆ 03 80 96 01 55/06 47 89 81 11 - www.regis-bolatre.fr - P - fermé du dim. soir au jeu.- plats 16/19,50 €, menus 39/45 €.* Bâtisse en pierre dont l'intérieur est agréablement réchauffé l'hiver par un bon feu de bois. Généreuse cuisine du terroir bourguignon, comme ce craquant au foie gras de canard et fruits secs, cerises au vinaigre.

À proximité

Budget moyen

Le Bistrot de Louise – *7 r. Eugène-Edon - Venarey-les-Laumes - 4 km à l'ouest d'Alise-Ste-Reine via D 103T - ✆ 03 80 89 69 94/06 47 89 81 11 - P ♿ - fermé dim.-lun. et mar. soir - menus déj. 13/17 €.* Ce bistrot contemporain est la seconde adresse de Régis Bolâtre (voir ci-contre l'Auberge du Cheval Blanc). Cuisine aussi soignée, mais à des prix plus modestes.

Activités

Randonnée – *Fiches en vente à l'office de tourisme du pays d'Alésia et de la Seine 0,50 € l'unité.* Sur les traces de Vercingétorix *(8,5 km, 2h30, niveau facile)* et Découverte d'Alise-Ste-Reine-Alésia *(1,7 km, 30mn, niveau facile)*. Départ et panneaux sur le site du mont Auxois.

Golf – *Av. Jean-Jaurès - Venarey-les-Laumes - 14 km au sud-est de Montbard par D 905 - ✆ 03 80 96 16 41 - ✆ 06 78 92 54 69 - www.golfdevenarey.jimdofree.com.* Accordez-vous un moment de détente sur ce golf au pied du mont Auxois, encerclé par une boucle de la Brenne. Parcours de 7 trous, accessible aux joueurs de tout niveau.

Hébergement

À Darcey

Budget moyen

Le Presbytère de Darcey – *3 r. du Presbytère - ✆ 06 85 67 05 85 - www.darceypresbytere.com - 3 ch. 75/90 € - table d'hôte 23 €.* Située à Darcey, à 10mn en voiture du MuséoParc Alésia et du château de Bussy-Rabutin, cette belle bâtisse du 19e s. offre des chambres cosy à la décoration très soignée. Les prestations sont de qualité et les attentions charmantes. La table d'hôte et le petit-déjeuner sont faits maison, en privilégiant les produits bio et locaux. Une adresse où l'on se sent très bien.

Château de Bussy-Rabutin ★

La riche et originale décoration intérieure n'est pas signée. Mais faut-il le regretter ? Roger de Rabutin ne s'y est pas trompé : le seul vrai artiste du château, c'est lui. Et c'est à lui, son brillant esprit du Grand Siècle et son incroyable insolence que l'on rend visite.

Se repérer

Nos adresses p. 453

CARTE P. 428-429 (B3).
Côte-d'Or (21)
Bussy-Rabutin se trouve à 20 km au sud-est de Montbard.

★ Le château

03 80 96 00 03 - www.chateau-bussy-rabutin.fr - de mi-mai à mi-sept. : 9h15-13h, 14h-18h ; reste de l'année : 9h15-12h, 14h-17h - 8 € (-18 ans gratuit) - 3 € jardin seul.

Sur présentation de votre ticket, bénéficiez d'un tarif préférentiel au site d'Alésia et à l'abbaye de Fontenay.

On pénètre dans ce château fort du 15e s. par **la cour d'honneur**, en plan en U, bordée de deux galeries et entourée de douves. Les comtes de Rochefort, qui rachetèrent le château à la Renaissance, firent abattre le mur (la courtine) qui fermait la cour, transformèrent les quatre tours de défense en habitation et dotèrent les ailes d'une décoration raffinée.

La **façade** est du 17e s. Commencé par le grand-père de Roger de Rabutin, le rez-de-chaussée date du règne de Louis XIII, alors que les parties supérieures évoquant le premier style Louis XIV furent terminées en 1649.

L'espace de médiation constitue une bonne introduction au mode de vie pendant le Grand Siècle. Les outils numériques ainsi que le film *Le Scandale de trop* permettent de suivre l'histoire du château et de son propriétaire le comte de Bussy.

L'**aile de Bussy** se caractérise par la décoration des appartements, cage dorée conçue par Bussy-Rabutin lui-même où l'exilé exhale sa nostalgie de l'armée, de la vie de cour, son ressentiment envers Louis XIV et sa tenace rancune amoureuse *(voir encadré p. 452)*.

Au rez-de-chaussée, dans **la salle des Devises,** des panneaux figuratifs ou allégoriques et de savoureuses devises, peintes sur la boiserie, composées par le maître de maison et inspirées de son histoire personnelle, forment un assemblage imprévu. Des vues de châteaux et monuments, dont certains n'existent plus, figurent sur les panneaux supérieurs. Sur la cheminée, voyez le portrait de Bussy-Rabutin par Lefèvre, un élève de Lebrun. Le mobilier est de l'époque de Louis XIII.

À l'étage, dans **la salle des Hommes de guerre**, on trouve les portraits de 65 d'entre eux, de Du Guesclin jusqu'à notre hôte. L'ensemble, aux sombres colorations, contraste avec les boiseries et les plafonds décorés de fleurs de lys, de trophées, et des monogrammes enlacés de Bussy et de la marquise

Les mésaventures de Roger de Rabutin

L'art de la plume causa bien des ennuis à Roger de Rabutin, comte de Bussy (1618-1693), que Turenne décrivait comme « le meilleur officier de ses armées, pour les chansons », malgré une brillante carrière militaire. S'étant compromis en composant des couplets tournant en ridicule les amours du jeune Louis XIV et de Marie Mancini, il fut exilé en Bourgogne sur ordre du roi. Rejoint dans sa retraite par sa maîtresse, la marquise de Montglas, il rédigea, pour la divertir, une *Histoire amoureuse des Gaules*, chronique satirique des aventures galantes de la Cour. Il en réservait alors la lecture à un petit cercle d'amis. Mais, la marquise de Montglas le prêta en 1662 à Mme de La Baume, qui le fit imprimer en Hollande et le diffusa. Ce libelle conduisit son auteur, pourtant fraîchement élu à l'Académie française, tout droit à la Bastille. Il y séjourna un peu plus d'un an avant d'être autorisé à retourner en exil sur ses terres (en 1666). Rabutin eut avec sa cousine **Mme de Sévigné** une piquante correspondance. Tous deux partageaient l'amour des belles-lettres, le goût de la séduction et des beaux esprits.

de Montglas. Sur les panneaux du bas, entre les croisées, lisez les devises qui évoquent la légèreté de la maîtresse infidèle. S'il avait d'abord écrit pour elle, le galant comte se venge de sa maîtresse en l'associant à de redoutables devises : « Elle attire pour perdre », « Plus légère que le vent »... Dans **la chambre de Bussy**, on reconnaît, parmi les portraits de 25 grandes dames de la cour et favorites, Gabrielle d'Estrées, Ninon de Lenclos, Mme de Maintenon, Mme de La Sablière. Louise de Rouville, seconde femme de Bussy-Rabutin, est réunie en un triptyque avec Mme de Sévigné et sa fille, Mme de Grignan, réputée pour sa grande beauté. Elle ouvre dans le cabinet de **la Tour dorée★**. L'exilé s'est surpassé dans la décoration de cette pièce où il avait installé son bureau. Les sujets empruntés à la mythologie et à la galanterie de l'époque sont accompagnés de quatrains et de distiques (strophes composées de deux vers) ravageurs. Sous le plafond à caissons richement décoré, une série de portraits (copies) des grands personnages des règnes de Louis XIII et de Louis XIV couronne l'ensemble.

La galerie des Rois expose d'un côté la famille des Rabutin, et de l'autre les rois de France. Elle mène à **la tribune et l'oratoire** qui donne sur la **chapelle**. Située dans la tour sud-ouest, elle abrite un oratoire orné d'un beau mobilier : retable de pierre du 16e s. représentant la résurrection de Lazare, et Visitation du 18e s. en pierre polychrome avec costumes bourguignons.

L'**aile est** du château, dite Aile Sarcus, a bénéficié d'une grande campagne de restauration. On peut ainsi découvrir de nouveau **l'antichambre** : couverte d'un plafond à la française et tapissée d'un tissu mat sur fond satiné, rouge et or, elle est meublée de style Régence. Au rez-de-chaussée, les anciennes cuisines témoignent de l'époque Renaissance par des remplois sculptés. Dans la galerie à l'étage se tiennent des expositions temporaires.

Le parc de 34 ha, étagé en amphithéâtre avec de beaux escaliers de pierre, compose une magnifique toile de fond aux **jardins** attribués à Le Nôtre, avec un labyrinthe, un parterre classique planté de rosiers, de pivoines et de buis, des fontaines et pièces d'eau, un grand bassin qui récupère les eaux des douves et du bassin central, et les communs, qui regroupent plusieurs bâtiments dont le pigeonnier, signe du privilège seigneurial.

À proximité

CARTE P. 428-429

Bussy-le-Grand B2

3 km au nord.

Situé à flanc de colline – face à celle de Bussy-le-Château – le village a vu naître le général Junot, fait duc d'Abrantès par Napoléon. Il possède une grande **église** du 12e s., restaurée, d'extérieur sobre, et dont l'intérieur séduit par son architecture (triple nef à piliers sous arcades, coupole sur trompes à la croisée du transept), ses sculptures (chapiteaux historiés, ciborium flamboyant) et son mobilier des 17e et 18e s. (boiseries du chœur, chaire, aigle-lutrin).

Musée Gorsline – *8 rte d'Étormay - ✆ 06 27 99 46 01 - www.musee-gorsline.com - ♿ - visite sur RV - 3 €.* Animé par la femme de l'artiste, le musée présente des œuvres originales du peintre américain **Douglas Gorsline** (1935-1985), connu pour ses nombreuses illustrations de livres et de magazines.

Château de Frôlois C3

16 km au sud-est par la D 954 puis à droite la D 19 et la D 6.

4 r. de l'Église - ✆ 03 80 96 22 92 - visite guidée (1h) juil.-août : 13h30-18h30 - 7 € (12-15 ans 4 €).

La famille de Frôlois habitait déjà sur ce site – une haute falaise – au 10e s. ; du château fort médiéval, plusieurs fois remanié, il ne reste cependant que le corps de logis datant des 14e et 15e s. Au 1er étage, la chambre d'Antoine de Vergy (héritier des Frôlois) conserve un plafond à la française orné de ses armes et chiffres. Le rez-de-chaussée a été modifié et aménagé au 18e s. On y remarque de belles tapisseries de Bergame (fin 17e s.).

Nos adresses

Restauration

Premier prix

La Pause Rabutin – *13 r. du Château - en face de l'entrée du château - ✆ 03 80 96 18 56 - fermé lun. et le soir - menus 10/15 €.* Face au château, une bonne adresse sans prétention qui dispose d'une grande terrasse sous une pergola. Assiettes de charcuterie, de truites ou de fromages, flamiches, bœuf bourguignon, gratin dauphinois à l'andouillette... De savoureux produits du terroir et un accueil fort sympathique.

Activités

Randonnée – La balade Comte de Bussy-Rabutin permet d'effectuer une boucle de 4 km au départ du château, en partie en forêt. Panneau explicatif au parking du château et itinéraire balisé.

Flavigny-sur-Ozerain

★

Accrochée à son rocher isolé par trois cours d'eau, la petite cité médiévale se niche dans un site plein de charme et qui fleure bon l'anis... Siège d'une abbaye dès le 8e s., ville forte au Moyen Âge, Flavigny révèle sa grandeur passée dans ses étroites rues bordées de vieux hôtels, ses portes fortifiées et les vestiges de ses remparts. Aujourd'hui, on y vient surtout pour la visite des anis, sa principale attraction, avant de se rendre sur le plateau de Langres, d'où jaillissent les mythiques sources de la Seine.

Se repérer

CARTE P. 428-429 (B3).
283 Flavigniens – Côte-d'Or (21)
À 23 km au sud-est de Montbard et à 16 km à l'est de Semur-en-Auxois. Laissez votre voiture sur un parking extérieur, le village est piétonnier.

À ne pas manquer

La fabrique des anis; les maisons médiévales et Renaissance de Flavigny.

En famille

La fabrique des anis; un pique-nique du côté de la source de la Coquille.

Nos adresses p. 458

Découvrir

★ Anis de Flavigny

4 r. de l'Abbaye - ✆ 03 80 96 20 88 - www.anis-flavigny.com - lun.-vend. 9h-17/19h, w.-end 10h-17/19h (heure de fermeture selon périodes) - fermé lun.-vend. de mi-nov. à mi-déc. - gratuit.
Couplée avec la visite de l'ancienne abbaye bénédictine St-Pierre, fondée dès le 8e s., la visite des anis se révèle délicieuse. Après la Révolution, huit fabricants prirent la relève des moines, qui étaient seuls à fabriquer les anis jusqu'alors.

Fabrique des anis – *Visite guidée (15mn) : lun.-vend. 9h-11h30, 14h-16h - fermé de mi-nov. à mi-déc. et vac. Noël.* Aménagé dans les bâtiments claustraux reconstruits au 18e s., l'atelier de dragéification produit chaque année environ 250 tonnes de petits bonbons blancs, ronds et gros comme un pois. Vous serez frappés par l'odeur épicée et par le vacarme des bonbons qui tournent dans de grandes bassines en cuivre. Quinze jours sont nécessaires à leur préparation. Acheminées du 1er étage par de larges tuyaux, les dragées s'enrobent sous vos yeux de sirop et d'huiles essentielles.

Crypte des Anis – De l'autre côté de la cour, de la basilique St-Pierre subsistent d'intéressants vestiges d'époque carolingienne, dont la partie inférieure de l'abside à deux étages, **la chapelle Ste-Reine**, construite vers 758. L'étage supérieur, auquel on accédait de la nef par deux escaliers, portait le maître-autel. La partie inférieure en contrebas abritait les reliques; on y plaça vers 866 les restes de sainte Reine, martyrisée à Alise *(voir p. 448)*. Un des piliers, élégamment sculpté, est un bel exemple de décoration carolingienne.

Anis de Flavigny.
© Anis de Flavigny

Dans la **Chapelle Notre-Dame-des-Piliers**, des fouilles ont mis au jour une chapelle hexagonale aux 40 colonnes, avec déambulatoire dans le prolongement de la crypte : le style rappelle les rotondes préromanes de St-Bénigne de Dijon et de Saulieu. Au milieu de tombeaux de pèlerins de St-Jacques de Compostelle, les chants grégoriens diffusés créent une ambiance particulière.
Musée des Anis – Vous n'ignorerez plus rien de l'histoire des petites dragées : sous Henri IV, elles étaient offertes aux invités de prestige et Louis XIV en portait toujours sur lui. De nos jours, les anis sont distribués dans plus de 35 pays. Illustrations (certaines de 1828) et objets (des premiers étuis à la célèbre boîte ronde, distributeur de bonbons, alambic, poêlon à sirop).
Un café y a installé son décor et sa terrasse, et la boutique propose une dégustation de ce un « bien bon bonbon », nature ou parfumé (menthe, violette, rose, fleur d'oranger, etc.). Un must !

Se promener

Empruntez la rue de l'église.

★ Maisons anciennes

Remarquez, dans la rue de l'église, la **maison au Donataire** (15e et 16e s.). Levez la tête et vous découvrirez le donataire aux pieds de la Vierge à l'enfant dans la niche qui orne la façade. Cette maison accueille la Société des amis de la cité de Flavigny et fournit de nombreuses informations sur la cité et la région. Au détour des ruelles du bourg, appréciez les nombreuses maisons restaurées, datant de la fin du Moyen Âge et de la Renaissance, dont certaines présentent de charmantes tourelles, un escalier à vis ou encore de délicates sculptures. Remarquez, rue du Four, la boutique qui servit de lieu de tournage au film *Le Chocolat* (Lasse Hallström, 2000).

Église St-Genest

Datant du 13e s., elle est élevée sur l'emplacement d'une église plus ancienne et a été remaniée aux 15e et 16e s. L'édifice renferme une tribune centrale en pierre du

début du 16e s. Disposition très rare à l'époque gothique, des tribunes surmontent les bas-côtés et les deux premières travées de la nef. Elles sont fermées de clôtures de bois du 15e s. Parmi de nombreuses statues intéressantes, remarquez, dans la dernière chapelle à droite, un **Ange de l'Annonciation**, chef-d'œuvre de l'école gothique bourguignonne et, dans le transept sud, une Vierge allaitant du 12e s. Prenez aussi le temps de détailler les figurines des stalles (16e s.).
Suivez la rue du Four pour rejoindre à gauche la rue Lacordaire.

Promenade des remparts

Partez de la porte du Bourg (15e s.), aux puissants mâchicoulis. Grande rue, pénétrez dans **l'abbaye St-Joseph-de-Clairval**, monastère érigé en abbaye à la demande du Saint-Siège en 1992. Vous aurez peut-être la chance d'assister aux admirables offices des moines qui vivent là, célébrés en latin, avec chant grégorien... En longeant les remparts, gagnez la porte du Val, dédoublée et flanquée de tours rondes. À côté se trouve la maison Lacordaire, ancien couvent de dominicains fondé par le père **Lacordaire** (1802-1861).

À proximité

CARTE P. 428-429

Blessey C3

22 km à l'est par la D 9, puis à gauche par la D 117 et la D 103C.
En contrebas de la route qui mène au vallon de la Potelle, l'étonnant **lavoir** du village aligne en arc de cercle des colonnes doriques supportant un toit de zinc autour d'un bassin semi-circulaire.

St-Seine-l'Abbaye C3

34 km au sud-est par la D 9, puis à gauche la D 26.
Pl. de l'Église - 03 80 35 00 44 - www.cc-forets-seine-suzon.fr.
Situé à 12 km au sud-est des sources de la Seine, le village s'appelait Siscaster lorsque Sigo, au 6e s., fonda sur son territoire une abbaye bénédictine à laquelle il donna son nom (adapté en « Soigne », puis associé à « Seine »).
Église abbatiale – Datant du début du 13e s., remaniée aux 14e et 15e s., elle marque la transition entre le style roman bourguignon et le style gothique venu de l'Île-de-France. Le porche couvert est flanqué de deux tours, dont seule celle de gauche est achevée. La nef de quatre travées à collatéraux est éclairée de fenêtres flamboyantes ; le chevet plat s'ajoure d'une belle rosace (13e-14e s.). Dans le croisillon, notez les pierres tombales. Remarquez ensuite l'ancien jubé du 15e s., qui a été placé dans le chœur. Les stalles sculptées (18e s.) s'appuient sur une clôture au revers de laquelle des peintures représentent d'un côté la légende de saint Seine (1504), de l'autre les litanies de la Vierge (1521).
En sortant de l'église, remarquez la **fontaine de la Samaritaine**, dont le bassin est surmonté d'un bronze du 18e s.

Aignay-le-Duc C2

37 km au nord-est en rejoignant la D 954 puis la D 901.
Situé au sein du Parc national de Forêts *(voir p. 463)*, ce village possède une intéressante **église** gothique du 13e s., de proportions régulières, coiffée d'un clocher de bardeaux. Dans le chœur, voyez le retable en pierre du début du 16e s. représentant des scènes de la Passion dans de hauts-reliefs polychromes de facture naïve. Le **lavoir** de la Margelle, restauré, est couvert d'un toit de « laves » sur voûte clavée. Il abrite un bassin rectangulaire et un second bassin, extérieur, rond.

Retour aux sources

CARTE P. 428-429

Circuit de 50 km tracé en vert sur la carte.
Les sources de la Seine se situent à 470 m d'altitude, sur le plateau de Langres. Elles jaillissent aux pieds d'une nymphe de pierre, dans un vallon planté de sapins fréquenté dès l'Antiquité et qui appartient depuis 1864 à la Ville de Paris.
Quittez Flavigny-sur-Ozerain par la D 9 puis la D 10. Prenez ensuite à droite en direction de Gissey-sous-Flavigny, que vous traversez pour rejoindre Présilly. Poursuivez sur la D 103C en direction de Blessey puis Source-Seine.

Sources de la Seine C3

Ce filet d'eau – qui se tarit en été – est alimenté par les trois sources sacrées du sanctuaire gallo-romain, situées en amont dans la zone archéologique. C'est l'ingénieur Belgrand qui a eu l'idée de détourner l'une d'entre elles afin d'alimenter le bassin de la Nymphe conçu au 19e s. et inauguré en 1867 par le baron Haussmann, préfet de la Seine. La grotte, construite par les architectes Davioud, Baltard et Combaz, abrite *La Nymphe de la Seine*, copie de la statue du sculpteur dijonnais **Jouffroy**. Le petit filet d'eau s'en va à travers le val, passant au bout de 50 m sous son premier pont, miniature. En aval, des fouilles ont mis au jour les vestiges d'un temple gallo-romain, des objets en bronze (faune, *Dea Sequana*) témoignant d'un culte et nombre de statuettes en bois et ex-voto, dont des « planches anatomiques ».
Revenez sur Source-Seine pour emprunter la D 103P. Prenez ensuite à gauche la D 971, qui traverse Laperrière. À droite, la D 114A, qui devient ensuite la D 16E, vous conduit jusqu'à Étalante.

Source de la Coquille C2

03 80 79 25 99 - www.cen-bourgogne.fr - un dépliant d'accompagnement, indispensable au bon déroulement de la visite, est édité par le Conservatoire d'espaces naturels de Bourgogne et disponible auprès des principaux offices du tourisme de la région, de la mairie d'Étalante ou en téléchargement sur le site Internet.
Boucle de 1 km environ. Aires de pique-nique. Située dans l'enceinte du Parc national de Forêts *(voir p. 463)*, la Coquille est une source enchâssée dans un site théâtral : si elle présente aujourd'hui un débit modeste, c'est elle qui, alors qu'elle était bien plus abondante à la période glaciaire, a provoqué la formation

On vous emmène aux sources de la Seine

Un parc, une grotte, une statue de nymphe et un filet d'eau… C'est ici que prend source l'un des plus célèbres fleuves de France, la Seine, qui parcourt ensuite 776 km jusqu'à la Normandie pour se jeter dans l'Atlantique. Dans les cours de géographie, vous avez sûrement appris que la Seine prenait sa source « sur le plateau de Langres »… Dans cet agréable parc paysager entretenu par la ville de Paris, sur la commune de Source-Seine, vous allez découvrir que ce n'est pas tout à fait exact. Voyez cette grotte artificielle, construite sous Napoléon III ? Elle abrite en fait la première des sources de la Seine (elles sont sept dans le vallon), à 446 m d'altitude. Et l'on n'est plus vraiment sur le plateau de Langres, mais à ses portes, au carrefour de la montagne dijonnaise et de l'Auxois, sur un site vénéré depuis les Gallo-Romains. En témoignent les (nombreux) vestiges retrouvés par les archéologues exposés au musée archéologique de Dijon, à 35 km de là. On ira une autre fois. Pour l'heure, il fait juste bon flâner dans les sous-bois, dans le souvenir de nos ancêtres les Gaulois.

de ce cirque dans les roches calcaires très friables de la falaise qui la surplombait. Un sentier, bien balisé, permet d'en faire le tour, en commençant par une bonne mais courte montée. Le site est un cirque glaciaire fossile. La stabilisation des éboulis par les arbres et la pelouse calcaire (en hauteur, avec diverses orchidées) permet le développement d'une flore spécifique (linaire des Alpes). Après avoir admiré le panorama sur le Châtillonnais, redescendez par un sentier escarpé jusqu'à la résurgence de la Coquille, aux eaux très claires.

Au cours de randonnées sur le plateau de Langres, vous rencontrerez de nombreuses autres sources, celles de l'**Ignon** par exemple *(11 km - fiche en téléchargement sur www.cotedor-randonnee.com)*, qui va, lui, vers la Saône. Il s'agit souvent de résurgences vauclusiennes appelées *dhuys* ou *douix* dans la région (du latin *dux*, « chef, tête », la source étant à la tête de la rivière), liées à l'existence d'un sous-sol argileux sous la couche calcaire.

Nos adresses

Restauration

Premier prix

Restaurant de l'Abbaye – *Pl. des Fossés - 03 80 96 27 77 - www.restaurant-de-labbaye.fr - fermé mar. soir et merc. - plats 15/22 €, menus déj. 16,50/22 €.* Une bonne cuisine régionale (viande charolaise, époisses...) et des spécialités à l'anis, clin d'œil à la fabrique voisine. Jolie terrasse aux beaux jours.

Budget moyen

La Grange – *Pl. de l'Église - 03 80 96 20 62/06 33 16 65 58 - www.bienvenue-a-la-ferme.com - ♿ - mars-avr. et nov. : midi dim. ; des vac. de printemps aux vac. de la Toussaint : tlj sf lun. (tlj en juil.-août) - 24/39 € - réserv. conseillée.* Laissez-vous tenter par les plats servis par les agriculteurs du coin qui cuisinent et vous font déguster des produits frais de leurs élevages et de leur fabrication. Une belle découverte que cette ancienne grange située au cœur du village. Également boutiques de produits à emporter.

Shopping

Domaine de Flavigny-Alésia – *Pont du Laizan - 03 80 96 25 63 - www.domainedeflavignyalesia.com - fermé dim.-lun.* Installée dans l'ancienne dépendance monastique de l'abbaye de Flavigny-sur-Ozerain, cette cave propose, sous l'appellation « vin de pays des coteaux de l'Auxois », les vins issus des 14 ha de vignes replantées en 1994 sur les coteaux argilo-calcaires du village. L'encépagement se répartit en aligoté, chardonnay et auxerrois pour les blancs, en pinot noir et césar pour les rouges, et en pinot beurot pour les rosés.

Activités

Randonnée – De nombreux sentiers parcourent le pays de l'Auxois : Des Anis au vignoble (7,8 km, 2h30) et Autour du mont Drouot (5,1 km, 1h40). Départ sur le parking de Flavigny-sur-Ozerain. Infos sur flavigny-sur-ozerain.fr.

Hébergement

Pour se faire plaisir

Chambre d'hôte La Maison du Tisserand – *14 r. de l'Ancienne-Cure - 03 80 92 40 89/ 06 08 89 93 82 - algranate.fr - 1 ch. 100 €.* Cette belle demeure, outre sa vue magnifique sur les collines, sera une halte reposante.

Sa propriétaire, Marie saura vous faire partager ses passions avec simplicité et rigueur, en particulier celle qu'elle nourrit pour embellir la Maison des arts textiles et du design. La table d'hôte, excellente, est l'assurance de partager un moment privilégié. Dégustez les pâtisseries maison dans le sympathique salon de thé.

À proximité

Premier prix

Hôtel Le Macarena – *29 pl. Pion - Pouillenay - 6 km à l'ouest de Flavigny - ✆ 03 80 96 93 22 - www.hotelrestaurantmacarena.com - P ♿ - 7 ch. 82 € - ☕ 8 € - ✕ plats 16/20 €, menus 28/36 €.* L'enseigne se veut un tantinet exotique, mais la décoration générale de cette ferme convertie en hôtel se révèle beaucoup plus sobre. Les chambres, fonctionnelles, sont bien tenues.

Chambre d'hôte La Demoiselle – *R. Sous-les-Vieilles-Halles - Aignay-le-Duc - 37 km au nord-est de Flavigny - ✆ 03 80 93 90 07 - www.maisonlademoiselle.com - P - 5 ch. 58 € ☕ - ✕ 25 €.* Surplombant la ville, à flanc de coteau, cette maison de maître du 18ᵉ s. ouvre sur un charmant jardinet ensoleillé. Le décor des chambres – belle voûte de pierre, mobilier simple et choisi, bouquet de fleurs séchées – reste sobre, sans froideur. Mais l'atout majeur de cette maison est l'accueil attentif et discret des propriétaires. Cuisine, on ne peut plus régionale, et de qualité.

Budget moyen

Hôtel de la Poste – *17 r. Carnot - Saint-Seine-l'Abbaye - 34 km au sud-est de Flavigny - ✆ 03 80 35 00 35 - www.postesoleildor.fr - P ♿ - 15 ch. 146/166 € - ☕ 18 € - ✕ menus 26/49 € - fermé dim. soir et lun.-mar.* Louis XIV aurait séjourné dans cet ancien relais de poste apprécié pour son jardin ombragé. Chambres assez spacieuses. Le restaurant avec sa belle cheminée a conservé son cachet bourguignon. Cuisine traditionnelle.

Châtillon-sur-Seine ★

et Parc national de Forêts ★

Baignée par une Seine encore chétive, Châtillon reçoit les eaux abondantes de la Douix, source de type vauclusien émergeant au cœur de la cité dans un joli cadre verdoyant. Rien ne laisse présager, en flânant dans les vieux quartiers de cette ville coquette, qu'elle recèle en ses murs les fruits d'une extraordinaire découverte archéologique : des objets issus d'une tombe princière celte, découverts non loin de Châtillon, sur la butte du mont Lassois... La cité est la porte d'entrée et la principale ville du dernier-né des parcs nationaux, à cheval sur la Côte-d'Or et la Haute-Marne : il est dédié à la préservation des forêts de feuillus de plaine et abrite quelque 50 millions d'arbres.

Se repérer

CARTE P. 428-429 (B1).
5 347 Châtillonnais – Côte-d'Or (21)
À 50 km à l'est de Tonnerre et à 33 km au nord de Montbard.

À ne pas manquer

La *Mise au tombeau* Renaissance de l'église St-Vorles; le trésor de Vix, au musée du Pays châtillonnais; la forêt de Châtillon et les curieux marais du Cônois.

En famille

La Maison de la forêt et son parcours accrobranche à Leuglay; une randonnée à dos d'âne ou de poney *(voir « Nos adresses »)*.

Nos adresses p. 467

Châtillon-sur-Seine

1 r. du Bourg - 03 80 91 13 19 - www.chatillonnais-tourisme.fr.
La vieille ville s'est développée au 9e s. autour d'une forteresse, qui servira plus tard de place avancée au duché de Bourgogne. Vous remarquerez quelques

Un peu d'histoire

À un siècle d'intervalle, Châtillon a vécu des heures historiques.
En février 1814, alors que **Napoléon Ier** défend pied à pied les approches de la capitale, a lieu à Châtillon un congrès entre la France et les puissances alliées – Autriche, Russie, Angleterre, Prusse. Les coalisés demandent le retour aux frontières antérieures de 1792, mais Napoléon repousse les propositions. La lutte reprend et se termine par la chute de l'Empire.
En septembre 1914, les troupes françaises battent en retraite devant la violente poussée des Allemands. Le **général Joffre**, commandant en chef des armées françaises, a installé son quartier général à Châtillon-sur-Seine; c'est de là qu'il lance son ordre du jour du 6 septembre : « Au moment où s'engage une bataille dont dépend le salut du pays, il importe de rappeler à tous que le moment n'est plus de regarder en arrière... » L'avance allemande est stoppée et la contre-attaque française sur la Marne prend l'ampleur d'une grande victoire.

Détail de la frise du cratère de Vix, 6e s. av. J.-C., bronze, collection du musée du Pays châtillonnais - trésor de Vix.
G DAGLI ORTI/De Agostini Editore/age fotostock

jolies façades du 18e s. et, à l'angle de la rue du Recept, une maison à pans de bois (16e s.) et médaillons sculptés.
Si vous préférez tout voir à pied, allez tout droit vers l'église St-Vorles *(escaliers)* et la source de la Douix *(indiquée à gauche)*. Sinon, prenez à droite la rue du Bourg-à-Mont : au n° 46, la **maison des Barrodeau** (13e s.) est la plus ancienne du bourg et garde une tête sculptée en angle et des fenêtres géminées à arcades trilobées. Continuez jusqu'au n° 24 pour admirer la grille de l'ancien couvent des Carmélites, puis revenez sur vos pas. Prenez à gauche, à la hauteur de l'ancienne chapelle des Carmélites (17e s.), successivement transformée en lieu de culte de l'Être suprême et tribunal civil, et parcourez la rue des Avocats, qui compte de belles demeures du 18e s. La bibliothèque municipale a hérité à la Révolution d'un fonds exceptionnel : 18 000 volumes, récupérés des abbayes et couvents voisins.
Tournez à droite dans la rue St-Nicolas jusqu'à l'église ; admirez les vitraux Renaissance de l'arbre de Jessé et du miracle du pèlerin de St-Jacques pendu et dépendu.

Église St-Vorles

L'église domine le quartier du Bourg. De la terrasse ombragée, la vue s'étend sur la ville basse et la vallée. À proximité se dressent les ruines du château et la tour de Gissey. L'édifice a plus de 1000 ans. Modifié au début du 11e s. par l'évêque de Langres, il conserve des éléments de l'art préroman carolingien : double clocher, double transept, chapelle haute et arcatures lombardes.
La chapelle basse St-Bernard garde le souvenir du saint, qui y vécut le « miracle de la lactation » devant une représentation de Notre-Dame de Toutes Grâces. Voici comment une biographie du 17e s. raconte ce miracle que le jeune homme en prière vécut dans l'église : « Quand il vint à ces paroles "Montrez que vous êtes notre Mère", l'image détacha miraculeusement une de ses mains et, la portant à sa mamelle, elle en fit distiller trois gouttes de lait dans la bouche et sur

la langue du saint, qui produisirent en son âme une douceur et un ravissement d'esprit extraordinaires. » Le bras nord du transept renferme une **Mise au tombeau** Renaissance, sculptée vers 1530 par un artiste de l'école champenoise.

★ Musée du Pays châtillonnais - trésor de Vix

14 r. de la Libération - ✆ 03 80 91 24 67 - www.musee-vix.fr - ♿ - juil.-août : 10h-17h30 ; reste de l'année : tlj sf mar. 10h-17h30 - 7 € (7-18 ans 3,50 €).

Avec le pass Archéo, visitez le musée du Pays châtillonnais - trésor de Vix et bénéficiez d'un tarif préférentiel dans les trois autres lieux (Alésia, Autun et Bibracte) sur présentation de votre ticket d'entrée.

La visite commence par la jolie **collection ornithologique** datant du 19e s. et composée de 250 spécimens divisés entre oiseaux des champs, oiseaux des bois et oiseaux rares et notables : parmi ces derniers, remarquez l'outarde et l'harfang des neiges (la fameuse chouette d'Harry Potter). La visite continue avec les vitrines consacrées à la préhistoire, et se poursuit au 1er étage avec les trésors de l'âge du fer et, surtout, l'extraordinaire découverte archéologique qui eut lieu, en janvier 1953, près de Vix.

★★ Trésor de Vix – C'est au pied de l'oppidum du mont Lassois que MM. Moisson et Joffroy découvrirent, sous un tumulus, une tombe princière du premier âge du fer (vers 500 av. J.-C.). Près de la dépouille d'une femme celte d'environ 40 ans ont été exhumés un char d'apparat, des éléments de vaisselle en bronze, en céramique et en argent, un splendide **torque** (collier) de 480 g en or, un service à boire dont un gigantesque **cratère à volutes** en bronze, trouvaille exceptionnelle prouvant la vitalité des échanges avec le monde méditerranéen (grec, massaliote, étrusque). Les autres salles de ce niveau présentent les découvertes des sites protohistoriques et antiques de la région. L'agglomération de Vertault (20 km à l'ouest de Châtillon) a livré de nombreux objets qui illustrent la vie quotidienne et l'artisanat à l'époque gallo-romaine. Cette période est notamment représentée par une remarquable collection d'**ex-voto** anatomiques en pierre provenant des sources de la Douix et de la Coquille *(voir p. 457)*, ainsi que des sanctuaires du Tremblois et d'Essarois.

Le dernier étage retrace l'histoire du Châtillonnais du Moyen Âge au 20e s. Dans la salle des monastères et abbayes, remarquez notamment le buste reliquaire de **saint Vorles** et, dans celle figurant l'essor du Châtillonnais, l'exceptionnel ensemble de **bois gravés** (17e et 18e s.). L'espace consacré au maréchal Marmont (1774-1852) abrite son bureau, signé Jacob-Desmalter, ainsi qu'une série consacrée aux notables de la région (portraits et bustes de marbre). La visite s'achève avec une évocation de la métallurgie au travers de lithographies et de peintures.

★ Source de la Douix

Elle jaillit dans un site ravissant, au pied d'un escarpement rocheux haut de plus de 30 m, environné de verdure. Cette source est dite de type vauclusien parce

Le vase de Vix

Ses dimensions en font le plus grand vase métallique de l'Antiquité qui soit parvenu jusqu'à nous. Haut de 1,64 m, large de 1,27 m, d'un poids de 208 kg, il pouvait contenir 1 100 l de vin. La richesse de sa décoration – frise formée de motifs d'appliques en haut-relief figurant une suite de guerriers et de chars, têtes de Gorgones sur les anses – permet de le rattacher aux œuvres les plus abouties des bronziers du sud de l'Italie (la Grande Grèce) au 6e s.

Juste avant Cîteaux

Robert de Molesme installe à l'abbaye de Molesme sa première fondation en 1075. Il y arrive avec une douzaine de moines, parmi lesquels les fervents Étienne Harding et Albéric. Désireux de réformer la règle bénédictine, il se heurte à l'opposition de la plupart des moines ; il fondera donc Cîteaux, 23 ans après Molesme. Bruno, le premier des chartreux, passa lui aussi deux ans à Molesme, mais préféra chercher un lieu plus désert pour une règle plus exigeante. Tous les quatre furent canonisés.
Les vicissitudes de la Révolution ont laissé peu de choses de ce qui était devenu une riche et importante abbaye : la salle à manger et les salons des moines (18ᵉ s.), leur cellier (13ᵉ s.) et l'hôtellerie (18ᵉ s.). Devenue propriété privée *(ne se visite pas)*, sa restauration a permis de rendre aux bâtiments leurs ouvertures, leur toit et leur sol de dalles, et les belles voûtes ont perdu leur enduit d'origine pour révéler leur variété.

qu'elle collecte les eaux des infiltrations du plateau calcaire pour ressurgir à la verticale. Le débit normal est de 600 l par seconde, mais peut atteindre 3 000 l en période de crue, l'hiver. L'eau jaillit alors à gros bouillons.
La source coule à l'ombre de magnifiques marronniers. De la promenade aménagée sur la plate-forme rocheuse, découvrez une jolie **vue** sur la vallée.

★ Le Parc national de Forêts CARTE P. 428-429

Officiellement créé en novembre 2019, le 11ᵉ Parc national français est composé de 5 grandes forêts qui forment le cœur du parc (où les activités sont réglementées) ; ce sont celles de Châtillon, de la Chaume, d'Auberive, d'Arc-Carrefour et d'Arc-Châteauvillain. Restées à l'écart des grands axes de communication, ces forêts bien préservées abritent, outre les cerfs et autres grands-ducs, le chat forestier et la très farouche **cigogne noire** : cette dernière espèce, symbole du parc – qui concentre 20 % de la population française – et excellent indicateur de la qualité du milieu, niche en haut des grands arbres. Il est très difficile de l'apercevoir. Quant à la flore, vous ne manquerez pas d'apprécier les formes gracieuses du **Sabot de Vénus**, orchidée jaune qui s'épanouit uniquement dans un environnement préservé. Le parc compte par ailleurs plus de 200 **tufières** dont celle du marais du Cônois. Notre circuit traverse les principales forêts du parc et longe les charmantes vallées de la Seine, du Brévon, de l'Ource, de l'Aujon et de l'Aube.

Mont Lassois B1

La butte du mont Lassois (ou mont St-Marcel) domine la plaine environnante. Au sommet s'élève la petite église romane (12ᵉ s.) St-Marcel, couverte de « laves » (pierres plates). C'est au pied de la butte, à proximité de la Seine, que fut découvert le fameux « trésor de Vix ».

Nod-sur-Seine B2

C'est dans ce petit village qu'eut lieu, le 12 septembre 1944, la jonction entre les premiers éléments de l'armée de De Lattre de Tassigny débarquée en Provence et la 2ᵉ division blindée du général Leclerc. Une stèle a été élevée en souvenir de l'événement.
Continuez sur la D 971 et tournez à gauche à Aisey-sur-Seine, sur la D 29 puis sur la D 16 jusqu'à Rochefort-sur-Brévon.

Vous remontez la jolie vallée du Brévon, avec ses retenues couvertes de nénuphars. Faites étape à **Rochefort-sur-Brévon**, village au charme simple qui compte deux châteaux : le château de Rochefort (1888) signale son entrée à l'ouest, tandis que l'ancien château (1820) trône au milieu et se reflète dans le bel étang, situé en face de l'église et de la mairie.

Forêt de Châtillon C2

Vous entrez dans la plus grande forêt de feuillus de Bourgogne avec ses 9000 ha : cet espace domanial offre aux promeneurs le dépaysement et les richesses d'une nature préservée. Les découvertes archéologiques, à Essarois notamment, ont révélé un fort développement de la région à l'époque gallo-romaine. Haut lieu de la Résistance pendant la Seconde Guerre mondiale, elle est jalonnée de stèles commémoratives : le grand **monument de la Forêt** rappelle ainsi la mort de 37 maquisards, fusillés en juin 1944.

Abbaye du Val-des-Choues C2

Chaque année, le premier dimanche d'août, une grande fête de chasse est organisée dans le parc.

L'origine de cette abbaye, isolée au cœur de la forêt, est incertaine. La tradition l'attribue au frère Viard, chartreux de Lugny *(on peut encore voir, sur rendez-vous, le portail de cette chartreuse près de Recey-sur-Ource)*. Reconnue par Rome en 1203, elle essaima 20 monastères. Rattachée en 1761 à l'ordre cistercien, elle devint l'abbaye du Val-St-Lieu. Les parties conventuelles, dont l'abbatiale, ont été détruites. Dans les vastes bâtiments du 17e s. qui subsistent sont rassemblées des collections sur la forêt, la chasse et le gypse.

Le parc, doté d'un grand bassin, accueille une oisellerie et quelques cervidés. L'abbaye abrite d'ailleurs une meute de 150 chiens que vous pourrez découvrir à la saison estivale.

Maison de la forêt

1 r. de la Ferme - Leuglay - 03 80 81 86 11 ou 07 52 03 37 19 - www.maison-foret.com - de avr. à déb. sept. : tlj sf lun. 9h-12h, 14h-18h, w.-end 14h-18h - 5 € (-16 ans 3 €).

On y apprendra une foule d'informations passionnantes : identification de traces d'animaux, de chants d'oiseaux, d'écorces, de feuilles et de bois, histoire de la forêt à travers les millénaires, objets et produits issus du bois, mini-interviews hautes en couleur de professionnels du bois. Les bornes interactives sont bien conçues, si bien que les questions trouvent ici leurs réponses, et certains préjugés la fin de leur carrière...

Marais du Cônois C2

Le dépliant indispensable au bon déroulement de la visite est disponible auprès du Conservatoire (03 80 79 25 99), des principaux offices du tourisme de la région ou sur www.cen-bourgogne.fr. L'hiver ou après la pluie, prévoyez des bottes.

Sentier de 1,5 km, prévoir 1h de visite. Vous verrez ici une rareté, une « bizarrerie » de la nature : des marais à flanc de coteau. Les eaux de pluie filtrent à travers la roche calcaire du plateau, puis rencontrent une couche imperméable de marnes. C'est à la hauteur de ces marnes que jaillissent sur plusieurs hectares une multitude de petites **sources**.

Après la courte traversée d'une coupe forestière et de bois de hêtres et d'érables par une large allée, faites un petit détour par la ferme, typique, du Cônois. L'arrivée dans la zone de marais est signalée par des passerelles de bois (pilotis) sous lesquelles suintent les sources (audibles, bien que difficiles à voir), mais aussi par le changement d'essences : frênes, peupliers trembles et saules cendrés font leur apparition.

Abbaye d'Auberive.
R. Soberka/hemis.fr

Grâce à un microclimat particulièrement froid, la zone humide est colonisée par une flore spécifique *(bonne signalisation sur place)*, dont la rare *Epipactis* des marais, orchidée qui fleurit en juin et en juillet.
Puis longez un ruisseau ; l'eau étant très chargée en calcaire, elle en recouvre tout ce qui y trempe : branches et feuilles sont « transformées en pierre », le marais est dit « tufeux ». Quittez-le ensuite en remontant dans le bois.

★★ Abbaye d'Auberive D1

03 25 84 20 20 - www.abbaye-auberive.com - ♿ (sf 1er étage du centre d'art) - juin-sept. (abbaye et centre d'art) : mar. 14h-18h30, merc.-dim. 10h-12h30, 14h-18h30 ; mai et oct. (abbaye uniquement) : dim. 14h-18h ; reste de l'année : se rens. - fermé vac. de Noël - 10 € (12-18 ans 5 €).

S'élevant dans un charmant village cerné par une vaste **forêt domaniale**, l'abbaye, en grande partie remaniée au 18e s., est implantée sur un beau domaine de 6,5 ha. Le cloître, qui conserve trois ailes, date de l'époque de son remaniement et était fermé par l'ancienne abbatiale. De cette église, il ne subsiste que le chœur (1182), aujourd'hui orné d'un Christ et de vitraux contemporains, réalisés par Gilles Audoux. En parcourant le cloître, remarquez la porte romane, dite de la salle du chapitre (13e s.), ouvrant sur le réfectoire à voûte en « parapluie ». L'aile ouest, celle des hôtes, présente une longue et monumentale façade classique qui fait face à la remarquable grille d'honneur (18e s.) ; elle provient de l'abbaye de Beaulieu et serait l'œuvre de Jean Lamour, auteur des grilles de la place Stanislas (Nancy). Dans l'aile est, on visite les cellules d'isolement, donnant sur la cour des prisonnières (Louise Michel fut emprisonnée ici). Le **Centre d'art contemporain**, créé à l'initiative des propriétaires de l'abbaye, est installé dans l'aile ouest et consacré essentiellement à l'art expressionniste. Le rez-de-chaussée présente des expositions temporaires, et l'étage, par roulement, une partie de l'importante collection privée : Rustin, Lindström, Aïni…

Bay-sur-Aube D1

À la St-Hippolyte *(30 janv.)*, le soleil se lève dans l'axe du chevet, éclairant le chœur : chants médiévaux et distribution de café célèbrent l'événement.
Le village s'étend sur les bords de l'Aube, qui forme une ample vallée ouverte et riante. L'**église** couronne la butte de Taloison et offre une vue plongeante sur

7

Circuit des lavoirs

Dans la Côte-d'Or et dans l'Yonne, des initiatives ont permis la sauvegarde de nombreux lavoirs. Citons la Fondation de France, qui combine restauration et installation d'œuvres d'art contemporain. Celui de **Vanvey**, au bord de l'Ource, propose ainsi un parcours sonore qui nous guide vers l'ancienne geôle, transformée par Annette Messager en « remise dormante ». Tandis qu'à **Bure-les-Templiers**, Liam Gillick a repensé le dessin du motif des deux portes du lavoir.
www.chatillonnais-tourisme.fr

les rues escarpées du village : d'époque romane (12e-13e s.), elle abrite un beau retable de St-Hippolyte (18e s.), œuvre du sculpteur langrois Antoine Besançon ; dans les chapelles latérales, remarquez les dalles funéraires (15e-16e s.).
Continuez sur la D 20 puis tournez à droite sur la D 129 jusqu'à St-Loup-sur-Aujon et tournez à gauche sur la D 6.
La **vallée de l'Aujon** présente un paysage plus bucolique que celle de l'Aube, avec sa jolie route sinueuse dont les bords sont plantés de chênes.

Arc-en-Barrois D1

Parc national - 38 r. Gabeur - 03 25 31 62 35 - www.forets-parcnational.fr.
Entourée par une forêt plantée principalement de chênes, de charmes et de hêtres, cette petite ville classée « station verte de vacances » abrite le siège du parc national. L'**église St-Martin** a été désorientée au 19e s. pour cause d'urbanisme. Il faut la contourner pour découvrir le portail du 15e s. où, sous un arc trilobé, le tympan porte un Christ en croix entre les allégories de l'église et de la synagogue. Dans la chapelle à droite de l'entrée, remarquez un sépulcre grandeur nature avec des personnages polychromes (17e s.). Le Chemin de croix qui entoure l'église est en fonte, matériau inhabituel pour ce genre d'œuvre, généralement en bois ou en pierre.
À côté, le **château** fut reconstruit en 1845, à l'emplacement d'un édifice plus ancien, par Adélaïde d'Orléans, sœur du roi Louis Philippe. Pendant la Première Guerre mondiale, il fut mis à disposition des blessés du front de Verdun et de l'Argonne. À proximité, une immense **glacière** en forme d'œuf fut construite en 1873 pour stocker la glace tirée en hiver de l'étang du château. À l'écart du village, une machine à vapeur sur trois étages servait à actionner une scierie. Toujours en état de marche, elle a fonctionné de 1896 à 1963. Glacière et machine à vapeur sont accessibles pendant la saison estivale *(rens. à l'office de tourisme des Trois Forêts - 03 25 02 52 17 - www.tourisme-arc-chateauvillain.com).*

Château de Montigny-sur-Aube C1

23 km au nord-est par la D 965 et la D 996.
2 r. de l'Église - 06 08 90 75 10 - www.chateaudemontigny.com - de mi-mai à fin sept. : tlj sf lun.-mar. 12h-18h30 - 8 € (6-18 ans 5 €).
La forteresse féodale du 12e s., dont seule subsiste la « tour rouge », a été embellie au 16e s. Aujourd'hui, la façade nord du corps de logis est toujours visible, avec son ordonnance classique où se superposent les ordres dorique, ionique et corinthien. La **chapelle**, isolée du château, offre un excellent exemple du style Renaissance classique : à la sobriété de l'architecture s'oppose la richesse de la décoration et des ornements intérieurs, tels les 240 caissons de la voûte. Les **vergers-potagers** sont joliment aménagés et on y cultive des espèces légumières et fruitières anciennes (à déguster dans l'orangerie).

Nos adresses

Restauration

À Bure-les-Templiers

Premier prix

Le Sabot de Vénus – *13 Grande-Rue - ✆ 03 80 81 00 28 - fermé dim.-lun. - plats 8/10 €, menus déj. 17/20 €, menu 28 €.* Derrière sa devanture discrète, une table régionale gourmande et raffinée, concoctée par le chef Arole Dupaty qui manie également très bien fleurs et plantes aromatiques. En salle, service souriant et plein d'entrain de Sabrina. Vente de produits maison et locaux.

À Courban

Une folie

Château de Courban – *7 r. du Lavoir - ✆ 03 80 93 78 69 - www.chateaudecourban.com - 26 ch. 199/221 € - 22 € - fermé le midi sf dim. - menus 79/145 €.* Cette gentilhommière ocre rouge, champêtre et authentique, datant de 1937, invite à se sentir comme chez soi. Les jardins comprennent un ancien lavoir et les vestiges d'une voie romaine. La piscine et le Spa ajoutent au cachet du lieu. Aux fourneaux, de ce restaurant gastronomique étoilé au Guide Michelin 2022, le chef japonais étoilé, Takashi Kinoshita compose une cuisine subtile et élégante, faisant la part belle aux aromates et légumes du potager, ainsi qu'aux bons produits du terroir bourguignon… Une réussite !

Shopping

La Safranerie templière – *7 r. de la Liberté - Recey-sur-Ource - ✆ 03 80 81 06 64/06 81 09 68 27 - www.safrandehautecotedor.fr.* Labellisé Nature & Progrès, le safran est produit ici naturellement et manuellement : visite de l'exploitation, notamment en octobre, lors de la récolte de l'épice.

GAEC des Truites de l'Aube – *9 r. du Mont-Remin - Veuxhaulles-sur-Aube - ✆ 03 80 92 52 58 - www.truites-laube.fr.* Pour une partie de pêche ou tout simplement pour rapporter une saucisse de truite à la sauce chablisienne, des rillettes à l'estragon ou une mousse aux truffes de Bourgogne.

Activités

Randonnée pédestre

À pied en pays châtillonnais – *www.chatillonnais-tourisme.fr.* Pas moins de 21 trajets balisés (le circuit des roches de la Digeanne, le sentier des Vignes, les circuits des Marots, autour du Val des Choues, et bien d'autres…) vous invitent à découvrir les environs au détour de jolies promenades de 3 à 21 km.

Chemins de Traverse – *Auberive - ✆ 03 25 84 71 86 ou 06 98 91 71 86 - chemindetraverse52.org.* Pour randonner dans les forêts de la région autrement, en compagnie d'un âne de portage et d'un guide ânier.

Randonnée équestre

Centre équestre Poney-Club de la Barotte – *Rte de Langres - ✆ 03 80 91 53 03 - www.centreequestre-labarotte.fr.* Dix chevaux et une vingtaine de poneys vous attendent pour des promenades accompagnées ou des randonnées.

La Ferme d'Aulot – *Bure-les-Templiers - 30 km au sud-est de Châtillon-sur-Seine via D 928 - ✆ 03 80 81 01 64 - www.lafermedaulot.fr.* L'activité de ce petit hameau perché au sommet d'une colline repose sur une vingtaine de chevaux et poneys. Cours à la carte.

Tussiliiq - Âniers en Châtillonnais – *2 Grande-Rue - Beaulieu - ✆ 06 07 60 06 68 -*

www.tussiliiq.com - fermé en hiver. Si vous souhaitez randonner léger sans renoncer à l'essentiel, confiez votre fardeau à un âne bâté. Plusieurs formules, de un à six jours, pour découvrir forêts et rivières du Châtillonnais au rythme d'un animal doux et attachant.

Randonnée en traîneau

Esprit des loups polaires – *Ste-Colombe-sur-Seine - ✆ 06 86 41 98 69.* Cette association organise des baptêmes en chien de traîneau, de jour comme de nuit, des repas trappeurs, des stages de survie, etc.

Accrobranche

Maison de la forêt – *Ruelle de la Ferme - Leuglay - 20 km à l'est de Châtillon-sur-Seine - ✆ 03 80 81 86 11/07 52 03 37 19 - www.maison-foret.com - d'avr. à déb. sept. et vac. de la Toussaint : 9h-12h, 14h-18h, w.-end 14h-18h - fermé lun.* Grâce au parcours accrobranche, grimpez jusqu'à la cime des arbres en sécurité. Lors des sorties nature, vous découvrirez les traces des animaux et apprendrez à identifier la flore de la région *(10 €/2h).*

Grimpe d'arbre – *Rens. à la maison de la Forêt - Leuglay - ✆ 03 80 81 86 11/07 52 03 37 19 - en sais. seult.* Le guide Sylvain Boulangeot organise, sur demande, la grimpe d'arbre au cœur du Parc national de Forêts. Une expérience originale et respectueuse du milieu (vous avez besoin juste de cordes et de harnais), afin d'atteindre la canopée !

Hébergement

Budget moyen

Chambre d'hôte Le Jardin de Carco – *4 r. des Avocats - ✆ 06 87 55 46 06 - P - 3 ch. 111/121 €.* Situé dans l'une des plus belles rues de Châtillon, ce bel hôtel particulier du 18e s. fut témoin des années de jeunesse du poète et romancier Francis Carco. La maîtresse des lieux, Frédérique, ne manquera pas de vous faire découvrir le superbe jardin à l'arrière, qui s'ouvre sur les toits de la ville. On accède aux vastes chambres par le grand escalier : elles ont toutes vue côté jardin et disposent de salles de bain modernes. L'une d'elles peut accueillir jusqu'à 5 personnes.

À Leuglay

Budget moyen

Gîtes de la Gare – *1 r. de la Gare - ✆ 06 80 45 97 15 - www.gites-de-france.com - ♿ - 5 gîtes 4 pers. 58/105 €.* Des gîtes modernes et spacieux ont été aménagés récemment dans l'ancienne gare de Leuglay, pouvant accueillir 4 personnes chacun. Un bel endroit !

Cigogne noire.
hfoxfoto/Getty Images Plus

L'Offrande de l'église, chapiteau de la cathédrale d'Autun.
I. Vdovin/age fotostock

COMPRENDRE LA BOURGOGNE

Bienvenue en Bourgogne

Vous avez envie de bons repas, accompagnés des meilleurs crus ? Vous aimez l'histoire, en particulier le Moyen Âge ? Casque de vélo ou chaussures de rando sont toujours dans vos bagages ? À moins de 2 heures en train de Paris comme de Lyon, la Bourgogne coche toutes les cases, particulièrement pour les adeptes du slowtourisme.

Histoire millénaire

La longue et riche histoire de la Bourgogne se lit dans les réalisations, aussi impressionnantes qu'émouvantes, dont les hommes ont parsemé le territoire. Le voyage commence il y a près de 30 000 ans à Arcy-sur-Cure dans une grotte ornée par *Homo Sapiens*, et se poursuit à travers les siècles, égrenant les grandes dates, les époques prestigieuses, les acteurs de légende, les lieux symboliques. À Alésia, Vercingétorix plie sous la force romaine ; dans les abbayes de Cluny et de Fontenay, l'art roman exulte ; à Dijon, les ducs de Bourgogne affirment leur puissance politique ; au Creusot, la révolution industrielle façonne un territoire. Tandis que la vie s'écoule dans ces paisibles villages aux ruelles pavées et maisons de pierre, dominés par leurs églises et leurs fiers châteaux.

Vin et bonnes tables

La main de l'homme en Bourgogne a su aussi tirer le meilleur de la nature, à commencer par la vigne dont un patient travail millénaire a révélé la qualité des cépages et la typicité des terroirs. Le vin, ici, est omniprésent et, sur la route, les appellations illustres et les grands crus se succèdent. L'occasion de dégustations mémorables, dans des caves centenaires ou à la belle étoile dans les vignes.
D'autant que le vin est également partie prenante de la gastronomie locale, à commencer par l'iconique bœuf bourguignon. Sur les plus grandes tables comme sous les halles des marchés, la qualité des produits est une source de fierté, célébrée lors des nombreuses foires qui rythment l'année et le passage des saisons.

Rando et vélo

La route des grands crus est parfaite aussi pour les adeptes de la petite reine : elle est en effet l'occasion de pédaler sur des petites routes tranquilles au milieu des vignes. Et c'est loin d'être le seul itinéraire qu'offre la Bourgogne aux cyclistes mais aussi aux marcheurs. Les nombreux canaux constituent une autre option pour cheminer doucement à l'écoute de la nature. Enfin, pour les plus sportifs, le Parc naturel régional du Morvan est un terrain de jeux de rêve : randonnée, VTT, rafting, escalade, ski de fond. Alors, prêts à partir ?

9 CHOSES À SAVOIR

Départements

Côte-d'Or, Nièvre, Saône-et-Loire et Yonne composent la partie bourguignonne de la région Bourgogne-Franche-Comté. Au total 1625 000 habitants (2019), soit une densité de 50,2 hab./km².

DIJON

Pleine de vitalité, la capitale bourguignonne a su mettre en valeur son formidable patrimoine légué par les ducs de Bourgogne. Elle est portée par sa jeunesse et une ribambelle d'adresses gourmandes, sous le phare de la Cité de la gastronomie, inaugurée en mai 2022.

1364-1477

Règne des ducs de Bourgogne, durant lequel la Bourgogne devient une puissance politique de premier plan. Le prestige des ducs est d'autant plus grand que la monarchie française est affaiblie par la guerre de Cent Ans.

Tuiles VERNISSÉES

Les toits polychromes sont iconiques de la région. Symboles de prestige, ils apparurent au 13e s. sur les cathédrales. Le plus bel exemple ? Les hospices de Beaune.

901 m

C'est l'altitude du Haut-Folin, point culminant de la Bourgogne, au cœur du Morvan. Ce parc naturel s'étale sur 325 000 ha au cœur de la région.

4 SITES Unesco

Abbaye de Fontenay, basilique de Vézelay, prieuré de La Charité-sur-Loire (au titre des chemins de St-Jacques-de-Compostelle) et Climats et vins de Bourgogne sont inscrits au Patrimoine mondial.

Canaux

Canal de Bourgogne, du Centre, du Nivernais et de Roanne à Digoin : la région est sillonnée de ces voies d'eau qui ont permis son développement. Aujourd'hui, ils ne transportent plus bois ni minerais, mais des vacanciers sur des péniches, saluant les cyclistes le long des chemins de halage !

Art roman

Nés en Bourgogne, les ordres clunisien et cistercien ont essaimé des édifices religieux majestueux partout dans le monde. Ici, l'élévation architecturale est à la hauteur de l'élévation spirituelle : pureté des lignes, grandeur des lieux, chapiteaux sculptés et tympans historiés dans une pierre prenant magnifiquement la lumière.

VIGNOBLES

La Bourgogne comprend cinq régions viticoles : Chablis, Grand Auxerrois et Châtillonais, côte de Nuits, côte de Beaune, côte chalonnaise et Couchois, et Mâconnais.

Le bourgogne

Pas de Bourgogne sans vignoble! Le nom est bien sûr synonyme de bon vin et, pour les amateurs, il renvoie à des appellations parmi les plus prestigieuses du monde. Derrière cette réputation, c'est une histoire fascinante qui s'ouvre à tous, mêlant terroirs, hommes, passion et plaisir. À découvrir sans réserve mais avec modération!

Le vin de Bourgogne dans l'histoire

Des moines à la cour

Dans l'Auxerrois, des bas-reliefs visibles sur le site gallo-romain d'Escolives-Ste-Camille attestent la production de vin dès le 2e s. La culture de la vigne va ensuite se généraliser. Au 12e s., autorisés par la règle à boire un peu de vin, les moines de Cîteaux développent le vignoble et constituent le célèbre **Clos de Vougeot**. En plantant du chardonnay blanc dans la région de Pontigny, ils « inventent » le **chablis**.
Preuve de l'importance du vin sur le territoire, mais également de sa réputation à l'extérieur, les ducs de Bourgogne se nomment « princes des meilleurs vins de la chrétienté » et font présent de leur vin aux rois. Charles le Téméraire en offre même à son pire ennemi, le roi Louis XI, qui apprécie le **volnay**. Philippe Auguste, déjà, avait fait venir un baril de **Beaune**, « vin de riche gent », avant d'affronter Jean sans Terre et ses alliés à Bouvines (1214).
Le prestige des vignobles bourguignons ne faiblit pas au cours des siècles qui suivent. On sait que le Roi Soleil prolongeait ses jours avec les **vins de Nuits**, que la Pompadour raffolait de la **romanée-conti** (son abbé, le libertin cardinal de Bernis, célébrait pour sa part la messe avec du **meursault**) et que Napoléon Ier avait un faible pour le corsé **chambertin**. Au sujet de ce dernier cru, Alexandre Dumas dira par la bouche d'Athos que « rien ne projette sur l'avenir une teinte plus rose ».

Essor du commerce et crise du phylloxéra

Au 18e s. s'organise le commerce des vins: à Beaune, puis à Nuits-St-Georges et à Dijon, s'ouvrent des maisons de négociants qui envoient dans le royaume et à l'étranger

Les vignobles en quelques chiffres

230 km d'Auxerre à Mâcon

30 052 ha de vignes, soit 4 % du vignoble français

84 appellations d'origine contrôlée (soit 23 % du vignoble français d'AOC)

205,8 millions de bouteilles par an (0,5 % de la production vinicole mondiale), dont la moitié part à l'export

60 % de vins blancs, 29 % de vins rouges et rosés, et 11 % de crémants de Bourgogne

51 % de cépage chardonnay, 39,5 % de pinot noir, 6 % d'aligoté

Tri de raisins fraîchement récoltés.
OceanProd/Getty Images Plus

(Angleterre, Belgique, Scandinavie, Suisse, Prusse, Amérique) des représentants chargés d'ouvrir de nouveaux marchés aux vins de Bourgogne. En 1863, les échanges internationaux s'étant fort développés, le **phylloxéra**, un insecte venu d'Amérique, fait son apparition dans le département du Gard. Signalé à Meursault en 1878, il ravage en peu de temps tout le vignoble, provoquant la ruine de la population viticole. La greffe de plants français sur des porte-greffes américains immunisés permet de reconstituer la vigne. On ne conserve alors que les meilleurs terroirs, ce qui garantit la qualité des crus.

Les ferments du nectar

La qualité d'un vin dépend à la fois du cépage – type de raisin –, du terroir, du climat et du travail de l'homme.

Le cépage

La Bourgogne est d'une grande unité ampélographique (relatif à la vigne, aux espèces et variétés, aux cépages), avec deux cépages presque hégémoniques : le pinot noir pour les rouges, et le chardonnay pour les blancs. On trouve aussi du gamay, du sauvignon et des cépages comme le sacy, l'aligoté et le melon pour les blancs, ainsi que le césar pour les rouges et le pinot-beurot pour certains rosés.

Le **pinot noir** était déjà fort prisé à l'époque des grands ducs, puisqu'une ordonnance prise en 1395 par Philippe le Hardi le défendait contre le « gamay déloyal » (le gamay convient mieux en Beaujolais). Il aime les sols argilo-calcaires et a été implanté avec succès en Suisse, aux États-Unis, qui sont le deuxième vignoble mondial de pinot noir, et même en Afrique du Sud, dans la région du Cap. Cépage délicat, le pinot noir évoque des arômes de fruits rouges (griotte, groseille, framboise) et noirs (cassis). Avec une vinification en fûts de chêne, les notes se feront plus épicées et on pourra y retrouver des arômes de sous-bois.

Le **chardonnay**, appelé aussi « aubaine », donne naissance

Les climats de Bourgogne au Patrimoine mondial

Le « climat », terme apparu dès 1584, est propre à la Bourgogne. Il désigne une parcelle de vigne connue souvent sous le même nom depuis des siècles et qui possède une identité propre, autant culturelle à travers son histoire que naturelle par ses sols, sous-sols, expositions et microclimats. C'est donc le produit d'un terroir (sols, météorologie, cépages) combiné au travail de l'homme, un savoir-faire traditionnel pour entretenir, cultiver et faire fructifier ces terroirs uniques. 1 247 climats sont référencés.
Le climat est le critère de reconnaissance en AOC en Bourgogne, alors que c'est le cépage en Alsace, la propriété-château en bordelais, et la marque en Champagne. Depuis 2015, le territoire que forment la côte de Beaune et la côte de Nuits, avec leurs villages et Beaune et Dijon, a rejoint la liste des sites classés au Patrimoine mondial de l'Unesco, entendus comme « œuvres conjuguées de l'homme et de la nature ».
www.climats-bourgogne.com

aux vins blancs de la côte de Beaune (montrachet, meursault), aux crus réputés de la côte chalonnaise (rully), du Mâconnais (pouilly-fuissé), dont c'est le terrain de prédilection, ainsi qu'aux vins de Chablis (le plant étant connu dans la région, en dépit de son origine cistercienne, sous le nom de « beaunois »). Les arômes, complexes et intenses, varient selon l'appellation et la méthode de vinification. Généralement élevé en fûts de chêne, le chardonnay de Bourgogne exhale des notes de fumé, grillé, beurre, miel, tilleul, fruits secs et fruits tropicaux.

Le terroir

C'est dans les sols caillouteux et secs des coteaux, laissant filtrer l'eau et s'échauffant facilement, que la vigne se plaît le mieux. En Bourgogne, malgré la diversité des sols, il existe une certaine unité géologique.
Les terrains calcaires, sur les escarpements de faille, donnent des vins bouquetés, forts en alcool et de longue conservation comme les côtes de Nuits et côtes de Beaune *(voir p. 74)*, les terrains composés de silice, de calcaire et d'argile, donnent des vins minéraux, aromatiques comme le chablis *(voir p. 411)*.

Les climats

La particularité de la région tient à sa diversité, dont rend compte l'unité traditionnelle de mesure des surfaces, qui n'est pas l'hectare, mais l'ouvrée soit 4 ares et 28 centiares (l'are équivaut à 100 m^2 et le centiare à 1 m^2). Une ouvrée équivalait à la surface qu'un homme pouvait travailler à la pioche en un jour.
Elle permet aussi de délimiter plus facilement la diversité géologique des sols, qui se décline selon la pente, l'ensoleillement, le vent, le gel, etc. Ainsi dénombre-t-on 59 types de sols pour la seule côte de Nuits.
Cette connaissance extrêmement précise de chaque parcelle de terre a conduit les vignerons bourguignons à donner un nom à chaque climat. Leur origine peut être botanique : Clos des Chênes, la Truffière ; zoologique : Clos des Mouches, Aux Perdrix ; climatique : Côte Rôtie, Vigne du Soleil ; géologique : Sur les Grèves, les Terres Blanches. ou anecdotique ou fantaisiste : la Pucelle, les Amoureuses, les Procès, l'Homme Mort, Redrescul…
Le nom des climats les mieux situés, c'est-à-dire produisant les meilleurs vins, a le privilège d'être accolé au nom du village, par exemple « Beaune-Clos des Mouches ». Parmi ces climats, certains sont renommés depuis longtemps et leur nom seul suffit à les désigner : chambertin, musigny, clos-de-vougeot, richebourg.

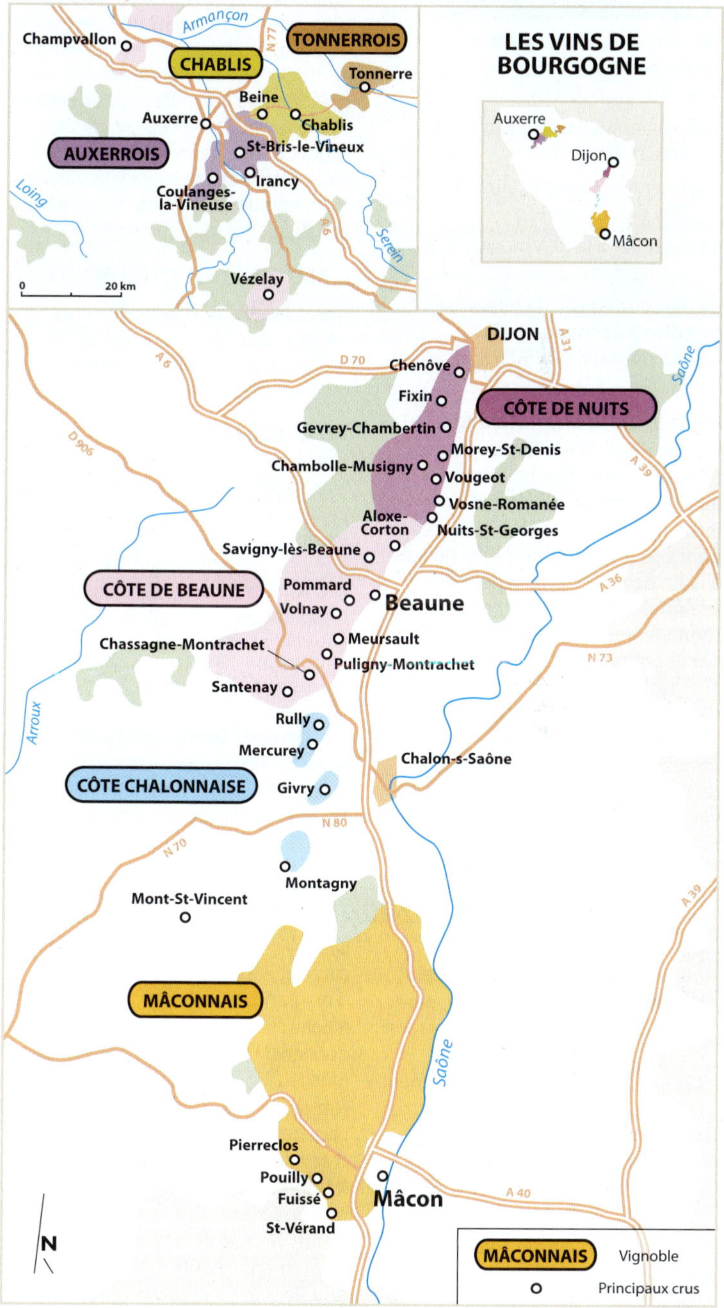
LES VINS DE BOURGOGNE
Auxerre
Dijon
Mâcon
Armançon
Champvallon
CHABLIS
TONNERROIS
N 77
Tonnerre
Beine
Chablis
Auxerre
AUXERROIS
St-Bris-le-Vineux
Irancy
Coulanges-la-Vineuse
Loing
A 6
Serein
Vézelay
0
20 km
DIJON
A 31
D 70
Chenôve
Fixin
CÔTE DE NUITS
Saône
A 6
Gevrey-Chambertin
Morey-St-Denis
D 906
Chambolle-Musigny
Vougeot
A 39
Vosne-Romanée
Aloxe-Corton
Nuits-St-Georges
Savigny-lès-Beaune
CÔTE DE BEAUNE
Pommard
A 36
Volnay
Beaune
Meursault
Chassagne-Montrachet
Puligny-Montrachet
N 73
Santenay
Arroux
Rully
Mercurey
Chalon-s-Saône
CÔTE CHALONNAISE
Givry
N 80
N 70
Montagny
Mont-St-Vincent
A 39
MÂCONNAIS
Saône
Pierreclos
Pouilly
Fuissé
Mâcon
A 40
St-Vérand
N
MÂCONNAIS
Vignoble
Principaux crus

Top 5 Expériences dans les vignobles

- **Assister à une vente aux enchères aux Hospices de Beaune** *(p. 90).*
- **Pédaler à Chablis avec e-bike wine tours** *(p. 414).*
- **Dîner à la Table de Léonce au Clos de Vougeot** *(p. 76).*
- **Festoyer à la St-Vincent tournante** *(p. 532).*
- **Parcourir à vélo la voie verte, entre Mâconnais et côte chalonnaise** *(p. 28).*

Le travail dans la durée

La vigne sans l'homme demeure à l'état de liane. Toute l'année, au fil des saisons, le viticulteur intervient pour que chaque parcelle donne le meilleur. Du travail du sol à la fin de l'hiver aux vendanges à la fin de l'été, de la taille au rognage de la vigne en passant par le palissage, rien n'est laissé au hasard. Seules les catastrophes naturelles peuvent mettre à mal voire anéantir son labeur. Après le temps des vendanges, vient celui de la vinification et de l'élevage du vin, maîtres de chais et œnologues prennent alors le relais.

Au-delà d'un investissement quotidien, les vins de Bourgogne s'inscrivent aussi dans une démarche de développement durable, alliant approche environnementale (gestion des ressources naturelles et préservation de la biodiversité), aspect social (formation et valorisation des métiers viticoles) et économique (pérennité de la filière et satisfaction des consommateurs).

L'art de la dégustation

Après la sélection des bons crus, il faut savoir servir le vin selon des règles qui assurent à l'amateur le meilleur plaisir de bouche.

La conservation

Les vins de Bourgogne atteignent leur apogée après quelques années. Le vieillissement est variable selon les conditions de stockage, qui doivent respecter certaines règles: lieu sombre et aéré, sans vibrations, température stable de 11 à 14 °C environ, sol de terre battue couvert de graviers, et dont l'hygrométrie se situe entre 70 et 80 %.

La bonne température

Pour un **vin rouge**, il est conseillé de laisser reposer la bouteille quelques heures à température ambiante (18 à 20 °C), puis de l'ouvrir une heure

Vocabulaire relatif à la dégustation

Bien en bouche: vin riche et équilibré, qui remplit la bouche.
Chaleureux: vin qui procure, par sa richesse en alcool, une sensation de chaleur.
Charnu: vin qui a du corps, et donne la sensation de mordre dans un fruit.
Corsé: vin riche en alcool; on dit aussi qu'il a du « corps », de la « cuisse » ou de la « jambe ».
Épais: vin très coloré, qui donne une sensation de lourdeur et d'épaisseur.
Gouleyant: vin facile à boire, fruité, frais.
Gras: vin à la fois moelleux, charnu, corsé et riche en alcool (signes d'un grand vin).
Mâché: vin assez consistant, donnant la sensation de pouvoir être mâché.
Nerveux: vin qui dénote un caractère vif, avec une pointe d'acidité.
Râpeux: vin très astringent, qui racle le palais.
Rond: vin souple, charnu, légèrement velouté.
Souple: vin peu chargé en tanin, agréable au palais.

Les appellations

L'AOC atteste de la qualité du produit et dépend de quatre critères : terroir d'origine, mode de production, histoire du produit et savoir-faire du producteur. Les **84 AOC** bourguignonnes se répartissent sur 4 niveaux d'appellation : les appellations **Grands Crus** (33 AOC) sont produites sur les meilleures parcelles des communes : les fameux climats. On trouve ensuite les appellations **Villages** et **Premiers Crus** (44 appellations) et les appellations **régionales** (7 appellations).

avant le repas. Selon leur âge, les rouges sont servis plutôt chambrés (14 à 18 °C) ou relativement frais, comme on le conseille pour les vins jeunes (5 ans), qui se boivent à 12-14 °C. Précisons que les bourgognes rouges, moins tanniques que les bordeaux, ne demandent pas à être décantés avant le service.
Les **vins blancs secs** et les **rosés** seront appréciés frais (à 8 °C), et les blancs **moelleux** encore plus frais (environ 6 °C).

L'art et la manière

Avant de porter votre verre aux lèvres, goûtez le vin avec les yeux et avec le nez. Si vous voulez mettre des mots sur vos sensations, nous vous indiquons les termes usités.
La vue – La dégustation commence par un examen visuel de la « robe » et du « disque » du vin. La robe, différente selon les crus, désigne la couleur et la limpidité du vin. Le disque est la surface du vin dans le verre : il doit être brillant et ne présenter aucune particule.
L'odorat – Chaque vin a son parfum, aux odeurs évocatrices classées en 10 familles : animale, boisée, épicée, balsamique, chimique, florale, fruitée, végétale, empyreumatique et éthérée. Commencez par inhaler le vin au repos, c'est le premier nez. Puis faites-le tourner dans le verre pour libérer les arômes, en essayant de distinguer chaque famille, c'est le deuxième nez du vin. Avec les années, un vin dégage des odeurs sauvages et épicées.
Le goût – L'examen gustatif débute par une « attaque en bouche » de quelques secondes, où le vin entre brièvement en contact avec la langue. Ensuite, l'« évolution en bouche » permet d'apprécier plus longuement toutes les nuances du vin qui éclatent sur le palais. Avalez alors une gorgée pour vous délecter de la « fin de bouche ».
« Œnotourisme », voir p. 528.

Le vin et l'assiette

– Avec **fruits de mer** ou **poissons** : chablis, meursault, pouilly-fuissé, mâcon ou autres vins blancs secs, servis frais et non frappés (12-14 °C). Le puligny-montrachet accorde parfaitement ses arômes de fleurs, telle l'aubépine, et d'amande fraîche aux poissons et fruits de mer finement cuisinés ; pour atténuer le gras du saumon fumé, un simple aligoté convient très bien.
– Avec **volailles, viandes blanches** et **plats légers** : côte-de-beaune, mercurey (très bien avec le bœuf bourguignon), beaujolais ou vins rouges légers servis à température de cave (15-16 °C).
– Avec **gibier, viandes rouges, cèpes** et **fromages** : chambertin, chambolle-musigny, côtes-de-nuits, pommard et autres vins rouges corsés servis chambrés (16-18 °C). Avec les chèvres secs, n'hésitez pas à déboucher une bouteille de blanc tel un pouilly-fumé, délivrant ses arômes de bois brûlé et de végétaux. Avec le café, les agapes se terminent sur une **fine** ou un **marc de Bourgogne**. Cet alcool charpenté est produit par la distillation des marcs de raisin – peaux et pépins – et vieilli en fût de chêne.

Saveurs locales

La cuisine en Bourgogne est riche et généreuse. Point de prétention dans ses préparations : elle se façonne avec les produits que lui donne sa terre et nourrit les bons vivants comme les amateurs de cuisine raffinée. L'un des plus anciens livres de recettes, *Le Cuisinier françois*, fut rédigé par François Pierre, dit La Varenne (Dijon 1618-1678), écuyer de cuisine du marquis du Blé d'Uxelles à Cormatin, au milieu du 17e s....

Escargots

L'*Helix pomatia*, ou escargot de Bourgogne, est le plus célèbre des gastéropodes de France. Ce mollusque appartient à une espèce sauvage difficile à élever. Sa coquille est spiralée et de couleur brun jaune, sa chair est brun clair, ferme et élastique. On le trouvait autrefois le long des chemins. Depuis 1979, son ramassage en Bourgogne est réglementé et limité dans le temps, d'avril à juin, car il est en voie de disparition, victime de notre voracité. De nos jours, l'escargot que l'on consomme est une espèce proche, généralement venue d'Europe centrale. Toutefois, sur les bords de l'Yonne, vous trouverez le véritable escargot de Bourgogne à Bassou, la Maison Billot étant le

La véritable recette du bœuf bourguignon

1,5 kg bœuf pour bourguignon
200 g lardons
60 g beurre
10 petits oignons
2 carottes
2 gousses d'ail
60 g de farine
50 cl de vin rouge bourgogne (bien sûr)
50 cl de bouillon
250 g champignons
Bouquet garni
Sel et poivre

1. Dans une grande cocotte, faire fondre le beurre. Ajouter les oignons et les lardons. Faire revenir en remuant constamment. Lorsqu'ils sont dorés, les retirer et réserver.

2. Dans la même cocotte, faire revenir les morceaux de viande à feu vif. Ajouter les carottes.

3. Lorsque la viande est bien dorée, saupoudrer de farine et laisser roussir en remuant toujours.

4. Verser le bouillon. Bien gratter les sucs. Remettre les lardons et les oignons dans la cocotte. Verser le vin rouge. Saler, poivrer, ajouter le bouquet garni et les gousses d'ail écrasées. Porter à ébullition. Couvrir et laisser mijoter doucement pendant 3h.

5. Ajouter les champignons émincés, et laisser cuire encore 30mn : la sauce doit être liée, mais non épaisse. Si besoin, ajouter un peu d'eau.

6. Servir avec des pâtes ou des pommes de terre vapeur.

Marché à Beaune.
RnDmS/Getty Images Plus

spécialiste (www.francaise-de-gastronomie.fr).

Moutarde

Inévitablement associée à Dijon, elle est très répandue dès le Moyen Âge en Bourgogne, alors sur la route des épices. Elle fut pour Rabelais « ce baume naturel et réparant l'andouille ». Et pourtant, cette inscription dans l'histoire n'a pas empêché l'industrialisation de la fabrication et les graines de moutarde de venir du Canada. Afin de protéger la recette traditionnelle, il existe depuis 2009 une indication géographique protégée (IGP) qui certifie la provenance locale des graines de moutarde et du vin blanc utilisé pour préparer le condiment. Par ailleurs, des artisans perpétuent les procédés d'antan, en particulier la moutarderie Fallot qui utilise toujours le broyage des graines à la meule de pierre *(voir p. 96)*.

Viandes racées

La Bourgogne dispose de viandes de qualité récompensées par plusieurs appellations d'origine contrôlée ou protégée. C'est le cas de la **race charolaise** pour les bovins *(voir p. 200)*. La place du bétail dans les territoires se mesure tout particulièrement en décembre, lors du Festival du bœuf de Charolles ou celui des Quatre Glorieuses de Louhans *(voir p. 534)*.
Les **volailles de Bresse** ne sont pas en reste avec leurs poulets, poulardes et autres chapons, élevés en liberté *(voir p. 183)*. On les déguste à la crème, au vin jaune et aux morilles, ou encore à la Gaston-Gérard (du nom d'un ancien maire de Dijon). Quant au marché aux volailles de Bresse à Louhans le lundi matin, il fait toujours recette !
Autre spécialité pour les carnivores : le **jambon persillé**. Traditionnellement préparé au moment des fêtes de Pâques, il se compose des morceaux maigres du cochon pris dans une gelée de volaille très persillée.

Meurette

La meurette est une sauce au vin rouge, lardons, oignons et échalotes. S'il en existe de nombreuses variantes (avec des champignons, avec du vin blanc, etc.) et qu'elle peut être dénommée ailleurs matelote ou encore accompagner viandes ou poissons, en Bourgogne vous rencontrerez cette préparation surtout en entrée avec des œufs pochés. Sa réputation est telle que le prestigieux Clos de Vougeot accueille depuis 2019 un championnat du monde de l'œuf en meurette, où rivalisent des grands chefs! Avis aux amateurs, un concours est aussi prévu pour vous (www.meurette.fr).

Truffe

Le *Tuber uncinatum* ou « truffe de Bourgogne », était très prisé au 19e s., faisant même concurrence à sa cousine périgourdine, avec une production de 78 t par an en 1900. Tombée dans l'oubli après la Première Guerre mondiale, la truffe bourguignonne bénéficie d'un regain d'intérêt depuis les années 1990. Noir à l'extérieur, brun foncé veiné de blanc à l'intérieur, ce champignon est récolté du mois de septembre au mois de janvier. Cette truffe au goût de noisette et à la chair croquante se consomme fraîche, très finement émincée. Vous pourrez la déguster à la Maison aux 1000 Truffes *(voir p. 86)*. Elle se marie parfaitement à une poularde de Bresse.

Fromages

Dans le nord de la région, on fabrique des fromages à base

Les grands chefs de la région

À La Côte St-Jacques, superbe hostellerie dominant l'Yonne à Joigny, chaque assiette qui sort des cuisines du talentueux **Jean-Michel Lorain** est un véritable hymne à la gastronomie. Une cuisine inventive, qui célèbre le beau produit. C'est dans ce restaurant tenu par Marie Lorain que Michel fit ses débuts de cuisinier, avant de donner sa renommée à l'établissement dans les années 1970. Puis ce fut l'arrivée de son fils Jean-Michel, en 1983, qui travailla avec son père. Aujourd'hui, il transmet son talent à son neveu Alexandre Bondou. Une cuisine d'exception récompensée par 2 étoiles au guide Michelin (2022).

La Côte St-Jacques – *14 fg de Paris - Joigny - 03 86 62 09 70 - www.cotesaintjacques.com.*

Éric Pras, ancien second en cuisine chez Régis Marcon – un trois étoiles depuis 2007 – et élu « Meilleur Ouvrier de France » en 2004, dirige la Maison Lameloise à Chagny avec Frédéric Lamy en salle. Dans ce lieu emblématique, la succession de Jacques Lameloise a été une réussite : le maintien de la troisième étoile en est la preuve. Éric Pras, tout en gardant les classiques de la maison, a apporté une touche personnelle de légèreté dans cette cuisine unique.

Maison Lameloise – *36 pl. d'Armes - Chagny - 03 85 87 65 65 - www.lameloise.fr.*

C'est à Saulieu que se trouve le célèbre restaurant qui, avec Bernard Loiseau, puis son épouse, a marqué la gastronomie au-delà de la Bourgogne. Bernard Loiseau s'est révélé le précurseur d'une cuisine de la légèreté et de la mise en valeur du produit. **Patrick Bertron**, qui fut le second de Bernard Loiseau durant plus de 20 ans, a succédé dignement à son maître. Il reste fidèle à certaines recettes emblématiques de la maison, tout en apportant sa touche personnelle dans un registre de haute gastronomie, récompensée par 2 étoiles au guide Michelin (2022).

La Côte d'Or – *2 av. Bernard-Loiseau - Saulieu - 03 80 90 53 53 - www.bernard-loiseau.com.*

Pain d'épice.
Proformabooks/Getty Images Plus

de lait de vache à pâte molle et croûte lavée : époisses (AOC) et soumaintrain (IGP) tous deux affinés ont un ton ocre. L'époisses très coulant et très fort, a la croûte lavée au marc *(voir p. 443)*. À Époisses, la Fromagerie Berthaut est incontournable *(voir p. 446)*. Plus confidentiel, le saint-florentin lavé à l'eau salée et non affiné est commercialisé depuis le 18e s. dans l'Auxerrois. La fromagerie Soufflard à Auxerre en propose *(voir p. 395)*. Aussi au lait de vache, la faisselle est un fromage frais, servi salé, relevé d'herbes aromatiques. Dans le sud bourguignon sont surtout produits des fromages de chèvre : le bouton-de-culotte, haut de 3 cm, le charolais et le mâconnais, également coniques.

Pain d'épice

Le pain d'épice est fabriqué avec du seigle, du miel et de l'anis, et se présente soit sec, sous forme de pavé, soit moelleux, rond, fourré de confiture, recouvert d'un glaçage ou décoré de fruits confits et enveloppé d'un papier d'argent : c'est une vraie friandise qui porte le nom de nonnette parce qu'elle était autrefois confectionnée par les nonnes, dans les couvents. À Dijon, la marque historique Mulot & Petitjean, qui possède une boutique en ville, a aussi un petit musée sur son site de production *(voir p. 66)*.

Kir

Le cassis entre dans la préparation de bonbons, les cassissines, de gelées, de confitures, de jus de fruits. On produit même un poivre de cassis *(voir p. 96)*, mais surtout de la liqueur dite « crème de cassis » dont vous pourrez découvrir la fabrication en visitant Cassissium *(voir p. 78)*.
Cette liqueur entre dans la composition du kir, célèbre apéritif – du nom du chanoine Félix Kir qui fut maire de Dijon de 1945 à 1968. Pour le réussir, il convient de prendre une liqueur de cassis peu alcoolisée, 16 °, car il faut équilibrer le sucre de la liqueur avec l'acidité du vin blanc aligoté en respectant la proportion : 1/5 de liqueur et 4/5 de vin.
La recette du kir royal est la même, mais le vin pétillant un crémant de Bourgogne remplace le vin blanc.

Histoire

Terre d'épopée, la Bourgogne a vu s'affronter César et Vercingétorix. Terre de spiritualité, elle conserve l'immense héritage monastique des deux grands ordres religieux du Moyen Âge. Terre des fameux ducs de Bourgogne, grands mécènes, la région est alors au faîte de sa puissance et de sa renommée. Terre riche et nourricière, sillonnée de cours d'eau, elle a vu ses paysages se modeler au gré des inventions et des créations de l'homme.

Époque préhistorique

Dès les prémices du peuplement de l'Europe, la Bourgogne est un lieu de passage et d'échanges entre le Bassin parisien et la vallée de la Saône, les pays du Nord et la Méditerranée. L'homme de **Cro-Magnon** vit dans les grottes d'Arcy-sur-Cure, quand il les préfère aux campements. La mise au jour d'ossements et d'outillages à la **roche de Solutré** atteste l'existence d'établissements humains entre 18 000 et 15 000 ans avant l'ère chrétienne. Ce site paléolithique *(voir p. 138)* a donné son nom à l'outillage de pierre en forme de feuilles de laurier.

Antiquité

- **8e s. av. J.-C.** – Invasion des **Celtes** et apparition de tertres funéraires et de sépultures par incinération ou par inhumation, comme celles de Blanot *(voir le Musée archéologique de Dijon, p. 57)* et de Villethierry *(voir le musée de Sens, p. 367)*.
- **v. - 530** – Début de la **société gauloise** et développement du commerce avec les négociants grecs d'Italie du Sud, ce dont témoigne le trésor de Vix *(voir p. 462)*. À l'âge de La Tène (second âge de fer), la région est habitée par trois peuples gaulois : les **Éduens**, le plus puissant de Gaule avec les Arvernes, qui a pour capitale l'oppidum de Bibracte ; les **Séquanes**, au bord de la Saône ; les **Lingons**, sur le plateau de Langres, dans le Châtillonnais.
- **- 58** – Menacés par les Helvètes, les Éduens demandent le secours de Rome, leur alliée. Par sa victoire près de Montmort (non loin de Bibracte), **Jules César** commence la conquête des Gaules *(voir p. 272)*.
- **- 52** – Insurrection générale des Gaulois contre l'envahisseur romain. Les Éduens s'allient aux Arvernes après la victoire de **Vercingétorix** à Gergovie. Assiégé à Alésia, le chef des Arvernes rend les armes à César.
- **21** – Les Éduens, conduits par **Sacrovir**, se révoltent sans succès contre l'empereur romain Tibère et prennent en otages à **Augustodunum** (Autun – *voir encadré p. 290*) des fils de chefs gaulois qui recevaient une éducation romaine.
- **70** – Avec la *Pax romana*, la civilisation gallo-romaine s'épanouit à Autun et Sens.
- **313** – Par l'édit de Milan, l'empereur Constantin accorde aux chrétiens la liberté de culte : au cours du siècle, le christianisme s'étend en Bourgogne, avec les saints

Vercingétorix jette ses armes aux pieds de César, Lionel-Noël Royer, 1899.
D.R.

Andoche, Bénigne et Reine. En 418, saint Germain, ancien commandant de garnison romaine, devient évêque d'Auxerre *(voir encadré p. 388)*.

- **356** – Invasion germanique.

La Burgondie

- **442** – Originaires de l'île de Bornholm, en mer Baltique, et porteurs d'une civilisation avancée, les Burgondes s'installent dans le bassin de la Saône et du Rhône, puis fondent un royaume auquel ils donnent leur nom : *Burgundia*, qui deviendra Bourgogne. Le roi **Gondebaud** institue l'égalité entre sujets romains et burgondes.

Mais l'Empire romain d'Occident se disloque : Rome est prise en **476** par des Barbares venus de l'est.

- **500** – **Clovis**, roi des Francs, vainc les Burgondes, qui deviennent tributaires des Mérovingiens. En **534**, ses héritiers annexent le royaume burgonde, qui occupe le quart sud-est de la France actuelle.
- **734** – **Charles Martel** reprend en main la Bourgogne après les invasions arabes. À la mort de son fils Pépin le Bref (768), la région revient à Carloman, frère de Charles Ier. Ce dernier s'en empare en 771.
- **841** – Dans la lutte pour l'Empire de Charlemagne, **Charles II le Chauve** bat son frère Lothaire à Fontanet (Fontenoy-en-Puisaye, près d'Auxerre). Par le traité de Verdun (843), l'Empire d'Occident est démembré entre les fils de Louis le Pieux : la Bourgogne franque, qui s'arrête à la Saône, revient à Charles le Chauve ; la Bourgogne impériale, dont le nord deviendra le comté de Bourgogne, ou Franche-Comté, est attribuée à **Lothaire**.

Le duché de Bourgogne

Les ducs capétiens tiennent une place importante dans la politique du royaume de France. À leur époque, la Bourgogne devient un véritable bastion de la chrétienté : c'est l'ère du rayonnement des grands **ordres monastiques** établis à Cluny, Cîteaux et Clairvaux.

- **Fin du 9e s.** – Ayant repoussé les Normands, Richard le Justicier, comte d'Autun, fonde le duché qui englobe les *pagi*, c'est-à-dire les comtés, de la zone franque.

- **910** – Fondation de Cluny *(voir p. 146)* par Guillaume d'Aquitaine.
- **1002-1016** – Le roi de France Robert II le Pieux, fils d'Hugues Capet, occupe la Bourgogne.
- **1032** – Henri Ier, fils de Robert II le Pieux, cède le duché à son frère Robert Ier le Vieux (branche bourguignonne de la maison capétienne) afin de préserver son trône. Langres, Troyes, Sens, Auxerre, Mâcon et Nevers n'en font plus partie.
- **1098** – Fondation de l'abbaye de Cîteaux *(voir p. 114)*.
- **1146** – **Saint Bernard** prêche à Vézelay la deuxième croisade. Après leur échec devant Damas, Germains et Français rentrent en 1149.
- **1186** – Le duc Hugues III de Bourgogne, qui mène une active diplomatie matrimoniale, se soumet à Philippe Auguste.
- **1361** – Après un hiver où la Bourgogne est pillée par les Anglais (guerre de Cent Ans, 1337-1453), le jeune duc Philippe de Rouvres meurt de la peste; avec lui s'éteint la lignée des ducs capétiens. Le duché passe alors entre les mains du roi de France, Jean II le Bon, qui le remet en apanage à son quatrième fils, **Philippe le Hardi**, dès 1363.

RÈGNE DES DUCS DE BOURGOGNE
VOIR P. 488

Le retour à la Couronne

- **1477** – À la mort de Charles le Téméraire **Louis XI** annexe la Bourgogne ducale au domaine royal et crée le parlement de Dijon *(voir p. 42)*. Lésée d'une grande part de son héritage, **Marie de Bourgogne**, fille du défunt duc, épouse la même année le futur empereur germanique, Maximilien de Habsbourg. Elle lui donne un fils, Philippe le Beau, et une fille, Marguerite d'Autriche. À la mort de Marie, en 1482, le reste des territoires de l'ancien duché revient à son époux.
- **1482** – Le **traité d'Arras** met fin à la guerre de succession franco-germanique, la Bourgogne ducale revenant au royaume de France.
- **1519** – À la tête du Saint Empire romain germanique, **Charles Quint**, fils de Philippe le Beau, est prince bourguignon et francophone. L'un de ses principaux objectifs est de reconquérir ses droits à l'héritage du duché de Bourgogne. Son rêve est d'ailleurs de prendre place parmi les siens dans la **chartreuse de Champmol** *(voir p. 59)*.
- **1525** – Le désastre de **Pavie**, en février, contraint François Ier à céder le Milanais et la Bourgogne, à laquelle Charles Quint renoncera plus tard (paix de Cambrai en 1529, puis traité de Crépy-en-Laonnois en 1544).
- **1559** – Par le traité de **Cateau-Cambrésis**, qui marque la fin des guerres d'Italie, la province est définitivement rattachée au royaume de France.
- **1595** – Henri IV bat les Espagnols à Fontaine-Française, libérant la Bourgogne *(voir encadré p. 68)*. L'Espagne garde le Charolais.
- **1601** – La Bourgogne s'agrandit de la Bresse, du Bugey et du Valmorey, acquis au duc de Savoie.
- **1631-1789** – À partir du règne de Louis XIII et jusqu'à la Révolution, les **princes de Condé** se succèdent comme gouverneurs de la province, partageant le pouvoir avec l'intendant de la généralité de Dijon (justice, police et finances). En 1650, le Grand Condé implique ses administrés dans la fronde contre le jeune roi Louis XIV.
- **1789** – En juillet, St-Florentin est l'un des centres d'où part la Grande Peur. Près de Cluny et de Cormatin, des groupes de paysans révoltés sont battus par les milices. Les coupables de ces jacqueries sont condamnés à Dijon.
- **1790** – Le 24 février, la province est divisée en **quatre départements**.

Les grands domaines du clergé, dont les vignobles, sont vendus à la bourgeoisie. Le Clos de Vougeot passe de la poche des moines de Cîteaux à celle de banquiers parisiens.

De la fin de l'Empire à la Libération

- **1814** – Napoléon rompt les négociations de Châtillon-sur-Seine, qui auraient permis de faire la paix avec l'Autriche, la Russie, l'Angleterre et la Prusse, sur la base des frontières de 1792.
- **1832** – Le **canal de Bourgogne** est ouvert à la navigation.
- **1837** – **Lamartine** *(voir p. 124)* est élu député de Mâcon.
- **1848** – Lamartine proclame la IIe République et intègre le gouvernement provisoire comme ministre des Affaires étrangères.
- **1849** – Inauguration de la **gare** de Dijon.
- **1859** – Première **vente aux enchères** des vins des Hospices de Beaune *(voir encadré p. 90)*.
- **1878** – Destruction du vignoble par le **phylloxéra**.
- **1934** – La création de la **confrérie des Chevaliers du Tastevin** à Nuits-St-Georges sort le vignoble bourguignon de sa léthargie *(voir encadré p. 77)*.
- **1940-1944** – La ligne de démarcation traverse la Bourgogne du Sud: Chalon est en zone occupée. Le Mâconnais reste en zone libre. La Résistance est active en Bourgogne: les forêts du Châtillonnais et du Morvan *(voir p. 236)* abritent le maquis. Le frère Roger Schutz, venu de Suisse, mais de mère bourguignonne, s'installe à **Taizé**. Il y jette les bases d'une communauté œcuménique; ses premiers hôtes sont des juifs réfugiés.
- **Septembre 1944** – Le 11, **Dijon est libéré**. Le 14, la division Leclerc et l'armée de Lattre de Tassigny opèrent leur jonction près de Châtillon-sur-Seine.

Depuis 1944

- **1953** – Découverte du trésor de Vix dans le Châtillonnais.
- **1970** – Création du **Parc naturel régional du Morvan** *(voir p. 234)*.
- **1971** – Le dernier service hospitalier quitte l'hôtel-Dieu de Beaune. Le bâtiment est désormais entièrement dévolu aux visites.
- **1982** – Cinq cents ans après son rattachement à la France, création de la **région Bourgogne**.
- **2003** – Création de la **100e AOC**: saint-bris.
- **2015** – Inscription des climats de Bourgogne au Patrimoine mondial de l'Unesco.
- **2016** – Suite à la réforme territoriale, la Bourgogne-Franche-Comté (BFC) est la nouvelle appellation régionale.
- **2019** – Création du Parc national de Forêts *(voir p. 463)*.
- **2022** – Ouverture à Dijon de la Cité internationale de la gastronomie et du vin.

Les ducs de Bourgogne

C'est sous la dynastie des Valois que la Bourgogne devient en un peu plus d'un siècle (1361-1477) une puissance politique de premier plan. À Dijon, les grands ducs d'Occident mènent un train fastueux. Leur prestige est d'autant plus grand que la monarchie française est affaiblie par la folie de Charles VI et la guerre de Cent Ans. Cependant, tout s'effondre à la mort de Charles le Téméraire, qui s'est fait de nombreux ennemis : c'en est fini de l'État bourguignon.

Philippe II le Hardi (1363-1404)

Lors de la **bataille de Poitiers** contre le Prince Noir (1356), Philippe, âgé d'à peine 15 ans, combat héroïquement aux côtés de son père, le roi de France Jean le Bon. Il se voit qualifier de « hardi » lorsque, blessé et emprisonné avec son père, il assène un soufflet à un gentilhomme anglais qui tient des propos désobligeants envers le roi. En novembre 1364, ses titres de courage lui ayant valent le duché. Par son mariage en 1369 avec **Marguerite de Flandre**, il hérite d'un important territoire : Nivernais, comté de Bourgogne, Franche-Comté, Artois et Flandre, qui fait de lui le plus puissant prince de la chrétienté.
Dans le palais qu'il a fait reconstruire à Dijon, il convie peintres et sculpteurs de son domaine de Flandre. Soucieux d'assurer à sa dynastie une nécropole royale, il fonde la **chartreuse de Champmol**. Les plus beaux marbres sont apportés de Liège, les pierres d'albâtre de Gênes. À sa mort, il a dilapidé sa fortune au point que ses fils doivent, pour payer les funérailles, mettre en gage l'argenterie.

Jean sans Peur (1404-1419)

Succédant à son père, Philippe le Hardi, mais plus prudent et rusé que lui, il reprend la lutte au Conseil royal face au parti de son cousin et ennemi Louis d'Orléans, frère du roi dément Charles VI, et prône des réformes administratives. Il espère en toute simplicité régner sur la France. Comme Louis a pour emblème un bâton noueux, Jean adopte un rabot, signifiant par là qu'il saura bien un jour « planer ce bâton », ce qu'il réalise en commanditant l'assassinat de son rival le 23 novembre 1407. Il quitte aussitôt Paris.
Avec la **paix de Chartres** et le pardon du roi, Jean sans Peur regagne la capitale, mais il est violemment combattu par la faction des Orléans, que dirige désormais, à la place du nouveau duc Charles, captif des Anglais depuis Azincourt (1415), le beau-père de celui-ci, Bernard d'Armagnac. Ce conflit des **Armagnacs** et des **Bourguignons** dresse les Français les uns contre les autres (entre 1411 et 1435), en pleine guerre de Cent Ans, au profit des envahisseurs anglais.

Philippe III le Bon (1419-1467) et la Toison d'or

Par esprit de vengeance, mais aussi pour préserver la Bourgogne, Philippe III le Bon, fils unique de Jean sans Peur, s'allie aux Anglais.
Philippe le Bon cherche à s'allier la noblesse en fondant, à l'occasion de son mariage à Bruges avec Isabelle de Portugal (janvier 1430), l'ordre souverain de la Toison d'or.
La même année, **Jeanne d'Arc** est capturée. Par le traité d'Arras (1435), Philippe se réconcilie avec Charles VII et agrandit

en contrepartie son domaine (comtés d'Auxerre et de Mâcon, villes de la Somme à titre précaire). Dijon devient la capitale d'un puissant État qui comprend une grande part de la Hollande et de la Belgique, le Luxembourg, la Flandre, l'Artois, le Hainaut, la Picardie et le territoire compris entre la Loire et le Jura. Le duc, qui possède l'une des cours les plus fastueuses d'Europe. Ce déploiement de luxe engendre quelques tensions : en 1453, les états généraux à Dijon s'insurgent contre les privilèges des commensaux de Philippe.

« Le hardi est sans peur devant le bon téméraire », voilà un bon moyen pour retenir dans l'ordre les noms des quatre ducs de Bourgogne !

Charles le Téméraire (1467-1477)

Dès 1465, son père lui a confié le commandement des armées de Bourgogne. Esprit aussi cultivé, il est audacieux, orgueilleux et dévoré d'ambition. Puisque son père a porté le même nom que Philippe de Macédoine, il rêve de devenir un nouvel Alexandre. Il veut rattacher les moitiés nord et sud de ses principautés afin de créer un royaume. Pour cela, et pour lutter contre les rébellions que suscite son très habile rival **Louis XI**, il soutient des guerres continuelles. Il est proche de la réussite lorsque, en 1475, il conquiert la Lorraine, mais ses troupes sont épuisées et subissent des défaites contre les Suisses. Il meurt en assiégeant Nancy (envisagée comme capitale), défendue par René d'Anjou, duc de Lorraine, qui avait repris la ville trois mois plus tôt. Son corps est retrouvé dans un étang glacé, le visage rongé par les loups.

L'art roman bourguignon

À plusieurs reprises, la Bourgogne s'est trouvée à l'origine de grandes réformes religieuses. À partir du 10e s., elle est avec Cluny à l'avant-garde d'un mouvement mystique qui touchera l'Église d'Occident dans son ensemble. Au tournant des années 1100, elle conduit le renouveau de la vie monastique, avec saint Bernard. Ces deux moments se traduisent notamment par le rayonnement de l'art roman dans la région.

Un élan monastique

Au tournant de l'an 1000, avec la fin des invasions, la découverte de nouveaux procédés de construction, la croissance démographique, l'essor de la féodalité et surtout du monachisme, un nouvel élan bâtisseur émerge. Bénéficiant de conditions particulièrement favorables à son expansion (villes nombreuses, riches abbayes, matériaux abondants), l'école romane bourguignonne se développe avec une extraordinaire vitalité aux 11e et 12e s., en particulier dans la région de l'actuelle Saône-et-Loire, avec environ 300 édifices, contre une quarantaine dans l'Yonne et la Côte-d'Or.

L'ordre clunisien

La fondation par Bernon, en 910, d'un **couvent**, dit Cluny I, sur les terres mâconnaises du duc d'Aquitaine, Guillaume le Pieux, marque l'origine d'une importante réforme monastique. L'époque est propice: les débuts de la féodalité et l'instabilité du pouvoir royal se combinent à un mouvement mystique et un afflux d'hommes vers les cloîtres. À Cluny, le retour à l'esprit de la règle bénédictine est marqué par l'observance des grands principes: chasteté, jeûne, obéissance, silence (la communication se fait par gestes dans un langage de signes visuels). Les offices divins occupent la plus grande partie du temps.

Édifiée entre 955 et 981, l'**abbatiale** dite Cluny II est déjà dotée d'une grande abside originale et d'un chevet à chapelles échelonnées et orientées. L'abbatiale St-Pierre-et-St-Paul – Cluny III –, commencée en 1088 par saint Hugues et achevée vers 1130, a des dimensions gigantesques. Elle est d'ailleurs appelée la « seconde Rome », produite à la fois en raison de son indépendance à l'égard du pouvoir politique et de son engagement au service de la vitalité de l'Église. Elle est en effet directement rattachée au Saint-Siège, ce qui lui assure une grande autonomie vu l'éloignement du pouvoir pontifical.

L'**expansion** de l'ordre clunisien est extrêmement rapide, si l'on songe qu'au début du 12e s., en Europe, 1450 maisons comptant 10000 moines en dépendaient.

Chapiteau de l'abbaye de Cluny.
Catherine Leblanc/Getty Images Plus

Parmi les « filiales » bourguignonnes, citons les abbayes ou prieurés de St-Germain d'Auxerre, Paray-le-Monial, St-Marcel de Chalon, Vézelay, Nevers (St-Sever et St-Étienne) et La Charité-sur-Loire. Une telle floraison s'explique en grande partie par la personnalité et la pérennité des grands abbés de Cluny (tels saint Odon, saint Maïeul, saint Odilon, saint Hugues, Pierre le Vénérable) préparant ensemble leur succession, secondés par des hommes compétents. Georges Duby parle de « l'esprit d'équipe au coude à coude » qui règne entre les moines noirs (moines de Cluny).

Durant deux ou trois générations, Cluny est donc au cœur d'**un véritable empire**. Personnage considérable, plus puissant parfois que le pape, dont il est le guide et le conseiller, son abbé est consulté par les rois pour trancher les différends ou régler les litiges. Les richesses s'accumulent (chaque filiale paie

Saint Benoît et la règle bénédictine

Né en Nursie (Italie), Benoît s'installe, après avoir vécu en ermite, à la tête d'un groupe de moines sur le mont Cassin en 529. S'inspirant des préceptes contemplatifs de saint Basile et de Cassien, il élabore ses *Constitutions*, d'où sortira la fameuse « règle bénédictine ». Le travail manuel y tient une grande place : « les ouvriers de Dieu » travaillent six à huit heures par jour, tandis que quatre heures sont réservées à la lecture et quatre autres à l'office divin. La règle suggère que « le monastère soit construit de sorte que le nécessaire – à savoir l'eau, le moulin, le jardin – soit à l'intérieur et que s'y exercent différents métiers ». Le succès de cette règle tient à la volonté des rois carolingiens d'imposer un modèle monastique. Dès 670, le concile d'Autun la fait adopter par de nombreuses abbayes. Louis le Pieux, l'un des fils de Charlemagne, l'étend à tout l'empire en 817. Ces orientations sont à la source de toutes les règles monastiques actuelles.

une redevance) et, au sommet de la pyramide, l'abbé adopte le train de vie d'un grand seigneur, au point de se faire construire une résidence particulière. Peu à peu, la spiritualité de l'ordre en est affectée, et le pouvoir suprême lui-même n'est plus exercé de façon efficace.

La réaction cistercienne

Face à cette évolution de l'ordre clunisien, perçue comme un relâchement de ses moines, de nombreuses critiques se font jour à la fin du 11e s. C'est au sein de l'**abbaye de Cîteaux,** fondée en 1098 par Robert de Molesnes, que va ainsi naître l'ordre cistercien. Définis dans la Charte de charité (1119), ses principes mettent en avant la simplicité, la rigueur, voire l'ascétisme. Le travail et la charité sont promus comme des valeurs cardinales.
Le développement de l'ordre doit beaucoup à **saint Bernard**. Trois ans après son entrée à Cîteaux, ce dernier est envoyé pour essaimer aux limites de la Bourgogne et de la Champagne (dans l'actuel département de l'Aube). Promu abbé, il accomplit une œuvre gigantesque. Sous son abbatiat, Clairvaux (la « claire vallée ») connaît la prospérité : dès 1135, 1800 ha de forêts et 350 ha de prés et de champs dépendent de l'abbaye, où des bâtiments de pierre ont remplacé les bâtisses de bois des premières années. Le renom de Bernard attire bientôt à Clairvaux un grand nombre de vocations.
Comme c'est souvent le cas, le rôle des cisterciens ne s'est pas limité au domaine de la foi. Extrêmement organisés et efficaces, les moines blancs ont su tirer parti des terres les plus ingrates, souvent au fond des vallées, en défrichant et en construisant digues et canaux. Ils sont ainsi passés maîtres en hydraulique *(voir p. 115)*, dans les techniques viticoles *(voir Château du Clos de Vougeot, p. 76)*, et en œnologie comme en métallurgie *(voir p. 433)*.

L'architecture

L'importance de Cluny puis de Clairvaux, mais aussi le fait qu'à cette époque la plupart des monuments civils ou militaires sont construits en bois (donc aujourd'hui disparus), expliquent que l'art roman se confonde souvent avec l'art religieux.

Le préroman

Parmi les abbés constructeurs d'alors, **Guillaume de Volpiano**

Saint Bernard de Clairvaux, mystique et politique

Prodigieuse destinée que celle de ce fils d'un chevalier du duc de Bourgogne, né en 1090 au château de Fontaine, près de Dijon : cherchant la miséricorde de Dieu, il se présente à l'âge de 21 ans (en 1112) avec une trentaine de compagnons au monastère de Cîteaux, alors sous l'abbatiat d'Étienne Harding. Dénué de tout et de faible constitution, mais d'une brillante intelligence, ce mystique est amené à jouer un rôle politique de premier plan. Il fonde l'abbaye de Clairvaux en 1115, rédige la règle des Templiers, combat l'antipape en 1130-1137, fait condamner la scolastique d'Abélard à Sens, prêche la deuxième croisade à Vézelay contre l'hérésie cathare, prend la défense des Juifs attaqués par les croisés, participe au développement du culte marial. À sa mort en 1153, Cîteaux compte 700 moines et se voit rattacher 350 abbayes, dont les quatre premières « filles » : La Ferté, Pontigny, Morimond et Clairvaux. Canonisé en 1174, il est proclamé Docteur de l'église catholique en 1830.

Le saviez-vous ?

Les **clochers clunisiens** ont trois étages : le premier, aveugle, illustre la condition humaine, prise dans la glèbe et loin de Dieu ; le deuxième, à mi-chemin entre terre et ciel, ténèbres et lumière, montre la progressive élévation de l'homme, tandis que le troisième matérialise, dans sa floraison architecturale (fenêtres géminées, moulures, colonnettes), l'épanouissement de l'homme en prise avec la vie spirituelle.

édifia à Dijon, sur l'emplacement du tombeau de saint Bénigne, une nouvelle basilique. C'est l'église St-Vorles de Châtillon-sur-Seine *(voir p. 461)* qui permet de définir les caractères de l'art préroman : construction sommaire faite de pierres plates mal assemblées, piliers massifs, décoration très rudimentaire de niches creusées dans les murs et de corniches à bandes lombardes.
L'exemple le plus saisissant d'art roman qui nous soit parvenu est **St-Philibert** de Tournus *(voir p. 161)*, dont le narthex et son étage composent les parties les plus anciennes. On est surpris par la puissance de cette architecture.

L'opulence clunisienne

Si l'art roman à ses débuts doit beaucoup aux influences étrangères, méditerranéennes surtout, la période suivante voit avec Cluny le triomphe d'une formule nouvelle, un art opulent dont les caractères vont se répandre à travers toute la Bourgogne et au-delà.
Les vestiges de l'**abbatiale de Cluny** *(voir p. 146)* encore impressionnants par leur ampleur, permettent de dégager les caractères généraux de cette « école ». La voûte est en berceau brisé, véritable innovation par rapport au plein cintre, issu de l'époque romaine.
Chaque travée comporte un arc-doubleau : en diminuant les poussées, les arcs brisés permettent d'alléger les murs et d'élever ainsi les voûtes à une très grande hauteur. Cette ordonnance à trois niveaux, coiffée d'une voûte en berceau brisé, se retrouve dans de nombreux édifices de la région : la basilique de Paray-le-Monial *(voir p. 192)*, l'église de La Charité-sur-Loire *(voir p. 315)*, la cathédrale St-Lazare d'Autun *(voir p. 285)*, la collégiale St-Hilaire de Semur-en-Brionnais *(voir p. 206)* ou encore la basilique St-Andoche de Saulieu *(voir p. 263)* est aussi de la famille des grandes églises clunisiennes. Parmi les églises de village, celles du **Brionnais** sont remarquables, comme à Charlieu *(voir p. 208)*.

Les couleurs de Vézelay

Face à cette école clunisienne, le cas de la basilique de Ste-Marie-Madeleine à **Vézelay** est à part. Construite au début du 12ᵉ s., la nef est voûtée d'arêtes, alors que jusque-là seuls les collatéraux, de faibles dimensions, l'étaient. Les grandes arcades sont surmontées directement par des fenêtres hautes qui, s'ouvrant dans l'axe de chaque travée, éclairent la nef. Les pilastres sont remplacés par des colonnes engagées, et les arcs doubleaux soutenant la voûte restent en plein cintre (peut-être l'église d'Anzy-le-Duc a-t-elle servi de modèle…). Pour rompre la monotonie de cette architecture, on a recours à l'emploi de **matériaux polychromes** : calcaires de teintes variées, claveaux alternativement blancs et bruns. En tant que lieu de pèlerinage, la basilique est dotée d'un chevet à déambulatoire et de chapelles rayonnantes.

Le dépouillement cistercien

Dans la première moitié du 12ᵉ s., le plan cistercien fait son apparition

Une terre inspirante

Aujourd'hui encore, la Bourgogne est le ferment de mouvements religieux : la beauté des liturgies revit désormais à **Vézelay** sous l'impulsion des Fraternités monastiques de Jérusalem ; la plus internationale des communautés religieuses de Bourgogne s'est installée à **Taizé**. La Communauté de l'Emmanuel, formée à partir d'un groupe de prière du Renouveau charismatique catholique, a choisi **Paray-le-Monial**. La Boulaye, près de Montchanin, au sud d'Autun, héberge aujourd'hui le plus important centre d'étude et de pratique bouddhique d'Europe : Dashang Kagyu Ling, le **temple des Mille Bouddhas**. Quant aux fresques byzantines, elles ont pour écrin le centre monastique orthodoxe d'**Uchon**.

en Bourgogne. Caractérisé par un esprit de simplicité, il s'oppose à la théorie des grands constructeurs des 11e et 12e s., comme saint Hugues, Pierre le Vénérable, Suger, qui estiment que rien n'est trop riche pour le culte de Dieu. L'architecture dépouillée que saint Bernard préconise reflète les principes mêmes de la règle cistercienne : une beauté sobre et recueillie faite pour la prière et la charité.

Les cisterciens imposent un plan quasi unique à toutes les constructions de l'ordre, dirigeant eux-mêmes les travaux des nouvelles abbayes. Leur exigence engendre la naissance d'un style aisément identifiable, comme à Fontenay *(voir p. 430)* et Pontigny *(voir p. 383)*. Fontenay montre la disposition habituelle des différents bâtiments, qui s'est répandue à travers l'Europe, de la Sicile à la Suède : une façade simple, sans portail, avec un lanterneau, mais pas de clocher (les cisterciens vivent à l'écart des routes fréquentées) ; une nef aveugle est couverte d'un berceau brisé, comme dans l'architecture clunisienne ; des bas-côtés voûtés de berceaux transversaux ; un transept qui déborde largement (croix latine), deux chapelles carrées s'ouvrant à chaque croisillon, et un chœur, carré et peu profond, se terminant par un chevet plat, éclairé par deux rangées de fenêtres, en triplet ; enfin, cinq fenêtres percées au-dessus de l'arc triomphal, et chaque travée des bas-côtés éclairée par une fenêtre.

En évitant tout décor, en éliminant pratiquement tout motif d'ornementation, que ce soit les vitraux de couleur, les pavements, les peintures murales ou les chapiteaux historiés, les cisterciens parviennent à exécuter des monuments d'une remarquable pureté. À l'instar des verrières en grisaille, même les enluminures sont monochromes.

La sculpture

Avec le choix du support, tympan et chapiteau, la sculpture monumentale épouse l'architecture. Le **Brionnais**, où l'on trouve une concentration exceptionnelle de portails sculptés, est le plus ancien foyer de sculpture romane bourguignonne. Dès le milieu du 11e s., un style un peu rude et naïf naît à Charlieu et dans la région : les sculpteurs se soucient peu du réel, les figures sont ramassées, hiératiques et riches en symboles. Après avoir travaillé à Cluny, appelés par l'abbé **Hugues de Semur**, qui appartenait à la famille des seigneurs du Brionnais, les artistes optent pour une grâce nouvelle, allongeant les figures et créant des compositions plus souples.

La grande abbaye bénédictine de **Cluny** draine en effet sur son chantier de nombreux sculpteurs et imagiers des régions voisines, devenant un centre de création pendant une vingtaine d'années (de 1095 à 1115). Un art délicat y voit le jour. Sur les chapiteaux du chœur – rare témoignage parvenu jusqu'à nous, présenté dans le farinier –, une végétation variée et des personnages aux attitudes adroitement observées révèlent un goût nouveau pour la nature (allégories des saisons, fleuves du paradis). Les figures sont drapées de tuniques flottantes où les plis déterminent un modelé en harmonie avec la sérénité recherchée, preuve que l'on commence à s'émanciper des contraintes formelles du chapiteau.

Dans le domaine du ciseau, l'influence clunisienne s'exerce à **Vézelay**. Outre ses chapiteaux historiés, la basilique de Ste-Marie-Madeleine abrite un grand portail sculpté dont le tympan représente le Christ envoyant ses apôtres en mission avant son ascension au ciel. La composition est envahie par un mouvement magistral où souffle l'Esprit: les corps s'agitent et les draperies, sillonnées de plis aigus et serrés, bouillonnent.

Cette œuvre, réalisée vers 1125, présente des points communs avec le portail du Jugement dernier de St-Lazare d'**Autun** (1130-1135), aux figures très allongées, aux draperies plissées, encore plus fines et moulées sur les corps. Le sculpteur Gislebertus s'est attaché à rendre toute la diversité des attitudes et des sentiments humains. Les chapiteaux de la nef et du chœur évoquent de façon vivante des scènes de la Bible et de la vie des saints, dont s'inspireront avec talent les artistes de St-Andoche à **Saulieu**.

Une volonté de renouvellement du style naît au milieu du 12e s. sur les portails de St-Lazare à **Avallon**: on y trouve une décoration luxuriante où apparaissent des colonnes torses, expression de la « tendance baroque » de l'art roman bourguignon, et une statue-colonne qui fait songer à celles de Chartres. Les rondes-bosses du tombeau de saint Lazare à Autun (1170-1184) annoncent également par leur troublante présence l'évolution vers le gothique.

La peinture

Dans la crypte de la cathédrale d'**Auxerre**, qui renferme des fresques du 11e s., on voit une représentation exceptionnelle du Christ à cheval, tenant dans sa main droite une verge de fer. Il est intéressant de le comparer avec le Christ en majesté peint dans le cul-de-four de l'abside, daté du 13e s.

À **Anzy-le-Duc**, un ensemble important de peintures murales, découvert au milieu du 19e s., fait montre d'une tout autre technique: teintes mates, très atténuées, dessins au trait sombre recouvrant un fond composé de bandes parallèles.

Une tradition à fonds bleus apparue à Cluny III est reprise dans la chapelle du « château des Moines », résidence des abbés à **Berzé-la-Ville**, à travers de belles compositions, probablement exécutées par les artisans de l'abbaye. L'imposant Christ en majesté, entouré de six apôtres et de nombreux autres personnages, a un air de famille avec les mosaïques de l'impératrice Théodora à St-Vital de Ravenne (6e s., Italie). Cette correspondance entre l'art clunisien et l'art byzantin s'explique par l'action prépondérante de saint Hugues, qui entretenait des relations constantes avec l'Italie, et Rome tout particulièrement.

Considérant cette influence de Cluny sur l'art du 12e s., on peut dire que la destruction de la grande abbatiale de Cluny au début du 19e s. est une perte irréparable pour notre patrimoine et pour la connaissance de l'art roman.

Arts et culture

Du vase de Vix aux vitraux modernes de la cathédrale de Nevers, la Bourgogne offre au visiteur un riche patrimoine, témoin de toutes les époques artistiques. Églises romanes, hôtels-Dieu et chemins de St-Jacques jalonnent cette terre de spiritualité. Petites cités et belles villes invitent à la flânerie, tout autant que les châteaux et leurs jardins.

Beaux-arts et architecture

Carrefour de routes et de voies d'eau, la Bourgogne a connu, depuis la plus haute Antiquité, des migrations de peuples et subi l'influence de civilisations diverses. Sous le règne du monachisme, l'art roman fleurit autour de Cluny et de Cîteaux. Une autre période, très riche sur le plan de la création artistique, est celle du gothique tardif déployé à la cour des grands ducs. Philippe le Hardi puis Philippe le Bon seront les mécènes d'une pléiade de peintres, sculpteurs, musiciens, originaires pour la plupart des « Pays-Bas » du duché.

L'art gallo-romain

Au moment de la conquête romaine, la capitale du peuple de la Gaule celtique, **Bibracte** *(voir p. 272)*, rassemblait de nombreux artisans celtes qui excellaient dans le travail du bois, de la céramique et des métaux comme le fer, le bronze puis l'argent. Vers l'an 5 av. J.-C., Auguste décide de construire un nouveau chef-lieu selon les principes romains : plan orthogonal, grands axes routiers. **Augustodunum** (Autun) supplante Bibracte et devient une ville phare au niveau économique et culturel. D'autres cités, comme Alésia, Mâlain et Entrains, se développent sur des sites où l'artisanat prospère. Il faudra attendre le 2e s. pour qu'apparaissent les premiers éléments (castrum de Divio) de la future capitale, **Dijon**.

Un art de tailleurs de pierre

La nouveauté apportée par les Romains dans le monde gaulois est le **travail de la pierre**, dont les monuments cultuels sont les premiers champs d'application. Beaucoup mieux conservés que les monuments et sculptures en bois, ils nous permettent aujourd'hui d'apprécier l'art de la période gallo-romaine.

L'examen des stèles ou des sanctuaires est révélateur des différents degrés de romanisation : dans les grandes villes, l'influence de Rome est assez hégémonique, et de nombreux temples sont élevés en l'honneur d'Apollon, souvent associé à des divinités indigènes ; dans les campagnes, le panthéon romain parvient plus difficilement à assimiler les dieux celtes. Les *matres* gauloises, divinités de la Prospérité et de la Fécondité, restent très vénérées ; les sources sont encore fréquentées pour leurs pouvoirs curatifs ; les ex-voto anatomiques en bois *(voir Musée archéologique de Dijon, p. 57)* y sont peu à peu

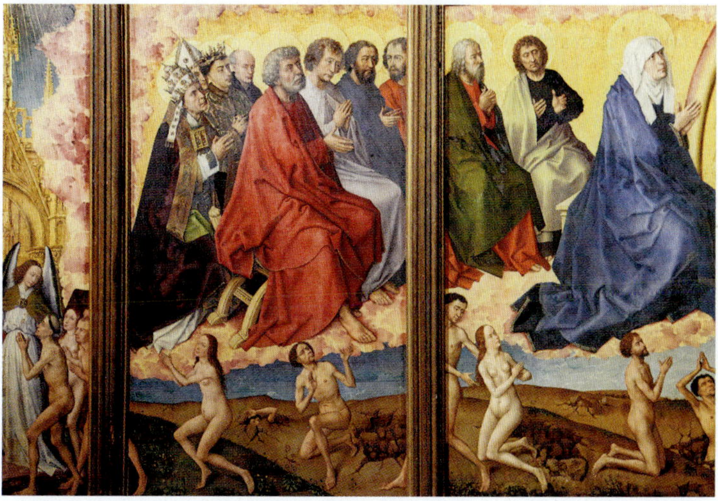

Retable polyptyque du Jugement dernier, Rogier van der Weyden (Hospices de Beaune).
J. Larrea/age fotostock

remplacés par d'autres en pierre *(voir musée du Pays châtillonnais à Châtillon-sur-Seine, p. 462).*
Une grande importance est donnée aux monuments funéraires, et les stèles, de plus en plus expressives et réalistes, donnent une image fidèle de l'organisation de la société gallo-romaine *(voir musée d'Art et d'Histoire d'Auxerre, p. 388).*
Les riches propriétaires se font construire des **villas** à la romaine : la *cella* gauloise est entourée de portiques, décorée de colonnes et de mosaïques, agrémentée de thermes et de salles chauffées par hypocauste (système de chauffage par le sol utilisé à l'époque romaine).
À l'aube de l'avènement de la culture chrétienne, amorcée à Autun par le martyre de saint Symphorien et accélérée par l'évangélisation de saint Martin, de nouvelles inspirations apparaissent, qui vont marquer l'art de la région.

L'art carolingien

Après la période d'éclipse du haut Moyen Âge, l'époque carolingienne (8e-9e s.) connaît un renouveau artistique qui se manifeste principalement en **architecture**.
Parmi les éléments novateurs, on relève la crypte annulaire sous le chevet, la crypte-halle aux dimensions d'une véritable église souterraine et le chapiteau cubique.
Les plans des édifices religieux sont simples et les constructions, en pierre grossièrement taillée, rudimentaires. On en voit des exemples dans l'ancienne **crypte de St-Bénigne** à Dijon *(voir p. 56)*, ainsi que dans celles de **Ste-Reine** à Flavigny-sur-Ozerain *(voir p. 454)* et de **St-Germain** à Auxerre *(voir p. 388).*
La **sculpture** s'exprime alors assez maladroitement : deux chapiteaux de St-Bénigne représentent, sur chaque face, un homme en prière, les mains levées vers le ciel.
Travaillée sur place, la pierre témoigne des tâtonnements du sculpteur ; certaines faces sont restées à l'état linéaire. Vestige de la basilique construite au milieu du 8e s., la crypte de Flavigny conserve quatre fûts de colonnes, dont trois semblent être romains et le quatrième carolingien ;

les chapiteaux présentent un décor de feuilles plates d'une facture encore fruste.
À la même époque, fresques et enduits sont employés dans la décoration des édifices religieux. D'admirables **fresques** représentant avec beaucoup de vivacité la lapidation de saint Étienne ont été mises au jour en 1927 à St-Germain d'Auxerre.

L'art roman

VOIR P. 490

Le gothique

Dès le milieu du 12e s., la **croisée d'ogives** apparaît en Bourgogne, prélude à une orientation nouvelle de l'architecture: allégement des voûtes, élargissement des baies, suppression des chapiteaux.
À l'extérieur, les arcs-boutants dispensent les murs de porter, lesquels en profitent pour s'orner d'immenses verrières.

L'architecture religieuse

Les cisterciens sont parmi les premiers à adopter cette formule des arcs diagonaux brisés et l'utilisent vers 1150 à Pontigny.
À Sens, la première grande cathédrale gothique (1135-1176), dédiée à saint Étienne, est érigée selon les directives de l'archevêque Sanglier *(voir p. 365)*.
Un **style bourguignon** se précise à Notre-Dame de Dijon *(voir p. 48)*, construite de 1230 à 1251: au-delà du transept, le chœur, assez profond, est flanqué d'absidioles et terminé par une haute abside; un triforium court au-dessus des grandes arcades, tandis qu'au niveau des fenêtres hautes, le mur de clôture de la nef, un peu en retrait, permet d'aménager une seconde galerie de circulation. Dans l'ornementation extérieure, la présence d'une corniche, se développant autour du chœur, de la nef, de l'abside ou du clocher, est un mode de décoration typiquement bourguignon.
Parmi les édifices élevés selon ces principes, on peut citer la cathédrale d'Auxerre, la collégiale St-Martin de Clamecy, l'église Notre-Dame de Semur-en-Auxois. Dans cette dernière, l'absence de triforium accentue encore l'impression de hauteur vertigineuse qui se dégage d'une nef étroite.

L'architecture civile

Dijon et un certain nombre de villes comme Flavigny-sur-Ozerain, Noyers-sur-Serein ou encore Châteauneuf-en-Auxois ont conservé des maisons à colombages et hôtels particuliers édifiés au 15e s. par de riches bourgeois.
C'est également de cette époque du **gothique tardif** que datent une partie du palais des ducs de Bourgogne à Dijon *(voir p. 41)*, le palais synodal à **Sens** *(voir p. 366)* et l'hôtel-Dieu de **Beaune** *(voir p. 89)*, triomphe de l'architecture de bois.
Parmi les châteaux, dont beaucoup ont gardé l'allure des forteresses du 13e s., signalons le château de **Châteauneuf-en-Auxois** *(voir p. 103)* et le palais ducal de **Nevers** *(voir p. 302)*.

La sculpture au 13e s.

Les œuvres de pierre héritent de l'influence de l'Île-de-France et de la Champagne en ce qui concerne la composition et l'ordonnance des sujets traités. Les statues-colonnes, d'un grand raffinement, présentent un hanchement plus marqué afin de souligner les mouvements ascendants du corps. Le portail de **St-Thibault** *(voir p. 444)* en est une illustration.

Les œuvres du 14e s.

L'avènement des grands ducs valois correspond, pour la Bourgogne, à une époque de rayonnement artistique. Pour décorer la **chartreuse de Champmol** *(voir p. 59)* Philippe le Hardi dépense sans compter, attirant à Dijon nombre d'artistes, pour la plupart originaires des Flandres. Parmi les sculpteurs ayant successivement travaillé à la réalisation de son tombeau, **Claus Sluter** (v. 1350-1406) est le plus grand. Il a su mettre du tempérament dans ses personnages. **Claus de Werve**, son neveu et élève, poursuit l'œuvre du maître avec une plus grande douceur. Du portail de la chapelle, il a aussi exécuté les statues du mécène et de son épouse, Marguerite de Flandre, qui seraient d'authentiques portraits: les draperies et les vêtements sont traités avec un art consommé, les expressions des personnages sont d'un réalisme saisissant. Les statues cessent désormais de faire corps avec l'architecture, et la physionomie est traitée de façon naturaliste.

La peinture gothique

Autour du chantier de la chartreuse de Philippe le Hardi, peintres et enlumineurs venus de Paris ou des Flandres s'activent. Leurs œuvres se distinguent par la fluidité des formes humaines et l'élégance générale. Dus à **Melchior Broederlam** les revers du **retable de la Crucifixion** *(voir p. 45)* font preuve d'un sens du détail, d'une maîtrise de la palette et d'un travail de l'espace qui sont la marque du **style gothique international**.
Sous le règne de Philippe le Bon, un style spécifiquement bourguignon apparaît, aux proportions plus harmonieuses et aux draperies plus sobres. Parmi les œuvres les plus connues de cette période, le polyptyque de l'hôtel-Dieu de Beaune *(voir p. 91)*, dû à **Rogier Van der Weyden**. Les tapisseries de l'hôtel-Dieu de Beaune comptent parmi les plus belles de l'époque.
N'oublions pas, toujours au 15e s., le nom de **Pierre Spicre**, peintre dijonnais, auteur des fresques de l'église Notre-Dame de Beaune.

De la Renaissance au romantisme

Retour à l'antique

Sous l'influence de l'Italie, l'art bourguignon au 16e s. est marqué par un retour aux canons antiques. En architecture, la transition s'effectue en douceur. L'**église St-Michel** de Dijon *(voir p. 52)* est composite: tandis que la nef, commencée au début du 16e s., est de style gothique, la façade, dont la construction s'échelonne entre 1537 et 1570, est un parfait exemple du style Renaissance. C'est le triomphe des lignes horizontales, de l'emploi des ordres antiques et des voûtes à caissons. On intègre dans les façades des médaillons à l'antique, des bustes en haut-relief, et les sujets religieux font place à des sujets profanes.
Dans la seconde moitié du 16e s. se répand à Dijon la décoration ornementale due notamment à **Hugues Sambin**.
La Bourgogne n'a certes pas connu une floraison de châteaux de plaisance comme le Val de Loire, mais elle compte toutefois de grandioses demeures, telles **Sully** *(voir p. 293)*, **Tanlay** *(voir p. 415)* ou **Ancy-le-Franc** *(voir p. 418)*.

Baroque et classique

Le style baroque, enclin à la fantaisie, fait son apparition en Bourgogne sous le règne de Louis XIII dans les ors et la décoration polychrome du château de Cormatin. Le sculpteur **Jean Dubois**, né à Dijon en 1625, réalise dans cet esprit la statuaire et le mobilier de nombreux édifices.
Influencé par le château de Versailles, l'art classique est marqué par la recherche de l'équilibre rationnel. À Dijon, on aménage la **place Royale** et on construit le palais des États de Bourgogne sur les plans de **Jules Hardouin-Mansart**. Les familles

de parlementaires se font édifier des hôtels particuliers : bien qu'ayant gardé les caractères de la Renaissance, l'**hôtel de Vogüé** (1607-1614) présente la disposition nouvelle d'un corps de logis retiré au fond d'une cour, l'accès à la rue se faisant par une porte cochère, l'autre façade ouvrant sur des jardins.

L'ordonnance des châteaux classiques, édifiés ou agrandis aux 17e et 18e s., se signale par la rigueur et la symétrie, des ailes en retour ou esquissées par des avant-corps, une façade à fronton triangulaire ou un portique qui rappellent les temples antiques. Bussy-Rabutin *(voir p. 451)*, Commarin *(voir p. 104)*, Talmay *(voir p. 110)*, Pierre-de-Bresse *(voir p. 185)* ou St-Fargeau *(voir p. 346)*, en sont de beaux exemples.

En peinture, au 18e s., la bourgeoisie trouve son chantre en la personne du Tournusien **Greuze**, fort apprécié de Diderot, qui s'illustre en traitant la peinture de genre avec les ressources de la peinture d'histoire. Ce sont l'élève favori de David, **Girodet** (né à Montargis), et un enfant de Cluny, **Prud'hon**, élève lui de Devosge à l'académie de Dijon, qui reprennent le flambeau et deviennent peintres de l'Empire. Les figures rêveuses et sensuelles de l'un, les images traitées avec ardeur par l'autre, annoncent déjà l'art romantique.

L'art moderne et contemporain

Les œuvres créées au cours du 19e s. ont leur source scientifique dans la « Vallée de l'Image » : la photographie d'abord, avec **Niépce**, qui l'invente *(voir p. 172)*, puis le cinéma, grâce au précurseur **Étienne-Jules Marey**, qui transmettra ses découvertes aux frères Lumière.

La sculpture est représentée par les académiques **Jouffroy** *(La Seine*, statue ornant le bassin des Sources à St-Seine-l'Abbaye) et **Eugène Guillaume** (*Le Mariage romain*, au musée de Dijon), ainsi que par **François Pompon** *(voir p. 512)*, créateur de formes animalières avec un parti pris pour la simplification expressive des formes, proche de l'esthétique japonisante.

Parmi les peintres, on retient le Beaunois **Félix Ziem** (1821-1911), proche de Corot, qui a peint la campagne de Lormes, et le Dijonnais **Alphonse Legros** (1837-1911), ami de Rodin, dont le style réaliste et les thèmes ruraux évoquent son aîné Gustave Courbet. La veine de Legros pour les scènes d'intérieur s'est en quelque sorte perpétuée au travers du penchant intimiste de **Vuillard** natif de Cuiseaux *(voir p. 185)*.

Plus proche de nous, tombé amoureux de la région de Clamecy, le grand affichiste **Charles Loupot** (1892-1962) s'établit à Chevroches. Il introduit dans « la réclame » le cubisme et le constructivisme *(voir ses œuvres au musée d'Art et d'Histoire Romain-Rolland p. 332)*, tandis que l'Avallonnais **Gaston Chaissac**, « peintre rustique moderne » ou « Pablo morvandiau », selon ses propres termes, fut l'explorateur infatigable des supports et techniques inédits, vite étiquetés « art brut ». Quant au Dijonnais **Jean Bertholle** (1909-1996), il a travaillé avec Jean Le Moal et Manessier avant d'opter pour l'abstraction dans les années 1950.

La Karrière *(voir p. 78)* expose des graffeurs et sculpteurs contemporains dans une carrière abandonnée. C'est spectaculaire et de nombreux évènements autour des arts urbains sont organisés. Insolite en Bourgogne et très réussi !

Portrait de Philippe le Hardi, conservé au musée des Beaux-Arts de Dijon.
Ch. Boisvieux/age fotostock

Constructions vernaculaires

La Bourgogne est un seuil entre deux massifs anciens, le Morvan et les Vosges, une terre de passage entre le Bassin parisien et la vallée de la Saône, entre la France du Nord et le Midi méditerranéen. Les influences en matière de construction sont donc multiples et s'ajoutent à la diversité des terroirs. Les toitures de tuile plate ou vernissée, de lave ou d'ardoise, les constructions de calcaire ou de granit font l'attrait de l'architecture bourguignonne.

Architecture du vignoble

C'est l'art de vivre du vigneron qui a contribué à l'élégance de l'architecture rurale de la **Côte**. Concentré dans les villages, l'habitat se cache parfois derrière de hauts murs et d'amples portails; isolé au milieu des vignes, il s'entoure de bâtiments annexes plus ou moins considérables et de chais séparés.

On distingue trois sortes de **maisons vigneronnes**. La maison de base se compose d'une seule et unique pièce à vivre, comme « soulevée » par la cave dont les murs épais et la voûte de pierre conservent la fraîcheur et l'humidité. Vient ensuite le modèle intermédiaire, doté d'une écurie et d'une petite grange appelée « magasin ». Enfin, reconnaissables à leur galerie et à leur escalier extérieur protégé par un auvent, les maisons plus cossues comportent une cuverie et un cellier. Les demeures de maîtres comme celles des ouvriers vignerons ont généralement ceci en commun: l'habitation à l'étage est desservie par un escalier de pierre extérieur au-dessus des caves et des celliers, et l'usage répandu de galeries, porches et auvents donne des façades ouvertes et plaisantes.

Dans l'**arrière-côte**, c'est-à-dire sur les « hautes côtes », où l'on produit également du vin, les maisons et dépendances, étroitement imbriquées, sont souvent adossées à une pente, au cœur d'un village-rue accroché à flanc de coteau, le plus près possible des vignes. On y retrouve une certaine sobriété: un logis très réduit, en surélévation au-dessus de la cave peu ou pas enterrée, située sous l'escalier de pierre et protégée des variations de température par l'ampleur du palier, localement appelé « plafond »; un « magasin », faisant office de cuverie; un pressoir, surmonté d'un fenil où étaient engrangés bottes de paille et outils.

Le paysage est également parsemé ici et là de jolis **castels** flanqués de tourelles rondes ou carrées coiffées de toits pentus. Il s'agit d'exploitations agricoles consacrées tantôt à la vigne, tantôt à d'autres cultures. Et n'oublions pas les charmantes **caillebottes**, ou cabottes, cabanes faites de pierre sèche, parfois dotées d'une cheminée, qui servent d'abri aux viticulteurs pour déjeuner et stocker leurs outils.

La pierre de Bourgogne

Que ce soit dans le Châtillonnais, le Tonnerrois, le Beaunois, l'Autunois ou le Clunysois, on remarque des trouées dans les vignobles: ce sont les carrières à ciel ouvert de **pierre de Bourgogne**. Celle-ci est un calcaire sédimentaire qui se distingue par ses grains fins, la présence de coquillages fossiles et sa variété de couleurs: ocre beige, rosé ou même bleuté. Elle est employée en dallage et sur les façades des constructions, par exemple à l'abbaye de Cîteaux.

Pour en savoir plus, consultez le site www.pierre-bourgogne.fr.

Une mosaïque de toitures

Les splendides toitures de tuile de la région sont l'un des éléments forts de son identité. Le visiteur ne pourra qu'être ébloui par les toits de l'hôtel-Dieu de Beaune, de l'hôtel de Vogüé à Dijon ou du château de La Rochepot. L'origine de ces **tuiles vernissées polychromes**, appareillées en motifs géométriques, lignes brisées, losanges, entrelacs ou chevrons, est mal connue ; elles proviendraient d'Europe centrale *via* les Flandres. Ces toits décorés étaient chargés de messages symboliques, politiques ou religieux, signalant le statut social d'un notable ou la réputation d'une communauté religieuse ou laïque. Les épis de faîtage sont également en terre cuite vernissée, les girouettes travaillées, et des ergots figurent sur les arêtes des toits à pans coupés, en particulier dans la Côte-d'Or.

En pays calcaire

Le calcaire domine dans la Côte-d'Or. Il se durcit en surface et fournit un matériau très résistant. La roche du jurassique se clive en moellons très plats et se délite en minces feuilles, les « laves », utilisées par les couvreurs.

Dans le **Châtillonnais**, les villages, peu nombreux, sont installés dans les clairières ou le long des vallées. La grande exploitation comprend de vastes bâtiments autour d'une cour centrale fermée par de hauts murs ; les entrées des granges sont généralement surmontées d'arcs surbaissés. La petite exploitation de la fin du 18e s. abrite sous le même toit le logement et les bâtiments d'exploitation ; l'entrée de la grange est surmontée d'un linteau de bois. La pièce commune comporte une porte et une fenêtre accolées sur lesquelles s'alignent les ouvertures du fenil ou du grenier, qui bénéficient ainsi de la sécheresse assurée par la chaleur sous-jacente du logement. Le banc de pierre devant la maison est très fréquent en basse Bourgogne.

Dans le **Mâconnais**, les murs des maisons de vignerons sont bâtis avec du calcaire, utilisé presque à sec et sans enduit. Une galerie, protégée par l'avancée du toit, prolonge sur l'extérieur l'ancienne salle commune et sert, l'hiver, à vaquer aux occupations domestiques à l'abri de la pluie, l'été, de cuisine ou de salle à manger. Les ferronneries de porte, qui étaient autrefois fabriquées par le forgeron du village, présentent des modèles originaux de loquets de porte, d'entrées de serrure, de heurtoirs, où s'ordonnent cœur, croix, oiseau et porte-bonheur.

Dans le Morvan

Montagne ancienne vouée à l'élevage, le **Morvan** a donné naissance à des maisons sobres en granit, couvertes d'ardoises, et à des granges-étables dont la façade est protégée de la pluie par l'avancée du toit. L'habitat est groupé en hameaux dispersés, appelés « huis », à mi-distance des pâturages, des cultures et des bois.

La maison morvandelle est un volume simple et dépouillé. La souche de cheminée en pierre taillée, l'escalier extérieur et les encadrements des ouvertures donnent de la noblesse à cet habitat pauvre. Pour ne pas empiéter sur un espace intérieur réduit, composé d'une seule pièce commune, et parfois d'une chambre supplémentaire, l'accès aux combles se fait par une échelle ou un escalier extérieur toujours situé sur le mur pignon.

Devenu un pays d'élevage bovin, le Morvan accueille de grosses exploitations composées de deux bâtiments de part et d'autre d'une cour, perpendiculaires à la rue.

L'exploitation type présente sous le même toit l'habitation et la grange. Les couleurs chaudes du granit apparaissent, marquant l'irrégularité de l'appareillage. Sur les reliefs, les toits sont recouverts de tuiles plates dites **tuiles de Bourgogne**. Longues et étroites, fabriquées dans le Sénonais, elles sont marron foncé. Les moines cisterciens en recouvraient les toits des abbayes. Malheureusement, la tuile mécanique d'emboîtement est venue la remplacer.

Pensées et belles-lettres

Maints talents littéraires ont pu s'exercer dans des domaines divers, de la chronique historique de Christine de Pisan aux recherches de Georges Duby, des envolées romantiques de Lamartine aux romans d'Henri Vincenot.

Au Moyen Âge, littérature et pouvoir politique

Mécènes, les grands ducs de Bourgogne encouragent la littérature. Ainsi, **Christine de Pisan** (1365-1430), première femme de lettres à gagner sa vie par sa plume, est la protégée du roi de France Charles V. Elle dédie au frère de ce dernier, Philippe le Hardi, duc de Bourgogne, sa biographie, *Faits et bonnes mœurs du roi Charles V*.

Des hommes de science

Vauban et Buffon, voir p. 511.

Du romantisme à la littérature contemporaine

La région est aussi le berceau de **Pierre Larousse** (1817-1875), originaire de Toucy, qui se lance dans la grande aventure de la rédaction du *Nouveau Dictionnaire de la langue française*, paru en 1856, et du *Grand Dictionnaire universel*. Il met aussi au point des principes pédagogiques novateurs pour l'époque, qui développent activement l'intelligence et le jugement des enfants.

Jules Renard (1864-1910), que l'on connaît par son roman *Poil de Carotte*, passe son enfance à Chitry-les-Mines, partagé entre sa vie de famille difficile et sa passion pour la nature. Son *Journal*, publié à titre posthume, révèle sa personne mais aussi la vie littéraire à laquelle il prit part.

L'écrivain **Romain Rolland** (1866-1944), né à Clamecy en 1866, vivra à Vézelay de 1938 jusqu'à sa mort en 1944. Il reçoit le prix Nobel de littérature en 1915 pour son roman-fleuve en 10 volumes, *Jean-Christophe*.

L'historien **Georges Duby** (1919-1996), spécialiste du Moyen Âge, recherche dans le Mâconnais, près de Cluny, les traces des Français de l'an 1000. Disciple de la « nouvelle histoire », il s'intéresse aux mentalités et aux idées sans renoncer à l'histoire événementielle.

Lamartine, voir p. 511 et Colette, voir p. 512.

ABC d'architecture

Architecture religieuse

Plan-type d'une église

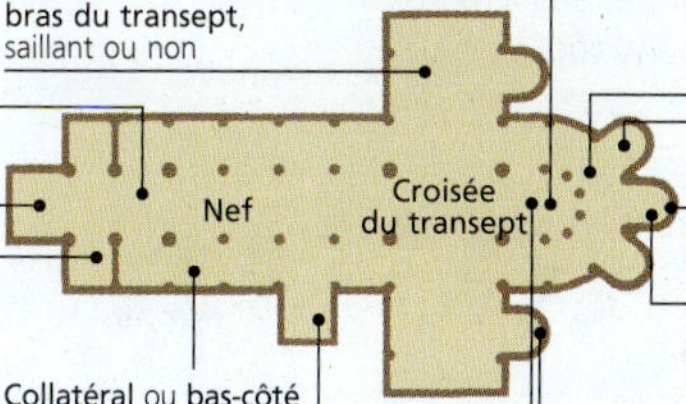

Coupe d'une église

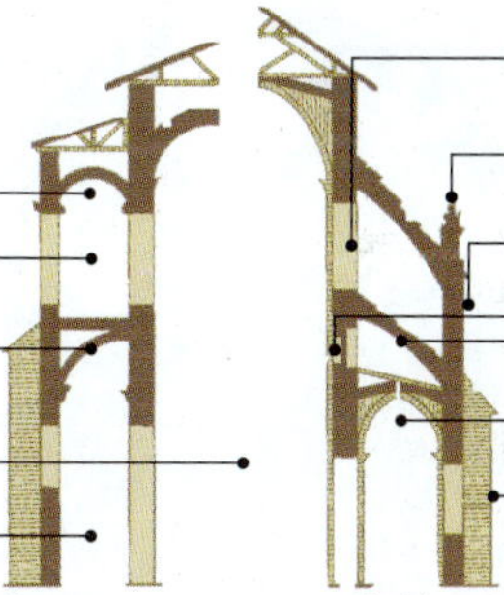

AUTUN – Portail principale de la cathédrale St-Lazare (12e s.).

VÉZELAY – Nef de la basilique Ste-Madeleine (1096-1215).

R. Corbel/MICHELIN

TOURNUS – Abbatiale St-Philibert (11e-12e s.).

L'aspect de forteresse du mur marquant le front du narthex, réduit défensif de l'abbaye, est un exemple du premier art roman qui pénètre en Bourgogne vers l'an mil.

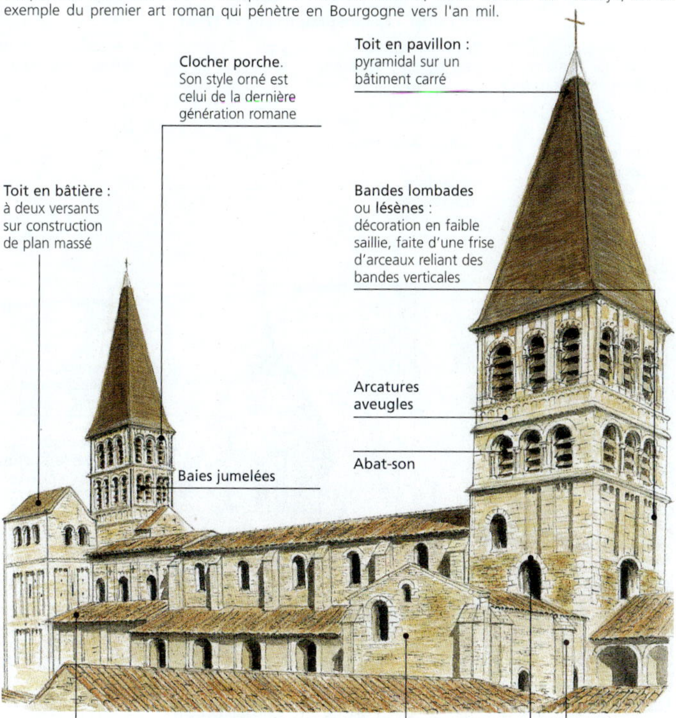

PONTIGNY – Abbatiale (1150-1206).

L'architecture cistercienne se caractérise par sa simplicité, son austérité. Un soin particulier est porté à l'agencement des différents éléments de construction.

DIJON – Église St-Michel (16e et 17e s.).

La façade à deux tours s'inscrit dans la tradition gothique. Les trois portails évoquent ceux de l'art roman qui, assimilé à un art romain décadent, a servi plus ou moins directement de modèle pendant la Renaissance.

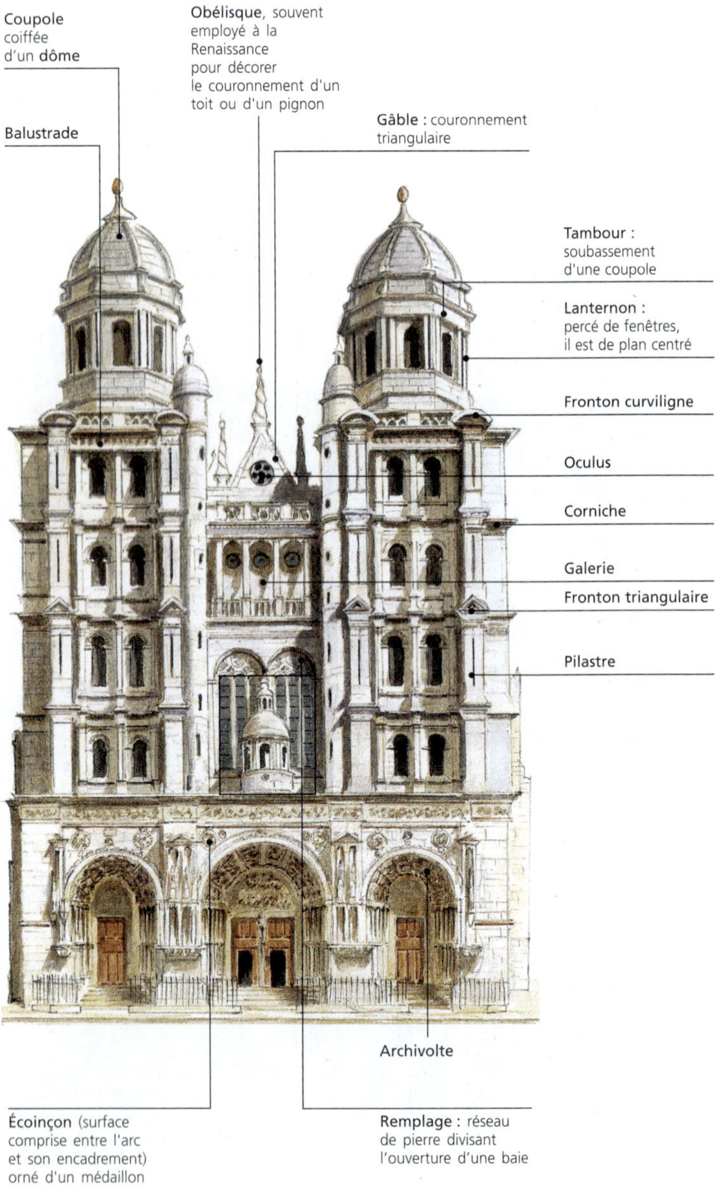

Architecture civile

NEVERS - Palais Ducal (16e s.).

Le palais ducal de Nevers préfigure les châteaux de la Loire. Une régularité nouvelle ordonne une structure dont l'origine médiévale est rappelée par les grosses tours latérales.

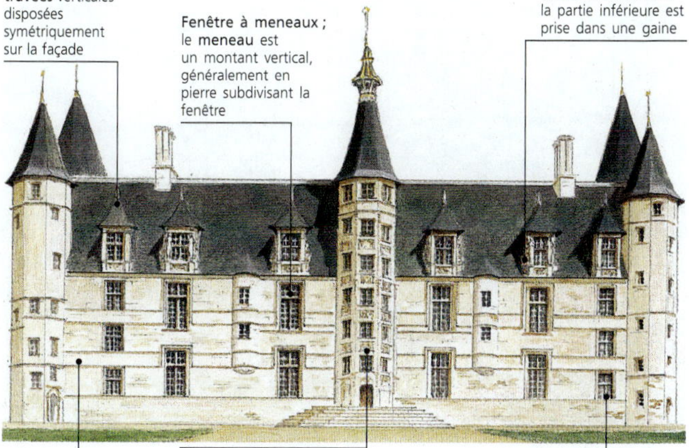

ANCY-LE-FRANC – Cour intérieure du château (commencé en 1544).

La cour carrée à quatre ailes semblables est un exemple célèbre de « travée rythmique », association de baies, pilastres et niches alternés, inventée par Bramante.

DIJON - Palais des États de Bourgogne (1681-1786).

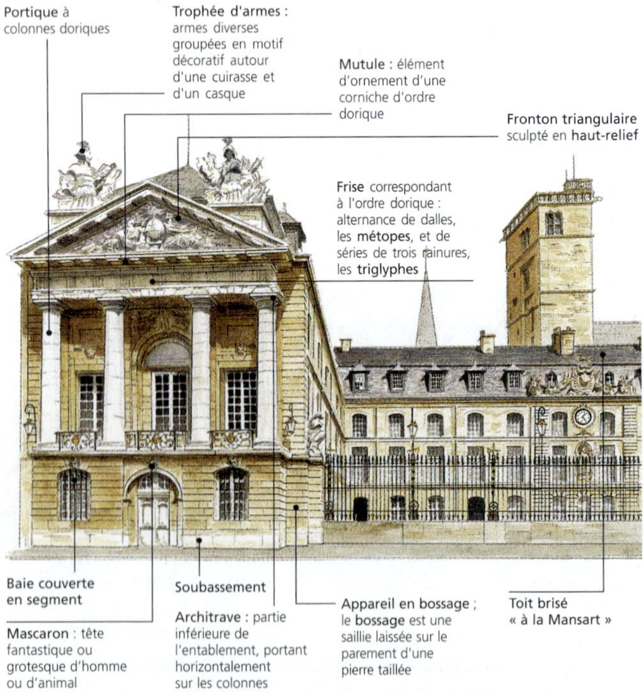

LE CREUSOT
Manufacture des cristaux de la Reine (1784-1788), château des Schneider.

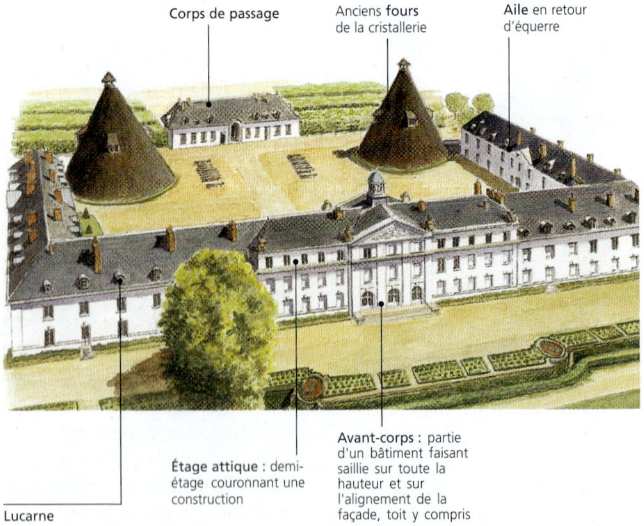

R. Corbel/MICHELIN

Personnalités bourguignonnes

Vercingétorix

De nombreuses inconnues demeurent quant à la vie de Vercingétorix (vers 72-46 av. J.-C.), à commencer par sa date et son lieu de naissance. Fils d'un chef arverne, il parvient à fédérer les différentes tribus gauloises et ainsi à s'opposer aux légions romaines de Jules César, qu'il défait à Gergovie en 52 av. J.-C. Mais cette victoire est de courte durée et, après un siège d'un mois à Alésia, il est contraint de se rendre à César, ouvrant la voie à la romanisation de toute la Gaule.

MuséoParc Alésia, p. 447.

SAINT BERNARD VOIR P. 492

Vauban

Maréchal de France, Sébastien Le Prestre, marquis de Vauban (1633-1707), né à St-Léger-de-Foucherets dans le Morvan mène une brillante carrière d'ingénieur militaire sous Louis XIV. Il dote la France d'une « ceinture de fer » constituée de citadelles, forteresses et places fortes. Connu en tant qu'architecte militaire, c'était aussi un homme de lettres qui a écrit sur des sujets divers et des projets de systèmes de canalisations, d'imposition de la noblesse, de monnaie unique européenne... Son château, à Bazoches, est une élégante demeure entretenue par ses descendants. Il est enterré dans l'église de Bazoches.

Château de Bazoches, p. 254.

Buffon

Le naturaliste Georges-Louis Leclerc, comte de Buffon (1707-1788), originaire de Montbard où il multiplie les expériences scientifiques, consacra quarante ans de sa vie aux 36 volumes de son *Histoire naturelle, générale et particulière,* considérée comme l'un des monuments du 18e s. Richement illustré, l'ouvrage s'intéresse à l'homme, aux animaux, aux minéraux, établit une théorie de la Terre et cherche à élaborer une méthodologie pour l'histoire naturelle. Son succès à l'époque est comparable à celui de l'*Encyclopédie* de Diderot et d'Alembert. Buffon joua ainsi un rôle de premier ordre dans la vulgarisation des sciences.

Montbard, p. 434.

Lamartine

Figure incontournable du panthéon littéraire bourguignon, Alphonse de Lamartine (1790-1869), passe son enfance à Milly avant de s'installer au château de St-Point. S'il voyage beaucoup, en Europe et en Orient notamment, s'il réside souvent à Paris où l'appelle sa carrière à la fois littéraire et politique, le Mâconnais reste profondément attaché à sa « terre natale », source d'inspiration, dans ses *Méditations poétiques* entre autres, mais également un lieu d'engagement en tant que député. Dans le parc de son château, une chapelle abrite son tombeau.

Route Lamartine, p. 142.

Colette (photographie de Henri Manuel).
G DAGLI ORTI/De Agostini Editore/age fotostock

François Pompon

Né à Saulieu, François Pompon (1855-1933) est d'abord apprenti dans l'atelier de son père menuisier, avant d'entrer comme tailleur de pierre chez un marbrier funéraire. Il monte à Paris à l'âge de 20 ans et travaille comme praticien pour les plus grands sculpteurs: Falguière, Rodin, Camille Claudel. Ce n'est qu'en 1922 qu'il connaît enfin le succès avec *L'Ours blanc*, qu'il représente grandeur nature, après des années à observer au Jardin des plantes le mouvement des animaux. Il sculpte en éliminant peu à peu tous les détails pour ne conserver que l'essentiel, dans la veine de ses contemporains Brancusi et Maillol.

Musée François-Pompon à Saulieu, p. 263.

Colette

Sidonie Gabrielle Colette (1873-1954), en dépit d'une carrière littéraire qui lui valut une très grande reconnaissance en France comme à l'étranger, n'oublia jamais sa merveilleuse enfance à St-Sauveur-en Puisaye: « Vous n'imaginez pas quelle reine de la terre j'étais à 12 ans. » Ses souvenirs de la Puisaye irriguent ainsi son œuvre: sa scolarité dans *Claudine à l'école* (1900), son foyer familial dans *La Maison de Claudine* (1922), etc. Elle se libère peu à peu des carcans de son époque, en particulier celui lié à son sexe. Autrice, comédienne, journaliste, elle est élue membre de l'académie Goncourt, puis en devient la présidente de 1949 à 1954. Son décès est l'occasion de funérailles nationales, une première en France pour une femme.

St-Sauveur-en-Puisaye, p. 350.

Nature et paysages

Lieu de contact entre le Bassin parisien, le Massif central et le Val de Saône, avec une histoire géologique mouvementée, la Bourgogne offre sur 31000 km² une mosaïque de paysages particulièrement variés. Environ 30 % de la région est couverte de massifs forestiers. Le vignoble occupe une surface beaucoup plus limitée (30 ha). Enfin, les paysages agricoles couvrent 60 % de la région.

Le plateau du Bassin parisien

Au nord, le **Châtillonnais** est une suite de vastes plateaux couverts par la plus grande forêt de feuillus (essentiellement chênes, hêtres, charmes et frênes) de Bourgogne et creusés de vallées sèches : la région est protégée depuis 2019 dans le cadre du **parc national de Forêts**, qui s'étend également en Haute-Marne, sur le plateau de Langres.
Le **Sénonais** et ses plateaux de cultures de céréales et de betteraves rappellent la Brie. À l'inverse, le **Gâtinais**, de sable et d'argile, synonyme de « mauvaise terre », se consacre à l'élevage dans un bocage morcelé. La **Puisaye** est parsemée de nombreux étangs. Les vastes forêts alternent avec la culture de plantes fourragères et l'élevage dans un paysage bocager.
En **Nivernais**, le bocage couvre les plateaux découpés en collines qui s'inclinent en pente douce vers la vallée de la Loire.
Dans les régions de collines et de plateaux du **Charolais** et

Paysage bourguignon dans la brume matinale.
LianeM/Getty Images Plus

du **Brionnais**, les marnes donnent d'excellents prés d'« embouche » pour la race charolaise, la fierté et la richesse de la région.

Le Morvan, un paysage de moyenne montagne

LE PARC NATUREL RÉGIONAL DU MORVAN VOIR P. 236

Ses sommets arrondis et ses vallées aux versants escarpés font du Morvan un pays de moyenne montagne. L'altitude moyenne y est modeste : 450 m. Les altitudes maximales se situent en son centre, tout particulièrement au Haut-Folin (901 m). Nettement limité à l'est par une ligne de faille abrupte, le Morvan s'incline peu à peu au nord pour se confondre avec les plateaux bourguignons. Il est irrigué par un dense réseau hydrographique qui alimente surtout le bassin de la Seine. Le climat montagnard et les sols peu fertiles expliquent l'extension de la forêt, la plus grande de Bourgogne, plantée aujourd'hui surtout de résineux, épicéas et douglas (ce sont nos sapins de Noël), et la prépondérance de l'élevage sur les cultures. L'**Auxois**, la **Terre Plaine** et le **Bazois** sont des dépressions (fossés) qui bordent le Morvan à l'est, au nord et à l'ouest.

Les plaines et côtes de la Saône

Les plaines du Val de Saône sont une voie de passage de premier ordre entre la vallée du Rhin au nord et le sillon rhodanien au sud, et donc l'Europe du Nord et l'Europe du Sud. Les terrasses alluviales de la Saône et de ses affluents, l'Ouche et la Tille, sont recouvertes de prairies et de terres de cultures. Ces plaines s'étendent au pied de plateaux calcaires.

Entre les vallées de l'Ouche et de la Dheune, le haut plateau calcaire de la **Montagne** s'abaisse progressivement vers l'est par une série de gradins. Le plus à l'est forme la **Côte-d'Or**. Alors que les plateaux sont occupés par la culture, les bois et les pâtures, le talus est couvert de vignes. La rive droite de la Saône est bordée par le **Mâconnais**, qui prolonge la Côte-d'Or au sud. Ancienne région de polyculture, le Mâconnais est aujourd'hui spécialisé dans la viticulture. Son vignoble sert de frontière méridionale à la Bourgogne.

Vallonnée et sillonnée de nombreux ruisseaux, les « caunes », la plaine de la **Bresse** s'étend de la Saône au Revermont jurassien. Les sols lourds sont difficiles à travailler, c'est pourquoi la région s'est essentiellement tournée vers l'élevage, particulièrement avicole.

Le seuil de Bourgogne

Le seuil de Bourgogne est, au sens strict, la ligne de partage des eaux entre le bassin de la Seine et celui de la Saône. Situé entre les plateaux du Bassin parisien (Auxerrois, Châtillonnais, Tonnerrois) et ceux inclinés vers le Val de Saône, il est constitué de plateaux secs contrastant avec les vallées verdoyantes de l'Yonne, de la Seine, de l'Armançon et du Serein.

Carrefour naturel important, il relie le Bassin parisien au sillon rhodanien, la France du sud-est à celle du nord-ouest, par diverses voies de communication.

La protection de l'environnement

Le **Parc national des forêts** *(voir p. 463)*, qui a vu le jour en 2019, regroupe 127 communes de Côte-d'Or et de Haute-Marne. Son objectif est de préserver les patrimoines naturel, culturel, paysager et humain sur une zone comprise entre Auxerre, Chaumont et Langres, et caractérisée par des forêts feuillues de plaine.

Le **Parc naturel régional du Morvan** *(voir p. 236)*, créé en 1970, s'étend sur 320 000 ha et comprend 133 communes.

La Bourgogne compte aussi plus de 40 sites naturels faisant partie du **réseau Natura 2000**, dont une dizaine est répertoriée comme zones importantes sur le plan ornithologique

Quatre zones sont par ailleurs des **réserves naturelles classées.** Il s'agit des tourbières et des étangs de La Truchère Ratenelle *(voir p. 166)*, aux environs de Tournus ; du Bois du Parc *(voir p. 403)*, dans la vallée de l'Yonne, qui conserve des fossiles de coraux extraordinaires ; du Val de Loire, entre La Charité et Pouilly et de la combe de Lavaux, sur les communes de Gevrey-Chambertin et de Brochon, pour leur faune et flore exceptionnelles.

Près de 400 espèces animales et végétales bénéficient également de protection, car menacées de disparition du fait des insecticides, de la motorisation, de l'urbanisation et de certaines pratiques de loisirs (quads, escalade, etc.) : parmi elles, la loutre, l'écrevisse à pieds rouges, le râle des genêts, les hirondelles, les chauves-souris...

Lac des Settons, dans le Morvan.
Ch. Guy/hemis.fr

ORGANISER SON VOYAGE

Aller en Bourgogne

Par la route

Grands axes

A 6 (Paris-Lyon)
A 5 (Paris-Troyes)
A 40 (Mâcon-Genève)
A 31 (Metz-Dijon)
A 36 (Besançon-Mulhouse)
A 77 (Montargis-Nevers)
Informations autoroutières – ✆ 3620 (appel non surtaxé) - www.autoroutes.fr - fréquence FM : 107.7.

Cartes Michelin

Cartes Départements 319 (Nièvre, Yonne), **320** (Côte-d'Or, Saône-et-Loire) et, pour les zones limitrophes, **318** (Loiret, Loir-et-Cher), **327** (Loire, Rhône) et **328** (Ain, Haute-Savoie).
Cartes Régions 519 (Bourgogne) et **520** (Franche-Comté).
En ligne : calcul d'itinéraires sur **www.viamichelin.fr.**

En train

Réseau des grandes lignes

TGV – Au départ de Paris-gare de Lyon, plusieurs TGV quotidiens mènent à : Dijon et Mâcon (1h40), Beaune (2h30), Montbard (1h), Creusot-Montceau-Montchanin (1h20).
Comptez 1h35 entre Lyon et Dijon.
Du sud de la France, liaisons directes au départ de Marseille et Montpellier pour Dijon (3h20/3h40) et Mâcon (2h25/2h40). Comptez 5h20 de Toulouse à Mâcon (*via* Nîmes ou Narbonne).

Distances en km	Auxerre	Beaune	Chalon/Saône	Dijon	Mâcon	Nevers	Sens
Auxerre	-	146	169	147	226	108	58
Beaune	146	-	29	39	85	150	203
Bordeaux	523	572	559	611	549	448	548
Chalon-sur-Saône	169	29	-	68	57	154	226
Dijon	147	39	68	-	123	186	197
Lille	375	498	532	465	587	451	309
Lyon	294	153	125	191	68	220	351
Mâcon	226	85	57	123	-	174	284
Marseille	607	465	437	503	379	532	663
Nevers	108	150	154	186	174	-	166
Paris	164	307	329	300	387	239	111
Sens	58	203	226	197	284	166	-
Strasbourg	393	336	345	310	394	485	391

Des trains (corail ou intercités) circulent aussi au départ de Paris-Bercy : Nevers (1h55), Auxerre (1h40), Chalon-sur-Saône (3h35) et Sens (1h). Également au départ de Lyon vers Nevers (2h35) et Paray-le-Monial (1h40), et au départ de Nantes vers Nevers (4h).

TGV Lyria – Il relie la Suisse à la Bourgogne : de Genève avec une correspondance pour Dijon (2h45) et Mâcon (2h40) ; de Lausanne train direct pour Dijon (2h).

Informations et réservations – ✆ 3635 (non surtaxé) - www.sncf-connect.com.

Les trains express régionaux

De nombreuses liaisons TER complètent les lignes TGV et permettent de sillonner la région. Les villes de Dijon et Mâcon sont reliées plus de 15 fois par jour (1h15) avec des arrêts à Beaune et Chalon-sur-Saône.

Parmi les autres lignes : Dijon-Auxerre (1h50), Dijon-Nevers (2h20), Nevers-Paray-le-Monial (1h40), Sens-Auxerre (50mn).

Informations et réservations – www.ter.sncf.com/bourgogne-franche-comte ; www.viamobigo.fr.

En avion

Le principal aéroport bourguignon, celui de Dijon, est réservé aux vols privés ou pour des usages spécifiques. Si vous désirez venir en avion, il vous faudra passer par **Lyon**.

Aéroport Lyon-St-Exupéry – ✆ 0 826 800 826 (0,15 €/mn) - www.lyonaeroports.com. Il dessert toutes les grandes villes (Paris, Toulouse, Marseille, Nantes, Bordeaux, Lille, Nice, Strasbourg, Montpellier, Rennes) et bien d'autres de taille moyenne (Caen, Poitiers, Clermont-Ferrand, Toulon, La Rochelle, Limoges, etc.).

Vols aussi pour Bruxelles.

Rhônexpress – www.rhonexpress.fr - 19,20 € aller. Navette entre l'aéroport et la gare de Lyon Part-Dieu (30mn). De là, TER pour Mâcon (50mn), Dijon (2h) ou encore Nevers (3h20).

En car

De nombreuses lignes de car desservent la Bourgogne depuis les principales villes françaises, mais aussi européennes, à des tarifs souvent avantageux.

BlaBlaCar Bus – www.blablacar.fr/bus. Trajets entre Paris et Dijon (3h45) et Paris et Chalon-sur-Saône (4h30).

FlixBus – www.flixbus.fr. Depuis Paris, dessert Auxerre (2h), Nevers (3h25), Dijon et Chalon-sur-Saône (4h). Également depuis Lyon, trajets pour Chalon-sur-Saône (1h40), Beaune (2h20) et Dijon (2h50).

Avant de partir

Le bon moment pour partir

En Bourgogne, le climat est soumis à de forts contrastes en fonction des saisons et des reliefs. Vous n'aurez pas le même temps sur les plateaux du Morvan, connus pour leur fort taux d'humidité et leur fraîcheur, que dans la plaine de la Loire à l'ouest, à dominante océanique, réputée pour sa douceur, ou dans celle de la Saône à l'est, déjà méditerranéenne dans sa partie sud.

Été – Il peut être chaud et sec. C'est le moment de parcourir le Morvan ou de naviguer sur les canaux.

Automne – C'est la saison idyllique pour profiter de la beauté des paysages de Bourgogne dont les forêts et les vignes revêtent leurs teintes or, orange et rouge.

Hiver – Saison humide et rigoureuse, elle est rythmée par les foires et les fêtes vigneronnes.

Printemps – C'est, avec l'automne, la plus belle saison. Les champs de colza embellissent les paysages de l'Yonne. Ce département est aussi réputé pour ses cerisiers en fleur.

Météo France – www.meteofrance.com. Prévisions météo à 15 jours, risques de pluie dans l'heure et bulletins de vigilance météo.

Adresses utiles

Les institutions

Comité régional du tourisme

Bourgogne Franche-Comté Tourisme – www.bourgogne-tourisme.com.

Comités départementaux du tourisme

Côte-d'Or – www.lacotedorjadore.com

Nièvre – ✆ 03 86 36 39 80 - www.nievre-tourisme.com.

Saône-et-Loire – www.destination-saone-et-loire.fr

Yonne – ✆ 03 86 72 92 00 - www.tourisme-yonne.com.

Sites de référence

www.bourgognefranchecomte.fr – site de la région.

Offices de tourisme

Les coordonnées des offices de tourisme sont repérables dans le guide par le picto ℹ.

Personnes à mobilité réduite

Dans ce guide, les sites et établissements qui peuvent accueillir des personnes à mobilité réduite sont signalés parle symbole ♿.

www.tourisme-handicaps.org – Liste des sites labellisés **Tourisme et Handicaps** et liens Internet utiles.

www.bourgogne-tourisme.com/profils/tourisme-et-handicap : nombreuses informations pratiques (hébergements, activités, sites).

www.canalous-bourgogne.com : ce spécialiste du **tourisme fluvial** basé à Digoin dispose d'un bateau accessible pour les personnes en fauteuil roulant.

tourisme.parcdumorvan.org – L'onglet « Morvan pour tous » recense les activités, hébergements et visites adaptées pour les personnes handicapées.

Accessibilité de Dijon

www.destinationdijon.com/accessibilite/ : liste des sites, hébergements, restaurants, transports et toilettes accessibles aux personnes à mobilité réduite.

Hébergement

Retrouvez notre sélection d'hébergements dans « Nos adresses » situées en fin de description des principaux sites. Les comités de tourisme référencent aussi différents types de lieux où dormir, notamment des plus insolites (foudres, cabanes perchées, « tiny houses »...), au plus près de la nature.

Notre sélection

Les hôtels

Nous indiquons les prix à la nuitée pour deux personnes en haute saison, ainsi que celui du petit-déjeuner s'il n'est pas inclus dans le tarif.

Les chambres d'hôte

Les prix, mentionnés à la nuit, incluent le petit-déjeuner.

Certains propriétaires proposent aussi une **table d'hôte**, en général le soir et réservée aux résidents de la maison. Il est conseillé de réserver votre étape en raison du grand succès de ce type d'hébergement.

Les services de réservation

Gîtes de France – ✆ 01 49 70 75 75 - www.gites-de-france.com. Spécialiste de l'hébergement en milieu rural : gîtes et chambres d'hôtes.

Fédération des stations vertes de vacances – ✆ 03 80 54 10 50 - www.stationverte.com. Ces stations sont des destinations de vacances familiales, retenues tant pour leur qualité de vie que celle de leurs structures d'accueil et d'hébergement.

Bienvenue à la ferme – ✆ 01 53 57 11 50 - www.bienvenue-a-la-ferme.com. Classés par département, des fermes-auberges, campings à la ferme, fermes de séjour.

Nos catégories de prix

	Hébergement	Restauration
Premier prix	jusqu'à 80 €	jusqu'à 20 €
Budget moyen	de 80 à 120 €	de 20 à 35 €
Pour se faire plaisir	de 120 à 150 €	de 35 à 50 €
Une folie	plus de 150 €	plus de 50 €

Sur place de A à Z

Pour obtenir de la documentation, adressez-vous aux **comités départementaux de tourisme** *(voir p. 520)*. Pour trouver d'autres de prestataires, reportez-vous aux rubriques « Visites » et « Activités » des carnets d'adresses des villes ou sites de ce guide.

Canaux

Près de 1200 km de canaux, construits à partir du 17e s., constituent, avec les rivières navigables (Yonne, Saône, Seille), un réseau exceptionnel. Les lieux de navigation sont multiples, entre le **canal de Bourgogne** (242 km, 189 écluses), **le canal du Nivernais** (174 km, 116 écluses), le **canal du Centre** (112 km, 61 écluses), mais aussi le **canal latéral à la Loire** (196 km, 37 écluses), le **canal de Roanne à Digoin** (56 km, 10 écluses) parmi ceux du Val de Loire et du Val de Saône.

Les canaux sont généralement fermés de mi-novembre à mi-mars. Les autres périodes de « chômage » (fermeture des voies navigables pour travaux d'entretien) sont indiquées aux plaisanciers par des « avis à la batellerie », consultables sur le site www.vnf.fr.

Les écluses ne fonctionnent pas le dimanche de Pâques, le 1er Mai, le 14 Juillet et le 1er Novembre.

Bateaux habitables

Location sans pilote accompagnateur de bateaux aménagés pour 2 à 12 personnes. Les principales bases de départ se situent à Auxerre, Digoin, Joigny, St-Jean-de-Losne et Tournus. Une quinzaine de loueurs pour 30 bases de départ, répertoriés sur www.bourgogne-tourisme.com. Voir les prestataires dans « Nos adresses » tout au long du guide.

Bateaux promenades

Croisière à l'heure, à la demi-journée ou à la journée sur des bateaux pouvant accueillir de 6 à 200 personnes. Vous pouvez embarquer à Auxerre, Pouilly-en-Auxois, Mâcon, La Truchère, Digoin, Baye et Corbigny. Programmes à la carte possibles, mais certains bateaux ne naviguent qu'en haute saison.

Canoë-kayak

Pour savoir où pratiquer ce sport, vous pouvez aussi vous adresser aux comités départementaux du tourisme. Quelques sites à retenir : Autun, les Settons, Chaumeçon, Panthier-en-Auxois, Bazolles. Dans le Morvan, où l'on peut pratiquer toute l'année des descentes de torrents en rafting *(voir p. 241)*.

Cours de cuisine

Des séjours avec cours de cuisine sont organisés par de nombreux chefs, souvent en hiver. Renseignez-vous sur : www.bourgogne-tourisme.com. Voici quelques adresses.

En Côte-d'Or

Avec ou Sans Toque - 9b r. du Moulin des Étangs - 21600 Fénay - ☎ 03 80 71 16 62 - www.avecousanstoque.fr. Plats préparés avec les produits du potager ou locaux.

Le Charlemagne – 1 rte des Vergelesses - 21420 Pernand-Vergelesses - ☎ 03 80 21 51 45 - www.lecharlemagne.fr. Animé par Laurent Peugeot, chef étoilé du restaurant.

Dans l'Yonne

Les Cours de Cuisine – ☎ 03 86 62 09 70 - www.cotesaintjacques.com. Jean-Michel Lorain, chef du restaurant étoilé La Côte St-Jacques *(voir p. 482)* partage son savoir-faire.

Dans la Nièvre

Atelier culinaire – 51 r. de la République - 58300 Decize - ✆ 03 58 06 44 88 - atelierculinaire-frapiau.fr. Cours de cuisine convivial en groupe. Le chef concocte un menu. Les plats sont dégustés à la fin du cours, accompagnés d'un verre de vin.

Escalade

La Bourgogne est un bon terrain d'essai avant d'attaquer les hauts sommets.
Rendez-vous dans la région de Clamecy (roches de Surgy et de Basseville, rochers du Saussois et leurs dalles en surplomb); Saffres, près de Vitteaux, site école très fréquenté le week-end; Bouilland, Hauteroche, Vieux-Château pour les sportifs confirmés; Chambolle-Musigny et Talant, près de Dijon, pour les débutants. Sans oublier Vergisson, Solutré, St-Denis-de-Vaux, le mont Rome.
Carte des sites avec fiches techniques sur planetgrimpe.com.

Espaces naturels

Le Conservatoire d'espaces naturels bourguignons est une association de protection et de gestion des milieux naturels. Dépliants décrivant les sentiers balisés en téléchargement et agenda des sorties-découvertes gratuites sur son site : www.cen-bourgogne.fr.

Parcs et jardins

L'Association des parcs et jardins de Bourgogne recense tous les jardins bourguignons, avec fiche descriptive pour chacun et mention des labels (Monument historique et Jardin remarquable), sur son site : www.parcsetjardins-bourgogne.com.

Le label **« Jardin remarquable »**, attribué chaque année par le ministère de la Culture, vise à reconnaître et à valoriser la qualité de certains jardins ouverts à la visite, ainsi que les efforts faits pour leur présentation et leur accueil du public. Il y en a 19 en Bourgogne.

Pêche

Truites, perches, tanches, carpes, anguilles, ombles, brochets, sandres et écrevisses circulent dans quelque 5000 étangs, lacs, rivières et canaux. Les pêcheurs peuvent lancer leurs lignes dans les étangs de Bresse, de la Puisaye et du Morvan (pêche au coup), sur les parcours et dans les réservoirs (pêche à la mouche), ou encore en bateau sur la Saône.
Une carte de pêche est toujours obligatoire et la pratique est réglementée, même en loisir. Renseignez-vous dans les offices de tourisme.

Randonnée équestre

De nombreux centres équestres proposent des randonnées à travers la région. Parmi les grands itinéraires balisés : le Tour équestre du Morvan de 600 km *(voir p. 240)* et Bibracte-Alésia *(voir p. 276)*.
En Saône-et-Loire, les randonneurs à cheval découvriront 400 km de **pistes vertes** balisées et jalonnées de gîtes, chambres d'hôte et hôtels équipés pour accueillir les cavaliers et leur monture.

Randonnée pédestre

La Bourgogne est sillonnée par quelque **6000 km de sentiers** balisés, adaptés à l'effort de chacun, qui permettent d'apprécier des aspects connus ou moins connus de la région : les îles de la Loire, vers Decize et le bec d'Allier, remarquables pour leur faune; la forêt de Cîteaux en Côte-d'Or ou celle de Vauluisant (traversée au sud par le GR 2); le bocage de Puisaye, sur les traces de Colette; les chemins de moyenne montagne du Morvan ou les villages du Mâconnais, sur les traces de Lamartine, etc.

Où s'informer?

Fédération française de randonnée pédestre – www.ffrandonnee.fr. Son site fourmille d'informations pratiques et de conseils. Il renvoie aussi à sa boutique en ligne de topoguides et à son site d'Idées de rando (www2.ffrandonnee.fr) qui met à disposition des fiches.

Les offices de tourisme sauront aussi vous renseigner sur les itinéraires de proximité.

L'appli « Balades en Bourgogne Côte-d'Or » propose plus de 190 itinéraires à suivre à pied, à vélo, à cheval ou en voiture.

Chemin de St-Jacques

La Bourgogne est une terre de marcheurs depuis le Moyen Âge. C'est de Vézelay que part l'une des **routes de St-Jacques-de-Compostelle** : le chemin de Vézelay, ou *Via Lemovicensis*, qui traverse la Bourgogne par la Nièvre sur 149 km, menant de la basilique Ste-Madeleine de Vézelay à Nevers. Un balisage, repérable grâce à une coquille jaune et bleue, est mis en place le long du parcours, scindé en étapes de près de 30 km, pour les pèlerins et les randonneurs.

Pour plus de détails : www.chemins-compostelle.com et www.voiedevezelay.eu.

Auxerre-Vézelay : chaque année (fin avril) est organisée la grande randonnée pédestre (de 17 à 56 km) sur les pas de saint Jacques de Compostelle.

Restauration

Retrouvez notre sélection de restaurants dans « Nos adresses » situées en fin de description des principaux sites. Ces établissements sont classés par catégorie de prix *(voir tableau p. 521)*, sur la base d'un tarif minimal/maximal en haute saison.

Notre sélection

Nous avons sélectionné des **restaurants** régionaux, mais aussi classiques ou thématiques, et des adresses plus simples où faire une pause.

Plusieurs **fermes-auberges** vous permettront de goûter des produits authentiques provenant de l'exploitation agricole, préparés dans la tradition et généralement servis en menu unique. Réservation obligatoire!

Les toques nivernaises

Née en 1991, l'association des Toques nivernaises référence les restaurateurs (une dizaine) respectant une charte soucieuse de la qualité de l'accueil, des mets et du service, mais aussi de l'origine des produits (frais et locaux) valorisés dans une cuisine gastronomique originale.

www.les-toques-nivernaises.com

Maître Restaurateur

Le ministère du Tourisme attribue aux restaurateurs qui assurent la promotion des produits du terroir le titre de Maître Restaurateur. Un panonceau à l'entrée de l'établissement permet de les identifier.

www.maitresrestaurateurs.fr

Sites remarquables du goût

En Bourgogne, ce label récompense le Cassissium de Nuits-St-Georges (crème de cassis), Saulieu (viande de charolais) et Louhans (volaille de Bresse).

www.bourgognefranchecomte.com/vin-et-gastronomie/les-sites-remarquables-du-gout/

Vignobles & Découvertes

Ce label, créé en 2009, récompense des destinations touristiques et viticoles de qualité. On en compte neuf en Bourgogne, réunissant plus de 200 caves et offrant plus de 600 activités œnotouristiques.

www.vins-bourgogne.fr (onglet « Escapades viticoles »).

aussi « Œnotourisme », p. 528.

Route historique

Route historique des ducs de Bourgogne – 03 85 82 09 86 - www.route-des-ducs.com. L'Association de la route des ducs de Bourgogne regroupe 13 sites majeurs du patrimoine bourguignon, répartis sur quatre départements. Parmi les châteaux, notons ceux d'Ancy-le-Franc, de Maulnes, de Bazoches, Béru, Commarin, Couches, Frôlois, etc.

Routes touristiques

Routes des vins – *Voir « Œnotourisme », p. 528.*

En Côte-d'Or

Route du Cassis – Vous traverserez les villages des hautes côtes et les champs de cassis. Vous y rencontrerez producteurs et liquoristes.

www.gevreynuitstourisme.com

En Saône-et-Loire

Route des Châteaux en Bourgogne du Sud – Elle égrène de splendides demeures médiévales, comme Berzé-le-Châtel, Germolles, Rully, Pierreclos, Brancion ou Brandon, et des châteaux des 17e et 18e s., tels Cormatin, Drée, La Ferté, Pierre-de-Bresse ou St-Aubin.

Fiches des châteaux sur www.chateauxenbourgognedusud.com.

Chemins du Roman – De Paray-le-Monial, trois circuits en boucle d'environ 120 km chacun vous mèneront dans les églises romanes du Brionnais et du Charolais.

Dépliant en téléchargement sur www.tourismecharolaisbrionnais.fr.

Route Lamartine – Une boucle de 60 km vous conduira sur les traces de l'écrivain et homme politique originaire de Mâcon.

Itinéraire en téléchargement sur www.macon-tourism.com.

Dans l'Yonne

Quelques routes thématiques sur le site www.tourisme-yonne.com.

Route des Abbayes et Granges Cisterciennes – Ce chemin de 229 km et 9 étapes, qui traverse forêts, vignobles, villages remarquables, démarre à l'abbaye de Cîteaux et s'achève avec l'abbaye de Pontigny.

www.tourisme-yonne.com

Route des Peintures murales de Puisaye – Avec l'ocre extraite dans la région, les artistes du Moyen Âge ont orné les églises de décors peints, que l'on découvre le long de cette route.

peinturesmurales.fr

Souvenirs

Retrouvez notre sélection de boutiques et d'artisans dans la rubrique « Shopping » de « Nos adresses » situés en fin de description des principaux sites.

Vous rapporterez essentiellement des produits de bouche : vins, sirops, eaux-de-vie, liqueur de cassis, fromages, moutardes, truffes, gourmandises et pains d'épice sont à découvrir au fil du voyage.

Thermalisme

La Bourgogne compte deux stations thermales, l'une dans le Morvan, à St-Honoré-les-Bains *(voir p. 279)*, et l'autre en Saône-et-Loire, à Bourbon-Lancy *(voir p. 218)*. Il existe par ailleurs un centre thermal à Santenay en Côte d'Or *(voir p. 86)*.

Vélo et VTT

Avec 1700 km de circuits de difficulté variée, sur des voies aménagées à l'écart de la circulation ou sur des terrains plus ou moins accidentés, les possibilités d'escapade à vélo sont nombreuses. Le cyclotourisme prend tout son sens en Bourgogne. Les plus sportifs, eux, apprécieront les reliefs du Morvan.

Documentation

La Bourgogne à vélo – Rubrique dédiée au vélo du Comité régional du tourisme de Bourgogne - www.bourgogne-tourisme.com/itinerances/a-velo.

Comité régional de cyclotourisme de Bourgogne-Franche-Comté – 01 56 20 88 88 - bourgogne franchecomte.ffvelo.fr.

Vous trouverez également quantité d'informations (itinéraires, location et réparation, accueil vélo) auprès des comités départementaux du tourisme *(voir p. 520)*.

Parcours

Tour de Bourgogne à vélo (V51) – Il s'agit d'une boucle de 800 km de voies vertes et véloroutes qui sillonne la Bourgogne en empruntant des chemins de halage le long des canaux, des sentes à travers les vignobles, des voies ferrées désaffectées... www.francevelotourisme.com/destinations/bourgogne-franche-comte-a-velo

Le canal du Nivernais *(voir p. 327)*, comme la **Voie des Vignes** *(voir p. 101)* qui traverse le secteur des climats entre Dijon et Beaune, sont des portions du Tour de Bourgogne.

La **voie verte** Bourgogne du Sud *(voir p. 181)*, entre Chalon-sur-Saône et Mâcon, est aussi intéressante, empruntant un tronçon de la **Voie Bleue** le long de la Saône *(voir p. 182)*. Sans oublier la **Voie verte bressanne** reliant Chalon-sur-Saône à Lons-le-Saunier *(voir p. 187)*.

EuroVelo 6 – La partie bourguignonne de la véloroute des Fleuves (4 450 km entre Nantes et Constanta en Roumanie) va de Nevers à St-Jean-de-Losne, le long de la Loire et de son canal latéral, puis du canal du Centre et enfin de la Saône.
fr.eurovelo.com/ev6

Grande Traversée du Massif central (GTMC) – 1380 km d'Avallon au Cap d'Agde, accessibles aux VTT et VTT électriques. L'itinéraire comprend 10 étapes en Bourgogne, de niveaux variés. www.la-gtmc.com

Prestataires

Ils organisent des itinérances :

Bourgogne Évasion/Active Tours – 03 80 26 17 12 - bourgogne-evasion.fr.

Bourgogne Escapades – 06 26 97 01 70 - www.bourgogne-escapades.com.

Bourgogne Randonnée – 4 pl. du Commerce - 71250 Cluny - 03 85 20 54 88 - www.bourgognerando.com.

Voile

Bateau ou planche, vous pourrez naviguer sur le lac du Bourdon (près de St-Fargeau), le lac de Pont (près de Semur-en-Auxois), le lac de Panthier (à Commarin), le lac Kir (à Dijon), le lac de la Sorme (près de Montceau-les-Mines) et les plans d'eau des Genièvres (Montagny-lès-Beaune), des Settons (Morvan), de Villeneuve-sur-Yonne et de Torcy (près du Creusot). Mais aussi naviguer à Mâcon, Épervans, Autun et Chalon-sur-Saône.

Œnotourisme

L'exceptionnelle diversité des vins de Bourgogne apparaît dans ses 84 Appellations d'origine contrôlée (AOC) et ses 33 grands crus.

« Le Bourgogne », voir p. 474.

Consultez aussi la rubrique « Shopping » dans « Nos adresses » des chapitres La Route des grands crus, Beaune, Mâcon, Auxerre, Chablis, Tonnerre.

S'informer

www.vins-bourgogne.fr – Le site du **Bureau interprofessionnel des Vins de Bourgogne** (BIVB) est un incontournable pour les amateurs. Vous y trouverez une mine d'informations avec de nombreux liens et des documents en ligne, notamment un *Guide des Caves Vignobles & Découvertes* (voir ci-contre) et un *Guide des fêtes viticoles.*

Où et comment s'initier ?

Pour développer l'art du « savoir boire », l'**École des vins de Bourgogne** organise des stages d'initiation à la dégustation des vins de Bourgogne et des séjours œnologiques. Ils peuvent durer 1h, une journée, un week-end ou plusieurs jours. Consultez www.vins-bourgogne.fr (onglet L'École des Vins).

La Cité internationale de la gastronomie et du vin *(voir p. 58)* propose 4 ateliers.

Retrouvez tous les prestataires sur le site : www.bourgogne-tourisme.com.

Visiter et acheter

Visite des caves

On ne peut pas se présenter à tout moment chez les producteurs viticulteurs, il vaut mieux prendre rendez-vous. Sachez aussi que le fléchage et la signalétique restent parcimonieux.

Le **Bureau interprofessionnel des Vins de Bourgogne** publie une brochure gratuite sur le tourisme viticole : le *Guide des Caves Vignobles & Découvertes*, disponible sur son site ou auprès des offices de tourisme. Celui-ci répertorie plus de 240 domaines, maisons et caves labellisées, avec des renseignements pratiques sur les adhérents et des informations générales sur les vignobles de Bourgogne.

Une enseigne à l'entrée de la propriété permet de les identifier.

Toutes les caves ouvertes à la visite sont sur le site : www.bourgogne-tourisme.com.

Routes des Vins

Route des Grands Crus de Bourgogne (Côte-d'Or) – *Voir p. 72.* Elle longe la côte de Nuits et la côte de Beaune, traversant 37 villages viticoles prestigieux entre Dijon et Santenay : Vosne-Romanée, Nuits-St-Georges ou Pommard, notamment. On peut la suivre à pied sur le chemin des Grands Crus et à vélo de Marsannay-la-Côte jusqu'à Santenay, sur la Voie des Vignes.

www.lacotedorjadore.com (rubrique Œnotourisme)

Route des Grands Vins de la côte chalonnaise (Saône-et-Loire) – La côte chalonnaise prolonge au sud sur 100 km la route des Grands Crus, de Santenay à St-Gengoux-le-National.

www.achalon.com et tourisme-sud-cote-chalonnaise.com.

Route touristique des Vignobles de l'Yonne – L'association Route touristique des vignobles de l'Yonne facilite la découverte des caves, villages viticoles et

haltes gourmandes. Elle propose 5 itinéraires fléchés dans les vignobles chablisien, auxerrois, tonnerrois, jovinien et vézelien.
www.tourisme-yonne.com

Route du Crémant du Châtillonnais – Au fil d'un itinéraire balisé parcourant les 120 km du vignoble, vous serez accueilli dans les caveaux et découvrirez le patrimoine et les paysages préservés du Châtillonnais.
www.chatillonnais-tourisme.fr

Maisons des vins

Elles présentent une sélection des meilleurs producteurs de la zone viticole concernée, vendue au même prix que chez les producteurs.
Voir tableau ci-contre.

Avec les enfants

L'**Imaginarium** *(voir p. 86)*, **Le Cassissium** *(voir p. 78)*, le **Hameau Dubœuf** *(voir p. 125)* et les **caves de Bailly** *(voir p. 398)* sont des sites que l'on peut découvrir avec des enfants, qui apprécieront le décor et les parcours de découverte.

Vin et musique

Le **Festival musical des Grands Crus** associe dégustation de vin et musique. 5 événements : le Festival du Chablisien (en juil.) ; les Rencontres musicales de Noyers (en juil.) ; de Bach à Bacchus, à Meursault (en juil.) ; les Grandes Heures de Cluny (en juil.-août) ; Musique au Chambertin, à Gevrey-Chambertin (en sept.)
www.musicalgrandscrus-bourgogne.fr

Jazz O'Verre Beaune (avr.) réunit artistes internationaux et jeunes musiciens, avec dégustation de vins de Bourgogne.
www.jazz-beaune.fr

Cave à vins.
Brasil2/Getty Images Plus

Maisons des vins	Infos pratiques	Caractéristiques
Buxy	Cave des Vignerons de Buxy 2 rte de Chalon 71390 Buxy ✆ 03 85 92 03 03 www.vigneronsdebuxy.fr	Côte chalonnaise : mercurey, montagny, pinot noir, chardonnay, aligoté. 7 millions de bouteilles vendues par an.
Chalon-sur-Saône	Maison des Vins de la côte chalonnaise 2 trav. Ste-Marie 71100 Chalon-sur-Saône ✆ 03 85 41 64 00 www.maisondesvins-chalon.com	Côte chalonnaise. Sélection printemps-été (de Pâques à la Paulée) et sélection automne-hiver. Un jury sélectionne 144 meilleurs crus. Bouteilles renouvelées tous les 6 mois. Bouzeron, rully, mercurey, givry, montagny, bourgogne côte chalonnaise et crémant de bourgogne.
Mâcon	Maison mâconnaise des Vins 484 av. de Lattre-de-Tassigny 71000 Mâcon ✆ 03 85 22 91 11 www.maison-des-vins.com	Chardonnays, gamays, pinots noirs, aligotés. Vente des AOC locales et dégustations commentées.
Nuits-St-Georges	La Maison des Vignerons 4 r. Charles-Arnoult 21700 Nuits-St-Georges ✆ 03 80 62 18 77 www.maisondesvignerons.fr	Vins de propriétaires récoltants. Côte-de-nuits, hautes-côtes-de-nuits et côte-de-beaune. Présentation par une quarantaine viticulteurs de 4 à 8 crus différents. Au total, près de 200 appellations.
Tournus	Les Vignerons de Mancey D906 71700 Tournus ✆ 03 85 51 71 62 www.lesvigneronsdemancey.fr	Plus de 85 appellations présentant les cépages bourguignons : chardonnay, pinot noir, aligoté et gamay. Espace scénographique expliquant les vignobles de Bourgogne. Espace dégustation avec harmonie mets et vins, initiation aux vins.

Autres sites	Infos pratiques	Caractéristiques
Montagny-lès-Beaune	Veuve Ambal Le Pré-Neuf 21200 Montagny-lès-Beaune ✆ 03 80 25 90 81 www.veuveambal-oenotourisme.com	Spécialiste du crémant de Bourgogne. Visite des caves et des ateliers. Dégustation. Boutique.
Nuits-St-Georges	L'Imaginarium Av. du Jura 21700 Nuits-St-Georges ✆ 03 80 62 61 40 www.imaginarium-bourgogne.com	Crémants et vins de Bourgogne. 2 parcours pour découvrir le vin, « Sacrée Vigne » et « Magie des bulles » pour les vins effervescents. Dégustation. Boutique.
St-Bris-le-Vineux	Caves Bailly-Lapierre 3 quai de l'Yonne - Hameau de Bailly 89530 St-Bris-le-Vineux ✆ 03 86 53 77 77 www.bailly-lapierre.fr	Crémant de Bourgogne. Visite de 3 ha de caves dans une ancienne carrière de pierre souterraine, berceau de l'AOC crémant de Bourgogne. Dégustation.

MICHELIN vous GuideVert
l'Europe de vos rêves
LE GUIDE VERT Week&GO
ROME 2022
LE GUIDE VERT Week&GO
ÎLES CANARIES
LE GUIDE VERT Week&GO
PORTO
MICHELIN
Format poche
Plan détachable
Nos meilleures adresses
Nos incontournables ★★★
MICHELIN

Agenda

Pour plus de détails, consultez www.bourgogne-tourisme.com/a-voir-a-faire/agenda et les sites des comités départementaux de tourisme *(voir p. 520)*.

Janvier-février

Chalon-sur-Saône – Carnaval - carnavaldechalon.com. Une semaine autour du Mardi gras.

St-Vincent tournante – Dernier w.-end de janv. Cette procession en l'honneur du patron des vignerons a lieu chaque année dans un village différent.

Mars

Auxonne – Carnaval - www.carnavalauxonne.fr. 1er dim.

Châtillon-sur-Seine – Fête du Crémant et du Tape Chaudron. 3e sam.

Nuits-St-Georges – Vente des vins des hospices de Nuits-St-Georges - hospicesdenuits.com.

Mars-avril

Dijon – Festival Art Danse - art-danse.org. 3 semaines de spectacles originaux.

Avril

Auxerre-Vézelay – Randonnée pédestre sur une partie du chemin de St-Jacques-de-Compostelle (mi-avr.).

Avallon – Le Carnavallon : carnaval festif (mi-avr.).

Mâcon – Salon des vins et Concours des grands vins de France - www.concours-salons-vins-macon.com.

Pâques

Tonnerre – Les Vinées tonnerroises - www.vineestonnerroises.com. Dégustation de vins et de produits gastronomiques.

Mai

Auxerre – Fleurs de vignes - www.fleursdevigne.fr. Dégustation de vins, concerts, expositions, animations pour les enfants. 3e w.-end de mai (années paires).

Chablis – Marché des vins de l'Yonne et marché aux Fleurs. 1er sam. de mai.

Dijon, Marsannay-la-Côte – Marathon de la Route des Grands Crus - www.marathondesgrandscrus.com.

Saulieu – Journées gourmandes - journeesgourmandessaulieu.com. W.-end de l'Ascension.

St-Saulge – Montée de la vache sur le clocher - www.tourisme-saint-saulge.info. 1er dim.

Semur-en-Auxois – Fêtes médiévales - ville-semur-en-auxois.fr. Pendant un w.-end.

Juin

Chalon-sur-Saône, Nuits-St-Georges – Montgolfiades - www.montgolfiades71.com. W.-end de Pentecôte.

St-Jean-de-Losne – Pardon des mariniers et fête de la batellerie - www.stjeandelosne.fr. 3e dim.

Vézelay – Chemin de lumière. Un phénomène naturel dans la nef de la basilique, fin juin.

Juin-septembre

Sens – Lumières de Sens - www.tourisme-sens.com. Son et lumière projeté sur la cathédrale.

Juillet

Bazoches – Nuits musicales de Bazoches - www.nuitsmusicalesdebazoches.com. Opéra, musique classique et gospel dans l'église.

Chablis – Festival du chablisien - festival.onlc.fr. Concerts suivis de dégustations. Mi-juil.

Chalon-sur-Saône – Festival Chalon dans la rue - www.chalondanslarue.com. Grand festival des arts de la rue. Mi-juil.
Dijon – Fêtes de la vigne - www.fetesdelavigne.org. Des spectacles de danse et de musique du monde. 1 sem.
Meursault – De Bach à Bacchus - de-bach-a-bacchus.musicalgrandscrus-bourgogne.fr. Concerts et dégustations de vin. Mi-juil.
Noyers – Les Rencontres musicales - www.musicalesdenoyers.com. Concerts et masterclass, du baroque au contemporain.
Nuits-St-Georges – Sons d'une nuit d'été - www.beaune-tourisme.fr. Musique de variétés et éclectisme.
Rogny-les-Sept-Écluses – Grand spectacle pyrotechnique - www.rogny-les-7-ecluses.fr. Dernier sam.
Sens – MusicaSens - www.tourisme-sens.com. Festival de musique et de danse. Déb. juil.
St-Bris-le-Vineux – Fête des peintres de vignes en caves - www.peintresencaves.com. 3e w.-end.
St-Sauveur-en-Puisaye – Foire aux potiers - www.puisaye-tourisme.fr. 3e w.-end.
Vézelay – Pèlerinage de la Madeleine et mise en lumière de la basilique - www.basiliquedevezelay.org. 22 juil. et 3e sem.

Juillet-août

Autun – Augustodunum© - www.augustodunum.fr. Spectacle historique au théâtre romain. De fin juil. à mi-août.
Auxerre, Chalon, Cosne, Dijon, Nevers, Sens – Garçon, la note ! - garcon-la-note.com. Concerts gratuits dans des cafés et bars éphémères. Tout l'été.
Beaune – Festival international d'opéra baroque et romantique - www.festivalbeaune.com.
La Charité-sur-Loire – Festival Blues en Loire - www.bluesenloire.com. Mi-août.
Cluny – Les Grandes Heures - www.grandesheuresdecluny.com. Concerts classiques, spectacles et dégustation de vins.
St-Fargeau – Spectacle historique - www.chateau-de-st-fargeau.com. Son et lumière. Vend. et sam. de mi-juil. à fin août.

Juillet-septembre

Paray-le-Monial – Mosaïque contemporaine - maisondelamosaique.org. Grande exposition présentant des artistes mosaïstes d'aujourd'hui. Déb. juil. à mi-sept.
Sens – Festival international d'orgue - www.tourisme-sens.com. À la cathédrale. Mi-juil. à déb. sept.

Août

Cluny – Marché des potiers. Années paires, vers le 10 août ; Jazz Campus en Clunisois. Fin août. www.cluny-tourisme.com.
Corbigny – Fêtes musicales de Corbigny - fetesmusicalesdecorbigny.eu. Festival de musique classique éclectique. 1re quinz.
Noyers – Festival Vallée et Veillée - www.tourisme-serein.fr. Musiques du monde.
Pierre-de-Bresse – Marché des potiers de Bourgogne - www.bresse-bourguignonne.com.
Pouilly-sur-Loire – Foire aux vins - www.pouillysurloire.fr. 15 août.
Saulieu – Exposition nationale et Fête du charolais - www.fncab.fr. Concours bovins et ovins, animations et dégustations. W.-end suivant le 15 août.
Vézelay – Rencontres musicales - www.lacitedelavoix.net. Quatre jours consacrés à la musique vocale. Fin août.
Villars-Fontaine – Festiv'arts - villart.fr. Festival consacré aux arts scéniques et à l'art urbain. Fin août.

Septembre

Beaune – Festival Jazz O'Verre - www.jazz-beaune.fr. Jazz et grands vins de Bourgogne. Mi-sept.

Chenôve – Fête de la pressée - www.ville-chenove.fr. Animations autour de la tradition des pressoirs. Dernier w.-end.

Dijon – Vélotour - velotour.fr/dijon. Randonnée vélo. 1er dim. de sept.; Festival international de musique mécanique - www.facebook.com/dijcolorg.

Gevrey-Chambertin – Musique au Chambertin - www.musique-au-chambertin.org. Concerts dans différents lieux de la Route des grands crus.

Sens – Fête de la St-Fiacre - www.tourisme-sens.com. Décors floraux dans la cathédrale par les horticulteurs. 1er dim.

St-Christophe-en-Brionnais – Concours de bovins de boucherie de race charolaise - www.fncab.fr. 1er sam.

Tonnerre – Les Médiévales de Tonnerre - www.facebook.com/medievalesdetonnerre.89. Mi-sept.

Vougeot – Livres en vignes - www.livresenvignes.fr. Fête du livre sur le vin et la gastronomie. Dernier w.-end.

Octobre

Chalon-sur-Saône – Paulée de la côte chalonnaise - www.paulee-cote-chalonnaise.fr. Fête de la fin des vendanges. Mi-oct.

Nuits-St-Georges – Fête du vin bourru - www.association-la-cabotte.com/vin-bourru. Dégustation de vin pressé en direct. Dernier w.-end.

Paray-le-Monial – Fête de sainte Marguerite-Marie - www.tourisme-paraylemonial.fr. Mi-oct.

Fin octobre-début novembre

Chablis, Joigny, St-Bris-le-Vineux – Fêtes des vins de l'Yonne. Fin oct.

Dijon – Foire internationale et gastronomique - www.foirededijon.com.

Novembre

Clos de Vougeot, Beaune, Meursault – Les Trois Glorieuses - www.vins-bourgogne.fr. Événements de gala lors de la vente aux enchères des vins des Hospices de Beaune. Mi-nov.

Beaune – Vente aux enchères des vins des Hospices de Beaune - hospices-de-beaune.com. Une des plus célèbres manifestations de charité au monde *(voir encadré p. 84)*. Mi-nov.

Noyers – Marché de la truffe - www.tourisme-serein.fr. Dim. de nov. et déc.

Décembre

Charolles – Festival du bœuf - www.tourismecharolaisbrionnais.fr. Concours de bovins et dégustations. Déb. déc.

Dijon – Festival Les Nuits d'Orient - www.facebook.com/Lesnuitsdorient. Concerts, spectacles et expositions autour de la culture orientale.

Louhans – Les Quatre Glorieuses - www.glorieusesdebresse.com. Concours de volailles. 3e sem.

Livres et films

Livres

COLETTE, **Claudine à l'école** (1900), **Les Vrilles de la vigne** (1908), **Chéri** (1920), **La Maison de Claudine** (1922), **Le Blé en herbe** (1923), **Sido** (1930), **La Chatte** (1933). Que ce soit dans la série des Claudine ou dans ses œuvres postérieures, la romancière évoque souvent St-Sauveur et la Puisaye.

DURAS, Marguerite, **Hiroshima mon amour** (1959). L'héroïne y raconte son enfance à Nevers pendant la Seconde Guerre mondiale.

GENET, Jean, **Notre-Dame-des-Fleurs** (1943). Dans ce roman sur l'homosexualité, on retrouve des souvenirs d'enfance de l'auteur placé chez une nourrice à Alligny-en-Morvan.

GERMAIN, Sylvie, **Jour de colère,** (1989). Récompensé du prix Femina, l'ouvrage suit des personnages au cœur des forêts du Morvan.

LAMARTINE, Alphonse de, **Méditations poétiques** (1820). Les paysages du Mâconnais occupent une place centrale dans l'œuvre en vers du grand poète romantique.

RENARD, Jules, **Poil de Carotte,** (1894). En partie autobiographique, ce roman est imprégné de l'attachement de l'auteur pour « sa petite patrie », la Nièvre.

ROY, Jules, **Vézelay ou l'Amour fou** (1990). L'écrivain, qui a passé les vingt dernières années de sa vie à Vézelay, évoque sa fascination pour les lieux.

ROLLAND, Romain, **Colas Breugnon** (1919). Ce conte rabelaisien, écrit par l'un des plus grands pacifistes du 20e s., se déroule en Nivernais.

VINCENOT, Henri, **La Billebaude** (1982), **Le Pape des escargots** (1983), **Les Étoiles de Compostelle** (1987), **Le Maître des abeilles** (1989). Vincenot raille les travers du monde moderne en célébrant la rudesse d'une Bourgogne millénaire.

Films

KLAPISH, Cédric, **Ce qui nous lie** (2017). Un jeune viticulteur (Pio Marmaï), parti en Australie, revient dans le domaine familial en Côte-d'Or pour y succéder à son père.

OURY, Gérard, **La Grande Vadrouille** (1966). Les hospices de Beaune et Vézelay apparaissent dans cette comédie culte réunissant Bourvil et Louis de Funès.

RAPPENEAU, Paul, **Cyrano de Bergerac** (1990). Le réalisateur, né à Auxerre, a tourné à Dijon et dans l'abbaye de Fontenay pour cette adaptation de la pièce d'Edmond Rostand avec Gérard Depardieu et Anne Brochet.

SHOELLER, Pierre, **L'Exercice de l'État** (2011). Olivier Gourmet incarne un ministre des Transports originaire de Mâcon qui doit faire face aux grandes crises et aux petits calculs de la vie politique contemporaine.

Notes

Notes

Notes

Notes

Notes

Dijon : villes, curiosités et régions touristiques.
Vauban, maréchal de : noms historiques ou termes faisant l'objet d'une explication.
Les sites isolés (châteaux, abbayes, grottes...) sont répertoriés à leur propre nom.
Nous indiquons par son numéro, entre parenthèses, le département auquel appartient chaque ville ou site. Pour rappel :
21 : Côte-d'Or
45 : Loiret
52 : Haute-Marne
58 : Nièvre
71 : Saône-et-Loire
89 : Yonne

A

B

C

D

K

L

M

Carte générale

Premier rabat de couverture

Cartes des régions

Plans de villes

Plans de monuments

Cartes thématiques

Cartes des circuits

LÉGENDE DES CARTES ET PLANS

Curiosités et repères

Itinéraire décrit, départ de la visite
Église
Mosquée
Synagogue
Temple
Temple : bouddhique - hindou
Bâtiment
Monastère - Phare
Fontaine
Point de vue
Château - Ruine ou site archéologique
Barrage - Grotte
Monument mégalithique
Tour génoise - Moulin
Temple - Vestiges gréco-romains
Autre lieu d'intérêt, sommet
Distillerie
Palais, villa, habitation
Cimetière : chrétien - musulman - israélite
Oliveraie - Orangeraie
Mangrove
Auberge de jeunesse
Gravure rupestre
Pierre runique
Église en bois
Église en bois debout
Parc ou réserve national
Bastide

Sports et loisirs

Piscine : de plein air - couverte
Plage - Stade
Port de plaisance - Voile
Plongée - Surf
Refuge - Promenade à pied
Randonnée équestre
Golf - Base de loisirs
Parc d'attractions
Parc animalier, zoo
Parc floral, arboretum
Parc ornithologique réserve d'oiseaux
Planche à voile, kitesurf
Pêche en mer ou sportive
Canyoning, rafting
Aire de camping - Auberge
Arènes
Base de loisirs, base nautique ou canoë-kayak
Canoë-kayak
Promenade en bateau

Informations pratiques

Information touristique
Parking - Parking - relais
Gare : ferroviaire - routière
Voie ferrée
Ligne de tramway
Départ de fiacre
Métro - RER - Tramway
Station de métro (Calgary, ...) (Montréal)
Téléphérique, télécabine
Funiculaire, voie à crémaillère
Chemin de fer touristique
Transport de voitures et passagers
Transport de passagers
File d'attente
Observatoire
Station-service - Magasin
Poste - Téléphone
Internet
H Hôtel de ville
B Banque, bureau de change
J POL Palais de justice - Police
GNR Gendarmerie
T M Théâtre - Musée
U Université
Musée de plein air
Hôpital
Marché couvert
Aéroport
Parador, Pousada (Établissement hôtelier géré par l'État)
A Chambre d'agriculture
D Conseil provincial
G Gouvernement du district, Délégation du Gouvernement Police cantonale
L Gouvernement provincial (Landhaus)
P Chef-lieu de province
Station thermale
Source thermale

Axes routiers, voirie

Autoroute ou assimilée
Échangeur : complet - partiel
Route
Rue piétonne
Escalier - Sentier, piste

Topographie, limites

Volcan actif - Récif corallien
Marais - Désert
Frontière - Parc naturel

Comprendre les symboles utilisés dans le guide

LES ÉTOILES

★★★ **Vaut le voyage** ★★ **Vaut le détour** ★ **Vaut la visite**

HÔTELS ET RESTAURANTS

9 ch.	Nombre de chambres		Wi-Fi
7,5 €	Prix du petit-déjeuner en sus		Piscine
50 €	Prix de la chambre double, petit-déjeuner compris	CC	Paiement par cartes de crédit
bc	Menu boisson comprise		Carte de crédit non acceptée
	Air conditionné dans les chambres	P	Parking réservé à la clientèle
	Restaurant dans l'hôtel	Tram	Station de tramway la plus proche
	Établissement servant de l'alcool (à l'étranger)	M	Station de métro la plus proche

SYMBOLES DANS LE TEXTE

	À faire en famille		Organisme de tourisme
	Pour approfondir		Astuce, conseil
	Promenade à pied		Adresse coup de cœur
	Randonnée à vélo	**A2 B**	Repère sur le plan
	Facilité d'accès pour les personnes à mobilité réduite		Tourisme écoresponsable

Note au lecteur

Michelin a apporté le plus grand soin à la rédaction de ce guide et à sa vérification. Toutefois, les informations pratiques (formalités administratives, prix, adresses, numéros de téléphone, adresses Internet, etc.) doivent être considérées comme des indications du fait de l'évolution constante de ces données.
Il n'est pas totalement exclu que certaines d'entre elles ne soient plus, à la date de parution du guide, tout à fait exactes ou exhaustives. N'hésitez pas à nous signaler toute omission ou inexactitude que vous pourriez constater, ainsi qu'à nous faire part de vos avis et suggestions sur les adresses contenues dans ce guide.
Avant d'entamer toute démarche, formalités administratives ou douanières notamment, vous êtes invité à vous renseigner auprès des organismes officiels. Ces informations ne sauraient, de ce fait, engager notre responsabilité.

Collection sous la direction de Philippe Orain

Responsable d'édition et rédacteur en chef du guide : Lucie Fontaine

Secrétaire d'édition : Stéphanie Vinet

Rédaction : François Capelani, Sandrine Favre, Serge Guillot, Guylaine Idoux, Aurélie Thépaut, Geneviève Clastres, Hervé Milon, Sylvie Kempler, Françoise Klingen, Gonzague Benoît-Latour, Gaëlle Lapandry, Philippe Pataud-Célérier, Pierre-Olivier Signe, Magali Triano

Ont contribué à ce guide : Dănuț-Marian Țucă et Costina-Ionela Lungu (**Cartographie**), Véronique Aissani, Carole Diascorn (**Couverture**), Marion Capera, Marie Simonet (**Iconographie**), Flori Paizs (**Données objectives**), Bogdan Gheorghiu, Cristian Catona, Gabriel Dragu, Hervé Dubois, Pascal Grougon (**Prépresse**), Dominique Auclair (**Pilotage**)

Plans de ville : © MICHELIN 2022

Remerciements : ADT de la Nièvre, ADT de Saône-et-Loire, ADT de l'Yonne, ADT de Côte d'Or

Conception graphique
Christelle Le Déan, Sandro Borel, Justeciel (maquette intérieure)
Véronique Aissani, Marie-Pierre Renier (couverture)

Régie publicitaire et partenariats
contact.clients@editions.michelin.com
Le contenu des pages de publicité insérées dans ce guide n'engage que la responsabilité des annonceurs.

Contacts
Vous souhaitez nous contacter ?
Rendez-vous dans la rubrique contact de notre site internet :
editions.michelin.com

Parution 2023

MICHELIN Éditions
Société par actions simplifiée au capital de 487 500 EUR
57 rue Gaston Tessier – 75019 Paris (France)
R.C.S. Paris 882 639 354

Dépôt légal : 12-2022 – ISSN 0293-9436
Compograveur : MICHELIN Éditions, Voluntari (Roumanie)
Imprimeur : Lego Print, Lavis (Italie)
Imprimé en Italie : 11-2022

Usine certifiée 14001
Sur du papier issu de forêts bien gérées